형사증거법 삐딱하게 보기

김정한 지음

준커뮤니케이션즈

저자약력

약력
- 연세대학교 법과대학 졸업
- 안동대학교 대학원 졸업(법학석사)
- 경북대학교 대학원 졸업(법학박사)
- 서울북부검찰청, 대구지방검찰청 김천지청 검사
- 법무법인 경북삼일 대표변호사
- 김천대학교, 대구대학교, 단국대학교 강사·겸임교수
- 조선대학교 법과대학 부교수
- 현 영남대학교 법학전문대학원 교수

저서
- 객관식 형법총론, 각론(도서출판 태학관, 2000)
- 객관식 형사소송법(도서출판 태학관, 2000)
- 형법총론, 각론(도서출판 동화기술, 2004)
- 실무형사소송법(준커뮤니케이션즈, 2014)

머리말

　소송에서 가장 중요한 요소는 사실인정이며 사실인정의 도구는 증거입니다. 따라서 증거법에 대한 연구는 소송법 연구에서 가장 중요한 부분이라고 생각합니다. 민사소송과 달리 형사소송에서는 증거능력 제한이라는 법리가 있을 뿐만 아니라 절차적 적법성이 훨씬 더 강조되기 때문에 증거법이 더 복잡한 양상을 띠고 있습니다. 형사증거법 연구의 중요성은 더 이상의 설명이 필요 없다고 생각됩니다.

　이 책은 2005년부터 2018년까지 사이에 저자가 발표한 형사법 글 중에서 형사증거법에 관한 글만 모아서 엮은 것입니다. 한번 발표하였던 글을 새로 엮어 책으로 낼 필요가 있을까 하는 생각도 없지 않았습니다. 그러나 저자가 발표한 글 중 절반가량이 형사증거법에 관한 내용이고, 각기 다른 시기에 다른 형식으로 발표된 글이지만 전체를 관통하는 어떤 '의미'가 없지 않은 것 같아 이를 한번 정리해 보고자 하는 욕심에서 책으로 엮게 되었습니다. 올해가 제 인생에서 처음 누려보는 연구년이라는 점도 크게 작용하였습니다.

　저자의 법학 지식은 마치 도장에서 체계적으로 배운 무술이 아니라 전장에서 목숨 걸고 싸우다 보니 그때그때 배워진 싸움 기술과 비슷하다고 스스로 생각하고 있습니다. 이 때문에 그간 발표한 글 역시 거칠고 어쩌면 전투적이었던 것이 오히려 당연해 보입니다. 이번에 그간의 글들을 정리하면서 살펴보니 판례의 태도 뿐만 아니라 기존의 다수설, 심지어는 통설과도 다른 내용을 주장하는 것이 대부분이었습니다. 이 때문에 책 제목도 '삐딱하게 보기'로 정하였습니다. 저자 나름대로는 이렇게 삐딱하게 보는 것이 어쩌면 똑바로 보는 한 방법일 수도 있겠다고 생각하고 있습니다.

아직 다듬어지지 못한 부분이 많은 것 같습니다. 더 다듬어서 책으로 내는 것이 좋겠으나 다듬다가 너무 긴 시간이 지나버리거나 자칫 본래의 생기를 잃어버릴까 걱정이 되어 어설픈 대로 책으로 내기로 하였습니다. 강호제현의 넓은 이해와 질책을 함께 구합니다.

김성룡 교수님, 최호진 교수님, 김혁돈 교수님, 김현조 교수님, 그 밖에도 성함을 다 적지 못하지만 학문적으로, 또 인간적으로 도와주신 분들이 많이 계십니다. 이 자리를 빌려 다시 한 번 깊은 감사의 말씀을 드립니다. 그리고 보잘것없는 책을 선뜻 출판해 주시는 준커뮤니케이션즈의 박준성 사장님께도 감사드립니다.

2019. 1.

김 정 한

차례

제1편 입증과 증거 | 1

증거재판주의의 의미와 엄격한 증명, 자유로운 증명 | 2
Ⅰ. 들어가며 | 2
Ⅱ. 제307조 제1항의 진정한 의미 | 3
Ⅲ. 증명의 대상 | 6
Ⅳ. "자유로운 증명"이 존재하는가 | 10
Ⅴ. 나가며 | 18

형사소송에서의 추정이론 | 19
Ⅰ. 들어가며 | 19
Ⅱ. 법률상 추정 | 21
Ⅲ. 사실상 추정 | 26
Ⅳ. 위법성 및 책임 인정과 사실상 추정 | 29
Ⅴ. 나가며 | 33

형사소송에서 입증책임과 쟁점형성책임에 관한 실무적 고찰 | 35
Ⅰ. 들어가며 | 35
Ⅱ. 입증의 부담의 존재와 발동 | 37
Ⅲ. 쟁점형성책임론의 등장과 전개 | 39
Ⅳ. 쟁점형성책임론의 이념적 근거와 재판현실에서의 활용 | 46
Ⅴ. 쟁점형성책임론의 적용 범위 | 48
Ⅵ. 나가며 | 51

무죄추정원칙의 적용 범위에 관한 소고 | 53
Ⅰ. 들어가며 | 53
Ⅱ. 무죄추정원칙이 증거법상 추정 원리로서 작용하는지 | 54
Ⅲ. 무죄추정원칙이 인신구속 제한 원리로서 작용하는지 | 59
Ⅳ. 무죄추정원칙이 형사상 불이익 처우 제한 원리로서 작용하는지 | 64
Ⅴ. 나가며 | 66

재심에서의 입증책임 분배와 입증의 정도에 관한 소고 | 68

Ⅰ. 들어가며 | 68
Ⅱ. 재심의 본질과 입증 | 71
Ⅲ. 오류형 재심에서의 입증 | 77
Ⅳ. 신규형 재심에서의 입증 | 80
Ⅴ. 나가며 | 90

제2편 증거조사 | 93

증언거부권 불고지와 위증죄의 성부 및 증언의 증거능력에 관한 소고 | 94

Ⅰ. 들어가며 | 97
Ⅱ. 증언거부권의 불고지와 위증죄 성부 | 100
Ⅲ. 증거능력 인부 | 112
Ⅳ. 나가며 : 증언거부권의 고지와 관련한 입법론 | 119

형사소송법상 서증의 분류와 조사방법에 대한 실무적 고찰 | 122

Ⅰ. 들어가며 | 122
Ⅱ. 서증의 구분과 개정 전 법에서의 조사방법 | 125
Ⅲ. 개정법에서의 서증의 조사 방법 | 129
Ⅳ. 서증의 구분에 대한 본질적 의문 | 133
Ⅴ. 나가며 | 134

형사소송에서 디지털증거의 조사방법에 관한 입법론적 고찰 - 특히 민사소송의 경우와 비교하여 | 136

Ⅰ. 들어가며 | 136
Ⅱ. 디지털증거의 매체독립성과 '증거요소' 개념의 설정 | 140
Ⅲ. 디지털증거의 증거조사방법 | 145
Ⅳ. 디지털증거의 조사와 관련한 판례의 검토 | 156
Ⅴ. 나가며 | 159

제1회 공판기일 전 증인신문제도에 대한 실무적 고찰 - 특히 증거보전제도와 비교하여 | 161
  Ⅰ. 들어가며 | 161
  Ⅱ. 증인신문제도의 필요성과 본질에 관하여 | 163
  Ⅲ. 증인신문 청구의 허용 사유 | 167
  Ⅳ. 피의자 등의 참여권 문제 | 175
  Ⅴ. 증인신문 청구의 시적 한계에 관하여 | 180
  Ⅵ. 나가며 - 증인신문제도의 향후 전망 | 183

제3편 증거능력과 증명력 | 187

형사소송법상 '증거'편 규정의 체계에 관한 소고 | 188
  Ⅰ. 들어가며 | 188
  Ⅱ. 제310조의 법적 성격 | 191
  Ⅲ. 제317조와 제318조의 적용대상 | 197
  Ⅳ. 나가며 | 204

증거능력 제한규정으로 재해석한 형사소송법 제310조의 의미와 적용범위 | 205
  Ⅰ. 들어가며 | 205
  Ⅲ. 보강법칙이 적용되는 재판의 범위 | 211
  Ⅳ. 추가증거의 자격과 그 입증의 범위 및 정도 | 214
  Ⅴ. 증거조사, 증거동의 등의 문제 | 229
  Ⅵ. 나가며 | 230

형사소송법의 시각에서 살펴본 민사소송법에서의 문서의 진정성립 | 232
  Ⅰ. 들어가며 | 232
  Ⅱ. 형사소송법과 민사소송법에서의 진정성립의 의미와 본질 | 235
  Ⅲ. 민사소송법과 형사소송법에서의 진정성립의 기능 | 247
  Ⅳ. 진정성립의 증명과 추정 | 254
  Ⅴ. 나가며 | 255

제4편 전문법칙 | 259

형사소송법 제310조의2의 적용 기준과 범위에 관한 소고 | 260
Ⅰ. 들어가며 | 260
Ⅱ. 제310조의2와 유추적용, 확대해석 금지 원칙의 충돌 | 264
Ⅲ. 피고인 진술조서 | 272
Ⅳ. 수사기관이 작성한 기타 증거서류 | 276
Ⅴ. 피고인 아닌 자의 진술을 내용으로 하는 피고인의 공판기일 진술 | 283
Ⅵ. 나가며 | 286

사법경찰관 작성 피의자신문조서와 조사경찰관 증언의 증거능력에 대한 소고 | 287
Ⅰ. 들어가며 | 287
Ⅱ. 사법경찰관 작성 피의자신문조서의 증거능력 | 290
Ⅲ. 사법경찰관 작성 피의자신문조서에 증거능력을 부여하기 위한 제도적 보완책 | 299
Ⅳ. 신문과정 영상녹화의 의미 | 306
Ⅴ. 조사경찰관 증언의 증거능력 | 308
Ⅵ. 나가며 | 313

형사소송법 제313조에 대한 해석론적, 입법론적 고찰 | 315
Ⅰ. 들어가며 | 315
Ⅱ. 진술서의 증거능력 조건 | 319
Ⅲ. 진술기재서류의 증거능력 조건 | 327
Ⅳ. 감정서의 증거능력 조건과 그 타당성 | 332
Ⅴ. 나가며 | 334

형사소송법 제313조 개정 유감 | 336
Ⅰ. 들어가며 | 336
Ⅱ. 정보저장매체로 적용 확장 | 338
Ⅲ. 객관적 방법에 의한 진정성립 입증 | 343
Ⅳ. 피고인에게 반대신문의 기회 보장 | 355
Ⅴ. 나가며 | 357

형사소송법상 특신상태의 의미와 개념 요소 및 판단기준에 관한 소고 | 359
  Ⅰ. 들어가며 | 359
  Ⅱ. 특신상태의 의미 | 361
  Ⅲ. 특신상태의 개념 요소와 판단 기준 | 369
  Ⅳ. 특신상태 규정에 대한 개별적 고찰 | 379
  Ⅴ. 나가며 | 383

다중전문증거의 증거능력에 관한 소고 – 형사소송법 제310조의2의 적용과 관련하여 | 385
  Ⅰ. 들어가며 | 385
  Ⅱ. 다중전문증거에 대한 전문법칙 예외규정의 유추적용 허부 | 389
  Ⅲ. 재전문진술 | 397
  Ⅳ. 이중전문서류 | 403
  Ⅴ. 그 밖의 다중 전문증거 | 407
  Ⅵ. 나가며 | 409

제5편 증거동의, 탄핵증거 | 411

형사소송에서의 증거동의 | 412
  Ⅰ. 들어가며 | 412
  Ⅱ. 증거동의의 본질 | 413
  Ⅲ. 증거동의의 대상 | 423
  Ⅳ. 증거동의의 제한 | 426
  Ⅴ. 나가며 | 433

형사소송에서의 증거동의 Ⅱ – 백형구 교수의 반론에 대한 재반론 | 435
  Ⅰ. 들어가며 | 435
  Ⅱ. 소위 '처분권설'과 관련하여 | 435
  Ⅲ. 백형구 교수님의 '새로운 해석론'과 관련하여 | 439
  Ⅴ. 나가며 | 444

궐석재판과 증거동의 의제에 관한 소고 | 445

Ⅰ. 들어가며 | 447
Ⅱ. 궐석재판과 증거동의 의제(제318조 제2항)의 문제 | 451
Ⅲ. 각 궐석재판에서 증거동의 의제가 허용되는지에 대한 개별적 검토 | 459
Ⅳ. 공시송달 궐석재판에서도 증거동의 의제가 허용되는지에 대하여 | 466
Ⅴ. 나가며 | 470

탄핵증거의 허용성과 조사방법에 관한 소고 − 전자적 문서의 탄핵증거 능력 문제를 포함하여 | 472

Ⅰ. 들어가며 | 472
Ⅱ. 탄핵증거 특칙의 존재이유에 대한 재검토 | 474
Ⅲ. 탄핵증거 특칙의 필요성에 대한 재검토 | 477
Ⅳ. 자유로운 증명으로 증명력을 탄핵할 수 있는가 | 489
Ⅴ. 나가며 | 494

참고문헌 | 496

1

제 1 편
입증과 증거

증거재판주의의 의미와 엄격한 증명, 자유로운 증명

형사소송에서의 추정이론

형사소송에서 입증책임과 쟁점형성책임에 관한 실무적 고찰

무죄추정원칙의 적용범위에 관한 소고

재심에서의 입증책임 분배와 입증의 정도에 관한 소고

증거재판주의의 의미와
엄격한 증명, 자유로운 증명

Ⅰ. 들어가며

　형사소송법상 증거편은 제307조부터 제318조의3까지 10여개의 조항으로 구성되어 있는데, 그 중 첫 번째 규정인 제307조 제1항은 "증거재판주의"라는 표제 하에 "사실의 인정은 증거에 의하여야 한다"라고 규정하고 있다.[1] 위 규정은 문언상 '형사재판에서 필요한 사실은 반드시 증거에 근거하여 인정하라'는 취지로서, 추측이나 소문, 여론, 심지어는 꿈이나 점괘 등에 의하여 사실을 인정하지 못하게 하는 의미로 해석 된다.[2] 이에 대하여 통설은 "제307조는 법관의 자의에 의한 사실인정이 허용될 수 없고 반드시 증거에 의하여야 한다는 문언상 의미에 그치는 것이 아니라,[3] 주요사실 즉 범죄될 사실은 증거능력 있고 적법한 증거조사를 거친 증거에 의하여 인정되어야 한다는 취지"라고 규범적으로 해석하면서, "증거능력 있고 적법한 증거조사를 거친 증거에 의한 입증이 바로 '엄격한 증명'"이라고 설명한다.[4] 결국 통설은 제307조를 엄격한 증명의 근거조항으로 보면서, 범죄될 사실 이외의 사실, 예컨대 소송법적 사실이나 정상관계 사실 등은 자유로운 증명으로 족하다는 설명의 소극적 근거자료로 보고 있

---
[1] 2007. 6. 형사소송법 개정 전에는 위 제1항만이 제307조의 내용이었으나, 위 개정으로 "제2항 범죄사실의 인정은 합리적인 의심이 없는 정도의 증명에 이르러야 한다"는 내용이 추가되었다. 한편 일본 형사소송법 제317조는 "사실의 인정은 증거에 의한다."고 규정하고 있어 우리 형사소송법과 거의 같으며, 독일 형사소송법에는 증거재판주의에 대한 직접적인 규정은 없고 제244조 제2항이 "법원은 진실탐지를 위하여 판결에 있어 중요한 모든 사실과 증거방법에 관하여 직권으로 증거조사를 시행하여야 한다"고 규정하고 있어 증거재판주의의 의미를 엿볼 수 있게 할 뿐이다.
[2] 실제로 그리 오래지 않은 과거까지도 그와 같은 불합리한 방법으로 사실을 인정하여 진실이 왜곡되고 인권이 침해되어 온 것이 우리가 잘 아는 역사적 사실이다.
[3] 그러한 의미는 역사적 가치를 가지는 것에 불과하다고 평가하는 것이 통설의 입장이다.
[4] 이재상, 신형사소송법, 박영사, 2007, 486-487면; 배종대/이상돈/정승환, 신형사소송법(제2판), 홍문사, 2009, 548-549면; 신동운, 신형사소송법(제2판), 법문사, 2009, 899-900면; 노명선/이완규, 형사소송법, 성균관대학교 출판부, 2009, 459-460면; 정웅석/백승민, 형사소송법(전정제2판), 대명출판사, 2008, 171-172면; 손동권, 형사소송법, 세창출판사, 2008, 497-498면 등.

는 것이다.[5]

그러나 통설에 대하여는 몇 가지 의문이 제기된다. 첫째, 사실의 입증은 원칙적으로 증거능력 있는 증거로서 하여야 하고, 증거조사 절차도 적법하여야 할 것임은 당연하나, 적어도 제307조 제1항에는 어디를 보아도 "증거능력 있고 적법한 증거조사를 거친 증거로서 인정"하라는 표현이나 의미가 포함되어 있지 않음에도 통설이 그와 같이 해석하는 근거가 도대체 무엇이며, 만일 그렇게 해석한다면 자유로운 증명의 근거 규정은 어디에 있는지 의문이다. 둘째, 통설은 '범죄될 사실'의 입증에는 엄격한 증명이 필요하고 그 밖의 사실의 입증에는 자유로운 증명으로 족하다고 하는데, 왜 범죄될 사실과 그 밖의 사실이 증명방법에서 그와 같은 차이가 나는지 의문이다. 셋째, 통설이 말하는 자유로운 증명은 증거능력과 증거조사방법에서 완전히 자유롭다는 의미인가, 아니라면 구체적으로 어떤 방법으로 입증되어야 하는지 의문이다. 좀 더 근본적으로는 형사소송에서 증명의 대상이 되는 사실이 무엇인가 하는 점과 형사재판에서 필요한 사실을 인정함에 있어 증거능력과 증거조사방법에 대한 법의 제한에서 '자유로운' 증명이 존재할 수 있는가 하는 점 역시 선제적으로 풀어야 할 의문이다.

Ⅱ. 제307조 제1항의 진정한 의미

1. 증거재판주의의 가치

소송이란 삼단논법의 소전제인 '사실'에 대전제인 '법규'를 적용하여 그 결과인 '판결'을 도출하는 과정이다. 여기에서 사실을 어떻게 확정할 것인가 하는 것이 소송에서 가장 중요한 문제가 된다. 형사소송법 제307조 제1항은 "사실의 인정은 증거에 의하여야 한다"라고만 규정하고 있으나, 통설은 이를 '주요사실은 증거능력 있는 증거로서 법정 절차에 따라 조사한 결과에 의하여 인정하여야 한다'는 의미로 해석하면서 이를 '엄격한 증명'이라고 부르고 있다. 통설에 따르면 제307조 제1항은 증거재판주의

---

[5] 일부 견해는 제307조가 "공소범죄사실과 같은 중요한 사항에 관하여 법관의 무분별한 심증형성의 가능성을 방지함으로써 피고인의 인권을 보호함과 아울러 실체적 진실발견에 기여하고, 다른 한편으로는 정상관계사실과 같은 경미한 사항에 관하여 법관을 엄격한 증명방법의 제약으로부터 해방시킨 규정"이라고까지 평가하고 있다(정웅석/백승민, 앞의 책, 172면).

를 천명하는 규정임과 동시에 엄격한 증명의 근거 규정이기도 하다. 심지어 "사실의 인정은 모두 증거에 의하여야 한다는 의미에서의 증거재판주의는 근대 형사소송법에 있어서 자명한 원리에 지나지 않는다. 그것은 사실인정을 자백에 의하여서는 아니 된다는 역사적 의의를 명백히 한 것에 지나지 않는다. 독일과 프랑스의 형사소송법은 물론 영미의 증거법에서도 이런 규정을 찾아볼 수 없다. 그러나 형사소송법 제307조는 이러한 소극적·역사적 의미에서의 증거재판주의를 확인한 데 그치는 것이 아니라, 특수한 규범적·실정법적 의미를 가진다고 해석해야 한다"고 설명하고 있다.[6]

그러나 제307조 제1항은 신판(神判), 권력을 가진 자의 꿈이나 점괘, 추측 혹은 그러한 자가 접한 소문, 혐의자의 자백[7]이나 그 반대의 무죄 선서 등에 의지하여 사실을 인정하지 말고 증거에 의하여 사실을 합리적으로 인정하라는 의미일 뿐이며, 어디를 보아도 증거능력이나 증거조사방법에 관한 언급이 없음은 물론이고 이와 관련된 해석을 이끌어 낼 단초조차도 없다. 따라서 현재의 제307조 제1항을 놓고 소위 '엄격한 증명'의 근거조항이라고 해석하는 것은 문언적 한계를 벗어난 무리한 해석이라 생각된다.

이러한 점은 민사소송법과 비교해 보면 더욱 잘 나타난다. 민사소송법에서는 별도로 증거재판주의를 천명한 규정도 없고 증거재판주의라는 용어를 사용하지도 않는다. 대신 민사소송법 제202조는 "자유심증주의"라는 표제 하에 "법원은 변론 전체의 취지와 증거조사의 결과를 참작하여 자유로운 심증으로 사회정의와 형평의 이념에 입각하여 논리와 경험의 법칙에 따라 사실주장이 진실한지 아닌지를 판단한다"라고 규정하고 있는데, 위 규정은 형사소송법 제307조 "증거재판주의"와 제308조 "자유심증주의"를 합해 놓은 것과 유사하다. 다만 민사소송법 제202조를 살펴보면 민사소송에서는 증거조사 결과뿐만 아니라 변론 전체의 취지, 즉 변론을 통해 나타난 증거조사 결과 이외의 일체의 상황도 사실인정의 자료가 될 수 있다는 것인데,[8] 이는 형

---

[6] 이재상, 앞의 책, 487면.
[7] 여기에서 말하는 자백은 피고인의 자백이 있는 경우 다른 증거조사 필요 없이 자백대로 사실을 인정하는 것을 말한다. 증거재판주의에 의할 때에는 피고인의 자백도 하나의 증거자료에 지나지 않는다.
[8] 변론 전체의 취지만으로 사실을 인정할 수 있는가 하는 문제가 있으나 여기서는 더 이상의 논의를 피하고

사소송에서는 증거, 즉 증거조사의 결과만이 사실 인정의 자료가 된다는 점과 극명히 대비된다. 이처럼 형사소송에서는 법관이 변론을 통해 얻게 된 일체의 자료, 예컨대 당사자의 주장 태도, 주장이나 입증의 시기 등도 사실인정의 자료로 사용하여서는 아니된다는 것이니 민사소송보다 훨씬 더 엄격하게 증거에만 의존하여 사실을 인정하여야 함이 당연하다.

이러한 점들을 종합할 때 형사소송법 제307조 제1항을 원론적 의미에서의 증거재판주의, 즉 증거에 의하여만 사실을 인정하라는 의미로 해석하는 것은 증거도 없이 사실을 인정하여 형벌을 가하던 시대에 대비되는 역사적 가치를 넘어, 현대에도 여전히 형사소송에서의 가장 핵심적인 원리로서 매우 중요한 의미를 가지고 있다 할 것이다.

2. 증거능력과 증거조사방법에 대한 법적 근거

통설은 제307조 제1항이 위와 같은 증거재판주의의 문언적 의미를 넘어서 "주요사실은 증거능력 있고 적법한 증거조사를 거친 증거에 의하여 인정되어야 한다"는 의미도 함께 가지고 있다고 해석하면서, 위와 같은 방법으로 사실인정 하는 것을 '엄격한 증명'이라고 부른다. 결국 제307조 제1항은 증거재판주의의 근거규정이기도 하지만 엄격한 증명의 근거규정이기도 하며, 오히려 제307조는 증거재판주의의 문언적 의미보다 엄격한 증명의 근거규정이라는 점에서 더욱 중요한 의미를 가지고 있다는 취지이다.

그러나 통설이 말하는 '엄격한 증명'이라는 개념과 취지를 그대로 받아들인다고 하더라도, "증거능력 있고 적법한 증거조사를 거친 증거"를 사용하여야 한다는 의미를 제307조 제1항에서 도출하는 것은 무리한 해석이다. 오히려 증거능력과 관련하여서는 형사소송법 제308조의2 "위법수집증거의 배제", 제309조 "강제 등 자백의 증거능력", 제310조 "불이익한 자백의 증거능력"[9], 제310조의 2 내지 제316조 "전문법칙",

---

자 한다.

[9] 형사소송법 제310조 '불이익한 자백의 증거능력' 규정을 통설은 증명력 배제법칙으로 해석하고 있으나, 필자는 증거능력 배제법칙이라고 보고 있다. 이 책 제3편 '형사소송법상 증거편 규정의 체계에 관한 소고' 중 해당부분 참조.

제317조 "진술의 임의성" 각 규정을 통해 '이러이러한 증거는 증거로 사용하지 못한다'는 취지를 명시적으로 밝히고 있고, 증거조사방법과 관련하여서는 형사소송법 제139조 이하 "검증", 제146조 이하 "증인신문", 제169조 이하 "감정", 제290조 내지 제294조 증거조사의 순서와 방식 등 여러 규정을 통해 '이러이러한 방법으로 증거조사 하여야 한다'는 취지를 천명하고 있으므로, 위 각 규정들을 통해 '사실은 증거에 의하여 인정하되 이때 사용될 수 있는 증거는 위 각 규정들에 따라 증거능력 있고 적법한 증거조사를 거친 증거라야 한다'는 취지를 도출함이 훨씬 더 자연스럽다. 결국 통설처럼 증거재판주의의 의미를 '엄격한 증명'이라는 의미로 달리 해석한다고 하더라도 그 근거 규정은 제307조가 아니라 위에서 언급한 여러 규정이라고 봄이 상당하다고 판단된다.

Ⅲ. 증명의 대상

1. 범죄사실

제307조 제1항은 "사실의 인정은 증거에 의하여야 한다"고 선언하고 있다. 증거에 의한 사실의 인정을 증명이라 하는 바, 증명의 대상은 '사실'임이 틀림없다. 그러나 형사소송 과정에 필요한 모든 사실, 예컨대 형법 제250조가 존재한다는 사실, 피고인은 한국인이므로 대한민국의 법원에서 재판을 받아야 한다는 사실 등도 모두 증거에 의하여 인정하여야 할 사실로 보기는 어렵다. 소전제인 사실을 확정하여 대전제인 법규를 적용하는 것이 소송이므로 법규가 적용되는 대상인 사실만이 확정되어야 할 사실이 되며, 이 사실만이 증명의 대상이다. 형사소송이 피고인에 대한 형벌권의 존부와 범위를 확정하는 절차이므로, 법규가 적용되는 대상되는 사실 중에서 가장 중요한 사실은 역시 형벌권의 존부와 범위 확정의 전제가 되는 사실, 즉 범죄사실이라고 할 수 있다.[10] 여기에서 형벌권 존부의 전제가 되는 사실은 구성요건 해당사실, 위법성과 책임 인정의 기초되는 사실, 처벌조건 해당사실이며, 형벌권 범위의 전제가 되는 사실

---

10) 범죄사실 자체는 아니나 범죄사실을 추론케 하는 간접사실도 범죄사실과 마찬가지로 엄격한 증명을 요한다는데 이론이 없는 것으로 보인다.

은 법률상 형의 가중, 감면 사유되는 사실[11]을 말한다.

2. 법규

법규의 존부와 내용은 법원의 직권조사사항에 속할 뿐만 아니라 죄형법정주의 원칙에 따라 외국법이나 관습법은 그 자체가 우리나라 형사소송의 처벌법규가 될 수 없기 때문에 증명의 문제가 발생하지 않는 것이 원칙이다. 다만 외국법이나 관습법이 친족상도례나 국제형법의 문제와 같이 증명을 요하는 사실의 판단을 위한 전제로 됨에도 그 존부와 내용이 명백하지 아니한 때에는 증명이 필요하므로 법원은 엄격한 증명의 방식에 의하여 그 내용을 판단하는 것이 타당하다는 것이 통설의 입장이다.[12] 일부 견해는 증명의 대상이 되는 경우 인정된 사실에 대한 벌칙만 규정한 법규라면 엄격한 증명을 요하지 않지만, 엄격한 증명을 요하는 사실을 인정하는 자료가 되는 때에는 엄격한 증명의 대상이 된다고 설명하고 있다.[13] 대법원은 "원심은 피고인이 1968.6.28. 미국 시민권을 획득한 미국인인 사실은 충분히 인정되지만 이 사건 범죄는 행위지인 미국 캘리포니아주에서도 범죄를 구성하고 있음이 명백한 양으로 판시하고 있다. 그런데 기록에 의하면 캘리포니아주에서도 이 사건 범죄가 처벌되는 것인지에 관하여는 아무러한 증명이 없다. 필경 원심은 근거 없이 행위지에도 이러한 처벌법규가 있는 것처럼 판시한 셈이므로 증거 없이 사실을 인정하였거나 심리미진, 이유 불비의 위법을 면하기 어렵다 할 것이다"고 판시함으로써[14] 외국법규의 태도 역시 증명의 대상이 된다는 취지를 보여주지만 그것이 엄격한 증명인지 자유로운 증명인지에 대하여는 명확한 판단을 하고 있지 않다.

---

11) 이는 뒤에서 설명할 양형자료 사실과는 엄히 구분하여야 한다. 형의 가중과 감면은 형법 제11조, 제21조 제2항, 제22조 제2항, 제23조 제2항, 제25조 제2항, 제26조, 제27조, 제32조 제2항, 제34조, 제35조, 제38조, 제52조 내지 제56조 등의 구체적 법률의 적용에 따라 법정형과 처단형을 정하는 과정이고, 양형은 처단형의 범위 내에서 범인의 연령 등을 참작하여 판사가 선고형을 정하는 과정이다.
12) 신동운, 앞의 책, 904-905면; 정웅석/백승민, 앞의 책, 176-177면; 이재상, 앞의 책, 490-491면; 배종대/이상돈/정승환, 앞의 책, 553면 등.
13) 노명선/이완규, 앞의 책, 464면. 다만 위에서 "엄격한 증명을 요하지 않지만"이라는 표현은 그 앞의 "법규의 내용이 명백하지 아니한 때에는 증명을 요한다"는 설명과 합쳐볼 때 "자유로운 증명으로 족하다"는 의미로 새겨진다.
14) 대법원 1973.5.1. 선고 73도289 판결.

한편 민사소송법 학계에서도 통설은 외국법규와 같이 법관에게 잘 알려지지 아니한 법규의 경우에는 증명이 대상이 되지만, 자유로운 증명으로 족하기 때문에 외국법규의 존부나 내용이 문제가 된 경우 감정 등을 통해 확인되지 않더라도 공무소에의 조회를 통해 확인할 수 있다고 설명한다.[15] 판례 역시 "섭외사건에 관하여 적용할 준거 외국법의 내용을 증명하기 위한 증거방법과 절차에 관하여 우리나라의 민사소송법에 어떤 제한도 없으므로 자유로운 증명으로 충분하다고 할 것이다"고 판시함으로써[16] 통설과 같은 태도를 보여주고 있다.

생각건대, 법규는 증거에 의하여 인정된 사실을 적용·평가하는 도구이지 인정의 대상이 되는 사실이 아니다. 법규의 존부나 내용은 재판에 선재先在하는 조건이므로 법관이 어떤 방법으로든지 이를 확인하여 이미 인정된 사실에 적용하면 족한 것이지, 입증책임을 부담하는 당사자가 이를 증명하여야 재판의 도구로 활용할 수 있는 것이 아니다. 따라서 법규의 존부나 내용에 대하여 검사나 피고인에게 입증책임이 있을 수 없으며, 당사자가 법규의 존부나 내용에 관한 자료를 제시하더라도 이는 입증활동이 아니라 법원에 대하여 확인을 촉구하는 활동일 뿐이다. 통설이 예로 드는 외국인 친족상도례의 경우에도 가해자와 피해자간의 신분관계 자체는 증명되어야 할 사실이지만, 그 신분관계가 친족상도례가 말하는 친족에 해당하는지 여부는 법규의 문제이므로 증명의 대상이 아니며, 판례에 나오는 캘리포니아주 형법이 그와 같은 행위를 처벌하는지 여부도 증명의 대상은 아니다.

또한 법규의 존부와 내용이 명백하여 증명의 대상이 되지 않는 경우와 명백하지 아

---

[15] 이시윤, 신민사소송법(제5판), 박영사, 2009, 409면; 호문혁, 민사소송법(제7판), 법문사, 2009, 448면; 정동윤/유병현, 민사소송법(제2판), 법문사, 2007, 472면; 전병서, 기본강의 민사소송법(제2판), 홍문사, 2009, 337면; 강현중, 민사소송법(제6판), 박영사, 2004, 505면 등. 형사소송에서도 공무소 또는 공사단체에 조회하여 필요한 사항의 보고 또는 그 보관서류의 송부를 요구할 수 있으나(제272조) 이는 피의자 신문이나 압수 수색 등과 마찬가지로 증거수집 방법이지 법이 정한 증거조사방법이 아니다. 따라서 위 보고나 송부 받은 보관서류 자체가 통설이 말하는 엄격한 증명의 자료는 될 수 없고 제292조 등이 규정하는 증거조사의 대상이 될 뿐이다. 이런 점에서 공무소 조회 결과만으로 사실을 인정할 수 있다면 이는 통설이 말하는 자유로운 증명이 될 것이다.
[16] 대법원 1992.7.28. 선고 91다41897 판결.

니하여 증명의 대상이 되는 경우를 구분할 기준도 없다.[17] 더 나아가 증명이라는 것이 본질적으로 사실인정의 문제이므로 법규를 증명의 대상이라고 본다면 법원이 법규의 존부나 내용에 관하여 잘못 인정하였다고 하더라도 이는 사실인정의 문제일 뿐이기 때문에 원칙적으로 상고의 이유가 되지 못한다는 이상한 결론에 이르게 된다. 결국 법규 자체는 어떤 경우라도 증명의 대상이 아니라 법원이 전권적으로 확인하여야 할 대상일 뿐이며[18], 이를 확인하는 방법은 합리적이기만 하면 아무런 제한이 없다고 판단된다.[19]

3. 경험법칙

경험법칙은 사실 그 자체가 아니라 사실판단의 전제가 되는 지식을 말한다. 통설은 경험법칙을 일반인 누구나 알고 있는 일반적 경험법칙과 전문지식을 요하는 특별한 경험법칙으로 구분한 다음, 일반적 경험법칙은 공지의 사실이기 때문에 증명을 요하지 아니하지만 특별한 경험법칙은 엄격한 증명을 요하기 때문에 법관이 특별한 지식이 있어 개인적으로 알고 있다고 하더라도 감정 등을 통해 증명되어야 판단의 자료로 사용할 수 있다고 한다. 한편 민사소송법 학계에서는 일반적 경험법칙은 공지의 사실로서 증명을 요하지 않지만, 전문적 지식을 요하는 경험법칙은 자유로운 증명의 대상이 된다고 하는 것이 통설적 견해이다.[20]

경험법칙은 사실판단을 위한 도구로 사용되기 때문에 앞에서 설명한 법규와 유사

---

17) 법관은 개인적으로 당해 법규의 존부와 내용을 명확히 알고 있으나 당사자가 수긍하지 아니하는 경우 증명을 요하는지 여부가 불명확해진다.
18) 법관이 인식하게 되는 방법 안에 증명도 포함되지만 모든 인식이 증명의 과정을 거치는 것은 아니다. 예컨대 형법 제250조가 존재한다는 사실은 증명 없이도 법관이 인식하고 있는 것이다. 또한 법원에 현저한 사실이 민사소송에서는 불요증 사실이나(민사소송법 제288조) 형사소송에서는 전혀 불요증 사실이 아니다. 따라서 법관이 직무상 경험으로 명백히 알고 있는 사실이라도 형사소송에서는 불요증 사실도 아니고 증명된 것도 아니나 법관은 이미 인식하고 있는 사실이다.
19) 이렇게 하더라도 법원이 법규의 존부나 내용을 알지 못한다면 그러한 법규가 없는 것으로 판단할 수밖에 없을 것이다. 결국 통설이 말하는 자유로운 증명을 요한다는 설명과 유사한 결과가 될 수 있으나 통설은 법규를 증명하여야 한다는 것이고 필자는 법원이 인식하면 족하다는 것이어서 이런 점에서 근본적인 차이가 있다.
20) 이시윤, 앞의 책, 411면; 호문혁, 앞의 책, 450면; 정동윤/유병현, 앞의 책 471면 등. 다만 왜 자유로운 증명으로 족한지에 대한 설명은 없다.

한 측면이 있는 것은 사실이다. 그러나 법규가 사실판단을 위한 규범적 도구라고 한다면 경험법칙은 사실판단을 위한 사실적 도구라는 점에서 차이가 있기 때문에 경험법칙도 법규와는 달리 증명의 대상이 되는 '사실'의 범주에 속한다. 따라서 자유로운 증명의 존재를 인정하지 않는 필자의 입장에서는 당연히 엄격한 증명을 요한다고 본다. 다만 공지의 사실에 대하여도 증명을 요한다고 해석할 필요는 없을 것이나, 이 역시 제307조 제1항 단서로 불요증에 대한 근거를 명시하는 것이 바람직하다고 생각된다.[21]

Ⅳ. "자유로운 증명"이 존재하는가

1. 총설

통설은 범죄될 사실 이외의 사실은 증거능력이 없거나 적법한 증거조사를 거치지 않은 증거로도 인정할 수 있는데, 이러한 사실인정을 '자유로운 증명'이라고 부르면서 정상관계 사실, 탄핵에 필요한 사실 및 소송법적 사실이 이에 해당한다고 설명하고 있다. '자유로운 증명'은 원래 1926년 독일의 Wilhelm Ditzen이 처음 고안한 개념인데, 이후 Ernst Beling에 의하여 체계화되었다. Beling은 엄격한 증명이 증거능력과 적법한 증거조사 절차를 모두 요하는데 반하여 자유로운 증명은 위 두 가지 요건을 모두 요하지 않는다고 하면서, 다만 양자는 절차면에서 차이를 나타낼 뿐 실체면에서 자유심증주의의 적용을 받는 점에서는 동일하다고 설명하였다. Beling의 그와 같은 주장은 독일 형사소송법 학계에서 통설과 판례의 지지를 받고 있으며,[22] 이후 Sauer, Leo Rosenberg 등의 지지를 거쳐 민사소송법 학계에서도 채용되기에 이르렀다.[23] 위 이론은 일본을 거쳐 우리나라의 민, 형사소송법 학계에서 거의 비판없이 통설적 입장으로

---

21) 독일 형사소송법 제244조 제3항은 "그 공연성으로 인하여 증거조사가 불필요한 경우" 등에 대하여 증거신청을 기각할 수 있다고 규정하고 있다.
22) Claus Roxin, Strafverfahrensrecht, 25. Aufl., München, 1998, pp.175-176; Klaus Volk, Strafprozeßordnung, München, 2007(김환수/문성도/박노섭 공역, 독일 형사소송법, 박영사, 2009, 287면 이하에서 재인용).
23) 이영오, "민사재판에 있어서 자유로운 증명", 법원행정처 재판자료 제25집 민사증거법(상), 법원행정처, 1985, 70면 이하; 髙田昌宏, 自由證明の研究, 有斐閣, 2008, 11면 이하에서 재인용.

받아들여지고 있는 실정이다.[24][25]

　그러나 혹 민사소송법의 영역에서는 모르거니와, 특히 적법절차 원리와 증거재판주의가 강조되는 형사소송법의 영역에서도 자유로운 증명이라는 개념이 그렇게 수용될 수 있는지에 대하여는 심각한 재고를 요한다고 생각된다. 형사소송법은 증거능력과 증거조사방법에 대하여 엄격하고도 상세한 규정을 두면서도, 어떤 사실의 입증에는 위 규정들이 적용되지 않는다는 아무런 암시도 두고 있지 아니하다.[26] 통설의 해석과 같이 증거능력과 증거조사방법의 제한으로부터 자유로운 증명방법이 용인된다면 형사소송법은 증거능력과 증거조사방법에 대한 상세한 규정에 앞서 위 규정들이 적용될 사실인정과 적용되지 아니할 사실인정을 구별하는 기준을 설정하는 규정을 두는 것이 더 급선무일 것이다. 위와 같은 기준 규정이 없다면 적법절차의 원리에 따라 증거능력과 증거조사방법에 관한 규정을 아무리 상세하게 마련한다고 하더라도 "애당초 그 적용 대상이 되지 않는다"는 논리로 위 규정을 무력화시킬 수 있기 때문이다. 그러한 우려는 현실에서 얼마든지 존재한다. 형사처벌이 되느냐 여부가 결정될 기준인 사실을 법원이 마음대로 인정해 버려도 전혀 위법하지 않고 피고인은 이를 받아들

---

[24] 민사소송에서 자유로운 증명의 영역으로 논의되는 분야는 직무상 지득한 사실, 직권조사사항, 소송요건, 법규, 경험칙, 상고심절차, 비송사건절차, 결정절차 등으로서 형사소송의 경우보다 훨씬 다양하다(이영오, 앞의 논문, 77면 내지 91면 참조).

[25] 일본에서는 자유로운 증명이라는 것이 증거능력의 제한에서의 해방을 의미하고 적법한 증거조사절차에서의 해방을 의미하는 것은 아니라는 주장도 제기되었으나 우리나라에서는 그와 같은 견해가 없는 것으로 보인다. 또한 우리 형사소송법 제297조의2 간이공판절차에서 형사소송법이 규정하는 증거조사방법을 따르지 아니하고 법원이 상당하다고 인정하는 방법으로 증거조사 할 수 있다고 규정하고 있는 점에 착안하여 엄격한 증명과 자유로운 증명의 중간에 상당한 증명이라는 개념을 설정하는 견해도 있었으나, 통설은 "증거조사절차를 완화하는 특칙에 불과하다"고 평하면서 상당한 증명이라는 개념을 설정할 필요가 없다고 비판하였고 오늘날은 주장자가 없는 것으로 보인다. 통설이 말하는 "자유로운 증명" 개념을 인정한다고 하더라도 증거조사를 아무런 방법으로나 하여서는 아니 되고 법원이 생각하는 합리적인 방법, 즉 상당한 방법으로 하여야 할 것이므로 결국 모든 자유로운 증명은 상당한 증명과 동일한 개념이라고 보인다. 더욱이 뒤에서 살펴볼 바와 같이 "자유로운 증명"이라는 개념이 존재할 수 없다는 필자의 입장에서 보면 자유로운 증명의 상대 개념인 엄격한 증명 개념도 설정할 필요가 없으며 그 중간인 상당한 증명이라는 개념이 필요치 않음도 당연하다.

[26] 이 때문에 신현주 교수는 "'엄격한 증명'과 '자유로운 증명'의 대립 논리는 실정법과 무관한 개념으로서 전통적 독일법학의 양단 논리 구조에서 유래된 기이한 개념이다. 형사소송법 제307조가 엄격한 규준에 맞는 증거에 의한 증명을 요구한다는 의미에서 '엄격한 증명'이라는 용어를 사용하는 것까지는 받아들일 수도 있지만 '엄격한 증명'의 대립개념으로서의 '자유로운 증명'이라는 개념은 아무런 근거도 이유도 없는 개념으로서 단순히 '엄격한 증명'이 있으니 그 이외의 증명은 '자유로운 증명'이라는 형식논리적 귀결로서 등장한 개념"이라고 비판하고 있다(신현주, 형사소송법(신정2판), 박영사, 2002, 559면).

여야 한다면 이는 적법절차 이념이나 증거재판주의 원칙과는 너무도 거리가 먼 상황인 것이다.

민사소송에서는 공평의 이념이 적법절차 원리나 증거재판주의보다 더 우위에 있다고 볼 경우도 있고, 증거 외에 변론 전체의 취지도 사실인정의 자료가 될 뿐만 아니라 증거능력의 문제도 크게 부각되지 않으므로, 당사자가 이의하지 않으면 법원이 상당하다고 인정하는 방법으로 증거조사를 할 여지가 형사소송보다는 더 많을 것이다. 그러나 형사소송에서는 공평의 이념보다 적법절차 원리나 증거재판주의가 더 강조되고, 증거만에 의하여 사실을 인정하여야 하며, 증거능력의 문제가 증거법 이론 중에서도 가장 중요하다고 할 수 있다. 이러한 점을 종합할 때 적어도 형사소송법 영역에서는 합리적 이유와 명문의 근거규정 없이 법이 정한 증거능력과 증거조사방법의 제한을 회피할 수 있는 자유로운 증명이라는 제도는 인정하기 어렵다고 생각된다.[27]

2. 개별적 고찰

(1) 정상관계 사실

정상관계 사실은 복잡하고 비유형적이어서 엄격한 증명의 대상으로 하기에 부적합할 뿐만 아니라, 법원의 재량에 맡겨져 있기 때문에 자유로운 증명으로 족하다고 보는 견해가 통설적이다.[28] 또한 정상관계 사실도 형벌권의 범위에 직접 관여하는 사실로서 피고인에게는 형벌권의 존부만큼이나 절실한 이해관계가 있기 때문에 피고인에게 유리한 것은 자유로운 증명으로 족하지만 피고인에게 불리한 것은 엄격한 증명을 요한다는 견해도 없지 않다.[29] 그러나 형법 제51조는 "양형의 조건"이란 표제 하에 "형을 정함에 있어서는 다음 사항을 참작하여야 한다"고 규정하면서 범인의 연령, 성행, 지능과 환경 등을 열거하고 있다. 여기에서 양형의 전제되는 사실들이 반드시 증

---

[27] 자유로운 증명이라는 개념이 형사소송법 분야에서 창안되어 민사소송법 분야로 전파되었지만, 아이러니하게도 민사소송보다 형사소송에서 그 적용 가능성이 훨씬 더 낮다고 판단된다.
[28] 이재상, 앞의 책, 491면; 신동운, 앞의 책, 902면; 정웅석/백승민, 앞의 책, 177면; 노명선/이완규, 앞의 책, 464면 등.
[29] 배종대/이상돈/정승환, 앞의 책, 552면. 한때 상당한 증명으로 족하다는 견해도 있었으나 오늘날은 주장자가 없는 것으로 보인다.

명, 즉 합리적 의심이 배제될 정도로 확인된 사실이어야 하는지는 의문이다.

실제 재판에서는 법관이 피고인의 반성 여부 등 많은 정상관계 사실들을 피고인의 법정 태도나 반성문, 가족들의 탄원서 등을 통해 판단할 뿐 별다른 증거조사 절차를 거치지도 않을 뿐만 아니라,[30] 실제로 반성하고 있는지 등을 확신하지 못하는 경우가 많다. 정상관계 사실이 자유로운 증명의 대상이라는 통설에 따르면 위와 같이 인식한 사실을 참작하는 것은 위법하게 된다. 또다른 예로 피고인이 자신의 연령을 밝히지 않고 있지만(외국인이어서 주민등록도 없다고 하자) 외모에 의해 고령으로 판단될 때, 법관은 피고인의 연령에 대하여 특별한 입증이 없음에도 고령이라는 점을 양형자료로 참작할 수 있다고 생각된다. 만일 양형자료에 대하여도 증명을 요한다고 한다면 감정 등의 연령 확인절차를 거쳐야 하고 외모에 대한 상식적 판단 결과를 참작하는 것은 위법한 증거조사가 될 것이다. 그러나 그러한 결론은 실무 태도에는 물론이고 통상의 법감정에도 명백히 반한다.

앞에서 살펴본 바와 같이 법규 적용의 대상이 되는 사실은 증명되어야 하지만, 정상관계 사실은 법규 적용의 대상이 아니라 법관이 양형을 함에 참작할 대상일 뿐이다. 직접 법규를 적용하여 유무죄 판단 등의 법률효과를 발생시키는 것이 아니고, 법관이 유죄가 입증된 사안의 양형을 정함에 참작하기 위한 사실 인식에 대하여도 증명을 요구하는 것은 무리이다.[31] 따라서 정상관계 사실은 증명되지 않아도 법관은 이를 참작할 수 있다고 해석하여야 한다. 이런 점에서 법규에 규정된 가중 또는 감경사유와 양형 사유는 전혀 다르다. 가중 감경사유는 엄격하게 입증된 후 법규에 적용되어야 하지만 양형사유는 법관이 참작하면 족하다. 결국 정상관계 사실 역시 자유로운 증명의 대상이 아니라 처음부터 증명의 대상이 아니라고 보아야 할 것으로 판단된다.

---

30) 통설이 말하는 자유로운 증명을 인정한다고 하더라도 법이 정한 엄격한 증거조사 절차를 거치지 않아도 된다는 의미이지 전혀 증거조사를 하지 않아도 된다는 의미는 아닐 것인데, 피고인의 반성문이나 가족 탄원서 등은 애당초 증거로 취급되지도 않으며 어떠한 형태의 증거조사도 시행하지 아니하는 것이 현재의 실무 태도이다.
31) 어쩌면 확신이 아니라 일응 그럴 것이라는 인식 정도, 즉 소명 정도로도 참작할 수 있지 않을까 생각된다.

(2) 탄핵에 필요한 사실

통설은 주요사실에 대한 증거의 증명력을 보강하는 사실은 엄격한 증명을 요하나, 증거의 증명력을 탄핵하는 사실은 자유로운 증명으로 족하다고 보면서, 제318조의2 제1항에 의하여 증거능력 없는 전문증거도 탄핵증거로 사용될 수 있는 이유가 전문법칙이 주요사실의 증명, 즉 엄격한 증명에만 적용되기 때문이라고 설명하고 있다.[32] 통설에 따르면 탄핵증거는 전문법칙의 예외가 아니라 처음부터 전문법칙이 적용되지 않는 영역이 된다. 그러나 탄핵증거에 대하여는 제318조의2 제1항에 의하여 '증거능력 없는 전문증거도 탄핵증거로는 사용할 수 있다'는 특칙이 있을 뿐 일반적인 증거능력에 관한 특칙, 예컨대 위법수집증거로서 증거능력이 없는 증거를 사용할 수 없다는 점이나 증거조사방법에 관하여는 아무런 특칙이 없다. 따라서 그러한 점에 대하여는 다른 증명의 경우와 동일하다고 해석할 수밖에 없다. 결국 탄핵증거에 대하여 부여된 약간의 특례만으로 "탄핵에 필요한 사실은 모두 자유로운 증명으로 족하다"고 판단하는 것은 논리의 비약이라고 생각된다.

또한 탄핵증거는 범죄사실의 존부를 증명하는 증거의 실제 가치를 감쇄시킴으로써 결과적으로 범죄사실의 존부 증명에 큰 영향을 주기 때문에, '범죄사실의 존부를 증명하는 증거'가 아니라는 이유로 전문법칙의 적용을 배제하기도 어렵다고 보인다. 더욱이 만일 그와 같은 논리로 전문증거도 탄핵증거로 사용할 수 있다고 한다면, '보강증거도 범죄사실의 존부를 증명하는 증거가 아니므로 전문증거로 보강증거도 할 수 있다'고 하여야 하나 그와 같이 주장하는 분은 없는 것 같다.

전문법칙이 범죄사실의 존부를 증명하는 증거, 즉 엄격한 증명에만 적용되기 때문에 요증사실 자체를 내용으로 하지 않는 탄핵증거에는 전문법칙이 적용되지 않는다는 통설의 설명 또한 자유로운 증명이라는 개념을 인정하지 않는 필자의 입장에서는 수긍하기 어렵다. 더 나아가 탄핵증거를 '자유로운 증명'으로 분류한다면 전문법칙에 의한 증거능력 제한뿐만 아니라 다른 증거능력 제한규정 전부로부터 자유로워야 하

---

[32] 이재상, 앞의 책, 492면; 신동운, 앞의 책, 903면; 정웅석/백승민, 앞의 책, 178면; 노명선/이완규, 앞의 책, 465면 등.

며, 증거조사방법 역시 자유로워야 하나, 우리 형사소송법 제318조의2 제2항은 전문법칙에 의한 증거능력 제한만 해제해줄 뿐이다.

통상 입증책임의 분배에 따라 검사가 범죄사실의 존재를 증명하는 증거를 제출하고 피고인측이 위 증거를 탄핵하는 증거를 제출하게 된다. 결국 탄핵증거 제출자는 대부분 피고인측이 되므로 방어능력이 모자라는 피고인측을 돕기 위하여 탄핵증거의 증거능력 요건을 완화하는 것으로 해석하는 경향이 있는 듯하다. 그러나 합리적 이유도 없이 피고인측만 유리하게 해석하는 것은 설득력이 없으며 당사자주의의 취지와도 조화되기 어렵다. 더 나아가 탄핵증거의 법리가 피고인측이 제출하는 탄핵증거에만 적용되는 것도 아니다. 즉 피고인측이 범죄사실의 부존재를 증명하는 증거(대부분 반증이 될 것이다)를 제출한 경우 검사가 위 증거의 증명력을 탄핵하는 증거를 제출하였을 때에도 탄핵증거의 법리가 그대로 적용되어야 한다. 탄핵증거에 대하여 증거능력 요건을 완화하는 이유는 전문법칙의 본질이나 엄격한 증명, 자유로운 증명의 구분에서 나오는 것이 아니라 탄핵증거의 본래적 특성에서 나오는데, 이는 탄핵증거의 허용범위에 대한 한정설, 비한정설, 절충설의 대립과 직결된다. 다만 이글에서는 이에 대한 상세한 설명을 피하기로 한다.[33]

(3) 소송법적 사실

소송법적 사실이란 범죄사실이나 양형사실 이외의 사실로서 형사절차와 관련된 사실 혹은 소송법규의 적용요건에 해당하는 사실을 의미한다. 소송법적 사실은 다시 순수한 소송법적 사실[34]과 증거능력의 기초되는 사실로 구분하는 것이 통례이다. 통설은 순수한 소송법적 사실은 피고인의 보호와 직접 관련이 없으므로 자유로운 증명으로 족하다고 설명하고 있다. 예컨대 친고죄에서의 고소의 유무, 피고인의 구속기간, 공소제기나 공판 개시, 피고인 신문이 적법하게 행하여졌는지 여부, 공소시효 완성 여부 등은 모두 소송법적 사실이므로 자유로운 증명으로 족하다는 것이다.

---

[33] 이 책 제5편 '탄핵증거의 허용성과 조사방법에 관한 소고' 중 해당부분 참조.
[34] 이는 소송조건의 구비 여부와 절차진행의 적법성 여부를 포함하고 있다.

다만 자백의 임의성과 같은 증거능력의 기초되는 사실은 소송법적 사실이면서도 피고인의 범죄사실 인정 여부에 중대한 영향을 미치기 때문에 순수한 소송법적 사실과는 달리 보아 엄격한 증명을 요한다고 보는 견해가 있고, 어떤 분들은 이를 책임 관련적 소송법적 사실이라고 부르기도 한다.[35] 이에 대하여 다른 학설[36]과 판례[37]는 자백의 임의성에 관계되는 사실도 소송법적 사실이므로 여전히 자유로운 증명으로 족하다고 하고 있다.

　소송조건의 구비 여부가 법원의 직권조사사항이기는 하지만(형사소송법 제1조 참조), 그 전제되는 사실, 예컨대 친고죄에서 고소가 있었는지 여부, 공소시효 완성 전에 공소가 제기되었는지 여부 등은 모두 증명되어야 한다. 그 증명 방법에 대하여 형사소송법은 아무런 특칙을 두지 않고 있는 이상 증거능력 있는 증거로서 법이 정한 절차에 따라 조사한 결과로서 인정하여야 할 것이고, 해석에 의하여 함부로 '자유로운 증명'의 대상이 된다고 판단하여서는 아니된다는 것이 필자의 소견이다.[38] 이론적으로는 소송법적 사실을 검사가 모두 증명하는 것이 대단히 큰 부담인 것처럼 여겨질 수 있으나, 실무상 소송법적 사실이 실제로 문제되는 경우가 매우 적다. 피고인도 문제삼지 않고 법원도 의문을 제기하지 아니한 문제에 대하여는 입증 여부를 논할 실익이 거의 없다는 점[39]을 고려하면 소송법적 사실에 대한 증명이 실제로는 큰 부담이 되지 않을 것으로 보인다. 반대로 소송법적 사실이라도 문제가 된 경우라면 검사가 이를 증명하여야 할 것이고, 이는 통설이 말하는 엄격한 증명일 수밖에 없다고 판단된다. 예컨대 친고죄에서 고소가 있었는지 여부 또는 고소기간과 관련하여 범인을 알게 된 시점이 언제였는지가 첨예하게 다투어지는 경우라면 검사가 증거능력 있는 증거로써 법이 정한 증거조사방법에 따라 이를 증명하여야 하는 것이다. 모든 소송법적 사실에 대하여 그와

---

35) 배종대/이상돈/정승환, 앞의 책, 542면 이하.
36) 이재상, 앞의 책, 490면 이하.
37) 대법원 1986.11.25. 선고 83도1718 판결.
38) 다만 이런 특례를 규정하더라도 이는 증거조사방법에 대한 완화이지 증거능력 제한에 대한 완화는 아니다. 소송법적 사실이라고 하더라도 위법수집증거나 전문증거로서 증명하여서는 아니 될 것이기 때문이다. 유일한 증거로서의 자백의 경우에는 범죄 될 사실에 대한 증명에만 증거능력이 제한되는 것으로 해석하기 때문에 소송법적 사실의 인정에는 자료가 될 수 있으리라 생각된다.
39) 이에 대하여는 이 책 제1편 '형사소송에서 입증책임과 쟁점형성책임에 관한 실무적 고찰'에서 상세하게 다루기로 한다.

같은 증명을 요구하는 것이 소송경제상 문제가 된다면[40] 일정한 소송법적 사실의 증명에 대하여는 간이공판절차의 경우와 같이 증거조사방법에 관한 예외 규정을 두는 방법으로 입법적인 보완이 가능하지만, 증거능력에 관한 예외는 더더욱 신중을 요한다고 생각된다.

(4) 간이공판절차

간이공판절차에 의하여 심판할 것을 결정한 경우 사실인정에 있어 특칙이 있다. 증거능력과 관련하여서는 당사자의 이의가 없는 한 전문법칙에 의하여 증거능력 없는 증거에 대하여 증거동의가 있는 것으로 간주하고(형사소송법 제318조의3), 증거조사 방법과 관련하여서는 제161조의2, 제290조 내지 제293조, 제297조의 규정을 적용하지 아니하며 '법원이 상당하다고 인정하는 방법'으로 증거조사를 할 수 있다(제297조의2)는 규정이 바로 그것이다. 현행 형사소송법상의 입증과 관련한 부분 중 증거능력과 증거조사 방법에 관한 규제를 가장 광범위하게 해제한 것으로서, 만일 자유로운 증명이라는 개념을 인정하는 입장이라면 간이공판절차의 특칙이야말로 1순위로 이에 해당한다고 평가되어야 할 것 같은데, 통설은 자유로운 증명을 인정하면서도 간이공판절차의 특칙은 전혀 언급하지 않는다. 간이공판절차에서 증거능력과 증거조사 방법의 규제를 해제하는 광범위한 특칙을 두고 있는 것은 맞으나, 법원이 자유롭게, 자의적인 방법으로 사실을 인정할 수 있도록 방치하고 있는 것은 아니므로 '자유로운 증명'에 해당한다고 평가할 수는 없다는 것이 필자의 생각이다.

증거조사 방법과 관련하여 '법원이 상당하다고 인정하는 방법'이 구체적으로 어떤 것인지에 대하여는 여러가지 의견이 있을 수 있으나, 증거의 내용이 확인될 수 있는 공정하고도 합리적인 방법이어야 한다는 내재적 한계를 가지고 있다고 할 것이므로, 이 규정이 '법원이 자유롭게 증거조사를 할 수 있다'는 취지로 변질되어서는 아니 될 것이다. 종래 간이공판절차에 있어 법원은 아예 증거조사절차를 생략하거나 검사로부터 증거목록을 제출받고 피고인측에 이의가 있는지를 물어보는 것으로 증거조사를

---

[40] 예컨대 토지관할과 관련하여 정확한 범죄 장소가 어디인가 하는 문제와 같이 순 절차적인 면에 관련되는 사실이 이에 해당한다고 보인다.

다 한 것으로 취급하는 경향이 있었다. 판례 역시 "피고인이 공판정에서 공소사실을 자백한 때에 법원이 취하는 심판의 간이공판절차에서의 증거조사는 증거방법을 표시하고 증거조사 내용을 '증거조사 함'이라고 표시하는 방법으로 하였다면 간이절차에서의 증거조사에서 법원이 인정 채택한 상당한 증거방법이라고 인정할 수 있다"고 판시한 바 있다.[41] 그러나 위와 같은 증거조사는 '법원이 상당하다고 인정하는 방법'이라고 보기 어렵다. 최근 법원 실무는 간이공판절차에 의하는 경우에도 검사로부터 증거목록을 받아 그 중 중요한 증거에 대하여는 제목과 요지 등을 피고인측에 고지한 후 이의 여부를 묻는 방법으로 최소한의 증거조사를 하고 있는 바, 지극히 다행스러운 일이다.

V. 나가며

앞에서 필자는 제307조를 증거재판주의의 본래적 의미를 넘어 엄격한 증명의 근거조항이라고 해석하고 이에 해당하지 아니하는 사실에 대하여는 자유로운 증명이 허용된다고 보는 통설의 입장을 비판하면서, 형사소송에서 필요한 모든 사실의 인정은 법률에 특별한 규정이 없는 한 통설이 말하는 엄격한 증명에 의하여야 한다고 주장하였다. 필자의 주장에 따른다면 재판 과정에 문제된 사실의 증명을 위하여 통설에 의할 때보다 더 많은 노력이 필요할 경우도 있을 것이고 증명이 어려워질 경우도 있을 수 있다. 그러나 형사재판은 국민의 기본권 즉 생명과 신체의 자유, 재산과 명예 등에 대한 직접적인 제재 여부를 결정하는 과정이기 때문에 당연히 공정성과 신중함이 편리함이나 경제성보다는 우선적으로 고려되어야 할 것이므로 그러한 절차적 어려움은 당연히 감내하여야 할 것이라 생각된다. 다만 간이공판절차에 관한 규정과 같이 소송경제를 꾀하면서도 재판의 공정성과 신중함이 침해되지 않도록 할 수 있는 여지가 있다면 당연히 그러한 내용은 특칙으로 규정되어야 할 것이며, 특히 소송법적 사실, 공지의 사실 등의 증명과 관련하여서는 향후 이러한 점을 명확히 할 입법적 조치가 필요하다고 생각된다.

---

41) 대법원 1980.4.22. 선고 80도333 판결.

형사소송에서의 추정이론

Ⅰ. 들어가며

1. 추정의 의의

추정이란 어느 사실에서 다른 사실이나 법률관계를 추론하는 것을 말하는데, 사실의 인정에 반드시 필요한 과정이므로 민사재판과 형사재판에서 공히 사용된다. 추정은 몇 가지 기준에 따라 분류할 수 있는데, 우선 추정의 객체에 따라 권리추정과 사실추정으로 나눌 수 있다. 권리추정이란 갑이라는 사실이 있으면 을이라는 권리 혹은 법률관계가 존재하는 것으로 추정하는 것을 말하고, 사실추정이란 갑이라는 사실이 있으면 을이라는 사실이 있는 것으로 추정하는 것을 말한다. 민사소송에서는 위 양자가 모두 존재하지만[1], 형사소송에서는 권리관계 존부에 관한 판단을 요하지 않기 때문에 재판의 전제되는 민사적 권리 유무를 판단함에는 혹 모르지만[2] 형사적 문제 자체로는 권리추정이 존재하지 않는다. 이하에서는 사실추정에 한정하여 논하기로 한다. 또한 추정의 방법에 따라 법률상 추정과 사실상 추정으로 나눌 수 있다. 법률상 추정이란 '…한 것으로 추정한다'라는 명문의 법 규정에 의해 추정하는 것을 말하고, 사실상 추정이란 경험칙에 의하여 추정하는 것을 말한다.[3][4] 민사 법규에는 추정규정이 적지 않

---

1) 물건을 점유한 자가 점유물에 대하여 행사하는 권리는 적법하게 보유한 것으로 추정한다는 것(민법 제200조)이 권리추정의 대표적 예이며 처가 혼인 중에 포태한 자는 父의 자로 추정한다는 것(민법 제844조 제1항)이 사실추정의 대표적인 예이다.

2) 그러한 경우에는 권리관계 유무를 민사적 법리에 의하여 판단하여야 할 것이며 필요하다면 권리추정이 사용될 수도 있다. 예컨대 타인이 어떤 물건을 사용하여 영업행위를 하고 있는데 위 물건에 대해 달리 특별한 권원이 없으면서 위 점유 자체를 저지하였다면 이는 그 타인의 정당한 업무 행위를 방해한 것으로 인정되어 업무방해죄를 구성한다고 판단 받게 될 것이다. 이와 관련하여 신현주 변호사는 "형사소송에 있어서 민사에 관한 권리추정 규정이 적용되지 않는다는 일부 견해는 이해하기 어렵다"고 피력하고 있다. 신현주, 형사소송법 신정2판, 2002, 박영사, 567면.

3) 민사소송에서는 사실상 추정 대신 '재판상 추정'이라는 용어도 사용하며 추정 결과를 '表見 증명' 혹은 '일응의 증명'이라고도 하나, 형사소송에서는 그와 같은 용어를 사용하지 않는다. 오석락, "사실상의 추정", 법정 제6권 제5호(1976. 5.), 64면; 정재훈, "법률상의 추정과 사실상의 추정", 재판자료 25집(1985.7.), 법원행정처, 333면.

4) 경험법칙에 의한 요증사실의 추론을 모두 사실상 추정이라 할 것인지도 문제된다. 사실상 추정은 추론 중

으나,[5] 형사 법규에는 추정규정이 극히 적으며, 통설적 견해는 형사소송에서는 법률상 추정이 허용될 수 없다고 보고 있다.

2. 추정과 입증책임과의 관계

입증책임이란 소송에서 입증되어야 할 사실이 진위불명인 경우 법원이 궁극적으로 누구의 불이익으로 판단하여야 하는가의 문제인데, 형사소송에서는 '의심스러운 때에는 피고인의 이익으로' 법리에 따라 범죄성립요건인 사실뿐만 아니라 소송에서 인정이 필요한 모든 사실에 대한 입증책임까지 검사가 부담함이 원칙이다.

그런데 사실상 추정은 검사가 갑 사실을 입증한 경우 법관이 갑 사실에 경험칙을 보태어 을 사실을 추정하는 것이므로, 아무리 갑 사실이 입증이 되었다 하더라도 이를 가지고 을 사실의 존재가 명백하다는 확신이 들지 않으면 을 사실은 여전히 진위불명이다. 그렇게 되면 형사소송에서는 '의심스러운 때에는 피고인의 이익으로' 법리에 따라 을 사실은 존재하지 아니하는 것으로 판단된다. 결국 사실상 추정은 입증책임의 분배에 직접 영향을 미치지는 못하고 형식적 입증책임 즉 입증의 부담에만 영향을 미칠 뿐이다. 사실상 추정으로 불이익을 받는 당사자(대부분의 경우 피고인일 것이다)는 법관으로 하여금 '위와 같은 추론의 결과가 진실이 아닐지도 모른다'는 의심만 들게 하면 위 추정으로 인한 불이익을 면하게 된다. 소송에서 입증책임을 부담하지 아니하는 자가 제출하는 증거가 반증이다. 따라서 사실상 추정으로 불이익을 받게되는 당사자가 제출하는 증거는 반증이다[6]. 예컨대 갑에 대한 절도 사건에 있어 갑이 인접한 시각에 범죄발생장소에서 무언가를 들고 나오더라는 사실은 절도 피의사실에 대한 간접증거가 되고, 이를 통해 갑이 절도범행을 저질렀을 개연성이 극히 높은 것으로 추정된다. 그리고

재판에서 이미 정형화된 일부만을 지칭한다는 견해도 없지 않다. 그러나 사실상 추정을 그와 같이 폭을 좁혀 인정하는 견해하더라도 모든 추론을 사실상 추정으로 보는 견해와 아무런 차이가 없으며, 사실상 추정으로 보아야 반증으로 뒤집을 수 있다는 논리를 통일적으로 적용할 수 있다는 점 등을 고려할 때 굳이 사실상 추정을 폭을 좁혀 인정할 필요는 없지 않을까 생각된다.
5) 각주 1)에서 소개한 것이 모두 법률상 추정의 예이며, 실제로 손해배상의 범위와 관련한 추정 규정이 가장 많다.
6) 이와 같은 논리는 민사소송에서도 마찬가지이다. 이시윤, 신민사소송법, 2003, 박영사, 383면, 452면; 강현중, 민사소송법 제6판, 2004, 박영사, 571-572면; 오석락, 앞의 논문, 64면.

이 추정을 깨트리기 위해서는 그런 물건을 들고 나온 사람이 갑이 아닐 수도 있다는 자료나 갑이 그와 같은 물건을 들고 나온 것은 맞지만 그 물건이 절도 피해품이 아닐 수도 있다는 별개의 자료[7]를 현출하든지, 아니면 비록 갑이 피해품을 들고 나온 것은 맞지만 갑이 그것을 절취한 것이라고 단정하기가 망설여지도록 할 만한 별개의 자료[8]를 제시하여야 한다. 그 밖에 갑이 절도범인이 아니라는 직접 자료를 제출하는 방법도 생각할 수는 있으나 실제로는 매우 어려울 것이다.[9]

그러나 '갑 사실이 인정되면 을 사실이 존재하는 것으로 추정한다'라는 명문의 규정이 있는 경우에는 갑 사실이 입증되었다면 을 사실의 부존재가 적극적으로 입증되지 아니한 이상 법관은 을 사실이 존재하는 것으로 판단하여야 한다. 이런 경우는 을 사실은 처음부터 진위불명이 아닌 것이다. 결국 법률상 추정이 있는 경우 반대 당사자(대부분 피고인일 것이다)는 위 추정을 깨트리기 위하여 을 사실이 존재하지 아니한다는 사실, 즉 반대사실을 입증하여야 한다. 이때 입증의 정도는 법관으로 하여금 확신에 이를 정도, 즉 본증의 입증을 요하므로 법률상 추정은 입증책임의 전환을 가져온다고 보아야 한다[10]. 이 점 때문에 형사소송에서 법률상 추정이 허용되는가가 문제된다. 항을 바꾸어 설명한다.

Ⅱ. 법률상 추정

1. 법률상 추정의 허용성에 대하여

형사소송에서는 법률상 추정이 허용될 수 없다는 것이 통설적 견해이다. 그 이유에 대하여는 법률상 추정이 자유심증주의 혹은 실체적 진실주의에 반하기 때문이라

---

[7] 그와 같은 자료가 바로 반증이다.
[8] 민사소송에서는 이를 '간접반증'이라 하며 재판 실무에서는 보통 '특별한 사정' 또는 '특단의 사유'라고 표현한다. 정재훈, 앞의 논문, 344면.
[9] 오석락, 앞의 논문, 69면; 정재훈, 앞의 논문, 343면.
[10] 이 역시 민사소송에서와 같다. 이시윤, 앞의 책, 384, 452면; 강현중, 앞의 책, 546면. 이와 같은 관점에서 볼 때 배종대/이상돈, 형사소송법 제3판, 1999, 홍문사, 494면에는 "법률상 추정된 사실은 반대사실의 증거(반증)로써 추정이 번복되지 않는 한 증명을 요하지 않는다고 한다"라고 기재되어 있으나 이때 반증이란 용어는 오류가 아닌가 생각된다.

고 설명되기도 하고[11] '의심스러운 때에는 피고인의 이익으로' 법리가 거론되기도 한다.[12] 형사소송에서는 실체적 진실주의를 취하고 있어 형식적 진실주의를 취하는 민사소송과는 입장이 다른 것이 사실이다. 그러나 민사소송에서는 '당사자 간에 다툼 없는 사실에는 법원도 구속되어 이를 사실로 인정하여야 한다'는 점 외에는 민사소송에서 추구하는 진실과 형사소송에서 추구하는 진실 사이에 차이가 있을 수 없고, 법률상 추정은 당사자 간의 다툼 유무와 아무런 관계가 없다. 그렇다면 민사소송에서는 당연히 인정되고 있는 법률상 추정을 형사소송에서는 '실체적 진실주의'라는 이름으로 전면적으로 부정하는 것이 과연 충분히 설득력 있는지 의문이다. 자유심증주의와 관련하여서도 마찬가지이다. 굳이 민사소송과 비교하지 아니하더라도 공판조서의 절대적 증명력 등의 예에서 보듯이 형사소송에서도 필요하다고 인정되면 합리적 범위 내에서 자유심증주의의 예외가 인정될 수 있는 것이다. 그러함에도 유독 법률상 추정에 대하여만 자유심증주의를 이유로 절대적으로 허용되지 아니한다는 논리는 설득력이 약하지 않은가 생각된다. '의심스러운 때에는 피고인의 이익으로' 법리 역시 전혀 예외를 인정할 수 없는 법리라고 단정할 수 없다. 필요성이 인정되고 합리성에 의하여 적절히 통제가 될 수 있다면 예외를 인정할 수 있으며, 이러한 해석이 오히려 기본권의 한계를 규정한 헌법 제37조 제2항의 취지에도 부합하지 않는가 생각된다. 결국 형사소송에서도 법률상 추정을 인정하되, 그와 같은 추정이 오남용 되는 것을 방지하기 위해 필요 최소한의 범위 내에서만 허용되도록 통제하는 문제에 논의를 집중하는 것이 더욱 적절할 것으로 생각된다.

상해죄의 동시범 특례조항(형법 제263조)의 효력에 대하여 법률상 추정으로 보는 견해, 입증책임 전환으로 보는 견해 및 실체법적으로는 법률상 책임의 의제이고 소송법적으로는 입증책임의 전환이라는 견해 등이 대립하며, 일부 견해는 법률상 추정으로 보든 입증책임 전환으로 보든 피고인에게 반대사실의 입증 즉 본증 책임이 전가된다는 점에서는 동일하므로 위 논쟁의 실익이 없고 오히려 상해죄 동시범의 경우 형법 제19조의 예외를 인정하여야 할 필연적 이유를 찾을 수 없으므로 이는 위헌이라고 하고 있

---

11) 배종대/이상돈, 앞의 책. 494면.
12) 이재상, 형사소송법 제6판, 2002, 박영사. 458면.

다[13]. 법률상 추정을 인정하여야 할 특수한 필요성이 인정되는 경우가 아니라면 법률상 추정이 인정될 수 없다는 취지로 해석한다면 이글의 취지와도 일치한다고 보인다. 다만 뒤집어 말한다면 형법 제19조의 예외를 인정하여야 할 필연적 이유가 있다면 최소한의 범위 내에서 법률상 추정이든 입증책임의 전환이든 인정할 수도 있지 않을까 생각되는 것이다.

2. 입법상 추정 규정

형사소송법에는 법률상 추정규정이 존재하지 아니하지만, 특별법상 형사책임과 관련한 추정규정이 제한적이나마 존재하는데, 환경범죄의단속에관한특별조치법과 마약류불법거래방지에관한특례법 등이 그 적례이다[14][15]. 환경범죄의단속에관한특별조치법는 제3조 이하에서 오염물질 불법배출자를 가중처벌하는 규정을 두면서 제11조에서 '추정'이란 표제 하에 '오염물질을 사람의 생명, 신체 상수원 또는 자연생태계 등에 위험이 발생할 수 있을 정도로 불법배출한 사업자가 있는 경우 그 물질의 불법배출에 의하여 위험이 발생할 수 있는 지역 안에서 동종의 물질에 의하여 생명, 신체 등에 위험이 발생하고 그 불법배출과 발생한 위험 사이에 상당한 개연성이 있는 때에는 그 위험은 그 사업자가 불법배출한 물질에 의하여 발생한 것으로 추정한다'고 규정하고 있다. 또 마약류불법거래방지에관한특례법는 제13조 이하에서 마약류 범죄를 통해 얻은 불법수익 등을 몰수한다는 취지를 규정한 후 제17조에서 '불법수익의 추정'이라는 표제 하에 '제6조의 죄에 관계된 불법수익을 산정함에 있어 같은 조 각호의 규정

---

[13] 배종대/이상돈, 앞의 책, 501면; 신현주 변호사는 "민사소송법·형사소송법 모두 법률상의 추정 규정은 없다. 법률상의 추정의 현실적 결과는 입증책임의 전환이다"라고 하여 같은 취지임을 보여준다. 신현주, 앞의 책, 567면
[14] 앞에서 설명한 형법 제263조 상해죄의 동시범 특례 조항의 효력에 대하여 법률상 추정으로 보는 견해를 따른다면 위 조항 역시 법률상 추정 규정이라 해석하겠지만 지금 그와 같은 견해를 추종하는 분이 거의 없는 듯하므로 이글에서는 논외로 한다. 한편 형법 제310조에 대하여도 입증책임 전환 규정이라 해석하는 견해가 종래의 다수설적 입장이었으며 앞에서도 설명한대로 입증책임 전환 규정이 실질적으로는 법률상 추정 규정이라고 보는 입장에서 보면 위 조항 역시 법률상 추정의 일종이라 볼 여지가 없지 않으나, 오늘날은 형법 제310조를 입증책임 전환이 아니라 단순한 위법성 조각사유의 일종이라고 보는 견해가 훨씬 유력하다고 판단되므로(배종대/이상돈, 앞의 책, 502면; 이재상, 앞의 책, 463면; 신현주, 앞의 책, 574면 등) 이 역시 논외로 한다.
[15] 이 외에도 공무원범죄에관한몰수특례법 제7조, 불법정치자금의몰수에관한특례법 제7조 등에서 법률상 추정 규정이 발견된다.

에 의한 행위를 업으로 한 기간 내에 범인이 취득한 재산으로서 그 가액이 당해 기간 내의 범인의 재산운용 상황 또는 법령에 의한 급부의 수령상황 등에 비추어 현저하게 고액이라고 인정되고 그 취득한 재산이 불법수익금액, 재산취득시기 등 제반사정에 비추어 같은 조의 죄로 얻은 불법수익으로 형성되었다고 볼만한 상당한 개연성이 있는 경우에는 그 죄에 관계된 불법수익으로 추정한다'고 규정하고 있다.

위 규정들의 공통점은 모두 행위와 결과 사이의 인과관계에 대한 추정이라는 점이다. 즉 인과관계에 대한 명확한 입증이 사실상 어려운 현실을 고려하여 인과관계를 법률상 추정하되, 인과관계 전부를 추정해 주는 것이 아니라 '상당한 개연성'에 대한 입증까지는 요구하고 있다는 점이다. 즉 상당한 개연성의 존재는 검사가 입증하여야 나머지 명확한 인과관계는 검사가 입증을 하지 못하더라도 인.과관계가 입증된 것으로 법규가 추정을 해 주고, 행위자는 그와 같은 결과가 자신의 행위로 인한 것이 아니란 점을 입증하지 못하는 한 결과에 대한 형사책임을 면하지 못하게 되는 것이다.

여기에서 법률상 추정의 허용 여부를 다시 한 번 검토해 보자. 형사소송에서는 의심스러운 때에는 피고인의 이익으로 법리에 따라 검사에게 입증책임이 분배된다는 것이 원칙이다. 그러나 환경범죄의 경우 행위와 결과 사이의 인과관계를 명확히 입증한다는 것이 매우 어려워 사실상 불가능에 가깝다는 점은 형사소송이나 민사소송이나 공통된 현상이다. 또한 마약범죄와 같이 은밀히 이루어지는 범죄로 인하여 얻은 수익이 어느 것이냐를 정확하게 구분해 낸다는 것도 사실상 불가능에 가깝다. 따라서 이러한 경우에는 예외적으로 검사의 입증책임을 완화 또는 전환할 필요성이 충분히 있다.[16] 다만 그 완화 또는 전환이 필요 최소한의 범위 내에서 허용되어야 한다는 관점에서 '상당한 개연성이 인정되는 경우에 한하여' 법률상 추정을 허용하는 것은 헌법 제37조 제2항의 취지에 비추어 보아도 의심스러운 때에는 피고인의 이익으로 법리의 본질적인 내용을 침해하고 있다고 보이지 아니한다.[17] 따라서 적어도 위 몇가지 경우

---

16) 헌법 제37조 제2항의 취지에 비추어 보면 '질서유지를 위해 필요한 경우'라고 해석될 수 있을 것이다.
17) 상당한 개연성의 이증책임을 검사에게 부과하고 있는 이상 위 규정은 완전한 의미의 법률상 추정이나 입증책임의 전환이라기 보다는 '입증책임의 완화'로서의 의미가 더욱 강하다고 보인다.

에 있어서는 법률상 추정이 허용된다고 생각된다.

3. 판례에서 나타나는 법률상 추정

한편 판례에서는 위 2가지 외에도 법률해석에 의해 법률상 추정이 인정되는 경우가 있다는 취지를 밝힌 예가 있어 주목되는,데 대법원 1986.1.28. 선고 85도2379 판결이 바로 그것이다. 이 판결에서 대법원은 "사회보호법 제5조 제1항 제1호 소정의 보호감호 대상자는 재범의 위험성이 법률상 추정되므로 별도로 재범의 위험성 유무를 심리 판단할 필요가 없다"는 취지로 판시한 바 있다.

물론 당시의 사회보호법 제5조 제1항 제1호에는 "동종 또는 유사한 죄로 3회 이상 금고 이상의 실형을 받고 형기 합계 5년 이상인 자가 최종형의 전부 또는 1부의 집행을 받거나 면제를 받은 후 3년 내에 다시 사형, 무기 또는 장기 7년 이상의 징역이나 금고에 해당하는 동종 또는 유사한 죄를 범한 때에는 10년 이상의 보호감호에 처한다"는 취지로[18] 규정되어 있을 뿐 재범의 위험성에 관한 규정이 전혀 없었다. 그러나 동법 제1조에는 "목적"이라는 표제 하에 "이 법은 죄를 범한 자로서 재범의 위험성이 있고 … 인정되는 자에 대하여 보호처분을 함으로써 … "라고 규정하고 있는데 위 규정은 사회보호법 전체에 효력이 미친다고 해석하여야 한다. 따라서 비록 제5조 제1항 제1호에서 '재범의 위험성이 인정되는 자'라는 요건을 명시적으로 규정하고 있지 않더라도 그와 같은 요건은 제1조에 의하여 당연히 요구되는 요건이라 해석하여야 할 것이다. 그렇다면 재범의 위험성이라는 요소 역시 보호처분을 청구하는 검사에게 입증책임이 있으며 검사가 적극적으로 이를 입증하지 못하는 한 법원은 보호처분을 내릴 수 없다고 보인다. 이러한 점을 종합할 때 위 판례는 사회보호법 제1조가 제5조에도 당연히 적용되는 조항이라는 점을 간과하였다는 잘못과 명문의 규정이 없는 상황에서 '법률상 추정된다'고 해석한 잘못을 모두 범한 것으로 판단된다. 앞에서도 밝힌 바와 같이 법률상 추정은 극히 예외적으로 인정되는 것이므로 명문의 규정 없이 해석에 의해 함부로 인정될 성질의 것이 아니라고 생각된다.

---

[18] 위 조항은 1989. 3. 25. "제5조. 호보대상자가 다음 각호의 1에 해당하고 재범의 위험성이 있다고 인정되는 때에는 보호감호에 처한다. 제1호 … "로 개정되었다.

Ⅲ. 사실상 추정

1. 사실상 추정에 의한 입증의 중요성과 그 기준

　형사소송에서 요증사실을 직접증거에 의해 증명하는 경우도 있지만, 1개 또는 수개의 간접증거를 이용하여 사실상 추정의 방법으로 확신이라는 심증에 이르는 경우가 오히려 더 많을 것이다. 그와 같은 현상은 과학기술의 발전과도 직결된다. 과거에는 주로 피고인 자신의 자백이나 범행을 직접 목격한 사람의 진술을 통해 주요사실을 입증하려 하였지만, 고문 등에 의한 허위 자백이나 위증 등에 의하여 진실이 왜곡되고 인권이 침해되는 부작용도 적지 않았다. 그러나 과학기술의 발전에 따라 입증기술이 눈부시게 향상되어 과거에는 아무런 의미 없던 자료가 지금은 입증의 결정적 방법이 되는 사례가 허다하다[19]. 따라서 사실상 추정에 의한 입증은 향후 그 중요성을 점점 더 해 갈 것으로 예상된다.

　사실상 추정은 간접사실에서 경험칙에 의해 요증사실을 추론해 가는 것이므로, 추론 또는 확신 여부에 판단자 즉 법관의 개인차가 적지 않게 나타날 수 있으며, 그 폭은 직접증거로 요증사실을 입증하는 경우보다는 더 클 수 밖에 없다. 따라서 사실상 추정에 의한 심증형성이 적절한지 여부는 기본적으로는 법관 개개인의 건전한 자유심증에 맡기되, 다양한 경우에 대하여 축적된 판례로서 판단의 기준을 삼을 수 밖에 없다. 이하 지금까지 형성된 판례의 중요한 내용을 살펴보기로 한다.

2. 판례에서 자주 나타나는 사실상 추정의 예

　재판과정에 사실상 추정은 무수히 많이 발생하지만, 추정 자체가 문제가 되어 대법원 판례로 나타나는 경우는 많지 않다. 우리 판례에서 자주 나타나는 사실상 추정은 아래의 몇 가지 뿐이며, 반대로 사실상 추정된다고 보기 어렵다고 판시한 예도 몇 가지 나타난다.

---

[19] DNA 검사, 음성감식, 교통사고 원인 분석, 중성자 방사화 분석 등이 대표적 예이다.

(1) 위드마크 공식에 의한 혈중 알콜농도의 추정(적극)

'음주운전에 있어서 운전 직후에 운전자의 혈액이나 호흡 등 표본을 검사하여 혈중 알콜농도를 측정할 수 있는 경우가 아니라면 소위 위드마크 공식을 사용하여 수학적 방법에 따른 결과로 운전 당시의 혈중 알콜농도를 추정할 수 있다'고 하면서도 혈중 알콜 분해량을 계산함에 있어 특별한 사정이 없는 한 피고인에게 가장 유리한 수치로 계산하여야 한다는 취지[20].

(2) 피의자신문조서의 형식적 진정성립이 인정되는 경우 실질적 진정성립의 추정(적극)

검사 작성의 피의자신문조서는 형사소송법 제312조 제1항에 의하여 공판준비 또는 공판기일에서의 원진술자의 진술에 의하여 그 성립의 진정이 인정되는 때에 증거로 할 수 있고, 성립의 진정이라 함은 간인, 서명, 날인 등 조서의 형식적인 진정성립 뿐만 아니라 그 조서가 진술자의 진술 내용대로 기재된 것이라는 실질적인 진정성립까지 포함하는 의미이나, 형식적인 진정성립이 인정되는 피의자신문조서는 특별한 사정이 없는 한 원진술자의 진술 내용대로 기재된 것이라고 추정된다는 취지[21].

(3) 국가보안법 제7조 제5항의 '이적 목적'의 추정(적극)

국가보안법 제7조 제5항에서의 목적은 … 미필적 인식으로 족하므로, … 객관적으로 반국가단체인 북한의 대남선전, 선동 등의 활동에 동조하는 등 이적성이 있는 내용이 담겨있는 표현물을 그와 같은 인식을 하면서도 이를 반포, 판매, 취득, 소지 등의 행위를 하였다면 그 행위자에게는 이적행위가 될지도 모른다는 미필적 인식은 있는 것으로 추정되는 것이고 오로지 학문적인 연구나 영리추구 및 호기심에 의한 것이라는 등의 이적 목적이 없었다고 보여지는 자료가 나타나지 않는 한 이적 목적의 요건은 충족되었다고 보아야 한다는 취지[22].

---

20) 대법원 2001.8.21. 선고 2001도2823 판결 등 다수.
21) 대법원 1998.6.9. 선고 98도980 판결 등 다수. 이후 2007. 형사소송법 제312조 제1항, 제2항의 개정으로 이제는 검사 작성 피의자신문조서에 대하여 피고인 자신이 법정에서 실질적 진정성립을 인정하든지 아니면 검사가 영상녹화물 등 객관적 방법으로 실질적 진정성립을 입증하여야 증거능력을 가질 수 있도록 하였다.
22) 대법원 1999.12.7. 선고 98도4398 판결 등 다수.

(4) 진술의 임의성의 추정(적극에서 소극)

① 진술의 임의성이라는 것은 고문, 폭행, 협박, 신체구속의 부당한 장기화 또는 기망 기타 진술의 임의성을 잃게 하는 사정이 없다는 것 즉 증거의 수집과정에 위법성이 없다는 것인데 진술의 임의성을 잃게 하는 그와 같은 사정은 헌법이나 형사소송법의 규정에 비추어 볼 때 이례에 속한다 할 것이므로 진술의 임의성은 추정된다는 취지[23].

② 자백의 임의성에 다툼이 있을 때에는 그 임의성을 의심할 만한 합리적이고, 구체적인 사실을 피고인이 입증할 것이 아니고 검사가 그 임의성의 의문점을 해소하는 입증을 하여야 한다는 취지[24].

(5) 군무이탈죄에 있어서 군무기피 목적의 추정(적극)

군형법 제30조의 군무이탈죄는 군무를 기피할 목적이 있음을 요하는 목적범이지만, 군인이 소속 부대에서 무단이탈하였다면 다른 사정이 없는 한 그에게 군무 기피의 목적이 있었던 것으로 추정된다는 취지[25].

(6) 명예훼손죄에서 적시사실의 허위성의 추정(소극)

형사재판에 있어서 … 증거가 없다면 설령 피고인에게 유죄의 의심이 간다고 하더라도 피고인의 이익으로 판단할 수 밖에 없음에도 불구하고 원심이 그 신빙성이 의심되는 증거들을 채용하였거나 합리적인 근거도 없이 그 적시사실의 허위성이 추정된다고 단정하여 명예훼손죄를 유죄로 인정한 것은 채증법칙에 위배하여 사실을 잘못 인정함으로써 판결에 영향을 미친 위법이 있다는 취지[26].

(7) 외국에서 생산된 금괴에 대해 밀수입된 것으로 추정(소극)

금의 수입이 금지되어 있는 것도 아니므로 압수된 금괴가 외국에서 생산된 것이라고 하여 당연히 밀수입된 것이라고 추정되는 것은 아니고, 외국산이라고 하여도 언

---

[23] 대법원 1997.10.10. 선고 97도1720 판결 등 다수.
[24] 대법원 1998.4.10. 선고 97도3234 판결 등 다수.
[25] 대법원 1997.5.30. 선고 96도2067 판결 등 다수.
[26] 대법원 1996.4.12. 선고 94도3309 판결.

제, 누구에 의하여 관세포탈된 물건인지 알 수 없어 검사가 사건을 기소중지 처분 하였다면 그 압수물은 관세장물이라고 단정할 수 없으므로 국고에 귀속시킬 수 없을 뿐 아니라 압수를 더 이상 계속할 필요도 없다는 취지[27].

이상 판례들을 종합하여 보면 상고심에서 사실상 추정 자체의 당부가 문제된 경우는 크게 많지 않으며 그 대부분이 앞에서 소개한 정형적인 몇 가지 범주 내에 있고, 대법원은 대체로 사실관계 자체에 대하여는 논리의 비약이 있는 사실상 추정에 대해 소극적인 자세를 보이면서도 목적이나 임의성, 실질적 진정성립 등의 주관적 사정에 대하여는 사실상 추정을 비교적 폭 넓게 인정한 바 있다. 주관적 사정은 어차피 직접 입증이 불가능하므로 객관적인 간접사실들을 종합하여 사실상 추정에 의하여 입증할 수 밖에 없지만 어떠한 요건사실을 인정할 자료가 되는 객관적 사실들에 대한 충분한 판단 없이 '진술의 임의성을 잃게 하는 것이 이례에 속한다 할 것이므로', '군무를 이탈하였다면 다른 사정이 없는 한'이라는 표현 만으로 목적이나 임의성을 추정한 것은 심리가 다소 미진한 것이 아닌가 생각된다.

Ⅳ. 위법성 및 책임 인정과 사실상 추정

1. 문제의 제기

범죄성립요건, 즉 구성요건해당성, 위법성과 책임은 모두 검사에게 입증책임이 있지만, 구성요건해당성만 입증되면 위법성과 책임은 사실상 추정된다는 것이 통설적 견해이다[28]. 여기에서 왜 구성요건해당성이 입증되면 위법성과 책임은 사실상 추정되는가, 사실상 추정된다면 그 효과는 어떠한가 라는 의문이 발생한다.

2. 위법성과 책임의 사실상 추정 문제

구성요건해당성을 입증한 검사에게 피고사건이 정당방위 아님, 긴급피난 아님, 자

---

27) 대법원 1991.4.22. 선고 91모10 결정.
28) 배종대/이상돈, 앞의 책, 495, 497면; 이재상, 앞의 책, 458, 460면; 신현주, 앞의 책, 570면; 신동운, 신형사소송법 제5판, 법문사, 2014. 1120면 등. 일본의 경우도 마찬가지이다. 田中開, 証拠提出責任・争点形成責任, 比較刑事訴訟法 1990. 8. 통권 119호, 29면.

구행위 아님, 정당행위 아님, 피해자 승낙 없음, 추정적 승낙 없음, 의무의 충돌 아님, 형사미성년자 아님, 심신장애 없음 기대가능성 있음, 강요된 행위 아님, 위법성조각의 전제사실에 대한 착오 없음 등 우리가 아는 모든 위법성 또는 책임 조각사유에 해당하지 않는다는 사실을 일일이 입증하게 한다면 검사로서는 정말로 힘들 것이고, 이러한 점은 재판을 진행하는 법원에게도 마찬가지일 것이며, 소송만 길어질 뿐 피고인의 인권보호에도 아무런 도움이 되지 않는다. 구성요건해당성만 입증하면 위법성과 책임은 사실상 추정된다는 통설적 견해는 아마도 검사에게 부여되는 과중하고도 무용한 현실적 입증의 부담 문제를 피하기 위해 개발된 논리로 보인다.

현실적인 입증의 부담 문제를 해결하여야 한다는 문제의식은 옳지만, 해결하는 방법으로 위법성과 책임이 사실상 추정된다는 논리는 다음과 같은 몇 가지 이유 때문에 옳지 못하다. 첫째 구성요건해당성이나 위법성, 책임 자체는 입증의 대상되는 사실이 아니라 입증의 결과 내려지는 평가이다. 구성요건해당성이 입증되는 것이 아니라 구성요건 요소가 되는 사실들을 입증함으로써 구성요건에 해당한다는 평가를 받는 것이고 위법성이나 책임의 요소되는 사실들을 입증함으로써 위법하고 책임이 있다는 평가를 받는 것이다. 따라서 위법성과 책임은 처음부터 추정의 대상이 되지 않는다. 굳이 추정론과 연결하려면 위법성이나 책임이 추정되는 것이 아니라 위법성·책임 조각사유가 존재하지 아니한다는 구체적 사실(또는 상황)이 추정되는 것이다[29]. 예컨대 "피고인이 피해자를 구타한 상황을 종합하니 강도에 대항하는 등의 수긍할만한 이유가 있었던 것은 아니더라"라는 사실이다. 위법성이 인정된다는 것은 그와 같은 인식한 사실 또는 상황에 대한 규범적 평가이다.

둘째 구성요건해당성과 위법성 및 책임의 관계에 비추어 보아도 그러하다. 구성요건은 위법한 행위의 전형이므로 구성요건에 해당하는 경우 위법하다고 추정한다는 논리는 어느 정도 수긍할 수 있다. 그러나 구성요건과 책임은 본질적으로 무관하다. 구성요건에 해당한다고 하여 책임이 인정되리라는 점은 전혀 추정하기 어렵다. 구타

---

[29] 아래에서 살펴볼 일본의 학설들은 '위법성이나 책임이 추정된다'가 아니라 '위법성이나 책임 조각사유의 부존재가 추정된다'고 하여 이러한 점을 정확히 표현하고 있다.

를 하였다고 하여 14세 이상일 것이라고 추론할 근거는 전혀 없고, 타인의 물건을 절취하였다고 하여 강요된 행위는 아닐 것이라고 추론할 근거도 전혀 없다.

셋째 증거법적으로 살펴보아도 그러하다. 위법성과 책임이 사실상 추정된다고 보는 분들은 대체로 법률상 추정은 반증에 의하여 깨어지고, 사실상 추정은 소송관계인이 다투기만 하면 깨어진다고 설명한다[30]. 아마도 구성요건해당성이 입증되면 위법성과 책임은 사실상 추정된다는 법리를 전제로 위법성과 책임에 대하여 피고인에게 반증 책임을 전가시키는 것이 부당하다는 인식 하에 '다투기만 하면 깨어진다'는 논리를 세운 것이 아닌가 생각된다. 그러나 앞에서도 언급하였듯이 법률상 추정은 반증이 아니라 본증의 일종인 반대사실의 입증에 의하여 깨어지며, 사실상 추정을 통해 형성된 법관의 심증, 즉 확신을 깨기 위해서는 위 확신을 흔들 정도의 피고인측의 반증이 필요하다[31]. 만일 위법성과 책임이 사실상 추정된다면 검사가 구성요건에 해당하는 사실만 입증하면 피고인이 위법성 또는 책임이 조각된다는 사실에 대한 반증을 들어야 위 추정을 깨트릴 수 있고, 그때에 비로소 검사에게 위법성과 책임의 존재를 입증하여야 할 책임이 발생한다. 반증은 입증책임 없는 자의 입증으로서, 입증책임 있는 자의 본증이 성공하였을 때에만 반대당사자에게 발생하는 입증의 부담이다. 위법성과 책임에 대하여 입증책임을 부담하는 검사가 본증을 하지도 않았는데 피고인에게 반증의 책임을 전가하는 것은 증거법적으로도 전혀 옳지 못하며, '의심스러울 때에는 피고인의 이익으로'라는 형사법의 대원칙에도 반한다. 결국 구성요건해당성이 입증된다고 하여 위법성과 책임이 사실상 추정되는 것은 아니다. 혹 구성요건 요소되는 사실들을 입증하는 과정에 위법성이나 책임을 인정할 수 있는 사실이 드러나면 위법성과 책임도 함께 인정될 수가 있을 뿐이다[32].

---

[30] 신동운, 앞의 책, 1114면; 배종대/이상돈/정승환/이주원, 형사소송법, 홍문사, 2015. 575면 등.
[31] 이시윤, 신민사소송법 제8판, 박영사, 2014. 531면; 이재상/조균석, 형사소송법 제10판, 박영사, 2015. 541면. 만일 사실상 추정이 다투기만 하면 깨어진다면 간접증거에 의한 입증은 피고인이 자백하는 사건이 아닌 한 완전히 무용한 것이 될 것이다.
[32] 구성요건해당성은 위법성과 밀접한 관계가 있지만 책임과는 그러한 관계가 없기 때문에 위법성을 인정할 수 있는 사실이 부수적으로 드러날 확률은 높으나 책임을 인정할 수 있는 사실이 부수적으로 드러날 가능성은 높지 않을 것이다.

통설은 비록 의심스러운 때에는 피고인의 이익으로 법리에 의하여 범죄성립요건 전부에 대한 입증책임이 검사에게 있다고 하면서도, 범죄성립요건 중 적극적 요건 또는 형벌권 발생 요건에 속하는 구성요건해당성은 검사가 입증책임을 부담하는 것이 당연하지만, 소극적 요건 또는 형벌권 소멸, 장애, 저지 요건인 위법성과 책임[33]에 대하여도 검사에게 똑같은 정도의 입증책임을 부담시키는 것은 가혹하므로, 위법성과 책임은 입증의 부담에 있어서 무언가 달리 취급하여야 하지 않는가 하는 생각에서 출발한 것이 아닌가 보인다. 그러나 적극적 요건과 소극적 요건으로 나누어 입증책임을 달리 분배하는 것은 민사소송법에서 말하는 요증사실분류설의 한 내용에 해당하며 이러한 견해는 지금은 추종자를 찾기 어렵다[34]. 형벌권 발생 요건과 소멸, 장애, 저지 요건으로 나누는 것은 민사소송법에서 말하는 법률요건분류설에 비견할 수 있으나, 의심스러운 때에는 피고인의 이익으로 법리가 지배하는 형사소송에서는 적용되기 어려운 발상이다. 결국 위법성이나 책임 역시 구성요건해당성과 똑같은 방법, 똑같은 정도로 검사에게 입증책임이 부여되며, 다만 구성요건해당 여부를 입증하는 과정에 위법성과 책임을 인정할만한 간접사실들이 충분히 입증되었다면 이를 통해 사실상 추정의 방법으로 위법성이나 책임을 조각하는 사실의 부존재를 입증할 수 있는 것이고, 만일 그와 같은 상황이 아니라면 검사가 위법성과 책임의 존재를 하나 하나 입증하여야 한다. 따라서 위법성과 책임의 인정 근거도 밝히지 아니한 채 포괄적으로 '구성요건에 해당하면 위법성과 책임은 사실상 추정된다'는 논리는 이제는 배척되어야 한다.

3. 사실상 추정의 효과 문제

한편 사실상 추정의 효과와 관련하여서도 의문이 없지 않다. 통설은 구성요건해당성이 입증되면 위법성과 책임은 사실상 추정된다고 하면서도 피고인이 위법성조각사유나 책임조각사유를 '주장하는 경우' 검사는 그 부존재의 입증책임을 진다는 취지로 설명하고 있다[35]. 그러나 앞에서도 언급한 바와 같이 범죄의 성립이 사실상 추정되면

---

[33] 위법성과 책임의 존부를 문제삼는 것이 아니라 부존재, 즉 조각사유의 존부를 문제삼는 것이 일반적인 생각이다.
[34] 정동윤, 민사소송법 제4전정판, 1995, 법문사, 505면.
[35] 배종대/이상돈, 앞의 책, 497면; 이재상, 앞의 책, 460면; 형사증거법, 1999, 사법연수원 등

피고인은 위 추정을 깨트리기 위하여 반증을 제시하여 법관의 확신을 흔들어 놓아야지, 반대의 주장만 한다고 언제나 추정이 깨어지고 검사에게 입증책임이 돌아가는 것은 아니다. 물론 민사소송[36]과 달리 형사소송에서는 피고인 자신의 진술도 증거가 되므로 피고인의 주장만 가지고도 반증이 될 수는 있으나, 이때에는 주장으로서 추정을 깨트린 것이 아니라 진술증거라는 형태의 반증으로서 법관의 확신을 흔들었기 때문에 추정을 깨트린 것이다.

결국 위법성이나 책임 역시 구성요건과 마찬가지로 피고인이 이를 주장하든 주장하지 않든 입증책임은 검사에게 있는 것이며, 만일 사실상 추정되었다면 피고인은 자신의 진술이든 다른 증거자료이든 반증의 형태로 제출하여 법관으로 하여금 '추정의 결과가 진실이 아닐 수도 있겠다'는 의심이 들게 하여야 위 추정을 깰 수 있고, 그런 연후에야 검사에게 다시 입증책임이라는 부담이 생기는 것이다[37]. 이렇게 보아야만 의심스러운 때에는 피고인의 이익으로 법리에 의하여 모든 범죄성립요건에 대하여 검사에게 입증책임이 부과된다는 형사소송법의 대원칙을 제대로 실현하는 것이다. 따라서 검사에게 무용하고도 과중한 입증의 책무를 부담시키지 않기 위해서는 위법성과 책임의 사실상 추정이 아닌 다른 법리를 찾아야 하는데 그것이 바로 쟁점형성책임론이다. 이에 대하여는 이 책의 다음 글에서 상술하고자 한다.

V. 나가며

이상에서 법률상 추정이 허용되는지, 사실상 추정이 판례상 어떠한 형태로 나타나는지, 위법성과 책임의 존재가 사실상 추정되는지 등에 대하여 살펴보았다. 법률상

---

36) 민사소송에서는 원고나 피고 자신의 진술 혹은 주장은 '당사자 본인신문'의 형태로 법정에 현출되는 예외적 경우가 아니면 증거자료가 되지 못하므로 원고나 피고가 아무리 주장 하더라도 별도의 증거 제출이 없다면 불입증이 된다.
37) 신현주 변호사는 "위법성과 책임성에 관한 사실상의 추정은 그 반대사실의 입증, 즉 위법성 조각사유나 책임 조각사유의입증에 의하여 번복이 가능하며 그때에는 형벌권 발생의 요건사실의 증명의 책임, 즉 입증책임이 검사에게 돌아가게 된다"고 설명하고 있는데 '반대사실의 입증'이란 용어는 부적절한 것으로 보이나(입증책임을 부담하지 않는 피고인이 제출하는 증거이므로 '반증'이라고 하는 것이 옳을 것이다) 전체적인 의미는 이글의 취지와 일치하는 것으로 보인다. 신현주, 앞의 책, 570면.

추정규정은 형사특별법의 형태로 수개 존재하고 있는데 검사에게 전면적인 입증책임을 부담시키기 어려운 영역이 없지 않으므로 이를 획일적으로 불허하는 것은 적절하지 못하며, 다만 의심스러운 때에는 피고인의 이익으로 법리, 자유심증주의 및 실체적 진실주의와 충돌할 가능성이 적지 않으므로 극히 제한적으로만 인정하는 것이 상당하다. 사실상 추정은 재판과정에 계속적으로 일어나는 현상이므로 공정한 재판을 위해 그 기준을 정립할 필요가 크기는 하나 매우 어려운 일인데 향후 그 기준이 적절한 판례의 축적과 분석을 통해 case by case의 형태로 정립되어야 할 것이다.

이에 덧붙여 과거 위법성과 책임에 대하여는 '사실상 추정'이라는 이론을 과용하여 의심스러운 때에는 피고인의 이익으로 법리를 제대로 실현하지 못한 감이 없지 않다. 위법성과 책임이 사실상 추정된다는 논리를 버리고 의심스러운 때에는 피고인의 이익으로 법리를 실현하여 입증책임이 사실상 피고인에게 전가되는 일이 없도록 하여야 할 것이다.

형사소송에서 입증책임과 쟁점형성책임에 관한 실무적 고찰

Ⅰ. 들어가며

사실의 인정은 증거에 의하여야 한다(형사소송법 제307조 제1항). 증거에 의하여 사실을 인정해 가는 과정 또는 인정된 상태를 증명이라 하는데, 이는 법관에게 확신, 즉 합리적 의심을 배제할 정도의 신뢰를 주는 상태를 말한다(제307조 제2항). 형사소송에서 사실의 인정은 법률에 특별히 소명을 요구하는 것으로 규정되어 있지 아니하는 한[1] 원칙적으로 증명을 요한다. 그리고 형사소송에서는 '의심스러울 때에는 피고인의 이익으로' 법리에 의하여 검사가 입증책임을 부담하는 것이 대원칙이다. 다툼 없는 사실이 민사소송법에서는 불요증사실이지만 형사소송에서는 불요증사실이 아니다. 따라서 혹 어떤 사실에 대하여 피고인이 다투지 않더라도 검사는 입증을 하여야 하며, 심지어는 피고인이 적극적으로 자백하더라도 자백은 증거의 하나에 불과하기 때문에 여전히 검사에게 입증책임이 있다.

그런데 위와 같은 입증책임 논리에만 의존하여 형사소송에서 증명되어야 할 모든 사실에 대하여 검사가 처음부터 현실적으로 입증하여야 한다고 법리 해석하고 재판을 운용한다면, 피고인이 위법성조각사유나 책임조각사유를 주장하지도 않고 법원이 보기에도 위법성과 책임과 관련하여 아무런 문제가 없음에도 검사는 무작정 모든 위법성조각사유와 책임조각사유를 나열한 다음 피고사건이 이에 해당하지 않음을 하나하나 입증하여야 한다는 결론에 이르게 된다. 더욱이 증명의 대상이 되는 사실에는 범죄성립요건 사실만 있는 것이 아니라 처벌조건 사실, 소송조건 사실 등도 모두 포

---

[1] 기피사유의 소명(제19조 제2항), 증언거부사유의 소명(제150조), 증거보전청구 사유의 소명(제184조 제3항), 증인신문청구 사유의 소명(제221조의2 제3항), 상소권회복 사유의 소명(제346조 제2항) 등이 이에 해당한다.

함되어 있기 때문에[2] 이러한 문제는 위법성이나 책임에서 뿐만 아니라 처벌조건, 소송조건 기타 소송법적 사실에서도 동일하게 나타난다.

그러나 검사에게 위와 같은 입증의 부담을 지우는 것은 현실적으로 수행 불가능한 업무부담일 뿐만 아니라 실체적 진실발견을 통한 정의실현이나 피고인의 인권보호를 위해서도 전혀 도움이 되지 않는다. 오히려 소송이 지연되어 정의실현이나 피고인의 인권보호에 방해가 될 뿐이다. 한마디로 과중하고도 무용한 부담인 것이다. 따라서 이러한 문제를 해결해 줄 현실적인 방안과 이에 대한 이념적 근거를 도출하고 위와 같은 방안이 적용될 수 있는 범위와 기준 등을 설정할 필요가 절실함에도, 아직까지 국내에서 그와 같은 문제를 다룬 글을 보지 못하였다. 어쩌면 실무적으로는 이미 일정 범위에서 검사에게 현실적인 입증활동 의무를 면해 준다는 결론을 잠재적으로 승인하고 있기 때문에, 결국 그와 같은 결론을 합리화해 줄 이론 구성과 그러한 법리의 적용범위만이 문제일지도 모른다. 우리나라와 일본에서는 '구성요건에 해당하면 위법성과 책임은 사실상 추정된다'고 보는 견해가 일반적인데, 이 견해를 취하는 분들은 직접 언급하고 있지는 않지만 아마도 위와 같은 과중하고도 무용한 입증의 부담 문제를 의식하고 있는 것으로 생각된다. 다만 그와 같은 사실상 추정이론이 옳은지, 그리고 위 문제를 해결하는 적절한 논리인지는 충분히 검토되어야 할 것이다.

아래에서는 입증의 부담이 존재하는 경우 언제나 현실적으로 발동하는지, 위법성과 책임에 대한 사실상 추정이론이 옳은지를 살펴보고(Ⅱ), 쟁점형성책임론의 등장과 외국, 특히 일본에서의 이론 전개를 함께 살펴본 다음(Ⅲ), 쟁점형성책임론의 이론적 근거와 재판현실에서의 활용문제를 검토하고(Ⅳ), 쟁점형성책임론이 적용되는 범위와 그 기준이 어떠한지, 처벌조건의 경우와 토지관할 문제는 쟁점형성책임과 어떤 관계에 있는지를 순차 살펴본 후(Ⅴ), 필자 나름의 결론(Ⅵ)에 이르고자 한다.

---

[2] 정상관계 사실도 증명의 대상인지는 의문이 있다. 통설은 자유로운 증명의 대상이라 하여 증명 대상의 일종으로 보나, 법규에 '적용'할 사실이 아니라 '참작'하면 족한 사실이기 때문에 처음부터 증명의 대상은 아니라고 생각한다. 상세한 내용은 이 책 제1편 '증거재판주의와 엄격한 증명, 자유로운 증명' 중 해당부분 참조.

Ⅱ. 입증의 부담의 존재와 발동

1. 입증책임의 분배와 본증, 반증

형사소송에서 증명되어야 할 사실에 대하여 법관에게 확신이 서지 아니하면 검사나 피고인 중 어느 한편의 불이익으로 귀착할 수 밖에 없다. 법관의 신뢰의 비율에 따라 검사와 피고인에게 불이익을 분배할 수는 없기 때문이다. 이를 '입증책임[3]', 또는 '실질적 입증책임'이라 부르며(이하 입증책임이라고만 한다), 어느 편의 불이익[4]으로 할 것인가의 문제를 '입증책임의 분배'라고 한다. 민사소송에서는 입증책임의 분배 문제가 매우 어렵고 복잡하여 요증사실분류설, 법률요건분류설, 위험영역설 등 수많은 학설과 이론이 전개되고 있으나[5], 형사소송에서는 '의심스러울 때에는 피고인의 이익으로'라는 대원칙에 따라 다른 특별한 사정이 없으면 검사에게 입증책임이 분배된다.

입증책임을 부담하는 자[6]는 입증책임에서 벗어나기 위하여 입증활동을 하여야 할 현실적 부담을 떠안는데, 이를 '입증의 부담' 또는 '형식적 입증책임'이라 한다. 예컨대 검사에게 입증책임이 있는 사실이 있다면 검사는 불입증의 불이익을 면하기 위하여 입증의 부담도 함께 부담한다. 검사가 입증에 성공하여 법관이 유죄의 확신을 가졌다면 이번에는 피고인이 위 입증으로 인한 불이익을 면하기 위하여 입증을 통해 법관의 위 확신을 깨트려야 할 입증의 부담을 부담하며, 피고인이 위 입증을 성공하였다면 다시 검사는 유죄의 확신을 줄 수 있는 입증을 하여야 하는 입증의 부담을 부담한다. 입증책임을 부담하는 자의 입증을 '본증'이라 하고 입증책임 없는 자의 입증을 '반증'이라 한다. 입증은 법관의 확신을 요하므로 본증은 법관이 확신에 이르러야 성공이지만, 반증은 법관의 확신만 흔들면 성공이다[7].

---
[3] 민사소송에서는 입증책임이라 하고 형사소송에서는 종래 입증책임이라 불러왔다. 동일한 의미를 왜 다른 이름으로 부르는지는 필자도 알지 못한다. 최근에는 형사소송에서도 입증책임이라 부르기도 하니 이글에서는 입증책임이라 부르기로 한다.
[4] 검사의 불이익은 피고인의 무죄이고, 피고인의 불이익은 피고인의 유죄이다. 피고인의 무죄가 검사의 불이익이라는 표현에는 상당한 거부감이 없지 않지만 입증책임의 분배이론에서는 일응 이렇게 설명할 수 밖에 없다.
[5] 상세한 내용은 정동윤/유병현, 민사소송법 제4판, 법문사, 2014. 518면 이하 참조.
[6] 물론 대부분의 경우 검사일 것이다.
[7] 형사소송에 필요한 사실이 모두 입증을 요하는 것은 아니다. 대부분이 요증사실이지만 일부 불요증사실

2. 입증 부담의 존재와 발동

구성요건해당성만 입증되면 위법성과 책임은 사실상 추정된다는 견해가 일반적이다. 위법성조각사유와 책임조각사유가 하나도 없음을 검사에게 일일이 입증하게 하는 것이 무용하고도 과중한 부담이기 때문에 이를 피하기 위해 개발된 논리로 보인다. 그러나 앞의 글 '형사소송에서의 추정이론'에서도 살펴본 바와 같이 위 견해는 잘못되었다. 구성요건해당성이 입증되었다고 하더라도 위법성과 책임은 추정되지 않고 여전히 검사에게 입증책임이 존재한다[8].

그렇다면 검사에게 위법성과 책임의 요소되는 사실에 대한 입증의 부담은 언제나 처음부터 발동할까? 검사에게 위법성과 책임에 대한 입증책임도 있으니 당연히 처음부터 입증의 부담이 존재하고 따라서 처음부터 발동한다고 쉽게 생각할 수도 있다. 구성요건해당성과 마찬가지로 위법성이나 책임에 관한 입증의 부담도 처음부터 존재하는 것은 맞다. 그러나 위 입증의 부담이 언제나 처음부터 현실적으로 발동한다고 해석하여 검사에게 과중하면서도 무용한 현실적 입증의 부담을 지울 필요가 전혀 없다. 위법성과 책임은 사실상 추정된다는 논리까지 배척한 마당에 해결책은 무엇일까?

이러한 문제는 위법성과 책임에서만 일어나는 것이 아니라 소송조건 구비사실 등 소송법적 사실의 입증에서도 동일하게 일어난다. 소송법적 사실도 요증사실이며 통설에 의하더라도 자유로운 증명의 대상이니 결국 소명이 아닌 증명의 대상이다. 소송법적 사실에 대한 입증책임이 검사에게 있다는 점도 의문의 여지가 없다. 그렇다면 당해 형사사건과 관련된 모든 소송법적 사실을 검사가 현실적으로 입증하여야 하는가? 피고인이 전혀 다투지도 않는데 검사가 과거 동일한 사건에 대한 실체판결이 없었다는 점, 사면이 없었다는 점, 공소시효가 완성되지 않았다는 점, 법령개폐가 없었다는 점, 재판권은 있다는 점, 공소제기에 위법이 없다는 점, 이중기소가 아니라는 점, 공소취소된 적이 없다는 점, 절도 등 죄에 있어 피고인과 피해자가 친족 간이 아니라는 점, 고소가 있었고 고소취소가 되지 않았다는 점, 이 법원이 관할권 있다는

도 있다. 공지의 사실이 그 적례이다.
[8] 이에 관한 상세한 내용은 이책 제1편 '형사소송에서의 추정이론' 중 해당부분 참조.

점, 이 증거가 위법수집증거가 아니라는 점, 진술에 임의성이 있다는 점 등을 모두 입증하여야 한다고 본다면 검사의 입증 부담이 거의 무한대로 확대되어 피고인의 인권이나 정당한 이익을 보호하는 것도 아니면서 소송경제에만 심하게 반한다. 한때 판례가 진술의 임의성이 사실상 추정된다고 보던 것도 같은 맥락이지만[9], 그 밖의 다른 소송법적 사실에 대하여는 사실상 추정된다는 주장을 보지 못하였다.

통설[10]과 판례[11]는 소송법적 사실을 자유로운 증명의 대상으로 보아 증명 방법에 제한이 없는 것으로 해석하고 있다. 아마도 검사로 하여금 모든 소송법적 사실을 증거능력 있는 증거로 법이 정한 조사방법에 따라 입증하게 하는 것이 무리한 요구라는 생각이 바탕에 깔려있는 것으로 보인다. 통설이 말하는 자유로운 증명론에 따를 때 형사소송법은 제308조의2 이하에서 증거능력에 관한 엄격한 조건들을, 제139조 이하 및 제290조 이하에서 각 증거방법에 대한 증거조사방법을 상세히 규정하고 있음에도 소송법적 사실에 대하여는 위 규정들이 적용되지 않는 근거가 무엇인지 대단히 의문스럽다. 결론적으로 해석에 의한 자유로운 증명이란 인정할 수 없으며 다만 법률이 특별히 증거능력 또는 증거조사방법에 대한 약간의 예외를 허용하는 경우[12]가 있을 뿐이기 때문에 자유로운 증명론은 재고되어야 한다는 것이 필자의 소견이지만 여기에서는 더 이상의 깊은 논의를 피하기로 한다[13].

Ⅲ. 쟁점형성책임론의 등장과 전개

1. 쟁점형성책임론의 등장

민사소송에서는 입증책임의 분배에 관한 통설인 법률요건분류설(또는 규범설)에 따라 권

---

9) 대법원 1984.11.27. 선고 84도2252 판결. 그러나 대법원은 태도를 바꾸어 대법원 1998.4.10. 선고 97도3234 판결에서 진술의 임의성은 추정되지 않고 임의성에 다툼이 있는 때에는 증거 제출자인 검사가 임의성을 입증하여야 한다고 판시하였다.
10) 신동운, 앞의 책, 1105면 등.
11) 대법원 2011.6.24. 선고 2011도4451 판결 등.
12) 증거능력에 대한 대표적인 예외가 탄핵증거(제318조의2)이며 증거조사방법에 대한 대표적인 예외가 간이공판절차(제286조의2)이다.
13) 이에 관한 상세한 내용은 앞의 '증거재판주의의 의미와 엄격한 증명, 자유로운 증명' 부분 참조.

리근거규범 요건사실은 원고가, 권리소멸·장애·저지규범 요건사실은 피고가 부담함이 원칙이다(소극적 소송에서는). 만일 형사소송에서도 그와 같이 입증책임을 분배한다면 형벌권 발생의 근거인 구성요건 해당사실은 검사가, 위법성이나 책임이 조각되어 형벌권이 불발생 또는 저지되었다는 사실은 피고인이 입증책임을 부담하면 되므로 적어도 위법성과 책임에 대한 과중하고도 무용한 입증의 부담 문제는 없을 것이다[14]. 그러나 이렇게 하더라도 소송법적 사실에 대한 입증부담의 문제는 남을 뿐만 아니라, 근본적으로 의심스러울 때에는 피고인의 이익으로 법리 때문에 위법성과 책임에 대하여도 검사에게 입증책임이 분배되어 과중하고도 무용한 입증의 부담이 민사소송보다 더 문제가 될 것임은 재론의 여지가 없다.

민사소송에서는 이러한 문제에 대한 또 다른 해결방법이 있다. 바로 다툼 없는 사실을 불요증사실로 보는 법리이다. 민사소송에서는 자백하는 사실 또는 다툼 없는 사실은 강행법규 위반 또는 공익과 직결되는 사항이 아니면 원칙적으로 불요증사실로 하고 있기 때문에 당사자가 그와 같은 점에 대하여 다투지 않는다면 거의 대부분 반대당사자의 입증책임이 면제된다. 다툼이 있는 경우에만 입증책임 분배이론에 따라 입증책임을 지는 자가 본증을 제출할 입증의 부담을 부담하는 것이다. 그러나 형사소송에서는 다툼 없는 사실이 불요증의 사유가 되지 못하기 때문에 그와 같은 방법이 통용될 수 없다. 예컨대 피고인이 범죄사실 자체를 다투지 않더라도 검사는 이를 입증하여야 하고, 더 나아가 피고인이 이를 적극적으로 자백한다고 하더라도 자백은 증거 중 하나에 불과하여 법관은 얼마든지 그 증명력을 배척할 수도 있는 것이다.

범죄성립 조각사유가 존재하지 않는다는 것을 증명하는 것은 매우 힘든 일이다. 이 때문에 일본에서도 '의심스러울 때에는 피고인의 이익으로' 법리에 반하지 않고 검사의 입증부담을 경감시켜 줄 방안이 모색되던 중, 1980년대에 등장한 이론이 바로 쟁점형성책임론이다. 위법성, 책임 더 나아가 소송법적 사실 등에 대하여 검사에게 입

---

[14] 일본에는 "형사소송도 당사자주의화 되었기 때문에 위법성·책임 조각사실의 존재에 대한 입증책임이 피고인에게 전환되어야 한다"는 주장도 있었지만(小野淸一郎, 新刑訴における證拠の理論, 刑法五券三号三七六頁, 一九五四年. (福井厚, 刑事訴訟法講義 第4版, 321면에서 재인용), 우리나라에서는 그와 같은 주장이 제기된 바 없는 것으로 안다.

증책임과 입증의 부담이 존재하는 것은 분명하나, 위 입증의 부담은 일응 잠재적으로만 존재하다가 위 문제가 현실화되면, 즉 쟁점이 되면 비로소 발동하여 그때부터 검사는 현실적인 입증의 책무를 부담하게 된다는 것이다. 과중하고도 무용한 현실적 입증의 부담 문제를 사실상 추정이론의 원용처럼 간접적인 방법이 아니라 직접적으로 해결하고자 하는 이론이라 할 수 있다. 쟁점이 되는 사유는 피고인이 다투는 경우[15]와 법원이 직권으로 의문을 제기하는 경우[16] 등 2가지이다. 이 중 특히 피고인이 다툼으로써 검사의 입증의 부담이 현실적으로 발동되게 하는 책임을 "쟁점형성책임"이라고 부른다.

다만 이러한 문제가 영미에서는 나타날 가능성이 적다. 영미에서는 기본적으로 형사소송에도 민사소송과 거의 비슷한 법리가 적용되는데, 입증책임의 분배에서도 마찬가지이다. 입증책임을 증거제출책임($\text{burden of producing evidence}$)과 설득책임($\text{burden of pursuation}$)으로 보는데, 증거제출책임이란 증거가 제출되지 않을 때 불리한 판결을 받을 책임으로서 대부분 어떤 사실을 주장하는 자에게 먼저 주어지지만, 그가 책임을 다하면 상대방에게 옮겨진다[17]. 그런데 검사와 피고인은 각자가 주장하는 적극적 요소를 입증하여야 할 책임을 부담하는 것이 원칙이다[18]. 예컨대 피고인이 그 행위가 정당방위임을 주장한다면 그러한 점을 자신이 입증하여야 한다. 민사소송에서의 항변사항과 동일한데, 입증의 정도는 대체로 확신이 아니라 우월적 입증으로 족하다. 다만 개별법이나 판례 등에 의하여 위 원칙과 달리 검사에게 입증책임이 전가되기도 하는데, 이러한 경우에는 입증의 정도가 합리적 의심에 침묵을 명할 정도의 확신에 이르러야 한다[19]. 더욱이 기소인부제도에 의하여 법정에서 피고인이 자백하면 더 이상의 입증절차를 요하지 않고

---

15) 주로 피고인의 모두진술 또는 쟁점정리를 통해 나타날 것이다.
16) 주로 석명권 행사를 통해 나타날 것이다. 재판장은 검사 등에게 사실상과 법률상의 사항에 관하여 석명을 구하거나 입증을 촉구할 수 있기 때문이다(형사소송규칙 제141조 제1항).
17) 설득책임은 증거제출책임을 다하였음에도 배심원이나 법관이 의문이 있을 때 어느 당사자에게 불리하게 판단하느냐라는 문제로서 어느 일방 당사자에게 고정되어 있다. 설득책임은 객관적 입증책임과, 증거제출책임은 주관적 입증책임과 비슷하다고 할 수 있다. 최은희, 미국증거법상 증명책임과 추정, 인권과 정의(2010. 9.), 대한변호사협회, 41면, 61면; 김종호, 민사소송에서 증명의 정도에 관한 고찰, 법학연구 제17권 제2호(통권 66호), 한국법학회, 305면; 이시윤, 앞의 책, 476면 등.
18) Mueller Kirkpatrick, Evidence 4th edition, 134면.
19) Mueller Kirkpatrick, 앞의 책, 134면, 135면.

곧바로 양형절차로 넘어가기 때문에 구성요건 해당사실에 대하여도 피고인이 다투지 아니하면 검사에게 입증책임이 없다. 따라서 영미의 형사소송에서는 과중하고도 무용한 현실적 입증의 부담 문제는 발생할 여지가 거의 없다고 할 수 있다.

2. 일본에서의 쟁점형성책임론의 전개

일본에서는 지금도 입증책임과 소송추행책임을 분리시킨다고 하는 접근방법이 상당히 폭넓은 지지를 받고 있다[20]. 소송추행책임이 입증책임의 분배에 기초하여 결정되는 것은 사실이지만, 일정한 경우에는 양자를 분리하려고 하는 시도이다. 이러한 시도는 입증책임은 검사가 부담하지만 피고인에게도 일정한 소송추행의 부담을 지우는 것이 가능하지 않겠느냐는 발상에서 출발한다. 이러한 시도 중 일부는 범죄조각사유 등에 관해 다투고자 한다면 우선 법원 또는 검사가 피고인으로부터 그러한 취지의 주장과 함께 그 주장을 증명할 일응의 증거를 제출받아야 하며, 그러한 피고인의 활동이 없는 한 범죄성립 조각사유 등에 관하여는 애초에 검사가 증명할 필요가 없다고 이론 구성하는 견해도 있는데, 이를 증거제출책임설이라 부른다[21]. '형사소송에서는 당사자간에 다툼이 없어도 주요사실은 모두 증명을 요한다'는 법리에 예외를 만드는 것이다.

일본도 종래의 통설은 위법성과 책임 조각사유, 형 감면사유 등의 부존재는 사실상 추정되기 때문에 검사는 그 부존재 사실이 의심스러운 경우에만 입증을 하면 족하다는 것이었다[22]. 이는 피고인에게 일응의 입증책임을 지우는 것이다. '증거제출책임' 개념은 위와 같이 피고인에게 입증책임을 전환하지 않고도 증거제출의 책임을 부과하는 것으로서, 당사자주의에 상응할 필요에 따라 충분한 유연성을 가진다는 점에 의미가 있다고 평가된다[23].

이에 대하여는 만일 피고인에게 위법성 등에 대한 입증책임을 전가하면 피고인이

---
20) 中川孝博, 証明と証明責任, インタラクティブ訴訟法 通巻 第559号(2001. 7.), 法学セミナー, 41頁.
21) 中川孝博, 앞의 논문, 41頁.
22) 田中開, 앞의 논문, 29頁.
23) 田中開, 앞의 논문, 29頁.

그 입증에 실패하고 진위불명이 되는 경우 '의심스러우면 처벌된다'는 부당한 결론에 이르게 된다는 점을 지적하면서[24] 위법성과 책임 조각사유 또는 형 감면사유의 부존재 등에 대하여는 반드시 증거의 제출에 의하지 않고도 피고인측의 의견 진술, 즉 이의제기만 있어도 쟁점이 형성될 수 있고, 쟁점이 형성되면 비로소 검사에게 증명할 책무가 부과되며, 이러한 경우 피고인의 책임을 쟁점형성책임이라고 불러야 한다는 주장이 유력하게 주장되고 있다[25].

결론적으로 일본에서는 피고인에게 반증제출책임을 부담시킨다는 논리와 쟁점형성책임만 부담시킨다는 논리를 법리적으로 뚜렷이 구별하지 않는 경향이 강한 것으로 보인다. 피고인으로부터 일응의 증거를 제출받는 경우에도 쟁점을 형성하는 것이 핵심이고 증거제출은 그 수단에 지나지 않기 때문에 이런 경우에도 쟁점형성책임이라는 명칭이 좋다는 주장도 있을 정도이다[26]. 다만 아쉽게도 일본에서도 앞에서 설명한 법리 전개 이후에는 이와 관련한 더 이상의 논의 전개가 없고 이에 대한 독립된 논문도 발표되지 않고 있다.

3. 민사소송에서의 변론주의와 비교

피고인에게 쟁점형성책임을 인정하게 되면 결과적으로 민사소송에서의 변론주의와 비슷하게 되는게 아닌가 라는 의문이 발생한다. 이 문제는 당사자 뿐만 아니라 법원이 스스로 의문을 제기하는 것도 허용되는가의 문제와도 직결된다. 민사소송에서의 변론주의란[27], 소송자료, 즉 사실과 증거의 수집 제출의 책임을 당사자에게 맡기고 법원은 당사자가 수집 제출한 소송자료만을 재판의 기초로 삼아야 한다는 원칙으로서, 직권탐지주의의 반대개념이다[28]. 이에 따라 민사소송에서는 당사자가 주장하고 자료를 제출하는 경우에만 법원이 판단하는 것이 원칙이지만, 형사소송에서는 그와

---

[24] 岡田悦典, 刑事訴訟法から見る, 法學セミナー 1999. 7, 32頁.
[25] 松尾浩也, 刑事訴訟法 下 1, 弘文堂, 1988. 19頁.
[26] 中川孝博, 앞의 논문, 41頁.
[27] 다만 민사소송법에 직접 규정은 없고 오히려 그 반대인 직권탐지주의가 적용되는 경우에만 규정을 둠으로써(가사소송법 제12조, 제17조, 행정소송법 제26조 등) 그러한 규정이 없는 민사소송에서는 변론주의가 민사소송의 대원칙임을 암시하고 있다.
[28] 이시윤, 앞의 책, 313면 등.

같은 의미의 변론주의를 그대로 적용하기는 어렵다.

　형사소송법 제275조의3이 "구두변론주의"라는 표제 하에 "공판정에서의 변론은 구두로 하여야 한다"고 규정하고 있는 바, 이에 근거하여 형사소송에서도 구두주의와 변론주의가 공판절차의 기본원칙이라고 설명하는 분이 많다[29]. 이러한 입장에서 변론주의를 '법원 이외의 소송주체[30]에게 공격 방어의 주도적 지위를 부여하여 형사절차의 진행을 추진하는 원칙'이라고 정의하기도 한다[31]. 그러나 이러한 개념 정의는 형사소송에서의 당사자주의에 적합하지 민사소송에서 말하는 변론주의에는 적합하지 않다. '공격 방어의 주도적 지위'라는 것과 '사실과 증거의 수집 제출의 책임'이라는 것은 비슷하지만 일치하는 것은 아니기 때문이다. 당사자주의는 소송의 당사자인 검사와 피고인에게 소송의 주도적 지위를 인정하여 주로 당사자의 소송활동에 의해 심리가 진행되는 소송구조로서 변론주의와 유사한 측면이 없지 아니하나, 증거신청, 증인신문 등의 절차에 있어 당사자에게 주도적 지위를 인정한다는 의미일 뿐 소송자료 제출의 책임을 당사자에게 맡기고 당사자가 제출하지 아니한 소송자료는 법원이 직권으로라도 고려할 수 없다는 의미는 아니다[32]. 위 견해를 주장하는 분 스스로도 당사자주의를 '실체적 진실발견의 원동력을 대립 당사자의 소송활동에서 구하는 형사절차체계'라고 정의하고 있다[33]. 법원은 피고인이 범죄성립요건사실을 다투지 않더라도 직권으로 정당방위에 해당한다, 또는 형사미성년자이다 등의 사실을 인정할 수 있다. 이는 명백히 민사소송에서의 변론주의와 다른 입장이다[34]. 따라서 형사소송에서는 당사자주의는 통용될 수 있지만 변론주의는 통용될 수 없다고 생각된다. 다만 구성요건 해당사실에 대하여는 검사가 주장하는 사실 이상으로 판단할 수 없는데(불고불리의 완적) 이 점

---

29) 신동운, 앞의 책, 831면 등.
30) 형사소송에서는 민사소송과 달리 당사자라는 개념을 사용하기 어렵다는 입장을 취하기 때문에(신동운, 앞의 책, 739면) 이렇게 표현하고 있다.
31) 신동운, 앞의 책, 832면.
32) 민사소송에서 변론주의와 처분권주의(소송의 개시, 심판의 대상, 소송의 종료를 당사자의 의사나 처분에 맡긴다는 의미)를 합하여 당사자주의라고 부르기도 하나, 이것이 형사소송에서의 당사자주의와 전혀 다른 개념임은 재론을 요하지 않는다.
33) 신동운, 앞의 책, 11면.
34) 민사소송에서 피고가 변제사실, 소멸시효 완성사실을 다투지 않는데 법원이 직권으로 이를 인정할 수는 없다. 이것이 변론주의이다.

에 대하여는 변론주의가 적용되는 것과 마찬가지가 된다. 그러나 이 점만 가지고 변론주의라고 부를 수는 없을 것이다.

결국 형사소송법 제275조의3이 규정하는 것은 '변론을 구두로 하라'는 구두주의이지 '민사소송에서와 같은 변론주의를 취하라'는 취지는 전혀 아니며, 사적 자치의 이념이 지배하는 민사소송과 달리 형사적 정의실현을 이념으로 하는 형사소송에서는 변론주의를 취하기도 어렵다. 따라서 형사소송에서는 아무리 당사자주의를 취한다고 하더라도 당사자가 주장하지 아니한 사실상 또는 법률상 주장을 법원이 직권으로 제기할 수도 있으며, 직권에 의한 증거신청이 반드시 당사자가 신청한 증거로 심증을 얻을 수 없는 등의 특별한 이유가 있어야 하는 것도 아니다[35]. 당사자가 스스로 다투지 아니하더라도 법원이 직권으로 의문을 제기하는 것이 얼마든지 가능한 것이다. 이 때문에 형사소송에서는 피고인이 쟁점을 형성하지 못하더라도 법원이 직권으로 쟁점을 형성해 줄 수 있다. 이 역시 피고인의 인권보호와 무기평등이라는 형사소송의 대원칙 때문에 생긴 민사소송과의 차이이다.

쟁점형성책임론을 전개하면 형사소송에서도 민사소송과 같이 다툼 없는 사실을 불요증사실로 하는 것이 아닌가 하는 의문도 제기될 수 있다. 결과적으로는 그렇게 비추어질 수 있다. 다만 사익의 조절을 목적으로 하는 민사소송에서는 당사자간에 다툼 없는 사실에 대하여는 법원도 구속되는 것이 원칙이지만, 형사적 정의실현을 목적으로 하는 형사소송에서는 당사자간에 다툼이 없더라도 법원이 의문을 제기하면 입증책임의 분배에 따라 입증을 요하는 상태로 들어간다는 점에서 양자 사이에는 본질적인 차이가 있다. 더욱이 구성요건해당사실과 같은 요증사실 중 가장 핵심적인 부분은 쟁점형성책임론의 대상이 아니기 때문에 당사자가 다투거나 법원이 문제 삼지 않더라도, 즉 쟁점이 되지 않더라도 검사가 능동적으로 입증하여야 한다는 점도 큰 차이이다.

---

[35] 민사소송법 제292조는 "당사자가 신청한 증거로 심증을 얻을 수 없거나 그 밖에 필요한 경우에는 직권으로 증거조사를 할 수 있다"고 규정하고 있으나, 형사소송법 제295조는 "법원은 제294조 및 제294조의2의 증거신청에 대하여 결정을 하여야 하며 직권으로 증거조사를 할 수 있다"고 규정하고 있을 뿐이다.

변론주의가 적용되는 민사소송에서는 입증책임 개념 외에 주장책임 개념도 인정된다. 원고는 청구원인사실(권리발생사실)을 주장하여야 하고 피고는 항변사실(권리소멸 장애 저지사실)을 주장하여야 한다. 주장공통의 원칙이 통용되지만 입증책임을 부담하는 자가 주장책임도 부담하는 것이 원칙이다. 그런데 형사소송에서의 쟁점형성책임도 주장책임이라 할 수 있지만 입증책임을 부담하지 않는 피고인에게 쟁점형성책임을 부담시킨다는 점에서 변론주의에서의 주장책임과는 근본적으로 다르다. 어찌보면 형사소송에서 쟁점형성책임이 인정되는 내용들은 민사소송 방식으로 입증책임을 분배한다면 모두 항변사실로서 피고인에게 입증책임이 분배될 내용들이다. 그러한 내용에 대하여도 '의심스러울 때에는 피고인의 이익으로'라는 형사소송의 대원칙 때문에 검사에게 입증책임이 분배되면서 피고인에게는 쟁점형성책임이라는 최소한의 주장책임만 남은 것으로 평가할 수 있다.

Ⅳ. 쟁점형성책임론의 이념적 근거와 재판현실에서의 활용

1. 쟁점형성책임론의 이념적 근거

사실에 대하여 다툼이 있으면 당사자가 입증하고 법원이 판단하는 것은 재판의 본질이다. 따라서 사실에 대하여 다툼이 없으면 곧바로 다툼 없는 결론에 이르면 되고 별도의 입증과 이에 대한 판단이 필요하지 않다. 이러한 법리를 민사소송법 제288조는 명문으로 규정하고 있으나, 명문 규정이 없더라도 마찬가지로 해석될 것이다. 다툼이 없음에도 입증하고 판단하게 하는 것은 오히려 예외에 속한다. 주로 당사자 본인의 사익(私益)에 관련되는 내용인 때에는 다툼이 없으면 입증과 판단이 필요하지 않으나, 공익 또는 제3자의 이익과 밀접한 관련이 있으면 당사자 본인이 다투지 않더라도 다툼이 있는 것과 마찬가지로 취급하여야 한다. 또한 주로 당사자 본인의 사익에만 관련되어 있다고 하더라도 그것이 중대하고 본인이 이를 다투지 못하는 것이 본인의 능력부족 등에 기인한 것이어서 다툼 없는 사실로 취급하는 것이 현저하게 정의에 반할 때에는 국가 또는 법원이 나서서 대신 다투어 주거나 다툼이 있는 것처럼 취급하여야 한다. 이러한 경우들이 바로 다툼 없는 사실임에도 불요증사실이 되지 않는 예외인 것이다.

형사소송에서는 처벌받는 것은 피고인 개인이지만, 이는 피고인의 사익에만 관련되는 문제가 아니라 형사적 정의실현 또는 국가나 사회 전체의 질서유지와 직결되는 문제이다. 이러한 특성 때문에 형사소송에서는 다툼 없는 사실이라는 점의 중요성이 민사소송보다 낮다. 자백하더라도 불요증사실로 다루지 않고 자백을 증거의 하나로 취급할 뿐만 아니라, 더 나아가 자백이 유일한 증거일 때에는 유죄를 선고하지 못하게 할 정도인 것이다.

그러나 형사소송에서 필요한 모든 사실에 대해 다툼이 없더라도 현실적인 입증을 요하게 하는 것은 소송경제에 현저히 반할 뿐만 아니라 피고인의 인권보호에도 도움이 되지 않는다. 따라서 형사소송에서도 핵심적인 부분은 다툼이나 의문이 없더라도 현실적인 입증을 요하게 하되, 그 밖의 부분은 다툼이나 의문이 없으면 현실적인 입증을 면해 주는 것이 타당하다. 이러한 법리가 법규에 규정되어 있다면 더욱 좋겠지만, 현재로서도 재판의 본질과 소송경제, 피고인의 이익, 재판 실무 등을 종합적으로 고려하여 도출된 법리로서 해석상 또는 판례상 인정하여도 큰 무리가 없을 것으로 생각된다[36].

2. 재판 현실에서 쟁점형성책임론의 활용

쟁점형성책임론이라는 법리는 이미 현실 재판에서 충분히 활용되고 있다. 피고인이 구성요건 해당사실이 아닌 위법성이나 책임, 더 나아가 소송법적 문제에 대하여 다투지 아니하고 법원도 의문이 없다면 이들에 대하여는 검사는 입증하지 아니하고, 판결에서도 다루지 아니하며, 상급심에서도 문제 삼지 아니한다. 판례 역시 은연 중에 그러한 점을 드러내기도 한다. 앞에서도 언급한 바와 같이 대법원은 '자백의 임의성은 사실상 추정된다'고 하다가, 이후 태도를 바꾸어 '자백의 임의성은 추정되지 않으므로 임의성에 다툼이 있을 때에는 그 임의성을 의심할 만한 합리적이고, 구체적인 사실을 피고인이 입증할 것이 아니고 검사가 그 임의성의 의문점을 해소하는 입증을

---

[36] 자유로운 증명론(필자는 반대하고 있지만 통설은 인정하고 있다)이나 증거능력 요건으로서의 진정성, 최량증거법칙(대법원 2008.11.13. 선고 2006도2556 판결), 2007. 형사소송법 개정 전에 인정되던 위법수집증거 배제법칙(대법원 2002.6.11. 선고 2000도5701 판결 등) 등이 명문의 규정이 없음에도 학설이나 판례에 의하여 인정되고 있는(또는 인정된) 법리이다.

하여야 한다'고 판시하였다[37]. 이는 사실상 추정이론의 남용을 억제하였다는 점에서도 의미가 있지만, 특히 임의성에 대하여 '다툼이 있을 때'에만 검사에게 입증책임이 부여된다고 하여 쟁점형성책임론과 맥을 같이 하는 내용을 판시한 것도 매우 의미가 크다고 생각된다.

유죄판결의 경우에도 판결서 중 이유에는 범죄될 사실, 증거의 요지, 법령의 적용이 표시되어야 하는데(형사소송법 제323조 제1항), 이때 범죄될 사실에는 구성요건해당사실만 설시하고 위법성과 책임이 인정된다는 점에 대하여는 따로 표시하지 않는 것이 오랜 실무관행이다[38]. 다만 법률상 범죄의 성립을 조각하는 이유 등에 대한 사실의 진술이 있은 때에는 이에 대한 판단을 명시하여야 하므로(제323조 제2항), 피고인측이 위법성이나 책임 조각사유를 주장하는 경우에는[39] '당사자의 주장에 대한 판단'이라는 목차 하에 위 주장을 배척하는[40] 이유를 설시한다[41]. 피고인의 '반증'이 아니라 '주장'만 있어도 판단한다는 점에서는 긍정적이다. 다만 당사자의 주장이 없더라도 법원 스스로 의문을 가졌다면 검사로 하여금 입증하게 한 다음 위법성 또는 책임 인정 여부를 판단하여야 하고, 그 결과 역시 판결 이유에서 밝히는 것이 더 좋을 것임에도[42], 이 부분은 판결 이유에서 밝히도록 하지 아니한 점에서는 아쉬움이 없지 않다.

Ⅴ. 쟁점형성책임론의 적용 범위

1. 총설

---

37) 대법원 1998.4.10. 선고 97도3234 판결. 사실상 판례변경을 하면서도 전원합의체 판결이 아니라 부 판결인 점에 눈에 띈다.
38) 형사판결서작성실무, 사법연수원, 2016. 119면.
39) 구성요건해당성을 조각하는 사실에 대한 주장이 있는 경우에도 이와 같은 방식으로 판단하여야 하는지 견해가 대립되나, 최근에는 '친절한 법원, 신뢰받는 법원'이라는 슬로건 하에 재판에서 논점이 된 문제에 대하여는 가급적 판결서에서 설시하는 것이 실무 관행이다.
40) 만일 피고인측이 주장하는 위법성 또는 책임 조각사유가 받아들여지는 경우라면 무죄판결을 하여야 할 것이기 때문에 유죄판결의 이유에서 판단할 일이 없을 것이다.
41) 위 형사판결서작성실무, 197-199면.
42) 만일 이 부분을 판결 이유에서 밝힌다면 표제는 '법원이 직권으로 의문을 표한 점에 대한 판단' 정도가 될 것이다.

앞에서도 언급한 바와 같이 구성요건해당사실은 쟁점이 되지 않더라도 검사가 적극적으로 입증하여야 하지만, 위법성이나 책임, 소송법적 사실 등은 쟁점이 되는 경우에만, 즉 검사는 쟁점이 되기를 기다려 입증활동을 시작하면 족하다. 결국 쟁점형성책임이 인정되는 범위는 구성요건해당사실 이외의 모든 사실이라 말할 수 있다.

구성요건해당사실 중 고의, 인과관계 등도 쟁점형성책임이 인정되는 사실인가? 실제로는 고의, 인과관계 등과 같이 특별히 문제되지 않는다면 공소장 공소사실이나 판결서 범죄될 사실에 잘 기재하지도 아니하고 명시적으로 주장 입증하지 아니하는 경우가 많으므로 이 역시 위법성이나 책임의 경우와 다르지 않다고 볼 여지도 있다. 그러나 고의, 인과관계 등은 별도로 주장 입증하지 않는다고 하더라도 행위, 결과 등을 입증하는 과정에 그러한 행위가 일정한 의도 하에 행하여졌고, 그 행위 때문에 그러한 결과가 발생하였다는 점을 함께 밝히게 되며 실제로 법관도 그와 같은 과정에 고의, 인과관계 등에 대한 심증도 함께 형성하는 것이지, 쟁점으로 형성되지 않았기 때문에 입증하지 않은 것으로 볼 것은 아니라고 생각된다.

위법성과 책임이 적극적으로 판단되는 사실이 아니라 소극적으로 판단되는 사실, 즉 조각되는지 여부를 중심으로 판단되는 사실이기 때문에 쟁점이 된 경우에만 현실적인 입증을 요하는 것인가? 실제로 위법성과 책임이 조각 여부를 중심으로 판단되는 것도 사실이다. 그러나 앞에서도 언급한 바와 같이 정확하게 말하면 입증되거나 또는 다투어지는 사실은 위법성이나 책임 자체가 아니라 조각 사유에 해당하는 사실이며, 이 사실이 적극적 사실인지 소극적 사실인지는 상대적이어서 구별하기가 매우 어려울 뿐만 아니라, 굳이 구별한다고 하더라도 적극적 사실인 경우가 더 많을 것으로 보인다. 더욱이 소송법적 사실은 위법성이나 책임과 같이 기본적으로 소극적 사실이라고 보기 어렵다. 쟁점형성책임론이 반드시 소극적 사실이기 때문에 적용되는 것도 아니고, 소극적 사실에 대하여만 적용되는 것도 아니다.

누범과 같이 형벌 가중사유는 당연히 검사가 먼저 입증하여야 하겠지만, 중지미수나 불능미수와 같은 형벌 감면사유는 쟁점이 된 경우에만 입증책임이 발동한다. 그런데 종범은 형벌 감면사유이지만 정범이 아니면 종범이 되는 것이 아니라 독자적인 구성요건요소를 충족하는 경우에만 성립하기 때문에, 쟁점이 되지 않더라도 검사가 방조라는 점을 입증하여야 할 것으로 생각된다[43]. 결국 형벌 가중사유 또는 감면사유가 모두 쟁점형성책임의 대상은 아니라는 것이다.

2. 처벌조건과 쟁점형성책임

처벌조건은 범죄가 성립하여 국가에 형벌권이 발생한 경우에도 형벌권을 현실적으로 발동시키기 위한 별도의 요건이라고 정의될 수 있다[44]. 처벌조건을 구비하였는지 여부도 검사에게 입증책임이 있음에는 의문이 없지만, 쟁점이 된 경우에만 현실적인 입증의 부담이 발생하는지는 검토해 보아야 한다. 처벌조건에는 객관적 처벌조건과 인적처벌조건이 있는데, 사전수뢰죄(형법 제129조 제2항)에서 '범죄 후 공무원 등이 된 사실'과 사기파산죄(채무자회생및파산에 관한법률 제650조)에서 '범죄 후 파산선고가 확정된 사실' 등이 전자의 예이고, 외국에서 형을 받아 집행한 사실(형법 제7조), 중지미수라는 사실(제26조), 불능미수라는 사실(제27조), 친족상도례에 해당하는 사실(제328조) 등[45]이 후자의 예이다.

객관적 처벌조건의 경우에는 그 요건이 법규에 구성요건과 함께 규정되어 있어 이를 결한 경우의 법적 효과 외에는 구성요건요소와 거의 동일하게 취급해 왔으며 그것이 또 적절하기도 하다. 따라서 쟁점형성책임의 법리와 관련하여서도 구성요건요소와 마찬가지로 피고인이 다투거나 법원이 의문을 제기하지 않더라도 검사는 이를 입증하여야 한다고 보는 것이 옳다고 생각된다. 피고인이 다투지 않더라도 검사는 피고인이 수뢰 이후에 공무원에 취임하였다는 사실 또는 피고인이 재산을 은닉한 이후에 파산선고를 받아 확정되었다는 사실을 적극적으로 입증하여야 하는 것이다.

그러나 인적 처벌조건의 경우에는 법규에 구성요건과 분리되어 별도로 규정되어

---

[43] 정범이라는 공소사실에는 종범이라는 점이 포함되어 있지 않기 때문에 공소장변경 없이는 종범으로 판단할 수 없다는 대법원 2011.11.24. 선고 2009도7166 판결 참조.
[44] 졸고, 객관적 처벌조건에 관한 실무적 고찰, 인권과 정의(2007. 10.), 대한변호사협회, 123면.
[45] 정확하게 말하는 위와 같은 사유가 있어도 형을 감경받는 경우가 아닌 형면제를 받는 경우만이 처벌조건에 해당한다.

있고, 이를 결한 경우의 법적 효과가 형면제라는 점 외에는 소송조건과 비슷하게 취급해 왔으며, 그것이 또 적절하기도 하다. 따라서 쟁점형성책임의 법리와 관련하여서도 소송조건과 마찬가지로 피고인이 다투거나 법원이 의문을 제기하는 경우에만 검사에게 현실적인 입증의 부담이 발생한다고 해석하는 것이 옳다고 생각된다. 피고인이 중지미수나 불능미수에 해당한다고 주장하지도 않고 법원이 의문을 제기하지도 않는데 '피고인이 자의로 중지한 것이 아니고, 결과발생이 불가능했던 것도 아니라는 사실'을 검사에게 일일이 입증하게 하는 것은 소송법적 사실의 경우와 마찬가지로 과중하고도 무용한 입증의 부담이기 때문이다.

3. 토지관할 위반 등과 쟁점형성책임

형사소송에서는 비록 피고인이 다투지 않더라도 법원이 직권으로 문제삼을 수 있다는 점에서 공익적 고려가 근저에 남아 있으며, 이런 점에서 민사소송과 차이가 있다. 그러나 형사소송에서도 당사자 본인이 다투지 아니하면 법원도 문제 삼지 못하게 하는 경우도 있다. 토지관할 위반이 바로 그것이다. 토지관할은 소송조건 중에서도 특히 피고인 개인의 이익에 주로 관계되는 문제이기 때문에 완전히 민사소송에서의 다툼 없는 사실처럼 취급하고 있는 것이다(형사소송법 제20조). 제1회 공판기일 통지의 하자도 피고인이 이의하지 않으면 하자가 치유되어 법원도 직권으로 문제삼을 수 없으며(형사소송법 제269조 제2항), 공소장부본 송달(형사소송법 제266조)의 하자도 마찬가지로 해석된다[46]. 이러한 경우에는 결국 쟁점형성의 권한 또는 책임이 피고인에게만 있고 법원에는 없다고 할 수 있다.

Ⅵ. 나가며

민사소송과 달리 형사소송에서는 의심스러운 때에는 피고인의 이익으로 법리에 의하여 소송에서 인정이 필요한 사실 중 거의 대부분에 대한 입증책임이 검사에게 분배되어 있고, 다툼 없는 사실도 불요증사실로 인정되지 않기 때문에 검사의 입증의 부담은 과중할 수 밖에 없다. 더욱이 소송에서 인정이 필요한 사실들 중 쟁점이 되는 것은 극히 일부이고 많은 부분은 피고인도 다투지 않고 법원도 의문을 제기하지도 않는

---

46) 신동운, 앞의 책, 839면 등.

것이 현실이다. 그러함에도 이 모든 사실에 대하여 검사에게 현실적인 입증을 요구하는 것은 소송경제에 반하면서도 피고인의 인권보호나 정의실현에는 전혀 도움이 되지 않는다. 이러한 과중하고도 무용한 입증의 부담 문제를 해결하기 위해 사실상 추정이론 등이 원용되기도 하고 자유로운 증명론이 통용되기도 하지만 적절하지 못하다는 점은 앞서 살펴보았다.

실제 다툼이 있거나 의문이 제기되었을 때에만 현실적인 입증의 부담이 발동하고 법원도 판단하는 것이 소송의 본질이며, 다툼이나 의문이 없음에도 입증하고 판단하는 것은 공익과 관련한 매우 중요한 문제에서만 예외적으로 인정되는 현상이다. 형사소송은 국가형벌권의 발동으로 사회의 질서를 유지한다는 공익목적성이 매우 강하다는 특징이 있어 구성요건 해당사실이나 객관적 처벌조건 구비사실의 입증에서는 다툼이나 의문이 없더라도 검사가 입증을 하여야 하나, 그 밖의 사실 즉 위법성이나 책임 관련 사실, 인적 처벌조건 사실, 소송법적 사실 등에까지 다툼이나 의문이 없음에도 검사에게 현실적으로 입증하라고 요구하는 것은 불합리하고 무용하다. 이글에서 필자는 쟁점형성책임론의 법리에 따라 구성요건 해당사실과 객관적 처벌조건 구비사실 이외의 사실들은 피고인이 다투거나 법원이 의문을 제기하는 경우에만 검사에게 현실적인 입증의 부담이 발동한다고 해석하여야 하고, 궁극적으로는 이러한 점을 법규에 명시하는 것이 옳다고 주장하였다. 이와 관련한 더 많은 논의들이 전개되기를 기대한다.

무죄추정원칙의 적용 범위에 관한 소고

Ⅰ. 들어가며

1. 무죄추정원칙의 적용 범위에 대한 통설과 이견

헌법 제27조 제4항은 "형사피고인은 유죄의 판결이 확정될 때까지는 무죄로 추정된다"고 규정하고 있고, 형사소송법 제275조의2에서도 "피고인은 유죄의 판결이 확정될 때까지는 무죄로 추정된다"고 규정하고 있다. 무죄추정원칙은 헌법과 형사소송법이 명문으로 채택하고 있는 중요한 원칙임에 틀림이 없다. 그러나 무죄추정원칙의 적용 범위에 대하여는 국내는 물론 국외에서도 계속적으로 논란이 되어 왔으며 각국의 판례 역시 서로 다른 입장을 취하고 있다.

우리나라에서는 무죄추정원칙을 그 적용되는 영역에 따라 증거법상 추정 원리, 인신구속 제한 원리 및 형사절차상 불이익 처우 금지원리 등 3가지 측면으로 구분한 다음 위 3가지 측면 모두에 직접 작용하는 것으로 보는 것이 일반적인 견해이다[1]. 이에 대하여 "고문 등의 부당한 처우금지는 적정절차 원칙의 일부분일 뿐 무죄추정원칙과 무관하며, 불구속 수사원칙[2] 역시 무죄추정원칙에서 당연히 도출되는 원리가 아니다"라고 주장하는 견해도 있고[3], "인신구속 기타 형사절차상의 불이익 처우는 적정절차의 원리, 비례성의 원리 등에 따라 통제되어야 하며, 만일 무죄추정원칙을 이에 직접 적용하려 하면 오히려 그 내용의 모호성 때문에 피의자 혹은 피고인의 인권이 충분히 보호되지 못하는 결과가 발생할 수도 있다. 결국 무죄추정원칙은 증거법상의 추

---

[1] 이재상, 형사소송법 제6판, 박영사, 2002. 104-106면; 신양균, 형사소송법 제2판, 법문사, 2004, 34, 35면; 백형구, 알기쉬운 형사소송법, 박영사, 2002, 24면; 신동운, 형사소송법 제3판, 법문사, 2005, 491-495면. 다만 정웅석 교수는 위와 같은 3가지 측면을 명백하게 구분하여 설명하고 있지는 않으나 그 내용은 유사한 것으로 파악된다. 정웅석, 형사소송법 제3판, 대명출판사, 2006, 586-590면.
[2] 다수설이 말하는 인신구속 제한 원리와 같은 취지로 보인다.
[3] 신현주, 형사소송법 신정2판, 박영사, 2002, 137, 138면.

정 원리 이외의 영역에서는 직접 적용되기는 어렵다"고 주장하면서[4] 무죄추정의 원리가 인신구속의 제한원리가 된다고 해석하더라도 이는 수사기관에 대하여 신중한 수사를 요청한다는 훈시적인 성격 이상의 의미를 가질 수 없다는 견해도 있다.

2. 이 글의 방향

무죄추정원칙이 증거법적 영역에서는 직접 적용된다는 것이 일반적인 견해인 듯 하나, 필자로서는 이에 동의하기 어렵다. 또한 무죄추정의 원리가 인신구속 기타 형사절차상의 불이익 처우 금지 원리로서도 작용한다는 통설에 대하여는 이미 이견이 제시된 바이며 필자는 위 다수설과 이견에 대하여 일면 지지하고 일면 반대한다. 이하 항목을 나누어 상술한다.

Ⅱ. 무죄추정원칙이 증거법상 추정 원리로서 작용하는지

1. 증거법상 추정원리로서의 무죄추정원칙과 의심스러운 때에는 피고인의 이익으로 법리의 관계

앞에서도 언급한 바와 같이 무죄추정원칙이 증거법상의 추정원리로 직접 작용한다는 점에는 별다른 이견이 없는 듯하다. 피고인이 유죄판결을 받아 확정될 때까지는 무죄로 추정된다고 하니 유무죄가 의심스러울 때에는 무죄로 판단하라는 결론에 이르는 것을 매우 상식적이고도 자연스럽게 보는 듯 하다. 통설과 같이 무죄추정원칙을 증거법상의 추정원리로 직접 작용한다고 보면 그러한 점에서는 무죄추정원칙은 당연히 의심스러운 때에는 피고인의 이익으로(in dubio pro reo) 법리와 동의어가 된다[5].

이에 대하여 "무죄추정원칙이 증거법상으로는 in dubio pro reo 법칙과 같은 기능을 수행하는 것은 사실이나, 다만 본질과 적용범위에서 약간의 차이를 보일 뿐"이라는 주장(명확하지는 않으나 그러한 취지로 보인다)을 펼치는 분도 있다[6]. 우선 본질에서 어떤 차이가 있는지 살펴

---

[4] 이진국 박사는 무죄추정원칙이 직접 적용되는 영역을 증거법에만 한정하는 결과 무죄추정원칙의 적용 대상을 형사피고인에 한정하여 해석하고 있다. 이에 대한 비판은 해당 부분에서 상술한다.
[5] 이재상, 앞의 책 같은 면; 신양균, 앞의 책, 같은 면.
[6] 이진국, "인신구속과 무죄추정원칙", 형사정책연구 제64호, 한국형사정책연구원, 2005. 36면 이하.

보면 위 견해는 무죄추정원칙은 소송법상의 지도원리이지만 in dubio pro reo 법칙은 진위불명의 상태에서 법원으로 하여금 피고인에게 유리하게 판단하도록 하는 판단법칙으로서 형법상 책임주의의 이면에 속하는 것[7]이라고 하여, 마치 무죄추정원칙은 절차법적 원리이고 in dubio pro reo 법칙은 실체법적 원리라는 의미인 듯 보인다. 그러나 책임주의 원칙은 형사법 전반에 작용하는 대원칙으로서 특별히 in dubio pro reo 법칙의 이면이라고 제한하여 해석하기 어렵다. 나아가 in dubio pro reo 법칙을 소송법이 아닌 실체법적 원칙이라고 보는 것은 더더욱 문제가 있다고 생각된다. in dubio pro reo, 즉 '의심스러울 때에는 피고인의 이익으로'라는 취지는 명백히 '판단 방법'에 관한 문제이지 '판단의 실체'에 관한 문제가 아니므로 in dubio pro reo 법칙 역시 절차법적 원칙임이 분명하다. 실제로 어느 문헌을 보더라도 in dubio pro reo 법칙이 형사소송법 분야에서 언급되지 형법 분야에서 언급되지 않는 것도 사실이다. 따라서 무죄추정원칙을 절차법적 원리로, in dubio pro reo 법칙을 실체법적 원리로 구분하는 듯한 위 견해는 문제가 있다고 생각한다.

그 적용범위와 관련하여서 위 견해는 "무죄추정원칙이 법관의 심증형성시까지만 의미를 가지는데 반해, in dubio pro reo의 법리는 심증형성 이후에 그것도 진위불명이 명확한 상태에서만 효력을 발한다고 보아야한다, 즉, 무죄추정원칙은 재판절차에서 사실관계에 관한 재구성이 종료될 때까지 효과를 가지는 반면, in dubio pro reo 법리는 이러한 사실관계의 재구성이 종료된 이후에 가별성에 관한 요건의 존재와 부존재가 불명확한 상황에서만 적용된다"고 주장하고 있다[8]. 그러나 '심증형성'이라는 것은 '자유심증주의에 따라 증거에 의해 법관이 사실 유무에 관한 확신을 가지는 것'을 의미하므로 심증형성이 되었다면 진위불명이 생길 수가 없고 진위불명 상태라면 심증이 형성되지 않은 것이다. 따라서 증거법적 효력을 논하면서 심증형성시까지만 의미를 가진다는 것과 진위불명 상태에서 효력을 발한다는 것으로 구분한다는 것 자체가 적절치 아니하다.

더 나아가 위 견해는 법관이 증거에 의하여 유무죄의 심증을 형성할 때 까지만 무

---

[7] 이진국, 앞의 논문, 같은 면.
[8] 이진국, 앞의 논문, 같은 면.

죄추정의 효력이 유지되고 만일 법관이 유죄의 심증을 형성해 버렸다면 이 후에는 무죄추정이 되지 않는다는 의미가 된다. 그러나 1심에서 유죄의 선고를 받더라도 상소하여 항소심에 계속 중인 경우 유죄판결의 확정 전이므로 무죄추정의 효력이 지속되어야 한다는 것은 헌법과 형사소송법이 명문으로 규정하고 있는 바인데, 이를 위 견해와 조화시키려면 1심 판단과 함께 무죄추정이 종결되었다가 항소심이 개시되면 무죄추정이 되살아난다는 의미인지 혼란스러운 것이 사실이다. 결국 무죄추정원칙이 법관의 심증형성시까지만 의미를 가진다거나, 혹은 사실관계에 관한 재구성이 종료될 때가지만 효과를 가진다는 해석은 헌법과 형사소송법의 규정과도 조화되기 어렵다. 오히려 유죄판결의 확정시까지 무죄추정원칙이 효력을 유지한다는 헌법, 형사소송법 규정을 그대로 받아들이는 것이 자연스럽고 옳은 결론인 듯하다. 이렇게 보면 위 견해 주장자의 원래의 의도와는 달리 무죄추정원칙과 in dubio pro reo 법칙이 그 적용 범위에서 차이가 나게 된다.

2. 무죄추정이 증거법상의 추정에 해당하는가

무죄추정원칙이 증거법상의 추정원리로 직접 작용한다는 주장은 별문제가 없어 보일 수도 있지만, 증거법상의 추정이론에 대하여 조금만 더 깊이 생각해 보면 그리 간단한 문제가 아니다. 추정에는 법률상 추정과 사실상 추정이 있다. 만일 무죄추정을 증거법상 직접 적용되는 추정이라고 본다면 그러한 취지가 헌법과 형사소송법에 명문으로 규정되어 있기 때문에 당연히 법률상의 추정이라 보아야 한다[9]. 그러나 이에는 몇 가지 문제가 있다.

첫째, 셋째 증거법상 추정이란 갑 사실이 입증된 경우 이로부터 을 사실을 추론하는 것이므로 추론의 전제가 되는 사실의 존재를 필수적 요건으로 한다. 그런데 무죄추정의 경우에는 피고인이 무죄라고 추론하는 전제사실이 무엇인지 불명확하다. 어떤 사실이 입증된 경우 피고인을 무죄라고 추정한다는 의미일까? 무죄추정의 경우에

---

9) 형사소송에서는 법률상 추정이 허용되지 않는다는 통설에 의하면 법률상 추정인 무죄추정이 처음부터 허용될 수 없다는 이상한 논리에 빠질 위험이 있다. 법률상 추정에 관한 상세한 내용은 이 책 제1편 '형사소송에서의 추정이론' 중 해당부분 참조.

는 '어떤 사실이 입증된 경우'라는 적극적 사실을 전제사실로 할 것이 아니라 '유죄판결의 확정이 있기 전까지'라는 소극적 사실을 전제사실로 하여야 하며 굳이 이를 추정의 틀에 맞추려 한다면 '유죄판결이 확정되지 않았다는 사실이 입증된 경우'로 전환하여야한다. 그러나 소극적 사실을 전제사실로 하여 추정 이론을 전개하는 것도 이상하고 유죄판결이 확정되지 않았다는 사실을 피고인 측에서 입증하여야 피고인이 무죄의 추정을 받을 수 있다는 이론 구성도 터무니없다. 이와 관련한 입증책임이 있다면 오히려 검사에게 유죄판결이 확정되었다는 사실을 입증할 책임이 있을 뿐이다. 이런 점에 비추어 보아도 무죄추정원칙을 증거법상 영역의 추정 원리로 파악하는 것은 무리가 있다.

둘째, 모든 추정은 깨어질 수 있으며 법률상 추정 역시 반대사실의 입증에 의하여 깨어진다[10]. 예컨대 갑 사실이 있으면 을 사실도 있는 것으로 추정하라는 명문 규정이 있는 경우 을 사실의 존재에 대한 입증책임을 부담하는 당사자 측에서 갑 사실의 존재만 입증하더라도 법관은 을 사실이 존재하는 것으로 전제하고 판단하여야 하지만, 타방 당사자 측에서 갑 사실의 존재에도 불구하고 을 사실은 존재하지 않는다는 점을 입증하여 법관이 이에 대한 확신을 가지게 되는 경우에는 을 사실이 존재한다는 전제로 인한 불이익을 면할 수 있게 되며, 이러한 입증을 반대사실의 입증이라 한다. 반대사실의 입증 역시 법관이 심증형성, 즉 확신에 의하여 완성되는 것이므로 법관이 반대사실의 존재에 대하여 확신을 가지는 순간 추정을 깨어져야 한다. 이를 무죄추정원칙에 결부시켜 보면 피고인이 무죄로 추정되고 있다가도 검사가 피고인이 유죄라는 확고한 증거를 제시하여 법관이 유죄의 확신을 하게 되는 순간[11] 무죄의 추정은 깨어지고 그때부터는 범죄자로서 판단을 받아야 한다는 것이 이론적으로 일관성 있는 논리전개가 될 것이다.

---

10) 사실상 추정은 반증으로 깨어지나 법률상 추정은 반대사실의 입증으로 깨어진다. 반증은 법관의 심증을 흔들 수 있을 정도의 입증으로 충분하나 반대사실의 입증은 본증의 일종으로서 법관으로 하여금 확신에 이르도록 하여야 한다는 점에서 차이가 있다.
11) 대부분의 경우 그와 같은 확신은 재판 후반부에 형성되겠지만 아무리 늦더라도 재판의 실질적 성립 이전 시점에는 완성되어야 할 것이다.

그러나 헌법과 형사소송법은 법관이 유죄의 확신, 즉 유죄의 심증 형성시까지만 피고인이 무죄로 추정되는 것으로 규정하지 않고 유죄판결이 확정될 때까지 무죄로 추정된다고 규정하고 있다. 실제로도 재판 도중 법관이 유죄의 심증을 형성하였다고 하여 이 후 절차에서 피고인을 범죄인 취급하여서도 아니될 것이다. 더 나아가 비록 1심이나 2심에서 유죄의 판결을 받았다고 하더라도 상소하여 상급심이 계속 중인 때에는 무죄추정원칙이 계속 적용되어야 함이 명백하다. 결국 무죄추정원칙이 증거법 영역에 직접 적용된다는 견해는 추정이론에 비추어 보면 그대로 받아들이기 어렵다.

셋째, 무죄추정원칙은 형사소송법 제275조의2에 규정되어 있는데 이는 형사소송법 제2편 제1심, 제3장 공판, 제1절 공판준비와 공판절차 편에 속해 있다. 법규의 의미나 적용범위의 해석에 있어 그 규정된 위치 역시 매우 중요한 의미를 가진다고 생각된다. 통설적 견해와 같이 무죄추정원칙이 증거법상 추정원리로만 아니라 인신구속의 제한원리 및 형사절차상 불이익 처우의 금지원리 모두로 작용한다면 제1편 총칙 제9장 혹은 제10장에서 피고인의 구속, 압수수색 등과 관련하여 규정하였어야 옳으며, 무죄추정원칙이 직접 적용되는 영역이 증거법만이라고 한다면 제2편 제3장 제2절 증거편에 자유심증주의와 관련하여 규정하였어야 옳다[12]. 이러한 점에 비추어 보면 무죄추정원칙을 입법한 입법자들은 무죄추정원칙을 인신구속의 제한 원리 혹은 불이익 처우의 금지 원리로 생각한 것도 아니고 증거법상의 추정 원리로 생각한 것도 아니다. 입법자들은 공판준비와 공판절차 편에 규정함으로써 비록 범죄의 혐의가 있어 재판을 받고 있는 피고인이지만 유죄의 판결이 확정된 것이 아니라면 공판 중에는 유죄임을 전제로 하는 어떤 처분이나 처우를 하여서는 아니된다는 의미로 무죄추정원칙을 입법한 것이다. 입법자들의 그와 같은 의도는 법 해석에 있어 충분히 존중되어야 할 것이다.

3. 유무죄의 확신을 가지지 못한 경우의 판단의 기준

'무죄 추정'이란 반대사실의 입증이 있기 전까지는 무죄로 추론하라는 증거법상 개

---

12) 무죄추정원칙을 증거법적 영역에서 파악한다면 이는 형사소송법 제308조 소정의 자유심증주의와 밀접한 관련을 가진 것으로 보인다.

념으로서의 '추정'이 아니라, 유죄판결이 확정될 때까지는 '무죄인 사람으로 대우하라'는 행동 지침일 뿐이다. 무죄추정원칙은 증거법상의 유무죄 판단과는 전혀 관련이 없다. 무죄추정원칙이 증거법상의 유무죄 판단과 관련이 없다면 법관이 증거조사 결과 유무죄의 확신을 가지지 못한 경우 판단의 기준을 어디에서 구할 것인가? 우리 형사소송법에 명문의 규정은 없고 확립된 법 원칙으로서의 in dubio pro reo 법칙이 이념적 근거가 된다고 해석될 뿐이다[13]. 결국 무죄추정원칙은 in dubio pro reo 법칙과 전혀 다른 법칙인 것이다.

Ⅲ. 무죄추정원칙이 인신구속 제한 원리로서 작용하는지

1. 무죄추정의 의미

통설은 무죄추정원칙이 인신구속의 제한 원리가 된다는 전제 하에서 피의자에 대한 수사와 피고인에 대한 재판은 원칙적으로 불구속으로 행하여져야 하고, 구속은 도주 및 증거인멸의 우려가 있는 경우에 예외적으로 허용되어야 한다고 주장하고 있다[14]. 헌법재판소 역시 "무죄추정원칙은 증거법에 국한된 원칙이 아니라 수사절차에서 공판절차에 이르기까지 형사절차의 전 과정을 지배하는 지도원리로서 인신의 구속 자체를 제한하는 원리로 작용한다"고 판시함으로써[15] 같은 취지임을 명백히 하고 있다. 그 밖에 학설에 따라서는 무죄추정원칙이 형사보상청구권의 보장, 미결구금일수의 구속기간 산입, 보석 등도 무죄추정원칙의 표현이라고 해석하기도 한다.

이에 반하여 "무죄추정원칙에서 금지하는 것은 유죄의 판결 확정 이전에 사회윤리적 반가치 판단이 담겨있는 형벌 또는 형벌에 준하는 처분을 과하는 것일 뿐이며 인신구속 자체는 무죄추정원칙의 적용 대상이 되지 않는다"는 주장도 있다[16]. 인신구

---

13) 배종대/이상돈, 앞의 책, 678-679면에도 "이 원칙을 선언한 명문 규정은 없지만 – 확고한 법 전통으로 자리잡고 있다. 이론적으로는 책임원칙과 제308조의 결합에서 그 법률적 근거를 인정할 수 있다. 그밖에 헌법 제27조 제4항과 형사소송법 제275조의 2에 규정된 무죄추정원칙으로부터 도출할 수도 있다"라고 기재되어 있는 바, 같은 견해로 보인다.
14) 이재상, 앞의 책, 104면; 신양균, 앞의 책, 34면 등.
15) 헌법재판소 2003.11.27. 2002헌마193 결정 등.
16) 이진국, 앞의 논문, 53면 이하. 이는 "불구속 수사의 원칙을 무죄추정원칙의 내용에 포함시키는 것은 무

속 자체는 무죄추정원칙의 적용 대상이 되지 않는다는 위 견해는 일면 옳고, 일면 그르다. 무죄추정원칙은 유죄판결 확정 전에는 무죄로 추정하여 '유죄임을 전제로 하는 처분'을 과하지 못한다는 의미임이 분명하며, '유죄임을 전제로 하는 처분'에 형벌은 포함된다. 따라서 유죄의 판결이 확정되기 전에 피고인[17]에 대하여 형벌을 집행하는 것은 명백히 무죄추정원칙에 반한다. 이러한 점에 비추어 보면 벌금형의 집행 역시 판결이 확정된 후에 집행하는 것이 옳으며, 형 확정 후의 집행 편의를 위해 시행되던 벌금 예납제도[18]가 무죄추정원칙에 반한다는 점은 명백해 보인다.

2. 인신구속과 무죄추정

인신구속의 문제는 좀더 세심한 검토를 필요로 한다. 수사상 혹은 재판과정에서의 인신구속은 유죄 여부를 밝히기 위한 처분이지 유죄임을 전제로 하는 처분이 아니다. 따라서 인신구속은 원칙적으로 무죄추정원칙이 아니라 적정절차의 원칙, 비례성의 원칙 등의 규율을 받는다고 봄이 옳다. 무죄추정원칙에 의하여 인신구속이 제한되어야 한다는 통설은 수사기관이 충분하고도 구체적인 사실에 근거를 둔 혐의에 의하여 수사를 개시하여야 하고[19], 체포와 구속의 경우 '피의자가 죄를 범하였다고 의심할 만한 상당한 이유'가 있는 경우에만 허용된다는 형사소송법 제200조의2 제1항, 제201조 제1항 규정과도 조화되기 어렵다. '충분하고도 구체적 사실에 근거를 둔 혐의'나 '피의자가 죄를 범하였다고 의심할 만한 상당한 이유'의 존재로서 통설이 말하는 무죄추정은 이미 상당 부분 깨어진 것이 사실이기 때문이다.

죄추정원칙에 대한 오해의 결과이다. 무죄추정원칙은 유죄 확정 이전에 유죄 확정자로서의 처우를 금지하는 것이지 유죄 확정 전에는 전혀 불이익을 줄 수 없다는 것은 아니다"는 신현주, 앞의 책, 137면과도 같은 취지이다.

17) 우리나라의 통설과 판례가 무죄추정원칙의 수범자를 피고인뿐만 아니라 피의자에게로 확장하는 점에 대하여 이진국 박사는 피의자에 대하여 무죄를 추정한다 하더라도 제도적으로 혹은 현실적으로 인신구속을 피할 수 없다는 모순관계를 설명하기 어렵기 때문에 무죄추정원칙의 수범자를 헌법 및 형사소송법 법문에 따라 '피고인'에 한정함이 상당하다는 견해를 취하고 있다. 그러나 이는 이진국 박사가 무죄추정원칙의 적용 범위를 증거법상 추정 원리로만 한정시키기 때문에 피의자에 대한 적용 가능성이 애초부터 없다는 점과 더욱 더 밀접한 관련이 있다고 보인다. 이진국, 앞의 논문, 60면. 그러나 이러한 견해는 피의자에 대하여도 형벌 혹은 형벌 유사의 불이익 처분을 과할 수 없는 이유가 적정절차의 원칙이나 비례성의 원칙 때문이 아니라 무죄 추정의 원칙이라고 본다면 피의자 역시 무죄추정원칙의 수범자가 되어야 할 것으로 생각된다.

18) 그와 같은 취지에서 벌금 예납제도는 2002년에 폐지되었다.

19) 이재상, 앞의 책, 173면; 배종대/이상돈, 앞의 책, 179면 등.

다만 인신구속이 유죄 여부를 밝히기 위해서가 아니라 다른 목적, 예컨대 피의자 혹은 피고인에게 고통 혹은 반성의 기회를 주기 위한 목적으로 집행되고 있다거나 행형 목적 달성을 위하여 기결수에 대해 행하여지는 처분을 피의자 혹은 피고인에게 부과한다면[20] 이는 명백히 형벌로서의 성격이라고 해석되며 결과적으로 유죄판결 확정 전에 형벌을 과하는 것과 조금도 다르지 않게 되므로 무죄추정원칙에 위배된다고 보아야 한다. 그러나 도주 및 증거인멸의 우려가 크게 없음에도 구속을 하였다거나 석방할 사유가 명백함에도 구속을 유지한다는 등의 경우에는 '유죄임을 전제로 한 처분이 집행되었다'는 측면보다는 '인신구속의 경우 반드시 지켜야 할 원칙을 위반하였다'는 측면이 더욱더 직접적으로 나타나므로 이러한 경우에는 무죄추정원칙을 들고 나올 것이 아니라 적정절차의 원칙 혹은 비례의 원칙을 거론함이 더욱 적절하다고 생각된다. 이러한 논리 구성을 취하는 한 무죄추정원칙과 피의자 혹은 피고인에 대한 인신구속이 모순관계에 빠지는 일은 없게 될 것이다.

3. 파생적 사항에 대한 검토

형사보상청구권의 보장[21], 미결 구금일수의 본형 산입[22], 접견교통권 보장[23], 보석제도[24] 등이 무죄추정원칙에서 직접 도출된다는 견해도 있으나, 쉽게 수긍하기 어렵다. 우선 형사보상청구권은 수사 및 재판과정에 구속되어 있던 자가 불기소처분 혹은 무죄판결을 받은 경우 결과적으로 부적절한 구속을 통해 피의자 혹은 피고인이 받은 고통을 국가가 보상해 주려는 제도이지 무죄추정을 받고 있던 피고인을 구속한 것이 잘못되었다는 반성적 고려에서 나온 제도가 아니다. 이를 뒤집어 살펴보면 예컨대 유

---

20) 변호인과의 접견시 교도관이 접견 내용을 청취하는 것. 두발의 자유 제한, 변호인 이외의 일반인 접견의 횟수 등을 제한하는 것 등이 이에 해당한다. 지금도 변호인 이외의 일반인 접견시 교도관이 접견 내용을 청취, 기록함으로써 도주 및 증거인멸의 우려를 원천적으로 봉쇄하면서도 접견을 1일 1회로 제한하고 있는데 무죄추정원칙이라는 측면에서 재고를 요한다고 보인다. 다만 인신구속 장소 내에서의 복장 제한은 구속 장소의 관리 목적상 필수적인 조치라고 보여지므로 무죄추정원칙에 반하는 것으로는 보여지지 아니하지만 수사나 재판을 받을 동안에는 복장이 제한되지 아니함이 상당하다. 신양균, 앞의 책, 35면 참조.
21) 신동운, 앞의 책, 493면.
22) 정동욱, "무죄의 추정", 고시연구 16권 11호(1989. 11), 고시연구사, 147면.
23) 이재상, 앞의 책, 104면.
24) 신현주, 앞의 책, 37면.

죄추정의 원칙이 적용되어 피고인이 자신의 결백을 입증하지 못하면 유죄의 판단을 면할 수 없는 법제가 존속한다고 하더라도 구속되어 있던 피고인이 다행히 자신의 결백을 입증하여 무죄판결을 받았다면 국가가 위 구속에 대한 보상을 해 주는 것이 당연하고 전혀 이상할 것이 없다. 또한 만일 형사보상청구권이 무죄추정원칙에서 도출된다면 유죄판결이 이미 확정되어 형사소송법 제275조의2에 따라 무죄추정을 받지 못하는 경우에는 확정 이후 집행된 형에 대하여 형사보상청구권이 인정되지 않아야 옳으나, 우리나라의 통설은 유죄판결의 확정에 따라 형이 집행되던 중 상소권 회복에 의한 상소, 재심 또는 비상상고에 의해 무죄판결을 받은 경우 기 집행된 형에 대한 것도 보상의 대상이 된다고 하고 있다[25]. 이상의 점들을 종합할 때 형사보상청구권이 무죄추정원칙에서 도출된다는 견해는 무죄추정원칙을 지나치게 넓은 의미로 이해하는 것이라 하겠다.

미결 구금일수를 본형 집행에 산입하는 것 역시 마찬가지이다. 유죄판결이 확정됨에 따라 형을 집행하여야 하는데, 유죄판결이 확정되기 전에 구속되어 있던 피고인에 대하여는 형평의 견지에서 위 구속기간을 기간 그대로, 혹은 금액으로 환산하여 집행될 형에 산입하여 준다는 취지이지, 무죄추정을 받고 있던 피고인을 구속한 것이 잘못되었다는 반성적 고려에서 산입하여 주는 것이 결코 아니다[26]. 더욱이 미결 구금일수의 산입은 유죄판결의 확정에 따라 효력을 나타내게 되고 유죄판결이 확정되면 그간 받아오던 무죄추정의 효력마저 확정적으로 종료되는데, 이때 비로소 무죄추정원칙이 작용하여 미결 구금일수를 산입하게 한다는 것은 논리적으로도 옳지 않다. 따라서 미결 구금일수의 본형 산입이 무죄추정원칙에 연원을 두고 있다는 견해 역시 찬성하기 어렵다.

구속된 피의자 또는 피고인에게 접견교통권을 보장하는 것 자체가 무죄추정원칙의 구현이라는 견해도 있다. 앞에서도 언급한 바와 같이 변호인을 접견함에 있어 교도관

---

25) 이재상, 앞의 책, 727면; 배종대/이상돈, 앞의 책, 908면; 신양균, 앞의 책, 1115면; 신현주, 앞의 책, 893면.
26) 수사 혹은 재판 과정에 적정절차의 원칙 및 비례성의 원칙에 따라 피고인을 구속하였고 재판 결과 유죄판결이 확정되었다면 도대체 위 구속이 잘못되었다고 볼 이유가 전혀 없는 것이다.

이 접견 내용을 청취하지 못하도록 하는 것은 무죄추정원칙과 관계가 있으나, 접견교통권을 보장하는 것 자체가 무죄추정원칙의 구현이라는 점은 수긍하기 어렵다. 무죄추정을 받지 아니하는 기결수도 접견교통권 자체는 인정되기 때문이다. 접견교통권은 인권보장이라는 형사소송의 이념에서 그 근거를 찾는 것이 적절할 것이라 생각된다.

보석 제도를 무죄추정원칙에 직결시키는 견해도 있다. 그러나 보석을 허가하는 것은 피고인이 무죄로 추정되기 때문이 아니라, 도주 및 증거인멸의 우려 등을 종합적으로 고려할 때 굳이 구속 상태에서 재판을 계속할 필요성이 크지 않은 경우 피고인을 석방하여 불구속 상태에서 재판절차를 진행하기 위해서이다. 이는 마치 인신구속을 제한하는 원리가 무죄추정원칙이 아닌 적정절차의 원리, 비례성의 원칙 등과 직결되는 것과 같은 이치이다. 만일 보석이 무죄추정으로 인한 것이라면 유죄의 판결이 확정되기 전까지는 모든 피고인이 무죄추정을 받으므로 모든 피고인에 대하여 보석이 허가되어야 하지만, 형사소송법 스스로 이러한 결과는 반대하고 있다. 결국 인신구속 제한이 직접 무죄추정원칙에서 비롯된 것이 아니라고 보아야 인신구속 제도와 무죄추정원칙이 모순관계에 들어가지 않는 것과 마찬가지 이유로, 보석 제도를 무죄추정원칙에 직결시키지 않아야 보석 제한과 무죄추정원칙이 모순관계에 빠지지 않게 되는 것이다.

4. 소결

무죄추정원칙은 유죄의 판결이 확정되기 전에는 피의자 또는 피고인에 대하여 유죄임을 전제로 하는 처분이나 대우를 하여서는 아니된다는 원칙이다. 따라서 유죄임을 전제로 하는 처분이 아니라 유무죄를 밝히기 위한 처분인 인신구속 자체는 무죄추정원칙과 직결되지 아니한다. 다만 인신구속 제도가 유무죄를 밝히기 위한 처분으로서가 아니라 유죄임을 전제로 하는 처분으로 운용된다면 이는 명백히 무죄추정원칙에 반한다. 이러한 법리는 인신구속에 대하여만 적용되는 것이 아니라 자격형, 재산형의 집행에도 그대로 적용되어야 한다. 다만 보안처분에도 동일하게 적용되는가에 대하여는 더 깊은 연구를 필요로 한다고 생각된다[27].

---

27) 검사의 보호관찰조건부 기소유예 처분(검찰사건사무규칙 제71조 제2항, 보호관찰등에관한법률 제15조

Ⅳ. 무죄추정원칙이 형사상 불이익 처우 제한 원리로서 작용하는지

1. 형사상 불이익 처우

무죄추정원칙이 금하는 것은 유죄판결 확정 전에 행하여지는 유죄임을 전제로 하는 처분 혹은 대우이다. 따라서 유죄를 전제로 하지 않는 불이익 처우는 무죄추정원칙이 아닌 다른 원리들에 의해 통제된다고 해석하여야 한다. 유죄를 전제로 하는 형사상 불이익 처우에는 앞에서 거론된 여러 사례 외에도 피의사실의 공표, 피고인에 대한 반성문 작성 강요, 미결 수용자에 대한 노역 강제 등을 생각할 수 있을 것이다. 일부 견해는 예단배제와 공소장일본주의도 무죄추정원칙에서 도출되고[28], 피고인에게 진술을 강요한다거나 고문이나 모욕적인 신문을 하지 못하도록 하는 것도 무죄추정원칙에 기초를 두고 있다고 보고 있다[29]. 그러나 위와 같은 원리들이 모두 직접 무죄추정원칙에서 도출된다고 생각되지는 않는다.

우선 예단배제와 공소장일본주의는 공평한 재판의 이념에 근거에서 도출되는 것이고, 유죄판결의 확정에 의해 무죄추정을 받지 못하게 된 자[30]에 대하여도 예단은 배제되어야 하기 때문에 예단배제와 공소장일본주의는 무죄추정원칙에 직접 도출된다고 보기 어렵다. 피고인에게 진술을 강요한다거나 고문이나 모욕적인 신문을 하지 못하도록 하는 것 역시 인권보호 이념에서 비롯된 것이지 무죄추정원칙과는 직접 관련이 없다. 무죄추정을 받지 아니하는 재심청구자, 더 나아가 기결수에 대하여도 진술 강요나 고문 등은 있을 수 없기 때문이다.

제3호)의 경우 보호관찰이라는 보안처분이 법원의 확정판결 없이 집행된다는 점에 대하여는 문제가 될 수 있으며 선도조건부 기소유예(검찰사건사무규칙 제71조 제3항)의 경우 선도위원에 의한 선도조치도 사실상 보안처분적 성격을 가지고 있는 것이 사실이다. 다만 무죄판결과 함께 치료감호라는 보안처분이 과하여지는 경우도 있으므로(사회보호법 제8조 제1항 제1호) 모든 보안처분이 형벌과 마찬가지로 유죄판결의 확정을 전제로 부과되는 것이 아니라는 점은 명백하다.

28) 이재상, 앞의 책 105면; 신양균, 앞의 책, 35면.
29) 이재상, 앞의 책, 같은 면; 신양균, 앞의 책, 같은 면.
30) 재심청구자에게도 무죄추정원칙이 적용되는가에 대하여는 견해 대립이 있으나 헌법과 형사소송법에서도 유죄판결이 확정되기 전이라는 점을 명백히 하고 있고 재심 사유로서 '유죄임을 의심케 할 증거'가 아니라 '무죄 등을 인정할 명백한 증거'를 요구하고 있을 뿐만 아니라 일단 유죄판결이 확정된 자에 대하여 재심이 제기되었다고 하여 다시 무죄추정에서부터 출발한다면 유죄의 확정판결에 대한 법적 안정성을 크게 해하게 되기 때문에 재심청구자에게는 무죄추정원칙이 적용되지 않는다고 생각된다.

2. 형사 외적인 불이익 처분

유죄판결 확정 전에 그와 관련한 형사 외적인 불이익 처분을 주는 것 역시 헌법과 형사소송법이 규정하는 무죄추정원칙에 반하는지가 문제된다. 이에 대하여 무죄추정원칙은 형사피고인 또는 피의자에게 형벌적 처분을 하는 것을 금하는 원리일 뿐 형사 외적인 불이익 처분 모두에 적용될 원리는 아니라는 견해와, 무죄추정원칙이 헌법상 보호되고 있는 국민의 기본권으로서 형사절차상의 불이익뿐만 아니라 일체의 생활영역에 적용되어 형사 외적인 불이익 처분도 금하는 효력을 발휘한다고 보는 견해가 대립하고 있다[31]. 헌법재판소는 "법무부장관은 형사사건으로 공소가 제기된 변호사에 대하여 그 판결이 확정될 때까지 업무정지를 명할 수 있다"고 규정한 변호사법 제15조를 직업선택의 자유를 규정한 헌법 제15조 및 무죄추정원칙을 규정한 헌법 제27조 제4항에 위반한 것이라고 판단함으로써[32] 무죄추정원칙이 형사 외적인 불이익 처분을 주는 것 역시 금하는 원리라는 취지를 분명히 하고 있다.

유죄판결 확정 전에 피의자 혹은 피고인에게 과하여지는 불이익 처분이 반드시 형벌의 형태로 나타나지 않더라도 그와 유사한 정도로 국민에게 직접 불이익을 주는 처분이라면 이를 부과하지 않는 것이 무죄추정원칙의 이념에 부합하고, 그렇게 해석하는 것이 무죄추정원칙을 형사소송법뿐만 아니라 헌법에까지 명기해 놓은 취지와도 일치할 것이다. 그러나 국민에게 불이익을 주는 모든 형태의 처분에 대하여 무죄추정원칙이 적용된다고 해석하는 것은 적절하지 않다[33]. 예건데 음주운전으로 인하여 도로교통법 위반의 형사처벌과 운전면허 정지나 취소 등의 행정처분이 병행적으로 작동하는 경우 반드시 형사절차상 유죄의 판결이 확정된 후에 행정처분이 과하여져야 한다는 식으로 무죄추정원칙이 확대 적용되어서는 아니된다. 여기에서 어떤 불이익 처분이 무죄추정원칙에서 금하는 형벌 유사의 불이익 처분에 해당할 것인가 하는 문제가 발생한다.

---

31) 이와 관련하여 아래에서 설명할 신동운 교수님의 논문 외에는 국내 문헌에서 크게 다루고 있지 아니 한 것이 아쉽게 느껴진다.
32) 헌법재판소 1990.11.19. 90헌가48 결정.
33) 만일 그렇게 해석한다면 모든 행정기관은 국민에 대한 대부분의 처분 전에 형사사법기관의 결정을 지켜보고 그 판단에 따라야 한다는 사법, 더 좁혀서 형사사법 만능주의라는 결과에 이르게 된다.

이와 관련하여 '① 유죄 인정의 효과로서 과하여지는 ② 사회윤리적인 무가치판단을 그 기초로 하고 있는 처분'이라는 두 가지 기준을 제시하는 분이 있다[34]. 매우 적절하다고 생각된다. 위 기준에 비추어 행정상의 불이익 처분이 유죄 인정의 효과로서 과하여지고 사회윤리적인 무가치판단을 그 기초로 하고 있는 처분이라면 이는 명백히 무죄추정원칙이 말하는 불이익 처분에 해당한다. 따라서 유죄판결 확정 전에는 그러한 처분을 내릴 수 없게 될 것이고, 행정상의 불이익 처분이 유죄 인정의 효과와 무관하고 사회윤리적 무가치판단을 그 기초로 하고 있지도 않다면 이는 무죄추정원칙 적용 범위 밖이므로 반드시 유죄판결이 확정된 후에 처분을 하여야 하는 것이 아니라고 볼 것이다. 그렇다면 헌법재판소 결정이 다룬 위 업무정지 사안은 비위행위 자체로써 징계 등의 불이익을 과하는 것이 아니라 형사사건으로 공소가 제기되었음을 전제로 불이익을 과하는 것이고, 더욱이 변호사법 제15조 단서에서 약식명령 청구의 경우에는 그와 같은 불이익을 면하도록 규정함으로써 검찰에서 의도 혹은 예상하고 있는 형벌의 정도에 따라 불이익 부과 여부가 달라진다는 점까지 고려하면, 이는 명백히 사회윤리적인 무가치판단을 그 기초로 하고 있는 유죄 인정의 효과라 할 것이므로 무죄추정원칙에 따라 유죄판결 확정 전에는 부과할 수 없는 처분이라 봄이 상당하다. 그러나 음주운전으로 인한 운전면허 취소 등의 처분은 도로교통법 제78조 제1항 제8호의2 규정에 따라 '같은 법 제41조 제1항의 규정에 위반하여 술에 취한 상태에서 운전을 한 때'에 곧바로 내릴 수 있도록 되어 있고 공소제기 기타 형사절차, 즉 사회윤리적인 무가치판단이나 유죄인정의 효과와 아무런 관련이 없으므로, 이러한 처분의 경우에는 무죄추정원칙이 적용될 여지가 없다고 할 것이다.

V. 나가며

역사는 사인 곡선(sine curve)처럼 개혁과 반동을 반복하면서 발전하며, 인권 역시 마찬가지일 것이다. 과거 인권이 제대로 보호받지 못하던 시절이 있었다. 이 후 인권이 실질적으로 보호되기 시작하자 그간 억눌렸던 인권에 대해 보상이라도 받으려는 듯 인권의 의미와 적용범위를 너무 넓게 해석하려는 경향이 없지 않다. 그러나 이러한 태도

---

34) 신동운, "무죄추정원칙", 헌법재판자료 4집(1991. 12), 헌법재판소, 346면.

는 자칫 인권의 의미를 희석시켜 공허한 것으로 만들고 오히려 그 실효성을 떨어트릴 수도 있다.

 무죄추정원칙 역시 마찬가지이다. 과거 무죄추정원칙이 기본권으로서 보호받지 못하던 시절이 있었다. 이후 무죄추정원칙이 형사소송법은 물론이고 헌법상의 기본권으로 확인받게 되었으나 규정이 너무 추상적이이서 그 의미와 적용범위에 대하여는 상당 부분 학설과 판례에 의존하게 되었다. 그 과정에 학설과 판례는 무죄추정원칙의 의미와 적용 범위를 너무 넓게 잡아 형사절차 전반은 물론이고 모든 형태의 불이익 처분에까지 확대 적용하려는 경향을 보이고 있다. 무죄추정원칙이 넓게 적용된다면 형사피의자나 피고인에게 일견 유리하게 보일지 모르지만, 무죄추정의 진정한 의미가 희석되고 보호받아야 할 권리의 실체가 불분명해지는 부작용이 발생한다. 더욱이 형사피의자나 피고인이 아무리 무죄추정원칙이라는 보호막을 둘러쓰고 있다고 하여도 인신구속 기타의 강제처분이 과하여질 수 있다는 점은 누구도 부인할 수 없게 되며 이러한 과정에 무죄추정원칙과 강제수사 제도와의 모순 갈등만 야기된다.

 무죄추정원칙이 이념적 혹은 훈시적 규정이 아닐진대 무죄추정의 정확한 의미와 무죄추정원칙이 직접 적용되어야 할 영역을 분명히 하는 것이 매우 중요하며 이러한 점에서 인신구속과 관련하여서는 적정절차의 원리, 비례성의 원칙 등이 적용될 뿐 무죄추정원칙이 직접 적용된다고 하기 어렵다고 지적한 일부 견해는 매우 의미있다고 감히 생각한다. 다만 무죄추정원칙이 증거법 영역에서의 추정 원리로서 작용하는지, 무죄추정원칙이 말하는 불이익 처분의 내용이 무엇인지 등에 관하여는 위 견해와 다른 견해를 제시하면서 이와 관련한 더 깊은 논의를 기대한다.

재심에서의 입증책임 분배와
입증의 정도에 관한 소고

I. 들어가며

재심이란 법적 안정성(국민들의 사법신뢰, 재심청구의 남용 방지, 소송경제 등이 그 주된 내용이 될 것이다) 확보보다 구체적 정의(실체적 진실발견, 피고인의 인권보호 등이 그 주된 내용이 될 것이다) 실현이 우월하다고 판단되는 극히 예외적인 경우에 기판력을 깨트리는 제도이다. 판결의 정당성은 법적 안정성의 전제이다. 실질적 정당성이 인정되는 한도 내에서 판결의 확정력이 의미를 갖기 때문이다. 그런 의미에서 재심은 법적 안정성과 구체적 정의의 조화의 과정이다. "정의와 법적 안정성을 대립적 개념으로만 보아서는 안된다. 정의는 법적 안정성의 전제가 되고 법적 안정성은 정의의 지속에 기여한다. 오류 없는 판결을 전제한다면 두 개념은 상호 보충적이다"라는 표현이나, 헌법재판소의 "형사소송에 있어서 재심사유를 한정적으로 열거하고 있는 이유는 확정된 종국판결에 오류가 있는 경우에 무고한 자를 구제하는 한편, 불필요한 재심을 방지하고 확정된 종국판결의 법적 안정성을 유지하기 위한 것", "법치주의에 내재된 두 가지의 대립적 이념, 즉 법적 안정성과 정의의 실현이라는 상반된 요청을 어떻게 조화시키느냐의 문제"라는 표현도 같은 취지이다. 재심에서의 사실인정도 당연히 증거에 의하여야 할 것인데, 재심에서의 입증책임의 분배와 요구되는 입증의 정도는 위 조화의 실현과 불가분의 관계에 있다.

형사재판에서는 원칙적으로 범죄성립요건 되는 사실 뿐만 아니라 소송법적 사실, 양형사실까지도 모두 검사에게 입증책임이 있고, 요구되는 입증의 정도 역시 '법관에게 확신을 줄 정도' 즉 '합리적 의심을 배제할 정도'라는데 이견이 없다. 이것이 바로 '의심스러운 때에는 피고인의 이익으로' 법칙이다. 그런데 재심절차, 즉 재심개시절차와 재심심판절에서도 모두 위 원칙이 지켜져야 할까? 아니라면 어느 절차에서 입증책임은 누구에게 있고, 어느 정도로 입증하여야 할까? 재심개시절차는 물론이거니와 특히 재심심판절차는 정상적인 재판절차이므로 의심스러운 때에는 피고인의 이익으로 법칙이 반드시 지켜져야 한다고 볼 여지도 있다. 그러나 재심은 이미 유죄판결이 확정된 사건에 대하여 다시 판단하는 지극히 예외적인 재판이라는 점에서 입증책임의 분배나 입증의 정도에 있어서도 다른 일반재판과 달리 볼 여지도 충분히 있는 것이다.

형사소송법 제420조 각호의 규정에 의할 때 재심개시절차에서 재심개시 사유가 있음은 재심을 제기하는 피고인이 입증하여야 하는 것이 명백하다. 이익재심만 허용되는 우리 형사소송법상 피고인이 재심을 청구하면서 그 사유만 주장하면 검사에게 그러한 사유 없음에 대한 입증책임을 부담시키는 것은 소송의 일반원리, 재심청구 남용의 우려 등을 고려할 때 명백히 부당하므로 재심개시절차에서 입증책임을 피고인에게 부여하는 것이 합리적이다. 그런데 제420조 1, 2, 3, 7호 재심은 확정판결에 의하여 입증함이 원칙이고 4, 6호 재심도 판결 확정이 재심개시의 요건이므로 입증에 큰 어려움이 없고 재심청구 남용의 우려도 적다. 다만 그와 같은 확정판결을 얻을 수 없는 경우에는 피고인이 직접 그 사유되는 사실의 존재를 입증하여야 하는데(제422조), 실제로 그 입증이 매우 어렵다는 문제가 있다. 이러한 경우에도 입증책임 분배와 입증의 정도가 위 확정판결 있는 경우와 동일하다고 볼 것인지에 대하여는 별도의 검토가 필요하다.

그러나 제420조 5호 재심은 처음부터 확정판결이 아니라 신증거로써 재심사유 있음을 입증하여야 하는데, 우리 형사소송법은 재심청구의 남용을 방지하기 위하여 재심사유로서 '증거가 새로 발견된 때'라는 신규성 조건 뿐만 아니라 '무죄 등을 인정할 명백할 증거'라는 명백성 조건도 함께 요구하고 있다. 여기에서 신증거가 누구에게 어느 정도 새로워야 하는지 뿐만 아니라 무죄 등을 어느 정도 명백하게 하여야 하는지도 함께 문제된다. 법적 안정성, 특히 재심청구 남용의 우려를 고려할 때 피고인이 신증거라고 들고 나올 때마다 재심을 열어줄 수는 없기 때문이다. 그러나 위 조건을 너무 엄하게 요구한다면 구체적 정의 실현, 특히 피고인의 인권보호에 큰 어려움이 발생하고 만다. 따라서 법적 안정성과 구체적 정의가 조화되는 점을 찾아서 신증거에 요구할 '무죄 등을 인정할 힘의 크기' 즉 입증의 정도에 대한 기준을 정립하여야 할 것이다.

재심심판절차에서의 입증과 관련하여서는 제438조 이하에 아무런 규정이 없고 해석론과 판례에 맡겨져 있다. 재심개시의 사유가 있다고 결정되어 재심심판절차로 이행되면 형사재판의 일반원리, 즉 의심스러운 때에는 피고인의 이익으로 법칙에 따라 입증책임 분배와 입증의 정도가 결정되며, 대부분의 경우 검사가 범죄사실, 소송법적 사실 등을 모두 '합리적 의심을 배제할 정도'로 입증하여야 한다는 것이 통설, 판례의 입장이다. 이에 따르면 검사의 입증에 의하여 법관에게 유죄 확신의 심증이 형성되어야 유죄 선고가 가능하고, 유죄라는 점에 합리적 의심이 생기기만 하면 법원은 무죄를 선고하여야 한다. 재심심판절차에도 원판결의 경우와 마찬가지로 의심스러운 때에는 피고인의 이익으로 법칙이 적용되어야 한다는 점에 아무런 의문이 없을까? 어떤 유형의 재심이든 위 법칙의 적용 여부에는 차이가 없을까?

재심은 흔히 그 사유에 따라 오류(Falsa)형 재심과 신규(Nova)형 재심으로 분류된다. 오류형 재심은 원판결 자체에 중대한 하자가 있는 경우이므로 재심개시절차에서 원판결의 하자가 확인되어 재심심판절차에 들어가면 원판결은 없었던 것으로 보고 다시 올바른 재판을 한다는 생각에서 의심스러운 때에는 피고인의 이익으로 법칙 등을 적용하는 것이 적절하다는데 아무런 의문이 없다. 그러나 신규형 재심의 경우 원판결은 당시 정당한 법관에 의해 적법한 절차에 따라 재판이 진행되고 증거자료에 의하여 유죄 확신의 심증이 형성되어 유죄가 선고·확정된 것인데, 지금에 와서 사정변경, 즉 신증거 제출이 있다이 있다고 하여 유죄의 확신이 흔들리기만 하면 원판결을 뒤집고 무죄를 선고하는 것이 과연 정의인지는 심히 의문이다. 정당하게 선고·확정된 원판결도 신증거 앞에서 아무런 의미 없는 한낱 과거지사가 된다는 말인가? 이러한 상황에 원판결을 번복하고 무죄 등을 선고하기 위해서는 법관에게 어느 정도의 심증을 요구하는 것이 정의에 맞고 합리적일까?

재심에서 재심개시절차가 먼저 진행된 후 재심심판절차가 진행되지만, 재심심판절차가 결론에 해당하는 절차이고 재심개시절차는 그에 이르는 과정이므로 재심심판절차에서의 입증 문제를 먼저 판단한 후 그에 맞추어 재심개시절차에서의 입증 문제를 판단하는 것이 논리적일 것으로 생각된다. 따라서 이 글에서는 재심의 본질을 오류형 재심과 신규형 재심으로 나누어 살펴보면서 각 재심에서의 입증책임의 분배와 입증의 정도에 관한 원리를 검토한 후(Ⅱ), 오류형 재심과 신규형 재심의 각 재심심판절차와 재심개시절차에서의 입증책임의 분배와 입증의 정도에 대하여 순차적으로 살펴본 다음(Ⅲ, Ⅳ) 필자 나름의 결론으로(Ⅴ) 글을 맺으려 한다.

Ⅱ. 재심의 본질과 입증

1. 재심의 본질에 대한 새로운 생각

뒤에서 살펴볼 바와 같이 재심에서의 입증책임의 분배와 입증의 정도 문제는 재심의 본질 또는 이념적 근거를 어떻게 보느냐와 밀접한 관련이 있기 때문에 재심에서의 입증 문제에 앞서 재심의 본질을 먼저 살펴보기로 한다. 재심의 본질에 대하여는 입법정책설과 헌법적 근거설이 대립하고 있다. 입법정책설은 유죄판결이 확정된 자의 구제는 입법자가 형사소송법에 반영한 것이라는 견해로서 재심에서 법적 안정성과 구체적 정의의 조화를 강조한다. 실제로는 재심이 예외적 제도이기 때문에 그 운영에 신중을 기하자는 취지로서 재심 허용 제한설이라 할 수 있다. 헌법적 근거설은 재심은 무고한 자를 구제하기 위하여 헌법에 규정된 일사부재리 원칙(제13조 1항)을 역시 헌법이 규정한 적법절차의 원리(제12조 1항)로 깨트리는 것이라는 견해로서 구체적 정의, 특히 피고인의 인권보장을 강조한다. 실제로는 재심청구가 있으면 가급적 재심의 길을 열어주어야 한다는 취지로서 재심 허용 확대설이라 할 수 있다.

이처럼 기존의 학설들은 재심의 유형, 즉 어떤 사유에 의한 재심인지를 묻지 않고 그 본질이 하나라고 전제하면서 논리를 펼치고 있다. 그러나 필자는 재심의 본질을 오류형 재심인지 신규형 재심인지에 따라 달리 보아야 한다고 생각한다. 기본적으로 재심은 원재판의 사실인정에 오류가 있어 잘못된 결론에 이르렀기 때문에 일어나는 절차이다. 그런데 그 사실인정상 오류에 원재판 자체의 하자 또는 사법기관의 과오가 있는 경우와 원재판에서는 하자나 사법기관의 과오가 없었는데 이후에 사정변경이 있어 결과적으로 원재판에 사실적 오류가 발생한 경우로 구별할 수 있다. 이것이 바로 오류형 재심과 신규형 재심이다. 예컨대 절도죄로 기소된 피고인이 사실은 무죄임에도 목격자라는 증인이 '피고인이 훔치는 것을 보았다'고 위증하여 피고인에게 유죄가 선고된 경우라면 원재판 자체의 하자 또는 법원이 반대신문 등을 통하여 증인이 위증하고 있음을 밝혀내었어야 함에도 그러지 못한 과오가 있는 것이다. 그러나 여러 증거(특히 간접증거)들을 종합하면 피고인이 범인이 맞다는 결론에 이르지 않을 수 없는 상황이어서 법원이 피고인에게 유죄를 선고하였는데, 나중에 피고인이 현장에 있지 않았다는 새로운 결정적 증거가 제출된 경우라면 적어도 원재판 자체의 하자 또는 당시 법원으로서는 유죄를 선고하였음에 과오가 있다고 보기는 어려운 것이다. 위 두 경우는 재심의 본질을 달리하는 것으로서 어쩌면 서로 전혀 다른 제도라고 할 수 있다. 따라서 오류형 재심과 신규형 재심의 각 본질을 나누어 살펴보아야 한다.

헌법 제27조 1항이 보장하는 '법률에 의한 재판을 받을 권리'라는 것은 적법한 재판을 의미하고, 적법한 재판 개념 속에는 하자나 사법기관의 과오 없는 재판이라는 점도 포함된다고 생각된다. 오류형 재심의 경우 원재판의 잘못된 사실인정에 재판 자체의 하자나 사법기관의 과오가 있었음에도 이를 바로잡지 못한 채 피고인에게 유죄를 선고하였으므로 피고인은 적법한 재판을 받지 못한 것이고 여전히 적법한 재판을 받을 권리를 보유하고 있다. 따라서 피고인에게 지금이라도 적법한 재판을 받을 권리를 보장해 주는 것이 바로 오류형 재심의 본질이다. 여기에서는 법적 안정성보다 구체적 정의가 훨씬 더 강조되어야 한다. 이 부분은 헌법적 근거설과 유사하다.

그러나 신규형 재심의 경우 원재판 자체는 하자나 사법기관의 과오 없이 적법하게 진행, 종결되었으므로 피고인의 적법한 재판을 받을 권리는 이미 실현되었다. 따라서 당해 사건에 관하여는 재심을 청구하는 피고인에게 더 이상 적법한 재판을 받을 권리는 존재하지 않는다. 다만 원판결 이후의 사정변경을 고려할 때 결과적으로 원재판이 구체적 정의에 크게 반하면 법적 안정성을 깨트려서라도 구체적 정의에 맞게 다시 재판하는 것이 신규형 재심의 본질이다. 따라서 법적 안정성과 구체적 정의의 조화가 강조될 수 밖에 없다. 이 부분은 입법정책설과 유사하다.

2. 오류형 재심과 신규형 재심의 분류

과연 어떤 사유가 오류형 재심이고 어떤 사유가 신규형 재심인지 검토하여야 한다. 재심사유 중 420조 5호 사유만 신규형에 해당하고 나머지 사유는 오류형에 해당한다고 보는 견해가 일반적이다. 그러나 원판결의 기초가 된 재판 또는 권리를 부인하는 판결의 확정이라는 새로운 사실이 발생한 것이니 이를 신규형으로 분류하여야 한다는 견해도 있다. 생각건대 제1, 2, 3, 7호 사유가 오류형에 해당하고 5호 사유가 신규형에 해당함에는 의문이 없지만, 4호 사유인 '원판결의 증거된 재판이 확정재판에 의하여 변경된 때'와 6호 사유인 '저작권, 특허권 등을 침해한 죄로 유죄 선고를 받은 사건에 관하여 그 권리에 대한 무효의 심결·판결이 확정된 때'도 오류형인지는 의문이 있다. 4호와 6호 사유의 경우라면 원재판 당시로서는 다른 재판이나 저작권 등에 관한 기존 권리를 존중하지 않을 수 없으므로 이를 기초로 한 원재판은 일응 적법한 재판이라 할 수 있고 그 과정에 하자나 법원의 과오가 없다. 원판결 이후 증거된 재판이 변경되거나 저작권 등의 등록이 무효화되면서 비로소 원재판의 결론에 문제가 발생한 것 뿐이다. 따라서 이를 신규형에 해당한다고 보는 후설이 더욱 적절할 것으로 보인다.

특별법에 의한 재심의 경우에도 오류형인지 신규형인지를 검토하여야 한다. 5·18민주화운동 등에 관한 특별법 제4조에 의하면 5·18민주화운동과 관련된 행위 등으로 유죄의 확정판결을 선고받은 자는 재심을 청구할 수 있다. 이는 헌정질서 파괴 범죄행위로서 정권을 장악한 자들의 집권기간에 그들의 불법행위에 항거하는 과정에 이루어진 행위에 대하여 수사, 기소, 재판을 받은 것이기 때문에 판결의 공정성에 심각한 의문이 있음을 전제로 한 재심이므로 오류형이라고 분류하는 것이 옳다고 평가된다. 헌법재판소법 제47조에 의하여 위헌으로 결정된 법률 또는 법률 조항에 근거한 유죄의 확정판결에 대하여도 재심을 청구할 수 있는데, 이는 위헌결정이라는 새로운 사정의 발생이 재심사유가 되는 것이므로 원칙적으로 신규형이라 분류하는 것이 옳다. 다만 헌법재판소법에 의하여 재심사유로 규정된 위헌결정은 사실인정상의 오류가 아니라 법률적용상의 오류이므로 법리적으로는 재심이 아닌 비상상고에 의하여야 할 문제이기 때문에 형식적으로는 재심절차라고 하지만 재심심판절차에 의한 사실심리가 없을 수 없다. 입증의 문제도 발생하지 않고, 의심스러운 때에는 피고인의 이익으로 법칙이 적용될 여지가 없는 것이다. 따라서 오류형인지 신규형인지 논할 실익도 없다고 생각된다.

소송촉진등에 관한 법률 제23조의2에 의하면 피고인의 소재불명으로 공시송달절차로 유죄판결이 선고 확정된 경우 피고인이 책임질 수 없는 사유로 출석할 수 없었다는 점을 밝혀 재심을 청구할 수 있다. 피고인이 책임질 수 없는 사유로 출석할 수 없었음에도 공시송달절차만 거친 채 궐석재판으로 유죄를 선고한 것은 피고인의 적법한 재판받을 권리를 침해한 것으로서 원재판의 정당성을 인정하기 어려우므로 오류형에 해당한다고 봄이 마땅하다고 생각된다. 그러나 위 소송촉진등에 관한 법률 규정과 형사소송법 제318조 2항 규정을 위헌적이라고 보지 않는 견해가 일반적이며 이러한 입장에서는 위 재심을 신규형이라 볼 수 밖에 없을 것으로 생각된다.

3. 오류형 재심 · 신규형 재심과 입증 문제

오류형인가 신규형인가에 따라 재심의 본질이 달라지고 이것은 재심제도 전반에 큰 영향을 주기 때문에 매우 중요한 문제이다. 법리적으로만 본다면 오류형 재심의 경우 적법한 재판을 받을 권리 보장이 그 본질이므로 재심개시절차에서 오류형 재심 사유가 있다는 점이 확인되었다면 원판결은 존중될 가치가 없기 때문에 그 즉시 무효화되고 피고인은 무죄 추정 상태에서 다시 재판을 받아야 한다. 따라서 형집행이 당연히 정지되고 구속이 필요하다면 영장에 의하여 새로 구속하여야 한다. 오류형 재심심판절차에서는 원재판절차에서 보장되었어야 할 권리가 재심에서도 그대로 보장되어야 함이 당연하다. 반면 신규형 재심의 경우 재심은 예외적 특별절차이므로 일반 재판의 법리가 반드시 그대로 적용되어야 하는 것은 아니다. 재심개시절차에서 재심개시 결정을 하였더라도 원판결은 일응 존중되어야 하기 때문에 재심판결이 확정될 때까지는 그 효력을 유지하여야 한다. 따라서 특별히 형집행을 정지하지 않는 한 형집행은 계속되어야 한다. 원판결 절차가 공정하게 진행되어 확정되었는데 일부 관련 사정에 변경이 있다고 하여 다시 재판하게 하는 것은 법적 안정성을 크게 훼손하는 것이다. 따라서 어느 정도의 사정변경이 일차적으로 재심개시의 사유가 되고, 궁극적으로 원판결 번복의 사유가 되는지 그 기준을 설정하는 것은 매우 중요한 문제가 된다.

재심의 본질을 어떻게 보느냐 하는 것은 재심개시절차와 재심심판절차에서의 각 입증책임의 분배와 입증의 정도에도 직접적인 영향을 미친다. 오류형 재심의 경우에는 원판결에서 보장되지 못한 피고인의 적법한 재판을 받을 권리가 재심에서 보장되어야 한다. 따라서 재심사유 있음이 확인된 이후 재심심판절차에서 의심스러운 때에는 피고인의 이익으로 법칙이 적용되어야 하는 것은 오히려 당연하다. 입증책임은 검사가 부담하고, 입증의 정도는 법관에게 확신이 들 정도이어야 한다. 그러나 신규형 재심의 경우에는 원재판 자체의 적법성에는 문제가 없고 이후의 사정변경에 따라 구체적 정의와 피고인의 인권을 고려한 예외적 배려이기 때문에 재심개시의 사유로 인정할 것인지 여부를 판단하는 기준을 법적 안정성과 구체적 정의의 조화점에서 찾아야 한다. 신규형 재심 중에서도 특히 신증거에 의한 재심의 경우에는 원판결을 번복하기 위하여 어느 정도의 입증이 필요한지의 판단이 매우 어려운 문제가 된다.

4. 재심에서의 입증과 관련한 외국의 입법례와 판례 검토

재심에서의 입증과 관련하여서는 주로 신증거에 의한 재심의 재심개시 요건과 관련하여 논의되고 있다. 우리나라와 유사한 재심 구조를 가지고 있는 대륙법 국가와의 비교가 큰 의미를 가지고 있다고 생각된다.

(1) 독일

독일 형사소송법 제359조 5호는 "단독으로 또는 과거에 조사된 증거와 관련하여 피고인에 대한 무죄 판결이나 감정 규정의 적용에 의한 형의 감경 또는 보안처분에 관한 본질적으로 상이한 판단의 근거가 되는 새로운 사실이나 증거방법이 제출된 경우"를 재심사유로 하고 있다. 이와 관련하여 판례는 원판결이 효력을 잃도록 하기 위한 진지한 근거가 존재하는 경우, 즉 유죄판결의 기초가 되는 사실 확정이 흔들린다는 합리적인 시각(개연성)이 존재하는 경우라고 해석하고 있다. 신증거가 무죄 등 판결의 기초가 되기에 적합하여야 하는데 재심 목표인 무죄 등의 달성을 위한 개연성으로 해석된다. 여기에서 개연성이란 어느 정도의 확실성을 의미하며 50%를 넘는 가능성이라고 설명되고 있다. 재심개시절차에는 의심스러운 때에는 피고인의 이익으로 법칙을 적용할 수 없다는 의미가 된다. 한편, 재심개시절차에서 무죄 등의 개연성을 요구하는 것도 지나치므로 이를 더 완화하여 유리한 판결을 이끌어낼 가능성을 배제할 수 없거나, 무죄의 가능성이 있거나 유죄판결의 정당성에 심각한 의심을 가지게 한다면 충분하다는 주장도 제기되고 있지만, 그러한 주장은 상소를 시간제한 없이 허용하는 것과 마찬가지가 되기 때문에 받아들일 수 없다는 견해가 일반적이다.

(2) 프랑스

프랑스 형사소송법 제622조 4호는 "유죄혐의에 관하여 의심을 일으키게 하는 새로운 사실 또는 증거가 발생하거나 발견된 경우"를 재심사유로 하고 있다. 여기에서 새로운 사실 또는 증거가 무죄의 확증을 요구하는 것인지 문제된다. 프랑스 형사소송법도 처음에는 남용 방지에 무게를 두고 "무죄를 입증할만한 새로운 증거의 발견"을 요구하였으나, 그 유명한 드뤼피스 사건을 계기로 법원이 오판의 추정 또는 오판의 중대한 의심을 야기하면 충분하다고 판시하였고(1899년 및 1906년), 쿠르디 사건을 통해 무죄를 입증할 가능성이 있는 새로운 사실이면 충분하다고 정리하였다(1925년). 1989년에 형사소송법 개정을 통해 "유죄혐의에 관하여 의심을 일으키게 하는 새로운 사실 또는 증거"로 개정하였는데, 이러한 개정 후에도 우려하였던 재심청구의 범람은 발생하지 아니하고 오히려 사법부 권위 제고되어 국민들로부터 높은 평가를 받고 있다고 한다.

(3) 일본

일본 형사소송법 제435조 6호는 우리 형사소송법과 마찬가지로 "무죄 등을 인정할 명백한 증거"를 요구하고 있다. 이를 놓고 종래의 일본 판례는 재심청구인의 무죄를 추측함에 족한, 유죄 등의 사실인정을 번복하고 무죄 등의 사실인정에 도달할 "고도의 개연성"을 요구한다고 해석하였다. 그러나 일본 최고재판소는 그 유명한 白鳥결정을 통해 "명백성의 정도에 관하여는 확정판결에서의 사실인정에 대해 합리적인 의심을 품게 하고 그 인정을 뒤엎기에 족한 개연성이 있으면 족하다"고 하고, 그 판단방법으로는 "만약 당해 증거가 확정판결을 내린 법원의 심리 중에 제출되었더라면 과연 그 확정판결에서 행해진 것과 같은 사실인정에 도달했을 것인가 라는 관점에서 당해 증거를 다른 증거와 종합적으로 판단해야 한다"고 하고, 그러한 판단을 함에 있어서 의심스러운 때에는 피고인의 이익으로 법칙이 적용된다고 판단하였다.

이러한 취지를 이어받은 財田川결정을 통해 재심개시절차에서 의심스러운 때에는 피고인의 이익으로 법칙이 적용됨을 확인하면서 "원판결이 인정한 범죄사실의 부존재가 확실하다는 심증을 얻을 것을 필요로 하는 것은 아니고 확정판결에서의 사실인정의 합리성에 관한 의심이 합리적인 이유에 기한 것이라는 것을 요하며 이로써 족하다고 해석해야 할 것이므로 범죄의 증명이 충분히 않은 것이 명백히 된 경우에도 의심스러운 때에는 피고인의 이익으로 법칙이 적용된다"고 판단하였다. 이로써 일본은 형사소송법 제435조 6호를 개정하지 아니한 채 해석론으로 사실상 위 조문의 '명백한' 이라는 표현을 무력화시킨 채 재심제도를 운용하고 있다고 평가된다.

Ⅲ. 오류형 재심에서의 입증

1. 재심심판절차

오류형 재심의 경우라면 피고인은 원판결 절차에서 실질적으로는 적법한 재판을 받지 못한 것이므로 당연히 재심을 통해 적법한 재판을 받을 권리가 있다. 따라서 재심심판절차는 원판결 절차와 동일하게 진행되어야 한다. 이 경우 법적 안정성보다 구체적 정의, 즉 피고인의 인권 보호와 실체적 진실발견이 더 우선됨은 물론이다. 앞에서도 언급한 바와 같이 법리적으로는 재심개시결정이 있는 순간 원판결을 무효화하고 형집행을 중단하는 것이 옳다고 생각되지만, 오류형 재심과 신규형 재심의 차이가 반영되어 있지 아니한 현재의 입법 하에서도 가급적 형집행을 정지하고 필요하다면 구속으로 신병을 확보하는 것이 바람직할 것이다.

재심심판절차에서 피고인에게 무죄 등 입증의 책임을 전가하는 것은 당연히 부당하다. 뒤에서 또 언급되겠지만 재심심판절차에서 의심스러운 때에는 피고인의 이익으로 법칙을 적용할 것인가에 대하여 통설, 판례는 오류형인지 신규형인지 구별 없이 이를 긍정하고 있다. 필자도 오류형의 경우에는 재심심판절차에서 입증책임의 분배나 입증의 정도와 관련하여 원판결 절차와 동일하게 취급하여야 하므로 의심스러운 때에는 피고인의 이익으로 법칙도 적용되어야 한다는데 의문이 없다고 생각한다. 따라서 원판결에서 나온 잘못된 자료를 모두 제거한 후 원판결의 정상적인 자료와 재심에서 수집된 자료를 종합하여 검사의 입증책임 하에 다시 재판하여 검사의 입증책임으로 피고인에게 유죄의 확신이 들도록 입증하는 경우 외에는 원판결을 번복하고 무죄 등의 새로운 판결을 함이 상당하다. 예컨대 원판결에서 증거로 사용된 위·변조된 서증 또는 위증 등을 뺀 나머지 증거를 종합할 때 피고인이 유죄라는 확신이 들지 않는다면 무죄 등이 선고되어야 할 것이다.

만일 원판결의 오류에 피고인의 귀책(과실에 의한 귀책은 생각하기 어려우므로 주로 고의에 의한 귀책이 될 것이다)이 있었다면 어떨까? 예컨대 어떤 이유로든 피고인이 증거 위·변조, 위증, 무고 등을 사주하였거나, 수사기관 등과 공모하여 허위 자수한 경우가 이에 해당할 것이다. 이런 경우에도 피고인은 재심을 청구하여 다시 재판 받을 권리가 있을까? 다시 재판받는다면 의심스러운 때에는 피고인의 이익으로 법칙이 적용되어야 할까? 우리 형사소송법은 제420조 7호 사유에 대하여만 이러한 상황을 고려하여 피고인의 재심청구권을 박탈하고 검사에게 공익적 견지에서의 재심청구만 허용하고 있다(제425조). 이러한 상황이 다른 오류형 재심의 경우에도 발생할 수 있을 것인데, 만일 그러한 상황이 발생한다면 제425조를 유추적용하여 피고인의 재심청구권을 박탈하는 것이 옳을 것으로 생각된다.

2. 재심개시절차

오류형 재심의 경우 원칙적으로 재심사유 있음을 확정판결로 입증하여야 하므로 재심법원의 입장에서 재심사유 존부의 심사가 용이하다. 그리고 그 사유만 입증하면 재심개시절차를 통과하여 재심심판절차로 넘어가게 되는데 위 입증된 재심사유가 재심심판절차에서 어느 정도의 영향력을 발휘할지는 예단하기 어렵다. 예컨대 증거 위·변조나 위증이 있었다고 하여 재심심판 결과 반드시 무죄 등이 된다고 볼 수는 없다. 즉 재심개시의 사유와 재심심판에서 무죄 등의 사유는 심증의 측면에서 상당정도 단절되어 있다. 더욱이 재심사유는 원칙적으로 확정판결로 증명되어야 하기 때문에 재심청구가 남용될 가능성은 희박하다. 따라서 재심개시결정의 요건을 엄격하게 할 필요가 없다.

확정판결에 갈음한 증명(제422조)의 경우에는 재심청구가 남용될 가능성이 있다고 볼 수도 있지만, 실제로는 확정판결에 갈음한 증명으로 인정해 주는 경우가 매우 적어 반대로 재심청구 남용의 우려가 아니라 재심청구가 너무 어렵다는 것이 문제가 될 정도이다. 이러한 이유로 실제로는 오류형 재심으로 청구할 사안인데 확정판결이 없고 그 사유를 입증하는 것이 어려워 신규형 재심으로 청구하는 경우도 적지 않다. 이러한 경우의 법률문제는 뒤에서 따로 살펴보기로 한다.

피고인의 적법한 재판받을 권리 보장이라는 측면에서 보면 형사재판 일반론과 마찬가지로 재심사유에 해당하는지 판단에서도 검사에게 입증책임을 부담시켜야 한다는 주장도 충분히 가능할 듯 하다. 피고인에게는 원판결에 무고나 위증 등 재심사유 있다는 주장책임만 부여하고 검사에게는 반대의 입증책임을 부여하는 방식이 될 것이다. 그러나 재심이 피고인이 주장하는 예외적 비상구제인 점과 재심청구 남용의 우려를 고려하면 적어도 재심사유 있다는 점이 확인되기 전까지는 재심청구인에게 재심사유 있음에 대한 입증책임을 부담시키는 것이 더 적절할 것으로 생각된다. 다만 입증의 정도에 대하여는 달리 생각할 여지가 있다. 입증의 정도는 확정판결에 의하여 재심사유를 입증하는 경우라면 문제되지 않지만 확정판결에 갈음하는 증명의 경우에는 중요한 문제가 된다. 우리 형사소송법은 확정판결에 대신하는 증명이라고 하여 확신 수준의 입증을 요구하고 있다. 이러한 태도가 과연 적절한가? 제420조 1호, 2호, 3호, 7호 각 사유는 피고인이 무고, 위증 등의 형사사법 관련 범죄를 당한 것이 유죄판결 확정의 이유가 된 경우이다. 특히 7호는 형사사법절차를 담당하는 국가기관이 직무에 관하여 범죄를 저지른 경우이다. 국가는 피고인을 범죄로부터 보호하여야 할 책무가 있다. 오류형 재심의 경우 원판결 자체에 오류가 있고 피고인의 적법한 재판을 받을 권리를 보장하기 위하여 다시 재판을 하는 것이라는 점을 고려한다면 이렇게 재심 사유에 대한 '증명'의 책임을 피고인에게 부담시키는 것은 바람직하지 않다. 재심청구의 남용을 방지할 최소한의 부담으로 '소명' 정도를 요구하는 것이 적절할 것으로 생각된다.

IV. 신규형 재심에서의 입증

1. 재심심판절차

신규형 재심의 재심심판에서 어느 정도의 입증이 있어야 원판결을 뒤집고 무죄 등을 선고할 수 있을까? 신규형과 오류형의 경우를 구별하지 않고 의심스러운 때에는 피고인의 이익으로 법칙이 적용되기 때문에 유죄 선고에는 유죄에 대한 확신이 요구된다는 것이 통설의 입장이다. 판례도 마찬가지여서, 제420조 5호 사유에 의한 재심청구 사건인 대법원 2015. 5. 14. 선고 2014도2946 판결에서 "한편 형사재판에서 공소제기된 범죄사실에 대한 증명책임은 검사에게 있고, 유죄의 인정은 법관으로 하여금 합리적인 의심을 할 여지가 없을 정도로 공소사실이 진실한 것이라는 확신을 가지게 하는 증명력을 가진 증거에 의하여야 하므로, 그와 같은 증거가 없다면 설령 피고인에게 유죄의 의심이 가더라도 피고인의 이익으로 판단하여야 한다(대법원 2006. 4. 27. 선고 2006도735 판결, 대법원 2014. 2. 13. 선고 2013도9605 판결 등 참조)"고 판시하여 같은 취지이다. 위와 같은 논리에 과연 의문이 없는가? 6호 사유의 경우에는 근거되는 저작권 등이 무효화되면 당연히 그 침해 범죄가 성립될 수 없게 되기 때문에 입증의 정도와 관련한 문제가 발생하지 않는다. 따라서 이는 4호, 5호 사유의 경우에만 문제가 된다. 아래에서 살펴볼 바와 같이 현재의 우리 판례는 신증거에 의한 재심의 개시절차에서 신증거가 무죄 등을 명백히 입증할 증거일 것을 요구함으로써(물론 명백성에 대한 해석론, 입법론적 이견이 많기는 하지만) 실제로는 무죄 등이 명백하여야 재심개시결정을 받을 수 있기 때문에 재심심판절차에서 의심스러운 때에는 피고인의 이익으로 법칙이 적용되는지가 전혀 문제되지 않는 상태이다. 즉 위 2014도2946 등 판례에서 재심개시절차에서 의심스러운 때에는 피고인의 이익으로 법칙이 적용된다는 논리가 공염불에 불과한 것이다. 재심개시 요건인 '명백성'에 대한 해석을 달리하거나 법을 개정하여 명백성이 아닌 '개연성' 또는 '상당한 가능성'을 요구할 때에만 비로소 위 문제가 의미를 가진다. 물론 4호 재심의 경우에는 지금도 문제가 되지만 사례가 거의 없다.

적법하게 진행되어 확정된 원판결 이후 신증거 제출이라는 사정변경이 생겼다고 하여 새로운 재판에서 무죄 등의 가능성이 조금만 있어도 원판결을 뒤집고 무죄 등으로 바꾸어 주는 것이 과연 정의롭고 합리적인 조치일까? 피고인에게는 유리한 논리이겠지만 피고인에게 유리하다고 모두 정의로운 것은 아니고 합리적인 것은 더더욱 아니다. 피고인의 인권도 고려되어야 하지만 전체 법질서도 함께 고려되어야 한다. 전체 법질서는 바로 피고인 이외의 모든 사람의 인권과 직결되어 있기 때문이다. 오류형 재심처럼 원판결 자체에 하자가 있었다는 밝혀지면 원판결은 무시되어도 좋겠지만, 신규형 재심처럼 원판결이 적법하게 선고·확정된 경우에는 신증거가 있다고 하여 원판결은 무시되어도 좋은, 아무런 의미 없는 과거지사가 아니다. 원판결이나 재심에서의 판단이 모두 오류로부터 자유로울 수 없는 인간의 판단이라는 점을 감안하면 더더욱 그러하다. 신규형 재심은 법적 안정성과 구체적 정의의 조화를 위한 예외적인 재판이지 당연히 보장되는 제4심이 아니다. 오류형 재심에서는 원판결이 적법한 재판이 아니었기 때문에 재심심판절차에서 의심스러운 때에는 피고인의 이익으로 법칙을 적용하더라도 제4심이 되지 않지만, 신규형 재심에서는 원판결도 적법한 재판이었기 때문에 재심심판절차에서 의심스러운 때에는 피고인의 이익으로 법칙이 적용된다면 재심이 아니라 제4심이 되고 만다. 원판결도 적법한 재판의 결과이기는 하지만 이후의 사정변경을 고려할 때 원판결을 유지하는 것이 정의에 크게 반한다고 인정될 정도여야 원판결을 번복하고 무죄 등을 선고하는 것이 정의롭고 합리적이라고 생각한다. 그렇다면 재심에서 무죄 등의 심증이 어느 정도로 형성되어야 원판결을 번복하여야 할 정도가 될까?

먼저 고려하여야 할 것은 입증에 필요한 확신 여부도 법관에 따라 달라질 수 있다는 점이다. 예컨대 동일한 재판에서의 동일한 입증상태에 대하여 A 법관은 '유죄의 확신이 든다'고 판단하였다 하더라도 B 법관은 '유죄의 확신을 가지기에는 다소 부족하다'고 판단할 수도 있다. 심증의 정도에도 법관 사이에 오차가 있는 것이다(이를 일응 '심증의 오차'라 부르기로 하자). 그런데 원판결은 유죄였지만 신증거가 심증형성에 유의미한 역할을 하지 못하였음에도 오히려 심증의 오차가 작용하여 재심 법관에 의해 무죄 등이 선고된다면 이는 정의가 아니다. 법적 안정성이 위태로워지고 재심청구 악용의 우려만 키우게 된다. 그렇다면 재심심판절차에서는 최소한 심증의 오차 범위를 벗어나는 정도의 무죄 등의 심증은 있어야 무죄 등을 선고할 수 있다고 보아야 할 것이다.

더 나아가 재심심판절차에서 요구되는 심증의 기준이 실질적인 의미가 있기 위해서는 재심개시절차에서는 재심심판절차에서 요구하는 무죄 등의 심증 기준보다 더 낮은 기준으로 재심개시 여부를 결정하여야 한다. 따라서 신규형 재심의 재심심판절차에서 의심스러운 때에는 피고인의 이익으로 법칙을 적용한다면 재심개시절차에서는 그보다 더 낮은 정도의 심증 기준만을 요구하여야 하므로 결국 재심개시절차에서 요구할 수 있는 신증거의 심증 정도는 정말로 미미한 수준일 수 밖에 없다. 결국 신규성만 인정되면 재심이 개시되어야 한다는 결론에 이르고 만다. 재심의 예외성에도 반하고 법정 안정성이 침해될 뿐만 아니라 재심청구의 남용과 재심의 제4심화가 우려된다.

신증거에 의한 재심의 경우 신증거에 의하여 법관의 심증이 어느 정도 바뀌어야 원판결을 번복하고 무죄 등을 선고하는 것이 정의로울까? 과연 어느 정도로 유죄의 가능성을 떨어뜨리면 원판결을 번복할 수 있다고 할 것인가? 이는 법이론적 문제가 아니라 형사정책적 결단의 문제라고 생각된다. 신증거가 무죄 등을 명확히 입증할 정도에 이르러야 한다고 요구하는 것은 정의에 맞지 않아 보인다. 아무리 원판결이 확정된 상황에서의 예외적 재심이지만 무죄의 본증책임을 피고인에게 돌려야 할 필연적 이유는 없기 때문이다. 필자의 개인적 판단으로는 원판결 당시의 증거상태로는 유죄라고 확신할 만 하였지만, 신증거를 보태어보니 유죄일 가능성도 있지만 무죄일 가능성도 일정 정도 이상이라면 원판결을 번복하여야 하는데, 여기에서의 일정 정도를 50% 정도로 보는 것이 정의에도 부합하고 법감정에도 맞고 피고인에게도 억울하지 않은 적정수준이 아닐까 생각된다. 이런 정도의 심증형성을 요구하는 입증은 민사재판에서 논의되는 우월한 증명과 비슷하지만 기존의 형사재판에서는 볼 수 없던 입증의 유형이다. 기존의 법관념으로는 수용이 쉽지 않겠지만, 재심이라는 특수한 상황에서는 일반 재판에서의 법리가 그대로 적용되지 않을 수 있고, 재심 특유의 법리가 만들어질 수도 있는 것이다. "(재심은) 결국 불가피하게 입법자의 형성적 자유가 넓게 인정되는 영역이라 할 것"이라는 헌법재판소의 태도도 참고가 될 수 있을 것이다.

2. 재심개시절차

(1) 학설 대립

신규형 재심 중 제420조 4호와 6호의 경우는 확정판결이 재심의 사유가 되므로 재심청구의 남용 우려가 거의 없는 것으로 보인다. 그러나 5호의 경우에는 확정판결이 아닌 일반적인 사실적 주장으로 재심을 청구하는 것이므로 재심청구의 남용에 특히 유념하여야 한다. 신증거(새롭다는 것이 정확하게 어떤 의미인지도 여러 견해가 대립하고 있으나 이 글에서는 다루지 않기로 한다)가 제기되기만 하면 모두 재심사유로 인정한다면 재심청구가 남용될 위험이 매우 높다. 예컨대 심증의 오차에 착안하여, 피고인이 지금의 재판부가 자신에게 불리하다고 생각되면 제출할 수 있는 증거 중 일부를 제출하지 않고 남겨 두었다가 유죄가 확정된 후 남겨둔 증거를 신증거로 제출하면서 재심을 청구하여 다른 재판부의 판단을 받아볼 수 있게 하는 결과를 초래할 가능성이 얼마든지 있는 것이다. 이는 명백한 재심청구의 남용이다. 그와 같은 고의적 남용이 아니더라도 유죄 확정 후 사건 관련성은 있으나 증명력이 매우 미미한 신증거가 나온 경우에도 재심심판에 이르러 재판 자체를 다시 하는 것도 결과적으로는 재심청구의 남용이 된다. 5호에 의한 재심의 경우 재심청구 남용을 통제할 장치를 마련하여야 하는 이유이다. 이를 위해 형사소송법 제420조 5호는 신증거에 '명백성' 조건을 요구하고 있다.

재심개시 허부의 조건 문제는 위 명백성 해석 문제로 직결된다. 학설이 대립한다. ① 한정설(엄격설)은 신증거로써 무죄를 인정할 또는 원판결이 인정한 범죄사실의 존재를 부정할 고도의 개연성, 즉 무죄의 확신이 있어야 재심이 개시된다는 견해이다. 비한정설이 말하는 '합리적 의심'이라는 개념이 모호하고 자의적 판단의 가능성이 클 뿐만 아니라 명백성 기준을 지나치게 완화할 경우 법적 안정성이 침해되므로 재심의 명백성은 원칙적으로 엄격하게 해석하는 것이 바람직하다고 본다. 이 견해는 재심청구인이 무죄로 되기 위해서는 유죄의 가능성이 남아있지 않을 정도까지 증명할 것을 요구하게 된다. ② 비한정설은 신증거로써 유죄의 확신에 합리적 의심만 생기면 재심을 개시하여야 한다는 견해로서 피고인의 인권보호와 재심을 통한 구체적 정의실현을 강조한다. ③ 절충설은 신증거로써 유죄의 확신이 동요되는 정도, 즉 무죄일 가능성이 적지 않다는 중대한 또는 진지한 의심이 생기면 재심을 개시하여야 한다는 견해로서 법적 안정성과 구체적 정의의 조화를 강조한다. 무죄 판단에 일응 증명의 우월이 인정되면 재심을 개시하여야 한다는 견해도 있는데 이것이 실제로 위 절충설과 다른 것인지는 의문이다.

이와 측면을 달리하여 재심개시절차에도 의심스러운 때에는 피고인의 이익으로 법칙이 적용되는지 여부의 문제로 논하기도 한다. ① 적용부정설은 재심의 예외성과 법적 안정성 수호 및 재심이 제4심화 될 우려 방지를 강조하면서 유죄 확정 후에는 무죄의 추정이 없다는 견해이다. 범죄사실에 대한 고도의 개연성이 있을 때에만 공소제기가 되는 것과 같은 이치로 범죄사실의 부존재에 대해 고도의 개연성이 있을 때에만 재심개시가 인정되도록 제한하는 것이 타당하다는 견해도 같은 취지이다. ② 적용긍정설은 재심청구자를 빠짐없이 구제하기 위해서는 무죄의 합리적 의심만 있으면 재심을 개시하여야 하므로 중간설로도 부족하다고 보아 의심스러운 때에는 피고인의 이익으로 법칙이 재심개시절차에도 적용되어야 한다는 견해이다. 재심개시절차에서는 재심청구가 남용되지 않을 정도로만 입증의 정도를 제한하면 족하기 때문에 재심개시절차에서 무죄 등을 밝힐 명백한 증거를 요구하는 것은 부당하고, 재심심판절차에서는 당연히 의심스러운 때에는 피고인의 이익으로 법칙이 적용되기 때문에 재심청구 심리에 의심스러운 때에는 피고인의 이익으로 법칙의 적용을 인정하지 않는다면 재심심판절차에서의 구제는 그 문이 넓은데도 입구인 재심개시절차 쪽이 좁은 결과 구제받지 못하게 되어 부당하게 된다고 본다. ③ 중간설은 유죄판결에 진지한 의문(ernstliche Zweifel)이 제기되면 재심 개시가 허용되어야 한다는 견해로서, 이런 경우 재심을 허용하지 않는다면 증거의 명백성은 원판결의 파기를 의미한다는 등식이 성립되어 재심심판절차는 재심개시절차에서 아무런 독자성도 가질 수 없게 된다고 본다.

그러나 재심개시절차에 의심스러운 때에는 피고인의 이익으로 법칙이 적용되는지 여부는 제420조 5호 소정의 명백성에 관한 해석론과 동일한 문제이다. 재심개시절차에서 의심스러운 때에는 피고인의 이익으로 법칙의 적용을 긍정하면 명백성에 관한 비한정설로 가게 되고, 적용을 부정하면 명백성에 관한 한정설로 가게 되며, 적용에 관한 중간설은 명백성에 관한 절충설로 가게 된다. 법문에 나와 있는 명백성의 해석론을 중심으로 논하면서 의심스러운 때에는 피고인의 이익으로 법칙의 적용 여부를 함께 설명하면 충분하리라 생각된다.

(2) 판례의 태도

재심 개시에 필요한 신증거의 증명력 조건에 대하여 우리 판례는 대체로 다음 2가지 태도를 보이고 있다. ① 이미 확정된 판결에서 사실인정 자료로 적시된 증거의 증명력보다 객관적으로 우월한 증거가치가 있는 증거일 것, ② 새로운 증거가 원판결에 대하여 그 정당성이 의심되는 수준을 넘어 그 판결을 그대로 유지할 수 없을 정도로 고도의 개연성이 인정되는 증거일 것.

이러한 태도에 대하여 우리 판례는 한정설을 취하고 있다고 해석하는 것이 일반적이다. 그러나 판례의 표현들이 반드시 한정설인지는 의문이 있다. 판례 ①이 말하는 '(유죄를 입증할) 다른 증거보다 객관적으로 우월한 증거가치'라는 것이 반드시 무죄의 확신을 가져올 정도로 우월한 것을 의미하는지는 분명하지 않다. 오히려 무죄의 진지한 또는 중대한 의문을 가져올 정도라면 유죄의 증거보다 객관적으로 우월한 증거라고 해석해도 무방하지 않을까? 판례 ②가 말하는 '원판결을 유지할 수 없는 고도의 개연성'이라는 것도 결국 '재심심판절차에서 어느 정도의 심증이면 원판결을 번복하고 무죄 등을 선고하는지'에 따라 해석이 달라질 수 있는 것이다. 재심심판절차에는 언제나 의심스러운 때에는 피고인의 이익으로 법칙이 적용된다는 통설, 판례의 입장에 따르면 신증거로써 무죄 등의 합리적 의심만 형성되어도 원판결을 그대로 유지할 수 없는 고도의 개연성이 인정된다고 해석하여야 하므로 '무죄 등 판결의 고도의 개연성'이 반드시 '무죄 등의 고도의 개연성'은 아닌 것이다.

(3) 검토

오류형 재심의 경우에도 재심개시 사유의 입증책임은 피고인에게 둘 수 밖에 없음은 앞에서 살펴본 바와 같으며, 신규형 재심의 경우 그 입증책임이 피고인에게 있음은 더더욱 당연하다. 특별히 검사가 피고인에게 유리한 자료를 숨기는 등의 불법이 없었다면(이런 사유가 있다면 이는 신규형이 아닌 오류형 재심이 될 것이고 제420조 7호에 준하여 입증책임과 입증정도를 판단함이 상당할 것이다) 당시로서는 수사기관이나 법원이 적법하게 수사, 재판한 결과이므로 일응 그 정당성을 인정하고 재심의 예외성이 강조되어야 할 것이기 때문이다.

입증의 정도와 관련하여 제420조 5호는 재심 허부의 조건으로 무죄 등을 인정할 "명백한 증거"일 것, 즉 심증에 주는 영향력(증명력)이 절대적으로 클 것을 요구하고 있다. '명백성' 요구 자체가 적절한지를 살피기에 앞서 증명력의 크기를 재심 허부의 조건으로 하는 것이 적절한가부터 살펴보자. 만일 증명력의 크기 아닌 다른 사항을 재심 허부의 조건으로 한다면 '재심개시절차에서는 재심심판절차에서 요구하는 것보다 낮은 정도의 증명력을 재심 허부의 조건으로 삼아야 한다'는 논리적 제약에서 벗어날 수 있기 때문이다. 그러나 아무리 궁리해 보아도 '증거'라는 사실관계의 주장이 재심의 사유가 되는 5호의 특성상 증명력의 크기 이외에 재심청구의 남용을 억제할 수 있는 다른 적절한 조건을 찾기가 어려워 보인다.

결국 재심 허부의 조건도 신증거의 증명력의 크기일 수 밖에 없는데, 증명력의 크기를 알아보려면 재심개시절차 단계에서 미리 증거에 대한 실체심리가 이루어져야 한다. 그런데 증거에 대한 실체심리는 사실은 재심심판절차에서 이루어져야 할 내용이다. 그렇다면 신증거에 대한 실체심리는 재심개시절차에서 진행하고 증거 전체에 대한 실체심리는 재심심판절차에서 진행하는 것은 가능할까? 증거의 증명력은 여러 증거들의 유기적 관계에서 나오는 것이기 때문에 당해 증거에 대한 심리만으로 그 증거의 증명력을 평가하기는 어렵다. 그러나 재심개시절차에서 원재판에서 제출된 증거와 신증거 전부를 실체심리하는 것은 재심재판의 이원적 구조와 소송경제에 반하며 재심청구의 남용을 초래할 수도 있다. 따라서 재심개시절차에서는 신증거 및 이와 적극·소극의 관련이 있는 원재판에서의 증거만 실체심리하여 향후 재심심판절차에서의 원판결 번복 가능성을 가늠하되, 그 가능성이 상당정도 이상이라면 재심개시 결정을 하여야 할 것으로 보인다.

제420조 5호는 '무죄 등을 인정할(선고할이 아니다) 명백한 증거'라고 표현함으로써 문언적으로는 무죄 등이 명백하게 확인되는 경우에만 재심심판을 해 주겠다는 의미, 즉 한정설적인 취지로 판단된다. 이렇게 재심개시의 요건을 제한하면 2가지 문제점이 발생한다. 하나는 피고인에게 공소사실이 진실이 아니라는 점에 대한 본증 책임을 부여함으로써 재심청구를 극단적으로 제한한다는 문제이다. 신증거에서 신규성 뿐만 아니라 명백성도 요구하는 이유는 재심청구의 남용을 방지하자는 것일 뿐인데 실제로는 재심개시절차에서 이미 사실상 재심심판절차를 다 진행해버릴 뿐만 아니라, 원판결 번복 가능성을 너무 낮게 만들어 재심을 통한 권리구제나 사법정의 실현이 거의 어렵게 된다. 재심심판절차를 통과할 사건이 재심개시절차에서 모두 걸려버리는 것이다. 다른 하나는 이런 과정을 거쳐 재심심판절차에 이르면 재심심판에서 필요한 반대 입증의 정도에 대한 어떤 견해를 취하더라도 재심심판절차 자체가 무용하다는 문제이다. 재심개시절차만 통과하면 재심심판절차 통과는 당연하기 때문이다. 현실적으로 재심청구의 대부분을 차지하는 신증거에 의한 재심에 있어 재심심판절차가 무용하다는 것은 결코 가벼운 문제가 아니다.

반대로 신증거로써 무죄의 의심만 들게 하면 재심을 개시하는 것이 타당한가? 비한정설에서는 '의심스러운 때에는 피고인의 이익으로 법칙은 형사소송절차의 모든 단계에 관철하여야 하고 재심이라고 달리 해석해야 할 특별한 이유가 없다'고 하지만 의심스러운 때에는 피고인의 이익으로 법칙이 소송의 심급제와 기판력 제도 등을 모두 무시하면서까지 관철하여야 할 법칙은 아닌 듯 하다. 법적 안정성의 침해도 우려된다. 비한정설에서는 '결과적으로 재심에 의해 부당하게 무죄로 되는 자가 나오는 경우에도 그것은 무고한 자의 구제가 완전히 행해지는데 따른 불가피한 부산물로서 이를 감수할 수밖에 없을 것'이라고 하지만, 예외적 재판인 재심을 무제한적으로 열어주면서 그 폐해를 불가피하다고 설명하는 것은 주객이 전도된 논리인 듯하다. 오히려 재심이 예외적 재판인 점을 고려한다면 폐해를 최소화하는 범위 내에서 재심을 열어주는 것이 옳다.

그렇다면 재심개시절차에서는 무죄 등에 대한 어느 정도의 입증을 요한다고 하여야 할까? 기준을 너무 낮추면 재심의 예외성(이는 법적 안정성 뿐만 아니라 소송경제와도 직결된다)에 반하여 재심청구의 남용이 우려되고, 기준을 너무 높이면 구체적 정의 즉 피고인의 인권보호, 실체적 진실발견 이념에 반한다. 재심개시절차에서는 재심제도가 남용되지 않을 정도의 입증 또는 증명력만 요구하여야 할 터인데, 어느 정도면 구체적 정의에 반하지 않으면서 남용을 억제할 수 있을까? 재심심판절차에서는 원판결의 증거와 재심의 증거 등 모든 증거를 종합할 때 형사정책적으로 결정된 기준 이상의 입증에 이르렀는지를 판단하여야 할 것이고, 재심개시절차에서는 신증거 및 그와 관련있는 증거를 중심으로 판단하되 재심심판절차에서 요구하는 기준보다 낮은 기준을 요구하여야 할 것이다.

통설과 같이 신규형 재심의 경우에도 재심심판절차에서 유죄의 확신이 흔들리기만 하면 무죄 등을 선고하여야 한다고 본다면 그보다 기준이 더 낮아야 하는 재심개시절차에서는 신증거의 증명력을 요구하기 어렵다. 그러나 필자는 신규형 재심은 재심심판절차에서 필자는 50% 이상의 무죄 등 심증이 필요하다고 보았기 때문에 재심개시절차에서는 그보다 낮은 일정 정도의 무죄 등 심증을 요구할 수 있다. 구체적으로 어느 정도의 무죄 등 심증이 필요할까? 무죄 등일 가능성이 상당 정도(굳이 수치로 표현한다면 20-30% 정도라 할 수 있을까?) 있다면 재심 개시결정을 하여야 할 것이다. 문제는 이러한 해석론이 현재의 제420조 5호가 말하는 '무죄를 인정할 명백한 증거'라는 요건과 너무 달라 문언의 가능한 범위 내의 해석이라 보기 어렵다는 것이다.

사실은 제420조 5호가 말하는 '명백성'에 대한 다른 해석이 시도되고 있다. 제420조 5호의 '무죄 등을 인정할'을 해석할 때 형사소송에서 증명의 대상으로서 무죄사실이라는 것은 존재하지 아니하고 유죄의 심증을 동요시키면 무죄의 입증을 다하는 것이므로 증거의 명백성 판단에 있어 의심스러운 때에는 피고인의 이익으로 법칙을 적용할 수 있다는 견해가 바로 그것이다. 만일 '명백성'을 그와 같이 해석하면서 필자의 소견대로 신규형 재심에서 필요한 입증의 정도를 50% 이상의 무죄 심증이라고 전제한다면 재심개시절차에서 본격적인 본안 심리를 하지는 않았지만 재심청구자에 의해 주장된 신증거 및 그와 관련있는 증거로만 보아도 만일 본격적인 본안 심리(모든 증거에 대한 증거조사와 종합 판단) 등 과정을 모두 거치면 무죄 등 심증이 50% 이상에 이르게 될 가능성이 매우 높다고 판단되면 이는 '명백한' 증거라고 볼 수 있을 것이다. 이러한 결론 자체는 매우 매력적이다. 만일 제420조 5호가 '무죄 등을 <u>선고할</u> 명백한 증거'라고 표현하였다면 위와 같은 해석이 가능할 수도 있을 것이다. 그러나 제420조 5호는 '무죄 등을 <u>인정할</u> 명백한 증거'라고 표현하고 있고 이는 증거로써 무죄 등 사실을 입증한다는 의미로 보인다. 따라서 위와 같은 해석은 문언의 가능한 의미 범위를 넘어선 것으로 판단된다. 결국 법 개정을 통하여 그러한 취지로 고치는 것이 타당할 것이다.

이와는 별도로 한정설을 취한다고 하면서도 명백성을 '무죄를 인정할 고도의 개연성'이 아닌 '원판결을 번복할 고도의 개연성'이라고 표현하는 경우도 있는데, 이렇게 표현하면서 재심심판절차에서는 의심스러운 때에는 피고인의 이익으로 법칙이 적용된다고 해석하는 현재의 통설 논리를 더하면 원판결의 사실인정에 대하여 합리적 의심을 불러일으킬 가능성이 매우 높기만 한다면(이는 '원판결의 사실인정에 대하여 합리적 의심을 불러일으키는 정도'보다도 더 낮은 정도라고 볼 수 있다) 명백성을 갖춘 것이라는 의미로 해석될 가능성이 크다. 그러나 "엄격설은 재심청구인에게 무죄의 입증책임을 부담시키는 것"이라고 설시한 점에 비추어 볼 때 한정설을 취하는 분들이 실제로 위와 같은 의미로 주장하는 것은 아니라고 보인다.

제420조 4호와 6호 역시 피고인이 범죄를 당한 것이 아니라 사정이 변경된 것이므로 사정변경을 피고인이 이익으로 원용하려면 피고인에게 입증책임을 부담시켜도 부당하지 않을 것이다. 실제로도 재판에 의한 사유이기 때문에 변경된 판결서 등만 제출하면 입증할 수 있으므로 입증이 별로 어렵지도 않아 특별히 문제가 되지는 않을 것이다.

3. 실질적 오류형 재심의 문제

제420조 5호 사유로 재심이 청구 되었지만, 실제로는 수사기관의 강압에 의한 자백이나 진술 등 사법기관의 불법이 재심사유가 된 경우가 적지 않다. 이러한 경우 이론적으로는 제420조 7호에 의한 확정판결을 받아 재심을 청구하면 되고, 그것이 어려우면 제422조에 의하여 확정판결에 대신하는 증명으로 재심을 청구하면 된다. 이렇게 하면 오류형 재심에 해당하여 재심심판절차에서는 피고인은 의심스러운 때에는 피고인의 이익으로 법칙의 혜택을 받을 수 있게 된다. 그러나 현실적으로는 사법기관 구

성원이 기소되어 유죄의 확정판결을 받는 경우가 매우 드물고, 사법기관의 불법을 입증하는 것 또한 매우 어려운 일이기도 하다. 따라서 실제로는 사법기관의 불법 때문에 재심을 청구하지만 형식적으로는 제420조 5호 사유로 재심을 청구하게 된다. 이러한 경우 필자의 논리에 따르면 피고인은 재심심판절차에서 의심스러운 때에는 피고인의 이익으로 법칙의 혜택을 받지 못하게 되는데 이러한 결론은 매우 부당하다. 따라서 재심개시절차를 담당하는 법원은 당해 재심이 실질적으로 오류형인지 신규형인지를 판단하여 재심심판절차에서 의심스러운 때에는 피고인의 이익으로 법칙을 적용할 것인지 여부 등을 결정할 수 있도록 하여야 할 것이고, 궁극적으로는 이러한 점이 입법적으로 뒷받침되어야 할 것으로 생각된다.

V. 나가며

이 글에서 필자는 재심에서의 입증책임의 분배와 입증의 정도에 관하여 기존의 학설과는 전혀 다른 새로운 시도를 해 보았다. 통설과 판례는 재심의 유형과 관계없이 재심심판절차에는 의심스러운 때에는 피고인의 이익으로 법칙이 적용되기 때문에 유죄에 합리적 의심만 생기면 무죄 등을 선고하여야 한다는 입장이었으며, 신증거에 의한 재심의 재심개시절차에서 '명백성' 즉 무죄 등이 어느 정도 입증된 경우에 재심개시를 허가하여야 하는지에 대하여 학설이 대립하고 있었다. 이러한 통설과 판례의 태도는 재심에서의 입증은 재심의 본질과 깊은 관련이 있으며, 재심의 본질이 재심의 사유에 따라 달라질 수 있다는 점을 간과하고 있었다고 생각된다. 이 때문에 재심개시에 필요한 입증의 정도를 턱없이 높게 보아 재심이 제 기능을 하지 못하게 하거나, 너무 낮게 보아 재심청구의 남용을 초래할 수 있는 결론을 만들어 내었고, 한편으로는 재심심판에 필요한 입증의 정도를 너무 낮게 보면서도 재심개시에 필요한 입증의 정도와 균형을 맞추지 못하여 재심심판절차가 무의미하게 되는 등의 문제점을 노출하였다.

필자는 재심의 사유에 따라, 즉 오류형 재심인지 신규형 재심인지에 따라 재심의 본질을 달리보아야 하고 각 재심의 본질에 따라 재심개시절차와 재심심판절차에서의 입증의 문제가 결정된다고 보았다. 이리하여 오류형 재심에서는 피고인의 적법한 재판받을 권리 보장이 본질이므로 재심심판절차에서 당연히 의심스러운 때에는 피고인의 이익으로 법칙이 적용되어야 하고 재심개시절차에서도 확정판결에 갈음한 입증으로 대체하는 경우에는 개시사유의 소명 정도로 요건을 낮추어야 하는 반면, 신규형 재심에서는 법적 안정성과 구체적 정의의 조화가 본질이므로 재심심판절차에서 의심스러운 때에는 피고인의 이익으로 법칙이 적용되어서는 아니되고 오히려 무죄 등이 50% 이상 입증되는 경우에만 무죄 등을 선고하여야 하며 재심개시절차에서도 신증거 및 이와 관계있는 증거들에 대한 실체심리 결과 재심심판절차에서 무죄 등이 선고될 가능성이 상당정도 있다고 판단되는 경우에만 재심개시가 허가되어야 한다고 주장하였다.

근자에 들어 재심제도가 많이 이용되고 국민들의 관심도 높아졌다. 그러나 재심제도에 대하여는 지나치게 감정적으로 또는 정치적으로 접근된 측면이 많고, 특히 재심에서의 입증과 관련하여서는 특정 주제에 대하여만 논의되었을 뿐 재심 전체의 입증 문제는 많이 논의되지 못한 것으로 생각된다. 앞으로 재심제도, 특히 그 입증과 관련한 전체적인 연구가 활발해지기를 기대한다.

2

제 2 편
증거조사

증언거부권 불고지와 위증죄의 성부 및 증언의 증거능력에 관한 소고

형사소송법상 서증의 분류와 조사방법에 관한 실무적 고찰

형사소송에서 디지털증거의 조사방법에 관한 입법론적 고찰

제1회 공판기일 전 증인신문제도에 대한 실무적 고찰

증언거부권 불고지와 위증죄의 성부 및 증언의 증거능력에 관한 소고

[대상판결 1] 대법원 2010.1.21. 선고 2008도942 전원합의체 판결

위증죄의 의의 및 보호법익, 형사소송법에 규정된 증인신문절차의 내용, 증언거부권의 취지 등을 종합적으로 살펴보면, 증인신문절차에서 법률에 규정된 증인 보호를 위한 규정이 지켜진 것으로 인정되지 않은 경우에는 증인이 허위의 진술을 하였다고 하더라도 위증죄의 구성요건인 "법률에 의하여 선서한 증인"에 해당하지 아니한다고 보아 이를 위증죄로 처벌할 수 없는 것이 원칙이다. 다만, 법률에 규정된 증인 보호 절차라 하더라도 개별 보호절차 규정들의 내용과 취지가 같지 아니하고, 당해 신문 과정에서 지키지 못한 절차 규정과 그 경위 및 위반의 정도 등 제반 사정이 개별 사건마다 각기 상이하므로, 이러한 사정을 전체적·종합적으로 고려하여 볼 때, 당해 사건에서 증인 보호에 사실상 장애가 초래되었다고 볼 수 없는 경우에까지 예외 없이 위증죄의 성립을 부정할 것은 아니라고 할 것이다.

이러한 기준에서 보면, 재판장이 선서할 증인에 대하여 선서 전에 위증의 벌을 경고하지 않았다는 등의 사유는 그 증인신문절차에서 증인 자신이 위증의 벌을 경고하는 내용의 선서서를 낭독하고 기명날인 또는 서명한 이상 위증의 벌을 몰랐다고 할 수 없을 것이므로 증인 보호에 사실상 장애가 초래되었다고 볼 수 없고 위증죄의 성립에 지장이 없다고 보아야 한다. 그리고 증언거부권 제도는 앞서 본 바와 같이 증인에게 증언의무의 이행을 거절할 수 있는 권리를 부여한 것이고, 형사소송법상 증언거부권의 고지 제도는 증인에게 그러한 권리의 존재를 확인시켜 침묵할 것인지 아니면 진술할 것인지에 관하여 심사숙고할 기회를 충분히 부여함으로써 침묵할 수 있는 권리를 보장하기 위한 것임을 감안할 때, 재판장이 신문 전에 증인에게 증언거부권을 고지하지 않은 경우에도 당해 사건에서 증언 당시 증인이 처한 구체적인 상황, 증언

거부사유의 내용, 증인이 증언거부사유 또는 증언거부권의 존재를 이미 알고 있었는지 여부, 증언거부권을 고지받았더라도 허위진술을 하였을 것이라고 볼 만한 정황이 있는지 등을 전체적·종합적으로 고려하여 증인이 침묵하지 아니하고 진술한 것이 자신의 진정한 의사에 의한 것인지 여부를 기준으로 위증죄의 성립 여부를 판단하여야 한다. 그러므로 헌법 제12조 제2항에 정한 불이익 진술의 강요금지 원칙을 구체화한 자기부죄 거부특권에 관한 것이거나 기타 증언거부 사유가 있음에도 증인이 증언거부권을 고지받지 못함으로 인하여 그 증언거부권을 행사하는 데 사실상 장애가 초래되었다고 볼 수 있는 경우에는 위증죄의 성립을 부정하여야 할 것이다.

[대상판결 2] 대법원 2010.2.25. 선고 2007도6273 판결

원심이 적법하게 채택하여 조사한 증거와 기록에 의하면, 피고인은 위 공소외인에 대한 도로교통법 위반(음주운전) 사건에서 자신은 음주운전한 사실이 없고 그의 처였던 피고인이 운전하던 차에 타고 있었을 뿐이라고 공소사실을 적극적으로 부인하던 공소외인의 증인으로 법정에 출석하여 증언을 하기에 이르렀던 사실, 당시 피고인은 공소외인의 변호인의 신문에 대하여 술에 만취한 공소외인을 집으로 돌려보내기 위해 피고인 자신이 공소외인을 차에 태우고 운전하였다고 공소외인의 변명에 부합하는 내용을 적극적으로 진술하였던 사실, 피고인은 이 사건 제1심 제8회 공판기일에 재판장이 증언을 하지 않을 수 있다는 사실을 알았다면 증언을 거부했을 것이냐는 신문에 대하여 그렇다 하더라도 증언을 하였을 것이라는 취지로 답변을 하였던 사실 등을 알 수 있는바, 피고인이 위 형사사건의 증인으로 출석하여 증언을 한 경위와 그 증언 내용, 피고인의 이 사건 제1심 제8회 공판기일에서의 진술 내용 등을 전체적·종합적으로 고려하여 보면 피고인이 선서 전에 재판장으로부터 증언거부권을 고지받지 아니하였다 하더라도 이로 인하여 피고인의 증언거부권이 사실상 침해당한 것으로 평가할 수는 없다 할 것이다. 그럼에도 불구하고 원심은 증언거부권의 침해 여부에 관한 여러 사정을 살피지 아니한 채 재판장이 피고인에 대하여 증언거부권을 고지하지 아니하였다는 사유만으로 위증죄의 성립을 부정한 제1심판결을 유지하였으니, 원심의 판단은 위증죄의 성립에 관한 법리를 오해한 위법이 있고, 이는 판결 결과에 영향을 미쳤음이 분명하다.

[대상판결 3] 대법원 1957.3.8. 선고 4290형상23 판결

 심안컨대 일건 기록을 정사한 바에 의하면 증인 공소외 2는 형사소송법 제159조 제1호 소정의 16세 미만인 자로서 선서 무능력자임에도 불구하고 제1심 및 원심에서 각 선서시키고 신문한 각 조서를 원심이 본건 심판의 자료에 공하였고, 또 제1심 및 원심이 동 증인심문 간에 임하여 증언거부권의 설명을 한 형적이 없음은 소론과 같으나, 선서 무능력자에 대하여 선서케 하고 신문한 경우라 할지라도 그 선서만이 무효가 되고 그 증언의 효력에 관하여는 영향이 없고 유효하다 할 것이며, 또 증인신문에 당하여 증언거부권 있음을 설명하지 아니한 경우라 할지라도 증인이 선서하고 증언한 이상 그 증언의 효력에 관하여는 역시 영향이 없고 유효하다고 해석함이 타당하다 할 것이므로, 원심이 동 증인의 각 증언을 채택하여 본건 심판의 자료에 공용하였음은 무효한 증언을 채택하여 심판에 공용하였다 할 수 없다.

[참고판결 1] 대법원 1987.7.7. 선고 86도1724 전원합의체 판결

 (공범사건의 증인으로 소환된 피고인에 대하여)원심은 "피고인이 증인으로 선서한 이상 진실대로 진술한다고 하면 자신의 범죄를 시인하는 진술을 하는 것이 되고 증언을 거부하는 것은 자기의 범죄를 암시하는 것이 되어 피고인에게 사실대로의 진술을 기대할 수 없다"는 이유로 위증죄의 성립을 부정하고 있으나, 피고인과 같은 처지의 증인에게는 증언을 거부할 수 있는 권리를 인정하여 위증죄로부터의 탈출구를 마련하고 있는 만큼 적법행위의 기대가능성이 없다고 할 수 없고 선서한 증인이 증언거부권을 포기하고 허위의 진술을 한 이상 위증죄의 처벌을 면할 수 없다 할 것이다. 자기에게 형사상 불리한 진술을 강요당하지 아니할 권리(헌법 제11조 제2항)는 결코 적극적으로 허위의 진술을 할 권리를 보장한 취지는 아닌 것이다. 이러한 견해와 저촉되는 당원 1961.7.13 선고 4294형상194 판결은 폐기하기로 한다.

[참고판결 2] 대법원 2011.7.28. 선고 2009도14928 판결

 형사소송법은 증언거부권에 관한 규정(제148조, 제149조)과 함께 재판장의 증언거부권 고지의무에 관하여도 규정하고 있는 반면(제160조), 민사소송법은 증언거부권 제도를 두면서도(제314조 내지 제316조) 증언거부권 고지에 관한 규정을 따로 두고

있지 않다. 우리 입법자는 1954.9.23. 제정 당시부터 증언거부권 및 그 고지 규정을 둔 형사소송법과는 달리 그 후인 1960.4.4. 민사소송법을 제정할 때 증언거부권 제도를 두면서도 그 고지 규정을 두지 아니하였고, 2002.1.26. 민사소송법을 전부 개정하면서도 같은 입장을 유지하였다. 이러한 입법 경위 및 규정 내용에 비추어 볼 때, 이는 양 절차에 존재하는 목적·적용원리 등의 차이를 염두에 둔 입법적 선택으로 보인다. 더구나 민사소송법은 형사소송법과 달리, '선서거부권 제도'(제324조), '선서면제 제도'(제323조) 등 증인으로 하여금 위증죄의 위험에서 벗어날 수 있도록 하는 이중의 장치를 마련하고 있어 증언거부권 고지 규정을 두지 아니한 것이 입법의 불비라거나 증언거부권 있는 증인의 침묵할 수 있는 권리를 부당하게 침해하는 입법이라고 볼 수도 없다. 그렇다면 민사소송절차에서 재판장이 증인에게 증언거부권을 고지하지 아니하였다 하여 절차위반의 위법이 있다고 할 수 없고, 따라서 적법한 선서절차를 마쳤는데도 허위진술을 한 증인에 대해서는 달리 특별한 사정이 없는 한 위증죄가 성립한다고 보아야 한다.

Ⅰ. 들어가며

1. 증언거부권의 소송법상 의미

민사소송, 형사소송을 가릴 것 없이 증언이 판결에 미치는 중요성 때문에 증인신문에는 엄격한 절차가 마련되어 있다. 적법한 소환, 위증의 벌 경고, 선서, 증언거부권 보장과 고지, 교호신문, 보호자 동석, 피고인 등 일시 퇴정, 중계·차폐시설을 이용한 증인신문, 반대당사자에 대한 참여권의 보장 등이 그것이다. 이들은 한편으로는 증언의 신뢰성을 담보하는 기능도 하지만, 다른 한편으로는 증인을 보호하는 기능도 한다.

증인신문에 관한 위와 같은 절차를 지키지 아니하였을 때에도 위증죄가 성립하는지의 실체법적 문제와 그 과정에 획득된 증언에 증거능력이 인정되는지의 소송법적 문제가 함께 발생한다. 그 중에서도 최근 부각된 문제가 바로 증언거부권의 불고지이다. 위증죄는 증인에게 진실대로 증언하여야 할 의무가 있음을 전제로 한다. 모든 국민에게는 증언의 의무가 있는 것이 원칙이지만, 예외적으로 증언을 거부할 수 있는 경우가 있다. 형사소송에서 자기나 친족, 법정대리인, 후견감독인이 형사처벌을 받을 사실이 드러날 염려가 있는 때(제148조)와 변호사, 의사, 종교인 등이 업무상 위탁을 받은 관계로 알게 된 타인의 비밀(제149조)이 바로 그것이다. 증언거부권은 형사소송의 최고이념인 실체적 진실발견과 인간의 존엄성 및 행복추구권이라는 초소송법적 이익간의 균형을 유지하기 위한 제도라 할 수 있다.[1] 증인에게 증언거부권이 있는 경우 증인은 증언거부 사유를 소명하여야 하며(제150조), 재판장은 신문 전에 반드시 이를 고지하여야 한다(제160조). 이 때문에 재판장은 신문 전에 증인에게 증언거부권 유무를 판단하기 위한 기초 자료, 즉 피고인과의 관계, 직업 등에 대하여 물어보아야 한다.

민사소송법에서도 형사소송법에서와 거의 비슷한 사유로 증언거부권을 보장하고 있지만(제314조, 제315조)[2], 재판장에게 증언거부권 고지의무를 부여하고 있지는 않다. 민사소송법 학계에서도 이 부분에 대한 특별한 논의는 없는 것 같다[3]. 형사소송법에는 없는 선서면제 제도와 선서거부권 제도가 있어 증인을 한층 더 보호하고 있는 외에도, 증인이 증언거부 사유를 소명하면(제316조) 법원은 증언 거부가 적절한지 여부를 재판하도록 함으로써(제317조)[4] 증언거부권 고지에 갈음하고 있기 때문이 아닌가 생각된다. 다만 증언거부권 있음을 알게 된 때에는 가급적 증언거부권을 고지하는 것이 바람직하다는 데는 이견이 없는 듯하다[5]. 결국 민사소송에서는 증언거부권을 고지하지 않았더라도 절차적 위법이 아니므로[6] 위증죄 성립에 아무런 영향이 없다는 것이 일반적인 견해이며[7], 판례 역시 같은 취지이다(참고판결 2).

2. 문제의 제기

---

[1] 이세화, "증언거부권 불고지와 허위증언에 대한 위증죄", 영남법학 제31호(2010.10), 366면.
[2] 다만 자기 또는 친족에게 치욕이 될 사항과 기술 또는 직업의 비밀에 속하는 사항에 대하여도 증언을 거부할 수 있다는 점에서 형사소송에서의 증언거부 사유보다 조금 더 넓다고 할 수 있다.
[3] 이시윤, 신민사소송법 제8판, 박영사, 2014. 478면; 호문혁, 민사소송법 제11판, 법문사, 2013. 547면 등.
[4] 민사소송에만 규정된 '치욕이 될 사항'이나 '기술 또는 직업의 비밀에 속하는 사항' 등이 판단자의 주관에 따라 증언거부 사유가 되는지가 쉽게 달라질 수 있기 때문에 이 제도를 만든 것이 아닌가 생각된다.
[5] 법원실무제요 민사소송(Ⅲ), 법원행정처, 2005. 72면; 민일영/김능환, 주석 민사소송법(Ⅴ) 제7판, 한국사법행정학회, 2012. 284면.
[6] 대법원 1971.4.30. 선고 71다452 판결 등.
[7] 최병각, "위증죄의 성립범위와 판단방법", 동아법학 제60호 (2013 8), 동아대학교 법학연구소, 81면.

증언거부권이 있는 경우에도 증인은 증언거부권을 포기하고 증언을 할 수는 있지만, 허위의 증언을 하면 위증죄가 성립함에 의문이 없다(참고판결 1). 문제는 재판장이 증언거부권을 고지하지 아니한 경우이다. 이에 대하여 대법원은 경우에 따라 위증죄가 성립할 수도 있고 성립하지 않을 수도 있다는 입장이다. 즉 증인신문절차에서의 증인 보호 규정이 지켜지지 아니하였다면 '법률에 의하여 선서한 증인'에 해당하지 않기 때문에 위증죄가 성립하지 않는 것이 원칙이고(대상판결 1 전반부), 증언거부권을 고지하지 아니한 것이 증언거부권 행사에 사실상 장애가 초래된 경우에는 위증죄의 성립을 부정하여야 하지만(대상판결 1 후반부), 증언거부권 행사에 사실상 장애가 초래되지 않은 경우에는 위증죄가 성립한다(대상판결 2)고 판시하였던 것이다. 대상판결 1, 2는 위증죄 성부의 결론에서도 서로 충돌하고 있지만, 위증죄가 성립하지 않는 경우에도 그 이유에서 '법률에 의한 선서'가 아니기 때문이라는 점과 '증언거부권이 사실상 침해' 당하였기 때문이라는 점이 또 충돌한다. 이러한 점은 증언거부권이 인정됨에도 허위의 증언을 한 경우 적법행위의 기대가능성이 없지 않으므로 위증죄가 성립한다는 참고판결 1과 극명하게 대비된다.

또한 위 판결들은 위증죄 성부라는 실체법적 문제만 다루었을 뿐 증언거부권이 고지되지 아니한 경우 그 증언의 증거능력 유무라는 소송법적 문제를 직접 다루지는 않았다. 증언거부권이 고지되지 아니한 경우의 증언의 증거능력에 대한 판례로서는 "선서무능력자에 대하여 선서하게 하였다고 하더라도 증언의 효력에는 영향이 없듯이 선서하고 증언한 이상 증언의 효력, 즉 증거능력에 영향이 없다"는 오래 전의 판례 밖에 없는데(대상판결 3), 위 판례가 지금도 그대로 통용될 수 있는지는 의문이다. 오히려 증언거부권 불고지 이외의 다른 증인신문 절차상의 위법을 이유로 한 증언의 증거능력에 관한 판례들이[8] 참고가 될 수 있을 것이다. 더 나아가 선서의 효력과 증언의 증거능력이 분리될 수 있는 것처럼 증언거부권 불고지와 증언의 증거능력이 분리될 수 있는지, 증언거부권 불고지가 위증의 벌 불경고나 참여권 불보장 등의 다른 절차법적

---

[8] 예컨대 "변호인이 없는 피고인을 일시 퇴정하게 하고 증인신문을 한 다음 피고인에게 실질적인 반대신문의 기회를 부여하지 아니한 채 이루어진 증인의 법정진술은 위법한 증거로서 증거능력이 없다고 볼 여지가 있다"는 취지의 대법원 2010.1.14. 선고 2009도9344 판결.

위법과 어떤 차이가 있는지 등도 함께 검토되어야 할 것이다.

위증죄의 성부와 증거능력은 서로 밀접한 관련이 있는데, 기본적으로는 실체법적 문제와 소송법적 문제가 상호 영향을 줄 수 있다는 점이 고려되어야 할 것이다. 위증죄의 성부와 증거능력 문제가 어떻게, 어느 정도로 서로 영향을 주는지는 위 2 문제에 대해 어떤 법리 또는 논리로 어떤 결론에 이르렀는지에 따라 크게 달라질 수 있다. 한편 생각해 보면 증거능력의 문제와 위증죄의 문제는 실제로는 상충하는 면이 있기 때문에 그 중 하나만 문제될 가능성이 높은 것이 사실이다. 증인신문절차를 위반한 증언이 진실하다면 증거능력은 문제되겠지만 위증죄는 성립하지 않을 것이고, 증언이 허위라면 위증죄는 문제되겠지만 증명력이 없으므로 그 전제인 증거능력을 논할 현실적 필요성도 매우 낮기 때문이다. 그러나 증명력과 증거능력은 이론상 별개의 문제일 뿐만 아니라 증언의 진위가 불명확하거나 증언 중 일부는 진실이고 일부는 허위인 경우도 얼마든지 있을 수 있으므로 위 2가지 문제는 함께 검토될 가치가 있다고 생각된다.

아래에서는 증인신문절차가 위법한 경우, 특히 증언거부권이 고지되지 아니한 사유가 위증죄의 성립을 조각하는지, 조각한다면 어떤 논리로 조각하는지를 살펴보고(Ⅱ), 증인신문절차의 위법이 있는 경우 증언의 증거능력이 인정되는지, 특히 위증죄 성부의 문제가 증거능력 인부의 문제에 어떤 영향을 주는지를 검토한 후(Ⅲ), 증언거부권의 고지와 관련한 입법론을 제시하는 것으로(Ⅳ) 필자 나름의 결론에 갈음하려고 한다.

Ⅱ. 증언거부권의 불고지와 위증죄 성부

1. 증인신문절차와 관련한 위증죄의 성부

증인신문절차와 관련하여 위증죄의 성부가 논의되는 문제들은 ㉠ 증인적격 없는 자가 위증한 경우, ㉡ 선서무능력자가 선서하고 위증한 경우, ㉢ 위증의 벌을 경고받지 못하고 위증한 경우, ㉣ 이미 유죄판결을 받아 확정된 자가 공범 재판에서 위증한 경우, ⓜ 증언거부권이 있음에도 위증을 한 경우, ⓑ 증언거부권을 고지받지 못하고 위증한 경우 등이다. 이들은 증언거부권의 불고지와 사이에 증언 과정의 절차법적 위법이라는 점에서 공통점이 있어 증언거부권 불고지의 효과 검토에 적지 않은 참고가 되므로 간략히 살펴보기로 한다.

먼저 ㉠ 증인적격 없는 자의 증언은 증거가 되지 못하므로 그가 위증하였다고 하더라도 결과반가치가 발생하지 아니한다. 따라서 미수범 처벌규정이 없는 위증죄에 있어서는 범죄가 되지 않는다고 보아야 할 것이다. 판례 역시 같은 취지이다[9]. ㉡ 선서무능력자가 선서하고 위증한 경우에 대하여 직접 다룬 판례는 없지만, 그와 같은 경우 선서만 무효가 되고 그 증언의 효력에는 영향이 없다고 한 취지에 비추어(대상판결 3), 법률에 의하여 선서한 증인을 전제로 하는 위증죄가 성립하지 않는다는 취지로 해석된다. ㉢ 위증의 벌을 경고받지 못하였더라도 증인은 위증의 벌을 경고하는 내용의 선서서를 낭독하고 기명날인 또는 서명하는 과정에 위증의 벌을 알게 되었을 것이므로, 허위의 증언을 하였다면 위증죄가 성립한다고 보아야 할 것이다. 판례 역시 같은 취지이다[10].

㉣ 이미 유죄판결을 받아 확정된 자는 기판력에 의해 다시 처벌받지 아니하므로 공범에 대한 사건에서 증언을 거부할 수 없다. 그러한 지위에 있는 자가 공범 사건에서 증인이 된 경우에 대하여 "증언을 거부할 수 없어 위증죄로부터의 탈출구가 마련되어 있지 않은 피고인에게 그 동안의 일관된 진술을 뒤엎고 확정된 유죄판결에서 판시하고 있는 자신의 범죄사실을 시인하는 증언을 하는 것을 기대할 수 없으므로 위증죄가 성립하지 않는다"고 볼 여지도 없지 않지만[11], 대법원은 "설령 자신에 대한 형사사건에서 시종일관 범행을 부인하였더라도 이러한 사정은 위증죄에 관한 양형 참작사유로 볼 수 있음은 별론으로 하고 그러한 사정만으로 증인이 진실대로 진술할 것을 기대할 수 있는 가능성이 없는 경우에 해당한다고 할 수 없으므로 허위의 진술에 대하

---

9) 대법원 1998.3.10. 선고 97도1168 판결, 대법원 2008.6.26. 선고 2008도3300 판결.
10) 대법원 2010.1.21. 선고 2008도942 전원합의체 판결.
11) 부산지방법원 2005.12.14. 선고 2005노3276 판결의 태도가 그러하다.

여 위증죄 성립을 부정할 수 없다"고 판시하였다[12]. 이에 대하여는 "유죄판결이 확정된 공범을 자백을 하도록 위증죄의 형벌로 강요하는 것은 법원·국가의 강요에 의한 자백으로서 임의성이 문제될 수 있을 뿐만 아니라, 일단 1명의 공범에 대하여 유죄판결이 확정되면 검찰측으로서는 다른 공범에 대한 공판에서 자백을 확보하게 되는 결과가 되어 결국 소송상 유죄의 도미노가 야기된다"거나[13], "판결이 확정된 피고인에게는 증언거부권이 인정되지 않는 이유와 그러한 피고인에게 책임조각사유로서 구체적 상황에서 사실의 진술을 기대할 수 있는가의 문제를 혼동한 것"이라는[14] 등의 비판이 없지 않다. 유죄판결이 확정된 증인도 위와 같은 입장을 소명하여 증언을 거부할 수 있다고 하여야 한다는 주장[15]은 상당히 설득력 있다고 생각된다.

㉢ 증언거부권이 있음에도 위증을 한 경우 과거 "적법행위의 기대가능성이 없으므로 위증죄가 성립하지 않는다"는 판례도 있었지만[16], 이후 대법원은 태도를 바꾸어 "피고인과 같은 처지의 증인에게는 증언을 거부할 수 있는 권리를 인정하여 위증죄로부터의 탈출구를 마련하고 있는 만큼 적법행위의 기대가능성이 없다고 할 수 없고, 선서한 증인이 증언거부권을 포기하고 허위의 진술을 한 이상 위증죄의 처벌을 면할 수 없다"고 판시하였다(참고판결 1)[17]. 참고판결 1의 논리는 수긍하지만, 그 전제로서 증언거부권 있음을 소명하기 위해서는 자신이 공범관계에 있음을 스스로 밝혀야 한다

---

12) 대법원 2008.10.23. 선고 2005도10101 판결. 대법원 2011.11.24. 선고 2011도11994 판결도 같은 취지.
13) 정영일, "증언거부권과 위증죄 성부의 관계에 관한 판례연구", 형사법연구 제23권 제1호(통권 제46호), 한국형사법학회, 2011. 218면. "위증죄의 유죄판결을 추가하기 싫으면 일단 유죄판결이 내려진 사실을 금과옥조로 알고 무조건 그 사실을 인정하는 진술을 해야 한다는 어처구니 없는 결론을 피할 수 없게 된다"는 비판(최병각, 앞의 논문, 75면) 역시 같은 취지이다.
14) 신치재, "위증죄에 있어서 사실진술의 기대가능성에 대한 판단기준", 중앙법학 제11집 제3호(통권 제33호. 2009. 10), 중앙법학회, 485면.
15) 최병각, 앞의 논문, 75면.
16) 대법원 1961.7.13. 4294형상194 판결.
17) 이 판결의 원심 역시 종래 판례의 태도에 따라 "증인으로 소환된 (공범 중 일인인) 피고인으로서는 자기가 유죄판결을 받을 범죄사실을 암시함으로써 증언을 거부하든가 또는 위 암시를 하지 아니하고 선서한 후 피고인의 범죄사실을 진술하든가 또는 허위진술을 함으로써 위증죄의 처벌을 각오하든가의 삼자택일을 하지 아니하면 아니되는데 증언거부권을 인정한 입법취지나 형사소추된 피고인에게 묵비권을 인정한 인권의 기본원칙에 비추어볼 때 피고인이 증언을 거부하거나 혹은 진실한 증언을 한다는 것은 기대할 수 없다고 할 것이고 따라서 마지막 남은 방법인 허위진술의 길을 택한 피고인의 이 사건 행위는 적법행위의 기대가능성이 없어서 범죄로 되지 아니한다"고 판시하였다. 서울형사지방법원 1986.7.4. 선고 85노6824 판결.

는 현실적 문제점이 있다. 위 소명 진술은 증거가 되지 않음이 명백하지만 이후 수사 등에서 현실적인 불이익이 되지 않는다고 보장할 수 있을 지 의문이며, 만일 이러한 의문을 해결할 수 없다면 참고판결 1의 논리는 수정되어야 할지도 모른다.

이제 이글의 본론인 증언거부권을 고지하지 아니한 경우로 들어가기로 하자.

2. 증언거부권 불고지와 위증죄의 성부

(1) 위증죄가 성립한다는 견해

증인에게 증언거부권이 있음에도 재판장이 이를 고지하지 아니하였고 증인이 위증을 한 경우 위증죄가 성립하느냐의 문제이다. 이에 대하여는 선서나 증언절차에 사소한 결함이 있다는 이유만으로 선서가 효력을 잃는 것은 아니라는 견해와 맥을 같이 하여 증인신문절차가 부적법한 경우에도 위증죄의 주체가 될 수 있다고 하거나[18], 증언거부권의 불고지와 같은 소송법규 위반은 증인의 진술의 자유를 침해하거나 본질적인 법치국가 원칙에 반하는 경우가 아닌 한 원칙적으로 위증죄 성립에 영향을 주지 못한다고 하여[19], 증언거부권이 불고지 되더라도 위증죄의 성립에 아무런 영향이 없다는 견해도 있다. 아마도 "위증죄의 보호법익은 결함을 가지고 있는 실재의 사법기능이며 절차법적 적법성과 엄격히 결합된 것은 아니라는 점"을 그 이유로 하고 있는 것으로 보인다.

그러나 사법기능이 왜 절차법적 적법성과 엄격히 결합된 것이 아니라는 것인지, 더 나아가 왜 소송법규 위반은 실체법적 문제에 영향이 없다는 것인지 불분명하다. 대부분의 실체법적 문제와 절차법적 문제가 밀접하게 연관되어 서로 영향을 주고받는데[20], 특히 위증죄는 사법절차 과정에 발생하는 범죄이기 때문에 더욱 그러하다. 증언거부권의 불고지라는 절차면의 중대한 하자는 위증죄의 성립이 불가능하다는 실체법

---
18) 정성근/박광민, 형법각론 전정판, 성균관대학교 출판부, 2013. 897면.
19) 이재상, 형법각론 제9판, 박영사, 2013. 794면.
20) 예컨대 위법한 긴급체포에 대하여 저항하는 것은 공무집행방해죄를 구성하지 않는 것처럼 절차법적 문제도 실체법적 문제에 영향을 준다.

적 효과로 나타난다는 지적[21]도 같은 취지이다. 더 나아가 증인의 진술의 자유를 침해하거나 본질적인 법치국가 원칙에 반하는 경우에는 위증죄가 조각될 수도 있다고 하는데, 위증죄가 성립하는 경우와의 경계가 모호하여[22] 증언거부권의 불고지도 증인의 진술의 자유를 침해하고 법치국가 원칙에 본질적으로 반한다고 표현하더라도 전혀 이상할 것이 없다. 따라서 증언거부권의 불고지가 원천적으로 위증죄 성립에 영향이 없다는 위 견해에는 찬성하기 어렵다.

(2) 위증죄 성립을 조각한다는 견해

가. 법률에 의한 선서가 아니라는 견해

증언거부권이 불고지되면 원칙적으로 위증죄가 성립되지 않는다는 견해를 따르더라도 어떠한 논리에 의하여 위증죄의 성립이 조각되는지에 대하여는 여러 견해가 대립하고 있다. 그 첫 번째가 '법률에 의한 선서'라는 위증죄의 전제가 조각되기 때문이라는 견해로서 대법원 판례의 기본태도이기도 하다. 대상판결 1, 2는 증언거부권 있는 자에게 증언거부권을 고지하는 것은 증인보호 절차의 일환인데, 증언거부권이 고지되지 않은 상태에서의 선서는 '법률에 의한 선서'라고 보기 어려우므로 결국 법률에 의하여 선서한 증인일 것을 전제로 하는 위증죄가 성립하지 않는다는 논리를 취하고 있다[23]. 다만 언제나 법률에 의한 선서가 조각되는 것은 아니고 증언거부권의 불고지가 증인보호 즉 '증언거부권 행사에 실질적인 장애를 초래한 경우'에만 법률에 의한 선서가 조각된다고 보아, 대상판결 1에서는 위증죄가 성립하지 않고 대상판결 2에서는 위증죄가 성립한다는 정반대의 결론에 이르고 있다. 결국 대법원은 증언거부권 행사에 실질적인 장애가 발생한 경우에만 법률에 의한 선서가 조각된다는 논리를 취하

---

[21] 권오걸, "증언거부권의 불고지와 위증죄", 형사법연구 제22권 제3호(통권 제44호), 한국형사법학회, 2010. 383면.
[22] 같은 취지, 최병각, 앞의 논문, 77면.
[23] 하급심 판례 중에도 그와 같은 논리를 채택하고 있는 것이 적지 않은데, 대표적인 것이 "자기부죄 거부 특권을 인정하고 있는 헌법 제12조 제2항의 정신에 비추어 볼 때 재판장의 증언거부권 고지의무는 강행법규적인 의무, 증언거부권을 고지하지 아니한 채 선서를 시킨 후 증인신문을 진행한 경우 법률의 의한 유효한 선서라고 볼 수 없어 위증죄가 성립하지 않는다"는 대전고등법원 2009.4.8. 선고 2008노280 판결이다.

고 있는 것이다. 대상판결에 대하여는 여러가지 상반된 견해들이 제시되고 있다. 아래 2가지 측면에서 살펴보자.

(가) 증언거부권을 고지하지 아니한 것이 '법률에 의한 선서'를 조각하는지 여부

대상판결은 증언거부권을 고지하지 아니한 경우 법률에 의한 선서를 조각한다고 판단하여 위증죄의 구성요건 요소 중 행위 주체의 문제로 접근하고 있다. 이에 대하여 "증언거부권의 고지는 선서의무에 앞서는 의무이며 증언거부권을 고지받지 않은 경우에는 선서의 의무도 없다고 해석할 수 있다"고 하여 찬성하는 견해도 있다[24)25)]. 관행적으로 증언거부권을 선서 전에 고지하고 있는 것은 맞지만, 제160조는 재판장은 '신문' 전에 증언거부권을 설명하여야 한다고만 규정하고 있을 뿐 '선서' 전에 고지하여야 한다고 규정하고 있지는 않다. 그 위 조문인 제159조에서도 '선서'와 '신문'을 대비하여 규정한 점 등에 비추어 볼 때 제160조가 말하는 '신문'은 증인신문절차 전체를 말하는 것이 아니라 문답, 즉 협의의 신문만을 의미하는 것으로 해석된다. 더욱이 만일 증인에게 선서의무가 없는 자라면 증언거부권의 불고지로 선서가 무효화된다는 논리는 더욱 이상해진다. 이 때문에 선서무능력자에 대한 증언 사안인 대상판결 3도 "증언거부권이 불고지 되었더라도 증인이 선서하고 증언한 이상 …"이라고 판시하고 있다. 결국 증언거부권의 고지는 선서절차의 일부가 아닌 신문절차의 일부일 뿐이며, 증언거부권이 고지되지 않더라도 선서의 효력에는 영향이 없다[26)]. 대상판결이 증언거부권 고지를 위증죄 성립 여부와 결부시킨 것은 진일보한 것이지만, 증언거부

---

24) 권오걸, 앞의 논문, 381면. 더 나아가 위 견해는 독일과 같이 선서에 의하지 않은 위증죄의 도입 필요성을 제기하고 있다.
25) 불고지가 선서를 조각한다면 증언 후 선서의 경우 위증죄가 성립하는가의 문제가 발생한다. 민사소송에서는 증인신문 후 선서가 허용되지만(제319조) 형사소송에서는 "법률에 다른 규정이 있는 경우"에만 신문 후 선서가 허용된다(제156조). 증언 후 선서의 경우에는 증언하는 동안에 위증을 회피할 동인이 없었으므로 위증죄가 성립하지 않는다는 견해도 있다(최병각, 앞의 논문, 77면). 그러나 선서 직전에라도 기왕의 증언 내용을 번복할 수 있으며, 만일 증언 후 선서의 경우에는 위증죄가 성립하지 않는다고 해석한다면 증언 후의 '선서'는 아무런 의미가 없게 되고 만다. 따라서 증언 후의 선서라 하여 위증죄가 성립하지 않는 것으로 볼 필요는 없다고 생각된다. 증언 후 선서의 경우 위증죄의 기수시기는 어떠한가 "증언은 그 전부를 일체로 판단하는 것이므로 기억에 반하여 허위의 진술을 하였다가도 검사의 반대신문에 의하여 이를 번복 시정하였다면 위증죄가 성립하지 않는다"는 취지의 판례(대법원 1974.6.25. 선고 74도1231 판결)에 비추어 볼 때 선서 종료한 때에 위증죄가 기수에 이른다고 보인다.
26) 오영근, "증언거부권의 불고지와 위증죄의 성립여부", 고시계 제55권 제5호(2010. 5), 고시계사, 161면.

권을 고지받지 못하고 위증을 한 증인이 법률에 의하여 선서한 증인에 해당하지 않는 다고 논리 구성한 것은 적절하지 않다고 생각된다[27].

(나) 증언거부권 행사에 실질적 장애가 초래된 경우에만 위증죄가 조각되는지 여부
대상판결은 증언거부권 행사에 실질적 장애가 초래된 경우에만 위증죄가 조각된다고 판시하고 있다. 증언거부권이 불고지된 모든 경우에 위증죄에 대하여 무죄를 선고하기가 쉽지 않다는 현실을 반영하고 있는 것으로 생각된다. 이에 대하여 찬성하는 견해도 없지 않으나[28] 다수 학설은 비판적이다. 증언거부권의 불고지는 중대한 절차상의 하자이기 때문에 증언거부권을 고지하지 않았다는 사실 자체로서 증언거부권은 침해되었고 선서의 효력은 무효화되어야 한다는 견해나[29], 증언거부권 행사에 사실상 장애가 초래되었는지에 따라 위증죄 성립 여부를 판단하는 것은 국가기관의 잘못을 국민 개인에게 뒤집어 씌우는 꼴이라는 지적[30] 등이 대표적이다.

증언거부권 행사에 실질적 장애가 초래된 경우에만 위증죄 성립을 조각한다는 것은 한편으로는 증언거부권 불고지와 위증 이라는 결과 사이에 인과관계가 인정되면 위증죄 불성립으로 판단하고 있다고 볼 여지도 있다. 그러나 증언거부권 불고지는 구성요건적 행위가 아니고 위증은 구성요건적 결과가 아니므로 인과관계로 접근할 문제가 아니다. 증언거부권 불고지는 위증을 하게 된 경위 중의 하나로 작용할 뿐이고 경위는 동기와 마찬가지로 구성요건 요소가 아니다. 범죄성립에서 경위를 고려하려 한다면 이는 책임 즉 비난의 성부에 관한 기대가능성 문제가 될 수 밖에 없다. 결국 실질적 장애라는 것은 인과관계가 아닌 기대가능성 문제, 즉 책임 문제로 보는 것이 옳다. 이런 점에서 대상판결은 법률에 의하여 선서한 증인, 즉 구성요건 요소의 문제

---

[27] 오영근, 앞의 논문, 163면.
[28] 당해사건의 제반사정을 전체적 종합적으로 고려하여 증인이 진술한 것이 자신의 진정한 의사에 의한 것인지 여부를 기준으로 위증죄 성부를 판단하여야 한다는 견해(정영일, 형법강의(각론), 도서출판 학림, 2013. 624면; 김성돈, 형법각론 제3판, 성균관대학교 출판부, 2013. 816면)는 대상판결의 입장에 찬성하는 것으로 보인다.
[29] 권오걸, 앞의 논문, 386면.
[30] 최병각, 앞의 논문, 79면. 위 견해는 판례의 태도에 대하여 "행위형법의 원칙을 너무 벗어나 심정형법에 아주 가까이 가버리는 위험한 일로서 위증죄를 증인의 심정에 지나치게 절대적으로 예속시키는 결과를 초래한다"고 비판하고 있다.

로 논리를 진행하다가 갑자기 책임요소 문제를 혼용하는 오류를 범하고 있다고 생각된다.

특히 대상판결은 사실상 장애 초래의 판단 기준으로 당해 사건에서 증언 당시 증인이 처한 구체적인 상황, 증언거부사유의 내용, 증인이 증언거부사유 또는 증언거부권의 존재를 이미 알고 있었는지 여부, 증언거부권을 고지받았더라도 허위진술을 하였을 것이라고 볼 만한 정황이 있는지 등과 함께(대상판결 1) 재판장이 '증언을 하지 않을 수 있다는 사실을 알았다면 증언을 거부했을 것이냐'는 신문에 대하여 '그렇다 하더라도 증언을 하였을 것'이라는 취지로 답변을 하였던 사실까지 거시하고 있으나(대상판결 2), 이는 완전히 가정적 상황에 대한 피고인의 답변이므로 증언거부권의 사실상 침해 여부를 판단하는 근거로 삼는 것 자체가 부적절하다. 피고인의 진술에만 의존한 가정적 판단으로 범죄의 성립 여부를 불명확하게 한다는 지적[31]이나, 증언거부권의 불고지라는 하자가 "증언거부권을 고지 받았더라도 위증을 하였을 것"이라는 피고인의 진술로 치유되지는 않는다는 지적[32] 역시 같은 취지이다.

나. 기대가능성이 조각된다는 견해

위증죄 불성립의 근거로 기대가능성을 제시하는 견해도 적지 않다. 진술거부권의 불고지를 위증죄의 구성요건해당성이나 위법성의 문제로 다루는 것보다는 사정을 종합적으로 고려하여 허위진술을 하지 않을 기대가능성 문제로 다루는 것이 바람직하다는 견해[33]나, 증언거부권이 고지되지 아니한 경우 적법행위의 기대가능성이 없기 때문에 위증죄가 성립하지 않고 증언에 증거능력이 인정된다 하여 달리 볼 것이 아니라는 부산지방법원 2008.1.16. 선고 2007노3669 판결(대상판결 1의 원심) 및 이 판결의 태도가 타당하다는 견해[34] 등이 대표적이다. 대상판결 1과 2는 증언거부권을 고지하지 아니한 절차적 위법이 있다고 하더라도 증언거부권 행사가 사실상 침해당하여야 위증죄가

---

[31] 이희경, "증언절차의 소송법 규정위반과 위증죄의 성립여부", 형사판례연구 제19집(2011. 6), 한국형사판례연구회, 495면, 496면.
[32] 권오걸, 앞의 논문, 389면.
[33] 오영근, 앞의 논문, 165면.
[34] 이희경, 앞의 논문, 500면.

성립할 수 있다고 하지만, 증언거부권이 사실상 침해당하지 않았다는 결과가 증인신문의 절차적 위법을 치유할 수 있는지도 의문이고, 증언거부권이 사실상 침해당했는지의 판단기준이 명확하지 않다는 점도 문제된다. 이 견해는 위와 같은 문제의식에서 비롯된 견해로서 결국 초법규적 책임조각사유로서의 기대가능성을 인정하고 있는 것이다.

사실은 대상판결 1과 2의 표현에 따르더라도 증언거부권 행사에 사실상의 장애가 초래되었다면 증언거부권이 있음에도 증언이 강제되었다는 의미이고 (증언거부권을 인정하는 사유는 그렇지 않으면 허위증언 할 수 밖에 없는 사유이기도 하므로) 진실한 증언의 기대가능성이 없다는 의미로 연결되어 결국 책임조각사유가 되므로, 대법원은 결국 기대가능성의 부존재라는 논리를 우회적으로 사용하고 있다고 평가할 수도 있다[35]. 충분히 수긍할 수 있는 평가이지만, 대상판결로서는 구성요건 요소의 문제와 책임요소의 문제를 혼용하고 있다는 문제점을 안게 된다.

증언거부권과 기대가능성의 관계에 대하여는 오히려 참고판결 1이 잘 표현하고 있다. 피고인과 같은 처지의 증인에게는 증언을 거부할 수 있는 권리를 인정하여 위증죄로부터의 탈출구를 마련함으로써 '진실대로 진술한다고 하면 자신의 범죄를 시인하는 진술을 하는 것이 되고 증언을 거부하는 것은 자기의 범죄를 암시하는 것이 되어 피고인에게 사실대로의 진술을 기대할 수 없다'고 하는 적법행위의 기대가능성 논리를 차단할 수 있겠지만, 그와 같은 논리를 증언거부권 불고지에 대하여 그대로 적용하기는 어렵다. 증언거부권의 불고지를 기대가능성 문제로 접근하는 경우에는 고려하여야 할 요소가 너무 많기 때문이다. 기대가능성의 기준에 대하여 통설[36], 판례[37]인 평균인 표준설을 취한다고 하더라도 행위자의 구체적 상황을 전제로 하여 평균인의 입장에서 판단하여야 하기 때문에[38] 증언거부권이 불고지된 모든 경우에, 불고지

---

35) 같은 취지, 권오걸, 앞의 논문, 384면. 다만 대상판결을 법률에 의한 선서 문제(구성요건요소 중 행위 주체의 문제)로 접근하고 있는 권오걸 교수의 기본적인 논지와 충돌하는 문제가 발생한다.
36) 이재상, 형법총론 제7판, 박영사, 2011. 350면; 신동운, 형법총론 제8판, 법문사, 2014. 446면 등.
37) 대법원 2004.7.15. 선고 2004도2965 판결.
38) 대상판결 1과 2에서는 행위자인 증인의 입장에 대한 설명은 있으나, 이를 놓고 평균인이라면 어떻게 대처할 것인가에 대한 고민이 전혀 없는 점을 보면 역시 행위자 기준으로 판단한 것으로 보인다.

되었다는 사정만으로 기대가능성이 없다고 판단하기는 어려운 것이다. 이때 고려하여야 할 요소들 중 대표적인 것이 바로 증인이 자신에게 증언거부권 있음을 알고 있었는지 여부이다. 결국 기대가능성 문제로 접근하면 절차적 위법이 있다고 하여 곧바로 적법행위의 기대가능성이 없다는 결론에 이를 수 없는 것이다. 오히려 법률에 의한 선서 문제로 접근하면 증인이 증언거부권의 존재를 알고 있었는지 여부와 무관하게 일관된 결론을 내리기 쉬운 측면이 있다는 점과 대비된다.

이와 같은 논리에 기초해서 살펴보면 증언거부권이 고지되지 않았다면 증인은 증언거부라는 선택을 알지 못하게 되어 적법행위를 기대하기 어렵고 진실대로 진술하여 자신이나 근친자의 범죄를 시인하든지 아니면 허위의 진술을 할 수 밖에 없기 때문에 (다른 조건을 고려할 필요 없이 절대적으로) 위증죄 성립을 부정하여야 한다는 견해나[39], 증언거부권이 고지되지 아니한 경우 적법행위의 기대가능성이 없어 위증죄가 성립하지 않는다는 대상판결 1의 원심의 태도가 타당하다고 하면서도 증언거부권의 존재를 이미 알고 있었는지 여부에 따라 위증죄 성부가 달라지는 것도 타당하지 않다고 하는 주장은[40] 모두 문제가 있다.

다. 보호법익이 침해되지 않기 때문이라는 견해

증인신문절차의 적법성 문제로 접근하면서도 이를 보호법익 문제와 결합하여 "증언거부권이 불고지된 상태에서의 증언은 위법수집 또는 임의성에 의문 있는 증거가 되어 허위의 진술이라 하더라도 (위증죄의 보호법익인) 진실발견이라는 국가의 사법기능이 침해되거나 위태화되지 않기 때문에 위증죄의 주체가 될 수 없다"는 견해도 제기된다[41]. 이에 대하여는 "증거능력 문제는 당해 소송의 요증사실, 즉 공소사실과 관련된 것이지만, 위증죄 성부는 증언의 허위 여부와 관련된 문제이므로 양자는 별개의 관점이라고 보아야 한다"는 비판도 있다[42]. 그러나 소송법적 문제는 실체법적 문제에 직간접으로

---

39) 이세화, 앞의 논문, 388면.
40) 이희경, 앞의 논문, 500-503면. 이 견해는 기대가능성 이론과 적법절차 이론을 구분하지 않고 혼용하는 문제점을 가지고 있다고 보인다.
41) 하태훈, "위증죄의 주체", 고시연구 제24권 3호(1997.2), 고시연구사, 65면 이하.
42) 정영일, 앞의 논문, 223면.

영향을 줄 수 있으며 특히 소송절차 중의 범죄인 위증죄의 경우에는 더더욱 그러하기 때문에, 위증죄 성부가 증거능력과 같은 소송법적 문제와는 별개의 문제라고 전제하는 위 비판의 논리는 설득력이 약하다.

오히려 증언거부권이 불고지 되었더라도 증언거부권 있다는 사실을 인식하고 있는 경우도 적지 않을 것인데, 이러한 경우라면 현실적으로 증언에 증거능력이 인정되어 국가의 사법기능이 침해될 가능성이 있다. 그렇지 않다고 하더라도 가능성과 위험성은 다른 기준으로 판단되어야 할 것이고 추상적 위험범인 위증죄에 있어서는 법익침해의 추상적 위험만 있으면 범죄 성립에 족하다고 할 것인데, 증언에 증거능력이 인정되지 않는다는 견해가 확립되었다고 하더라도 법익침해의 추상적 위험도 없다고 보기는 어렵기 때문에 범죄가 성립할 수 있다고 비판하는 것이 더욱 적절해 보인다.

라. 적법한 증인신문절차라는 전제가 불성립하였다는 견해

재판장의 증언거부권 불고지가 위법하다는 점에는 의문의 여지가 없다. 그러나 앞에서 설명한 '법률에 의한 선서' 논리나 '기대가능성' 논리에서 완전히 독립하여 명백하게 절차법적 논리, 즉 '위증죄는 적법한 증인신문을 전제로 하므로 적법한 증인신문에서의 허위 진술만이 위증이 되는데, 증언거부권을 고지하지 아니한 경우에는 적법한 증인신문이 아니므로 처음부터 위증죄가 성립하지 않는다'고 주장하는 견해나 판례는 없는 듯 하다. 다만 참고판결 2에서 살펴본 바와 같이 대법원은 민사소송법이 증언거부권 고지에 관한 규정을 따로 두고 있지 않기 때문에 민사소송절차에서 재판장이 증언거부권을 고지하지 아니하였더라도 절차위반의 위법이 없고 위증죄가 성립한다는 논리를 펴고 있는 바, 이를 반대해석하면 증언거부권 고지에 관한 규정을 두고 있음에도 증언거부권을 고지하지 아니하였다면 절차위반의 위법이 있어 위증죄가 조각된다는 의미로 새길 여지는 충분히 있다.

적법절차를 위반한 증인신문 때문에 증인에게 진실한 증언의 기대가능성이 없다는 논리를 전개하면서도 "적법절차 위반의 경우에는 사실상 장애 여부와 관계없이 위증죄가 성립하지 않는다고 하여야 한다"는 견해[43]도 있으나, 앞에서 살펴본 바와 같이 책임조각 사유인 기대가능성 논리와 구성요건 조각사유인 적법절차 논리는 본질적으로 다르기 때문에 혼용되기 어렵다. 기대가능성 약화가 증언자 본인이 유발한 것이 아니라 절차의 중요 관여자인 국가기관이 유발한 것이라면 굳이 기대가능성 논리로 가지 않고도 적법절차 위반 자체로서 위증죄의 성립을 조각할 수 있다고 생각된다.

이러한 점은 미란다고지를 누락한 체포에 저항한 행위의 공무집행방해죄 성부와 비교될 수 있다. 피의자가 피의사실과 진술거부권, 변호인 선임권 등 미란다고지의 내용을 잘 알고 있었더라도 수사기관이 이를 고지하지 아니하였다면 그 체포에 저항한 행위는 공무집행방해죄를 구성하지 않는다는 것이 통설[44], 판례[45]의 입장이다. 공무집행방해죄는 적법한 공무집행을 당연한 전제로 하고 있기 때문이다. 미란다고지를 누락한 것이나 증언거부권을 고지하지 아니한 것은 모두 적법절차 원칙의 중대한 위반이며 이후의 저항행위나 위증은 위 적법절차 위반과 밀접한 연관이 있다는 점에서 유사하다. 공무집행방해죄에서의 공무는 보호대상이기 때문에 보호가치가 인정되기 위해서는 그 절차적 적법성이 특별히 강조될 수 있으며, 미란다고지는 체포되는 모든 피의자에게 적용되는 것이므로 수사기관이 이를 고지하지 않았다면 그것은 수사기관의 고의 또는 중과실에 해당한다는 점에서 증언거부권 불고지의 경우와 다소 차이가 있는 것은 맞지만, 다른 한편 미란다고지가 누락되었기 때문에 체포에 저항하는 것은 아니지만 증언거부권이 불고지 되었기 때문에 증언거부권 있음을 알지 못하여 위증하게 되었다는 점을 고려하면 미란다고지에서의 '불고지와 저항 사이의 연관성' 보다는 증언거부권 고지에서의 '불고지와 위증 사이의 연관성'이 훨씬 더 강하다. 이런 점들을 종합하면 증언거부권의 불고지는 미란다고지의 누락에 비하여 결코 경하지 아니한 절차적 위법이다. 따라서 비록 그 경위가 재판장의 단순한 실수에 기인한 것이고 증인이 증언거부권 있음을 미리 알고 있었다고 하더라도[46] 위증죄 성립을

---
43) 이희경, 앞의 논문, 495면, 496면. 기본적으로는 기대가능성 논리를 취하면서 근저에 적법절차 논리를 취하고 있는 것으로 보인다.
44) 이재상, 앞의 형법각론, 746면; 배종대, 형법각론 제8전정판, 홍문사, 2013. 859면 등.
45) 대법원 1992.05.22. 선고 92도506 판결, 대법원 1996.12.23. 선고 96도2673 판결 등.
46) 마치 변호사인 피의자에게 미란다고지를 이행하지 않았더라도 이에 대한 저항이 공무집행방해죄를 구

부정하는 근거가 되기에 충분하다고 판단되는 것이다[47].

(3) 소결

증인신문절차가 위법한 모든 경우에 위증죄가 성립하지 않는 것은 아니다. 위법의 정도가 그리 중하지 아니한 경우에는 위증죄의 성립에 영향이 없다고 할 것인데, 위증의 벌을 경고하지 아니한 경우가 그 적례이다. 그러나 증언 거부권자에게 증언거부권 있음을 고지하지 아니하는 것은 위법의 정도가 중하므로 고지하지 아니한 것이 재판장의 고의이든 과실이든, 또는 증인이 증언거부권 있음을 알았든 몰랐든 묻지 않고 위증죄가 성립되지 않는다고 보는 것이 옳다고 생각된다. 이러한 논리 전개는 뒤에 살펴볼 증거능력 문제와의 논리적 일관성 유지에도 유리하다[48].

Ⅲ. 증거능력 인부

1. 학설과 판례 검토

증언거부권이 불고지된 상태에서 증언을 한 경우 위 증언에 증거능력이 인정되느냐의 문제이다. 이에 대하여도 원칙적으로 증거능력에 영향이 없다는 견해[49], 증언거부권의 불고지와 증언 사이에 인과관계가 존재하는 경우에만 증거능력이 부정된다는 견해[50], 법관이 고의로 증언거부권을 고지하지 않은 경우에는 증언의 증거능력을 부

성하지 않는 것과 같은 이치로 제149조에 의하여 증언거부권을 가지는 변호사에 대하여 증언거부권을 고지하지 아니한 경우에도 위증죄가 조각된다고 보아야 할 것이다.
47) 미란다고지 누락이 저항행위의 기대가능성 흠결 사유가 되기는 어렵다는 점도 증언거부권 불고지와의 차이라면 차이일 수 있을 것이다.
48) 한편, 유죄판결이 확정되지 아니한 공범이 증인에게 인정되는 증언거부권은 자기부죄 금지의 법리에서 비롯된 것이므로, 이러한 경우 증언거부권이 고지되지 않았다면 적법절차 위반의 위법 외에도 자기부죄 금지 법리에 위반한 위법도 가중적으로 작용하므로 더욱 위증죄 성립이 조각될 것이다.
49) 차용석/최용성, 형사소송법 제4판, 21세기사, 2013. 658면. "고지 해태로 말미암아 증언의무가 있다고 오인하여 진술한 경우에 이 진술은 증인 자신에게는 증거로 삼아서는 아니될 것이다"고 설명하고 있는 바, 진술거부권을 고지하지 아니하고 자백을 받은 경우와 동일하게 취급하여 증인 자신이 나중에 피고인이 된 경우에 그 사건에서만 증거능력이 제한된다는 취지이므로 결국 지금 진행되고 있는 재판에서는 증거능력에 제한이 없다는 의미가 된다.
50) 신양균, 신판 형사소송법, 화산미디어, 2009. 651면. 증언거부권 불고지가 증언거부권 행사에 사실상 장애가 초래된 경우에만 증거능력이 부정된다는 송광섭, 형사소송법 개정판, 형설출판사, 2012. 461면도 같은 취지라고 생각된다.

정하여야 한다는 견해[51], 증언거부권의 불고지는 적법절차 위반으로서 중대한 위법이므로 증거능력을 부정하여야 한다는 견해[52] 등이 대립하고 있다.

이에 관한 판례는 많지 않은 가운데, 대상판결 3이 증언거부권을 불고지한 경우를 선서무능력자에게 선서하게 한 경우 선서만 무효가 되는 것과 마찬가지 논리로 접근하여 "증언거부권 불고지로 인한 증언이라도 증인이 선서하고 증언한 이상 그 증언의 효력에 관하여는 역시 영향이 없고 유효하다"고 판시한 바 있을 뿐이다. 한편 부산지방법원 2008.1.16. 선고 2007노3669 판결(대상판결 1의 원심)은 "신문의 경위와 내용, 형사처벌 우려의 정도와 내용, 재판의 경과 등을 종합적으로 판단할 때 증언거부권을 고지받지 못한 채 위증을 한 피고인에 대하여 자기부죄의 우려 때문에 허위진술을 하지 아니할 것을 기대하기 어렵다고 인정되는 경우에는 적법행위의 기대가능성이 없어 위증죄로 처벌할 수 없다고 할 것이고, 이는 증언거부권의 고지 없이 이루어진 증언의 효력이 법률상 유효하여 적법한 증거능력이 인정된다 해서 달리 볼 것은 아니다"고 판시하였고, 서울북부지방법원 2007.7.5. 선고 2007노416 판결(대상판결 2의 원심)은 "대법원 1957.3.8. 선고 4290형상23 판결(대상판결 3)은 증언거부권을 고지하지 아니한 경우에도 증인이 선서하고 증언한 이상 그 증언의 효력에 관하여는 영향이 없다는 취지로 판시하고 있으나, 이는 그 증언에 증거능력이 있는지 여부에 관해 판단한 것일 뿐 선서가 유효하다고 판단한 것이라고 볼 수는 없다(선서가 무효이므로 위증죄의 주체가 될 수 없다는 취지)"고 판시함으로써 증언거부권이 불고지 되더라도 증언의 증거능력은 인정된다는 점을 그 전제로 하고 있다. 일본의 최고재판소 판례도 같은 취지로 보인다[53].

그러나 대상판결 3의 논리에는 문제가 있다. 선서가 무효화 되는 것과 증언거부권이 고지되지 않은 것은 본질적인 차이가 있다. 선서는 증언에서의 선택적 문제여서

---
51) 정영일, 앞의 논문, 211면. 재판장이 과실로 증언거부권을 고지하지 아니한 경우에는 별다른 설명이 없지만 증언의 증거능력이 부정되지 않는다는 취지로 보인다.
52) 이희경, 앞의 논문, 484면; 하태훈, 앞의 논문, 65면; 이재상, 형사소송법 제9판, 박영사, 2012. 489면; 배종대/이상돈/정승환/이주원, 신형사소송법 제5판, 홍문사, 2013. 498면; 정웅석/백승민, 형사소송법 전정증보제6판, 대명출판사, 2014. 509면; 노명선/이완규, 형사소송법 제3판, 성균관대학교 출판부, 2013. 512면; 이은모, 형사소송법 제4판, 박영사, 2104. 540면 등.
53) 일본 최고재판소 1952.11.5. 형집 6권 10호, 1159면.

처음부터 선서 없는 증언도 증거능력에는 문제가 없지만, 증언거부권 보호는 선택적 문제가 아니기 때문이다. 대상판결 3은 증명력이 인정되면 증거능력도 인정될 수 있다는 과거 입장의 잔재라고 평가될 수밖에 없다는 지적[54]도 같은 맥락이다. 위 2개의 하급심 판결들은 위증죄 성부의 판단에만 집중한 나머지 증거능력 문제를 깊이 있게 검토하여 판단한 것은 아니었던 것으로 보인다. 대상판결 1과 2가 "증언거부권 불고지가 증언거부권의 행사에 실질적인 장애가 된 경우라면 위증죄 성립이 조각된다"고 판시하면서도 불고지 때문에 위증의 결과가 야기된 경우라면 위법의 정도가 중대하여 위법수집증거가 될 수도 있다는 점과 관련하여서는 아무런 언급을 하지 않고 있는 점도 아쉽다. 그러나 위 판결 당시에는 위법수집증거에 대한 입법적 근거도 마련되어 있지 아니하였을 뿐만 아니라 이에 대한 논의도 오늘날처럼 활발하게 이루어지지 아니하였다는 점을 고려하면 한편 이해가 되기도 한다. 오히려 법률에 의한 선서가 아니라고 본다면 대상판결 3과 같이 선서의 무효가 증언의 증거능력에는 직접적인 영향이 없다고 논리 구성할 여지가 더 큰 것이 우려스럽기까지 하다.

2. 진술거부권 및 미란다고지와의 비교

(1) 진술거부권과의 비교

증언거부권을 고지받지 못한 증언의 증거능력은 수사기관이 피의자에게 진술거부권을 고지하지 않고 받은 진술의 증거능력과 비교될 수 있다. 이들은 여러가지 면에서 공통점을 가진 것이 사실이다. 이 때문에 이들의 증거능력 인부도 동일하게 보아 진술거부권을 고지받지 못한 피의자의 진술에 절대적으로 증거능력이 인정되지 않으므로 증언거부권이 고지받지 못한 증언도 증거능력이 인정될 수 없다고 보는 견해[55]도 없지 않다. 그러나 위 둘 사이에는 적지 않은 차이가 있다.

진술거부권은 피의자에게 인정되는 것이고[56] 증언거부권은 증인에게 인정되는 것

---

54) 정영일, 앞의 논문, 226면.
55) 권오걸, 앞의 논문, 388면; 이희경, 앞의 논문, 484면.
56) 진술거부권은 참고인에게도 인정되나 고지의무는 피의자에 대하여만 인정된다.

이라는 외형적인 차이 외에도, 진술거부권은 피의자가 신문받는 경우 언제나 인정되는 것이지만 증언거부권은 특별한 사정이 있는 경우에만 예외적으로 인정되는 것이라는 점에서 큰 차이가 있다. 따라서 진술거부권의 불고지는 수사기관의 고의 또는 중과실에 기인한 것이라고 볼 수 밖에 없지만, 증언거부권의 불고지는 재판장의 단순 과실에 기인한 경우도 얼마든지 있을 수 있고 실제로도 이런 경우가 더 많을 것이다. 또한 피의자의 진술 거부나 허위진술은 별도의 범죄를 구성하지 않지만, 증인의 증언 거부는 제재의 대상이 되고 허위진술은 위증죄를 구성한다는 것도 중요한 차이이다. 따라서 위법수집증거의 문제로 검토하면 증언거부권 불고지 자체의 위법은 진술거부권 불고지에 비하여 작지만, 이로 인하여 증인에게 증언이 강제되었을 가능성은 진술거부권 불고지에 비하여 더 크다고 할 수 있다.

그러나 피의자에 대한 진술거부권은 자기부죄 금지의 법리에 의하여 증인에 대한 증언거부권 보다 훨씬 더 강력하게 보호된다. 따라서 진술거부권이 고지되지 아니한 피의자 진술의 증거능력이 절대적으로 부정된다고 하더라도 그와 같은 논리를 증언거부권이 고지되지 아니한 증언에 그대로 적용될 수는 없다. 결국 증언거부권이 고지되지 아니한 증언의 증거능력에 대하여는 독자적인 논리를 세워야 하고, 그 기초는 위법수집증거(제308조의2) 또는 진술의 임의성(제317조)에서 가져올 수 밖에 없을 것이다.

(2) 미란다고지와의 비교

절차법적인 측면에서 한번 더 미란다고지의 경우와 비교해 보자. 피체포자가 고지되어야 할 내용(피의사실 요지, 변호인 선임권 등)을 미리 알고 있었다고 하더라도 체포시 이를 고지하지 않으면 위법한 체포가 되고 그 후 얻은 진술은 위법수집증거로서 증거능력이 인정되지 않는다는데 이견이 없다. 미란다고지 역시 체포과정의 적법절차에 관한 피의자의 권리로서 거의 절대적으로 보호되지만, 진술거부권이나 증언거부권의 불고지가 피의자나 증인의 진술로 직결되는 반면 미란다고지 불이행은 불법적인 체포를 거쳐 피의자 진술로 연결된다는 점에서 위법의 직접성이 다소 낮아지는 것이 사실이다. 그러함에도 미란다고지가 불이행된 체포 직후의 피의자의 진술의 증거능력이 부정된다는 사실은 증언거부권이 불고지된 증언의 증거능력 판단에서 중요한 참고가 되어야 할 것으로 생각된다.

3. 위증죄 성부에 관한 학설과의 논리적 연결

(1) 학설 검토

증거능력 인정 여부가 위증죄 성부와 논리적으로 연결되는가? 증거능력이 인정되지 않기 때문에 위증죄가 성립할 수 없다는 견해가 있음은 앞에서 살펴보았지만, 여기에서는 위증죄 성부의 논리가 증거능력 인부에 영향을 주는지가 문제된다. 증거능력과 관련하여 증언거부권의 불고지가 적법절차에 위반한 증거수집(제308조의2) 또는 임의성 없는 진술(제317조 제1항)의 문제와 직결되는지 여부가 검토 대상이 될 것이다. 증언거부권 있는 증인에 대하여 재판장이 신문 전에 증언거부권을 고지하지 않아 증인이 위증을 한 경우 위증죄가 성립하는지에 대하여 제기되고 있는 다양한 견해들을 살펴보았으므로 위 각 견해와 증거능력 인정 여부의 논리적 관계를 풀어보기로 하자.

가. 증언거부권의 불고지가 위증죄 성립에 영향이 없다는 견해

이 견해 안에도 약간의 차이가 있지만 모두 증언 과정의 절차법적 위법이 위증죄 성부라는 실체법적 문제에 큰 영향을 주지 않는다는 점을 공통된 기초로 하고 있다. 절차법적 적법성을 위증죄 성부와 별도로 판단하므로 위증죄 성부가 증거능력 인정 여부와 논리적으로 연결되지 않는다는 입장을 취하게 된다. 따라서 위증죄가 성립하지 않고 증언의 증거능력도 인정된다는 결론에 이를 수도 있고, 증거능력은 부정된다는 결론에 이를 수도 있다. 다만 앞에서도 살펴본 바와 같이 이 견해를 취하는 분들도 대체로 증언의 증거능력을 부정하는 입장에 있다. 이러한 견해는 "증언 과정의 사소한 결함" 또는 "본질적인 법치국가 원칙에 반하지 않는 위법" 등의 용어를 사용함으로써 증언거부권 불고지의 절차법적 위법이 그리 중하지 않다는 점을 전제로 하고 있으며, 그렇기 때문에 위증죄 성립에 영향이 없다고 보고 있는 것이 사실이다.

그러나 위법수집증거의 증거능력을 부정할 것인지에 대한 판단은 어느 정도의 위법이 제308조의2가 말하는 위법에 해당하는지에 대한 검토를 거쳐야 한다. 위법의 경

중 판단에 대하여는 권리영역설과 비교형량설, 종합설이 대립하고 있는 바[57], 특히 증언거부권의 불고지가 기본권의 핵심적 영역에 해당하는지 여부에 대한 판단이 중요하게 작용할 것이다. 이러한 점에서는 아래에서 살펴볼 적법절차 위반설과 논리를 같이 하지만 반대의 결론에 이른다는 점이 이채롭기까지 하다.

나. 증언거부권의 불고지로 법률에 의한 선서가 조각된다는 견해

법률에 의한 선서가 조각된다면 위증죄는 성립하지 않겠지만 선서 여부는 증언의 증거능력에 아무런 영향을 주지 못한다. 이는 선서무능력자가 선서하고 증언한 경우와 다르지 않기 때문에 결국 선서만 무효로 될 뿐 증언의 효력에는 아무런 영향이 없는 것이다[58]. 따라서 이러한 견해를 취하는 한 증언의 증거능력을 부정하기는 어려워진다.

실체법적 판단과 절차법적 판단을 완전히 분리하여 위증죄 성부에 대하여는 법률에 의한 선서 조각 논리를 취하면서도 증언의 증거능력에 대하여는 위법수집증거 이론을 취할 수도 있겠지만[59], 법률에 의한 선서 논리 자체의 문제점뿐만 아니라 실체법적 판단과 절차법적 판단을 완전히 분리하여 전혀 다른 기준으로 판단하고 있는 문제점 등에 비추어 바람직하지 않다고 생각된다.

다. 증언거부권의 불고지로 증언거부권 행사에 사실상 장애가 발생한 경우에만 법률에 의한 선서가 조각된다는 견해

증언거부권 행사에 사실상 장애가 발생하였다면 증언을 거부하지 못하고 어쩔 수 없이 증언하였을 것이므로 증언자의 자유로운 의사에 기한 진술이라고 할 수가 없다. 따라서 진술의 임의성이 침해되었다고 볼 수밖에 없으므로 제317조 제1항에 의하여 증거능력이 인정되지 않는다고 보는 것이 논리적이다[60]. 반대로 증언거부권을 불고지

---

[57] 권리영역설과 비교형량설에 대한 자세한 내용은 졸저, 실무형사소송법(2014), 준커뮤니케이션즈, 564면 참조.
[58] 다만 이러한 경우 선서 자체가 무효이기 때문에 위증죄는 성립하지 않는다는 점은 앞에서 살펴본 바와 같다.
[59] 그런 입장이라면 위증죄 성부와 증거능력 인부 사이에 논리적 연결을 꾀하기 어렵게 된다.
[60] 하태훈, 앞의 논문, 64-65면.

하였더라도 증언거부권 행사에 사실상 장애가 발생하지 않았다면 임의성도 침해되지 않았을 것이므로 위 증언의 증거능력에 아무런 영향이 없음은 당연하다.

라. 증언거부권이 불고지되면 기대가능성이 조각된다는 견해

원래 진실한 증언의 기대가능성과 진술의 임의성은 일치하는 개념이 아니다. 진실한 증언을 기대하기 어려운 상황이었다고 하더라도 진술 자체가 자유로운 의사에 반하여 이루어졌다고 단정할 수는 없기 때문이다. 그러나 증언거부권의 불고지로 인하여 진실한 증언의 기대가능성이 없어진 경우라면 증언을 하지 않을 수도 없고 사실대로 증언할 수도 없는 상황을 말하므로 결국 자유로운 의사에 반하는 증언, 즉 임의성 없는 증언으로서 증거능력이 인정되지 않는다. 다만 위증죄 성부에서 살펴보았듯이 증언거부권의 불고지로 언제나 기대가능성이 조각되는 것은 아니며, 기대가능성이 조각되지 않는 경우라면 임의성 없는 증언이라고 볼 수 없으므로 증거능력에 아무런 영향이 없다고 보아야 할 것이다.

위 나.항에서와 마찬가지로 위증죄 성부에 대하여는 기대가능성 조각이라는 논리를 취하면서도 증언의 증거능력에 대하여는 위법수집증거 이론을 취하는 견해도 없지 않지만[61], 기대가능성 조각 논리 자체의 문제점뿐만 아니라 위증죄 성부와 증거능력 인부에서의 논리적 일관성이 유지되지 않는다는 점 등에 비추어 바람직하지 않다고 생각된다.

(2) 소결

필자는 증언거부권 불고지는 적법절차 위반이므로 위증죄가 성립하지 않는다는 견해를 취하고 있다. 증언거부권의 불고지는 위증죄 성립을 조각할 정도로 중대한 적법절차 위반이라고 보기 때문에[62] 불고지와 위증과의 인과관계 또는 진실 증언의 기대가능성 등을 살펴볼 필요 없이 언제나 위증죄의 성립이 조각된다고 보는 한편, 이로

---

61) 이희경, 앞의 논문, 484면, 500면.
62) 법률에 의한 선서를 조각한다는 견해도 결국은 증인신문 절차상 위법이라고 보는 것이기 때문에 적법절차 위반 견해와 궤를 같이 할 것으로 생각된다.

인하여 취득한 증언도 당연히 중대한 위법수집증거이기 때문에 증거능력이 없다고 보아야 할 것이다[63]. 앞에서도 언급한 바와 같이 법관이 고의로 증언거부권을 고지하지 않은 경우에는 증언의 증거능력을 부정하여야 한다는 견해가 적지 않지만, 증언거부권의 불고지가 재판장의 고의에 의한 것이든 과실에 의한 것이든, 증인이 증언거부권의 존재를 알지 못하였든 알고 있었든[64] 관계없이 중대한 절차적 위법으로서 증거능력 부정의 충분한 사유가 된다고 보인다. 이 견해를 취하면 실체법적 효과와 소송법적 효과가 동일한 기준에 따라 논리 일관된 결론에 이를 수 있을 뿐만 아니라, 절차적 적법성의 중요성을 더욱 강조할 수 있다는 장점을 가지게 된다.

Ⅳ. 나가며 : 증언거부권의 고지와 관련한 입법론

증언거부권이 있는 증인에게 증언거부권이 고지되지 아니한 경우 위증죄가 성립하는지 여부와 그 과정에 취득된 증언에 증거능력이 인정되는지 여부에 대하여 살펴보았다. 위증죄 성부와 관련하여서는 위증죄 성립에 영향이 없다는 견해부터 법률에 의한 선서가 조각된다는 견해, 기대가능성이 조각된다는 견해 등이 제기되고 있고, 증언의 증거능력과 관련하여도 증거능력에 영향이 없다는 견해부터 증언거부권 행사에 실질적인 장애가 된 경우에만 증거능력이 부정된다는 견해 등이 제기되고 있으나, 증언거부권의 불고지는 그 자체로 중대한 절차법적 위법이기 때문에 적법한 증인신문 절차라는 전제가 불성립하여 위증죄의 성립이 조각됨은 물론이고 중대한 위법수집증거로서 증거능력 또한 부정되어야 한다는 것이 필자의 소견이다.

이러한 논증 과정에 몇 가지 입법적 보완의 필요성을 느끼게 되었다. 이를 제시하

---

63) 앞에서도 언급한 바와 같이 위증죄의 성부에서는 다른 논리를 취하면서 증언의 증거능력에 대하여는 이 논리를 취하는 견해가 없지 않다. 다만 이 논리에 의하여 위증죄도 성립하지 않고 증언의 증거능력도 인정되지 않는다는 견해는 아직까지 없는 것으로 보인다.
64) 과연 증언거부권을 고지받지 못한 변호사의 증언도 증거능력 없다고 할 것인가 라는 현실적인 문제에 부딪히면 미란다고지를 받지 못한 변호사인 피의자의 저항행위도 공무집행방해죄를 구성하지 않는다는 것과는 의문이 드는 것이 사실이다. 그러나 증언거부권의 고지를 증인에 대한 절대적인 권리로 승화시키기 위해서는 이와 같은 현실적인 어려움을 극복하여야 하며(이러한 과정이 결국 절차적 적법성 확보라는 큰 정의의 실현이 될 것이다) 그러한 노력이 단순히 논리적 일관성을 유지하기 위한 아집만은 아닐 것이라고 생각된다.

면서 이글을 마치고자 한다.

첫째, 민사소송법에서도 형사소송법과 매우 비슷한 사유로 증언거부권을 보장하면서(제314조, 제315조) 재판장에게 증언거부권 고지의무는 부과하지 않고 있다. 재판 공통의 법리는 형사소송과 민사소송에서 동일하게 적용하는 것이 바람직하므로 굳이 다르게 규정할 필요가 있는 경우가 아니라면 민사소송에서도 증언거부권 있는 경우에는 재판장에게 증언거부권 고지의무 부과하는 것이 옳다. 선서면제나 선서거부 제도만으로는 법률지식이 모자라는 증인의 증언거부권을 충분히 보호하기 어렵다. 따라서 형사소송에서의 증언거부 사유와 동일한 부분에 대하여는 미리 증언거부권을 고지하도록 규정하여야 할 것이다. 다만 민사소송에서의 증언거부 사유 중 치욕 부분과 기술·직업의 비밀 부분은 기준이 불명확하여 증언거부 사유가 되는지 여부도 곧바로 판단하기가 쉽지 않고 증인이 그러한 사유 있음을 공개된 법정에서 재판장에게 밝히기도 쉽지 않은 측면이 있는 것이 사실이지만, 이런 부분에 대하여도 입법적 정리를 통해 좀 더 객관적이고 명확한 기준을 제시하도록 하여야 할 것으로 생각된다.

둘째, 공범 중 일부가 먼저 재판을 받아 확정되면 다시 처벌받을 우려는 없지만, 그가 만일 범행 부인의 취지 등을 자신의 재판에서 일관되게 주장하였던 자라면 공범의 재판에서 달리 증언할 것을 기대하기 어렵다. 이런 자에게 증언거부권을 부여하지 않는 것은 진술 내용을 바꾸지 않으면 자신의 범죄행위에 대하여 한번 처벌받은 자를 위증죄로 다시 처벌하겠다는 국가기관의 강요가 될 뿐이다. 따라서 이러한 사정이 있는 경우라면 이미 확정판결을 받은 자를 가급적 증인으로 소환하지 않는 것이 바람직하고, 입법론적으로도 공범 사건에서 증언을 거부할 수 있는 길을 열어 주어야 할 것이다.

셋째, 근본적으로는 증언거부권의 불고지 사태가 발생하지 않는 것이 제일 좋은데, 증언거부권 불고지의 대부분은 법원이 증언거부권의 존재를 알지 못한데 기인한다. 따라서 법원이 좀 더 쉽고 명확하게 증언거부권의 존부를 확인할 수 있는 행정적 절차를 마련하여야 할 것이다. 예컨대 증인으로 출석한 자에게 증언거부권에 대한 상세하고도 쉬운 설명이 기재된 안내서를 제공하고 읽어 보았음을 확인하는 서명 날인 받아 소송기록에 첨부하도록 한다면 재판장이 과실로 증언거부권을 불고지하는 사례가 줄어들 것으로 생각된다.

형사소송법상 서증의 분류와 조사방법에 대한 실무적 고찰

I. 들어가며

1. 서증의 의의

증거는 그 존재형태에 따라 인증과 물증으로 나눌 수 있다[1]. 인증은 사람의 진술 내용을 증거로 하는 것으로서 신문이라는 방법으로 조사하고, 물증은 물체의 존재와 상태를 증거로 하는 것으로서 현물의 제시라는 방법으로 조사한다. 그런데 사람의 진술은 그 자체로 증거로 현출하지 아니하고 다른 유체물에 문자 기타 부호 등의 방법으로 의미를 표시하여 현출할 수도 있다. 이때 사용되는 유체물은 표시된 문자 등을 상당기간 보존할 수 있기만 한다면 다른 특별한 제한이 없어 나무판, 가죽 등이 모두 가능하나, 대부분의 경우 종이가 사용된다. 따라서 그와 같은 형태로 제출되는 증거를 서증이라 부른다.

서증은 정도의 차이는 있으나 사람의 진술에 갈음하는 의사가 표현되어 있다는 점에서 인증으로서의 성격을 가지고 있는 반면, 유체물의 형태로 현출된다는 점에서 물증으로서의 성격도 함께 가지고 있다. 결국 서증은 인증과 물증의 중간에 위치하는 증거방법이라 할 수 있다.

2. 문제의 제기

---

[1] 인증·물증 외에 도 인적 증거·물적 증거, 혹은 증인, 증거물도 같은 의미로 사용하는 견해가 일반적이다. 이재상, 신형사소송법, 2007, 박영사(이하 '이재상, 신판 앞의 책' 이라 한다), 483면; 신양균, 형사소송법 제2판, 2004, 법문사 647면 등 일부 견해는 인적 증거, 물적 증거는 증거방법의 성질에 따른 분류로서 사람의 신체도 인적 증거 이고 증거서류도 물적 증거라 하나(차용석, 형사소송법, 1998, 세영사, 593면), 다른 자연과학적 성질에 기초하여 인증, 물증과 다른 인적 증거, 물적 증거를 구분하는 실익이 있는지 의문이다.

국내의 통설적 견해는
① 증거가 서면의 형태로 되어 있는 경우를 '서증'이라 하고,
② 서증은 서면의 내용만이 증거가 되는 '증거서류'와 서면의 내용뿐만 아니라 존재, 상태도 증거가 되는 '증거물인 서면'으로 구분되고
③ 인증·물증과 대비되는 개념은 서증이 아니라 증거서류라고 보고 있다[2].

그러나 통설을 취하는 분 중 일부는 '증거서류'와 '서증'을 같은 의미로 사용하기도 하고[3], 일부는 증거물인 서면은 증거물 가운데에서 증거서류에 접근하여 양자의 중간적 성질을 가진다고 보기도 한다[4]. 그러나 위 두 견해는 표현 여하에 불구하고 증거물인 서면을 증거물의 일종으로 본다는 점에서는 통설과 차이가 없다.

이에 반해 서증을 증거물인 서면과 증거서류로 구분하면서도(여기까지는 통설과 같다) 서증 전체가 물증의 일종이라고 보는 견해가 있다[5]. 이에 따르면 증거는 인증과 물증으로 구분될 뿐이며 이에 대비되는 다른 개념은 없다. 또 인증과 물증에 대비되는 개념을 '증거서류'라고 하면서 증거서류 안에 다시 좁은 의미의 증거서류와 증거물인 서면이 있다고 보는 견해도 있다[6]. 이 견해가 말하는 넓은 의미의 증거서류는 통설이 말하는 서증과 다를 것이 없다. 결국 이 견해는 서증 전체를 인증, 물증에 대비되는 개념으로 설정하면서 그 안에 증거서류와 증거물인 서면이 있다고 보는 것이다.

이상 여러 견해들은 모두 증거서류와 증거물인 서면의 구분을 전제로 하는 점에서는 일치하며, 그렇게 구분하는 이유는 조사방법이 다르기 때문이라고 설명한다. 즉 증거물인 서면은 서면의 내용뿐만 아니라 그 존재나 상태도 증거가 되기 때문에 서면을 직접 관찰하는 절차와 그 내용을 지득하는 절차가 필요하나, 증거서류는 서면의

---

[2] 이재상, 신판 앞의 책, 483면; 배종대/이상돈, 형사소송법 제6판, 2004. 홍문사, 526면; 차용석, 앞의 책, 592면; 정웅석, 형사소송법 제3판, 2006. 대명출판사, 730면; 법원실무제요 형사(Ⅱ), 2008. 법원행정처, 82면.
[3] 차용석, 앞의 책, 같은 면.
[4] 신동운, 형사소송법 제3판, 2005. 법문사, 616면.
[5] 신양균, 앞의 책, 647면, 648면.
[6] 신현주, 형사소송법 신정2판, 2002. 박영사, 550면, 551면.

내용만이 증거가 되므로 그 내용을 지득하는 절차가 필요할 뿐이라는 것이다. 다만 증거물인 서면이나 증거서류를 물증의 일종으로 보느냐 아니면 물증과는 구분되는 독자적인 증거로 보느냐에 따라 법 규정의 형식 또는 그 해석에서 차이가 날 것이다.

이와 관련한 실제의 법 규정을 살펴보면 2007. 6. 개정되기 전의 형사소송법(이하 '개정 전 법'이라 한다) 제292조 제1항은 "재판장은 검사, 변호인 또는 피고인에게 증거물을 제시하고 증거물이 서류인 때에는 그 요지를 고지하여야 한다"라고만 간략하게 규정하고 있었다. 이에 대하여 통설은 증거서류는 요지의 고지만으로 조사하고 증거물인 서면은 제시와 요지의 고지가 모두 요구된다고 해석하여 왔다[7]. 그런데 2007. 6. 개정된 형사소송법(이하 '개정 법'이라 한다)은 종래의 제292조 외에 제292조의2와 제292조의3을 신설하여, 제292조에서는 증거서류에 대한 조사방식만을 규정하고, 증거물에 대한 조사방식은 신설된 제292조의2에 분리 규정하였으며, 제292조의3에서는 도면, 사진, 녹음테이프, 비디오테이프, 컴퓨터용디스크 등을 "그 밖의 증거"라는 이름으로 묶어 그 조사방식을 규정하였다[8].

여기에서 과연 개정 전 법 하에서 증거서류와 증거물인 서면을 구분하여 증거서류는 요지의 고지로써, 증거물인 서면은 제시와 요지의 고지로써 조사한다고 해석하는 것이 적절한지, 개정법은 실질적으로 어떤 내용이 바뀐 것인지, 그에 따라 서증을 어떤 방법으로 조사하여야 하는지, 좀더 근본적으로는 서증이 증거물의 일종인지, 서증을 증거서류와 증거물인 서면으로 구분하는 태도 자체가 타당한지 등에 대하여 검토해 볼 필요가 있다고 생각된다.

---

[7] 이재상, 형사소송법 제6판, 박영사, 2002, 제448면; 배종대/이상돈, 앞의 책, 같은 면; 차용석, 앞의 책, 597면; 정웅석, 앞의 책, 730면, 731면; 신동운, 앞의 책, 616면.
[8] 여기에서 말하는 "그 밖의 증거"란 도면, 사진 등을 말하며 제 292조의3은 "도면, 사진, 녹음테이프, 비디오테이프, 컴퓨터용 디스크, 그 밖에 정보를 담기 위하여 만들어진 물건으로서 문서가 아닌 증거의 조사에 관하여 필요한 사항은 대법원 규칙으로 정한다"고 규정하고 있는 바, 조사방식에 관한 아무런 기준도 설정하지 아니한 채 무작정 대법원 규칙에 위임한 것은 결코 바람직한 입법태도가 아니며 더 심하게 말하면 이런 규정이라면 굳이 형사소송법에서 한 조문을 차지하면서 규정될 필요도 없었지 않은가 생각된다. 졸견으로는 위 증거들은 대체로 형태는 문서가 아니나 그 성질은 문서에 준하는 물건들이므로 조사방식을 일응 "문서의 형태로 출력한 후(도면과 사진은 제외) 문서의 경우에 준하여 조사하되, 그 자세한 방법은 대법원 규칙에 의한다"는 취지로 규정하였더라면 하는 아쉬움이 크다.

Ⅱ. 서증의 구분과 개정 전 법에서의 조사방법

1. 서증의 구분에 대한 학설의 태도

(1) 학설의 대립

앞에서도 언급한 바와 같이 우리나라의 학설은 일치하여 증거서류와 증거물인 서면을 구분하고 있는 바, 그 구분 기준에 대하여는 다시 몇 가지 견해가 대립하고 있다.

가. 절차기준설

서면이 어느 절차에서 작성되었는지에 초점을 맞추어 당해 사건의 소송절차에서 작성된 서면이 증거서류이고 그 밖의 절차에서 작성된 서면이 증거물인 서면이라는 견해이다. 이 견해에 따르면 수사단계에 작성된 신문조서, 진술조서, 진술서나 공판단계에 작성된 증인신문조서, 감정서 등은 모두 증거서류가 되나 당사자 일방이 제출한 진단서 등은 증거물인 서면이 된다.

나. 작성자기준설

서면을 누가 작성하였는지에 초점을 맞추어 법원 또는 법관의 면전에서 작성된 서면만이 증거서류이고 그 나머지 서면은 모두 증거물인 서면이라는 견해이다. 이 견해에 따르면 공판준비절차나 공판절차, 증거보전절차 등에서 작성된 서류만이 증거서류이고 수사단계에 작성된 신문조서, 진술조서, 진술서 등도 모두 증거물인 서면이 된다.

다. 내용기준설

서면에서 증거가 되는 것이 무엇인가에 초점을 맞추어 서면의 내용만이 증거로 되면 증거서류이고 내용뿐만 아니라 서면의 존재와 상태도 증거로 되면 증거물인 서면이라는 견해이다. 오늘날 통설적 견해이며 법원의 실무도 이를 따르고 있다고 한다[9].
이 견해에 따르면 수사와 공판단계에서 작성 된 서면은 물론 의사에 의하여 작성된

---
9) 앞의 법원실무제요, 같은 면. 다만 이에 대한 비판은 이글 뒷부분에서 상세하게 다룬다.

진단서 등도 모두 그 내용만이 증거로 되므로 증거서류가 되나, 문서위조죄에서의 위조된 문서나 공갈죄에서의 협박편지 등은 서면의 내용뿐만 아니라 그 존재와 상태로 증거가 되므로 증거물인 서면이 된다.

(2) 학설에 대한 비판적 검토

먼저 절차기준설은 수사와 공판단계에 작성된 서면에 대하여 증거능력의 측면에서 우월한 지위를 부여한다는 발상에 기초한 견해로서 오늘날에는 통용되기도 어렵고 추종자도 없는 것으로 보인다. 작성자기준설 역시 법원에서 작성된 서면에 대하여 우월한 지위를 부여하여 증거물인 서면에 대하여는 증거능력 판단의 기초요건인 진정성립을 검토할 기회, 즉 제시를 요구 할 수 있다는 발장에 기초한 견해로서[10] 절차 기준설과 마찬가지로 오늘날 통용되기 어렵다고 보인다. 그렇다면 내용기준설만 남게 되는데 이 학설의 타당성을 논하기에 앞서서 과연 서증을 증거서류와 증거물인 서면으로 구분하는 이유가 무엇인지부터 되짚어볼 필요가 있다.

통설은 증거서류는 그 내용만이 증거로 되므로 내용을 지득하기 위한 방법, 즉 요지의 고지나 낭독 등만 취하면 되나, 증거물인 서면은 물증의 일종이므로 증거물의 조사방법에 따라 현물을 살펴보는 방법, 즉 제시로써 조사하되 서면의 내용도 증거가 되므로 그 내용을 지득하기 위한 방법, 즉 요지의 고지나 낭독 등도 취하여야하기 때문에 위 양자를 구분할 필요가 있다고 설명하고 있다. 위 설명을 대하고 있으면 증거서류와 증거물인 서면이 성질을 달리하기 때문에 다른 방법으로 조사하여야 한다는 것인지, 아니면 서로 다른 조사 방법이 마련되어 있기 때문에 위 각 조사방법에 맞게 서증을 분류하여야 한다는 것인지 알 수가 없다. 만일 전자라면 증거서류와 증거물인 서면의 구분에 대한 법률 규정이 전혀 없음에도 그와 같이 구분하는 근거가 무엇인가 하는 의문이 들고, 후자라면 개념 정립이 먼저이고 그 조사방법은 나중일 터인데 조사방법의 차이에 따라 서증을 분류한다는 것이 아무래도 주객이 전도된 것이 아닌가 생각된다. 뒤에서 살펴보겠지만 조사방법과 관련하여서도 형사소송법은 제시와 요지 고지 혹은 낭독의 대상을 명확히 구분하지 않고 있다. 이러한 점들 때문에 과연 증거

---
10) 신동운, 앞의 책, 618면.

서류와 증거물인 서면의 구분이 꼭 필요한지 더더욱 의문일 수밖에 없는 것이다.

2. 개정 전 법에서의 조사방법

(1) 개정 전 법의 규정과 해석

개정 전 법 제292조는 제1항은 "재판장은 검사, 변호인 또는 피고인에게 증거물을 제시하고 증거물이 서류인 때에는 그 요지를 고지하여야 한다"고 규정하고 있었다. 이에 따르면 증거물은 일단 제출 상대방에게 제시되어야 하고, 그 증거물이 서류인 때에는 요지도 고지하여야 한다. 앞에서도 설명한 바와 같이 형사소송법 개정 전의 서증 조사방법에 대한 통설은 증거서류는 요지의 고지로써, 증거물인 서면은 제시와 요지의 고지로써 조사한다고 해석하고 있었다. 그러나 위와 같은 해석이 위 개정 전 법 제292조 제1항 규정과 조화되는지에 대하여는 크게 의문이다.

위 규정 중 "증거물이 서류인 때에는"이라는 표현을 음미해 보면, 증거로 제출되는 모든 서류는 기본적으로 증거물의 일종이라는 것을 전제로 하고 있다. 따라서 모든 서류는 증거물로서의 성격도 유지하기 때문에 요지도 고지되어야 하지만 제시도 되어야 한다는 의미가 된다. 아울러 개정 전 법은 앞에서 설명한 통설의 태도와는 달리 증거서류나 증거물인 서면을 전혀 구별하지 않고 있으며, 증거로 제출된 서류라면 당연히 제시도 되어야하고 요지도 고지되어야 한다는 취지를 명백히 하고 있다. 이런 점에 비추어볼 때 증거서류는 그 형상은 문제되지 않고 내용만이 증거로 되기 때문에 초사방법도 요지의 고지로서 족하다고 하는 통설은 실정법과는 전혀 조화되지 못하고 있음이 명백하다.

한편 위 제292조 제1항이 말하는 '서류'가 통설이 말하는 '증거물인 서면'만을 의미한다고 해석하면 증거물인 서면의 경우에는 제시도 하고 요지도 고지하니 통설의 태도와 맞게 될 수 있다. 그러나 위 '서류'가 '증거물인 서면'만을 의미한다고 한정하여 해석하여야 할 아무런 근거가 없다. 만일 그렇게 해석한다면 증거물인 서면의 조사방법은 형사소송법상 근거 규정을 가지나 증거서류의 조사방법에 대하여는 형사소송법상 아무런 근거 규정을 가지지 못하는 결과가 된다. 이것은 더 큰 문제이다. 결국 위 제292조 제1항이 말하는 '서류'는 학설이 말하는 서증 전체를 의미한다고 해석하지 않을 수 없는데, 그렇다면 결국 다수설과는 크게 다른 결론에 이르고 만다.

더 나아가 제292조 제2항은 "피고인의 청구가 있는 때에는 재판장은 증거된 서류를 열람 또는 등사하게 하거나 서기로 하여금 낭독하게 할 수 있다"고 규정하고 있다. 결국 피고인이 청구하는 때에만 예외적으로 서기로 하여금 증거로 제출된 서류를 낭독하게 할 수 있었으며, 실무상 법정에서 증거로 제출된 서류를 낭독하는 경우는 거의 전무하였던 것으로 보인다. 여기에서의 '증거된 서류' 역시 서증 전체를 말하는 것으로 해석함이 제1항과의 체계상 당연하다고 보인다. 결국 개정 전 법에 의할 때에는 서증은 모두 제시와 요지 고지로써 조사하여야 하고 증거서류인지 증거물인 서면인지를 구분할 필요가 전혀 없다고 해석하는 것이 오히려 올바른 해석이 아닌가 보이는 것이다.

(2) 판례의 태도

개정 전 법 하에서의 실무관행 역시 통설과 같이 증거서류는 요지의 고지로써, 증거물인 서면은 제시와 요지 고지로써 조사한다고 알려져 왔다[11]. 그러나 실제 판례로써 그와 같은 사실을 명시하고 있는 사례는 찾아볼 수 없고, 오히려 그와 다른 의미를 보이고 있는 판례가 2개 있다. 그 중 하나는 대법원 1996.1.26. 선고 95도2526호 판결인데, 위 판결에서 대법원은 "피고인이 그에 대한 검사 작성의 피고인신문조서의 성립 및 임의성을 부인하자 제1심 법원은 이를 증거로 채택하지 아니하기로 결정하여 제시 및 그 요지를 고지하는 방식으로 하는 증거조사를 하지 아니하였고, 원심에서도 그러한 절차가 취하여지지 아니하였음을 알 수 있는 바, 이와 같이 적법한 증거조사를 거치지 아니한 위 피의자신문조서는 사실인정의 자료로 삼을 수 없다"고 판시하였다. 다른 하나는 대법원 1983.7.26. 선고 83도1448, 83감도266호 판결인데, 위 판결에서 대법원은 "형사소송법 제292조에 의하면 증거물이 서류인 때에는 이를 피고인에게 제시하고 그 요지를 고지하도록 규정하여 공판정에서 증거조사를 할 것을 명시하

---

[11] 앞의 법원실무제요 형사(Ⅱ), 같은 면.

고 있으므로 증거조사를 거치지 아니하고 따라서 증거능력이 없는 위 조서[12] 사본을 사실인정의 자료로 삼을 수 없다"고 판시하였다.

위 두 판례는 모두 피의자신문조서[13]에 대한 증거조사 방식을 언급하면서 형사소송법 제292조에 따라 제시 및 요지 고지의 방법으로 조사하여야 한다고 해석하고 있는데, 이는 통설의 주장과는 전혀 다르고 필자가 주장한 해석과 일치한다. 따라서 증거서류는 요지의 고지로써, 증거물인 서면은 제시와 요지 고지로써 조사한다고 보는 것이 법원의 일관된 태도라는 종래의
주장 역시 재고되어야 할 것으로 보인다.

Ⅲ. 개정법에서의 서증의 조사 방법

1. 형사소송법의 개정과 개정법의 취지

2007.6. 형사소송법에서 참으로 많은 내용이 개정되었다. 필자는 그 중에서도 검사 작성 피의자신문조서의 경우 실질적 진정성립이 피고인의 법정 진술 혹은 영상녹화물 기타 객관적인 자료로서 증명되어야 증거능력을 가진다는 제312조 제1항, 제2항 개정이 가장 핵심적인 개정이 아니겠는가 보고 있지만[14], 제292조 이하에서 증거조사의 방법을 세분화하여 규정한 것 역시 그에 못지않은 중요한 개정이라고 생각된다.

개정법은 제292조의2와 제292조의3을 신설하여 제292조에서는 증거서류의 조사방법만을 규정하고, 증거물의 조사방법은 제292조의 2에서, 도면, 사진, 녹음테이프, 비디오테이프, 컴퓨터용디스크 등의 조사방법은 제292조의3에서 각각 구분 규정하고 있다. 그 중 증거물의 경우는 개정 전에는 재판장이 증거물을 제시하던 것을 이제는 신청인이 제시하도록 변경한 것 외에는 달라진 것이 없으며 그나마도 법원이 직권으로 증거물을 조사하는 때에는 소지인 또는 재판장이 제시하며, 재판장은 신청인이

---

12) 위 사안에서 검사 작성의 피의자신문조서를 지칭하고 있다.
13) 이는 통설이 증거서류로 분류하고 있는 서증임에 의문이 없다.
14) 다만 그와 같은 개정이 바람직한 것인가에 대하여는 필자는 달리 생각하고 있으나, 이글에서는 더 깊은 논의를 피하기로 한다.

따로 있더라도 직권으로 법원사무관 등으로 하여금 제시하게 할 수 있도록 되어 있어 더더욱 실질적인 차이가 별로 없게 하고 있다.

이에 반하여 증거서류의 경우에는 변화가 적지 않다. 우선 개정 전에는 원칙적으로 재판장이 증거서류를 제시하고 요지를 고지함으로써 조사하였으나[15], 개정법에 따르면 신청인이 증거서류를 낭독함으로써 조사함이 원칙이다. 이는 직접주의 혹은 공판중심주의의 이념에 따라 독일 형사소송법이 공판에서는 기록, 기타 증거방법이 되는 문서를 낭독함으로써 증거 조사함을 원칙으로 하고 있는 것[16]에서 크게 시사 받은 것으로 보인다. 또한 법원이 직권으로 조사하는 때에는 소지인 또는 재판장이 이를 낭독하며(제2항), 재판장은 직권으로 법원사무관 등으로 하여금 낭독하게 하거나(제4항) 내용고지 또는 제시 열람의 방법으로 낭독에 대신하게 할 수도 있게 함으로써(제3항, 제5항) 상황에 따라 적절한 조사방법을 선택할 수 있도록 해 놓았다. 적절한 입법이라고 생각된다. 다만 실무상 법정에서 문서 전체 혹은 필요한 부분을 낭독하여 조사하는 것을 원칙적인 방법으로 취할 수 있을지, 아니면 향후로도 내용 고지가 실제로 원칙적인 방법이 될지는 좀 더 지켜볼 일이다.

2. 개정법의 태도와 해석 가능성

개정법 제292조는 표제에서나 조문의 내용에서 "증거서류"라는 개념을 사용하고 있다. 그런데 여기에서 말하는 증거서류를 강학상 증거물인 서면에 대비되는 개념으로서의 증거서류라 해석한다면 증거물인 서면에 대한 조사방법 규정이 전혀 없다는 문제점이 발생한다[17]. 따라서 위 "증거서류"는 강화상 개념의 증거서류가 아니라 서면의 형태로 된 모든 증거, 즉 서증을 의미한다고 해석할 수밖에 없다. 그렇다면 개

---

15) 증거서류의 경우에는 요지의 고지만으로 조사한다는 것이 다수설의 태도였으나, 법문 해석상 모든 증거서류는 제시와 요지의 고지가 필요하다고 보아야 한다는 필자의 소견은 앞에서 설명한 바와 같다.
16) 독일 형사소송법 제249조.
17) 증거물인 서면에 대한 증거조사방법 규정이 없으면 증거물인 서면도 증거물의 일종이라 보는 통설에 따라 증거물의 조사방법을 취할 수밖에 없는데, 그렇게 되면 증거물인 서면도 제시만 되고 그 내용을 지득하는 방법은 전혀 사용할 수 없게 된다. 실제로 이재상, 신판 앞의 책, 484면은 "낭독 또는 내용의 고지에 의하여 그 내용이 문제되는 서류는 모두 증거서류라고 해석하지 않을 수 없다"고 하여 증거물인 서명의 경우는 낭독 또는 내용의 고지가 필요 없다는 듯 설명하고 있다. 그러나 이는 명백하게 부당하다.

정법 제292조에서 "증거서류"라는 용어를 사용하는 것 보다는 강학상 확립된 용어인 "서증" 이라는 용어를 사용하는 것이 더욱 적절하지 않았을까 생각된다.

개정법 제292조와 제292조의2에 맞추어 서증의 조사방법을 정리해 보자. 다수설에 따라 서증을 증거서류와 증거물인 서면으로 구분할 때, 증거서류는 제292조에 따라 신청인이 낭독하는 것으로 조사하면 족하며 개정 전 법 제292조의 경우와 같이 증거물로서의 제시가 필요 없게 되었다[18]. 그렇다면 증거물인 서면은 어떠한가. 증거물인 서면은 서증으로서의 성격과 물증으로서의 성격을 모두 가지고 있기 때문에 제292조와 제292조의2를 중첩적으로 적용할 수 있다. 즉 제292조에 따라 신청인이 낭독하고 동시에 제292조의2에 따라 신청인이 제시하는 방법으로 조사하면 된다고 해석할 수도 있는 것이다. 이렇게 해석한다면 개정법이 서증과 물증의 조사방식을 구분하여 규정한 결과 증거서류와 증거물인 서면의 조사방식이 모순 없이 해결될 수 있게 되었다고 볼 수 있다.

이러한 결과가 개정 과정에 의도된 것인지는 의문이다. 개정 전에 그와 같은 문제점을 지적한 자료가 전혀 없었던 것으로 보이고, 개정 형사소송법에 대한 법원행정처[19]와 법무부[20]의 각 해설에도 증거서류와 증거물인 서면의 조사방식에 대한 언급은 전혀 없는 점에 비추어 볼 때 위와 같은 결과가 의도한 바가 아니었을 가능성이 크다고 생각된다.

3. 위 해석의 문제점과 새로운 입법론

그러나 제292조, 제292조의2, 제292조의3 전체의 체계를 생각하면 위와 같은 해석도 문제가 있음을 알게 된다. 제292조는 증거서류에 대한 조사방식을, 제292조의2는 증거물에 대한 조사방식을, 제292조의3은 그 밖의 증거에 대한 조사방식을 각 규정하

---

[18] 형사소송규칙 제134조 제2항은 서류 또는 물건을 증거로 제출하는 자는 이를 상대방에게 제시하여 증거능력 유무에 관한 의견을 진술하게 하여야 한다고 규정하고 있으나 이때의 제시는 일응 증거조사로서의 제시와는 구별되는 것으로 이해하고 있다. 이에 관하여는 별도의 항에서 좀 더 상세히 다루기로 한다.
[19] 형사소송법 개정법률 해설, 2007.6. 법원행정처, 114면 이하.
[20] 개정 형사소송법, 2007.3.6. 법무부, 209면 이하.

고 있는데 이때 "그 밖의 증거"라는 표현은 그 앞에 나오는 증거서류와 증거물이 중첩될 수 없는 병열적인 개념임이 명확하다. 그렇다면 제292조가 말하는 증거서류와 제292조의2가 말하는 증거물 역시 중첩될 수 없는 증거의 종류로서 나열된 것이라 보아야 할 것이며, 그렇다면 증거물인 서면이 제292조의 증거서류에도 해당하고 제292조의2의 증거물에도 해당한다고 해석하기는 어려워진다. 결국 증거물인 서면에 대하여는 제292조에서든 제292조의2에서든 독자적으로 규정하는 것이 적절하다. 만일 증거물인 서면을 제292조에서 규정하게 되면 "제292조(서증에 대한 조사방식) 제1항 검사, 피고인 또는 변호인의 신청에 따라 서증을 조사하는 때에는 신청인이 이를 낭독하여야 한다. 다만 서증의 존부나 형상을 확인할 필요가 있는 경우에는 신청인이 이를 제시하여야 한다"라는 형식이 될 것이고, 제292조의2에서 규정하게 되면 제4항을 신설하여 "증거물의 내용을 지득할 필요가 있는 때에는 제292조의 규정을 함께 적용한다"라는 형식이 될 것이다.

위 2가지 규정 형식은 결국 증거법 전체 체계를 어떻게 보느냐에 직결된다. 인증, 물증에 대비되는 개념을 서증 전체로 보게 되면 전자의 방식을 취하게 될 것이고, 인증, 물증에 대비되는 개념을 강학상 개념인 증거서류로 보게 되면 후자의 방식을 취하게 될 것이다. 필자는 증거서류도 물증으로서의 특질을 상당부분 가지고 있는 등 증거서류와 증거물인 서면이 본질적인 차이가 없는 점[21], 증거물인 서면의 경우 '내용 지득'이라는 측면이 증거물의 존재 형태 확인에 부수하는 정도의 의미를 가지는데 지나지 않는다고 보기는 어렵다는 점, 형사소송법이나 형사소송규칙의 증거편에서 '서류나 물건'이라는 표현이 자주 등장하는데[22] 그와 같은 표현은 유형적인 증거를 서증과 물증으로 구분한다는 것을 전제로 하고 있다고 보이는 점 등을 고려하면 증거물인 서면도 그 본질은 물증이라기 보다는 서증이라고 봄이 상당하지 않은가 생각된다. 결국 제292조에서 서증 전체에 대한 조사방식을 정리하고 제292조의2에서는 순수한 물증에 대한 조사방식만을 규정하는 것이 증거법의 체계상 더욱더 적절하다

---

21) 법 제294조 제1항, 규칙 제134조 제2항.
22) 이 때문에 형사소송규칙 제134조에 의하여 증거서류에 대하여도 결국 제시라는 방법이 사용된다는 점에서는 증거물인 서면과 다를 바 없다.

고 보이는 것이다.

Ⅳ. 서증의 구분에 대한 본질적 의문

개정 형사소송법에 의할 때에도 통설이 말하는 증거물인 서면에 대하여 제292조와 제292조의2를 중첩적으로 적용하는 것에도 체계상 문제가 있으며, 더욱 근본적으로는 증거서류에 대하여는 제시가 필요 없는가 하는 의문이 제기된다. 제시는 증거 제출자가 증거를 현물로 상대방에게 보여주어 확인케 하는 행위이다. 증거물의 경우에는 그 제시를 통해 상대방이 증거의 존재와 상태, 즉 강학상 개념인 증거자료를 지득하게 되지만, 증거서류의 경우에는 증거자료를 서면의 내용에 의해서만 지득하게 되므로 증거자료의 지득을 원해서는 제시가 필요 없는 것이 사실이다.

그러나 증거조사 절차에서의 제시가 반드시 증거자료의 지득만을 위해서 필요한 것은 아니다. 증거조사 절차를 통해 증거자료를 지득하는 것도 중요하지만, 법원이 증거능력 유무를 확인하고 제출 상대방에게는 증거능력과 관련한 문제점을 발견하고 이를 지적할 수 있는 기회를 부여한다는 것도 매우 중요하다. 이 때문에 형사소송규칙 제134조 제2항은 "법원은 서류 또는 물건이 증거로 제출된 경우에 이에 관한 증거결정을 함에 있어서는 제출한 자로 하여금 그 서류 또는 물건을 상대방에게 제시하게 하여 상대방으로 하여금 그 서류 또는 물건의 증거능력 유무에 관한 의견을 진술하게 하여야 한다"고 규정하여, 증거서류의 경우에도 증거능력 확인을 위한 제시는 요구하고 있다.

위 규정에도 불구하고 통설이 증거서류에 대하여는 제시가 필요 없다고 해석하는 것은 제292조의2가 말하는 제시는 증거자료의 지득을 위한 제시만을 의미하므로 증거능력 확인을 위한 규칙 제134조 제2항의 제시와는 전혀 다른 것으로 보기 때문인 듯하다. 그러나 증거조사가 증거자료의 지득만이 아니라 증거능력 유무의 확인까지도 모두 목적으로 한다고 해석한다면 위 규칙이 말하는 제시를 법 제292조의2가 말하는 제시와 구분할 필요가 없으며, 위 2개의 제시를 형사소송법과 형사소송규칙에서

나누어 규정할 필요도 없다. 오히려 증거서류의 경우에도 제시와 낭독을 조사의 방법으로 함께 규정하는 것이 더 적절하였을 수도 있다[23)24)]. 더 나아가 증거물인 서면을 물증에서 분리해서 증거서류와 합하여 서증으로 분류하여 제292조를 "서증에 대한 조사방식"으로 규정하고 제292조의2를 "증거물[25)]에 대한 조사방식"으로 규정하는 것이 가장 적절하다고 생각되는 것이다.

V. 나가며

개정 형사소송법은 검사 작성 피의자신문조서도 피고인이 공판정에서 실질적 진정성립을 인정하여야 그 증거능력이 인정됨을 원칙으로 하는(제312조 제1항) 한편, 수사단계에서 피의자를 조사하거나 참여하였던 수사기관의 법정진술도 증거능력을 가질 수 있도록 하는(제316조 제1항) 등 법정에서 직접 진술되어야 증거로서의 능력이나 가치가 높은 것으로 방향을 설정하고 있으며, 법원 역시 공판중심주의를 강조하면서 수사단계에서 작성된 서류의 경우 가급적 증거로서의 가치를 낮추는 방향으로 재판 실무를 운용하고 있는 듯하다. 이러한 맥락에서 서증의 증거로서의 위치나 중요성이 흔들리고 있는 것도 사실이다.

그러나 서증은 인증이나 물증에 비하여 결코 그 중요성이 떨어지지 않는 매우 중요한 증거이며, 당연히 이에 걸 맞는 증거가치를 인정받아야 한다. 수사단계에 만들어진 서증이 불법적인 수사의 결과일 우려가 있다면 법정에 직접 현출되는 인증이나 물증 역시 허위 혹은 조작되었을 우려가 없지 않은 것이다. 따라서 서증 역시 불법적 수사가 개입하였을 우려는 없는지, 위·변조되었을 가능성은 없는지 등이 충분히 검토

---

23) 이렇게 보는 것이 법원이 강조하는 공판중심주의의 이념과도 더욱 조화롭다고 생각된다.
24) 이러한 취지는 민사소송에서도 마찬가지여서 문서의 내용을 기재내용을 확인하는 서증 절차와 문서의 외형존재 자체를 확인하는 검증 절차를 엄격히 구별하면서도(이시윤, 신민사소송법, 2003. 박영사, 419면) 서증의 신청은 문서를 제출하는 방식으로 하고(민사소송법 제343조) 제출하는 문서는 원본을 원칙으로 하는 바(동법 제355조), 이는 법관이 문서를 검토함에 있어서 문서의 내용, 서명, 날인 이외에 용지의 지질, 필적, 朱印의 모양 등 외관도 함께 살피라는 취지로서 이를 보면 문서의 증거조사는 서증 이외에 검증적 인식을 포함한다고 할 수 있다(강현중, 민사소송법 제 6판, 2004. 박영사, 561면)고 해석된다.
25) 증거물인 서면을 빼어 낸 순수한 증거물을 의미한다.

되어야 되겠지만, 이유도 없이 그 가치가 폄하되어서는 아니될 것이다.

 이러한 맥락에서 살펴볼 때 서증의 조사방법을 증거물의 조사방법에서 독립시켜 규정하되 원칙적으로 낭독에 의하여 조사하도록 한 형사소송법 개정은 의미가 있으나, 증거서류와 증거물인 서면의 관계를 염두에 두지 아니하고 개정한 점은 아쉬운 것이 사실이다. 다만 낭독에 의하든 내용 고지나 제시·열람에 의하든 서증의 조사가 형해화 되지 않고 그 실질적 내용이 법정에서 충분히 검토될 수 있도록 재판을 운용하는 것이 무엇보다도 중요하다고 보인다. 향후 이와 관련한 더 깊은 연구가 있기를 기대한다.

형사소송에서 디지털증거의 조사방법에 관한 입법론적 고찰
– 특히 민사소송의 경우와 비교하여

I. 들어가며

1. 디지털증거의 개념과 입법 현실

'디지털증거'라는 개념도 여러가지로 정의될 수 있겠지만 현재로서는 미국 과학실무그룹(Scientific Working Group on Digital Evidence)의 "디지털 방식으로 저장되거나 전송되는 증거가치 있는 정보"라는 정의가 불완전하나마 어느 정도 통용되는 듯 보인다[1]. 여기에서 '디지털 방식'이라는 것은 0과 1로 이루어진 이진수 형태의 정보기록 방법을 말하며, 이러한 점에서 아날로그 방식에 의한 정보기록 방법과 대비된다.

디지털증거와 유사한 개념으로 '전자증거' 또는 '전자적 증거'가 사용되기도 한다[2]. 특히 전자정부법, 전자서명법 등에서 전자문서라는 개념이 사용됨으로써 디지털증거 개념과의 혼선이 초래되고 있다[3]. 전자적 방식이란 전기 또는 자기신호를 이용하여 매체에 정보를 저장하는 방식을 총괄하는 개념으로서, 그 속에는 디지털 방식뿐만 아니라 아날로그 방식도 포함하고 있다는 점에서 디지털증거보다 큰 개념이라고 할 수 있다[4]. 한때 '컴퓨터증거' 또는 '컴퓨터 관련 증거'라는 개념도 사용되었으나[5], IT기술

---

[1] 이상진/탁희성, 디지털증거 분석도구에 의한 증거수집절차 및 증거능력 확보방안, 한국형사정책연구원, 2006, 31면; 정병곤, "디지털증거의 수집과 증거능력에 관한 연구", 조선대학교 박사학위 논문, 2011, 7면; 이윤제, "디지털증거의 압수·수색과 증거능력", 형사법의 신동향, 통권 제23호(2009.12), 대검찰청, 171면 등.

[2] 노명선, "전자적 증거의 압수·수색과 압수물의 증거능력", 고시계(2008.9.), 고시계사, 126면; 안경옥, 전자적 증거의 수집과 증거능력, 고시계(2004.1.), 고시계사, 138면.

[3] 특히 전자문서의 경우에는 디지털 방식으로 저장 또는 전송되는 '문서'만을 의미하게 되어 그 밖의 그림, 사진, 음성, 영상 등의 정보를 포섭하지 못하는 문제점을 가지는 점에서 '전자증거'와도 차이가 있다.

[4] 뒤에서 설명할 녹음·녹화테이프가 아날로그 방식의 전자적 증거의 대표적 사례이다.

[5] 원혜욱, "컴퓨터 관련 증거의 증거조사와 증거능력", 수사연구(2000.6), 수사연구사, 32면.

의 발전에 따라 이제는 컴퓨터가 아닌 스마트폰, MP3 플레이어, 전자수첩 등의 기기를 통해서도 디지털 방식의 증거가 생성·보관 또는 전송되므로 컴퓨터증거라는 개념이 부적절하게 되었다.

여기에서 디지털 방식으로 저장·전송되기만 하면 우리가 보통 일컫는 디지털증거인가 하는 문제를 되짚어 볼 할 필요가 있다. 전자적 방법이 아닌 기계적 방법, 극단적으로는 모오스 부호처럼 수기에 의하여도 디지털 방식으로 정보를 기록할 수 있는데 이러한 경우에는 일반적으로 사용되는 디지털증거 개념과 맞지 않을 뿐만 아니라 매체독립성, 대량성 등 디지털증거의 특성과도 전혀 무관하기 때문이다. 따라서 디지털증거의 개념은 "전자적 방식에 의하여 디지털 방식으로 저장되거나 전송되는 증거가치 있는 정보"라고 정의됨이 상당하다고 보인다.

최근 디지털증거의 현실적 사용이 빈번해지면서 그 법적 문제에 대한 연구도 급증하고 있으며 이는 민사법이나 형사법 모두의 공통된 현상이다. 그러나 입법적 조치는 아직 그에 따라가지 못하고 있어 형사소송의 경우에도 디지털증거의 정의와 범위, 수집, 조사, 증거능력 등에 대한 체계적인 규정을 갖추고 있지 못하고 있는 것이 사실이다. 다만 2007년 형사소송법의 개정에 따라 제292조의3을 신설하여 컴퓨터용 디스크 등의 증거조사에 대한 근거규정을 만들면서 형사소송규칙 제134조의7 내지 9를 통해 미흡하나마 증거조사방법과 절차를 규정하였으며, 2011년 형사소송법 제106조 등을 부분 개정하여 컴퓨터용 디스크 등 정보저장매체에 대한 압수 수색의 방법을 보완한 바 있다. 향후 민사소송에서와 마찬가지로 형사소송에서도 디지털증거가 더 빈번하게 사용될 것임이 명백하므로, 이에 대한 체계적이고도 종합적인 규정 마련이 요구된다고 하겠다.

2. 디지털증거의 조사방법과 관련한 문제점

형사소송에서 증거와 관련한 문제는 수집, 조사, 증거능력 판단, 증명력 판단의 순으로 진행되는 것이 일반적이다. 이 중 증거수집은 수사단계에 수사기관에 의하여 이루어지는 것이 보통이지만, 재판단계에 이루어지기도 하고, 피고인측이나 직접 법원에 의하여 이루어지는 경우도 없지 않다. 형사소송에서는 증거수집 과정의 위법 여부가 매우 중요한 문제가 되어 증거능력과 직결되는 반면, 민사소송에서는 증거수집이 원고와 피고에 의하여 그 책임 하에 이루어지고 수집과정의 위법이나 증거능력을 특별히 문제삼지 않는 것이 원칙이라는 점에서[6] 큰 차이가 있다.

한편 증거조사는 재판단계에서 이루어지는데 통설이 말하는 엄격한 증명의 경우 증거능력 있는 증거에 대하여 법이 정한 조사방법에 따라 조사하여야 하므로[7], 결국 증거능력 있는 증거가 조사의 주된 대상이 된다. 특히 위법하게 수집된 증거는 증거능력이 없으므로 증거조사의 대상이 되지 못하는 것도 맞지만 위법하게 증거조사된 경우에도 증거능력이 없는 것은 마찬가지여서[8], 증거조사 과정 자체가 넓은 의미의 증거수집[9]의 일환이 되며, 이런 의미에서는 증거조사의 적법성 역시 증거능력 인정의 전제가 된다고 할 수 있다. 또한 증명력은 자유심증주의에 따라 법관의 합리적 재량에 의해 판단되는데, 디지털증거의 경우에도 신빙성과 요증사실과의 관련성 등을 합리적으로 판단한다는 점에서 다른 증거와 크게 다를 것이 없을 것으로 보인다.

형사소송법 분야에서 디지털증거에 대한 지금까지의 연구는 주로 증거수집에서의 특수성(특히 강제처분의 절차와 한계)과 증거능력에서의 특수성(특히 전문법칙과의 관련성)이라는 문제에 집중되어 있었을 뿐[10] 증거조사와 관련한 연구는 거의 없었다. 그러나 민사소송법 분야에서는

---

[6] 이시윤, 신민사소송법 제5판, 박영사, 2009. 402면 등.
[7] 이재상, 신형사소송법 제2판, 박영사, 2008. 501면 등, 다만 필자 개인적으로는 형사소송법에서 특별히 증거능력이나 증거조사 방식의 엄격성에 예외를 허용하지 아니한 경우에는 해석에 의하여 '자유로운 증명'이란 개념을 도출할 수 없다고 판단하고 있다. 이 책 제1편 '증거재판주의의 의미와 엄격한 증명, 자유로운 증명' 중 해당부분 참조.
[8] 예컨대 법원이 위법한 방법으로 피고인이나 증인을 신문하여 진술을 취득하였다거나 위법한 방법으로 검증·감정을 시행하여 어떤 사실을 알아내었다면 절차적으로는 이의신청의 대상이 되겠지만(제296조), 실체적으로 증거능력과 관련하여서는 마치 수사기관이 위법하게 수집하여 취득한 증거를 법원에 제출한 것과 마찬가지로 증거능력이 부정될 것임에 의문이 없다. 위법하게 증거조사된 경우 대법원은 책문권 포기를 통해 하자가 치유되고 증거능력이 회복될 수 있다는 입장이지만(대법원 2010.1.14. 선고 2009도9344 등) 이러한 입장에는 찬성하기 어렵다. 다만 이글에서는 더 깊은 논의를 피하기로 한다.
[9] 여기에서의 '증거수집'이란 '증거방법 수집'이 아닌 '증거자료 수집'이라고 해석할 수 있을 것이다.
[10] 권양섭, "디지털증거의 압수·수색에 관한 입법론적 연구", 원광법학 제26권 제1호, 원광대학교 법학연구소, 2010. 345면; 이윤제, 앞의 논문, 169면; 조석영, "디지털정보의 수사방법과 규제 원칙", 형사정책 제22권 제1호(2010.7), 한국형사정책연구원, 75면; 김성룡, "이메일 압수·수색에 관한 독일 연방헌법재판

디지털증거의 증거조사와 관련한 연구가 비교적 활발한 것으로 보인다[11]. 이는 형사소송에서는 증거수집 과정의 적법성이 매우 중요한 문제가 되지만 실제 재판에 제출된 증거에 대한 조사방식과 증명력 판단은 크게 문제되지 않는데 반하여[12], 민사소송에서는 증거수집 과정이나 증거능력이라는 것이 처음부터 거의 문제되지 않고 오히려 원고, 피고가 제출한 증거를 어떤 방식으로 조사할 것인가 하는 것이 쌍방의 이해에 매우 중요하다는 점이 중요한 원인의 하나라고 생각된다. 또한 형사소송법에서의 증거수집이나 증거능력과 관련한 연구 역시 디지털증거로서의 특성을 개별적, 평면적으로 나열하는데 그칠 뿐 그 원리나 체계를 깊이 있게 다룬 일도 크게 많지 않았던 것으로 보인다.

그러나 '전자적 방식과 디지털 방식의 결합'이라는 디지털증거의 자연과학적 특성은 법학, 특히 형사소송법학 속에서 체계적이고도 구체적으로 파악, 정리되어야 할 것이며, 이는 '증거'라는 개념 정의와도 밀접한 관련이 있다. 이러한 점에서 형사소송법 분야에서 디지털증거의 증거조사와 관련한 문제를 증거라는 개념 분류와 그 기능이라는 측면과 연관지어 민사소송의 경우와 비교해 가면서 살펴보는 것은 의미가 있다고 생각된다. 이하에서는 디지털증거의 매체독립성이라는 특성과 '증거요소' 개념의 설정 필요성을 살펴보고(Ⅱ) 디지털증거의 조사방법에 관한 실제 법 규정을 검토하면서(Ⅲ) 디지털증거의 조사와 관련한 판례의 태도를 비판한 후(Ⅳ) 필자 나름의 입법론을 제시하는 것으로(Ⅴ) 결론에 갈음하고자 한다.

소 결정의 주요내용과 그 시사점", 법학논고 제32집(2010.2), 경북대학교 법학연구원, 181면; 권영법, "전자증거의 수집과 증거능력", 인권과 정의 통권 제398호(2009.9), 대한변호사협회, 6면; 안경옥, 앞의 논문, 같은 면; 전명길, "디지털증거의 수집과 증거능력", 법학연구 제41집(2011.2), 한국법학회, 317면 등.

11) 특히 김연, "전자문서에 대한 증거조사", IT와 법연구 제3집(2009.2), 경북대학교 IT와 법 연구소, 251면 이하; 한충수, "민사소송에서의 증거조사절차에 있어 몇 가지 문제점", 법학논총 제27집 제2호, 한양대학교 법학연구소, 23면 이하; 한규현, "전자문서와 민사증거법", 재판자료 제100집, 법원행정처, 2003. 195면 이하 등 참조.

12) 간이공판절차를 통해 증거조사방식이 간이화되는 경우가 많고 증거동의가 증거능력만 인정하는 처분이지만 증거동의가 있으면 증거조사를 사실상 하지 않고 그 내용을 인정해 버린다는 실무 관행도 그 이유의 하나가 될 것이다.

Ⅱ. 디지털증거의 매체독립성과 '증거요소' 개념의 설정

1. 디지털증거의 특성과 매체독립성

디지털증거의 특성으로 비가독성, 대량성, 네트워크 관련성, 휘발성(취약성), 매체독립성 등이 거론되고 있다[13]. 그러나 위 특성들을 자세히 들여다보면 그 중 대량성, 네트워크 관련성, 휘발성은 결국 매체독립성이라는 특성에서 파생되는 부차적 특성에 불과하다. 따라서 디지털증거의 특성은 비가독성과 매체독립성으로 요약될 수 있다. 비가독성은 인간의 생물학적 능력으로는 디지털증거 자체로부터 증거자료를 추출할 수 없다는 순수한 기술적 측면의 특성이다. 이는 일반적인 문서 증거와 비교할 때에는 특이한 점이 되지만, 형사소송법 제292조의3에서 "그 밖의 증거"라고 분류되는 녹음·녹화테이프 등의 경우와 비교하면 전혀 특이한 점이 되지 못한다. 물증이라 불리우는 증거물이나 인증이라 불리우는 인간의 기억 또는 생각의 경우와 비교하더라도 마찬가지이다[14]. 결국 디지털증거를 가장 잘 대변해 주는 본질적 특성은 매체독립성이 아닌가 생각된다.

매체독립성이란 디지털증거가 특정 매체에 구속되지 아니하는 것을 말한다. 그러나 매체로부터 독립적이라고 하더라도 물리적인 의미에서의 매체를 전혀 가지지 아니하는 상태의 디지털증거는 생각하기 어렵다. 어떤 형태로든지 매체를 전제로 하는 것은 맞으나, 그 매체가 디지털증거의 생성, 이동 및 삭제에 전혀 영향을 미치지 아니한다는 정도의 의미일 뿐이다. 이메일을 전송하는 경우를 예로 들어보자. 이메일이 처음 작성되는 상황에서는 컴퓨터가 매체가 될 것이고, 이를 유선 또는 무선 방식으로 전송하는 중이라고 하더라도 발송하는 컴퓨터와 수신하는 컴퓨터와 같이 물리적인 의미의 매체는 언제나 존재하게 마련이다. 다만 특정 매체에 저장되어 있다 하더라도 매체에 확고부동하게 접착된 것이 아니라 다른 매체로 쉽게 옮아갈 수 있으며,

---

13) 탁희성/이상진, 앞의 책, 35면 이하; 정병곤, 앞의 논문, 8면 이하; 이윤제, 앞의 논문, 174면 이하; 권양섭, 앞의 논문, 346면 이하; 전명길, 앞의 논문, 319면 이하 등.
14) 따라서 증거물이나 녹음테이프, 인간의 생각 등이 증거인 경우에는 그 자체에서 직접 증거자료를 획득하지 못하고 검증, 감정, 증언 등의 방법을 거쳐 증거자료를 획득하게 되는 것이며 이러한 점에서 증거서류에 대하여는 낭독(또는 요지고지)만을 거쳐 곧바로 법관이 증거자료를 획득하게 되는 것과 차이가 있다.

그렇게 옮아가더라도 본래의 모습이나 성질에 아무런 손상이 가지 않는다. 이러한 점은 일반적인 증거가 특정 매체에 접착되어 있어 이를 그대로 다른 매체로 옮기기가 쉽지 않으며, 혹 이를 옮길 수 있다고 하더라도 본래의 모습이나 성질에 많은 손상을 주는 것과 큰 차이가 있다. 이는 다른 대부분의 증거가 아날로그 방식으로 생성, 전달, 해석되기 때문에 매체를 옮기는 경우 최소한의 원형 손상과 변형을 감수하지 않을 수 없는데 반하여, 디지털방식의 증거는 0과 1의 신호만으로 구성되기 때문에 제대로만 옮겼다면 원형 손상이나 변형이 전혀 일어나지 않는다는 특성에 기인한다.

그러나 매체독립성도 상대적 의미이다. 압수된 컴퓨터 하드에 저장되어 있는 디지털화 된 문서의 경우와 같이 매체와 밀접하게 결부된 상태도 있고, 메일 형태로 전송 중에 있는 문서의 경우와 같이 매체와 거의 독립된 상태도 있다[15]. 특히 증거수집 단계에서는 전송 중인 정보를 수집하는 경우나 다른 정보매체에 저장되어 있는 정보를 인출해 내는 경우도 적지 않으므로 정보의 매체독립성이 강하게 나타나지만, 증거조사 단계에서는 당사자(검사, 피고인측)가 증거를 신청하고 제출하는 과정에 정보매체에 저장한 상태로 제출되는 것이 보편적일 것이므로 매체독립성의 문제가 표면화될 가능성이 훨씬 적다. 혹 당사자가 확보하지 못한 정보매체에 저장된 정보를 법원이 직접 조사하여야 하는 경우에도 정보매체에 대한 압수·수색을 통해 정보를 확보한 후 조사할 가능성이 높으므로, 매체독립성이 증거수집 단계보다는 약할 수 밖에 없다.

이러한 점들을 종합하면 디지털증거에서의 매체독립성을 마치 디지털정보 자체가 매체와 완전히 무관하게 생성·저장될 수 있다거나 매체와 분리되어 논의될 수 있다는 식으로 과장되게 해석될 필요는 없고, 오히려 이동이나 삭제가 자유롭고 흔적을 남기지 않는다는 정도의 상대적 특성으로만 파악하면 족할 것으로 생각된다. 더 나아가 종래 디지털증거의 특성으로서의 매체독립성 자체에만 주목할 뿐 매체독립성이 증거법상 어떤 의미가 있는지에 대한 체계적 검토는 부족하였고, 이 때문에 디지털증거의 증거조사와 관련한 논의가 더 깊이 진전되지 못하였던 것이 아닌가 생각된다.

---

[15] 디지털증거를 존재형식에 따라 휘발성 증거와 매체에 저장된 증거로 분류한 조석영, 앞의 논문, 78면도 같은 취지로 보인다.

이하에서는 매체독립성의 증거법상 의미를 분석하고 이를 증거조사방법의 문제와 연관지어 살펴보기로 한다.

2. '증거요소'라는 개념의 설정

(1) 종래의 증거 개념 분류와 '증거요소' 개념의 필요성

'증거'라는 개념 속에는 '증거방법'이라는 의미와 '증거자료'라는 의미가 함께 내포되어 있다고 보는 것이 민사소송법 학계[16]와 형사소송법 학계[17] 공통의 통설적 견해이다. 여기에서 '증거방법'이란 법관이 오관의 작용에 의하여 조사할 수 있는 대상인 유체물을 말하는데 증인, 감정인, 피고인(당사자) 본인은 '인증'이고, 문서, 검증물은 '물증'이다. 또 '증거자료'란 증거방법을 조사한 결과 얻은 심증형성의 기초되는 추상적 사실, 즉 증거방법을 조사하여 알게 된 내용을 말한다. 증언 등 진술의 내용, 문서의 기재내용, 검증·감정 결과 등이 이에 해당한다. 증거조사란 결국 유체물인 증거방법에서 추상적 사실인 증거자료를 추출하는 과정이라 할 수 있다.

증거방법이라는 유체물에는 증거가 되는 요소가 접착되어 있는데, 예컨대 증인의 기억, 흉기에 묻은 혈흔이나 지문, 문서에 기재된 글자 등이 그것이다. 종래 증거 개념과 관련하여서는 증거방법과 증거자료에 대하여만 논의하면서 증거방법은 증거조사의 대상이 되며 증거방법에 따라 증거조사방법을 달리한다고 설명할 뿐 앞에서 말한 혈흔이나 지문, 글자 등에 대하여는 별도로 논의하지 않았다. 우리가 '증거를 조사한다'고 할 때 증거방법이 형식적인 조사 '절차'의 대상이 되는 것은 맞지만, 실질적으로는 증거방법을 조사하는 것이 아니다. 예컨대 증인을 조사하는 것이 아니라 증인의 기억이나 생각을 조사하는 것이고, 칼을 조사하는 것이 아니라 칼에 묻은 혈흔 기타 상태를 조사하는 것이며, 종이를 조사하는 것이 아니라 종이에 쓰인 글자들을 조사하는 것이다[18]. 그렇기 때문에 사람이 증거가 된다고 하여 모두 인증이 되는 것이 아니

---

16) 이시윤, 앞의 책, 401-402면 등.
17) 이재상, 앞의 책 496면 등.
18) 만일 종이 자체나 글자의 형태, 필적 등을 조사하는 것이라면 이는 서증이 아니라 물증이라 할 것이다. 이런 관점에서 보면 증거물인 서면은 서증과 물증의 성격을 함께 가지고 있는 증거가 되지만 이글의 주

라 사람의 얼굴 자체 또는 신체에 접착된 문신이 증거가 되는 경우에는 물증일 뿐이고, 사람의 기억이나 생각이 증거가 되는 경우에만 인증이라 하는 것이며, 종이에 쓰인 글자들의 내용만이 증거가 되는 경우에는 증거서류이지만, 종이의 상태 또는 종이에 접착된 지문도 함께 증거가 되는 경우에는 증거물인 서면이 되는 것이다. 이런 점 때문에 이제는 '증거방법 중에서 직접 증거가 되는 요소, 즉 실질적인 증거조사의 대상'을 의미하는 '증거요소'라는 개념을 사용하면서 증거방법, 증거자료와 함께 논의하는 것이 필요하다고 생각하고 있다[19]. 또한 인증, 물증, 서증의 구분 역시 증거방법이 아닌 증거요소에 의한 구분이라고 보아야하며, 그렇게 볼 때에만 위와 같은 구분이 증거조사방법을 결정하는 기준이 된다고 설명할 수 있는 것이다.

형사소송규칙 제134조의7 제1항은 '정보저장매체에 기억된 문자정보를 증거자료로 하는 경우'라고 표현하여 문자정보의 내용이 증거자료임을 분명히 하고 있다[20]. 그러나 규칙 제134조의8은 '녹음·녹화 매체에 대한 증거조사'라고 하여 녹취된 음성이나 녹화된 영상이 아닌 매체 자체가 증거조사의 대상인 듯 규정하고 있어[21], 실질적인 증거조사의 대상이 증거방법이 아닌 증거요소라는 필자의 주장과는 맞지 않는다고 평가할 수도 있다. 그러나 앞에서도 밝힌 바와 같이 증거조사의 대상은 형식적으로는 증거가 담긴 매체, 즉 증거방법이 되지만 실질적으로는 매체에 담긴 증거요소, 즉 디지털증거 자체가 된다는 점에서 위 규정이 매체만을 증거조사의 대상으로 하고 있다고 평가할 필요는 없는 것이 아닌가 생각된다. 향후 입법적 조치를 통해 증거조사의 대상이 증거방법이 아닌 증거요소인 점을 분명히 할 수 있도록 하는 것이 바람직할 것이다.

(2) 증거요소 개념을 중심으로 한 디지털증거의 조사방법상 특성

이렇게 논리를 전개하면 디지털증거라는 것은 자연스럽게 컴퓨터 하드웨어나 USB

제와는 거리가 있으므로 더 이상의 논급을 피하기로 한다.
19) 이러한 맥락에서 보면 종래 증거방법이라고 부르던 것이 증거요소를 담고 있는 매체에 불과하므로 증거방법이라는 용어보다는 증거매체라는 용어가 더욱 더 적절한 것이 아닌가 하는 생각이 있으나 증거방법이라는 것이 이미 확립된 용어이므로 이글에서도 일응 이를 따르기로 한다.
20) 민사소송규칙 제120조 제1항도 마찬가지이다.
21) 민사소송규칙 제121조 제1항도 마찬가지이다. 이에 대하여는 증거조사를 신청하는 당사자의 의사에 부합되지 않을 뿐만 아니라 증거조사의 목적에도 맞지 않다는 비판이 제기된다. 한충수, 앞의 논문, 44면.

등의 매체에 접착되어 있는 증거요소가 되고, 디지털증거의 매체독립성이란 디지털증거가 매체, 즉 증거방법으로부터 쉽게 분리되고 이전될 수 있다는 특성의 표현이 된다. 디지털증거를 종이에 기재된 글자나 그림과 비교하여 보면, 직접적인 가독성이 없다는 점이나 매체로부터 쉽게 분리되어 이전될 수 있다는 점 등 일부 성질에서 차이가 날 뿐 증거방법-증거요소-증거자료라는 증거법 체계에서는 근본적인 차이가 없다[22]. 디지털증거라는 것이 매체에 붙어있을 때에는 매체 자체가 증거조사 절차의 대상이 됨에 의문이 없지만, 전송 중인 이메일의 경우와 같이 매체와 독립되어 있는 상태라면 임의의 매체에 디지털증거를 인입하여 매체가 아닌 디지털증거 자체를 조사하여야 할 것이다. 결국 실질적인 증거조사의 대상은 매체가 아닌 디지털증거 자체라고 할 것이다.

앞에서도 설명한 바와 같이 증거요소에 따라 그 조사방법이 달라진다. 증거요소가 인증이라면 신문을 통해, 물증이라면 제시와 검증·감정을 통해, 서증이라면 낭독·요지고지를 통해 조사하는 것이다. 디지털증거의 경우 정보 내용이 전자적 방식으로 증거방법에 담겨 있어 인간의 생물학적 능력으로는 이를 직접 인지할 수 없다. 이를 조사하려면 당연히 전자적 기구를 통하여 정보를 인간이 직접 인지할 수 있는 형태로 재연한 후 정보가 문자인지, 그림·사진인지 아니면 음성·영상인지 등 그 형태에 따라 다시 그 내용을 인식하는 과정이 필요할 것이다.

특히 디지털증거의 경우 매체독립성에 의하여 원본증거를 보존해 두고 복사된 증거를 조사하더라도 증거가치에 전혀 변동이 없기 때문에 안전성을 위하여 이러한 방법을 사용할 수도 있는데, 이러한 경우 원본과 복사본의 동일성을 확인하는 절차 등이 또다시 문제가 될 것이다. 이 뿐만 아니라 디지털증거의 정보내용이 문자 또는 그림·사진인 경우에는 원본(또는 복사본)을 직접 증거조사 하는 방법보다도 출력본을 증거조사 하는 것이 훨씬 더 간편할 수 있는데, 이러한 경우에도 원본과 출력본의 동일성 확인절차 등이 문제가 될 것이다. 정보내용이 사람의 말을 내용으로 하는 음성인 경우

---

[22] 만일 종이에 쓴 글자만 그대로 옮겨갈 수 있는 기술이 발명된다면 지금 논의하는 디지털증거와 매우 비슷하게 될 것이다.

에도 녹취록 증거조사라는 비슷한 문제가 발생할 수 있다. 이글이 다루는 주된 취지가 위와 같은 문제를 포함하여 어떻게 하면 디지털증거에 저장된 정보 내용을 합리적인 절차에 따라 인식하도록 규율할 수 있는가의 문제인 것이다.

Ⅲ. 디지털증거의 증거조사방법

1. 증거조사에 대한 소송법 규정 체계

민사소송법과 형사소송법은 모두 증거를 직접 분류하지는 않지만, 증거에 따라 각각의 증거조사방법을 규정하는 방법으로 사실상 증거를 분류하고 있다. 민사소송법에서는 증거조사방법을 제2편 제3장 중 제2절 내지 제7절에서 증인신문, 감정, 서증[23], 검증, 당사자신문 및 그 밖의 증거에 대한 조사 등 6가지로 정리하고 있는데[24], 그 중 제374조가 말하는 "그 밖의 증거"라는 것은 "도면, 사진, 녹음테이프, 비디오테이프, 컴퓨터용 자기디스크 그 밖에 정보를 담기 위하여 만들어진 물건으로서 문서가 아닌 증거"이고, 우리가 지금 다루는 디지털증거도 그 중 일부라고 할 수 있다. 제374조는 그러한 증거의 조사에 관한 사항은 감정, 서증, 검증의 규정에 준하여 대법원규칙으로 정한다고 천명하고 있고, 이에 따라 민사소송규칙 제120조 내지 제122조는 "그 밖의 증거"에 관한 조사방법을 따로 규정하고 있다.

이에 반하여 형사소송에서는 수사기관의 증거수집 뿐만 아니라 법원의 강제처분 등의 문제와 증거조사의 문제가 뒤섞여 민사소송법보다 훨씬 더 복잡한 양상을 띠고 있다. 이 때문에 형사소송법 제1편(총칙) 제11장 내지 제13장에서 검증, 증인신문, 감정을 규정하고 있는 외에도 제2편(제1심) 제3장(공판) 제1절(공판준비와 공판절차) 중 제292조, 제292조의2, 제292조의3에서 증거조사의 구체적 방법으로 증거서류, 증거물 및 "그 밖의 증거"에 대한 조사방식을 규정하고 있으며[25], 제296조의2는 피고인신문을 따로 규정하고

---
23) 다만 민사소송에서는 증거가 되는 문서에 대하여 시행하는 증거조사를 '서증'이라고 부르는 반면 형사소송에서는 증거서류와 증거물인 서면을 합친 증거방법을 '서증'이라고 불러 개념상 차이를 보이고 있다.
24) 구 민사소송법에서는 증인신문, 감정, 서증, 검증, 당사자신문 등 5가지만 규정하고 있었으나 2002년 전면개정을 통해 "그 밖의 증거" 부분이 추가되었다.
25) 2007년 개정 전 형사소송법 제292조는 증거서류와 증거물에 대하여만 규정하고 있었으나 2007년 개정을 통해 제292조 증거서류, 제292조의2 증거물, 제292조의3 그 밖의 증거로 분화, 추가되었다.

있다[26]. 형사소송법 제292조의3이 말하는 "그 밖의 증거"는 민사소송법에서와 완전히 같으며 "그 조사에 관하여 필요한 사항은 대법원규칙으로 정한다"는 문구까지도 동일하다[27]. 그 밖의 증거에 대한 세부적인 조사방법은 형사소송규칙 제134조의7, 제134조의8, 제134조의9에 규정되어 있지만, 이 또한 민사소송규칙 제120조 내지 제122조와 비교해 보아도 규정 순서와 문구에 다소간의 차이가 있을 뿐 그 취지는 완전히 일치하고 있음을 알 수 있다.

여기에서 형사소송법 제292조의3이 "그 밖의 증거"라는 이름으로 컴퓨터디스크 등과 도면 · 사진, 녹음 · 녹화테이프를 하나의 조문에서 한꺼번에 규정하고 있는 점이나 형사소송규칙이 규정하고 있는 각 정보저장매체에 대한 구체적 조사방법이 적절한지 여부도 문제거니와, 민사소송에서의 증거조사와 관련한 이론과 절차가 형사소송에서도 그대로 적용될 수 있는지에 대하여도 더 깊은 검토의 필요가 있다고 생각된다.

2. 형사소송법 제292조의3 규정의 문제점

앞에서도 살펴본 바와 같이 아날로그 방식과 디지털 방식은 매체독립성 여부에서 결정적으로 차이가 있으며, 이 때문에 증거조사의 방식도 서로 다를 수 밖에 없다. 또한 녹음 · 녹화테이프와 컴퓨터디스크 등 정보저장매체가 전자적 증거인 반면, 도면 · 사진은 비전자적 증거로서 비록 서증과 유사한 성격을 가지고는 있으나 그 본질이 증거물에 불과하다는 점에서 서로 성격을 달리한다. 이런 점들을 고려한다면 도면 · 사진과 녹음 · 녹화테이프, 정보저장매체를 하나의 조문에서 동일하게 규정하는 것 자체가 부적절하다. 도면 · 사진의 증거조사방법에 대하여도 견해가 대립하고 있지만 그 자체로는 증거물에 불과하므로[28] 증거물에 관한 292조의2에 따라 제시한 다

---

[26] 이 중 제292조의2가 규정하고 있는 증거물에 대한 조사는 '제시'로서 사실상 검증의 일환이다. 결국 증거물에 대한 조사를 신청하는 측이 이를 제시하면 법관은 감정이라는 전문가적 증거조사 절차가 필요할 정도가 아니라면 오감에 의하여 증거물의 형상과 성질을 인식하여 이를 심증형성의 자료로 활용하게 되는 것이다.
[27] 다만 민사소송법에서와 같은 "제3절 내지 제5절(감정 · 서증 · 검증)의 규정에 준하여"라는 문구만 빠져 있지만, 그렇더라도 그 취지는 다를 것이 없다고 판단된다.
[28] 문자정보를 사진 촬영한 경우라 하더라도 일응 증거물로 보아 제시 · 검증의 방법으로 조사하되 문자정보의 의미 파악을 위하여는 결국 서증의 절차를 중첩적으로 거치게 될 것이다.

음[29] 그 내용 파악을 위해서 제292조 제5항 소정의 '제시·열람'이 필요할 것이므로 위 규정을 준용할 수 있다는 점을 명시하면 족할 뿐 제292조의3에서 전자적 증거와 함께 별도로 규정할 필요는 없을 것으로 보인다. 더 나아가 규칙 제134조의9의 취지를 법 제292조의3 등에 흡수시키거나 법 제292조의2에 도면·사진에 대하여 제시·열람의 방법을 준용할 수 있다는 취지를 포함시킨다면 결국 증거물인 도면·사진에 대하여 규칙에 따로 규정할 필요가 없게 될 것이다.

한편 녹음·녹화테이프 역시 증거물의 일종일 뿐이지만 그 본질은 전자적 증거이다. 이 때문에 조사방법이 일반적인 증거물과 같이 '제시'에 의한 물리적 관찰로서는 전혀 불가능하고 전자기구를 이용한 재생과 청취·시청이 필요하다는 점에서 일반적인 증거물에 대한 제시·검증과 차이가 크다. 따라서 이를 제292조의2와 분리하여 독자적으로 규정하는 것은 충분히 이해가 된다. 그러나 녹음·녹화테이프는 아날로그식 전자증거이기 때문에 매체독립성이라는 점에서 디지털 증거와 크게 차이가 있으므로 당연히 조사방법과 조사결과의 증거적 가치가 다를 수 밖에 없다. 따라서 녹음·녹화테이프와 컴퓨터디스크 등에 대하여는 292조의3에서 함께 규정하되, 컴퓨터디스크 등 디지털증거에 대하여는 항을 달리하여 원본과의 동일성이 확인된 복사본에 대한 조사도 가능함을 명시하는 것이 더욱 적절할 것으로 생각된다.

3. 민사소송에서의 학설 대립과 형사소송에서의 적용 문제

민사소송에서 디지털증거, 특히 문자나 음성 정보를 그 내용으로 하는 소위 디지털증거의 증거조사방법에 대하여 논의가 활발하다. 학설은 크게 보면 서증설, 검증설 및 절충설로 대별될 수 있다. 서증설은 위와 같은 디지털증거를 문서 또는 이에 준하는 증거요소로 보아 서증절차에 따라 증거조사를 하여야 한다는 견해로서 위 증거의 기능을 중시하는 입장이다. 검증설은 위와 같은 디지털증거를 문서가 아닌 증거물로 보아 검증절차에 따라 증거조사를 하여야 한다는 견해로서 위 증거 자체의 성질을 중시하는 입장이다. 그리고 절충설은 위와 같은 디지털증거 자체를 서증 또는 검증의

---

29) 이후 필요하다면 검증 또는 감정절차가 추가될 것이다.

방법으로 조사할 수도 있지만[30], 이를 출력 또는 녹취의 방법으로 작성한 문서[31] 자체를 독립된 원본으로 보아 서증절차에 따라 증거조사를 할 수도 있다는 견해로서, 출력본을 증거조사하는 경우가 많은 현실을 반영한 입장으로서 다수설적인 위치에 있다[32]. 실무의 태도 역시 어느 견해를 취하는지 명확하지는 않지만, 문자정보 또는 녹음된 음성을 내용을 하는 디지털증거에 대한 증거신청이 있는 경우 신청인으로부터 자기디스크 등 디지털증거 매체뿐만 아니라 출력문서·녹취서 등을 함께 제출받아 상대방의 이의가 없으면 자기디스크 등은 보관한 채 출력문서에 대하여만 증거조사하고 상대방의 이의가 있으면 자기디스크 등에 대한 검증·감정의 신청을 받아 별도의 증거조사를 실시하고 있는 바[33], 이는 절충설 중에서도 신검증설적인 태도에 가깝지 않은가 생각된다.

서증의 경우 성립의 진정을 증명하여야 하느냐 아니면 추정되느냐의 문제가 있고 원본이 아닌 정본이나 인증등본으로 제출할 수도 있다는 점 등에서 검증과 차이가 있다[34]. 그러나 민사소송법에서는 서증 조사방법의 핵심인 "제출"에 관한 규정(제343조 이하)이 검증에도 준용되고 있어(제366조 제1항) 실제로 증거를 조사하는 절차에서는 서증설에 의하든 물증설에 의하든 큰 차이가 없다. 그러나 형사소송의 경우에는 서증과 검증에 적지 않은 차이가 있다. 먼저 형사소송법에는 공개재판주의의 원칙에 따라 서증 조사방법의 핵심이 "제출"이 아닌 "낭독"이고(제292조, 상황에 따라 "내용 고지" 또는 "제시·열람"으로 대체될 수 있을 뿐이다), 검증에 관한 제139조 이하에서나 증거물의 조사에 관한 제292조의2 이하에서 증거물을 "제시"한다는 취지가 있을 뿐 제292조를 준용한다는 취지는 전혀 없으며 성질상 준용할 수도 없다. 이

---

30) 디지털증거 자체의 조사를 서증으로 보는 입장을 신서증설, 검증으로 보는 입장을 신검증설이라 하여 절충설을 세분하기도 한다.
31) 이를 생성문서라고도 한다.
32) 민사소송법에 전자문서나 녹음테이프 등의 증거조사방법에 관한 규정이 없던 때에는 서증설 혹은 검증설을 취하는 견해가 적지 않았으나(예컨대 서증설을 취하던 이시윤, 민사소송법 신정4판, 박영사, 2001, 541면, 검증설을 취하던 강현중, 민사소송법 제5판, 박영사, 2002, 581면 등), 2002. 민사소송법 전면개정에 의하여 제374조 "그 밖의 증거"에 대한 규정과 규칙 제120조 이하가 신설된 후에는 대체로 절충설을 취하는 견해가 일반화된 것으로 평가된다고 한다(김연, 앞의 논문, 256면 이하).
33) 법원실무제요 민사소송(Ⅲ), 법원행정처, 2005. 228면 이하.
34) 그 밖에도 진정성립 증명을 위한 필적·인영 대조 가부 등에서도 차이가 있으나(민사소송법 제359조 내지 제363조) 이러한 점은 디지털증거에서는 직접 문제되지 않으므로 거론치 않기로 한다.

때문에 형사소송에서는 서증으로 하는 경우와 검증으로 하는 경우 그 조사방법이 전혀 달라지게 되고, 이는 결국 공개의 대상이 되는지 여부와 직결되는 큰 차이를 가져온다. 이런 의미에서 보면 디지털증거의 조사를 서증에 의할 것인지 검증에 의할 것인지의 문제는 민사소송에서보다 형사소송에서 오히려 더 중요하다고 할 수 있다. 따라서 민사소송에서 논하여지는 서증설, 검증설, 절충설의 취지는 형사소송에서도 그대로 수용하되, 어느 견해가 가장 적절한지를 판단함에 있어서는 서증과 검증의 근본적인 차이 외에도 공개재판주의와 같은 형사소송법적 원리도 함께 고려하여야 할 것이다.

검증은 사물의 상태와 형상을 오감에 의하여 인식하는 증거조사인 반면, 서증은 문자 등의 부호로 표현된 작성자의 생각을 해석해 내는 증거조사[35]라는 점에서 큰 차이가 있다. 문자정보를 내용으로 하는 디지털증거의 경우 비록 직접적인 가독성은 없다고 하더라도 이를 가독적인 상태로 바꾼 다음 단계부터는 '의미 이해'라는 점에서 서증과 다를 바가 없으며, 형상과 성질 인식인 검증과는 본질적인 차이가 있다[36]. 이 단계에서는 디지털증거의 성질과 형상을 파악하는 것이 아니라 문자를 해석하여 작성자의 생각을 직접 파악하는 것에 불과하다. 따라서 특별히 문자의 일반적 가독성이 약하여 감정 등의 전문적인 조사절차를 거쳐야 하는 경우를 제외하고는 그 본질을 서증 또는 서증에 준하는 검증이라 보는 것이 상당하며, 그렇게 보아야만 문자정보를 내용으로 하는 디지털증거를 공개재판주의의 이념에 맞게 증거조사 할 수 있다[37]. 그러므로 디지털증거 형태의 문자정보에 대하여는 이를 가독적인 상태로 변환하는 과정 및 이에 대한 이의, 진정성립 확인, 위·변조 여부 확인 등의 문제에 대하여만 디지털증거에 대한 검증에 의하여 증거조사하고, 다음 단계인 문자정보의 의미 이해 절

---

[35] 따라서 검증은 검증자에 따라 다양한 인지, 극단적으로는 서로 다른 내용의 인지도 나타날 수 있으나 서증은 올바르게 서증한 것이라면 어떤 서증자가 서증을 하였더라도 동일한 내용의 인지로 나타날 수 밖에 없다는 점에서 큰 차이가 있다. 결국 검증은 판단 작용의 발현이지만 서증은 해석 작용의 발현이라 할 수 있다. 한규현, 앞의 논문, 273-274면도 같은 취지로 보인다.

[36] 이 때문에 종래 민사소송에서 '문서검증'이라는 이름으로 행하여져 오던 증거조사를 개정 민사소송규칙 제112조는 '문서가 있는 장소에서의 서증'이라고 표현하여 서증의 일종으로 취급하고 있다.

[37] 다만 제292조를 적용한다고 하더라도 도면·사진은 낭독이 아닌 열람의 방법으로 하여야 할 것이고 제시·검증으로 한다고 하더라도 문자정보의 경우에는 낭독·요지고지를 활용할 가능성이 크다. 결국 서증설적인 해석을 적용하지 않을 수 없을 것으로 판단된다.

차에 대하여는 서증에 준한다고 보아야 할 것이다.

그러나 음성정보를 내용으로 하는 디지털증거의 경우에는 직접 문자로 표현된 상태는 아니라는 점, 음성은 문자보다 인식상의 오류가능성이 크다는 점[38] 등을 고려할 때, 비록 음성이 기능에 있어 문자와 유사하다는 특성에 기인한 서증적인 요소를 많이 가지고는 있지만[39] 결국 그 본질은 검증이라고 보아야 하지 않을까 생각된다. 음성 이외의 음향정보를 내용으로 하는 디지털증거가 검증의 대상이라는 점에는 의문의 여지가 없다.

4. 형사소송규칙 제134조의7 내지 제134조의9 규정에 대한 구체적 검토

(1) 정보저장매체와 녹음 · 녹화매체의 개념

규칙 제134조의7 내지 제134조의9에 대한 구체적 검토에 들어가기에 앞서 위 규칙에서 자주 사용되지만 그 의미가 불분명한 '정보저장매체'라는 개념을 정의할 필요가 있다. 법 제292조의3이 '그 밖의 증거'를 설명하는 자리에서 "정보를 담기 위하여 만들어진 물건으로서 문서가 아닌 증거"라고 지칭한 것이 그 앞에 언급된 도면 · 사진 · 녹음테이프 · 비디오테이프까지 포함하는 개념인지 아니면 컴퓨터용디스크 등 만을 지칭하는 개념인지가 불분명하며, 그것이 위 정보저장매체라는 개념과 동일한 것인지도 불분명하다.

규칙 제134조의7은 도면 · 사진 · 녹음테이프 · 비디오테이프를 전혀 언급하지 아니한 채 컴퓨터용디스크만을 거론하면서 "그 밖에 이와 비슷한 정보저장매체"라고 표현하고 있다. 여기에서 말하는 '정보저장매체'가 법 제292조의3이 말하는 "정보를 담기 위하여 만들어진 물건으로서 문서가 아닌 증거"와는 일응 동일한 개념으로 해석된다. 그렇다면 "정보를 담기 위하여 만들어진 물건으로서 문서가 아닌 증거"에는 도면 · 사진 · 녹음테이프 · 비디오테이프는 포함하지 않고 오로지 '컴퓨터용디스크 등' 만을 포

---

[38] 이 때문에 녹취전문가의 도움이 필요할 경우가 적지 않다고 할 수 있다.
[39] 이러한 점 때문에 증거능력의 판단에 있어서는 전문법칙을 적용하는 등의 특징이 나타난다.

함하는 개념이라고 해석함이 상당하다[40]. 결국 "정보를 담기 위하여 만들어진 물건으로서 문서가 아닌 증거" 즉 '정보저장매체'라는 것은 컴퓨터용디스크 또는 이와 유사한 정보저장매체만을 의미하는 것으로 보아야 할 것이다. 여기에서 컴퓨터용디스크와 도면·사진·녹음테이프·비디오테이프를 어떤 기준으로 구별하여 전자는 정보저장매체라고 보고 후자는 정보저장매체는 아니라고 볼 것인지, 더 나아가 컴퓨터용디스크 이외에 어떤 매체들이 위에서 말하는 정보저장매체라고 할 것인지가 문제된다.

앞에서도 언급한 바와 같이 도면·사진·녹음테이프·비디오테이프는 아날로그 방식의 정보저장매체이다. 물론 도면이나 사진, 음향이나 영상을 디지털 방식으로 저장할 수도 있지만, 적어도 법문이 말하는 도면·사진·녹음테이프·비디오테이프 자체는 디지털 방식이 아니다. 결국 법 제292조의3과 규칙 제134조의7이 말하는 정보저장매체는 디지털 방식의 정보저장매체만을 의미한다고 해석하여야 하고, 디지털 방식으로 정보를 저장하는 매체, 즉 컴퓨터용디스크를 포함하여 컴퓨터 하드, CD, 외장메모리나 USB 등이 위 정보저장매체에 해당한다고 볼 것이다.

한편 규칙 제134조의8은 녹음·녹화테이프, 컴퓨터디스크 그 밖에 이와 비슷한 방법으로 음향·영상을 녹음·녹화하여 재생할 수 있는 매체를 "녹음·녹화매체"라고 부르고 있는 바, 녹음·녹화매체는 당연히 아날로그 매체이든 디지털 매체이든 모두 포함하고 있다고 보인다.

(2) 위 규칙들의 개관

위와 같은 개념 정의를 기초로 위 규칙들을 살펴보면 제137조의7은 문자정보와 도면·사진 정보를 담고 있는 디지털 매체에 대한 조사방법을 규정하고 있고 제137조의8은 음성·영상 정보를 담고 있는 매체에 대한 조사방법을 규정하고 있다. 결국 제

---

[40] 문자나 도면, 사진을 녹화테이프를 이용해 영상으로 저장할 수도 있겠지만 이러한 저장은 문자나 도면, 사진 자체를 컴퓨터디스크 등에 디지털 방식으로 직접 저장하는 것과는 다르며 특히 문자를 이렇게 저장한다고 하더라도 이는 문자로서가 아니라 사진으로서 저장하는 것과 마찬가지가 될 것이다. 따라서 이러한 경우에는 먼저 테이프에 녹화된 영상자료로서 증거조사가 되고 이후 문자 부분에 대하여는 다시 서증적인 해석이 중첩적으로 시행되어야 할 것이다.

134조의7과 제134조의8은 저장된 정보의 종류 또는 내용에 따른 구분이라 할 수 있다. 문자와 도면·사진 정보는 정보저장매체에는 저장 가능하지만 녹음·녹화테이프에는 저장할 수 없는 반면[41], 음성·영상 정보는 컴퓨터용 디스크 등 정보저장매체 뿐만 아니라 녹음·녹화테이프에도 저장할 수 있다. 이 때문에 제134조의7은 컴퓨터용 디스크 등 정보저장매체만을 조사 대상으로 함에 반하여 제134조의8은 정보저장매체 뿐만 아니라 녹음·녹화 테이프까지 조사 대상으로 하고 있는 것이다.

그러나 제134조의9는 성격이 좀 다르다. 도면·사진 기타 정보저장매체의 조사에 관하여는 특별한 규정이 없으면 형사소송법 제292조와 제292조의2, 즉 문서와 증거물에 대한 조사방법을 준용한다고 규정하고 있는 바, 이는 제292조의3이 정보저장매체의 조사에 관하여 필요한 사항은 대법원 규칙으로 정한다는 위임규정을 직접 실현하는 일반규정이라 할 수 있고 규칙 제134조의7과 제134조의8과도 특별·일반규정의 관계로 평가된다. 따라서 이 규정은 규칙 제134조의9로 입법화할 것이 아니라 법 제292조의3에 포함되어 "그 밖의 증거" 조사방법에 대한 일반적인 기준으로 제시됨이 더 바람직하다고 생각된다.

(3) 제134조의7 검토

가. 원본 또는 출력인증본 조사

규칙 제134조의7의 핵심적인 내용은 정보저장매체에 저장된 문자 및 도면·사진 정보에 대한 증거조사는 출력인증본을 제출하여 이를 증거조사 할 수도 있다는 취지이다[42]. 물론 증거 원본인 정보저장매체 자체를 제출하고 법원에서 재연하는 방법으

---

[41] 굳이 하려고만 한다면 문자와 도면, 사진을 녹화테이프에 저장할 수도 있기는 하겠지만 이렇게 저장한다면 이는 문자와 도면, 사진을 저장하는 것이 아니라 그 영상을 저장하는 것에 불과하므로 결국 증거조사방법으로서는 재생·시청 후 문자 등에 대한 의미 해석의 과정을 거치게 될 것이고 정보저장매체에 저장된 문자정보처럼 직접 출력본을 제출하여 증거조사할 수는 없을 것이다. 이러한 점에서 일응 문자 등을 녹화테이프에 직접 저장할 수는 없다고 평가된다.

[42] 여기에서 인증의 주체와 방법에 대하여도 번역 절차를 준용할 것인지, 감정에 의할 것인지가 문제가 되나 원본과 출력본의 존재형태적 차이를 고려한다면 감정에 의할 것이라고 생각된다. 박수희, "전자증거의 수집과 강제수사", 한국공안행정학회보 제29호, 2007. 140면; 정병곤, 앞의 논문, 109면 참조.

로 증거조사하는 것이 원칙이지만 이것은 너무 당연하다는 생각에서 아무런 규정을 하지 아니한 것으로 보인다. 그러나 기왕에 정보저장매체에 대한 증거조사방법을 입법화한다면 원본에 대한 원칙적인 조사방법을 먼저 규정한 후 출력인증본에 대한 간이한 조사방법을 규정하는 것이 적절하다. 더 나아가 디지털증거로서의 특성인 원본과의 동일성이 확보된다면 복사본에 대하여 증거조사하면서 의문이 있으면 원본과 대조할 수 있다는 취지도 함께 입법화하는 것이 더 바람직하다고 생각된다.

문자 또는 도면·사진에 대한 출력인증본은 서증 또는 이에 준하는 물증이라 할 것이므로 그 증거조사 역시 제292조의 서증 조사방식을 따르되, 규칙 제134조의7 제2항이 규정하고 있는 진정성립 확인절차를 거쳐야 할 것이다. 다만 법원의 실무는 출력인증본에 대한 증거조사는 컴퓨터디스크 등에 대한 증거조사의 일환으로 취급하여 출력문서 자체를 증거로 제출하는 경우와 달리 보고있다. 따라서 출력인증본에 대하여 증거조사를 하더라도 서류 등 목록이 아닌 증인 등 목록에 컴퓨터디스크 등에 대하여 증거조사 하였음을 기재한 후 비고란에 "인증등본제출"이라고 표시할 뿐이다[43]. 이는 출력인증본을 컴퓨터디스크 등에 대한 검증의 대상으로 볼 뿐 독립된 문서로 보지 않겠다는 의미로 해석된다[44].

나. 출력인증본의 원본성 문제

한편 출력인증본이 과연 증거 원본인가에 대하여 민사소송법 학계에서 논의가 있는데, 전자문서 자체가 원본이고 출력본은 등본에 불과하다는 견해, 전자문서 자체는 출력문서 작성의 자료에 불과하고 출력문서만이 원본이라는 견해, 전자문서와 출력문서가 모두 원본이라고 하는 견해 등이 대립하고 있다[45]. 이는 민사소송법 제355조가 법원에 문서를 제출할 때에는 원본, 정본 또는 인증있는 등본으로 하여야 하고, 법원은 원본을 제출하도록 명할 수 있다고 규정하고 있는 것과도 밀접한 관련을 가지는 것으로 보인다.

---

43) 법원실무제요 형사(Ⅱ), 법원행정처, 2008, 187면.
44) 정병곤, 앞의 논문, 110면. 민사소송에 관한 한충수, 앞의 논문, 43면도 같은 취지.
45) 이에 관한 상세한 내용은 김연, 앞의 논문, 263면 이하 및 한규현, 앞의 논문, 236면 이하 참조.

형사소송법에는 그와 같은 구분이 존재하지 않지만, 혹 미국 연방증거법상의 최량증거원칙[46]이 우리 형사소송법에도 구현되는 원리라고 본다면[47] 출력인증본의 원본성 문제가 논의될 필요가 있을 것이다. 실제로 "법관이 직접 원본증거에 접하여 심증을 형성해야 한다고 요구하는 점에서는 양자 사이에 별다른 차이가 없으므로 형사소송법 제310조의2에서 최량증거원칙을 도출해 낼 수 있다"고 보면서 특히 디지털증거의 경우 원본과 출력본의 동일성이 담보되어야 한다는 점을 강조하는 견해도 있다[48]. 그러나 전문법칙의 총칙적 규정인 제310조의2에서 최량증거원칙을 도출한다는 것은 무리가 아닌가 보인다. 요컨대 원본과 출력본의 동일성 확인의 필요성은 출력본을 증거로 사용하기 위한 전제이지 원칙적으로 원본만이 증거가 된다는 취지와는 큰 관련이 없기 때문에 형사소송에서는 출력인증본의 원본성 논쟁이 큰 의미가 없지 않은가 생각된다[49].

(4) 제134조의8 검토

형사소송규칙 제134조의8 제3항은 녹음·녹화매체의 경우에는 아날로그 매체인지 디지털 매체인지를 구분하지 아니하고 매체를 재생하여 청취·시청하는 방법으로 시행한다고 규정하고 있다. 민사소송규칙 제121조 제2항이 "재생하여 검증하는 방법으로" 조사하도록 규정한 것과 달리 "검증"이라는 용어를 사용하고 있지는 않으나, 청취·시청이 바로 청각과 시각에 의한 인지작용으로서 검정에 해당하므로 그 취지는 다를 것이 없다고 생각된다. 다만 녹음·녹화매체를 청취·시청 이외의 방법으로(예건대 음성분석 등) 조사할 수도 있으므로 이러한 경우를 포섭하려면 "재생하여 청취 또는 시청하는 등의 방법으로"라고 표현함이 더욱 적절하지 않은가 생각된다[50].

---

46) 연방증거법 제1002조【원본의 필요】서면, 기록물 또는 사진의 내용을 입증하기 위해서는 본 법의 규정이나 의회의 법률에 의하여 달리 규정된 경우를 제외하고는 원본의 서면, 기록물 또는 사진이 요구된다.
47) 대법원 2008.11.13. 선고 2006도2556 판결은 이를 인정하고 있다.
48) 신동운, 신형사소송법 제2판, 법문사, 2009. 934면, 935면.
49) 이윤제, 앞의 논문, 205면과 전명길, 앞의 논문 330면도 같은 취지로 보인다.
50) 규칙 제134조의8은 증거조사를 신청하는 경우 '녹음된 사람'도 함께 밝혀야 하고 필요하다면 녹취서를 제출하여야 한다고 하여 녹음 내용이 음성인 경우와 맞추고 있는 것도 맞지만 음성이 아닌 일반 음향의 경우에는 위 조항이 함께 규정하고 있듯이 녹음된 사람 이외의 다른 사항들만 밝히고 설명서만 제출하는 것으로 해석하더라도 아무런 문제가 없을 것이다.

그런데 여기에서 주목하여 볼 대목은 녹음매체에 녹음된 것이 모든 소리, 즉 '음향'이 아니라 '음성'으로 한정되어 있다는 점이다. 결국 위 조문에 따른다면 음성 아닌 일반적인 음향이 녹음된 매체에 대한 조사는 일반적인 증거물과 마찬가지로 법 제292조의2에 따라 제시, 검증·감정에 의하는 반면, 음성이 녹음된 매체에 대한 조사는 규칙 제134조의8에 따라 재생·청취의 방법으로 과정으로 이루어지되 경우에 따라 녹음한 사람 등 공개, 녹취서 등 제출을 수반할 수도 있다는 점에서 차이가 있다는 것이다. 그러나 앞에서도 언급한 바와 같이 녹음테이프를 일반적인 증거물과 달리 법 제292조의3과 규칙 제134조의8을 통해 따로 규정하는 이유가 녹음테이프가 전자적 증거로서 일반적인 검증과 달리 전자기구를 이용한 재생과 청취가 필요하기 때문이라는 점, 음성 아닌 음향이 녹음된 테이프에 대하여 검증을 실시한다고 하더라도 어차피 재생과 청취 과정을 거치지 않을 수 없는 점, 규칙 제134조의8이 영상 녹화테이프의 경우에는 반드시 사람의 음성이나 사람의 모습이 녹화된 경우만으로 한정하지 아니하는 점 등을 고려한다면 녹음된 내용이 음성인 경우뿐만 아니라 일반적인 음향인 경우도 모두 제134조의8의 적용 대상에 포함하도록 규정하는 것이 더욱 적절하지 않은가 생각된다.

한편 제134조의8 제1항과 제2항은 "증거조사를 신청하는 자를 녹음·녹화한 사람과 일시 장소, 녹음·녹화된 사람 등을 밝혀야 하며, 법원이나 상대방의 요구가 있으면 녹취서나 설명서를 제출하여야 한다"고 규정하고 있다. 이때 설명서 자체는 증명력 등과 관련한 참고자료가 될 뿐 직접 증거가 된다고 보기는 어려울 것이고, 녹취록은 증거서류로서 법 제292조에 따라 증거조사하면 되지만 녹취록에 대한 증거조사로서 녹음·녹화매체에 대한 증거조사를 갈음하는 것은 상대방의 동의와 법원의 허가를 전제로만 가능할 것으로 판단된다. 또한 저장된 정보내용에 사람의 진술이 포함되어 있다면 이는 다시 전문증거에 해당하므로, 진정성립 인정, 반대신문권 보장 등의 절차를 거쳐야 증거능력을 가지게 됨은 물론이다.

다만 법 제292조의3에 대한 검토에서도 지적한 바이지만, 저장된 정보내용이 음향·영상으로 동일하다고 하더라도 아날로그 매체인 테이프와 디지털 매체인 디스크의 경우 조사방법에 적지 않은 차이가 있다. 예컨대 아날로그 매체의 경우 아무리 정교하게 복사되었다고 하더라도 복사본에 대한 증거조사로 원본에 대한 증거조사에 갈음하기 어려우나, 디지털 매체의 경우 원본과 복사본의 동일성만 객관적으로 확보될 수 있다면 복사본에 대한 증거조사로 원본에 대한 증거조사에 갈음함에 별 문제가 없을 것이다. 그러함에도 테이프와 디스크 등을 법 제292조의3에서 함께 규정하면서 아무런 구분을 하지 아니한 것은 분명히 문제가 아닐 수 없다.

IV. 디지털증거의 조사와 관련한 판례의 검토

1. 판례의 취지

디지털증거의 증거능력과 관련한 몇 개의 판례가 있을 뿐[51] 직접 증거조사방법과 관련한 판례는 아직 없는 것 같다. 다만 음향·영상자료에 대한 디지털증거와 관련하여서는 최근 선고된 대법원 2011.10.13. 선고 2009도13846 판결이 주목을 받고 있다. 이 판결에서 대법원은 "원심판결 이유 및 기록에 의하면, 검사는 (집회및시위에관한법률 위반의) 피고인들에 대한 체포장면이 녹화된 동영상 CD를 별도의 증거로 제출하지 아니하고 위 CD의 내용을 간략히 요약한 수사보고서에 위 CD를 첨부하여 수사보고서만을 서증으로 제출하였는데, 원심은 피고인들이 이 사건 해산명령 및 그에 따른 체포의 위법성을 다투자 위 CD를 재생하여 청취 또는 시청하는 방법으로 증거조사를 거치지 아니한 채 위 수사보고서를 유죄의 증거로 거시한 제1심판결을 인용한 데 이어 '위 CD영상에 의하면 피고인 전원을 체포하는데는 2분20여초가 소요되었음을 알 수 있다'는 이유로 피고인들의 주장을 배척함으로써 위 CD의 영상을 유죄의 증거로 사용하였다. 원심이 위 CD에 대하여 형사소송규칙에서 규정한 증거조사절차를 거치지도 아니한 채 이를 유죄의 증거로 채택한 조치는 잘못"이라고 판단하였다[52].

---

51) 대법원 1999.9.3. 선고 99도2317 판결; 대법원 2001.3.23. 선고 2000도486 판결; 대법원 2007.12.13. 선고 2007도7257 판결 등.
52) 다만 결론에서는 "원심의 나머지 채택 증거들을 종합해 보면 그에 의하더라도 피고인들이 금지통고된 2008.11.27.자 집회를 진행하던 중 3회에 걸쳐 자진 해산명령을 받았음에도 지체없이 해산하지 아니한 범죄사실을 인정하기에 충분하므로 원심의 위와 같은 잘못은 판결 결과에 영향이 없다"고 판시하였다.

2. 판례 검토

(1) 수사보고서에 첨부된 CD의 증거능력

위 판례에서 가장 먼저 보이는 문제점은 검사가 피고인들이 3회 해산명령을 받고도 자진 해산하지 아니하였다는 점을 입증하게 위하여 피고인들에 대한 체포장면이 녹화된 동영상 CD를 독립된 증거로 제출하지 아니하고 위 CD의 내용을 간략히 요약한 수사보고서에 위 CD를 첨부하여 수사보고서만을 서증으로 제출하였는데, 대법원이 위 수사보고서의 증거능력을 인정하지 아니하였다는 점일 것이다. 정확하게 말하면 수사보고서는 검사가 작성하는 것이 아니라 수사실무를 보조하는 검찰주사 혹은 주사보가 검사를 수신인으로 하여 수사과정에 지득한 내용을 보고하는 형식을 띠고 있으며, 실무상 조서 등의 정형화된 형식을 이용하기에 적절하지 아니한 여러 사항들을 자료화하는 방법으로 자주 이용되고 있다. 수사보고서가 매우 빈번하게 사용되는 것과는 달리 그 증거능력과 관련한 논의는 매우 빈약하여 아무런 법률규정도 없고 학문적으로도 정리되지 아니한 채 소수의 판례만 존재할 뿐이다[53].

수사보고서는 그 용도에 따라 의견진술형, 자료첨부형, 실황조사형, 진술청취형으로 구분할 수 있는 바[54], 본건의 경우에는 자료첨부형이라 볼 수 있다. 그런데 자료첨부형 수사보고서의 경우 그 자료를 얻게 된 경위에 대하여는 수사보고서의 내용을 참조할 수 있으나 첨부된 자료에 대하여는 직접 증거조사의 대상이 된다고 보기 어렵다. 따라서 합의서나 고소취소장과 같이 범죄사실에 대한 증거자료가 아니어서 전형적인 증거조사가 필요하지 않는 경우에서는 유용하게 사용될 수 있겠지만, 직접 범죄사실에 대한 증거로 사용될 자료를 수사보고에 첨부하여 수사보고서만 증거로 제출하거나 증거조사를 신청하는 것은 그 자체로 적절한 증거제출의 방법이 아니라고 보인다.

(2) '재생하여 시청 또는 청취'하는 구체적 방법과 원심 증거조사의 위법성 여부

그러나 앞에서도 언급한 바와 같이 범죄사실의 입증에 직접 필요한 증거를 수사보

---

53) 대법원 1989.3.14. 선고 88도1399 판결; 대법원 2001.5.29. 선고 2000도2933 판결 등.
54) 상세한 내용은 졸저, 실무형사소송법, 북파일, 2012. 490면 이하 참조.

고에 첨부하여 서증의 일부로 제출하는 것이 적절하지는 않으나, 만일 그와 같이 증거로 제출하면서 수사보고서에 대하여만 증거조사를 신청하였다고 하더라도 법원으로서는 첨부된 증거자료에 대하여 증거조사를 신청하였다고 해석하여야 하고, 검사의 증거신청 취지가 불명확할 때에는 재판장은 소송관계를 명료하게 하기 위한 석명을 구하는 것이 타당할 것이다[55]. 본 판례에서도 대법원은 "원심이 위 CD에 대하여 형사소송규칙에서 규정한 증거조사절차를 거치지도 아니한 채 이를 유죄의 증거로 채택한 조치는 잘못"이라고 판단하고 있다. 이는 위 CD에 대하여는 증거로 제출되거나 증거조사를 신청한 바가 없기 때문에 유죄의 증거로 할 수 없다는 것이 아니라, 형사소송규칙에서 규정한 증거조사절차를 거치지 않았기 때문에 유죄의 증거로 할 수 없다는 취지로 해석된다. 결국 본건에서도 비록 CD가 수사보고서에 첨부된 형태로라도 증거로 제출되었다면 이에 대하여 적법한 증거조사를 할 수 있다는 취지라고 해석되어야 할 것이다[56].

증거의 수집방법이 위법하기 때문에 증거능력이 없다는 취지의 판례는 많지만[57], 앞에서도 언급한 바와 같이 증거조사방법이 위법하기 때문에 증거로 사용할 수 없다는 취지의 판례는 드물다. 뿐만 아니라 위법수집증거의 경우 상고심에서 증거능력이 없다는 판단을 받으면 파기환송 하더라도 위법부분을 보정하여 다시 증거능력을 회복할 방법이 없지만, 증거조사방법이 위법한 경우라면 파기환송 받은 원심법원이 적법한 절차에 따라 증거조사를 다시 시행하여 증거능력을 인정받을 수 있는 여지가 없지 않은 것도 사실이다.

---

55) 형사소송규칙 제141조 제1항은 재판장은 소송관계를 명료하게 하기 위하여 검사 등에게 사실상·법률상의 사항에 관하여 석명을 구할 수 있다고 규정하고 있다.
56) 이글의 주제와는 조금 벗어나 있지만 본건과 같이 상고심에서 증거조사방법에 위법이 있다고 판단하는 경우 증거조사방법상의 위법 때문에 위 증거가 증거능력 없다고 판단하면 족한지, 아니면 파기환송하여 원심으로 하여금 다시 증거조사 하도록 하여야 하는지 역시 중요한 문제가 된다. 본건에서는 원심이 채택한 나머지 증거들만으로도 범죄사실을 인정하기에 충분하다고 판단하므로 위와 같은 문제가 표면화되지는 않았으나, 만일 나머지 증거들만으로는 판단이 어려웠다면 위와 같은 문제가 현실화되었을 것이다.
57) 대법원 2007.11.15. 선고 2007도3061 전원합의체 판결; 대법원 2009.5.14. 선고 2008도10914 판결; 대법원 2009.12.24. 선고 2009도11401 판결 등.

Ⅴ. 나가며

위와 같은 입법론적 검토를 바탕으로 형사소송법과 규칙에 대한 개정안을 제시하는 것으로 이글을 맺으려 한다.

1. 형사소송법

제292조의2 【증거물에 대한 조사방식】 ① - ③항 전과 같음

④ 도면·그림·사진의 조사에 대하여는 전조 ⑤항을 준용한다.

제292조의3 【그 밖의 증거에 대한 조사방식】 ① 녹음테이프·녹화테이프·컴퓨터용 디스크 그 밖에 문서 아닌 정보저장매체의 증거 조사에 관하여는 특별한 규정이 없으면 전 2조의 규정을 준용하되 필요한 사항은 대법원규칙으로 정한다.

② 컴퓨터용 디스크 등 디지털방식의 증거를 조사하는 때에는 원본과 동일성이 인정되는 복사본을 조사할 수 있다. 다만 검사 또는 피고인이 이의하는 때에는 상대방 또는 법원이 동일성을 증명하여야 한다.

2. 형사소송규칙

제134조의7 【컴퓨터용 디스크 등에 저장된 문자정보 등에 대한 증거조사】 ① 컴퓨터용 디스크 그 밖에 이와 비슷한 정보저장매체에 저장된 문자정보를 증거로 제출하는 경우에는 원본과 함께 읽을 수 있도록 출력하여 인증한 등본을 낼 수 있다.

② 전항의 증거조사를 신청한 당사자는 법원이 명하거나 상대방이 요구한 때에는 정보저장매체에 입력한 사람과 일시·장소, 출력한 사람과 일시·장소 등을 밝혀야 한다.

③ 문자정보가 저장된 정보저장매체는 이를 재생하여 시청하는 등의 방법으로 조사한다. 다만 상대방이 이의하지 아니하는 경우에는 출력인증본을 낭독 또는 내용을 고지하는 방법으로 조사할 수 있다.

④ 저장된 정보가 도면·그림 또는 사진인 경우에는 제1항 내지 제3항의 규정을 준용하되 제시하여 열람하게 할 수 있다.

제134조의8 【음향·영상자료 등에 대한 증거조사】 ① 법 제292조의3 제1항이 규정

하는 정보저장매체에 녹음·녹화된 음향이나 영상에 대한 증거조사를 신청하는 때에는 음향이나 영상이 녹음·녹화된 사람, 녹음·녹화한 사람과 일시·장소 등을 밝혀야 한다.

② 전항의 증거조사를 신청한 당사자는 법원이 명하거나 상대방이 요구한 때에는 녹취서 또는 그 내용을 설명하는 서면을 제출하여야 한다.

③ 음향이나 영상이 녹음·녹화된 매체는 이를 재생하여 청취 또는 시청하는 등의 방법으로 조사한다. 다만 상대방이 이의하지 아니하는 경우에는 녹취서를 낭독 또는 내용을 고지하는 방법으로 조사할 수 있다.

제134조의9【준용규정】삭제

제1회 공판기일 전
증인신문제도에 대한 실무적 고찰
− 특히 증거보전제도와 비교하여

Ⅰ. 들어가며

1. 제1회 공판기일 전 증인신문제도의 입법과 개정

기소 전의 수사상 처분은 수사기관 즉 사법경찰관이나 검사가 행하고, 법원 또는 판사는 영장발부, 구속적부심사 등을 통하여 그 적법성과 타당성을 통제하는 간접적인 방법으로 관여하는 것이 원칙이다. 그러나 예외적으로 판사가 수사단계의 절차를 직접 수행하는 경우가 있다. 증거보전(형사소송법 제184조)과 제1회 공판기일 전 증인신문(제221조의2, '수사상 증인신문'이라고도 한다. 이 글에서는 '증인신문'이라고만 줄여 부르기로 한다)이 바로 그것이다. 증거보전제도는 형사소송법 제정 당시부터 규정되었으나 증인신문제도는 1973년 형사소송법이 개정될 때에 비로소 입법화 되었다.

1973년이란 시대상황이 주는 선입견이 적지 아니하다. 그때 개정된 제도들의 면면을 살펴보아도 일반 형사사건의 군법회의 이송 허용(제16조의2), 보석·구속취소·구속집행정지에 대한 검사의 즉시항고 허용(제97조 제3항, 제101조 제3항), 구속적부심사제 폐지(제201조 제4항 이하), 재정신청 대상 범죄 축소(제260조 제1항), 간이공판절차 신설(제286조의2) 등 대체로 재판의 신속을 도모하거나, 검사의 권한을 강화하면서 상대적으로 피고인 등의 기본권이 축소되는 방향이었던 것도 사실이다. 실제로 위와 같이 개정된 내용들은 이후 우리 사회가 민주화되는 과정에 대부분 원상회복 되었다. 1987년에 구속적부심사제가 완전 부활되었고, 1995년에는 보석허가결정에 대한 검사의 즉시항고가 삭제되었고, 2007년에는 재정신청 대상 범죄가 모든 범죄로 되돌아왔으며, 구속집행정지에 대한 즉시항고에 대하여는 이미 헌법재판소에서 위헌결정이 내려진 상태이다.[1] 다만 그 와중에도 군법회의(나중에 군사법원으로 개칭되었다)로의 이송과 구속취소에 대한 즉시항고는 지금도 허용되고 있고,

---
[1] 헌법재판소 2012.6.27. 2011헌가36 결정.

간이공판절차는 오히려 합의부사건에까지 그 적용범위가 확대되어[2] 상반된 운명을 걷고 있다.

2. 문제의 제기

증인신문제도도 적지 않은 비판과 변모를 겪어 왔다. 검사에게만 증인신문 청구권을 부여하는 것은 불공평하다, 진술번복 우려는 증인신문 청구의 사유로서 적절하지 않다, 증인신문제도를 허용한다고 하더라도 피의자·피고인·변호인(이하 '피의자'라고 통칭하기로 한다)의 참여권은 절대적으로 보장되어야 한다는 등의 비판이 있어 왔고, 이 중 상당부분은 1996년 헌법재판소의 위헌결정(이하 '본건 위헌결정'이라고 부른다)[3]과 2007년 형사소송법 개정을 통해 이미 수용되었으며, 일부 비판은 지금까지도 계속되고 있다.

증인신문제도가 1973년에 신설되었으며 검사의 권한을 강화하는 방향이었으니 구속적부심사제 폐지 등과 비슷한 경향의 비판을 받을 법도 하다. 그러나 그런 점만으로 증인신문제도의 필요성과 효용이 곡해되거나 그에 대한 제한이 불합리하게 확대되어서는 아니될 것이다. 따라서 증인신문제도의 필요성과 효용, 제한 등에 대하여 객관적이고도 냉정하게 살펴보아 지금의 비판이 적절한지 뿐만 아니라, 이미 입법적으로 수용되어 개정된 부분들이 과연 적절하였는지에 대하여도 되짚어볼 필요가 있다. 증인신문제도와 관련한 문제점과 견해 대립이 적지 아니하며 중요한 헌법재판소 결정과 형사소송법 개정이 있었음에도 증인신문제도 자체를 다룬 연구는 턱없이 부족하여 이를 주제로 한 논문도 별로 보이지 않는다. 외국의 제도로서 우리나라에서는 아직 채택된 바 없는 참고인 구인제도를 주제로 한 글이 오히려 많은 것과 대조적이다.

이하에서는 먼저 증인신문제도의 필요성과 본질을 논증하여 증거보전제도와는 전혀 다른 제도임을 명백히 하고(Ⅱ), 증인신문 청구의 사유, 특히 진술번복의 우려가 증인신문 또는 증거보전의 사유가 되는지를 헌법재판소 결정과 함께 살펴본 후(Ⅲ), 피의자의 참여권 문제를 역시 헌법재판소 결정과 함께 검토하여 증인신문제도에 부

---

2) 물론 이에 대한 비판이 적지 않고(신동운, 신형사소송법 제4판, 법문사, 2012. 996면 등) 간이공판절차 이용률 자체가 2004년 40%에서 2007년에는 20%, 2012년에는 9%로 떨어지고 있는 것이 사실이다.
3) 헌법재판소 1996.12.26. 94헌바1 결정.

과된 불합리한 제한을 비판하고(Ⅳ), 증인신문 청구의 시적 한계를 검토하면서 입법론을 제시한 다음(Ⅴ), 참고인 구인제도의 도입과 비교하여 증인신문제도의 향후 모습을 전망하면서(Ⅵ) 필자 나름의 결론으로 글을 맺으려고 한다.

Ⅱ. 증인신문제도의 필요성과 본질에 관하여

1. 학설 대립

우리 형사소송법에서 증거보전제도와 별도로 증인신문제도가 필요한지에 대하여 견해 대립이 있는데, 이 문제는 증거보전제도와 증인신문제도의 관계를 어떻게 볼 것인가, 근본적으로는 증인신문제도의 본질을 어떻게 보는가의 문제에서 출발한다. 검사에게만 청구권이 인정되는 증인신문은 무기평등원칙과 당사자주의에 위배되는 규문주의적 제도이고, 피의자와 검사에게 공히 증거보전 청구권을 보장하고 있고 증거보전의 내용 중에 증인신문도 포함되어 있기 때문에 검사 역시 공소제기 전 또는 제1회 공판기일 전에도 증거보전제도를 이용하면 족하므로 검사에게만 증인신문 청구권을 별도로 보장할 필요가 없다는 견해가 있다[4]. 그리고 증인신문 청구권을 인정하되 그 적용범위를 조직범죄 척결, 증인 보호의 필요성이 있는 사건 등으로 대폭 축소하여야 한다는 견해도 있다[5]. 반대로 증거보전제도가 무기평등의 원칙과 당사자주의적 이념에 기초하여 수사기관의 수사권에 대항하여 피의자에게도 증거를 수집할 수 있도록 함으로써 실효성있는 방어권을 보장해 주기 위한 제도, 즉 피의자를 위한 제도이기 때문에[6] 검사의 증거보전 청구권에 대해 부정적인 태도를 보여주는 견해가 많다[7]. 그 중에는 검사의 증거보전 청구권을 폐지하여야 한다는 견해도 있다[8].

---

[4] 차용석/최용성, 형사소송법 제4판, 21세기사, 2013. 272면. 이재홍, "제1회 공판기일 전의 증인신문", 판례월보 제283호, 판례월보사, 1994. 47면도 같은 취지.
[5] 신동운, 앞의 책 408면.
[6] 이런 이유 때문에 피의자 측에는 참고인의 진술거부나 진술번복 우려를 사유로 하는 증거보전 청구권도 허용하여야 한다고 보기도 한다. 신양균, 신판 형사소송법, 화산미디어, 2010. 274면.
[7] 신동운, 앞의 책, 400-402면; 배종대/이상돈/정승환/이주원, 신형사소송법 제5판, 홍문사, 2013. 211면; 이재상, 형사소송법 제9판, 박영사, 2012. 335면; 신양균, 앞의 책, 275면; 차용석 등, 앞의 책, 270면; 이영란, 한국형사소송법, 나남출판, 2008. 391면; 정웅석/백승민, 형사소송법 전정제5판, 대왕출판사, 2012. 239면; 권오걸, 형사소송법, 형설출판사, 2010. 341면; 임동규, 형사소송법 제6판, 법문사, 2009. 254면 등.
[8] 방희선, "형사소송법상 증거보전제도에 관한 고찰", 저스티스 통권 제110호, 한국법학원, 2009. 182면.

위 견해들은 모두 증인신문제도와 증거보전제도가 본질적으로 동일하다는 시각을 전제로 하고 있다[9]. 심지어 참고인 구인제도의 도입 등에 관해 검찰의 입장에 서면서도 "증거보전은 수사의 효율성을 뒷받침하기 위한 것이라기 보다는 피고인으로 하여금 자신에게 유리한 증거를 수집 보전할 수 있는 강제처분을 제도적으로 마련하여 줌으로써 당사자주의를 강화하기 위한 제도이고, 증인신문은 그 주체가 수사기관이 아닌 판사라는 점에서 본질적으로 (형사소송상의) 증인신문으로서의 성격을 가지며 엄밀한 의미에서의 수사기관에 의한 참고인에 대한 강제수사와는 차이가 있다"고 하여[10] 증인신문의 본질이 수사절차라는 점과 검사의 증거보전 청구권을 모두 부정하는 듯한 주장을 펼치기도 한다.

2. 검토

증거보전제도와 증인신문제도가 기소 전에 법관이 형사절차에 직접 관여한다는 점이나 증거보전의 구체적 방법 중 하나가 증인신문인 점 등에서 외형상 매우 비슷한 것은 사실이다. 그러나 증거보전은 증거훼손의 우려로 인하여 수소법원이 (지금은 증거조사가 가능하지만 아직 증거조사단계가 아니고) 정상적인 증거조사기일에는 증거조사를 하기 어려운 상황에 대비하여 증거방법이나 증거가치를 확보하기 위해 미리 증거조사를 준비하거나 곧바로 증거조사하는 (이하 위 2가지 행위를 모두 증거조사라고 통칭하기로 한다)하는 제도인 반면[11], 증인신문은 중요 참고인에 대한 조사를 (수사기관으로서는 강제 참고인조사가 불가능하므로) 판사가 강제력을 수반하여 직접 수행하는 제도로서 본질적으로 전혀 다른 제도이다. 증인신문의 본질이 현재의 증거를 수집하는 절차, 즉 수사절차의 일종이라면, 증거보전의 본질은 장래를 위한 증거조사절차, 즉 재판절차의 일종이다

---

9) 배종대 등, 앞의 책, 216면과 차용석 등, 앞의 책, 272면, 이영란, 앞의 책, 396면은 증인신문도 증거보전의 일종으로 보고 있고, 김재환, 형사소송법, 법문사, 2013. 230면과 235면은 증인신문을 증거보전제도의 일종으로 전제하고 있으며, 송광섭, 형사소송법 개정판, 형설출판사, 2012. 522면 역시 "증인신문과 증거보전 중의 증인신문의 차이가 신문조서를 검찰에 송부하는지, 피의자 등이 이를 열람 등사할 수 있는지, 당사자의 참여권을 배제할 수 있는지에 있다"고 하여 결국 부분적인 차이는 있지만 증거를 보전한다는 점에서는 동일하다는 취지를 보여주고 있다.
10) 안태근, "미국 형사소송법상 중요참고인 체포제도", 해외연수검사 연구논문집 제15집, 법무연수원, 1999. 127면.
11) 엄밀한 의미에서의 증거보전은 증거방법이나 증거가치를 보전만 해 두고 실제 증거조사는 재판기일에 실행하는 것이라고 할 수 있지만, 현실적으로는 대상물 압수 등 보전처분만 해두는 경우 이외의 대부분의 경우에는 증인신문과 같이 즉시 증거조사를 해 버린다.

[12]. "증거보전은 당사자 쌍방에 대하여 각기 필요한 증거를 확보케 하는 것으로 당사자주의 소송구조의 구현요소임에 반하여, 증인신문은 참고인조사에 관한 검사의 수사활동을 보충하는 것으로 순수한 증거보전으로 보기는 어렵다"는 표현[13]이나, "법원의 힘을 빌린 수사기관의 강제처분"이라는 표현[14], "증거보전기능으로서의 제221조의2 제2항 삭제"라는 표현[15] 등은 모두 이러한 점을 잘 보여주고 있다. "제221조의2 제1항이 정하고 있는 사유는 수사의 진전을 도모하기 위한 것"이라는 본건 위헌결정 다수의견의 지적 역시 정확하다. 증거보전이 형사소송법 제1편 총칙(실제로는 '형사절차' 전체의 총칙이 아닌 '형사재판'의 총칙이다) 부분인 제184조에 규정된 반면, 증인신문이 제2편 제1장 수사부분인 제221조의2에 규정된 것도 같은 이유에서 이다.

증거보전은 본질이 재판절차이므로 법원이나 판사가 진행함이 당연하지만, 증인신문은 수사절차이므로 수사기관이 아닌 판사가 진행하는 것은 특례이다. 증거보전은 시기만 좀 앞당겨졌을 뿐 어차피 법원이 할 일을 판사가 하였다는 점에서[16] 그리 특별한 일이 아니다. 그러나 증인신문은 수사기관이 하여야 할 일을 판사가 대신 하였다는 점에서 매우 특별한 일이다. 이 때문에 증거보전에는 재판에 관한 법리가 적용되어야 하는 반면, 증인신문에는 수사에 관한 법리가 적용되어야 한다. 각 청구 사유의 문제, 참여권 허부의 문제, 기록 보관과 열람 등사의 문제, 조서의 증거능력의 문제 등에 있어 그와 같은 증거보전과 증인신문의 본질적 차이가 반드시 고려되어야 한다. 증인신문할 내용은 기본적으로 검사가 증인신문 청구서에서 요청한 내용이 중심이 되어야 하나, 증거보전할 내용은 판사가 적절히 판단하여야 하는 것도 마찬가지 이유이다.

이러한 시각에서 본다면 증거보전제도 자체가 무기평등 원칙의 표현이 아니라 증거보전 청구권이 검사와 피의자 등에게 공히 허용되어 있다는 점이 무기평등 원칙의

---

12) 물론 수사권이 없는 피의자가 기소 전에 자신에게 유리한 증거를 수집하는 방법으로 증거보전제도를 활용할 수도 있겠지만 증거수집은 부수적 효과이고 이것이 증거보전의 본래적 기능이라고 말할 수는 없다.
13) 방희선, 앞의 논문, 181면.
14) 배종대 등, 앞의 책, 330면; 이재홍, 앞의 논문, 49면.
15) 정웅석 등, 앞의 책, 243면.
16) 지금은 일본이나 우리나라에서 거의 그 잔재가 사라진 프랑스식 예심판사의 기능을 연상케 한다.

표현이다. 또한 증인신문 청구권은 수사기관의 수사권의 일종이기 때문에 검사에게만 부여함이 당연하며, 검사에게 증인신문 청구권이 부여되어 있다고 하여 증거보전 청구권을 허용하지 말아야 한다는 주장 역시 설득력이 없다. 앞에서 언급한 바와 같이 검사에게만 증인신문 청구권을 허용하는 것은 무기평등 원칙과 당사자주의에 위배되는 규문주의적 제도라는 비판도 있지만, 무기평등의 원칙은 변호인의 조력 등으로 방어력을 향상시켜서 성취하여야지 수사기관의 수사력을 약화시켜서 성취할 일이 아니다. 수사절차는 원래 탄핵주의나 당사자주의적 구조를 가지지 아니하므로 당사자주의에 위배된다거나 규문주의적이라고 비난하는 것이 적절하지 않다.

만일 검사에게 증인신문 청구권이 인정된다는 이유로 증거보전 청구권을 인정하지 않는다면 (뒤에서 살펴볼 진술번복을 이유로 하는 증인신문 청구를 허용한다고 하더라도) 검사는 증인신문 이외의 방법에 의한 증거보전, 예컨대 기소 전 법원의 검증·감정도 청구할 수 없다는 이상한 결론에 이른다[17]. 공판기일에 참고인이 사망하거나 해외이주 등의 사유로 증언하지 못할 우려가 있는 경우 참고인에게 강제적으로 증인 신분을 부여하는 것이 증인신문제도라고 설명하는 견해도 있으나[18], 위 사유들은 현재의 증거수집이 곤란한 경우가 아니라 장래를 위한 증거보전이 곤란한 경우이므로 결국 증거보전으로 해결하여야지 증인신문의 대상이 되지는 않는다.

한편 외국거주 등 사유 확대에 따라 제314조에 의한 증거능력 부여가 확대되었으므로 증인신문의 필요성이 약화되었다는 주장도 없지 않다[19]. 그러나 진술조서의 경우에만 한정해서 보더라도 제314조는 참고인이 수사기관에서 진술한 후 법정에 출석할 수 없게 된 경우에 적용될 수 있을 뿐 참고인이 처음부터 수사기관 출석·진술을 거부하는 경우에는 적용될 수 없기 때문에 증인신문제도를 대신하기는 어렵다. 즉 제314조는 수집된 증거의 증거능력 문제이지만 증인신문은 증거수집 자체의 문제이기 때문에 그 적용 상황을 전혀 달리한다.

---

17) 증거보전의 방법 중 압수·수색은 수사기관이 영장을 발부받아 직접 할 수도 있겠지만, 압수·수색의 주체와 압수물의 보관방법이 다르다는 점에서 증거보전의 방법으로 진행하는 것과는 큰 차이가 있다.
18) 권오걸, 앞의 책, 345면.
19) 배종대 등, 앞의 책, 218면.

Ⅲ. 증인신문 청구의 허용 사유

1. 출석·진술 거부

형사소송법 제221조의2 제1항은 중요 참고인의 출석·진술 거부를 증인신문 청구의 사유로 규정하고 있는 바, 증인신문제도 자체를 부정하지 않는 한 이를 다투는 견해는 없다. 다만 어떠한 경우를 진술거부라고 볼 것인지에 대하여는 좀더 구체적인 검토가 필요하다.

수사기관에 출석하여 진술하였지만 조서에 서명 날인을 거부하는 경우도 진술거부에 포함된다는데는 별다른 이견이 없는 것 같다[20]. 여기에서 좀 더 나아가 수사기관에 출석하였지만 허위진술 하는 경우에도 진술을 거부하는 것과 동일하게 보아 증인신문을 청구할 수 있을까 라는 의문이 든다. 구체적 내용을 진술하지만 그 내용이 허위인 경우라면 진술거부의 범주에 포함시키기 어렵겠지만, 처음부터 '전혀 알지 못한다'거나 '목격한 바 없다'는 등으로 진술하는 것은 사실상 진술거부와 다를 바가 없다. 만일 이러한 경우를 진술거부에서 제외하여 증인신문 청구의 대상이 되지 못한다고 해석한다면 증인신문을 회피하기 위한 수단으로 악용될 우려가 매우 크기 때문에, 진술거부의 개념을 실질적으로 파악하여 이러한 경우에도 진술거부에 해당된다고 해석하는 것이 옳다고 생각된다.

2. 진술번복 우려

(1) 형사소송법의 개정

수사단계에 조사에 응하여 진술을 하였지만 공판단계에 진술을 번복할 우려가 있는 경우에도 증인신문 또는 증거보전의 사유가 되느냐 하는 것은 매우 중요한 문제이다. 제221조의2 제2항은 "검사 또는 사법경찰관에게 임의의 진술을 한 자가 공판기일에 전의 진술과 다른 진술을 할 염려가 있고 그의 진술이 범죄의 증명에 없어서는 아

---
[20] 신동운, 앞의 책, 402면; 배종대 등, 앞의 책, 217면; 이은모, 형사소송법 제4판, 박영사, 2014. 371면; 권오걸, 앞의 책, 347면; 손동권/신이철, 새로운 형사소송법, 세창출판사, 2013. 327면.

니될 것으로 인정될 경우"에도 증인신문 청구권을 인정하고 있다가, 본건 위헌결정에 따라 2007년 형사소송법 개정시 삭제되었다. 그러나 문제는 여전히 남아있다. 진술번복 우려를 사유로 하는 증인신청이 정말로 위헌인지도 문제이고, 진술번복 우려가 증인신청의 사유가 되지 못한다면 증거보전의 사유는 되는지도 문제이다. 첫 번째 문제는 위 부분에 대한 본건 위헌결정을 비판하는 방법으로 검토하기로 하고 아래에서는 두 번째 문제를 먼저 검토한다.

비교법적으로 살펴보면, 일본 형사소송법 제179조는 증거보전을 규정하면서 청구권자를 피의자·피고인과 변호인에 한정하여 검사에게는 증거보전 청구권을 배제하는 한편, 제226조는 범죄수사에 없어서는 아니될 지식을 가지고 있다고 명백히 인정되는 자가 출석 또는 진술을 거부하는 경우 검사에게 증인신문 청구권을 인정하고 있고, 제227조는 수사기관의 조사에서 임의의 진술을 한 자가 공판기일에는 '(누군가로부터) 압박을 받아' 전에 한 진술과 다르게 진술할 우려가 있고 그 진술이 범죄의 증명에 없어서는 아니되는 것으로 인정되는 경우에도 증인신문 청구권을 인정해 오던 중, 최근 이를 개정하면서 '압박을 받아'를 삭제함으로써 제227조의 적용범위가 오히려 확대되었다. 우리 형사소송법이 진술번복의 우려를 증인신문의 사유로 규정하였던 것은 일본 형사소송법에 영향 받은 바가 적지 않은 것으로 보인다[21].

그러나 일본 형사소송법은 증거보전 청구권을 검사에게는 인정하지 않고 있다는 점에서 우리 형사소송법과 큰 차이를 보이고 있다[22]. 일본 형사소송법에서는 진술번복의 우려가 있는 경우를 증인신문의 사유로 하지 않는다면 증거보전의 방법으로는 보완할 수 없다. 그러나 우리 형사소송법은 검사에게도 증거보전 청구권을 인정하고 있기 때문에 혹 증인신문의 사유로 허용하지 않는다고 하더라도 증거보전을 통해 보

---

[21] 한편 독일의 경우에도 피의자에게만 증거보전 청구권을 인정하고 있다는 주장이 있지만(이재상, 앞의 책, 335면; 손동권 등, 앞의 책, 325면; 방희선, 앞의 논문, 182-183면), 검사에게 압수 수색 등의 강제처분권이 인정되고 있을 뿐만 아니라 구인을 통해 참고인의 출석을 강제할 수 있기 때문에 피의자에게만 증거보전 청구권이 인정된다는 단정은 적절치 않다는 비판도 없지 않다(김성룡, "수사단계 진술의 증거능력 및 증명력 보존을 위한 제도적 방안 연구", 대검찰청, 2012. 197면).
[22] 결국 일본의 경우 증인신문제도가 증거보전이라는 성격을 함께 가지지 않을 수 없으며, 검사는 증인신문 이외의 증거보전(예컨대 검증, 감정 등)은 활용할 수 없다는 문제가 발생한다.

완할 수 있는 가능성이 충분히 있다.

(2) 진술번복의 우려가 증거보전의 사유가 되는지에 대하여

증거보전이 증거의 물리적 멸실 뿐만 아니라 증거가치, 즉 증명력의 상실 변화에 대응하기 위해서도 허용된다는 점에는 다툼이 없지만, 진술번복의 우려가 증거보전의 사유인지에 대하여는 이를 인정하는 견해[23]와 인정하지 않는 견해[24]가 대립하고 있다. 다만 인정과 반대의 근거를 명확히 설명하는 경우는 별로 없다. 뒤에서 살펴볼 바와 같이 헌법재판소는 이 부분을 직접 다루지는 아니하였지만 전체적으로 부정적인 태도를 보여주고 있다.

증거보전의 사유는 '미리 증거를 보전하지 아니하면 그 증거를 사용하기 곤란한 사정', 즉 증거 훼손의 우려이다. 이에는 향후 증거조사가 곤란해지는 경우뿐만 아니라 증거조사 자체는 가능하지만 이미 증명력에 변화가 생겨 증거조사의 본래적 효과를 기대하기 어려운 경우가 모두 포함된다. 증거의 훼손이란 추상적, 평가적 의미이지 물리적 의미가 아니므로 즉 증거방법에 변화가 없더라도 증거자료 즉 증거가치에 변화가 온다면 이 역시 증거 훼손에 해당하기 때문에 증거보전의 사유가 된다고 봄이 상당하다.

증인신문을 증거보전의 일종이라고 본다면 진술번복의 우려를 증인신문의 사유로 하더라도 별다른 문제가 없을 것이다. 그러나 수사절차인 증인신문과 재판절차인 증거보전은 본질적으로 다르다. 적어도 수사단계에 수사에 협조하고 있는 자에 대하여 수사절차로서는 더 이상 조치의 여지가 없기 때문에, 기소 후의 진술번복 우려는 증거보전의 사유가 될 뿐 처음부터 증인신문의 대상이 되지는 못한다고 보아야 한다. 만일 이러한 상황에서 법원이 나서서 수사절차를 돕는다면 이는 당사자주의와 맞지 않을 뿐만 아니라 더 나아가 탄핵주의 이념과도 충돌할 수 있다.

---

23) 신동운, 앞의 책, 402면; 이재상, 앞의 책, 334면; 임동규, 앞의 책, 255면; 이창현, 형사소송법, 입추출판사, 2014. 495면; 김재환, 앞의 책, 231면.
24) 이은모, 앞의 책, 366면.

누차 강조하는 바와 같이 증인신문제도는 증거보전과는 본질적으로 구별되는 수사절차이다. 따라서 중요 참고인이 지금은 수사에 협조하여 진술하고 있지만 이후 재판단계에 진술을 번복할 우려가 있다면 이는 수사절차로서의 증인신문이 아닌 재판절차로서의 증거보전을 통해 해결하여야 한다. 따라서 진술번복 우려를 증인신문의 사유에서 배제한 본건 위헌결정과 이 결정에 따라 2007년 형사소송법을 개정하면서 증인신문의 사유에서 진술번복의 우려 부분(제2항)을 삭제한 조치는 결과적으로는 옳다. 다만 본건 헌법재판소 결정의 위헌 논증 과정에는 적지 않은 문제점을 가지고 있고, 이는 진술번복의 우려가 증거보전의 사유가 되는지를 판단함에도 상당한 영향을 미치므로 세밀하게 검토할 필요가 있다.

3. 본건 위헌결정 중 제221조 제2항 부분에 대한 비판적 검토

(1) 결정의 요지
위 결정에서 6인 이상의 다수의견의 요지는
① 증인신문절차의 참여권 및 반대신문권을 규정하고 있는 제221조의2 제5항은 같은 조 제2항의 증인신문절차의 핵심적 구성부분이라고 보아야 하므로 제5항을 위헌 선언하는 경우에는 제2항도 함께 위헌 선언함이 타당하다.
② 제221조의2 제2항은 범인 필벌의 요구만을 앞세워 과잉된 입법수단으로 증거수집과 증거조사를 허용함으로써 법관의 합리적이고 공정한 자유심증을 방해하여 헌법상 보장된 법관의 독립성을 침해할 우려가 있으므로 결과적으로 그 자체로서도 적법절차의 원칙 및 공정한 재판을 받을 권리에 위반된다는 것이다.

반면 반대의견의 요지는
① 증인신문절차는 독자적 필요성이 인정되고 피의자 등의 참여권을 강행규정으로 운영할 여지가 충분히 있으며 법관이 중립적이고 전문적인 입장에서 증언의 진정성이 확보될 수 있도록 주재할 수 있으므로 그 자체가 헌법상 적법절차에 반한다거나 공정한 재판을 받을 권리를 침해한다고 할 수는 없고, 오히려 위 절차에서 작성된 증인신문조서에 대하여 당연히 증거능력을 인정하는 제311조 후문의 위헌성이 문제될

뿐이다.

② 제221조의2 제5항의 위헌선고로 피의자측의 반대신문권이 보장되는 경우 그 자체로서 다수의견이 주장하는 핵심적인 위헌요소가 해소될 뿐 아니라 제2항의 증인신문 청구제도 자체도 절차적 정당성과 제도적 타당성이 현저히 강화될 것이므로 단지 제5항에 대해서만 위헌을 선고하면 족한 것이지 제2항까지도 위헌을 선고하여야 한다는 것은 논리의 비약이다.

③ 제221조의2 제2항 자체의 내용은 합리적이고 정당한 이유와 근거에 바탕을 두고 있는 것이므로 헌법상의 적법절차의 원칙에 위배되거나 국민의 재판청구권을 침해하는 것이라고 할 수 없다. 제221조의2 제5항 중 제2항에 관한 부분에 대하여 위헌결정을 할 경우 피고인 등의 증인신문절차 참여권과 반대신문권이 당연히 보장되게 됨에 따라 같은 조 제2항에 의한 증인신문절차는 통상의 증거보전절차와 사실상 중복되어 증거보전의 제도로서 특별히 독립된 의미를 가질 수 없게 됨은 부인할 수 없지만, 헌법재판소로서는 특정한 제도가 다른 일반적인 제도와 사실상 같은 기능을 발휘하기 때문에 독립된 의미나 존치의 필요성의 따로 없다는 이유만으로 곧바로 그 제도에 대하여 위헌의 결정을 할 권한은 없다는 것이다.

위 결정은 크게 보면 제221조의2 제5항에서 피의자에게 참여권을 보장하지 아니한 문제 부분과 같은 조 제2항에서 진술번복 우려를 이유로 한 증인신문 문제 부분으로 나누어 볼 수 있는데, 다수의견은 위 두 부분에 대하여 모두 위헌이라고 판단하였다. 제5항의 위헌성에 대하여는 아래 별도의 항에서 다루기로 하고 여기에서는 제2항의 위헌성에 대하여만 살펴보기로 한다.

헌법재판소가 제221조의2 제2항을 위헌이라 판단한 이유는 다시 두 가지이다. 첫째는 적법절차 원칙과 공정한 재판을 받을 권리를 침해하므로 제2항 자체가 위헌이라는 것인데(다수의견②) 이에 대하여는 반대의견①과 반대의견③ 전단이 각 반박하고 있으며, 둘째는 제2항의 핵심적 구성부분인 제5항이 위헌이므로 제2항도 위헌이라는 것인데(다수의견①) 이에 대하여는 반대의견②와 반대의견③ 후단이 각 반박하고 있다.

(2) 검토

가. 제221조의2 제2항 자체가 위헌인가

(가) 증거보전 사유라는 점에 대한 판단 누락

진술번복의 우려가 증인신문 청구의 사유가 되는지에 대하여 증인신문제도의 본질이 무엇이고 진술번복 우려가 이에 부합하는지에 대한 본질적인 검토 없이, "검사가 증거보전이 아닌 증인신문의 방법을 택함으로써 피의자 등의 참여권 보장을 피해 가는 것은 부당하다"는 등의 결과에서의 차이만을 가지고 접근하는 경우가 적지 않다[25]. 본건 위헌결정의 다수의견 역시 증인신문과 증거보전의 본질적 차이는 고려하지 아니한 채 법관의 자유심증이나 독립성 침해 또는 적법절차 위반 등의 결과적 측면에서만 판단하고 있다는 점에서 그와 별반 다르지 않다고 생각된다. 본건 위헌결정의 반대의견 역시 다수의견의 그와 같은 문제점을 명확하게 지적하지는 못하고 있다.

그러나 참여권 보장 여부 등은 부수적 효과에 불과하며, 본질론으로 접근해야 모든 문제가 근본적이고도 체계적으로 해결된다. 앞에서도 살핀 바와 같이 진술번복 우려로 인한 증인신문은 그 본질이 수사절차가 아닌 증거보전, 즉 재판절차라고 보는 것이 옳다. 사실은 위 결정의 다수의견도 "제1항이 정하고 있는 사유는 수사의 진전을 도모하기 위한 것이고 제2항이 정하고 있는 사유는 증거의 보전을 위한 것"이라고 확인하고 있고, 소수의견 역시 "참고인으로 수사기관에서 진술한 자가 공판정에 나와 진술을 번복할 경우 참고인 진술조서는 무가치한 것이 되어 버리므로 목격자나 피해자의 진술을 증거보전 해 둠으로써 그 증거능력을 확실히 담보하는 것을 목표로 하는 절차"라고 보아 같은 취지임을 밝히고 있다. 제221조의2 제2항이 재판절차인 증거보전으로 해결하여야 한 문제에 대하여 수사절차인 증인신문으로 해결하려고 시도된 것이라는 점에는 헌법재판관들이 다툼 없이 동의하였다는 말인데, 상황이 그러함에도

---
[25] 진술번복의 염려가 있을 때에도 증거보전의 필요성이 있다고 보면서 위헌 결정이 내려진 221조의2 제2항의 경우와는 달리 제184조에는 반대신문권이 보장되기 때문이라도 보는 입장(신동운, 앞의 책, 402면) 등이 이에 해당한다.

"진술번복이 우려되는 경우에는 증인신문제도의 본질과도 맞지 않고, 오히려 증거보전제도를 이용할 수 있음에도 증인신문의 사유로 규정한 것은 부적절하다"는 판단이 나오지 아니한 것은 몹시 아쉬운 결과이다. 그와 같은 점이 탄핵주의와 충돌할 우려도 없지 않지만 이를 가지고 반드시 위헌이라는 결론에 이를 수 있겠는지는 의문이다.

(나) 과잉된 입법수단이라는 점에 대한 판단

위 결정의 다수의견 자체에 대하여 살펴보자. 진술번복의 우려가 있는 참고인에 대하여 미리 법관 앞에서 증인신문 절차를 거치게 하는 것은 과잉된 입법수단으로서 법관의 자유심증과 독립성을 침해할 우려가 크다는 것인데, 구체적으로 어떤 점이 과잉된 입법수단이라는 말인지 불분명하다. 또한 법관의 판단에 악영향을 준다는 것이지 참고인에게 가혹하다거나 참고인의 진술을 강요하기 때문에 참고인의 기본권을 침해한다는 지적은 아니다. 더 나아가 자유심증과 독립성을 침해당한다는 '법관'은 증인신문을 진행하는 '판사'가 아니라 이를 기초로 본안을 판단하여야 하는 '법원', 즉 수소법원임도 문맥상 명확하다. 그렇다면 '과잉된 입법수단'도 참고인이나 판사 기준으로 과잉된 것이 아니라 법원 기준으로 과잉된 것이라는 말인데, 이미 진술한 참고인에 대하여 진술번복, 즉 증명력 훼손에 대비하여 법관 앞에서 다시 한번 진술하게 하고 그 결과에 증거능력을 부여하여 판단의 자료로 할 수 있도록 한 것이 법원에 대하여 그리도 과잉된 입법수단이었까? 그리고 이로 인해 법원의 구성원인 법관의 자유심증과 독립성이 침해될 우려가 그리도 큰 것일까?

필자는 단연코 아니라고 생각한다. 자유심증주의에 따라 증명력 판단은 처음부터 법관 개개인에게 맡겨져 있으므로 법관은 증인신문의 결과인 증인신문조서의 신빙성에 대하여 자유롭게 판단할 수 있고[26], 혹 의문이 있으면 증인으로 다시 소환하여 신문한 후 그 신빙성을 서로 비교할 수도 있다. 더욱이 중요 참고인의 진술번복으로 인한 입증 곤란으로 중대 범죄인이 형사처벌을 피해갈 수 있는 우려를 차단하기 위한

---

26) 법관은 진술은 시간이 지날수록 신빙성이 낮아진다는 점과 수사기관 조사 수일 후의 법관 면전 진술이기 때문에 수사기관에서의 암시 등이 잔존할 수 있다는 점 등을 경험칙에 따라 함께 고려하여 증명력을 판단할 수 있을 것이다.

현실적 필요성을 고려한다면[27] 구체적 근거 제시도 없는 '과잉입법' 비판은 쉽게 수긍되지 않는다. 참고인의 진술번복 우려는 수사기관이 참고인 보호활동을 통하여 관련자와의 접촉을 방지하는 등 수사기관의 힘으로 해결하여야지 법원에 그 부담을 전가할 수는 없다는 비판도 가능하겠지만[28], 참고인 보호가 현실적으로 매우 어렵고 그 과정에 참고인의 인권이 더 크게 침해될 수 있으며 실체적 진실발견을 통한 사법정의 실현은 수사기관의 책무일 뿐만 아니라 법원의 책무이기도 하다는 논리가 더욱 설득력 있어 보인다.

다수의견은 "과잉된 입법수단으로 증거수집과 증거조사를 허용함으로써"라고 표현하고 있는 바, 이 중 증거수집은 증인신문을 가리키고 증거조사는 증거보전을 가리키는 것으로 해석된다[29]. 그렇다면 진술번복 우려를 사유로 하는 증인신문 청구는 물론이고 증거보전 청구도 위헌이라는 결론을 피하기 어렵지만, 이는 진술번복 우려가 증거보전의 사유는 될 수 있다는 다수설과도 충돌한다. 결국 진술번복의 우려가 있는 경우에는 피고인 측이나 검사 측이나 공히 증거보전 청구로서 해결 가능하기 때문에 증인신문의 사유로는 부적절할 뿐이지 그 자체가 과잉된 입법수단이라는 헌법재판소의 설명은 무리한 논리구성이라 생각된다.

진술번복의 우려가 있는 중요 참고인에 대하여는 증인신문이 아닌 증거보전의 방법을 취함이 제도의 본질과도 맞다. 더 나아가 뒤에서 살펴볼 바와 같이 증거보전에 대하여는 당연히 참여권이 보장되어야 한다고 해석되는 바, 피의자 측의 참여 없이 수사기관에서 진술한 참고인에 대하여 진술의 증명력을 미리 확보해 두려는 의도 하에 또다시 법관 앞에서 증언하게 하는 경우이므로 이번에는 피의자 등의 참여권과 반대신문권을 보장하는 것이 공정한 재판의 이념에도 부합한다.

---

[27] "비록 출석요구에 응하여 진술하는 경우라도 해당 참고인의 특성이나 상황에 따라 진술의 내용이 변화할 수 있는 가능성이 높은 경우에는 판사에의한 증인신문조서의 확보가 진술증거의 증거능력 확보의 가장 중요한 방법의 하나"라는 지적은 이를 잘 표현하고 있다. 김성룡, 앞의 논문, 108면.
[28] 위 결정 반대의견이 그와 같은 점을 에둘러 언급하고 있다.
[29] 앞에서도 밝힌 바와 같이 헌법재판소 역시 증인신문과 증거보전의 법적 성격에 대한 본질적 차이를 인식하면서도 이를 판단에서 활용하지 아니하였다는 것이 필자의 생각이다.

나. 제221조의2 제5항이 위헌이면 같은 조 제2항도 위헌인가

이 문제는 엄밀하게 살펴보면 형사법적 문제가 아닌 논리적 문제이다. 또한 어차피 헌법재판소가 제222조의2 제2항 자체로도 위헌이라고 판단하고 있기 때문에 "5항이 위헌이어서 제2항도 덩달아 위헌"이라는 판단이 없었더라도 결론에는 별 차이가 없었을 것이다. 따라서 이글에서 검토할 필요가 없지 않는가하는 생각도 있지만, 본건 위헌결정에서 제2항이 위헌이라는 판단에 이른 2가지 논거 중 하나일 뿐만 아니라 반대의견 역시 이 문제를 비중있게 다루고 있기 때문에 여기에서도 최소한으로만 살펴보기로 한다.

다수의견은 참여권 등을 규정하고 있는 제5항이 제2항의 핵심적 구성부분이기 때문에 제5항이 위헌으로 인정되면 제2항의 증인신문 절차 전체의 내적 평형이 무너짐으로써 입법자의 의도가 왜곡되기에 이르기 때문에 제5항을 위헌선언 하면서 제2항을 유효한 것으로 남겨둘 필요성이 없다고 판단하였다. 참여권의 절대적 보장이 증인신문의 필수적 요청인지는 아래 항에서 살펴보겠지만, 참여권이 절대적으로 보장되지 아니하였다고 하여 진술번복 우려를 사유로 하는 증인신문이 반드시 위헌이 되는지도 의문이다. 더 나아가 반대의견이 적절히 지적하고 있듯이 참여권이 제한된 증인신문이 위헌적이라 하더라도 참여권 제한부분을 위헌 결정하여 향후 참여권을 절대적으로 보장하면 적어도 참여권 문제로 인한 증인신문의 위헌 문제는 더 이상 발생할 여지가 없음이 논리적으로 명확하다. 그러함에도 다수의견이 참여권 불보장이라는 이유로 제2항의 증인신문 자체도 위헌이라고 선언한 것은 법리적으로 옳고 그르고를 떠나 논리적으로 심한 모순에 빠져있다. 비유하자면 양복을 입은 채 운동화를 신고 있어 보기에 좋지 않다면 운동화 대신 구두를 신게 하면 족하지 양복까지 벗으라고 할 필요는 없는 것이다.

Ⅳ. 피의자 등의 참여권 문제

1. 참여권에 관한 헌법재판소의 위헌 결정과 형사소송법의 개정

1973년 증인신문제도가 처음 입법될 당시에는 피의자 등에게 신문기일에 "참여하

게 할 수 있다"고 규정되어 있었다. 그러나 참여권을 부여하지 않는 것이 원칙이라는 듯한 규정은 문제가 있으며 참여권 부여가 기준도 없이 판사의 재량에 맡겨지는 것은 옳지 않다는 비판이 제기되자 1995년 "특별히 수사에 지장이 있다고 인정하는 경우를 제외하고는 참여하게 하여야 한다"로 개정하였다. 그러나 헌법재판소는 본건 위헌결정을 통해 위와 같은 참여권 제한도 위헌이라고 판단하였고, 위 결정에 따라 2007년 형사소송법을 개정하면서 위 "특별히 수사에 지장이 있다고 인정하는 경우를 제외하고는" 문구를 삭제함으로써 피의자 등에게 절대적으로 참여권을 보장하여야 한다는 취지로 바꾸면서 법원에 대하여 신문기일 통지의무까지 부여하였다.

헌법재판소의 위 결정에서 다수의견은 "제221조의2 제5항 중 제2항에 관한 부분의 위헌성"이라는 소제목 하에 "제221조의2 제5항은 피고인들의 공격 방어권을 과다히 제한하는 것으로서 그 자체의 내용이나 대법원의 제한적 해석에 의하더라도 그 입법목적을 달성하기에 필요한 입법수단으로서의 합리성 내지 정당성이 인정될 수는 없다고 할 것이므로 헌법상의 적법절차의 원칙 및 청구인의 공정한 재판을 받을 권리를 침해하고 있다"고 본 반면, 소수의견은 "수사절차에 있어서는 공판절차와는 달리 원칙적으로 그 신속성, 밀행성의 요청상 공판절차 중심의 탄핵주의나 당사자주의 소송구조가 엄격히 적용될 수는 없어 피의자 등의 반대신문권 보장이 반드시 필요한 것은 아니므로, 제221조의2 제5항에 반대신문권이 보장되어 있지 아니한 결과 기본권 제한이 과잉하고 법관의 독립성을 침해한다는 다수의견은 수사절차의 본질을 바로 보지 못한 편향된 견해"라고 보았다.

현재로서는 법원이나 수사기관이 피의자의 증인신문절차 참여를 막을 방법이 전혀 없다[30]. 피의자의 참여권 제한에 관한 위헌결정과 위 형사소송법 개정을 긍정적으로 보는 것이 학계의 일반적인 태도이지만, 위 결정의 반대의견에서 알 수 있듯이 위와 같은 조치가 반드시 타당하였는지에 대하여도 검토의 필요가 있다고 생각된다.

---

30) 재판장은 증인이 피의자 앞에서 충분한 진술을 할 수 없다고 인정한 때에는 그를 퇴정하게 하고 진술하게 할 수 있으나(제297조 제1항의 유추적용), 이는 증인 보호를 위한 조치이지 수사기밀 보호를 위한 조치가 아닐 뿐만 아니라, 진술이 종료한 때에는 퇴정한 피의자를 입정하게 한 후 진술의 요지를 고지해 주어야 하므로(같은 조 제2항) 수사기밀 보호에는 아무런 도움이 되지 않는다.

2. 검토

(1) 참여권 제한의 위헌성 여부

가. 증인신문의 본질론

위 결정의 다수의견은 참여권 제한이 피의자의 방어권을 과다히 제한한다는 결과론적 측면에서만 검토하고 있지만, 증인신문의 참여권 문제 역시 증인신문의 본질이 무엇인지를 인식하는 것에서부터 검토를 시작하여야 한다. 증거보전이 재판절차라면 증인신문은 수사절차이다. 따라서 증거보전에는 공개주의가 대원칙인 반면, 증인신문에는 밀행성이 대원칙이다. 모든 수사활동을 비공개로 하여야 하는 것은 아니지만, 특별한 사유가 아니면 비공개가 오히려 원칙인 것이다. 물론 재판의 경우에도 국가의 안전보장 등 특별한 이유가 있으면 제한된 범위 내에서 비공개가 가능하지만, 재판에서의 비공개는 매우 예외적인 경우에 불과하므로 수사의 밀행성과 극명하게 대비된다.

증인신문의 경우 판사가 절차를 주도하고 그 결과가 재판에서 곧바로 증거로 사용되므로 재판적 요소가 없지 않지만, 그 본질은 수사절차이다. 따라서 피의자의 참여권이 재판에서와 같이 원칙적으로 보장되어야 하는 것은 아니다. 앞에서 말한 증인신문의 특징을 고려하여 일반적인 수사절차와 달리 피의자의 참여권을 상당부분 보장한다는 점은 인정할 수 있지만, 위와 같은 특징이 수사절차라는 증인신문의 본질을 완전히 바꿀 수는 없다. 따라서 1995년 개정 형사소송법 규정과 같이 "특별히 수사에 지장이 있다고 인정하는 경우" 외에만 참여권을 보장하는 것이 위헌이 아님은 물론, 형사절차의 현실을 고려할 때 오히려 더욱 적절하다[31]. 입법론적 재고가 필요하다.

나. 진술조서와의 비교

반대의견이 적절히 지적하듯이 문제는 참여권을 제한한다는 것이 아니라 증인신문조서에 무조건적으로 증거능력을 인정한다는 것이다. 수사단계에 피의자 등의 참여

---

[31] 기소 후의 증인신문에는 피고인의 참여권을 배제할 수 없지만 기소 전의 증인신문에는 수사에 지장이 우려되는 경우 참여권을 배제할 수 있도록 하자는 주장(김성룡, 앞의 글, 123면) 역시 같은 취지로 보인다.

권이 보장되지 않았다고 하여 참고인 조사가 부적법하다거나 참고인 진술조서의 증거능력이 무작정 부정되지는 않는다. 진술조서는 피의자의 증거동의가 없더라도 원진술자의 증언 등으로 진정성립이 인정되고 법정에서 반대신문권이 보장되면 증거능력 인정되며(제312조 제4항), 원진술자가 사망 등을 이유로 법정에 출석할 수 없게 된 경우라면 특신상태의 증명을 요건으로 증거능력이 인정된다(제314조). 그러함에도 수사단계에 법관이 참고인을 조사하면서 '수사에 지장이 있다'고 판단하여 피의자의 참여를 허용하지 아니하였다고 하여 위헌이라고 판단하고 처음부터 증거능력을 부정하는 것은 균형에 맞지 않다.

반대로 증인신문 조서가 판사 면전에서 이루어지기는 하였지만 수사단계에 사실상 수사기관 주도로 이루어진 것으로서 위법수집의 우려가 적고 진정성립이 사실상 인정된다는 점 외에는 참고인 진술조서와 다를 것이 없는데, 반대신문권이 보장되지도 아니한 채 증거능력을 인정하는 것도 전혀 합리적이지 못하다. 결국 증인신문의 피의자 참여권 문제는 참여권의 절대적 보장으로 해결할 것이 아니라 증거능력 문제와 연계하여, 제312조 제4항에 준하여 법정에서 피고인에게 반대신문 기회를 부여하는 것을 조건으로[32)33)] 증거능력을 부여하고, 원진술자가 사망 등의 사유로 법정에 출석할 수 없는 경우에는 제314조에 의해 특신상태가 증명되면[34)] 증거능력을 인정하는 것이 타당할 것이다. 입법론적으로 함께 고려되어야 할 것이다.

다. 증거보전에서의 참여권 문제

증거보전에서 피의자에게 참여권이 보장되는지를 함께 살펴보기로 하자. 제184조에는 피의자의 참여권에 대한 언급이 전혀 없다. 그러함에도 통설은 피의자에게 절대적인 참여권이 있음을 인정하면서 그 근거로서 "처분에 관하여 법원 또는 재판장과

---

32) 참고인 진술조서의 경우 피의자와 대질하면서 작성되었더라도 제312조 제4항에 의하여 법정에서 다시 반대신문 기회가 부여되어야 증거능력이 인정된다. 수사단계의 대질과 법정에서의 대질은 질적인 차이가 있기 때문이다. 마찬가지로 증인신문에서 피의자의 참여권과 반대신문권이 보장되었다고 하더라도 법정에서 다시 반대신문의 기회가 부여되어야 증거능력을 인정함이 상당할 것이다.
33) 법관 면전에서 작성된 조서이므로 진정성립 인정 등 제312조 제4항의 나머지 조건 충족에는 별다른 문제가 없을 것으로 생각된다.
34) 법관 면전에서의 신문이므로 특신상태 인정에 큰 문제가 없을 것으로 생각된다.

동일한 권한이 있다"는 제184조 제2항을 들고 있다[35]. 대법원 역시 참여권이 있음을 전제로 참여권 침해시 위법수집증거로서 증거능력 없으며, 후에 증인이 법정에서 조서의 진정성립 인정하더라도 하자가 치유되지 않는다고 하는 한편[36], 피고인과 변호인이 증거동의하여 별다른 이의없이 적법하게 증거조사를 거친 후에는 하자가 치유된다고 보고 있다[37].

판사의 권한에서 피의자의 참여권이 나온다는 통설은 그 자체로 이해하기 어려운 논리 구조이다. 피의자의 증거보전절차 참여권은 증거조사 참여권에서 유추되며, 증거조사 참여권은 당사자주의와 공정한 재판의 이념, 공개재판주의 등에서 나오는 것이지[38], 법원에 갈음하는 판사의 증거조사에 관한 권한에서 나오는 것이 아니다. 결국 증거보전의 경우 당사자의 절차 참여권에 관하여는 법률에 명문 규정이 없다고 보는 것이 옳다. 증인신문절차에 대하여는 참여권이 명시적으로 규정되어 있다는 점과 대비시켜 볼 때 적어도 현행 형사소송법 하에서는 증거보전절차에서 당사자의 참여권이 보장되지 아니한다고 해석하는 견해도 없지 않다[39]. 그러나 앞에서도 살펴본 바와 같이 증거보전의 본질은 재판절차, 즉 증거조사이므로 공개주의, 공정한 재판의 이념 등에 따라 당연히 참여권이 보장되어야 한다고 생각된다. 어쩌면 그러한 당연성 때문에 제184조에서 명문으로 규정하지 않은 것인지도 모른다. 그러나 앞에서 살핀 바와 같이 오해의 소지가 없지 않으므로 참여권에 대하여 명문으로 규정하는 것이 더 좋겠다고 생각된다.

라. 열람·등사청구권 불허와의 조화 문제

증거보전은 그 본질이 재판절차이므로 이를 통해 획득된 증거는 법원이 보관하고 판사의 허가를 얻어 열람·등사할 수 있음이 당연하지만(제185조), 증인신문은 그 본질이 수사절차이므로 이를 통해 획득된 증거, 즉 증인신문조서는 즉시 검사에게 송부되

---

[35] 특히 방희선, 앞의 논문, 187면 등.
[36] 대법원 1992.2.28. 선고 91도2337 판결.
[37] 대법원 1988.11.8. 선고 86도1646 판결.
[38] 증거보전에서의 피의자의 참여권은 증인신문에서의 반대신문권만으로 설명하여서는 아니된다. 증거를 보전하는 방법으로는 증인신문 외에도 압수, 검증, 감정 등이 모두 포함되기 때문이다.
[39] 김성룡, 앞의 논문, 111면.

어야 하며(제221조의 2 제6항) 기소 전에는 검사의 승낙 없이 열람·등사할 수 없다고 해석된다[40]. 증인신문조서에 포함된 수사기밀이 기소 전까지 지켜지도록 하기 위한 입법적 밀봉조치이다.

그러나 이와 같은 밀봉조치가 개정 형사소송법에 따른 피의자의 참여권 절대적 보장으로 인하여 사실상 무의미하게 되어 버렸다. 피의자가 증인신문절차에 참여하여 신문내용을 지득해 버렸는데 조서를 밀봉한들 무슨 소용이 있겠는가? 이와 같은 점만 보더라도 애초의 입법 취지대로 수사기밀 보호의 필요가 큰 경우 피의자의 참여권을 제한할 수 있도록 함이 옳다. 열람·등사가 허용되지 아니함에도 조서에 대하여 절대적 증거능력을 인정하는 것은 오류 개입의 가능성을 점검할 수 없는 등의 문제점을 안고 있다는 지적이 있으나[41], 앞에서도 설명한 바와 같이 절대적 증거능력 인정 자체가 문제이지 기소 이후에는 열람·등사를 통해 오류를 시정할 수 있기 때문에 기소 전의 열람·등사 금지가 크게 문제되는 것은 아니라고 생각된다.

V. 증인신문 청구의 시적 한계에 관하여

1. 학설과 판례에 대한 검토

증인신문을 청구할 수 있는 최초의 시점을 입건, 즉 수사 개시 후로 보는 데는 이견이 없다[42]. 증인신문에 대한 판례는 없지만, 증거보전과 관련한 판례도 같은 취지를 보여주고 있다[43]. 증인신문을 청구할 수 있는 최후 시점에 대하여는 제221조의2 제1항이 "제1회 공판기일 전에 한하여"라고 명시하고 있으므로[44], 기소 전은 물론이고 기소 후에도 제1회 공판기일이 열리기 전에는 증인신문제도의 활용이 가능하다. 이때 '제1회 공판기일'의 정확한 의미에 대하여는 모두절차 개시 전이라는 견해[45], 검사의

---

40) 기소 전까지만 불허되므로, 현행법상 인정되는 기소 후 증인신문의 경우에는 이 규정이 적용될 여지가 없다.
41) 신동운, 앞의 책, 407면.
42) 김성룡, 앞의 논문, 109면.
43) 대법원 1979.6.12. 선고 79도792 판결.
44) 증인신문의 경우에는 '제1회 공판기일 전에 한하여'라고 규정되어 문언상 다른 해석의 여지가 없지 않음에도 양자를 동일한 의미로 해석하는 것이 통설적 견해이다. 신동운, 앞의 책, 403면 등.
45) 이창현, 앞의 책, 496면과 김재환, 앞의 책, 231면. 공판기일이 시작되면 증거조사 절차가 아니라도 증거

모두진술 종료시라는 견해[46], 모두절차 종료시(사실심리 개시 전)라는 견해[47] 등이 대립하고 있다. 형식적으로는 모두절차 종료 후 증거조사 절차가 개시되어야 증거조사를 신청할 수 있기 때문에 그 이전에는 증인신문을 청구할 수 있다 할 것이지만, 제1회 공판기일 개정 직후 증인신문을 신청하더라도 모두절차가 종료된 후 증인신문을 신청하는 경우와 실제 차이는 없을 것으로 보인다. 같은 이유로 제1회 공판기일 직전에 증인신문을 신청하였더라도 실제로 제1회 공판기일 이후에 증인신문을 하는 경우라면 일반 증거조사 절차에 의하면 족하지 굳이 증인신문 절차로 진행할 실익은 없을 것이다[48].

증거보전 청구에 대하여 1심 공판절차 뿐만 아니라 2심 공판절차에서도 가능하다고 해석하는 견해도 있으나[49], 2심이나 파기환송 절차에서는 허용되지 않는다는 견해가 일반적이며[50], 본질이 수사절차인 증인신문의 경우에는 더더욱 그러할 것으로 생각된다. 재심절차에서는 증거보전이 허용되지 않는다는 판례[51]의 취지 역시 증인신문에도 적용될 것으로 판단된다.

2. 시적 한계와 관련한 입법론

(1) 증인신문에 대한 입법론

증인신문 청구를 기소 후에도 허용함이 입법론적으로 타당한지는 의문이다[52]. 기소 후 증인신문 청구의 허용 문제 역시 증인신문의 본질론에서 출발하여야 한다. 수

  신청과 증거조사가 가능하다는 점을 근거로 한다. 다만 위 두 견해는 공히 "제273조에 의하여 공판기일 전이라도 증거조사가 가능하다"는 점도 이유로 제시하고 있으나 제273조의 공판기일 전은 제1회 공판기일 이후의 공판기일을 의미한다는 통설에 의한다면 위 견해의 논거가 되기는 어려울 것으로 보인다.
46) 신동운, 앞의 책, 403면; 신양균, 앞의 책, 275면; 이은모, 앞의 책, 367면.
47) 배종대 등, 앞의 책, 218면; 이재상, 앞의 책, 334면; 차용석 등, 앞의 책, 270면; 이영란, 앞의 책, 392면(피고인신문 개시 전이라고 되어 있으나 증거조사 개시 전 의미로 보인다); 권오걸, 앞의 책, 342면; 손동권 등, 앞의 책, 325면; 방희선, 앞의 논문, 184면(다만 증거보전에 관한 견해이다). 수소법원이 원한다면 실질적인 심리에 들어가 증거조사가 사실상 가능한 시점이라는 김성룡, 앞의 논문, 108면도 같은 취지인 듯.
48) 같은 취지로는 손동권 등, 앞의 책, 325면; 이창현, 앞의 책, 495면; 김재환, 앞의 책, 231면 등.
49) 방희선, 앞의 논문, 185면.
50) 차용석 등, 앞의 책, 270면; 손동권 등, 앞의 책, 325면.
51) 대법원 1984.3.4. 84모15 전원합의체 결정.
52) 증인신문이나 증거보전의 시적 한계에 대한 입법론을 다룬 자료는 아직 보지 못하였다.

사는 가급적 기소 전에 마쳐야 하는 것이 원칙이고, 기소 후의 수사는 극히 예외적인 상황에, 강제처분을 수반하지 아니하는 범위 내에서만 허용된다는 것이 일반적 견해이고[53] 판례의 태도 역시 그러하다[54]. 따라서 참고인을 구인하여 진술을 강제하는 강제수사절차의 일종인 증인신문을 기소 후에도 허용하는 것은 전혀 바람직하지 않다. 더욱이 증인신문은 중요 참고인의 조사가 곤란할 것을 요건으로 할 뿐 특별히 긴급성을 요하지도 않으며[55], 이미 기소된 이후라면 '참고인 조사를 통하여 기소 여부를 결정하여야 한다는 필요성'도 인정되기 어렵다. 따라서 중요 참고인을 조사하지 못한 채 기소한 대부분의 경우 굳이 기소 후의 증인신문 청구가 아니라 정상적인 증거조사(그 중에서도 증인신문) 신청을 통해 그의 진술을 들어도 큰 차이가 없다.

(2) 증거보전과의 비교

시적 한계와 관련한 위의 설명이 증거보전의 경우에도 똑같이 적용될 것인지도 검토할 필요가 있다. 증거보전과 증인신문이 외형도 비슷하고 "제1회 공판기일 전"이라는 규정도 비슷하므로 해석론이나 입법론도 모두 비슷할 것이라고 생각할 수도 있겠지만, 증거보전과 증인신문의 본질이 전혀 다르다는 점을 고려하면 더 깊이 생각해 보아야 한다. 증거보전은 그 본질이 재판절차이기 때문에 기소 후라고 하여 증인신문에서와 같은 시적 제한은 있을 수 없기 때문이다. 증거보전의 기능이 공판기일 전 증거조사(제273조)와 중복된 것이 아닌가라는 의문이 들 수도 있지만, 압수와 같은 증거조사 아닌 순수한 증거보전도 있을 수 있으며 수소법원이 아닌 소재지 관할법원의 조치가 긴급하게 필요할 수도 있기 때문에 두 제도 사이에는 차이가 존재한다. 민사소송법의 경우에도 변론기일 전의 증거신청과 조사를 허용하면서도(제289조 제2항), 제소 전과 제소 후의 증거보전에 대하여 따로 규정하면서 제소 전에는 증거 소재지 관할 법원을, 제소 후에는 증거를 사용할 법원 즉 수소법원을 원칙으로 함으로써(제376조), 변론기일 전 증거조사와는 다른 증거보전을 인정하고 있다. 따라서 형사소송에서도 제1회 공판기일 후에도 증거보전의 급박한 필요가 있으면 공판기일 전 증거조사를 신청할 것

---

53) 신동운, 앞의 책, 536면 이하 등.
54) 대법원 2011.4.28. 선고 2009도10412 판결.
55) 만일 긴급한 보전의 필요가 인정된다면 증거보전 절차를 활용할 수도 있을 것이다.

이 아니라 증거보전을 청구하는 것이 적절하다.

그러나 앞에서도 살펴본 바와 같이 대부분의 증거보전이 실제로는 단순한 보전으로 이루어지지 않고 증거조사라는 방식으로 이루어지고 있으며, 증거조사가 신속하게 이루어진다면 증거보전을 하는 것과 동일한 효과를 가져오므로 기소 후의 증거보전을 인정하더라도 그 실익이 크지는 않을 것으로 생각된다.

Ⅵ. 나가며 – 증인신문제도의 향후 전망

궁극적으로 수사의 주체는 수사기관이고 그 책임자는 검사이므로 기소 전 참고인의 진술 확보절차 역시 검사 주도로 진행하고 법원은 검사의 신청에 대해 엄격한 요건 하에 구인영장을 발부하는 방법으로 참고인에 대한 강제수사를 통제하는 것이 수사의 효율성 측면에서나 법원과 검찰의 권한 배분 측면에서나 바람직하다고 볼 수 있다[56]. 2002년 이래 법무부 주도로 참고인 강제구인 제도를 입법화하기 위하여 노력 중인 것도 그와 같은 맥락이다.

그러나 참고인을 구인하더라도 진술을 거부하면 수사기관으로서는 진술을 강제할 방법이 없다는 문제점은 그대로 남기 때문에, 참고인 구인제도를 입법화 하더라도 참고인의 진술을 강제하고 허위진술을 처벌하기 위한 사법방해죄 등을 별도로 입법화 하지 못한다면 참고인 구인제도는 큰 실효성을 가지기 어려울 것이다. 그런데 참고인 구인제도를 입법하는 것도 쉽지 않은 터에 사법방해죄를 입법하는 것은 우리나라의 현실에서는 매우 어려울 것으로 생각된다. 더욱이 참고인 구인제도를 도입하자는 법무부나 검찰의 주장조차도 "일단 참고인의 신병을 확보하면 진술을 듣는 데는 큰 문제가 없으므로 참고인을 온전히 검찰의 수중에 놓고 진술을 듣겠다"는 속셈[57]으로 오

---

[56] 같은 취지 손동권 등, 앞의 책, 329면; 정웅석, "참고인진술의 확보방안에 관한 연구", 저스티스 통권 제111호, 한국법학원, 2009. 211면; 조민우, "중요 참고인 출석의무제와 사법방해죄 도입 필요성에 대한 고찰", 경남법학 제25집, 경남대학교 법학연구소, 2010. 334면 등.
[57] 서보학, "참고인 강제구인제도에 대한 비판적 고찰", 형사법연구 제21권 제3호, 한국형사법학회, 2009. 67면.

해받을 소지가 매우 크다

　참고인에게는 출석 · 진술거부권이 보장되지만 증인에게는 원칙적으로 출석 · 증언거부권이 보장되지 아니하는 이유가 무엇일까? 기소될지 여부도 불명확한 사건 때문에 피의자 본인뿐만 아니라 제3자에게까지 출석 · 진술 의무를 부여하는 것은 수사를 통해 얻으려는 이득보다 인권침해의 우려가 너무 크다는 고려도 포함되어 있을 것이다. 이런 점 때문에 수사기관에게 참고인에 대한 구인권을 부여하고 그렇게 구인된 참고인에게 진술의무까지 부과하는 것은 피의자에 대한 체포 · 신문 제도와 비교해 보아도 적지 않은 무리가 따르는 듯하다. 그동안 증인신문제도를 적극 활용하지 아니한 것이 사실이고 그 이유로는 '중요 참고인' 등의 요건 구비의 어려움보다는 절차의 번거로움, 판사를 통한 신문의 비효율성, 수사정보 유출의 우려 등이 거론되어 왔다[58]. 그렇지만 번거로움은 수사기관이 당연히 감수하여야 하고, 우려되는 점은 개선하기 위해 노력하여야 한다. 검사의 청구에 따라 법관이 '증인신문'이라는 형태로 절차를 진행하여 참고인의 진술을 확보하는 것이 부작용을 줄이는 최선일 수 있다[59]. 참고인 구인제도 도입만을 주장할 것이 아니라 있는 제도를 잘 활용하는 것이 더 지혜로울 수 있다[60].

　특히 판사를 통한 증인신문 과정에 우려되는 비효율성은 신문 청구서를 통해 수사 상황과 본 증인신문을 통하여 확인하고자 하는 사실, 이를 위하여 필요한 신문기법 등을 상세히 전달하고, 검사도 신문과정에 참여하여 적극적으로 의견을 피력하는 방법으로 극복하여야 할 것이고, 수사기밀 보호의 문제는 증인신문의 수사절차의 일환이라는 점을 강조하여 피의자의 참여권 문제는 구체적 사안에서 밀행 필요성과의 비교형량 하에 제한적으로만 허용되도록 제221조의2 제5항을 재개정하도록 노력하여

---

58) 증언 내용의 진실성 여부를 즉시 확인할 수 없다는 점을 거시하기도 하나(조민우 325면), 증언 과정에 참여한 검사가 대기하고 있는 수사관을 통해 제3자나 기관 등을 통해 확인토록 한다면 다소 불편하기는 하지만 불가능하지는 않다고 보인다.
59) 같은 취지 박상식, "참고인진술의 확보방안에 관한 연구", 한양법학 제21권 제4집, 한양법학회, 2010. 229면; 김경수 "수사절차상 참고인 강제구인제도에 대한 비판적 검토", 형사정책 제22권 제2호, 한국형사정책학회, 2010. 315면.
60) 같은 취지 서보학, 앞의 논문, 66면.

야 할 것이다. 증인신문조서의 증거능력이 법정에서의 반대신문 기회부여를 전제로만 인정된다는 부담 역시 수사기관이 당연히 감수하여야 할 부분이다.

이글을 통해 필자는 본질이 수사절차인 증인신문제도는 본질이 재판절차인 증거보전제도와는 근본적으로 다른 제도이고, 이러한 본질론에 비추어 볼 때 진술번복 우려는 증인신문 청구의 사유는 될 수 없지만 증거보전 청구의 사유는 될 수 있으며, 증인신문절차에 피의자의 참여권이 반드시 절대적으로 보장되어야 하는 것은 아니라는 점을 검토한 다음, 더 나아가 증인신문 청구는 현행 형사소송법 규정과 같이 제1회 공판기일 전까지 허용할 것이 아니라 기소 전까지만 허용하는 것이 적절하고, 증인신문제도 대신 최근 자주 논의되는 참고인 구인제도를 도입하는 것이 현재 상황으로는 적절하지 않다는 점에 대하여도 함께 다루었다. 증인신문제도가 검사의 수사권만 강화하여 피의자 등의 인권을 침해하는 도구로 악용된다는 편향된 시각에서 벗어나, 중대범죄의 중요참고인으로부터 정확한 수사정보와 증거자료를 확보하여 실체적 진실을 밝히고 범죄인을 처벌함으로써 우리 사회를 좀 더 안전하고 정의롭게 만들 수 있다는 사실을 인식함과 동시에, 앞에서 말한 여러 부작용을 최소화할 수 있는 방법을 모색하는 긍정적인 시각으로 접근할 필요가 있다는 것이 필자의 소견이다.

제 3 편
증거능력과 증명력

형사소송법상 '증거'편 규정의 체계에 관한 소고

증거능력 제한규정으로 재해석한 형사소송법 제310조의 의미와 적용범위

형사소송법의 시각에서 살펴본 민사소송법에서의 문서의 진정성립

형사소송법상 '증거'편 규정의 체계에 관한 소고

Ⅰ. 들어가며

1. 증거편의 체계

현행 형사소송법은 제1편 총칙, 제2편 제1심, 제3편 상소, 제4편 특별소송절차, 제5편 재판의 집행 등 5개의 편으로 구성되어 있고, 제2편은 다시 제1장 수사, 제2장 공소, 제3장 공판으로 나누어져 있으며, 제3장 공판은 제1절 공판준비와 공판절차, 제2절 증거, 제3절 공판의 재판으로 되어 있다. 이 중 제2절 '증거'편은 제307조 '증거재판주의'로부터 시작하여 제308조 '자유심증주의', 제309조 '강제 등 자백의 증거능력', 제310조 '불이익한 자백의 증거능력', 제310조의2 '전문증거와 증거능력의 제한', 제311조 '법원 또는 법관의 조서', 제312조 '검사 또는 사법경찰관의 조서', 제313조 '진술서 등', 제314조 '증거능력에 대한 예외', 제315조 '당연히 증거능력이 있는 서류', 제316조 '전문의 진술', 제317조 '진술의 임의성', 제318조 '당사자의 동의와 증거능력', 제318조의2 '증명력을 다투기 위한 증거', 제318조의3 '간이공판절차에서의 증거능력에 관한 특례'까지 15개의 조문으로 구성되어 있었는데 2007.6.1. 형사소송법이 개정되면서 제308조의2 '위법수집증거의 배제'가 추가되어 지금은 16개 조문이 되었다.

그런데 위 조문의 배열을 살펴보면 증거편의 머리격인 제307조에서 증거재판주의라는 증거법의 대원칙을 천명하고, 제308조에서 증명력 판단은 법관에게 맡긴다는 취지를 명백히 한 후, 그 이하에서는 증거로 사용할 수 있는 것과 증거로 사용할 수 없는 것, 즉 증거능력의 조건들을 세세히 규정하고 있는데, 그 중에서도 가장 많은 부분인 제310조의 2부터 제316조까지를 할애하여 전문증거의 증거능력에 대하여 설명하고 있다. 또한 제318조의 2는 전문법칙에 의하여 증거능력을 가지지 못하는 증거라도 일정한 경우에는 증거로 사용할 수 있다는 취지를, 제318조의3은 간이공판절차에서는 전문법칙에 의하여 증거능력을 가지지 못하는 증거라도 증거동의를 의제하여 증거로 사용할 수 있다는 취지를 밝히고 있다.

2. 문제의 제기

여기에서 필자는 2가지 의문을 가지게 된다. 첫 번째 의문은 제310조의 법적 성격이다. 제310조의 바로 앞에 있는 제309조는 임의성이 의심스러운 자백은 증거로 사용하지 못한다는 취지를 밝히고 있는데 위 조문이 증거능력에 관한 규정임을 의심하는 견해는 없는 듯 하다. 또한 바로 뒤에 있는 제310조의2나 제311조 이하 조문들은 전문증거의 증거능력에 관한 규정임에 의문이 없다. 그러함에도 통설[1]은 제310조를 "자백의 보강법칙"이라고 명명하면서 이를 증명력에 관한 규정으로 해석하여 제308조가 규정하는 자유심증주의의 예외로 파악하고 있다. 결국 통설에 따르면 증명력에 관한 규정 뒤에 증거능력에 관한 규정, 다시 증명력에 관한 규정, 다시 증거능력에 관한 규정 순으로 배열되어 있다는 말이 되는데 우리 형사소송법이 이렇게 질서없이 배열된 것인지, 혹은 그렇게 해석할 수 밖에 없는 것인지 참으로 의문이 아닐 수 없다.

두 번째 의문은 제317조와 제318조의 적용대상 문제이다. 제310조의2부터 제316조까지가 전문법칙을 설명하고 있으며 제318조의2와 제318조의3이 전문법칙을 전제로 한 규정임은 조문 자체의 표현상 명백하다. 그러나 그 중간에 있는 제317조와 제318조가 전문법칙을 전제로 한 규정인가, 아니면 전문법칙과는 직접 관계없는 증거능력에 대한 일반규정인가 하는 점이다. 만일 제317조와 제318조를 전문법칙을 전제로 한 규정으로 본다면 위 양 규정은 전문증거에 한정하여 적용되는 것으로 해석하여야 할 것이나, 그러한 전제와 무관한 일반규정으로 본다면 위 양 규정을 문언 그대로 해석하고 증거 일반에 대하여 적용하여야 할 것이기 때문이다.

이와 관련하여 국내 문헌들 중 제317조와 제318조를 형사소송법 증거편 내에서의

---
[1] 이재상, 신형사소송법, 박영사, 2007. 610면, 611면 ; 배종대/이상돈, 형사소송법 제6판, 홍문사, 2004. 681면 ; 신동운, 형사소송법 제3판, 법문사, 2005. 639면, 640면 ; 신양균, 형사소송법 제2판, 법문사, 2004. 814면 ; 정웅석/백승민, 형사소송법 전정제2판, 대명출판사, 2008. 380면 등이 모두 그러하고, 이견은 전혀 없는 것으로 보인다.

체계문제로 다루는 견해는 극히 드문 듯하고[2], 대체로 제317조의 적용범위 문제와 제318조 증거동의의 본질에 대하여 개별적으로 논의하고 있을 뿐이다. 이를 구체적으로 살펴보면 제317조의 적용범위를 놓고 모든 진술증거에 대하여 적용된다는 광의설[3]과 전문증거에서의 원진술에만 적용된다는 협의설[4]이 대립하나, 광의설이 다수설의 입장이고 법원 실무 또한 같다[5]. 또한 제318조 증거동의의 본질을 놓고 당사자에게 증거능력에 관한 처분권을 맡기고 있다는 처분권설[6], 전문증거에 대하여 반대신문권을 포기하는 것이라는 반대신문권 포기설[7], 반대신문권의 포기와 직접심리주의의 예외를 함께 의미한다고 보는 병합설[8]이 대립하나[9] 반대신문권 포기설이 통설이다. 판례의 태도나 법원의 실무는 다소 유동적이나, 대체로 반대신문권 포기설의 입장에 서 있다[10].

그러나 위 제317조의 적용범위 문제와 제318조 증거동의의 본질 문제가 체계상 서로 어떤 연관을 가지는지에 대하여 설명하고 있는 견해는 전혀 없는 듯하다. 더 나아가 다수학설이 제318조 증거동의의 대상을 전문증거에 한정하여 해석하면서도 제317조는 전문증거와 무관한 광의설을 따르고 있는데, 이렇게 보면 증거능력과 관련한 제308조의2 이하 조문들이 증거일반에 관한 규정, 그 뒤에 전문증거에 관한 규정, 그 뒤에 다시 증거일반에 관한 규정, 그 뒤에 또다시 전문증거에 관한 규정 순으로 배열되어 있다는 말이 된다. 여기에서 또다시 형사소송법 증거편이 이렇게 무질서하게 배열

---

[2] 뒤에서 살펴볼 바와 같이 신동운 교수만이 제317조의 조문 체계를 논하고 있다. 신동운, 앞의 책, 847면.
[3] 이재상, 앞의 책, 576면 ; 배종대/이상돈, 앞의 책, 635면 ; 신양균, 앞의 책, 772면 ; 정웅석/백승민, 앞의 책, 209면 등.
[4] 신동운, 앞의 책, 846면, 847면 등.
[5] 법원실무제요 형사(Ⅱ), 2008. 법원행정처, 149면, 150면. 다만 임의성을 다투는 판례들이 대체로 피의자신문조서나 피고인의 법정진술 등의 임의성에 관한 것이므로 판례가 광의설과 협의설 중 어느 견해를 취하는지는 구분하기가 어렵다.
[6] 신현주, 형사소송법 신정2판, 박영사, 2002. 654면 이하.
[7] 이재상, 앞의 책, 592면 ; 배종대/이상돈, 앞의 책, 649면 ; 신양균, 앞의 책, 777면, 778면 등.
[8] 신동운, 앞의 책, 876면, 877면 ; 정웅석/백승민, 앞의 책, 343면.
[9] 그 밖에도 증거능력 및 증명력 인정설(백형구, "피고인의 증거동의, 증거부동의에 대한 실무적, 이론적 고찰", 외법논집 제9집(2000. 12.), 257면)이 있으나 이글에서 더 깊이 다루지 않기로 한다. 상세한 내용은 이 책 제5편 '형사소송에서의 증거동의', '형사소송에서의 증거동의 Ⅱ' 참조.
[10] 대법원 1983.3.8. 선고 82도2873 판결 등. 법원실무제요 형사(Ⅱ), 2008. 법원행정처, 136면.

되었을까 하는 의문을 가지게 된다. 여기에서 필자는 우리 형사소송법 전체도 그러하거니와 증거편 내에서의 각 조문의 배열 역시 어떤 체계를 가지고 편성된 것이 아닌지, 만일 그러하다면 각 조문을 해석함에도 위 체계를 염두에 두고 그 의미를 파악하여야 하는 것이 아닌지, 더 나아가 도저히 체계에 맞추어 해석할 수 없다면 체계에 맞게 조문의 순서를 바꾸어야 하는 것은 아닌지 라는 생각을 가지게 되었다. 이러한 생각을 전제로 증거편 각 조문의 배열 체계와 이를 전제로 한 위 조문들의 해석론을 펼쳐보고자 한다.

Ⅱ. 제310조의 법적 성격

1. 제310조의 법적 성격에 관한 통설적 견해

앞에서도 언급한 바와 같이 통설은 제310조를 "자백의 보강법칙"이라고 명명하면서 피고인이 임의로 한 증거능력과 신용성이 있는 자백에 의하여 법관이 유죄의 심증을 얻었다 할지라도 보강증거가 없으면 유죄로 인정할 수 없다는 의미로 해석하고 있다. 자백이 유일한 증거일 때 어떤 결과가 되는지에 대하여 통설이 구체적으로 표시하지 않는 경우도 있지만[11], "증거능력이 있는 자백"이라고 표현한 점, "자백의 증명력을 제한하고 인권침해를 방지하기 위하여 대륙의 형사소송에서는 자유심증주의를 채택하고 있음에 반하여, 영미에서 확립된 것이 바로 자백의 보강법칙"이라고 판단하는 점, 증명력을 감쇄하는 증거를 탄핵증거, 증명력을 증강하는 증거를 보강증거라고 부르는데 착안하여 자백이 유일한 증거라면 증명력이 감쇄되므로 증명력을 증강시켜 주는 보강증거가 필요하다는 취지에서 "보강법칙"이라는 용어를 사용하고 있는 점 등을 종합할 때 자백이 유일한 증거인 경우 증명력이 없기 때문에 유죄의 선고를 할 수 없다는 취지임이 명백하다. 결국 통설은 제310조를 증명력 배제규정으로 해석하고 있는 것이다.

판례 역시 피고인의 자백이 유일한 증거인 경우 명시적으로 증명력을 배제한다고 표현하지는 않으나 "보강증거"를 필요로 한다는 점을 당연한 전제로 하고 있는 점에

---
[11] 예컨대 신양균, 앞의 책, 814면, 815면.

비추어 증명력에 관한 규정으로 해석하고 있음이 명백하다[12].

2. 통설과 제310조 규정의 부조화

통설이 제310조를 증명력 배제규정으로 보는 것은 우선 증거편 체계론적으로 문제이다. 앞에서도 언급한 바와 같이 증거편 첫머리인 제307조에 증거재판주의가 천명되어 있고, 제308조에서 증명력의 판단방법에 관하여 규정하고 있으며, 그 다음인 제309조는 임의성이 의심스러운 자백의 증거능력을 규정하고 있다. 또한 제310조에 이어서 나오는 제311조부터 제316조까지는 전문증거의 증거능력을 규정하고 있음이 너무나 자명하다. 2007년에 형사소송법의 개정으로 추가된 제308조의2 '위법수집증거의 배제' 규정은 증거능력 제한이라는 성격에 맞추어 제309조의 자백 증거능력 규정 바로 앞에 두었으며, 1961년 추가된 제310조의2 '전문증거와 증거능력의 제한' 규정 역시 전문법칙에 대한 총칙적 규정이라는 성격에 맞추어 전문법칙 규정 바로 앞에 두었다. 그런데 만일 제310조를 증명력 배제규정이라 해석한다면 우리 형사소송법 증거편은 증명력에 관한 규정과 증거능력에 관한 규정이 뒤섞여 있는 결과가 되고 만다. 통설대로라면 위 규정을 제310조에 둘 것이 아니라 제308조 제2항이나 제309조로 배열하였어야 옳다.

조문의 표현형식 또한 통설과 배치된다. 제310조의 표제는 '불이익한 자백의 증거능력'이다. 증명력에 관한 규정임이 명백한 제56조는 표제를 "공판조서의 증명력"으로 하고 있고, 제308조에서는 "증거의 증명력은…"이라고 표현하고 있으며, 제309조는 표제가 '강제 등 자백의 증거능력'이라고 규정된 점만 보더라도[13] 입법자가 증명력과 증거능력을 구분하지 못하여 함부로 혼용한 것은 아닌 점이 명확하다. 더욱이 제310조 조문의 말미 역시 "유죄의 증거로 하지 못한다"고 표현하고 있는 바, '증거로 하지 못한다'는 표현은 '증거로 사용하지 못한다'는 표현과 동일하게 증거능력이 없다

---

12) 대법원 2008.11.27. 선고 2008도7883 판결 ; 대법원 2002.1.8. 선고 2001도1897 판결 등.
13) 1954년 형사소송법 제정 당시 제309조의 표제는 '의제자백의 증거능력'이었는데 1963년 '강제 등 자백의 증거능력'으로 개정되어 지금에 이르고 있다. 이글에서 말하는 바 '증거능력'이라는 용어를 사용하고 있는 점은 마찬가지이다. 다만 제309조 규정의 핵심어는 '자백의 임의성'이므로 표제를 '자백의 임의성과 증거능력'이라고 개정하는 것이 옳고, 교학상으로도 '자백 배제법칙'이라 부를 것이 아니라 '자백의 임의성법칙'이라고 부르는 것이 옳다고 생각되나, 이글에서는 더 이상의 설명을 피하기로 한다.

는 취지임이 명확하다. 다른 조문들의 말미를 보더라도 "유죄의 증거로 하지 못한다" 라거나(제309조) "증거로 할 수 없다"(제310조의2) 혹은 "증거로 할 수 있다"(제311조, 제312조, 제313조, 제314조, 제315조, 제316조, 제317조, 제318조, 제318조의2)라고 표현되어 있는 경우 모두 증거능력에 관한 규정임에 아무런 의문이 없다. 제56조는 "공판조서의 증명력"이라는 표제 하에 "공판기일의 소송절차로서 공판조서에 기재된 것은 그 조서만으로써 증명한다"고 규정하고 있다[14]. 따라서 만일 제310조를 증명력 배제규정이라 본다면 "이를 유죄의 증거로 하지 못한다"가 아니라 최소한 "이로써 증명하지 못한다" 등의 표현으로 규정하였어야 옳다.

3. 통설에 대한 비판

통설이 제310조를 굳이 증명력 배제규정으로 보는 이유를 설명한 자료는 드물다. "자백배제법칙을 규정한 제309조와 자백보강법칙을 규정한 제310조는 그 법적 효과에 관하여 모두 '이를 유죄의 증거로 하지 못한다'라는 표현을 사용하고 있다. 그러나 문언상의 동일한 표현에도 불구하고 전자는 자백의 증거능력을, 후자는 자백의 증명력을 부인하는 것으로 새기지 않으면 안된다. 증거능력이 인정되는 자백에 기하여 법관이 유죄의 심증을 얻었음에도 불구하고 보강증거가 없으면 유죄의 판단을 하지 못하도록 하는 것이 자백보강법칙의 특수한 성질이기 때문이다"라고 설명하고 분이 있을 뿐이다[15]. 증명력이 배제되는 것으로 보든 증거능력이 없는 것으로 보든 유죄를 인정할 증거가 없는 상태가 되는 것은 마찬가지이기 때문에 무죄라는 동일한 결론에 이른다. 그러함에도 통설이 굳이 증명력 배제규정으로 해석하는 것은 아마도 이미 유일한 '증거'로 자백이 나왔음에도 이를 증거로 사용하지 못한다는 발상보다는 증거로 사용하되 그 증명력을 배제함으로써 무죄에 이르는 것이 더 자연스럽다는 점 때문이 아닌가 생각된다.

그러나 자백이 유일한 증거라 할 때의 증거가 모두 증거능력이 확정적으로 인정되

---

[14] 필자는 제56조 공판조서의 증명력 규정이야 말로 우리 형사소송법에서 자유심증주의에 대한 거의 유일한 예외라고 생각한다. 피의자신문조서의 진정성립 여부를 공판준비 또는 공판기일에서의 피고인의 진술에 의해서만 인정할 수 있도록 규정하고 있던 개정 전 형사소송법 제312조 역시 자유심증주의의 예외라고 보여졌으나, 개정된 형사소송법 제312조는 영상녹화물 기타 객관적인 방법으로도 증명할 수 있도록 하고 있으므로 자유심증주의의 취지가 회복되었다고 생각된다. 이 역시 이글의 주된 논지와 거리가 있으므로 더 이상의 언급을 피한다.

[15] 신동운, 앞의 책, 487면.

는 증거라고 새길 필요는 없다. 증거능력을 제한하는 법리는 여러 가지이며, 그 중 어느 한 가지 조건에 부합하였다 하여 확정적으로 증거능력을 가지게 되는 것도 아니다. 예컨대 적법하게 수집한 증거라도 전문증거에 해당하면 증거능력이 없으며, 임의성 있는 자백이라도 전문증거에 해당하면 증거능력이 없는 것이다. 이런 관점에서 보면 일응 증거능력이 인정되는 자백이라 하더라도 그것이 피고인에게 불리한 유일한 증거일 경우에는 증거능력을 박탈하여 증거로 사용되지 못하게 한다는 취지로 해석한다고 하여 전혀 이상할 것이 없다.

오히려 증명력을 제한하는 것으로 해석하는 것은 법리상 혼선을 가져온다. 증거능력에 대한 제한은 실체적 진실발견 혹은 인권보장 등의 형사소송법적 이념의 실현을 위해 비교적 자유롭게 인정된다. 어떤 의미에서는 합리적이기만 하다면 증거능력의 제한이 많으면 많을수록 인권보장의 이념에 더욱 더 가까워진다고 볼 수도 있다. 그러나 증명력에 대한 제한은 전혀 다른 문제이다. 증명력은 법관의 내심적 판단에 관한 문제이기 때문에 외부에서 제한하기도 어렵고 함부로 제한해서도 아니된다. 이 때문에 "공판기일의 소송절차"라는 지극히 절차적이고 의례적인 문제를 공판조서에 의하여 증명하도록 하는 제한 외에는 거의 제한없이 법관의 자유로운 판단에 맡기고 있는 것이다[16].

실천적으로도 문제이다. 통설에 따라 증명력 배제로 해석한다면 피고인에게 불이익한 유일한 증거가 그의 자백인 경우에는 "자백을 믿지 마라, 즉 자백을 허위라고 판단하라"는 의미가 된다. 그러나 법관이 판단하기에 자백 자체로 매우 신빙스러운데[17] 억지로 "자백을 허위로 판단하라"고 요구하는 것은 지극히 부자연스러운 강요일 뿐만 아니라 자유심증주의에 대한 본질적 침해이다. 차라리 그러한 경우 "자백에 신뢰가 가더라도 그 자백을 증거로 사용하지 마라"고 요구하는 것이 훨씬 더 자연스러울 것이다.

---

16) 증명력의 제한이 바로 제308조 자유심증주의에 대한 예외가 된다.
17) 만일 자백 자체에 신빙성이 없는 경우라면 제310조에 의율할 것도 없이 입증의 자료가 되지 못할 것이므로 결국 범죄사실을 인정할 증거가 없는 상태가 된다.

4. 증명력 배제설과 증거능력 제한설의 비교

(1) 추가 증거의 의미와 범위

　제310조를 증명력 배제규정으로 보는 통설과 증거능력 제한으로 보는 필자의 견해가 구체적으로 어떤 차이를 가져오는지 살펴보자. 앞에서도 언급한 바와 같이 증명력 배제로 보든 증거능력 제한으로 보든, 그 밖에는 유죄를 인정할 증거가 없기 때문에 무죄가 되는 것은 당연하다. 제310조를 증명력 배제로 보는 통설의 입장에서는 추가로 제출되는 증거가 있다면 이는 증명력이 배제된 자백의 증명력을 증강시키는 역할을 수행하기 때문에 보강증거가 된다고 본다. 그러나 추가로 제출되는 증거[18]가 자백과 동일시할 증거[19]가 아닌 독립적 증거라면 자백 자체가 이미 제310조가 말하는 "유일의 증거"가 아닌 상태가 되어버린다. 따라서 이 후에는 각 증거의 증거능력과 증명력을 증거법 일반 법리에 따라서 판단하면 족하고 굳이 보강증거로 볼 필요가 없다. 다만 추가로 제출된 증거가 증명력에 있어 가치가 거의 없는 증거라면 실제로는 법관은 나머지 증거인 자백에만 의지하여 유무죄를 판단하게 되는데, 이는 제310조의 취지에 정면으로 배치된다. 따라서 추가로 제출된 증거의 최소한의 요건을 정할 필요가 생기는데, 우리나라에서는 죄체설과 진실성 담보설의 대립으로 나타난다. 여기에서 다시 통설인 증명력 배제설에 따른다면, 추가 증거는 자백의 증명력만 증강하면 되기 때문에 죄체의 전부나 중요부분에 대한 보강이 아니라 자백의 진실성만 담보하면 족하다는 진실성 담보설로 연결되는 것이 논리적으로 자연스럽다. 이 때문에 진실성 담보설이 통설[20]이며 판례[21]도 같다.

　진실성 담보설에 따르면 추가 증거에 의하여 자백의 진실성이 담보되기만 한다면 유죄를 선고할 수 있다는 결론에 이른다. 그러나 이러한 논리는 자백이 별도의 증거

---

18) 당연히 증거능력 있는 증거일 것을 전제로 한다.
19) 예컨대 법정에서의 자백과 수사단계에서의 자백, 피고인의 자백과 그 자백을 들은 사람의 전문진술 등
20) 이재상, 앞의 책, 620면 ; 배종대/이상돈, 앞의 책, 627면 ; 신동운, 앞의 책, 951면 ; 신양균, 앞의 책, 826면 ; 정웅석/백승민, 앞의 책, 391면 등. 다만 정웅석, 백승민 교수는 진실성 담보설과 죄체설 중 중요부분에 대한 보강이 필요하다는 견해는 실제로 큰 차이가 없다고 설명하고 있다.
21) 대법원 2008.11.27. 선고 2008도7883 판결 ; 대법원 2002.1.8. 선고 2001도1897 판결 등. 보강증거는 피고인의 자백이 가공적인 것이 아닌 진실한 것임을 인정할 수 있는 정도만 되면 족하다는 취지이다.

에 의하여 신빙성이 보강된 경우와 자백 자체가 충분히 신빙성이 있는 경우가 본질적으로 어떻게 다른지에 대한 의문을 자아내는 것은 물론이고[22], '피고인이 결코 거짓 자백할 사람이 아니고 그럴 이유도 없다'는 제3자의 믿을만한 진술이 있는 경우 이로써 자백의 진실성을 보강하고 유죄로 선고할 수 있겠는지의 또다른 의문을 불러 일으킨다.

증거능력 제한설에 따른다면 추가 증거는 자백의 증명력과는 직접 관계가 없기 때문에 처음부터 보강증거가 아니다. 추가 증거가 있는 경우 자백과 추가 증거를 종합적으로 고려하여 유무죄를 판단하여야 하기 때문에 추가 증거는 자백의 진실성을 담보한다는 요건 만으로는 부족하다. 자백과 종합할 때 유죄의 심증을 형성할 수 있고, 추가 증거가 위 심증형성 과정에 일정한 기여를 할 수 있어야 한다. 다만 앞에서도 설명한 바와 같이 추가 증거가 자백의 증명력만 보강할 뿐 범죄사실에 대한 독립적인 증거라고 보기 어려운 경우라면 결국 자백에 의해서만 유죄를 선고하는 것과 다를 것이 없기 때문에 제310조의 취지를 살리기 위하여 무죄를 선고하여야 한다[23].

(2) 증거동의의 문제

증거능력 제한설에 의할 때 제318조의 증거동의에 의하여 증거능력을 회복할 수 있는지가 문제된다. 아래에서도 살펴보겠지만 증거동의의 본질을 반대신문권 보장으로 보는 통설에 의하면 증거동의의 대상이 전문법칙에 의하여 증거능력이 제한되는 진술 증거에 한정되기 때문에 유일한 증거로서의 자백은 당연히 증거동의의 대상이 되지 않는다. 그러나 증거동의의 본질을 처분권으로 보는 견해에 의하면 증거동의의 대상에 형식적인 제한은 없다. 다만 처분권설에 의한다고 하더라도 모든 증거능력 없는 증거가 당사자의 동의에 의하여 증거능력을 회복하는 것은 아니다. 피고인이 유일한 증거인 자백에 대하여 피고인이나 변호인이 증거동의를 한다고 하여 자백의 증거

---

[22] 진실성 담보설을 취하는 분들은 대체로 "제310조의 주된 목적이 오판의 방지에 있기 때문에 자백의 진실성만 담보되면 유죄를 선고함에 문제가 없다"는 취지이나, 제310조의 목적이 오판의 방지에도 있지만 그보다는 자백 획득을 위한 인권침해 방지에 더 큰 목적이 있다고 보여지며, 그러한 관점에서 보면 자백의 진실성만 담보된다고 하여 제310조에도 불구하고 유죄를 선고할 수는 없다고 보인다.
[23] 이와 같은 결론은 죄체설 중 일부 죄체 보강설과 유사하나, 보강증거가 아니라는 근본적인 차이가 있다.

능력이 회복되고 유죄를 선고할 수 있다고 해석한다면 이는 자백이 유일한 증거인 경우 이를 증거로 하지 못한다는 제310조의 취지를 근본적으로 몰각하는 것이기 된다[24]. 따라서 유일한 증거이기 때문에 제한되는 증거능력은 증거동의의 대상이 될 수 없다고 해석되어야 할 것이다.

Ⅲ. 제317조와 제318조의 적용대상

1. 위 각 조의 적용대상에 대한 학설 대립

(1) 제317조의 적용대상

제317조 제1항은 "제1항 피고인 또는 피고인 아닌 자의 진술이 임의로 된 것이 아닌 것은 증거로 할 수 없다", 제2항은 "전항의 서류는 그 작성 또는 내용인 진술이 임의로 되었다는 것이 증명된 것이 아니면 증거로 할 수 없다", 제3항은 "검증조서의 일부가 피고인 또는 피고인 아닌 자의 진술을 기재한 것인 때에는 그 부분에 한하여 전2항의 예에 의한다"고 규정하고 있다. 이 중 제2항의 "서류의 내용인 진술"과 제3항의 "검증조서의 진술"이 전문증거로서의 원진술임은 문언상 명확하나[25], 제1항의 진술이 구체적으로 어떤 의미인지에 대하여는 학설이 대립한다.

광의설은 증거자료로서의 일체의 진술을 의미한다고 해석한다. 광의설은 조문에 기재된 그대로 진술의 의미를 받아들이는 태도인데, 이에 따르면 제317조는 모든 진술증거의 임의성에 대한 일반규정이 되고 제309조는 피고인의 자백진술의 임의성에 관한 특별규정이 된다. 이에 반하여 협의설은 위 진술을 전문법칙에 의하여 증거능력이 인정되는 진술이라고 해석한다. 협의설은 결국 제310조의2와의 관계상 "공판준비 또는 공판기일 외에서의 피고인 또는 피고인 아닌 자의 진술"이라고 의역하는 것이다.

다수설인 광의설을 취하는 분들은 대체로 "본조가 진술의 범위를 제한하고 있지

---

[24] 만일 그러한 해석이 허용된다면 피고인은 허위자백한 후 이에 대하여 증거동의 하는 방법으로 제310조를 무력하게 만들 수 있을 것이다.
[25] 따라서 제317조 제2항과 제3항이 전문증거인 진술의 임의성에 대한 규정임은 의문이 없다. 따라서 이후 진술의 범위 문제, 더 나아가 조문의 체계문제는 일응 제317조 제1항에 국한하여 설명하기로 한다.

않기 때문[26]"이라는 점을 논거로 하고 있다. 일부 견해는 "본조가 전문증거에 관한 규정들 가운데 위치하고 있으나"라는 단서를 달면서도 광의설을 따르고 있는데[27], 이러한 견해는 증거편의 조문 체계를 의식하면서도 조문 체계보다는 조문의 표현을 더욱 중요한 해석 기준으로 보고 있는 것으로 생각된다. 협의설은 그 논거에 관하여 "전문증거가 제311조 내지 제316조의 규정에 의하여 예외적으로 증거능력을 가지게 된다고 하더라도 그 사용에 신중을 기하기 위하여 입법자가 제317조를 통하여 임의성의 요건을 추가해 놓은 것"이라고 해석하면서, "피고인의 진술이나 증인의 증언과 같이 법관 면전에서 행하는 진술은 직무수행의 독립성이 담보된 법관이 법률이 규정한 방식에 따라 진행하는 절차에서 이루어지는 것이므로 진술의 임의성이 의심될 여지가 거의 없다. 이에 대하여 전문증거는 원진술이 이루어진 과정이나 그 원진술을 서면에 기재하는 과정을 법관이 직접 관찰할 수 없다는 한계를 안고 있다. 여기에서 우리 입법자는 진술의 자유를 실질적으로 보장하기 위하여 제317조를 통하여 전문증거의 임의성을 증명하도록 요구한 것이라고 생각된다[28]"고 피력하는 한편 "제310조의2로부터 제318조의3까지의 규정은 모두 일관되게 전문증거와 관련을 맺고 있음을 알 수 있다. 따라서 조문 체계상 이 범위 내에 속하는 제317조도 전문증거를 그 규율대상으로 삼고 있다고 보지 않을 수 없다[29]"고 밝히고 있다.

(2) 제318조의 적용대상

제318조 제1항은 "검사와 피고인이 증거로 할 수 있음을 동의한 서류 또는 물건은 진정한 것으로 인정한 때에는 증거로 할 수 있다"고 규정하고 있다. 제318조의 적용대상인 "서류 또는 물건"을 어떻게 해석할 것인가는 제318조가 규정하고 있는 증거동의의 본질을 어떻게 보느냐 하는 것과 직결된다. 반대신문권 포기설은 전문법칙이 반대신문권의 보장에 근본적인 취지가 있다는 점에 착안하여 증거동의란 전문증거에

---

[26] 이재상, 앞의 책, 576면. 위와 같은 주장은 제317조의 해석에는 타당하나, 같은 논리가 왜 제318조의 해석에서는 적용되지 않는지는 의문이다. 제318조 역시 "서류 또는 물건"이라고만 되어 있지 "전문증거로서의 진술"이라고는 표현하지 않고 있기 때문이다.
[27] 신양균, 앞의 책, 772면.
[28] 신동운, 앞의 책, 846면.
[29] 신동운, 앞의 책, 847면.

대하여 반대신문권을 포기하는 것이라 본다. 이에 따르면 증거동의의 대상은 당연히 반대신문권과 직접 관계되는 전문증거가 된다. 처분권설은 증거능력 유무에 대하여 당사자에게 일종의 처분권을 부여한 것이라고 보기 때문에 그 대상에 위와 같은 제한은 있을 수 없다. 다만 처분권설에 따른다 하더라도 형사소송법의 여러 이념들에 따라 모든 경우의 증거능력 제한을 당사자의 처분으로 무력화시킬 수는 없으므로 변호인의 조력을 받을 권리를 침해하는 등 위법의 정도가 중대한 경우에는 이로써 수집한 증거는 절대적으로 증거능력이 제한되고 당사자의 동의로써도 증거능력을 회복할 수 없다고 해석한다. 병합설은 제310조의2가 전문법칙 뿐만 아니라 직접심리주의에 대한 근거규정도 되기 때문에 원진술자의 반대신문권이 보장되지 아니한 전문증거의 사용을 금지할 뿐만 아니라 반대신문의 관념을 생각할 수 없는 피고인 자신의 진술이나 검증결과와 같은 그 밖의 증거에 대하여 법원이 직접 조사를 행함으로써 전문증거로 인한 오류없이 정확하게 심증을 형성하도록 요구하고 있다고 설명한다. 그러나 병합설 역시 제318조의 적용대상을 전문증거에 한정하고 있으므로 이글에서 논하는 조문의 체계와 관련하여서는 반대신문권 포기설과 마찬가지라고 생각된다.

통설인 반대신문권 포기설의 입장에서는 처분권설에 대하여 "진실발견을 목표로 하는 형사소송에서는 처분권주의의 도입이 곤란하다"고 반박하기는 하지만[30], 왜 증거동의가 전문증거에 대한 반대신문권의 포기이고 동의의 대상이 전문증거에 한정되는지에 대한 적극적 논거를 제시하지는 않고 있다. 다만 통설의 입장에서는 앞에서 밝힌 제317조에 대한 신동운 교수의 견해를 제318조에도 적용하고 있는 듯하다. 즉, 조문 체계상으로 볼 때에 제310조의2로부터 제318조의3까지의 규정이 모두 일관되게 전문증거와 관련을 맺고 있다고 파악하기 때문에 이 범위 내에 속하는 제318조도 당연히 전문증거를 그 규율대상으로 삼고 있다고 해석하는 것으로 판단된다.

---

[30] 배종대, 이상돈 교수는 제318조를 사회적 민사소송 이론에서 제시한 협동주의를 실현한 규정이라고 정의하면서 "진실발견을 목표로 하는 형사소송에서는 직권탐지주의에 변론주의적 색채를 가미한 제318조의 협동주의만으로도 위험스럽다. 따라서 협동주의보다도 한 걸음 더 나아간 처분권설은 형사소송의 틀을 파괴시키는 것이라고 할 수 있다"고 하면서 처분권설을 비판하고 있다. 배종대/이상돈, 앞의 책, 649면.

2. 위 두 조문의 적용대상과 증거편의 체계

(1) 제318조의2, 제318조의3과 조문의 체계

결국 대부분의 학설은 제317조와 제318조의 의미와 적용대상을 판단함에 있어 잠재적이나마 증거편의 체계를 염두에 두고 있지만, 전체적으로 일관된 체계를 정립하지는 못하고 있는 것으로 보인다. 제318조를 반대신문권 포기설로 이해하는 통설의 입장에서는 제317조 역시 전문진술을 적용대상으로 한다는 협의설을 취하는 것이 논리적일 것으로 보이나, 다수 견해는 광의설을 취하고 있다. 반대로 제318조를 처분권설로 이해하는 입장에서는 제317조를 광의설에 따라 해석할 여지가 훨씬 많을 듯하나, 오히려 "자백을 제외한 모든 전문증거에 적용된다"고 설명하고 있다[31].

제310조의2로부터 제318조의3까지의 규정 중 위 제317조와 제318조만 제외한다면 나머지 규정들은 모두 전문증거와 관련을 맺고 있음이 분명하다. 그러나 여기에서 반드시 고려하여야 하는 것이 제318조의2와 제318조의3은 형사소송법 제정 당시부터 있던 조문이 아니라 1961년과 1973년 형사소송법을 개정하면서 각 추가된 규정이라는 점이다. 다시 말해 제318조의2와 제318조의3은 형사소송법 제정자들의 의도와 전혀 무관한 것이다. 따라서 위 각 개정 당시의 입법자들의 의도를 파악하려면 위 양 조문의 체계도 살펴보아야 하겠지만, 형사소송법 제정 당시의 입법자들의 의도를 파악하려면 위 양 조문은 없는 것으로 하고 나머지 조문들만 살펴보아야 할 것이다[32].

그런 상태라면 제318조는 증거편의 마지막 조문이 되고 제317조는 바로 그 앞의 조문이 된다. 제311조부터 제316조까지가 전문증거에 대한 규정임이 명백하지만, 그 뒤에 나오는 제317조와 제318조가 위 전문증거에 관한 규정의 연장인지 그와 별개의 성격을 가지는 규정인지는 제317조와 제318조의 내용을 구체적으로 살펴보고 판단하여야지 조문의 체계만으로 판단할 수 있는 일은 아니다[33]. 만일 제318조를 전문증거에

---

31) 신현주, 앞의 책, 612면.
32) 당연히 제310조의2 등 몇몇 조문도 고려 밖에 두어야 할 것이다.
33) 물론 제318조의2와 제318조의3이 전문증거에 관한 규정임은 명백하다. 따라서 만일 제317조와 제318조를 전문증거와 무관한 조문으로 해석한다면 제318조의2와 제318조의3 규정은 개정 당시 잘못된 위치에

대한 규정이라고 본다면 제317조는 전문증거 규정들 사이에 위치한 조문의 체계상 전문증거인 진술에 관한 규정이라고 해석하는 것이 자연스럽다. 그러나 뒤에서 살펴볼 바와 같이 제318조는 전문증거에 대한 규정이 아니라는 것이 필자의 견해이므로 제317조 역시 조문 자체의 해석에 의하여 전문증거에 대한 규정인지 증거 일반에 대한 규정인지를 밝혀야 한다. 이런 이유로 제318조의 적용대상을 먼저 살펴보고 그 이후에 317조의 적용대상을 살펴보는 것이 오히려 논리적이라고 생각된다.

(2) 제318조의 적용대상[34]

제318조 제1항은 "증거로 할 수 있음을 동의한 서류 또는 물건"이라고 표현함으로써 제318조의 대상이 "서류"와 "물건"임을 분명히 하고 있다. 반대신문권 포기설을 취하는 통설은 제318조의 적용대상이 전문법칙에 의하여 증거능력이 제한된 증거에 한정된다고 주장하면서 전문증거가 될 수 없음이 명백한 "물건"이 규정된 것은 입법상 오류라고 설명하고 있다.

그러나 1953.1.13. 법전편찬위원회에서 만든 형사소송법 초안 제303조[35]는 "검사 및 피고인이 증거로 할 수 있음을 동의한 서류나 물품은 진정한 것으로 인정한 때에는 증거로 할 수 있다"고 규정하고 있었는데, 국회 법사위의 자구 수정 과정에 "검사 및 피고인"이 "검사와 피고인"으로, "서류나 물품"이 "서류 및 물건"으로 수정되었다. 이런 점에서 알 수 있듯이 형사소송법 초안 당시부터 증거동의의 대상은 서류뿐만 아니라 물건이 거시되었고, 조사助詞도 고치고 "물품"을 "물건"으로 수정할 만큼 자구와 용어에 신경을 썼음이 명백하다. 더욱이 직접심리주의적 규정으로 제정된 우리 형사소송법 제311조 내지 제316조가 전문법칙적 규정으로 전면 개정된 1961년에도 제318조의 위 "서류 및 물건"이라는 표현은 전혀 개정되지 아니하였다. 이러한 점들을 종합하면 입법의 오류로 "물건"이 기입되었다는 통설의 주장은 받아들이기 어렵다. 만일

추가한 것이 된다. 필자의 견해를 따른다면 제316조의2, 제316조의3으로 추가하는 것이 옳다. 아마도 위 개정 당시 이미 제318조 증거동의를 반대신문권 포기로 보는 견해가 통설이었으므로 이에 따라 그 뒤에 전문증거와 관련한 위 양 조문을 추가한 것으로 보인다.
34) 이에 대하여는 이 책 제5편 '형사소송에서의 증거동의'에서 비교적 상세히 설명하고 있으므로 여기에서는 요지만 설명하기로 한다.
35) 지금의 제318조에 해당한다.

제318조를 전문증거에 대한 규정으로 입법하려 하였다면 제318조의2에서도 보는 바와 같이 "제312조 내지 제316조의 규정에 의하여 증거로 할 수 없는 서류나 진술이라도"라는 형식으로 규정하여 그 취지를 명백히 할 수 있었을 것임에도 현재와 같은 규정을 유지하고 있는 것은 그 대상이 전문증거에 한정된 것이 아니라는 점을 추론케 한다.

조문의 체계상으로 보더라도 마찬가지이다. 제318조는 증거편의 마지막 조문인데 그 앞에는 증거능력의 제한에 대한 여러 법리들이 규정되어 있고[36] 전문법칙은 그 중의 하나이다. 따라서 제318조는 "앞에 규정된 여러 법리에 의하여 증거능력이 제한되었더라도 검사나 피고인이 동의하면 증거능력을 회복할 수 있다"는 취지를 밝히고 있다고 보여지는 것이다[37].

(3) 제317조의 적용대상과 조문의 편제

가. 제317조의 적용대상

제317조를 광의설에 따라 해석할 것인지 협의설에 따라 해석할 것인지는 제317조 조문만으로는 명확하지 않다. 앞에서도 설명하였듯이 제318조를 처분권설에 의하여 해석하는 필자의 입장에서는 조문 체계적으로도 위 양 설을 모두 따를 수 있는 상황이다. 따라서 제317조의 문리적, 기능적 의미를 고려하여 판단하여야 할 것이다.

피고인의 자백 진술의 임의성은 제309조에 적용되고[38] 피고인 아닌 자의 진술이라 하더라도 전문진술에 대하여 제317조가 적용된다는 점은 어느 견해에 의하든 동일하다. 따라서 어느 견해를 취하느냐에 따라 차이가 나는 부분은 증인의 증언이나 감정인의 법정 감정보고 등에 국한되는 것이 사실이다. 그러나 법조문의 표현상 혹은 체

---

36) 위법수집증거 배제, 임의성 없는 자백 배제, 유일한 증거로서의 자백 배제 등이 모두 포함된다.
37) 다만 그 취지가 모든 증거능력 없는 증거를 증거동의에 의하여 증거능력 회복할 수 있다는 취지는 아니라는 점은 다시 한 번 짚어두고 싶다.
38) 물론 피고인의 진술이 모두 자백에 해당하는 것은 아니나, 현실적으로 부인 진술에 대하여 임의성과 증거능력을 논할 가능성은 거의 없을 것이다.

계상 제317조가 전문진술에 대하여만 적용되는 것으로 해석할 수 밖에 없다면 모르나, 그렇지 않다면 굳이 이를 전문진술에 대하여만 적용되는 것으로 제한하여 해석할 필요는 없다. 전문증거가 된 진술은 임의성이 있어야 증거가 되고 원본증거인 진술은 임의성이 없어도 증거가 된다고 구분하여 판단할 아무런 이유가 없다.

협의설은 "제317조가 전문진술의 증거능력 회복 조건을 엄격히 하는 기능을 수행하며, 전문진술 아닌 원본진술의 경우에는 모두 법관의 면전에서 이루어지기 때문에 임의성이 의심될 여지가 거의 없다"고 주장하나, 법관의 면전에서 이루어지는 진술이라고 임의성이 절대적으로 보장되는 것은 아니다. 협의설에 의할 때 만일 법관의 면전에서 임의성 없는 진술이 이루어졌다면 그 증거능력을 어떻게 판단하겠는가? 만일 위법한 절차 때문에 임의성 없는 진술이 이루어었다면 제308조의2 위법수집증거의 배제 규정으로 해결할 수 있겠지만, 모든 임의성 없는 진술이 위법한 절차 때문에 생기는 것은 아니며[39], 위법한 절차와 무관하게 이루어진 임의성 없는 진술의 증거능력을 배제할 방법이 없다. 결국 제317조를 일반 진술에 대한 임의성 규정으로 해석함으로써 피고인 자백의 경우에는 임의성 요건을 더욱 엄격히 하여 제309조를 통해 임의성을 의심할만한 이유만 있어도 증거능력을 배제하고, 그 밖의 일반 진술에 대하여는 임의성 없음이 확인된 경우 증거능력을 배제하는 2단계 구조로 보는 것이 합리적이다.

나. 제317조의 편제

앞에서 살펴본 바와 같이 제317조 제1항을 진술 일반에 대한 임의성에 관한 규정으로 파악한다면 과연 지금처럼 전문증거 규정 바로 뒤에 배치할 필요가 있는가 라는 새로운 의문이 발생한다. 제317조 제1항을 위와 같이 파악한다면 결국 제309조는 자백의 임의성에 관한 특별규정이 되고 제317조 제1항은 그 밖의 진술 일체에 대한 일반 규정이 된다. 사정이 이러하다면 차라리 지금의 제309조를 제1항으로 하고 위 제317조 제1항을 제309조 제2항으로 배치하는 것이 더욱 적절하지 않은가 생각된다[40].

---

39) 모든 임의성 없는 진술이 위법한 절차 때문에 생기는 것이라면 제308조의2만 있으면 되고 제317조는 필요없는 조문이 될 것이다.
40) 그렇다면 제309조의 표제도 "진술의 임의성"이 적절할 것이다. 한편 제309조에서 자백이 고문, 폭행, 협박, 구속의 부당한 장기화, 기망 등에 의한 경우에도 임의성이 의심스러운 때에만 증거능력을 배제하는

물론 제309조와 제310조가 피고인의 자백에 대한 공통점으로 연계되어 있다는 점도 있으나, 조문 편제의 기준으로는 진술의 임의성이라는 공통점이 자백이라는 공통점보다는 좀 더 강하게 작용한다고 보인다. 다만 제317조 제2항과 제3항이 전문증거에서의 진술의 임의성 문제임은 문언상으로도 명백하여[41] 위 두 항은 전문증거에 대한 규정 다음에 나오는 것이 적절하므로 지금처럼 제317조 제1항, 제2항으로 그대로 두는 것이 좋을 듯하다.

Ⅳ. 나가며

앞에서 증거편 전체의 조문 체계를 살펴본 다음 이를 기초로 제310조, 제317조, 제318조에 대한 학설의 입장과 논거를 비판하고 새로운 견해를 제시하였다. 다른 법의 경우와 마찬가지로 형사소송법의 경우에도 조문을 해석함에 있어 조문 자체의 뜻과 기능뿐만 아니라 조문의 체계적 지위와 입법자의 의도 등을 종합적으로 살펴보는 것이 매우 중요하다고 생각된다. 특히 증거편의 경우 조문의 해석은 각 조문 개개의 자구 해석문제가 아니라 각 조문들의 관계, 더 나아가 증거편 전체의 체계 문제와 직결되어 있다. 따라서 조문의 체계 분석을 통해 위 각 조문의 의미와 적용대상이 자연스럽게 도출될 수 있도록 하여야 할 것이고, 경우에 따라서는 근본적으로 조문의 체계에 맞추어 조문의 순서를 바로잡아야 할 경우도 적지 않으리라 생각된다.

취지는 재고되어야 할 것이다. 왜냐하면 제308조의2가 명문화되어 고문 등 위법한 방법으로 얻은 자백은 임의성 여부와 관계없이 증거능력이 없기 때문이다. 따라서 향후 제309조는 순수하게 진술의 임의성만 문제 삼는 조문이 되어야 할 것이다.

41) 물론 엄히 보면 법정에서 진술 대신 서면을 작성하여 제출한 경우 제314조 소정의 진술서에 해당하지 아니하는 것으로 판단되지만 이글에서는 제317조 제2항의 서류가 일응 전문증거로서의 서류라고 전제한다.

증거능력 제한규정으로 재해석한 형사소송법 제310조의 의미와 적용범위

I. 들어가며

살인죄의 피고인이 범죄사실을 자백하고 있고 증인은 "피고인은 거짓말할 사람이 아니다"고 증언하고 있다면 법원은 위 증거만 가지고 피고인에게 유죄를 선고할 수 있을까? 또는 야간주거침입절도죄의 피고인이 범죄사실을 자백하고 있고 증인인 가족은 "그 무렵 피고인은 밤 늦게 귀가하는 일이 많았다"고 증언하고 있다면 어떨까? 이 문제의 해답은 소위 자백보강법칙에서 보강증거의 허용범위를 어떻게 보느냐에 따라 달라질 것이다. 우리 헌법 제12조 제7항 후단은 "정식재판에 있어서 피고인의 자백이 그에게 불리한 유일한 증거일 때에는 이를 이유로 처벌할 수 없다"고 규정하고 있고, 형사소송법 제310조는 "피고인의 자백이 그 피고인에게 불이익한 유일의 증거인 때에는 이를 유죄의 증거로 하지 못한다"고 규정하고 있다. 피고인이 임의로 한 자백이 증거능력이 있고 신빙성이 있어서 이로써 법관이 유죄의 심증을 얻었다 할지라도 '자백 이외의 다른 증거'가 없다면 유죄를 선고할 수 없다는 의미이다. 여기에서 '자백 이외의 다른 증거'를 허용하는 범위를 어떻게 보느냐에 따라 위 규정의 적용범위가 달라지는데, 허용 범위를 어떻게 볼 것인가는 다시 위 규정의 법적 성격을 어떻게 보느냐와 논리적으로 연결되어 있다.

통설은 제310조가 법관의 유죄 심증에도 불구하고 별도의 비자백 증거[1]가 없으면 유죄의 판단을 하지 못하게 한다는 점에서 자백의 증명력을 제한하는 법칙이라고 설

---

[1] 피고인과 공범이 모두 자백하는 경우 공범의 자백을 보강증거로 사용할 수 있다고 보는 것이 다수설 판례의 입장이므로 통설이 말하는 보강증거가 반드시 자백 아닌 증거이어야 하는 것은 아니나, 이런 경우에도 피고인 자신의 자백은 아니라는 의미에서는 비자백 증거라 할 수 있으므로 보강증거를 일응 '비자백 증거'라고 부르기로 한다.

명한다[2]. 통설에 따르면 제310조에 의하여 자백의 증명력이 제한되므로 다른 비자백 증거로서 자백의 증명력을 도와주어야 된다. 강학상 요증사실 자체의 입증과는 무관하나 실질증거의 증명력만을 올려주는 증거를 '보강증거'라 하므로 자백이 유일한 증거인 때에는 보강증거가 필요하다는 의미에서 제310조를 '자백 보강법칙'이라 명명하고 있고, 자백의 증명력을 올려주는 비자백 증거를 '보강증거'라고 부른다. 더 나아가 통설은 제310조가 증명력에 관한 법칙이라는 전제 위에 제310조가 적용되는 재판의 범위를 영장심사에까지 확장하고, 보강의 범위와 정도에 대하여 진실성 담보설을 취하는 등의 법리를 전개하고 있다.

그러나 형사소송법 제310조의 제목이 "불이익한 자백의 증거능력"이고 조문의 말미도 다른 증거능력에 관한 법칙들의 말미와 같이 "유죄의 증거로 하지 못한다"고 규정하고 있는 점, 조문의 위치가 증거능력에 관한 제 규정들 사이에 놓여있는 점 등을 고려하면 과연 제310조가 자백의 증명력을 제한하는 법칙이 맞는지 의문이 제기된다. 더 나아가 만일 제310조가 자백의 증명력을 제한하는 법칙이 아니라 증거능력을 제한하는 법칙이라면 통설이 전개하고 있는 보강법칙이 적용되는 재판의 범위나 보강증거의 자격, 보강이 필요한 범위와 보강의 정도 등에 대한 법리를 전면적으로 재검토하여야 할 뿐만 아니라 보강법칙, 보강증거라는 용어가 적절한지도 다시 생각해 보아야 한다.

제310조의 법적 성격이 증명력 제한이 아니라 증거능력 제한이라는 필자의 주장은 이미 앞의글에서 피력한 바 있으므로[3] 아래에서는 중복을 피하여 제310조의 법적 성격을 간략하게 정리하면서 이와 관련한 외국의 입법례와 견해를 비교법적으로 살펴보고(Ⅱ), 통설이 말하는 보강법칙의 논리전개에 맞서 보강법칙이 적용되는 재판의 범위와(Ⅲ) 보강증거의 자격과 그 입증이 필요한 범위와 보강의 정도에 대하여 검토

---

[2] 배종대/이상돈/정승환/이주원, 신형사소송법 제5판, 홍문사, 2013. 729면; 신동운, 신형사소송법 제4판, 법문사, 2012. 1296면; 차용석/최용성, 형사소송법 제4판, 21세기사, 2013. 545면; 정웅석/백승민, 형사소송법 전정증보제6판, 대명출판사, 2014. 771면. 한편 이재상, 형사소송법 제9판, 박영사, 2012. 655면은 자유심증주의의 예외라고만 표현하고 있으나 같은 취지로 보인다.
[3] 이 책 제3편 '형사소송법상 증거편 규정의 체계에 관한 소고' 중 해당부분 참조.

하고(Ⅳ), 증거조사나 증거동의 등과 관련한 문제를 살펴본 다음(Ⅴ), 필자 나름의 결론에 이르고자 한다(Ⅵ).

Ⅱ. 제310조의 법적 성격과 비교법적 고찰

1. 제310조의 법적 성격

앞에서도 언급한 바와 같이 통설은 제310조를 법관의 증명력 판단을 제한하는 법리로 보아 "증거의 증명력은 법관의 자유심증에 의한다"는 자유심증주의의 예외가 되며, 이러한 점에서 증거능력에 관한 법칙인 자백배제법칙과 차이가 있다고 설명한다[4]. 다만 제310조가 왜 증거능력이 아닌 증명력을 제한하는 법리라고 보는지 직접적으로 그 이유를 밝힌 바는 없다. 필자로서는 "자백이 유일한 증거"라고 할 때의 '증거'는 '증거능력 있는 증거'라는 의미를 내포하고 있으므로 자백의 증거능력이 아닌 증명력을 배척하는 방법으로 유죄 선고를 막고 있다고 보는 것이 아닌가 생각할 뿐이다.

그러나 통설은 명확한 근거도 없으며 여러 가지 점에서 합리적이지도 못하다. 형식적인 측면에서 살펴보아도 제310조의 제목이 "불이익한 자백의 증거능력"일 뿐만 아니라 조문의 말미도 '증거능력이 없다'는 의미로 사용되는 "유죄의 증거로 하지 못한다"로서[5] 증거능력에 관한 법칙임이 명백한 자백배제법칙의 조문(제309조)의 말미와 동일하고 제308조의2, 제310조의2와도 거의 유사하다. 더욱이 증명력에 관한 조문인 제56조는 표제와 말미에서 '증명력', "…만으로써 증명한다"라는 명확한 표현을 사용하고 있어 증거능력에 관한 조문과 규정 형식에서부터 명확하게 차이가 있다. 또한 조문의 위치도 증거능력에 관한 규정들인 제308조의2 내지 제318조의3 사이에 놓여있다. 내용적인 측면에서 살펴보아도 자유심증에 대한 제한은 법관의 내심에 대한 제한으로서 지극히 예외적인 상황이 아니면 제한할 수 없는 것이 원칙이다[6]. 또한 증명력

---

[4] 배종대/이상돈/정승환/이주원, 앞의 책, 729면 등.
[5] 같은 취지의 일본 형사소송법 제319조는 제목이 "자백의 증명력"이고 말미도 "유죄로 되지 않는다"이다.
[6] 명백히 자유심증주의에 관한 예외인 공판조서의 절대적 증명력(제56조)은 실체가 아닌 절차에 관한 증명력이기 때문에 예외가 가능하다. 실체에 관하여는 자유심증주의의 예외를 두기가 극히 어렵다고 보인다. 합의부의 경우 합의 결과 각 법관의 심증과 다른 내용의 판결을 선고하게 되더라도 이는 합의제도의 결과일 뿐 자유심증주의의 예외는 아니라는 점도 같은 이치이다.

이 없다는 말은 증거능력은 있다는 것을 전제로 하는데 자백이 유일한 증거인 경우 굳이 증거능력은 있다고 할 실익이 전혀 없다.

실무적으로도 증명력 제한설에 따르면 법관의 자유심증에 속하는 증명력을 법규정에 의하여 억지로 제한하는 것이 부자연스럽지만, 증거능력 제한설에 따르면 법규정에 의하여 자유심증과 무관한 증거능력만 제한하므로 제한 과정이 자연스럽다. 더욱이 배심재판의 경우 증명력 제한설에 따르면 자백이 유일한 증거라 할지라도 증명력만 배척될 뿐 증거능력은 인정되기 때문에 배심원에게 자백 증거를 제공하면서 "자백 내용을 믿지는 마라"고 경고하여야 하는 이상한 상황이 발생하지만, 증거능력 제한설에 따르면 배심재판의 경우에도 증거능력이 상실된 자백 증거를 배심원에게 제공할 필요가 없기 때문에 위와 같은 이상한 상황이 발생하지 아니한다. 이와 같은 점들을 종합할 때 자백보강법칙은 증명력에 관한 법칙이 아니라 증거능력에 관한 특칙[7]이라고 생각된다. 필자의 이러한 견해를 '증거능력 제한설'이라고 부르면서 이와 대비하여 통설을 '증명력 제한설'로 부르기로 한다. 자백이 유일한 증거인 경우 증명력 제한설에 의하면 증거는 있으나 증명력이 없다고 의제하여 무죄가 되지만, 증거능력 제한설에 의하면 범죄사실을 증명할 증거(당연히 증거능력 있는 증거일 것을 요한다)가 전혀 없어 무죄가 되는 것이다.

증거능력 제한설에 따른다면 제310조에 의하여 배척된 자백의 증명력을 다른 비자백 증거가 보강하는 것이 아니므로 '보강증거'라는 용어도 필요 없고, 이에서 연유한 '자백 보강법칙'이라는 용어도 부적절하다. 자백 외에 공소사실을 입증할 다른 비자백 증거가 제시되었다면 자백은 이미 유일한 증거가 아니기 때문에 처음부터 제310조가 적용될 상황도 아니고, 위 비자백 증거가 자백을 보강하는 것은 더더욱 아니다. 증거법 일반원리에 따라 유무죄를 판단하면 족한 것이다.

다만 자백에 추가하여 비자백 증거가 제시되었지만 이것이 범죄사실의 입증, 즉 법관의 심증 형성에 아무런 역할이 없었다면 결국 자백 만으로 입증되고 실질적으로는

---

[7] 제310조를 증거능력 제한 법칙으로 보는 것이 부자연스럽다고 생각되면 차라리 이를 유죄선고의 특별한 요건이라 보아도 좋다. 그러나 이렇게 보더라도 자백의 증거능력 제한과 전혀 다를 바가 없다.

제310조 위반이 되므로, 제310조의 적용을 면하기 위해서는 비자백 증거에 일정한 요건이 요구될 수 밖에 없다. 따라서 비자백 증거가 아래에서 설명할 몇 가지 요건을 갖추었다면 자백에 대한 제310조 소정의 증거능력 제한이 해제될 것이므로 이런 점에서는 다른 비자백 증거를 자백에 대한 추가적 증거라고 할 수 있다. 증거능력 제한설에 따른다면 증거의 증명력 보완이라는 기능을 수행하는 강학상의 '보강증거'라는 용어는 위 비자백 증거를 지칭함에 명백히 부적절하기 때문에 이글에서는 이를 일응 '추가증거'라고 부르되, 이해의 편의를 위해 제310조의 법리는 '보강법칙'이라는 기존의 용어를 그대로 사용하기로 한다.

보강법칙은 허위자백으로 인한 오판을 방지하고 자백편중 수사로 인한 인권침해, 즉 위법수집을 방지함에 그 목적이 있다[8]. 증명력 제한설에 의하면 오판 방지를 강조하게 되고 증거능력 제한설에 의하면 위법수집 방지를 강조하게 된다.

2. 비교법적 고찰

미국은 기소인부제도(arraignment)에 따라 공판정에서 자백이 있으면 사실 확인절차, 즉 유무죄 판단절차를 생략하고 곧바로 양형절차로 들어가기 때문에 공판정에서의 자백에 대하여는 보강법칙이 적용될 여지가 없다. 다만 공판정 외에서의 자백 또는 공범의 자백에 대하여는 전혀 달리 취급하여 대부분의 주에서는 추가증거를 요구하고 있는데[9], 추가증거가 필요한 범위에 대하여 기본적으로 죄체설을 따르고 있다. 뒤에서 살펴보겠지만 보강법칙이 영미법에서 유래한 것은 맞지만, 공판정 외에서의 자백에 대하여만 추가증거를 요구하고 있다는 점에서 우리 법제와 큰 차이를 보이고 있으며, 추가증거가 요구되는 범위를 죄체 즉 범죄사실의 전부 또는 중요부분으로 한정하고 있다는 점에서 우리나라의 통설과도 차이가 있다. 영미법상 자백의 보강법칙은

---

[8] 이에 더하여 수사기관이나 법원으로 하여금 자백 이외의 증거를 수집하도록 유도하는 '정책적 고려'를 또 다른 목적으로 설명하기도 하나(정진연/조규태, "자백의 보강법칙", 논문집(인문사회과학편) 제15권, 숭실대학교 대학원, 1997, 6면), 이러한 기능은 오판과 인권침해 방지 목적에서 자연스럽게 도출되기 때문에(정책적 고려가 없는 제도가 어디 있겠는가?) 굳이 이를 별도의 목적으로 설정할 필요는 없을 것으로 생각된다.
[9] 이삼, "자백의 보강법칙", 법조 제51권 11호, 법조협회, 2002, 40면 이하; 정진연/조규태, 앞의 논문, 17면.

근본적으로는 잘못된 유죄판결을 방지하기 위한 것이지만[10], 직접적으로는 공범의 자백에 대한 증거가치 제한이 그 중요한 출발점인데[11], 아이러니 하게도 우리나라는 모든 피고인의 자백에 대하여 보강법칙을 적용하면서 오히려 공범의 자백에는 이를 적용하지 않는다는 것이 판례의 입장이다[12].

추가증거의 요구가 증거능력 요건인지 증명력 요건인지에 대하여는 미국에서도 여전히 다투어지고 있으며, 추가증거가 구비되었는지에 대하여 법관이 판단할 것인지 배심원이 판단할 것인지 역시 법정마다 차이가 있다[13]. 독일 등의 대륙법에서는 직업법관제 하에서 자백을 증거 중의 하나로 취급하며 유무죄는 자백 등 모든 증거의 증명력을 종합 판단하여 결정하기 때문에 별도의 보강법칙이 존재하지 않는다[14].

일본 형사소송법 제319조는 "자백의 증명력"이라는 표제 하에 제2항에서 "공판정에서의 자백 여부를 불문하고 자백이 자기에게 불이익한 유일한 증거인 때에는 유죄로 되지 않는다"고 규정하고 있어 우리나라 형사소송법 제310조와 거의 동일한 취지를 밝히고 있다. 다만 표제에서 보강법칙이 증명력을 제한하는 법리임을 명시하고 있다는 점에서 차이가 있을 뿐이다. 특히 공판정에서의 자백에 대하여도 추가증거가 요구되는 점을 명시적으로 밝히고 있음에도 일본 최고재판소는 공판정에서의 자백 만으로 유죄를 선고한 원심을 파기하지 않고 상고를 기각한 바 있다[15]. 이를 놓고 "일본 형사소송법이나 판례는 공판정에서의 자백에 대하여 보강법칙을 적용하지 않는다"고 설명하기도 하지만, 이는 오해이다. 일본 형사소송법 제405조는 상고이유를 "1호 헌법 위반 또는 헌법 해석의 오류, 2호 최고재판소 판례 위반, 3호 최고재판소 판례가 없는 경우 대심원 또는 상고법원인 고등법원의 판례 또는 이 법률 시행 후의 항소법원인 고등법원의 판례 위반"으로만 한정하고 있기 때문에 공판정에서의 자백에 대하

---

10) Kenneth S. Broun, McCormick on Evidence(7. Ed.), West Academic, 2014, p. 292.
11) 차용석/최용성, 앞의 책, 552-553면; 민영성, "공범자의 자백과 보강법칙", 부산법학 제3권 제1호, 부산법학연구회, 1997, 27-28면.
12) 대법원 1986.10.28. 선고 86도1773 판결.
13) Kenneth S. Broun, op. cit., p. 293-294.
14) 차용석/최용성, 앞의 책, 545면 등.
15) 일본 최고재판소 1948.7.29. 형집 2권 9호 1012면.

여도 추가증거가 요구된다는 법리가 헌법에 규정되어 있지 아니한 일본의 사정상 이에 위반하여도 법률 위반에 불과하여 상고이유가 되지 못하기 때문에 기각한 것이지[16] 공판정에서의 자백에는 위 법리가 적용되지 않기 때문이 아니다.

앞에서도 살펴본 바와 같이 우리나라와 일본의 형사소송법이 채택하고 있는 보강법칙은 결국 영미법의 공판정 외 자백에 대한 보강법칙을 수용하면서 기소인부제도를 채택하고 있지 아니한 현실을 고려하여 이를 공판정에서의 자백에까지 확대 규정한 것이 아닌가 보인다.

III. 보강법칙이 적용되는 재판의 범위

1. 정식재판

헌법 제12조 제7항에는 보강법칙이 적용되는 범위를 '정식재판'이라고 표현하고 있으나, 이는 일반 형사소송절차를 의미할 뿐 약식명령이나 즉결심판에 불복하여 청구하는 '정식재판'을 의미하는 것은 아니다. 간이공판절차나 약식명령절차도 일반 형사소송이므로 당연히 보강법칙이 적용되지만, 즉결심판에관한절차법 제10조는 즉결심판절차에 형사소송법 제310조 등이 적용되지 아니함을 명문으로 규정하고 있다.

즉결심판에 대하여 보강법칙이 적용되지 아니하는 것이 타당한가에 대하여는 좀 더 깊이 생각해 볼 필요가 있다. 즉결심판을 통해 부과되는 형벌이 비교적 경미하다는 점, 정식재판청구권이 보장되어 있다는 점 및 경찰서장에 의해 기소되는 특수절차라는 점 등이 거론될 수 있을 것이다. 그러나 아무리 경미하더라도 부과되는 불이익이 행정벌이 아닌 형벌이고 특히 구류의 경우에는 인권침해의 우려가 적지 아니하며, 기판력을 악용하려는 등의 허위자백과 오판의 우려가 없지 않고, 같은 방법으로 정식재판청구권이 보장된 약식명령의 경우에도 보강법칙이 적용되는 점 등을 고려하면 경찰서장에 의해 기소되는 특수절차라 하더라도 일부 전문법칙의 적용을 배제하는 것은 몰라도(즉결심판에관한절차법 제10조 참조) 보강법칙의 적용을 배제하는 것은 쉽게 수긍되지 않는다. 입법론적 재고가 필요하다고 생각된다. 소년보호사건은 일반 형사소송 절차가 아

---

[16] 위 판례에서도 일본 최고재판소는 그와 같은 유죄선고가 위헌은 아니라고 판단하였을 뿐이다.

니므로 보강법칙이 적용되지 않아 자백만으로 범죄사실을 인정할 수 있다는 점에 의문이 없다. 판례의 태도도 그러하다[17].

2. 구속영장 심사

수사단계인 구속영장 심사에서도 보강법칙이 적용되는가? 이를 긍정하여 구속영장 청구시에 제출된 자료가 피의자에 대한 자백조서뿐이라면 법관은 구속영장을 기각하여야 한다는 견해가 많다[18]. 그러나 영장심사는 증거능력 있는 증거로써 유죄에 대한 고도의 개연성 인정을 요하는 본안 재판과는 판단의 기준이나 방법이 크게 다르다. 유일한 증거인 자백은 "유죄의 증거"로 하지 못할 뿐이지만, 제201조에서 요구하는 구속의 요건은 "죄를 범하였다고 의심할만한 상당한 이유"이지 유죄의 입증이 아니다[19]. 따라서 본안 판결에서 유죄의 증거로 하지 못한다고 하여 영장심사에서도 증거로 사용하지 못한다거나 증명력이 없다고 하여야 하는 것은 아니라고 생각된다.

이 문제 역시 증명력 제한설과 증거능력 제한설의 다툼과 관련이 없지 않다. 증명력 판단은 본안 판결에서나 영장 심사에서나 다를 것이 없다. 그러나 증거능력 판단은 중대한 위법수집증거라든가 임의성 없는 진술과 같이 절대적 증거능력 배제사유가 아니라면 본안 판결에서만 문제될 뿐이며, 영장심사에서는 문제되지 않는 것이 원칙이다. 따라서 (법규정에 의해 인위적이나마) 자백의 증명력이 제한된다면 영장심사에서의 범죄혐의의 상당성에 대한 확신을 주지 못할 것이므로 영장을 기각하여야 하겠지만, 자백의 증거능력이 제한된다면 영장심사에서 사용하지 못한다고 단정할 것은 아니다. 예컨대 전문증거는 증거능력 인정 여부가 증거조사절차에서 이루어지므로 (동의, 진정성립 인정 등) 그것이 이루어지지 아니한 수사단계에서는 영장 판단을 위해 증거로 사용될 수 있는 것처럼, 영장 단계에서 자백만 증거로 수집된 경우 추후 추가증거가 나오는지 여부를 불문하고 일응 증거로 사용할 수 있다고 보아야 한다. 자백이 유일한 증거인 경우에도 나중에 재판을 할 때까지도 다른 비자백 증거가 나오지 않는다면 확정적으로 증거능력이

---

17) 대법원 1982.10.15. 자 82모36 결정.
18) 배종대/이상돈/정승환/이주원, 앞의 책, 731면 등.
19) 피의자의 진지하고도 합리적인 자백만으로도 죄를 범하였다고 의심할만한(통설에 따르면 죄를 범하였다고 확신할만한) 이유는 충분히 될 수 있을 것이다.

없으므로 유죄판단의 증거로 사용하지 못하게 되겠지만, 수사 특히 수사초기 단계인 영장심사 단계에서 나중에 추가증거가 더 나올지 여부도 알지 못하면서 현재까지 다른 비자백 증거가 나오지 아니하였다고 하여 혐의의 상당성 판단의 자료로 사용하지 못하게 할 필요는 없을 것이기 때문이다.

3. 공범의 재판

제310조를 공범의 자백에도 유추적용할 수 있는가? 바꾸어 말하면 공범의 자백만 있는 경우에도 추가증거 없이 유죄를 선고할 수 있는지가 문제된다. 이는 제310조의 "피고인의 자백"을 "피고인 자신의 자백"으로만 볼 것인지, 아니면 "피고인과 공범 전체의 자백"으로 볼 것인지의 문제이다. "피고인의 자백"을 형식적으로 파악하여 공범의 자백에는 제310조의 유추적용을 부정하면 추가증거 불요설[20]이 되지만, "피고인의 자백"을 실질적으로 파악하여 유추적용을 긍정하면 추가증거 필요설[21]이 된다. 대법원은 앞에서 언급한 바와 같이 추가증거 불요설의 입장에 있다[22].

이 문제도 증명력 제한설과 증거능력 제한설의 다툼과 무관하지 않다. 증명력 제한설에 따르면 공범 중 원진술자에게 증명력 없는 증거가 다른 공범에게는 증명력이 있는지의 문제가 되지만, 증거능력 제한설에 따르면 공범 중 원진술자에게 증거능력 없는 증거를 다른 공범에게 증거로 사용할 수 있는지의 문제가 되는 것이다. 변론분리한 공범의 증언이 다른 공범에게는 증거가 되지만 자신에게는 증거가 될 수 없는 것과 같이 증거능력은 법리에 따라 인정 여부가 상대적으로 결정되므로, 자신에게는 증거능력이 없지만 다른 공범에게만 증거능력이 있다는 것이 그리 부자연스럽지 않다. 따라서 증거능력 제한설에 따르면 추가증거 필요설 뿐만 아니라 불요설을 취하는 것이 논리적으로 가능하다. 그러나 증명력은 법관의 심증의 문제이기 때문에 심증이 형성되면 그 심증에 따라 일관된 판단을 하여야 하는 것이 그 본질이므로, 갑에게는 이

---
20) 이재상, 앞의 책, 660면; 노명선/이완규, 형사소송법 제3판, 성균관대학교 출판부, 2013. 767면; 권오걸, 형사소송법, 형설출판사, 2010. 693면; 이은모, 형사소송법 제4판, 박영사, 2014. 677면 등. 차용석/최용성, 앞의 책, 555면은 입법론으로서는 추가증거 필요설이 바람직하지만 현행 형사소송법의 해석론으로서는 추가증거 불요설을 취할 수밖에 없다고 설명하고 있다.
21) 배종대/이상돈/정승환/이주원, 앞의 책, 737면 등.
22) 대법원 1986.10.28. 선고 86도1773 판결.

렇게 판단하면서 을에게는 저렇게 판단하여서는 아니된다. 비록 법규정에 의한 강제이기는 하지만 어느 증거에 대하여 증명력이 없는 것으로 판단하였다면 이와 같은 취지는 갑에게나 을에게나 동일하게 적용되어야 한다. 다수 견해는 증명력 제한설을 취하면서도 공범의 자백과 관련하여서는 추가증거 불요설을 취하고 있지만, 증명력 제한설에 따르면서 추가증거 불요설을 취하여 원진술자에게는 증명력이 없고 공범에게는 증명력이 있다고 판단하는 것은 증명력의 본질과 조화되기 어렵다. 그와 같은 결과가 증명력의 본질과 충돌하는 것이 아니라 제310조에 의한 어쩔 수 없는 상황이라고 주장할지도 모르지만, 이는 제310조를 증명력 제한설로 잘못 해석한 결과이지 제310조 본연의 취지는 아니다.

Ⅳ. 추가증거의 자격과 그 입증의 범위 및 정도

1. 추가증거의 자격에 대하여

(1) 자백과는 독립된 증거

추가증거는 자백과는 실질적으로 독립된 증거이어야 한다. 이는 증명력 제한설이나 증거능력 제한설이나 동일하게 설명된다. 왜 자백과 독립된 증거이어야 할까? "자백의 증명력을 보강하기 때문"이라는 설명이 일반적이다[23]. 자백으로 자백을 보강하면 제310조 본연의 취지에 반하기 때문이라는 의미로 보인다. 그러나 과연 그것이 충분한 설명이 될 수 있는지는 의문이다. 자백이 유일한 증거일 때에는 증명력이 제한되는데 추가증거가 증명력만 보충해 주면 문제가 해결되며, 반복된 자백은 충분히 법관의 심증을 강화시킬 수 있기 때문이다.

자백이 유일한 증거일 때에는 증거능력 자체가 제한된다고 설명하는 증거능력 제한설의 입장에서는 추가증거가 있어야 제310조의 적용을 면하여 자백도 증거능력을 가질 수 있는데, 제310조 본연의 취지에 비추어 반복된 자백으로도 증거능력을 회복시켜 줄 수는 없기 때문이라고 설명할 수 있다. 결국 증명력 제한설이나 증거능력 제

---

[23] 배종대/이상돈/정승환/이주원, 앞의 책, 738면; 신동운, 앞의 책, 1305면 등.

한설이나 모두 "자백에만 의지하여 유죄를 선고하지 말라"는 제310조 본연의 취지에서 그 근거를 찾는 것은 동일하나, 증명력 제한설에서는 증명력의 보충이라는 문제가 암초로 작용하는 것이다.

더 나아가 '실질적 독립성'을 강조하는 정도에서도 차이가 있다. 증거능력 제한설은 추가증거가 자백과 독립된 증거가 아니면 자백이 증거능력을 획득하지 못하여 제310조의 적용을 면할 수 없기 때문에 실질적 독립을 훨씬 엄격하게 판단하게 되는 반면, 증명력 제한설은 추가증거가 자백의 증명력을 보완해 줄 수만 있으면 유죄를 선고할 수 있기 때문에 추가증거의 실질적 독립성 판단의 엄격성이 완화되는 것이다.

경찰에서의 자백, 검찰에서의 자백, 법정에서의 자백, 참고인이나 증인으로서의 범죄사실 인정 진술 등이 하나의 자백이라는 점에 대하여는 다툼이 없다. 일기장 기재와 같이 수사나 재판절차를 염두에 두지도 않은 채 기록한 것도 내용이 범죄사실과 관련성이 있다면 언제나 자백의 일종으로 다룰 것인지에 대하여도 이를 반대하는 견해도 없지 않지만[24] 통설은 이를 긍정하고 있다. 피고인의 자백을 내용으로 하는 피고인 아닌 자의 진술에 대하여도 독립성 여부는 규범적으로 접근하여야 하기 때문에 소송상 실체진실 발견과 그 밖의 이념 실현 및 자유심증주의에 반할 우려가 있는가를 토대로 실질적으로 평가하여야 하고, 이러한 기준에서 본다면 피고인 아닌 자의 진술과 피고인의 자백 사이에 명백한 관련성이 없다면 독립성을 인정할 수 있다는 견해도 없지 않지만[25], 통설과 판례[26]는 이러한 경우 독립성을 부인하여 보강증거가 될 수 없다고 보고 있다.

실제로 논란이 있는 대표적인 경우가 바로 상업장부나 금전출납부 등이다. 이러한 문서들이 자백과 독립된 서류라고 볼 수 있는지에 대하여 이를 긍정하는 견해도 있고 부정하는 견해도 있다. 이에 대하여 대법원 다수의견은 "피고인이 뇌물공여 혐의를

---

24) 이찬엽, "입법론적 관점에서 소송절차상 자백의 보강법칙의 문제점", 법학논고 제40집, 경북대학교 법학연구원, 540면.
25) 이찬엽, 앞의 논문, 546-547면.
26) 대법원 2008.2.14. 선고 2007도1093 판결.

받기 전에 이와는 관계없이 준설공사에 필요한 각종 인·허가 등의 업무를 위임받아 이를 추진하는 과정에서 그 업무수행에 필요한 자금을 지출하면서, 스스로 그 지출한 자금내역을 자료로 남겨두기 위하여 뇌물자금과 기타 자금을 구별하지 아니하고 그 지출 일시, 금액, 상대방 등 내역을 그때그때 계속적, 기계적으로 기입한 수첩의 기재 내용은, 피고인이 자신의 범죄사실을 시인하는 자백이라고 볼 수 없으므로, 증거능력이 있는 한 피고인의 금전출납을 증명할 수 있는 별개의 증거라고 할 것인즉, 피고인의 검찰에서의 자백에 대한 보강증거가 될 수 있다"고 판단한 반면, 소수의견은 "피고인이 범죄의 혐의를 받기 전에, 그와는 관계없이 타인에게 보이는 것을 예상하지 아니하고 자기의 범죄사실을 기재하여 둔 것이라 하더라도, 그 기재 내용을 증거로 하는 경우에는 이 또한 자백이라고 할 것이다. 수첩의 기재는 피고인이 경험한 사물에 대한 인식을 외부에 글로 표현한 내용이 증거방법으로 사용된다는 점에서 이를 자백으로 봄이 합당하고, 이를 피고인의 자백과는 성질이 다른 독립된 증거라고 볼 수 없고, 따라서 물증 등 다른 증거에 비하면 거짓이나 조작이 개재될 여지가 많은 피고인의 자백만으로 유죄판단을 하지 못하도록 제한하려는 형사소송법 제310조의 입법취지에 비추어 이러한 수첩의 기재 내용만으로는 유죄의 판단을 할 수 없음은 물론 이는 자백에 대한 보강증거도 될 수 없다고 보아야 한다. 피고인이 작성한 수첩의 기재 내용이 형사소송법 제315조에 의하여 증거능력을 가지게 된다는 것과 자백만으로는 유죄판결을 할 수 없다는 형사소송법의 원칙과는 서로 차원을 달리하는 것이다"고 판단하였다[27]. 공문서변조와 행사 사실을 자백하고 형사 민원사무처리부에 피고인이 변조하였다는 내용이 기재되어 있고 증거동의 되었다면 처리부는 보강증거가 된다는 판례[28]도 위 다수의견과 같은 취지라 할 수 있다.

일본의 판례도 "미곡 판매업자인 피고인이 범죄혐의를 받기 전에 범죄와 무관하게 자신의 판매 매수금관계를 기억하기 위하여 암거래 쌀인지 배급 쌀인지를 불문하고 그때그때 기재한 것으로 인정되는 미수금장부 기재내용은 피고인의 자백으로 볼 수 없어 형사소송법 제323조 2호($\substack{\text{우리 형사소송법}\\\text{제315조 2호}}$) 소정의 서면으로 증거능력이 있고 자백의

---

27) 대법원 1996.10.17. 선고 94도2856 전원합의체 판결.
28) 대법원 2001.9.28. 선고 2001도4091 판결.

보강증거가 된다"고 판시하여[29] 같은 입장을 보여주고 있다.

우리나라나 일본의 판례는 공히 상업장부 등의 독립성을 인정하되 그 요건으로 적법한 사항과 불법적인 사항을 구별하지 않고 기입하였다는 점과, 각 거래의 상세한 내역을 그때그때 계속적, 기계적으로 기입하였다는 점을 요구하고 있다. 전자는 수사나 재판을 염두에 두지 아니한 기록을 의미하고, 후자는 오류의 가능성이 낮은 기록을 의미한다. 따라서 판례는 제한적 긍정설이라고 할 만 하다.

위 다수의견과 소수의견의 차이 또는 긍정설과 부정설의 차이는 결국 "실질적인 독립증거"라는 의미를 "자백의 증명력 보완"보다 앞에 두느냐 그 뒤에 두느냐의 차이에서 비롯된 것이라 보인다. 독립성을 증명력 보완보다 뒤에 둔다면 수첩 기재로 인하여 자백의 증명력이 충분히 보완된 사안에서 제310조 때문에 무죄를 선고하는 것이 부당하므로 수첩 기재를 독립된 증거라고 판단할 수 밖에 없고, 증명력 보완보다 앞에 둔다면 비록 수첩 기재로 인하여 자백의 증명력을 보완할 수 있다고 하더라도 실질적인 독립증거가 아니면 제310조의 적용을 피할 수 없다고 판단하여야 하는 것이다. 대법관들이 의식하지 못하였다 하더라도 다수의견은 제310조를 증명력의 문제로 본 결과이며 소수의견은 증거능력 문제로 본 결과라고 할 수 있다. 위 판례의 소수의견과 부정설은 위 수첩 기재는 결국 뇌물공여자의 자백으로부터 독립한 증거가 아니라 자백의 반복에 불과하므로 법관이 뇌물공여자의 자백과 수첩 기재에 의하여 뇌물공여 사실에 대하여 확신을 얻었더라도 제310조에 의하여 무죄를 선고하여야 한다고 비판하는데, 이는 결국 증거능력 제한설의 논리와 일치한다.

(2) 실질증거

통설은 보강증거가 실질증거이어야 하며, 실질증거이기만 하면 직접증거는 물론 간접증거도 보강증거가 될 수 있다고 한다. 실질증거는 언제나 추가증거가 될 수 있는가? 실질증거라면 직접증거이든 간접증거[30]이든 추가증거가 될 수 있는 것이 원칙

---

[29] 일본 최고재판소 1957.11.2. 결정. 형집 11권 12호, 3047면.
[30] 학설이나 판례에서 간접증거를 정황증거와 다른 용어인 것처럼 사용하는 예가 적지 않으나, 간접증거와

이다. 다만 간접증거가 범행동기에 관한 것일 뿐 공소사실과는 직접 관계없는 내용이라면 보강증거로 보기는 어려운데, 이는 뒤에서 설명할 추가증거가 필요한 범위의 문제이다. 예컨대 살인죄에 있어서 피고인이 범죄사실을 자백하고 있고, 제3자의 증언으로 그 무렵 두 사람의 사이가 원만치 못하였다는 사실만 입증되어 자백의 신빙성을 보완하고 있다면 유죄를 선고할 수 있는지의 문제이다. 결론만 밝힌다면 진실성 담보설에 따르면 가능하고 죄체설에 따르면 어렵다.

실질증거가 아닌 보조증거는 보강법칙이 말하는 추가증거가 될 수 있는가? 보조증거 중 탄핵증거는 증명력을 감쇄시킨다는 본연의 성질상 추가증거가 될 가능성이 없지만, 보강증거도 추가증거가 될 수 없는지는 좀 더 깊은 검토를 필요로 한다. "그 사람은 거짓 자백할 사람이 아니다"는 증언과 같은 강학상 의미의 보강증거도 보강법칙이 말하는 추가증거가 될 수 있는지의 문제이다. 자백과는 실질적으로 독립된 증거가 요구되는데, 강학상의 보강증거는 자백의 증명력을 보완해 줄 뿐이므로 자백과 독립된 증거라고 보기 어렵고, 결국 심증형성의 근거가 자백에 귀착하는 점에 비추어 볼 때 추가증거가 될 수 없다고 보인다. 그런데 강학상의 보강증거가 통설이 말하는 보강법칙의 보강증거가 될 수 없다는 것은 대단히 모순적인 논리이다[31]. 이는 보강법칙의 보강증거가 강학상의 보강증거가 아니며 보강법칙의 보강이 강학상의 보강이 아니라는 의미로 연결되고, 결국 보강법칙은 증명력 보강의 문제가 아니라는 결론에 이르게 된다.

더 나아가 거짓말탐지기 검사결과가 추가증거가 될 수 있는지도 살펴보자. 대법원은 "거짓말탐지기 검사결과는 진술의 신빙성을 가늠하는 정황증거가 됨에 그친다"고 판시하고 있는 바[32], 정황증거, 즉 간접증거는 실질증거의 일종이므로 증거능력만 인정된다면 추가증거 될 수 있다고 볼 여지도 없지 않다. 그러나 위 판례를 자세히 보면

정황증거는 요증사실을 추측케하는 증거로서 동의어이다. 이글에서는 간접증거라는 용어만 사용하기로 한다.
31) 더욱이 뒤에서 살펴볼 바와 같이 증명력 제한설은 진실성 담보설을 취하여 보강증거가 자백의 진실성, 즉 신빙성만 보완하면 족하다는 입장인데 결국 보강증거가 강학상의 보강증거의 기능만 수행하면서도 실체적으로는 강학상의 보강증거이면 안된다는 기묘한 결론에 귀착한다.
32) 대법원 1987.7.21.선고 87도968 판결.

"진술의 신빙성을 가늠하는 정황증거"라고 하고 있는데, 진술의 신빙성을 가늠하는 증거는 사실은 정황증거가 아닌 보조증거이다. 따라서 위 판례에서의 '정황증거'라는 표현은 보조증거의 오기이고, 앞에서 살펴본 바와 같이 실질증거 아닌 보조증거는 추가증거가 될 수 없다. 내용으로 살펴보더라도 피고인에 대한 거짓말탐지기 검사결과는 피고인의 자백과 독립된 증거라고 보기 어려우므로 추가증거로 사용될 수 없음이 당연하다.

2. 추가증거의 입증의 범위에 대하여

(1) 학설 대립과 검토

통설은 보강법칙과 관련한 죄체설과 진실성 담보설의 대립을 추가증거의 입증의 정도에 대한 대립으로 설명하고 있다. 죄체설은 죄체의 전부 또는 일부에 대하여 보강증거가 있어야 한다는 견해이고[33], 다수설인 진실성 담보설은 보강증거는 자백의 진실성을 담보하는 정도면 족하다는 견해이다[34]. 공판정 자백에 대하여는 진실성 담보설을, 그 밖의 자백에 대하여는 죄체설을 취하는 견해도 있는데[35], 공판정 자백에 대하여는 위법수집의 우려가 없으므로 오판방지를 위해 어느 부분의 입증을 통해서든지 자백의 신빙성, 즉 증명력만 보강되면 족하다고 보는 반면 그 밖의 자백에 대하여는 위법수집의 우려가 있으므로 보강증거의 요건을 더 엄격히 하여 죄체의 중요부분에 대한 보강을 요한다는 취지로 보인다.

그러나 죄체설은 추가증거가 죄체(corpus delicti, body of crime)에 대한 증거이어야 하므로 죄체 이외의 범죄 동기 등에 대하여는 별도의 비자백 증거가 있어도 추가증거가 되지 못한다는 견해로서 추가증거가 입증하여야 할 범위에 관한 학설인 반면, 진실성 담보설은 추가증거는 독자적 증명력을 가지지 못하더라도 자백이 진실하다는 점을 담보할 수 있을

---

[33] 송광섭, 형사소송법 개정판, 형설출판사, 2012. 701면; 민영성, 앞의 논문, 41면.
[34] 배종대/이상돈/정승환/이주원, 앞의 책, 741면; 이재상, 앞의 책, 666면; 신동운, 앞의 책, 1308면; 이은모, 앞의 책, 667면; 정웅석/백승민, 앞의 책, 753면; 권오걸, 앞의 책, 694면; 손동권/신이철, 새로운 형사소송법, 세창출판사, 2013. 561면 등.
[35] 차용석/최용석, 앞의 책, 561면. 한편 이찬엽, 앞의 논문, 556면은 공판정에서의 자백에는 진실성 담보설을, 수사기관에서의 자백에는 죄체설 중 중요부분설을, 그 밖의 자백에는 일부설을 취하고 있다.

정도이면 족하다는 견해로서 추가증거의 입증의 정도에 관한 학설이다. 결국 위 두 학설은 서로 다른 대상에 대한 학설이다. 심지어는 위 2 학설을 모두 취하여 "죄체의 중요부분에 대하여 추가증거에 의한 입증이 필요한데, 추가증거가 입증하여야 하는 정도는 자백의 진실성을 담보할 수 있을 정도면 족하다"고 주장하여도 논리적으로는 전혀 이상이 없다. 죄체설을 취하더라도 추가증거가 어느 정도의 증명력을 가져야 하는가를 별도로 논하여야 하고, 진실성 담보설을 취하더라도 추가증거가 자백의 어느 부분을 입증하여야 하는지는 여전히 문제된다. 이러한 점은 일찍이 죄체설의 입장에서 "물론 보강의 범위와 정도(양)는 밀접하게 관련되어 있다. 그러나 자백의 진실성을 담보하는 경우란 보강증거가 객관적 범죄사실의 극히 미세한 부분에 존재하거나 또는 범죄의 주관적 부분에 존재하는 경우에도 있을 수 있다. 이러한 경우에 보강의 범위를 확정하지 않고 자백의 진실성을 담보하는 것만으로 족하다고 보게 되면 법관의 주관에 따라 유죄판결을 내리기 쉬워져 사건 처리에는 편리하지만, 보강법칙을 인정한 제310조의 취지는 무의미해지고 만다"고 지적한 바 있다[36]. 실제로 우리나라에서 진실성 담보설을 취하는 분들은 모두 보강증거는 자백의 진실성을 담보할 수 있으면 족하다고 하면서 자백 또는 범죄사실의 어느 부분의 증명력을 보강하여야 하는지에 대하여는 큰 관심이 없으므로 결국 추가증거 입증 범위에 대하여는 무제한설을 취하는 결과가 된다.

죄체설은 필연적으로 추가증거가 죄체의 어느 범위를 입증하여야 하느냐의 문제로 들어가게 된다. 죄체설의 고향인 미국에서는 죄체를 ㉠ 범죄 결과인 특정 피해가 발생한 사실, ㉡ 특정 범죄행위로 인하여 위 피해가 발생하였다는 사실, ㉢ 그 범죄행위자가 피고인이라는 사실 등 3단계로 구분한다. 그리고 추가증거가 그 전체에 대하여 있어야 하는지 일부에 대하여만 있어도 되는지에 대하여 견해가 대립되나, 판례는 대체로 ㉠과 ㉡ 사실에 대하여만 추가증거가 있으면 족한 것으로 보고 있다[37]. 우리나라 일본에서는 죄체설을 다시 죄체전부설, 중요부분설, 일부설로 구분하기도 한

---

[36] 차용석/최용성, 앞의 책, 561면.
[37] Kenneth S. Broun, op. cit., p.295.; 차용석/최용성, 앞의 책, 560면; 신동운, "자백의 보강법칙", 고시연구 통권 제254호, 고시연구사, 1995, 66면.

다. 그러나 범죄사실 전부에 대한 추가증거를 요구하는 것은 현실적으로 무리한 요구이고, 어떤 부분이든 일부에 대한 추가증거만 있으면 족하다고 설명하는 것은 죄체설의 원취지를 약화시켜 결과적으로 진실성 담보설과 별 차이가 없도록 만들기 때문에 우리나라에서는 과거에나 현재에나 이를 추종하는 견해가 없다. 죄체설을 따르는 분들은 대체로 범죄사실의 중요부분에 대한 추가증거가 필요하다고 설명하고 있다[38]. 어느 부분이 범죄사실의 중요부분이냐 하는 점은 다시 검토의 대상이 될 것이나, 필자로서는 일응 미국 판례의 대세와 같이 특정 범죄결과가 발생하였고 그것이 특정 범죄행위로 인한 것이라는 점을 추가증거로 입증되어야 할 범죄사실의 중요부분이라고 보는 것이 적절하다고 생각한다.

범죄사실 중 일부만 자백[39]하는 경우 추가증거가 필요한 범위는 어떻게 되는가? 미국의 경우 판례에 따라 범죄사실 전체에 대한 자백에 대하여만 보강증거를 요구하기도 하지만 범죄사실 일부에 대한 자백에 대하여도 보강증거를 요구하기도 한다고 설명되고 있다[40]. 생각건대 자백한 부분이 범죄사실에서 얼마나 중요한지, 범죄사실의 나머지 부분이 어떻게 입증되는지 등에 따라 달라질 것이다. 범죄사실 전부가 입증되어야 유죄가 선고될 수 있으며 일부만 자백한다면 나머지 부분은 당연히 다른 증거로 입증되어야 함에 의문이 없다. 앞에서 설명한 죄체설의 논리에 따라 자백한 부분이 범죄사실의 중요부분, 즉 특정 범죄행위와 특정 범죄결과에 대한 사실이라면 이는 제310조에 따라 자백만으로는 입증될 수 없어 추가증거가 필요하며, 중요부분이 아니라면 별도의 추가증거를 요하지 않는다고 하여야 할 것이다.

이에 대하여 진실성 담보설의 입장에서 "죄체라는 개념이 우리나라에는 없고, 직업법관의 재판에서는 증명력 판단에 대한 강력한 제한의 필요성이 적으며, 신종범죄의 출현에 따라 죄체설로서는 증명력 판단의 범위를 설정하여 유연하게 대처하기가

---

[38] 차용석/최용성, 앞의 책, 560면. 다만 앞에서 설명한 미국에서의 죄체 개념 중 ㉠, ㉡ 사실 뿐만 아니라 ㉢ 사실까지도 보강되어야 한다는 주장도 있는 바(민영성, 앞의 논문, 41면) 이는 결국 죄체전부설과 같은 의미로 보인다.
[39] 이를 자백(confession)과 구별하여 자인(admission)이라고 부르기도 한다.
[40] 차용석/최용성, 앞의 책, 547면; 조규태, "자백의 증명력과 보강증거에 관한 고찰", 시민문화연구 제7호, 월남시민문화연구소, 2007. 138면.

어려울 뿐만 아니라, 예비나 미수의 경우에는 피해가 발생하지 않았기 때문에 죄체의 인정이 불가하다"는 등의 비판이 없지 않다[41]. 그러나 죄체 개념이 미국의 배심제하에서 발생하였다고 우리나라의 직업법관에 의한 재판에 도입하지 못할 이유는 되지 않고, 보강법칙의 취지를 달성하기 위해서도 죄체설이 더욱 적절하며[42], 신종범죄에 대하여는 범죄행위와 범죄결과 개념 정립에 노력하여 문제를 해결하여야지 이를 방치할 수는 없고, 범죄의 결과가 없는 예비나 미수의 경우에는 범죄행위에 대하여만 죄체 개념을 설정하면 족하며 이는 처음부터 범죄의 결과가 없는 거동범의 경우에도 마찬가지이다. 뿐만 아니라 증거능력 제한설을 취하는 경우 죄체설은 논리적으로 연결될 수 있지만, 진실성 담보설은 논리적으로 배치되는 것도 죄체설을 따르게 하는 이유가 된다.

(2) 판례 검토

가. 판례가 추가증거가 된다고 본 사례들 분석

① 위조공문서행사 사건에서 신분증의 현존[43]

위조된 신분증의 현존은 문서위조죄에 있어서는 범죄행위와 범죄결과에 대하여 모두 직접 관련이 있고, 위조문서행사죄에서는 범죄행위의 도구라는 의미만 가질 뿐 범죄의 결과는 직접 관련이 없지만 위조문서행사죄가 거동범적 성격이 강하여 가시적인 범죄결과를 입증할 필요는 없으므로[44] 문서위조죄에서나 위조문서행사죄에서나 모두 추가증거가 될 수 있다고 보인다. 다만 신분증이 어디에 어떤 상황에 현존하고 있었는지에 따라 그 행사에 대한 증명력이 달라지는데 이에 대한 아무런 언급 없이 현존 자체로 행사를 추정한다는 것은 적절하지 않다.

② 미등급 게임기를 판매 유통시켰다는 공소사실에 대하여 미등급 게임기가 설치

---

[41] 신동운, 앞의 논문, 68면.
[42] 이찬엽, 앞의 논문, 556면. 민영성, 앞의 논문, 41면의 "진실성 담보설을 취할 경우 보강증거의 중요성이 경시될 위험이 있다"는 지적도 같은 취지라고 보인다.
[43] 대법원 1983.2.22. 선고 82도3107 판결.
[44] 이러한 점은 결과범의 경우와 비교될 수 있다. 예컨대 살인을 저질렀다고 자백하면서 범행도구라고 피 묻은 칼을 제시하였다면 범죄결과인 사망과 직결될 수 있는 자료이지만, 만일 총을 제시하였다면 범죄결과인 사망과 직결될 수 있는 자료가 되지 못하므로 충분한 추가증거라고 볼 수 없을 것이다.

된 게임장 내부사진 및 피고인 명의의 게임제공업자등록증의 현존[45]

미등급게임기 판매죄도 거동범적 성격이 강하므로 범죄행위에 대하여만 추가증거가 있으면 족하다고 보여지는 바, 자신이 운영하는 게임장에 비록 판매용은 아니지만 미등급 게임기가 설치되어 있다는 사진과 게임제공업자(게임기 제공업자의 오기인 듯)로 등록되어 있다는 사실은 게임기를 판매하였다는 사실을 추론케할 만한 간접사실이므로 추가증거가 될 수 있다고 보인다.

③ 국가보안법상 회합죄에 대하여 피고인이 회합 당시 상대방으로부터 받았다는 명함의 현존[46]

회합죄 역시 거동법적 성격이 강하므로 범죄행위에 대하여만 추가증거를 요한다고 할 것인데, 회합 당시 받았다는 명함은 회합이라는 범죄행위를 추론케 할 간접증거에 해당하므로 추가증거가 될 수 있다. 다만 위 명함이 얼마나 많이 배포된 것인지, 피고인이 다른 기회에 위 명함을 입수하였을 가능성이 크지 않은지 등을 확인하여 위 명함에서 받았다는 사실에 대한 실제 증명력의 크기가 어느 정도인지가 유죄 선고의 관건이 될 것이다.

④ 간통 사건에서 그 무렵 가출과 외박이 잦았다는 남편의 진술[47]

범죄당일 외박하였다는 진술이라면 간통이라는 범죄사실 자체와 밀접한 관련(협의의 증명력)이 있으므로 추가증거가 될 수 있겠지만, 그 무렵 가출과 외박이 잦았다는 사실은 그 자체로 범죄사실도 아니거니와 범죄사실과의 관련성도 매우 약하여 그것만으로는 추가증거로서 간통죄의 구성요건 요소를 증명한다고 보기 어렵다.

⑤ 뇌물공여 사건에서 "그 시경 뇌물공여자라는 사람을 만나 청탁을 받기도 하였다"는 상피고인의 진술[48]

수뢰는 부인하지만 "만나서 청탁을 받았다"는 사실은 뇌물수수를 추정할 수 있게 하는 간접사실이므로 추가증거가 될 수 있으나[49], 청탁 사안의 성질이나 공여자와 수

---

45) 대법원 2008.9.25. 선고 2008도6045 판결.
46) 대법원 1990.6.22. 선고 90도741 판결.
47) 대법원 1983.5.10. 선고 83도686 판결.
48) 대법원 1995.6.30. 선고 94도993 판결.
49) 뇌물공여 사실을 인정하고 있는 상피고인을 만나 청탁을 받았다는 진술은 공범의 구성요건 외적 사실에 대한 자백에 해당하므로 공범의 자백에 관하여 실질설을 따르든 형식설을 따르든 추가증거가 될 수 있음에 문제가 없다.

수자의 인간관계 등을 고려할 때 뇌물 없이도 그와 같은 청탁을 할 수 있는지 등을 확인하여 의자백과 합하여 뇌물공여와 수수를 확신할 정도의 증명력이 있는지는 구체적 사안을 토대로 개별적으로 판단하여야 할 것으로 보인다.

⑥ 도로교통법상 무면허운전 사건에서 차량 소유자로 등록된 자동차등록증의 현존[50]

무면허운전죄의 중요 구성요건은 면허가 없다는 사실과 운전을 하였다는 사실이다. 그런데 운전을 하였다는 사실에 대한 아무런 추가증거 없이 무면허 사실에 대한 추가증거 만으로 범죄사실의 중요부분에 대한 추가증거가 있다고 보기 어렵다. 이러한 법리는 만일 운전 사실은 입증되었지만 무면허 사실에 자백만 있는 경우에도 마찬가지일 것이다.

⑦ 무면허 오토바이 운전 사건에서 피고인이 오토바이 시동을 걸려는 것을 보고 즉시 체포하면서 오토바이를 압수하였다는 압수조서 기재[51]

"시동을 걸려고 하였다"는 사실로서 "이렇게 시동을 걸어 운전하였다"는 사실을 추론케 할 수는 있지만 "이전에도 이런 식으로 시동을 걸어 운전하였다"는 사실을 추론하기는 어렵다. 이러한 법리는 앞에서 살펴본 간통사건에서 "그 무렵 외박이 잦았다"는 사실과 동일하다. 따라서 위 압수조서 기재만으로 무면허 운전에 대한 자백의 추가증거가 되기는 어렵다고 보인다. 오히려 무면허 운전이 거동범이므로 압수된 오토바이의 현존으로서 범죄행위에 대한 추가증거가 될 수 있고 오토바이를 압수하게 된 경위 등을 보태면 오토바이 현존이 추가증거로서의 증명력도 확보할 수 있을 것으로 생각된다.

나. 판례가 추가증거가 되지 못한다고 본 사례들 분석

① 필로폰 매수대금을 송금한 사실에 대한 증거는 필로폰 매수죄에 대한 추가증거는 될 수 있으나 투약행위에 대한 추가증거는 될 수 없다[52].

이 판례는 매수죄와 투약죄는 별개의 범죄로서 실체적 경합관계에 있기 때문에 각

---

50) 대법원 2000.9.26. 선고 2000도2365 판결.
51) 대법원 1994.9.30. 선고 94도1146 판결.
52) 대법원 2008.2.14. 선고 2007도10937 판결. 필로폰 매수대금을 송금한 사실은 필로폰을 매수하여 투약하였다는 점 전체에 대하여 진실성을 담보하는 것으로 볼 여지가 없지 않지만 투약사실에 대한 보강이 되지 않는다는 판례의 태도는 진실성 담보설이 아닌 죄체설에 가깝다고 보인다.

각의 죄에 대한 추가입증이 필요하다는 점을 보여주기도 하지만, 매수죄가 아닌 투약죄로만 기소된 경우라도 추가증거로 인정하지 않았을 것으로 생각된다. 필로폰 투약 역시 거동범이므로 범죄행위에 대하여만 추가증거가 있으면 되고 필로폰을 매수하기 위하여 송금하였다는 사실은 그러한 방법으로 매수하여 투약하였을 것이라고 추론케 하는 간접사실이 될 수 있다. 다만 송금 사실에서 투약 사실까지 논리를 전개하기에는 변수가 너무 많아 결국 협의의 증명력이 너무 떨어지므로 추가증거가 되기에도 어렵다고 판단한 것으로 보인다. 이 사안에 있어 송금한 자와 송금받은 자의 거래관계, 송금한 자는 마약을 매수하면 보관이나 판매하지 않고 곧바로 투약하는지 등에 대한 충분한 자료가 있다면 매수대금 송금 사실만으로도 투약에 대한 추가증거가 될 수 있는 여지가 있지만 현실적으로 매수죄를 처벌하면서 투약죄 입증에 그만한 추가 노력을 투입할 필요가 없었던 것이 아닌가 생각된다.

② 무면허운전의 경우 운전사실에 대한 추가입증만으로는 부족하고 무면허라는 사실에 대한 추가입증도 필요하다[53].

이는 일본 최고재판소의 판결로서 앞에서 살펴본 우리나라의 판례와 극명하게 비교된다. 일본의 경우에도 진실성 담보설이 통설적 입장이지만 그 근저에는 이와 같이 죄체설적 사고가 깔려있다고 보는 것은 필자의 지나친 독단인지 모르겠다.

(3) 소결

이렇게 본다면 통설이나 대부분의 판례는 추가증거로 입증되어야 하는 범위를 너무 넓게 인정할 뿐만 아니라 추가증거가 갖추어야 할 최소한의 증명력에 대하여도 별로 고려하지 아니하고 있다. 결국 제310조 본연의 취지인 오판 방지나 위법한 자백수집 방지에 아무런 실효성이 없도록 만들고 있다는 것이다. 추가증거가 요구되는 범위와 추가증거가 가져야 하는 증명력의 정도 등에 대한 충분한 고려가 판례에서도 반영되어야 할 것이다.

3. 추가증거의 입증의 정도에 대하여

---

[53] 일본 최고재판소 1967.12.21. 형집 21권 10호, 1476면.

(1) 진실성 담보설의 주장과 이에 대한 검토

추가증거가 자백을 어느 정도까지 입증하여야 유죄의 판단을 할 수 있는가 하는 것이 통설이 말하는 보강의 정도 문제이다. 앞에서도 살핀 바와 같이 통설은 진실성 담보설을 취하여 "보강증거는 독자적으로 범죄사실을 입증할 정도이어야 하는 것은 아니고 자백의 진실성을 담보하는 정도면 족하다"고 설명하고 있다[54]. 추가증거를 철저하게 자백을 보충하는 증거로 보는 것이다. 판례 역시 "피고인의 자백이 진실에 부합함을 인정할 수 있을 정도의 보강증거가 있으면 피고인의 자백과 보강증거를 종합하여 유죄의 증거로 할 수 있을 것이고 보강증거 자체만으로 범죄 구성요건되는 사실의 전부 또는 일부를 직접 증명함을 요한다고 볼 것이 아니다"고 하거나[55] "보강증거는 피고인의 자백사실이 가공적인 것이 아니고 진실한 것이라고 인정할 수 있는 정도이면 정황증거 내지 간접증거라도 족하다"고 하여[56] 진실성 담보설을 취하고 있다고 해석된다.

진실성 담보설은 증명력 제한설에 의할 때 제한된 증명력을 추가증거가 보완해 주면 문제가 해결된다는 논리에 근거하고 있다. 그러나 자백의 진실성만 담보하여 유죄를 선고할 수 있다면 결과적으로 비자백 추가증거는 자백의 부수증거일 뿐이며, 범죄사실 자체에 대한 심증은 결국 자백만으로 형성되는 것이므로 실질적으로는 제310조의 취지에 부합되지 않는다. 그리고 증명력 제한설에 의하더라도 "이때의 자백은 증거능력과 증명력이 있는 자백이어야 한다"고 설명하여 자백이 증명력, 즉 신빙성 있을 것을 당연한 전제로 하면서 다시 추가증거로 자백의 진실성을 담보한다는 것이 신빙성 이외에 다른 진실성의 문제가 있는 것인지 그 의미가 혼란스러워진다. 자백에 추가증거를 요하는 것은 신빙성이 약해서가 아니라 자백이 강요될까 우려스러워서인데 진실성 담보설은 이 점을 간과하고 있다. 이러한 문제는 아마도 신빙성 유무가 법관의 자유로운 심증에 의하여 자연스럽게 판단되어야 하는 것인데, 제310조가 법률의 규정에 의하여 이를 제한한다고 부자연스럽게 해석하기 때문에 발생한 것으로 생

---

[54] 배종대/이상돈/정승환/이주원, 앞의 책, 741면 등.
[55] 대법원 1967.12.18. 선고 67도1084 판결.
[56] 대법원 1985.7.9. 선고 85도826 판결.

각된다.

또한 자백의 증명력에만 의존한다는 점에서는 자백의 내용이 일관되고 논리정연하고 자백 만에 의하여 자백이 진실하다는 심증이 강력하게 형성되는 경우와도 사실상 다를 것이 없는데, 이러한 경우에는 추가증거 없이는 유죄를 선고할 수 없도록 하면서 추가증거에 의하여 자백의 진실성을 담보된 경우에는 달리 취급하는 본질적 이유가 무엇인지 의문스럽게 한다. 더욱이 "그 사람은 허위자백을 할 사람이 아니다"는 제3자의 증언과 같은 강학상의 보강증거는 진실성을 담보하더라도 자백의 추가증거가 될 수 없다는 점과도 조화되지 아니한다. 제310조는 자백에만 의지하여 유죄를 선고하지 말라는 취지인데, 추가증거가 자백과는 독립된 증거여야 한다는 측면에서는 위 취지를 존중하면서도 입증의 정도라는 측면에서는 최소한의 독립된 증명력을 가져야 한다고 요구하지 아니하고 오로지 증명력의 본체는 자백에서 구하고 추가증거에서는 자백의 진실성을 담보하는 보조적 기능만 요구하는 태도는 결국 제310조의 취지를 근본적으로 몰각시키는 결과를 초래한다. 추가증거는 자백의 보조증거가 아니라 병존하는 독자적 증거이어야 하며 이러한 점은 존재 형태에서의 독립성뿐만 아니라 증명력에서의 독립된 가치에서도 존중되어야 하는 것이다.

이와 같이 증명력 제한설에 따르면 추가증거의 입증의 정도에 대하여 진실성 담보설을 취하게 되는 것이 자연스러우나 그 결과는 역설적이게도 비논리적이다. 그러나 증거능력 제한설에 따르게 되면 실질적인 의미 있는, 즉 죄체에 대한 증거의 증명력 판단에 도움이 되는 추가증거가 있는 경우에는 자백은 이미 유일한 증거가 아니기 때문에 처음부터 제310조가 적용될 여지가 없으므로 증거법 일반원리에 따라 판단하면 족하다.

(2) 증거능력 제한설에서의 논리 전개

앞에서도 살핀 바와 같이 죄체설은 추가증거가 죄체의 중요부분에 대하여 입증하여야 한다는 점만 강조하지 그 중요부분에 대하여 어느 정도로 입증하여야 하는지에 대하여는 직접 설명하지 않는다. 다만 미국의 판례는 죄체설을 따르면서 추가증거가 기소된 범죄를 독립하여 증명할 필요는 없지만 자백의 진실성을 담보하는 것만으로는 죄체 입증을 충족하였다고 보지 않는다는 입장이다[57].

증거능력 제한설에 따르면 자백이 유일한 증거인 경우에는 제310조에 의하여 증거능력이 제한되기 때문에 자백 외에 추가증거가 1개 이상 존재하여야 복수증거 상황이 되고 제310조의 적용을 면할 수 있다. 그러나 추가증거가 증거로서의 실질적인 의미가 없다면 사실상 자백에만 의존하여 유죄를 선고하는 것이기 때문에 이는 제310조의 취지에 반한다. 따라서 추가증거는 자백과는 독립된 실질증거이어야 하는 점 외에도 적어도 공소사실의 중요부분에 대한 독자적인 증명력이 있을 것을 요한다. 추가증거가 독자적인 증명력이 거의 없어 법관의 심증형성에 별다른 기여를 하지 못한다면 실제로는 자백만으로 심증형성이 된 것이기 때문에 제310조의 취지에 따라 유죄를 선고할 수 없다고 하여야 한다. 결국 추가증거가 자백과는 별도로 법관의 심증형성에 기여할 수 있을 정도의 독자적인 증명력을 가질 것을 요건으로 한다고 보아야 할 것이다. 이를 굳이 진실성 담보설에 대응한 학설로 이름 붙인다면 '독자적 증명력설'이라 할 수 있을 것이다. 다만 앞에서도 강조한 바와 같이 추가증거가 독립하여 유죄의 확신을 이끌어낼 수 있을 정도의 증명력을 가져야만 하는 것은 아니고, 자백의 증명력과 합쳐져서 유죄의 확신을 이끌어낼 수 있을 정도면 충분하다. 기존에 죄체설을 취하는 분들이 보강법칙의 본질을 증거능력 제한설로 구성하지 않고 증명력 제한설을 추종하면서 죄체설을 진실성 담보설에 대립되는 학설로 인식하였기 때문에 그 논리구성이 불완전한 문제점을 가지고 있었으나, 보강법칙의 본질을 증거능력 제한설로 구성하면 자연스럽게 독자적 증명력설로 연결될 수 있다고 보인다.

진실성 담보설의 입장에서는 죄체설에 대하여 "공소사실의 중요부분에 대한 독자적 증거가 있다면 자백 단독증거가 아니므로 처음부터 보강법칙이 적용될 여지가 없으며, 더 나아가 자백이 없더라도 위 추가증거 만으로 유죄를 선고할 수 있기 때문에 이는 자백의 추가증거가 아니라 유죄의 독립된 증거가 되어버리는 모순점이 발생한다"고 지적하기도 한다. 그러나 공소사실의 중요부분에 대한 독자적 증거가 있어야

---

57) 정진연/조규태, 앞의 논문, 17면.

제310조가 말하는 자백이 유일한 증거인 상황을 벗어날 수 있게 한 것은 제310조의 본질적 취지이며, 죄체설에 의하더라도 추가증거는 독립된 증명력이 있어야 한다는 것이지 단독으로 유죄를 선고할 수 있을 정도, 다시 말하면 추가증거의 증명력만으로 법관에게 확신을 줄 수 있을 정도를 요구하는 것은 전혀 아니기 때문에 이 부분에 대한 위 비판은 죄체설의 의미를 잘못 이해하고 있는 것이다[58]. "죄체설을 충실히 따르면 보강증거가 범죄사실 그 자체를 상당한 정도로 추측케 하는 힘이 있을 것을 요하게 될 것"이라고 비판하기도 하지만[59], "상당한 정도로 추측케 한다"는 의미를 "혼자서도 확신을 가져올 수 있는 증명력"이라고 새긴다면 위 비판은 죄체설에 대한 오해이지만, "자백과 합치면 확신을 가져올 수 있는 증명력"이라고 새긴다면 위 비판은 비판이 아니라 죄체설에 대한 적절한 설명이 된다.

V. 증거조사, 증거동의 등의 문제

1. 증거조사

증거능력 없는 증거에 대하여는 증거조사를 하지 않는 것이 원칙이다. 따라서 유일한 증거인 자백에 대하여 증명력 제한설에 따르면 일응 증거능력이 있는 것이기 때문에 증거조사를 하여야 하지만, 증거능력 제한설에 따르면 검사가 증거로 신청하더라도 법원은 추가증거가 있는지 여부를 살펴 추가증거가 없다면 자백에 대한 증거신청을 기각하고 증거조사를 하지 말아야 한다. 이는 마치 피의자신문조서나 진술조서가 증거로 신청되더라도 일응 증거조사를 보류하면서 상대방이 증거동의 하거나 원진술자의 진정성립 인정 등으로 증거능력이 확보된 다음에 비로소 증거조사를 하는 것과 같은 이치이다.

---

[58] "제310조가 자백이 증거능력도 있고 증명력도 법관이 확신에 이를 정도가 됨을 전제로 하는 규정이기 때문에 추가증거가 독자적인 증명력을 가져야 한다는 것은 잘못된 논리"라는 비판도 없지 않으나, 이는 증명력의 개념에 대한 오해에서 비롯된 것으로 보인다. 앞에서도 설명하였듯이 증명력 제한설이 취하는 진실성 담보설에 따르더라도 보강증거가 자백의 진실성 즉 신빙성을 보강한다는 것인데(신빙성은 증명력 중 일부이다. 증명력은 신빙성과 협의의 증명력으로 구성된다). 위 비판에 따르면 자백의 증명력이 충분한데 신빙성 보강이 왜 필요하다는 말인가? 추가증거에 요구되는 독자적인 증명력은 추가증거 스스로의 신빙성과 협의의 증명력이라는 점에서 진실성 담보설과 구별된다.

[59] 이동명, "자백의 보강법칙에 대한 고찰", 사회과학연구 제2권 제1호, 대불대학교 사회과학연구소, 2011, 12면.

법정에서의 자백이 유일한 증거라면 이미 법정에서 자백이 행하여져 버린 상태이지만 법원은 증거로 채택하지 말아야 한다. 위 자백이 심증형성의 자료에서 배척되어야 함은 물론이지만, 사실을 그와 같은 경우 범죄사실을 인정할 증거가 없어 무죄를 선고하게 되므로 심증형성 단계에 이르지도 아니하는 것도 사실이다.

2. 증거동의

증거동의는 증거능력을 회복시켜주는 당사자의 행위이므로 증명력 제한설에 따르면 제310조는 처음부터 증거동의와 무관한 제도이다. 그러나 증거능력 제한설에 따르면 증거동의에 의하여 증거능력이 회복되는지를 검토할 필요가 있다. 증거동의의 본질에 대한 다수설인 반대신문권 포기설에 따르면 제310조에 의한 증거능력 제한은 전문법칙과 무관하기 때문에 증거동의의 대상이 될 수 없으나, 처분권설에 따르면 일응 증거동의의 대상이 될 여지도 없지 않다.

그러나 처분권설에 따르더라도 증거동의는 위법수집증거에 대하여는 위법의 정도가 중하지 아니하여 당사자의 처분에 맡겨도 사회질서나 피고인 등의 기본권의 핵심이 침해되지 않을 정도인 경우에만 증거동의의 대상이라고 보는 바[60], 자백이 유일한 증거인 경우 증거능력을 배척하는 것은 오판과 증거의 위법수집을 방지하는 매우 중요한 법리이므로 당사자의 동의로 이를 몰각시킬 수 없다고 해석된다. 따라서 처분권설에 의하더라도 제310조에 의한 증거능력 제한은 증거동의의 대상이 되지 않는다고 보아야 한다.

Ⅵ. 나가며

제310조에 따라 자백이 유일한 증거인 경우 유죄를 선고할 수 없다는 결론에는 의문이 없지만 그것이 자백의 증명력이 제한되기 때문이라는 통설의 논리에는 찬동하기 어렵다. 제310조의 규정형식이나 조문의 위치, 증거능력이나 증명력에 관한 형사소송법의 제법리 등을 종합할 때 자백의 증거능력이 제한되기 때문이라고 보인다.

---

60) 이 책 제5편 '형사소송에서의 증거동의' 중 해당부분 참조.

더 나아가 자백의 증명력 제한으로 보는지 증거능력 제한으로 보는지는 보강증거, 보강법칙이라는 기본적인 용어의 적절성뿐만 아니라 제310조가 적용되는 재판의 범위, 추가증거가 필요한 범위와 추가증거의 증명력의 정도, 증거조사나 증거동의 등에 있어 현저한 차이를 가져온다. 증명력 제한설을 취하면 외형상 제310조를 따르는 것 같지만 실제로는 보강증거라는 이름으로 자백 자체의 신빙성만 조금 올릴 뿐 결국은 자백에만 의지하여 유죄를 선고하게 되므로 결국 제310조 본연의 취지를 몰각하게 될 우려가 크다. 반면에 증거능력 제한설을 취하면서 죄체설을 수용하면 자백 이외의 증거가 실질적으로 범죄사실의 중요부분에 대한 상당한 증명력을 가질 때에만 '자백이 유일한 증거인 상황'을 면하여 유죄를 선고할 수 있기 때문에 제310조 본연의 취지에 따라 자백에만 의존하지 않는 유죄선고가 가능하다고 보여지는 것이다.

지금까지 우리 형사법 학계나 판례가 위법수집증거 배제법칙이나 자백의 임의성법칙(통설이 말하는 자백 배제법칙) 등을 통해 자백의 증거능력과 증명력에 대하여 많은 주의를 기울이면서도 유독 보강법칙과 관련하여서는 아직도 사실상 자백에만 의존한 유죄선고의 문제를 심각하게 고민하지 않은 것으로 생각된다. 이 문제에 대한 더 깊은 연구를 기대한다.

형사소송법의 시각에서 살펴본 민사소송법에서의 문서의 진정성립

Ⅰ. 들어가며

1. 증거의 자격 또는 가치 요건으로서의 진정성립

증거법에서 말하는 '문서'란 종이 등 매체에 문자나 부호로 법률적 의미있는 의사나 인식내용을 표시한 증거방법을 의미한다[1][2]. 서면 형태가 일반적이지만 반드시 종이이어야 하는 것은 아니다. 더욱이 최근에는 이메일 등 전자문서 형태로 작성되어 컴퓨터 하드나 USB 등에 전자문서 형태로 보관된 것도 적지 않은데, 이들 역시 작성자나 내용의 변개 여부 확인방법 등에서 약간의 차이가 있을 뿐 증거로 사용할 수 있는 요건이나 가치에서는 서면 증거와 거의 동일하므로 서면 문서의 경우를 준용 또는 유추적용하게 된다. 문서라는 개념 외에 '서증'이라는 개념도 사용되는데, 형사소송법에서는 문서를 증거서류와 증거물인 서면으로 구분한 다음 이들을 합하여 서증이라고 부르는 것이 일반적이다[3]. 즉 증거로 사용되는 문서를 서증이라 부르는 것이다. 그러나 민사소송법에서는 문서의 기재내용에 대한 증거조사를 서증이라 한다. 민사소송에서의 서증이 형사소송에서는 낭독 또는 내용고지(제292조)와 제시(제292조의2)인 것이다. 이글에서는 서증이라는 개념을 일응 민사소송법에서의 용법에 따라 사용하면서 증거서류와 증거물인 서면을 합해서는 문서라 부르기로 한다.

증거는 심증형성의 자료이고 문서는 형사소송이나 민사소송에서 공히 중요한 증거방법이다. 형사소송에서 피의자신문조서나 목격자의 진술조서, 진술서 등에 의하여

---

[1] 이시윤, 신민사소송법 제8판, 박영사, 2014. 489면; 호문혁, 민사소송법 제11판, 법문사, 2013. 553면; 김홍규/강태원, 민사소송법 제3판, 삼영사, 2014. 557면 등.
[2] 문서에 작성명의인이 반드시 표시되어 있어야 하는지도 문제가 되는데 뒤에서 살펴볼 바와 같이 문서의 진정성립 개념을 어떻게 보느냐에 따라 달라진다.
[3] 신동운, 신형사소송법 제5판, 법문사, 2014. 1098면; 배종대/이상돈/정승환/이주원, 형사소송법, 홍문사, 2015. 551면; 이은모, 형사소송법 제5판, 박영사, 2015. 601면 등.

유무죄가 판가름 나는 일이 너무나 많듯이, 민사소송에서는 계약서나 차용증, 영수증 여하에 따라 승패가 갈라지는 것이 오히려 일상적이다. 소송에서 문서가 이렇게 중요한 증거가 될 수 있지만, 모든 문서가 증거로 사용되고 가치를 발휘하는 것은 아니다. 따라서 문서에 대하여 증거로 사용될 수 있는 요건 또는 증거가치를 부여할 수 있는 요건이 무엇인지를 살펴보는 것은 매우 의미있는 일이다. 특히 이글에서는 주로 형사소송법의 시각에서 민사소송법에서의 문서의 진정성립의 의미와 기능 등을 살펴봄으로써, 진정성립과 관련한 형사소송과 민사소송에서의 공통점과 차이점을 비교 검토하고자 한다. 이는 두 법의 해석과 적용에서 서로 참고가 될 뿐만 아니라, 장기적으로는 두 법의 입법정책에서도 중요한 시사점을 제공할 수 있다고 보기 때문이다. 필자 개인적으로는 형사소송법과 민사소송법의 비교 검토가 비단 문서의 진정성립 뿐만 아니라 두 법 전반에 걸쳐 필요한 논제라고 생각하고 있다.

문서의 증거로서의 자격 또는 가치를 판단함에 있어서 문서의 내용이 진실인지가 중요한 요소가 되는 것은 당연하지만, 문서가 누구에 의하여 작성되었는지, 문서에 표현된 의사가 누구의 의사인지도 그에 못지않게 중요하다. 이는 문서의 내용이 진실인지를 판단하는 자료가 되기도 하지만, 증거로 사용될 수 있는 자격 판단과 관련하여 그 자체로도 중요한 문제이다. 예컨대 갑 명의의 확인서가 증거로 제출되었는데 사실은 을이 작성한 것이라는 사실이 밝혀졌다고 생각해 보자. 갑이 을의 명의를 도용하였다는 점에서 확인서 내용의 신빙성이 크게 떨어질 뿐만 아니라, 을의 명의를 도용한 갑의 확인서를 증거로 사용할 수 있느냐의 문제까지도 제기되는 것이다. 따라서 형사소송이든 민사소송이든 문서를 증거로 사용하는 경우에는 진정성립이 중요한 문제가 되지만, 진정성립이 증거법상 어떤 역할을 하는지는 형사소송법과 민사소송법에서 반드시 일치하지 않으며, 형사소송법 또는 민사소송법 내에서도 문서의 종류 내지 성질에 따라 달라질 수도 있다. 근본적으로는 '진정성립'이라는 개념부터 형사소송법과 민사소송법에서 동일하지 않다.

2. 문제의 제기

문서가 증거로 사용되기 위한 요건 또는 증거로서 가치를 가지기 위한 요건 중 문서의 내용이 진실인가 라는 점은 형사소송법과 민사소송법에서 크게 다를 것이 없다. 문서의 내용이 진실하지 않으면 문서가 가지는 증거로서의 가치가 없게 되기 때문이다. 그러나 진정성립의 개념이나 이를 인정하는 방법, 인정의 효과 등은 형사소송법과 민사소송법에서 큰 차이가 있다. 형사소송법에서는 증거능력을 엄격히 제한하고 있으며, 특히 전문증거의 경우에는 제311조 내지 제316조가 규정한 요건 중 하나에 부합하여야 증거능력을 부여한다. 따라서 증거로 사용되는 문서가 전문서류인지 여부에 따라 증거로 사용될 수 있는 자격 요건에 큰 차이가 발생한다. 문서에 기재된 의사표시의 내용이 진실하다(즉 그와 같은 사실이 있었다)는 점을 입증하기 위하여 문서를 증거로 사용할 때에는 그 문서는 전문서류가 되어[4] 전문법칙, 즉 제311조 내지 제315조에 의율되지만, 그 밖의 경우에는 문서라 하여도 전문서류가 아니기 때문에 전문법칙과는 무관하다. 예컨대 협박편지, 비방문서, 범죄제안 문서 등의 경우에는 누가 그와 같은 내용의 문서를 작성하였느냐가 중요한 문제이지 그 내용이 진실인지 여부가 중요한 문제가 아니다.

형사소송법에서는 전문서류의 경우에만 진정성립을 문제 삼는다. 비전문서류의 경우에도 누가 그 문서를 작성하였느냐가 중요한 문제가 되고 필요하다면 이를 입증하여야 하겠지만 이를 진정성립이라고 부르지는 않으며, 우리 형사소송법은 이에 대해 별다른 규정을 마련하고 있지 않다. 이것은 미국 연방증거법 제901조가 말하는 '진정성'의 문제이다. 우리나라 형사소송법 학계에서는 아직 진정성에 대한 논의가 많지 않으며, 다만 "증거물을 증거로 사용하려면 증거물의 진정성이 입증되어야 한다. 진정성이라 함은 그 증거가 '증거를 제출하는 사람이 주장하는 바로 그 증거라는 것'을 말한다"고 설명하거나[5], 증거동의에 관한 제318조에서 "법원이 진정한 것으로 인정하는 때에는"이라는 문구의 해석과 관련하여 다수설인 유형적 상황설 등과 함께 진정성설[6]이 주장되고 있는 정도이다.

---

[4] 미국 연방증거법 제801조는 "전문증거란 원진술자가 공판기일 또는 심문기일에 행한 진술 이외의 진술(서면진술 포함, 필자 주)로서 그 주장사실이 진실임을 입증하기 위하여 제출된 것"이라고 정의하고 있다.
[5] 이완규, 형사소송법연구 I 증보판, 탐구사, 2008. 246면.
[6] 노명선/이완규, 형사소송법 제4판, 성균관대학교 출판부, 2015. 530면.

그러나 민사소송법에서는 모든 문서에 대하여 진정성립을 요구하면서도 진정성립의 개념 자체에 대하여 견해가 대립하기 시작하여, 진정성립이 증거능력 요건인지 증거력 요건인지, 진정성립과 형식적 증거력과의 관계는 어떻게 되는지 등에 대하여도 계속적으로 견해가 대립하고 있다. 그러나 진정성립과 진정성과의 관계에 대하여는 아직 논의되지 못하고 있다.

아래에서는 형사소송법과 민사소송법에서 사용하는 진정성립이라는 개념의 의미와 본질, 진정성과의 관계 등을 살펴보고(Ⅱ), 특히 민사소송법에서 진정성립이 증거능력 요건인지 증명력 요건인지, 진정성립과 형식적 증거력은 동일한 것인지(Ⅲ), 진정성립의 증명과 추정(Ⅳ)에 대해서도 함께 검토한 후 필자 나름의 결론(Ⅴ)으로 글을 맺으려 한다.

Ⅱ. 형사소송법과 민사소송법에서의 진정성립의 의미와 본질

1. 진정성립의 의미

(1) 형사소송법에서의 진정성립

형사소송법에서 진정성립이라는 개념은 2가지 의미를 함께 가진다. 문서의 전형이라 할 수 있는 진술서에서는 문서의 작성 명의인이 실제로 그 문서를 작성한 것이 맞다는 성질(앞으로 이를 '작성의 진정성립'이라 부르기로 한다)을 의미한다(제312조 제6항, 제313조 제1항 중 진술서 부분 등). 그러나 문서 중에는 피의자신문조서나 진술조서, 진술기재서류와 같이 작성자가 타인의 진술을 서면으로 작성한 경우도 있는데[7], 여기에서는 앞에서 말한 작성의 진정성립도 문제될 수 있지만[8],

---

[7] 피의자신문조서나 진술조서는 수사기관인 문서 작성자가 질문을 하고 상대방이 대답을 하는 형식이므로 문서 안에는 작성자의 질문 진술과 진술자의 대답 진술이 함께 기재되지만, 진술기재서류는 사인인 문서 작성자가 진술자의 진술을 그대로 서면에 받아 적은 것이기 때문에 작성자의 진술 부분은 없는 것이 통례이다. 피의자신문조서나 진술조서에서 문서 작성자의 질문 진술은 서면에 기재되더라도 진술자의 대답의 의미를 해석하는 도구일 뿐 그 자체로는 증거가 되지 못한다(증거보전절차에서 피의자가 증인에게 반대신문 하는 과정에 피의자 스스로 범죄사실을 시인하는 취지가 진술되더라도 이 부분에는 증거능력이 인정될 수 없다는 대법원 1984.5.15. 선고 84도508 판결 참조).
[8] 피의자신문조서나 진술조서에서는 작성 명의인인 수사기관이 작성한 것이 맞느냐의 문제가 발생할 가능성이 현실적으로 거의 없다. 수사기관 스스로 문서를 작성하여 보관하다가 법원에 증거로 제출하기 때문

이에 더하여 문서에 기재된 진술의 진술자가 실제로 그와 같은 의사를 표시하였는지도 문제가 된다. 이는 문서의 작성자를 기준으로 보면 신빙성의 문제라고 볼 수도 있지만, 형사소송법에서는 이러한 경우도 진정성립의 문제(앞으로 이를 '표시의 진정성립'이라 부르기로 한다)로 다루고 있다(제312조 제1항, 제4항, 제313조 제1항 중 진술기재서류 부분). 특히 제313조 제1항의 경우에는 진술기재서류에서 진정성립을 인정할 자가 누구인지가 법문상 불명하여 여러 학설이 대립하고 있기는 하지만[9], 그 진정성립이 표시의 진정성립이라는 점에는 의문이 없다.

작성의 진정성립과 표시의 진정성립은 동일하게 진정성립이란 개념을 사용하지만, 그 의미에는 적지 않은 차이가 있다. 작성의 진정성립에서는 '내가 작성한 것이 맞다'는 하나의 의미 밖에 없지만[10], 표시의 진정성립에서는 '내 서명날인이 맞다'는 의미의 형식적 진정성립과 '내가 말한대로 기재되어 있다'는 의미의 실질적 진정성립이 모두 포함되어 있다. 피의자신문조서나 진술조서에서의 진정성립이 형식적 진정성립인지 실질적 진정성립인지에 대하여 종래 견해 대립이 있었으나, 2007년 형사소송법을 개정하면서 입법적으로 실질적 진정성립설을 채택함으로써 그간의 견해 대립을 종식시켰다.

형사소송법에서 진정성립 개념이 처음 도입된 것은 1954년 현행 형사소송법 제정 시였다. 일본의 구 형사소송법은 예심판사 제도를 도입하고 있었으므로 예심판사가 작성한 조서에는 곧바로 증거능력이 부여되었다. 그러나 일제강점기의 우리나라에는 예심판사 제도를 활용하지 않고 있었으므로, 조선형사령을 통해 수사기관(검사는 물론이고 사법경찰관도 포함)이 작성한 조서에도 마치 예심판사가 작성한 것처럼 곧바로 증거능력이 부여되었으며 이는 인권침해적으로 악용되었다. 해방 후 현행 형사소송법을 제정하는 과정에

이다. 그러나 진술기재서류의 경우에는 작성 명의자가 작성한 것이 맞는지가 문제될 가능성이 충분히 있다. 그러나 진술기재서류에는 작성자의 진술이 없고 진술자의 진술만 있기 때문에 대부분의 경우 진술자의 진술이 맞느냐가 문제되는 경우가 더 많은 것이 사실이다.
9) 상세한 내용은 졸저, 실무형사소송법, 준커뮤니케이션즈, 2016. 641, 642면 참조.
10) 검증조서나 진술서에서도 형식적 진정성립과 실질적 진정성립을 구분한 다음 실질적 진정성립이 필요하다는 견해도 있다(신동운, 앞의 책, 1203면, 1219면). 그러나 진술서 형태에서는 위·변조 된 경우가 아니라면 '서명날인은 내 것이 맞으나 그 내용은 내 의사가 아니다'고 말하는 것이 곤란하다. 위·변조된 경우라면 진정성립이 아니라 진정성이 몰각되게 된다. 따라서 진술서 형태에서는 형식적 진정성립과 실질적 진정성립을 구분하는 것이 무의미하다고 생각된다.

법원 또는 법관이 작성한 조서 이외의 일체의 서류에 대한 증거능력을 제한하는 방법으로 '진정성립 인정'과 '내용인정'이라는 요건이 도입되었고, 이러한 제한이 전문법칙이 도입된 지금까지 유지되고 있는 것이다[11].

형사소송에서의 진정성립은 작성·진술 명의인이 법정에서 인정하여야 하므로 원칙적으로 문서에 작성·진술 명의인이 존재하여야 하고, 작성·진술 명의인이 표시되지 아니한 문서는 전문서류로서는 증거가 될 수 없다. 예컨대 무기명으로 작성된 문서는 그 내용이 증거가 되는 전문서류는 될 수 없다[12]. 그러나 협박편지를 생각해 보면 자명하듯이 비전문서류의 경우에는 작성 명의인이 없더라도 작성자를 입증할 수만 있다면 증거로 할 수 있다. 이러한 차이는 뒤에서 설명할 바와 같이 진정성립과 진정성의 차이에서 비롯된다.

(2) 민사소송법에서의 진정성립

민사소송에서도 문서가 증거로 사용되기 위해서는 진정성립이 필요하다(제356조, 제357조 등). 그러나 민사소송에는 전문법칙이 적용되지 않기 때문에 전문서류인지 비전문서류인지 구별할 필요가 없이 모든 문서에서 진정성립이라는 개념으로 다루어지고 있다[13]. 또한 민사소송법에서는 증거능력 제한이 없다는 전통적인 견해에 입각하여 진정성립 역시 당연히 일종의 증거력 문제로 다루어지고 있다[14]. 다만 이때의 증거력이 정말로 형사소송법에서의 증명력과 같은 의미 또는 기능인지에 대하여는 아래에서 다시 다루기로 한다.

더 나아가 민사소송법에서는 진정성립의 개념을 어떻게 볼 것인지에 대해서부터 견해 대립이 있다. 제1설은 문서의 작성 명의인이 실제로 그 문서를 작성한 것이 맞

---

11) 이완규, 앞의 책, 191-193면 참조.
12) 다만 진술서나 진술기재서류가 자필로 작성되거나 날인이 있는 경우에는 작성자의 진정성립 인정으로 증거능력이 인정될 수 있다(제313조 제1항). 필적·날인 확인으로 작성자를 가릴 수 있기 때문이다.
13) 공문서인지 사문서인지에 따라 진정성립의 입증 방법에서 차이가 있을 뿐이다.
14) 주석 민사소송법(Ⅴ) 제7판, 한국사법행정학회, 2012. 396면.

다는 성질을 의미한다고 보는 견해[15]이고, 제2설은 문서를 증거로 제출하는 자가 그 문서의 작성자라고 주장한 사람의 의사에 의하여 작성되었다는 의미라는 견해이다[16][17]. 제1설은 문서 자체, 즉 문서에 기재된 작성명의인을 기준으로 절대적으로 진정성립 여부를 판단하는 반면, 제2설은 문서 제출자의 주장을 기준으로 상대적으로 진정성립 여부를 판단하는 것이다[18]. 을이 갑 명의의 문서를 위조한 경우 제1설에 의하면 진정성립이 인정되지 않지만, 제2설에 의하면 증거제출자가 '갑이 작성한 것'이라고 주장하였다면 진정성립이 인정되지 않지만 '을에 의하여 위조된 것'이라고 주장하였다면[19] 진정성립이 인정되는 것으로 본다. 제1설은 형사소송법에서 말하는 본래적 의미의 진정성립 개념과 동일하게 파악하는 입장이고, 제2설은 형사소송법에서와 다른 의미로 진정성립 개념을 파악하는 입장이다. 제1설과 제2설은 증거 제출자가 문서가 작성명의자에 의해 작성되었다고 주장하는 일반적인 경우에는 아무런 차이가 없지만, 문서에 작성 명의자가 없는 경우와 증거 제출자가 문서가 작성명의자 아닌 다른 사람에 의해 작성되었다고 주장하는 경우에는 다른 결론에 이르게 된다. 제1설에 따르면 작성 명의인 없거나 위조된 문서는 진정성립이 불가능하지만, 제2설에 따르면 문서 제출자가 실제 작성자를 지적하기만 하면 진정성립이 가능하다.

제1설에 대하여는 ① 문서의 진정성립이 인정되어야 증거력(실질적 증거력)을 논할 수 있는데, 제1설에 의하면 작성명의인이 없거나 위조된 문서는 진정성립을 인정할 수 없어 증거로 사용할 수 없게 되며[20], ② 제1설에 의하면 위조된 문서를 위조사실을 입증하

---

[15] 호문혁, 앞의 책, 556면; 정동윤/유병현, 민사소송법 제4판, 법문사, 2014. 570면.
[16] 앞의 주석 민사소송법(Ⅴ), 387면; 김홍규/강태원, 앞의 책, 559면; 김홍엽, 민사소송법 제4판, 박영사, 2013. 610면; 전병서, 기본강의 민사소송법 제7판, 홍문사, 2015. 390면; 안병길, "사문서의 진정성립에 관한 검토", 비교사법 제11권 제2호(통권 제25호), 한국비교사법학회, 2004. 569면; 이재홍, "서증의 종류, 증거력 및 조사방식", 월간고시 제223호, 법지사, 1992. 제223호, 88면.
[17] 문서의 진정성립을 '어떤 문서가 신청인이 주장하는 문서 작성자나 문서상 작성 명의인의 의사에 기하여 진정하게 작성되었고 위조된 것이 아니라는 것'이라고 정의하는 견해도 있는데(강구욱, "문서의 증거능력", 이화여자대학교법학논집 제17권 제4호, 이화여자대학교 법학연구소, 2013. 291면), 제1설과 제2설의 절충적 견해라 할 수 있으나 신청인이 주장하는 문서 작성자와 문서상 작성 명의인이 다를 경우에는 어떤 것을 기준으로 진정성립을 판단할 것인지에 대해 아무런 해답을 제공하지 못하고 있다.
[18] 다만 문서제출자가 특별히 작성자를 따로 지적하지 않으면 그 명의인이 작성자라는 주장으로 볼 것이다.
[19] 문서의 일부만 위조 또는 변조되었다면 위·변조되지 아니한 부분은 갑에 대한 진정성립이, 위 변조된 부분은 을에 대한 진정성립이 필요할 것이다.
[20] 안병길, 앞의 논문, 569면.

게 위해 제출하는 경우에는 검증의 대상이 되지만, 반대당사자가 자신이 주장하는 바를 증명하기 위하여 제출하는 경우에는 서증의 대상이 되는데 제출자나 제출의도에 따라 증거의 성격이 변하는 것은 부당하다[21]는 비판이 제기된다.

먼저 ② 비판에 대하여 살펴보면, 제출자와 제출의도에 따라 증거의 법적 성격과 조사방법이 달라지는 것은 오히려 당연한 일이므로 이는 큰 문제가 되지 못한다고 생각된다. 위조된 점을 입증하는 경우와 문서의 내용을 입증하는 경우에는 증거조사의 성격을 달리하므로 증거조사방법이 얼마든지 달라질 수 있는 것이다. 이는 마치 목판을 증거로 하는 경우에도 목판에 새겨진 글의 내용에 허위가 있다는 점을 입증하려고 하면 목판은 문서로서 서증에 의하여야 하지만, 목판으로 사람을 때렸다는 점을 입증하려고 하면 목판은 물증으로서 검증에 의하여야 하는 것과도 다르지 않은 이치이다. 서증은 문서의 내용을 파악하여 이를 증거로 하는 증거조사인 반면 검증은 물체의 형상과 성질, 상태를 파악하여 이를 증거로 하는 증거조사이기 때문에 문서가 위조되었다는 점을 입증하려 하는 경우에도 그 내용이 도저히 명의자로서는 알 수 없는 내용이었다는 점을 입증하여 위조되었다고 주장하는 경우라면 서증에 의하여야 하겠지만[22], 필적이나 지문 등에 의하여 위조되었다고 주장하는 경우라면 검증에 의하여야 할 것이다. 따라서 위조된 문서를 어떤 방법, 어떤 형태의 증거로 사용하느냐에 따라 서증으로 할 수도 있고 검증으로 할 수도 있는 것은 오히려 자연스러운 현상이라고 보인다.

① 비판에 대하여 살펴보면, 진정성립을 인정할 수 없으면 문서 증거로는 사용할 수 없지만 물증으로는 얼마든지 사용할 수 있으므로 '증거로 사용할 수 없다'는 표현은 옳지 않다. 더욱이 작성명의인이 작성한 것이 아니라고 하더라도 위조사실을 입증하기 위한 증거(형사소송법적 표현으로는 '증거물인 서면'에 해당한다)로 사용할 때에는 어차피 문서의 내용을 살펴보아야 하므로 이를 증거물에 대한 검증으로 취급할 수는 없다. 검증은 물체의 형상과 성질

---

21) 안병걸, 앞의 논문, 569면; 서윤홍, "서증의 진정성립과 증명력", 사법논집 제1집, 법원행정처, 1970. 281면.
22) 문구나 어투가 명의자가 평소에 사용하지 않은 표현이라는 점을 입증하여 위조 사실을 입증하는 경우에도 문서의 내용 판단에 의한 서증이라 할 수 있는지, 성질과 상태에 대한 판단으로서 검증이라 하여야 하는지는 필자 자신에게도 의문이다.

을 확인하는 증거조사이지 문서의 내용을 조사하는 증거조사가 아니기 때문이다. 형사소송법에서는 증거물인 서면이라 하더라도 문서의 성격과 물증의 성격을 함께 인정하기 때문에 물증의 조사방법인 제시(제292조의2)와 문서의 조사방법인 낭독(제292조)을 중첩적으로 요구한다고 해석하고 있다. 민사소송법에서도 작성명의자가 없는 문서나 작성명의자가 아닌 자가 작성한 문서도 모두 서증에 의하여 증거조사 되어야 하며 그렇게 되려면 제1설을 따르기가 어려운 것이다. 제2설에 의하면 갑 명의의 문서를 을이 위조한 경우 문서에 표현된 내용이 을이 표시하기를 원했던 의사가 아닌 경우도 있겠지만[23], 을이 표시하기를 원했던 의사인 경우도 있을 수 있다. 그 대표적인 경우가 바로 무권대리이다. 대리인이 본인 이름만 현명하여 대리권 없는 문서를 작성한 경우 실무는 제2설에 따라 대리인 기준으로 진정성립 인부하고, 진정성립이 인정되면 서증으로 처리하고 있다[24]. 만일 제1설에 따른다면 작성명의자 기준으로는 진정성립이 인정되지 않기 때문에 서증으로는 처리하지 못하는 문제점이 발생한다. 바로 이 점 때문에 민사소송법에서는 진정성립의 개념에 대하여 형사소송법에서와 달리 제2설이 옳다고 보인다.

2. 진정성립과 진정성의 비교

형사소송법과 민사소송법에서 모두 진정성립이라는 개념을 사용하고 있지만, 몇 가지 중요한 요소를 가지고 비교해 보면 그 차이가 매우 크다는 점을 알게 된다.

【형사소송법과 민사소송법에서의 진정성립 비교】

	형사소송법	민사소송법
문제되는 문서	전문서류	모든 서류
문제되는 진정	작성의 진정, 표현의 진정	작성의 진정
진정 여부의 기준	작성자 · 진술자	증거제출자
입증 방법	작성자 · 진술자의 법정진술	제한 없음

---

23) 예컨대 1억원을 빌렸다는 취지의 갑 명의 차용증을 을이 위조하였다고 하여 을에게 1억원에 대한 변제의무를 인정할 수는 없을 것이며, '병이 훔치는 것을 보았다'는 갑의 확인서를 을이 위조하였다고 하여 '병이 훔치는 것을 을이 보았다'는 취지로 인정할 수도 없을 것이다.
24) 서윤홍, 앞의 논문, 282면.

형사소송법에서의 진정성립과 민사소송법에서의 진정성립이 본질적으로 다른 것일까? 아니면 본질적으로는 동일한데 형사소송과 민사소송의 특성 때문에 그와 같은 부수적인 차이가 발생하는 것뿐일까? 이 문제는 진정성이라는 개념에 대하여 살펴본 후 위 진정성립과 비교해 보아야 해답을 얻을 수 있다고 생각된다.

진정성이란 '제출된 특정 증거가 증거 제출자가 주장하는 바로 그것이라는 성질'을 말한다[25]. 미국 연방증거법은 제801조 이하에서 전문법칙에 관하여 상세하게 규정하면서도 우리나라와 달리 진정성립에 관해서는 아무런 언급이 없는 반면[26][27], 제901조 이하에서 진정성에 관하여 규정하고 있다. 반면에 우리 형사소송법은 전문법칙과 관련하여 제312조 이하에서 진정성립에 관하여 규정하면서 진정성에 대하여는 아무런 언급이 없다. 학설로도 이를 논의하는 분이 많지 않지만, 이를 논하는 분은 '증거물을 증거로 사용하려면 진정성이 입증되어야 한다'고 설시하여[28] 증거능력 요건으로 보고 있다고 생각된다. 만일 진정성을 증명력의 요건으로 본다면 작성명의자와 실제 작성자와의 관계에 관한 문제 중 전문서류에서의 진정성립 문제는 증거능력 단계에서 다루고 비전문서류에서의 진정성 문제는 증명력 단계에서 다루게 되는데, 이는 증거법체계상 바람직하지 못하다. 특히 국민참여재판의 경우라면 전문서류의 진정성립은 법관이 판단하여 인정되는 증거만 배심원에게 제공하면서 비전문서류의 진정성 판단은 배심원에게 맡기게 되는데, 이 역시 합리적이지 못하다. 근본적으로는 진정성이 인정되지 않는 증거, 예컨대 조작된 물증이나 내용이 변조된 서증은 애초에 증거조사를 하여서는 아니될 것이기 때문에, 단순히 증명력이 없는 것이 아니라 처음부터 증거로 사용되지 못하게 함이 상당하다. 따라서 진정성 역시 해석상 인정되는 증거능력

---

25) 이완규, 앞의 책, 246면.
26) 이는 아마도 우리 형사소송법상 전문법칙이 주로 전문서류에 관한 내용인 반면 연방증거법상 전문법칙이 주로 전문진술에 관한 내용이며 미국에서는 수사기관이 피의자나 참고인의 진술을 서류로 작성하지 않는다는 점과도 밀접한 관련이 있을 것이다. 진정성립 문제는 우리나라 형사소송법이 만든 특유의 개념이고, 이러한 경향은 민사소송법으로 옮겨 민사소송법에서도 진정성이 아닌 진정성립 개념으로 다루어지는 것이 아닌가 생각된다.
27) 연방증거법 제901조는 진정성 외에 동일성이라는 용어도 사용하나 진정성과 의미상 차이는 없다. 다만 진정성이 문서 작성자의 증명에 관한 것이라면 동일성은 기타 유형물에 대한 증명이라는 정도의 차이가 있을 뿐이다(이덕훈, "전자적 증거의 증거능력과 증명력", 민사소송 제18권 제1호, 한국민사소송법학회, 2014. 155면).
28) 이완규, 앞의 책, 246면.

요건으로 보아야 할 것으로 생각된다. 미국 연방증거법 역시 진정성을 증거 허용성의 문제로 다루고 있는 바, 증거 허용성은 증거조사의 요건이므로 증거능력에 대응한다고 할 수 있다[29].

진정성은 증거방법에 따라 여러가지 형태로 발현되는데 물증에 있어서는 비조작성, 서증에 있어서는 원본성으로 발현된다. 예컨대 증거로 제출된 흉기가 현장에서 발견된 흉기 자체가 아니라 유사한 다른 물건으로 바뀐 경우, 사본이 마치 원본인 듯 증거로 제출된 경우 등이 진정성이 부정되는 사례이다. 서증이 원본이 아닌 사본으로 제출되는 경우에는 원본성이 아닌 원본동일성이라는 형태로 진정성이 발현된다. 따라서 내용 일부가 변경된 사본이 증거로 제출되었다면 진정성이 부인될 것이다. 진술서(검증조서나 감정서 등도 마찬가지)가 위·변조된 경우 명의인은 진정성립을 부정하겠지만, 증거제출자는 위조된 줄을 알면서도 위조되었다는 점을 입증하기 위해 증거로 제출한 것이라면 증거제출자가 증거로 하고자 했던 바로 그 증거가 맞다는 의미에서 진정성이 인정될 것이다[30]. 만일 증거 제출자도 위조사실을 모른 채 증거로 제출하였는데 증거조사 과정에 위조사실이 밝혀졌다면 진정성이 인정되지 않겠지만, 이러한 경우라면 증거신청을 철회할 것이기 때문에 진정성의 문제는 더 이상 발생하지 않을 것이다. 문서제출자는 갑이 작성한 것이라고 주장하였는데 증거조사 결과 작성자가 을로 확인된 경우 그 문서를 을에 대한 진정성립이 인정된 것으로 볼 수 있는지 여부가 다시 문제된다[31]. 진정성립 개념에 관한 제2설을 따르는 한 문서제출자의 의사를 배제하고 을에 대한 진정성립을 인정할 수는 없을 것이고, 만일 문서제출자가 의사를 변경하여 을이 작성한 것이라고 주장한다면 비로소 을에 대한 진정성립 인정으로 보아 그에 맞는 실질적 증명력을 부여할 수 있을 것으로 생각된다.

미국 연방증거법 제901조 (b)는 진정성 입증방법의 예시로 (2) "필적의 진정성에 대

---

29) 증거의 허용성(admissibility)이란 증거조사의 대상 적격성을 말하는데, 우리나라 소송법상의 증거능력 외에도 증거조사의 구체적 필요성 관점인 관련성 등을 포함하고 있다.
30) 진정성 개념의 이러한 측면은 앞에서도 설명한 바와 같이 민사소송법에서의 진정성립 개념에 관한 제2설과 궤를 같이 하고 있다.
31) 서윤홍, 앞의 논문, 283면.

한 비전문가의 의견으로서 소송에 사용할 목적으로 얻어진 것이 아닌, 익히 친근하게 알고 있는 사실에 근거한 의견"과 (5) "어떤 음성을 직접 들었거나 또는 기계적 전자적 전달장치나 기록을 통하여 들었는지를 불문하고 어떤 시기든 음성을 그 말을 한 사람으로 주장되는 사람과 연결할 수 있는 상황에서 들은 사실을 기초로 한 의견에 따라 음성에 대한 동일성을 입증하는 방법"을 각 거시하는 한편, 제902조는 "관인 또는 공적 권한있는 서명이 있는 국내 공문서 등에 대하여 당연히 진정성이 인정된다"고 설시함으로써 필적 또는 음성 확인에 의한 실제 작성자·진술자의 확인 및 관인 등에 의한 작성자 인정도 진정성의 일환으로 다루고 있다. 미국 연방증거법 제901조가 말하는 진정성에는 증거방법 자체의 특정성뿐만 아니라 문서의 작성자 문제, 즉 진정성립 문제도 포함되어 있다. 다만 앞에서도 설명한 바와 같이 기재·증언 내용이 원진술과 일치하는지 여부는 연방증거법에서는 진정성 문제로 다루지 않고 있으므로 결국 증명력(또는 증거력)의 문제로 보고 있다고 해석되는 것이다.

3. 형사소송법과 민사소송법에서의 진정성립의 본질

문서의 경우로 한정할 때 진정성립과 진정성이 실제 작성자가 누구인지의 문제인 점에서 동일하지만, 진정성립이 과연 진정성의 일종인지 여부는 형사소송법과 민사소송법에서 동일하지 않다. 미국 연방증거법을 통해서도 알 수 있듯이 진정성은 증거 제출자의 의사를 기준으로 진정 여부를 판단하고, 모든 증거(당연히 모든 서류 포함)에서 문제되고, 작성의 진정만을 취급하며, 입증방법에 제한이 없다는 점 등에서 우리 민사소송법이 말하는 문서의 진정성립과 일치하지만, 형사소송법이 말하는 진정성립과는 전혀 다르다. 따라서 민사소송법에서의 진정성립은 연방증거법이 말하는 진정성 개념의 일부라고 볼 수 있지만[32], 형사소송법에서의 진정성립은 진정성과는 명백히 다른 우리 형사소송법 특유의 제도라고 보아야 한다[33].

"조서를 증거물과 같이 취급하면서 진정성립을 요구하는 것은 영미법계 당사자주

---

[32] 서윤홍, 앞의 논문, 280면.
[33] 이 문제는 결국 우리 형사소송법상의 전문법칙이 연방증거법상의 전문법칙과 전혀 다르다는 점과도 연결되지만 여기에서는 이에 대한 더 깊은 논의는 피하기로 한다.

의 하의 증거법에서 중요하게 문제되는 진정성 입증의 관점"이라고 보는 견해도 있으나[34], 앞에서도 살펴본 바와 같이 연방증거법에서의 진정성은 전문법칙과 무관한 별개의 증거 허용성 요건이지만, 우리 형사소송법은 전문서류에서만 진정성립을 요구한다는 점, 진정성립 인정의 방법을 진술자·작성자의 법정에서의 인정진술만으로 한정하고 있다는 점 등에서 진정성 입증의 특수형태로 보기는 어려울 것이다. 특히 피의자신문조서나 진술조서에서의 진정성립과 같은 표시의 진정성립은 '제출자가 증거로 하고자 하는 바로 그것'이라는 측면이 아니라 '문서에 기재된 진술자의 진술이 실제로 존재하였는지의 확인'이라는 측면인데, 이는 처음부터 진정성과는 성격을 달리한다.

형사소송법에서 전문서류는 진정성립 인정이 증거능력의 요건이 되지만, 전문서류 아닌 문서는 진정성립 인정이 아닌 진정성 입증이 증거능력의 요건이 된다. 예컨대 타인 명의로 작성된 협박편지는 진정성립이 인정되지 않지만, 지문이나 필적 등에 의하여 실제 작성자가 밝혀지고 진정성(원본성)만 인정되면 협박죄의 증거가 된다. 그러나 타인 명의로 작성된 진술서, 즉 위조된 문서는 진정성립이 인정되지 않기 때문에 진술서로서의 증거능력이 인정되지 않는 것이다. 다른 예로는 제3자 이름으로 사실을 적시하여 타인의 명예를 훼손하는 문서를 작성하여 벽에 붙였더라도 위 문서는 진정성립이 인정되지 않기 때문에 적시된 사실이 진실인지 여부의 입증을 위한 증거로 사용할 수는 없겠지만, 실제 작성자를 밝혀 명예훼손죄로 처벌함에 있어서는 증거로 사용할 있을 것이다. 이러한 문서의 경우에도 위조된 사실을 입증하기 위하여 증거로 제출하고자 했던 그 문서가 맞다는 의미에서의 진정성은 인정된다.

진정성립은 형사소송법 제312조 제1항, 제4항, 제5항, 제313조 제1항 등이 말하는 바와 같이 작성자 또는 진술자가 법정에서 진정성립을 인정하는 방법으로 이루어지

---

34) 이완규, 앞의 책, 193면. 이 부분은 同人의 '진정성립 인정을 요구하는 것은 수사기관 조서로부터 증거서류로서의 자격을 박탈한 것, 공판중심주의의 철저화를 위해 피고인에게 비판의 기회를 부여하는 것 등을 고려하면, 제정 형사소송법의 성립의 진정은 단순한 진정성의 개념과는 구분되는 점이 있다'는 설명(이완규, 앞의 책, 194면)과도 조화되지 않는 것으로 보인다.

는 것이 원칙이고(제312조 제2항과 제4항에서는 예외적으로 영상녹화물 기타 객관적 방법[35]에 의한 입증이 허용된다) 그 밖의 방법으로는 입증이 허용되지 않는다[36]. 그러나 진정성은 입증방법에 제한이 없으므로 본인의 인정 진술 이외에도 목격자 진술, 영상녹화물 등에 의한 입증도 충분히 가능하다.

앞에서도 살펴본 바와 같이 형사소송법에서의 진정성립은 진정성과는 명백히 다른 우리 형사소송법 특유의 제도이지만, 민사소송법에서의 진정성립은 연방증거법이 말하는 증거 허용성 요건 중 진정성 개념의 일부라고 볼 수 있다. 그렇다면 민사소송법에서 사용하는 '진정성립'이라는 용어를 '진정성'으로 바꾸어 사용함으로써 불필요한 오해를 불식시키는 것이 더 좋지 않을까 생각된다.

4. 진정성립 인정과 증거동의

형사소송법에서는 진정성립 인정과 증거동의를 구별한다. 문서에 대하여 진정성립 인부를 할 수 있는 사람은 그 작성자 또는 원진술자 뿐이고, 그 밖의 사람은 증거로 할 수 있음에 동의할 수 있을 뿐이다(제318조). 증거동의하면 진정성립 인정 여부는 더 이상 문제되지 않는다. 그러나 증거동의 한다는 것은 진정성립을 인정한다는 것은 아니고, 진정성립 여부를 문제 삼지 않겠다는 것뿐이다. 이런 점에서 진정성립 인정과 증거동의는 유사한 효과에도 불구하고 본질적인 차이가 있다.

형사소송법에서 진정성립 인정은 전문서류의 증거능력의 핵심요건이다. 증거동의의 본질에 관한 다수설인 반대신문권 포기설에 따를 때 증거동의는 전문서류를 포함하는 전문증거에 증거능력을 부여하는 소송행위이지만, 진정성립을 인정하는 것이 아니라 원진술자에 대한 반대신문권 행사를 포기하는 것이다. 따라서 사실은 진정성립을 다투지 않는 입장이라도 반대신문권을 행사하고 싶으면 활용하는 제도가 바로 증거부동의인 것이다. 그러나 처분권설에 따르면 증거동의는 전문증거에 대한 반대신문권 포기뿐만 아니라 증거 일체에 대한 일체의 증거능력 제한[37]을 해제해 주는 증

---

[35] 영상녹화물 외에 어떤 자료가 객관적 방법에 해당할 수 있을지는 의문이다. 필적감정 정도가 포함될 것으로 보인다.
[36] 물론 이러한 제한은 입법정책적 결단의 결과이지 법리적으로 당연한 결과는 아니다.
[37] 다만 고문에 의한 자백 등과 같이 중대한 위법에 의하여 수집된 증거, 임의성이 인정되지 아니하는 진술

거 상대방의 처분권 행사라고 본다. 따라서 증거동의는 진정성립 인정보다 훨씬 더 큰 의미가 있는 것이다.

그러나 민사소송에서 원고나 피고는 문서 작성자나 원진술자 아니면서도 진정성립 인부를 하기 때문에 형사소송법에서와 같은 증거동의라는 제도가 따로 필요하지 않다. 더욱이 아래에서 살펴볼 바와 같이 문서의 대부분이 진술서 형태이므로 진술기재서류 형태에 대하여는 크게 주의를 기울이지 않는다. 민사소송법에서는 진정성립 인정을 누가 하는지에 대한 직접 규정이 없다. 다만 제363조 제1항은 "당사자나 대리인이 고의 중과실로 진정성립을 잘못 다툰 때에는 과태료에 처할 수 있다"고 규정함으로써 진정성립 인부를 당사자·대리인이 한다는 취지를 보여주고 있을 뿐이다.

형사소송법과 민사소송법에서 왜 이런 차이가 발생할까? 형사소송법에서는 수사과정에 피의자나 참고인의 진술을 확보하고 이를 문서화하여 재판에서 증거로 사용할 필요가 많으므로 당연히 진술기재서류 형태의 문답식 조서가 발달할 수 밖에 없다. 더욱이 그 진술과정에 위법은 없었는지 뿐만 아니라 진술 내용이 조서에 그대로 기재되어 있는지에 관심이 집중되며, 그것이 위 조서를 증거로 사용할 수 있는지에 대한 판단에서 핵심적인 문제가 된다. 진술서의 경우에도 마찬가지여서 내용은 수사기관이 마음대로 작성해 놓고(피고인의 유죄를 끌어내기 위한 내용일 것이다) 피의자나 참고인에게 서명날인을 강요할 우려가 없지 않다. 이 때문에 작성자 또는 원진술자 자신의 진정성립 인정은 매우 중요한 문제이고 작성자나 원진술자 아닌 피고인은 진정성립 인부가 아닌 증거동의 여부만 가능하도록 한 구조가 된 것이다[38]. 그러나 민사소송법에서는 문서 작성과정의 위법이나 임의성에 대하여는 크게 우려하고 있지 않다. 더욱이 진술기재서류 형태의 문서도 거의 없다. 따라서 증거제출자 상대방의 진정성립 인정 여부만이 주로

등과 같은 중대한 사유로 인한 증거능력 제한은 증거동의 하더라도 증거능력이 회복되지 않는다고 한다.
38) 피고인이 작성자·진술자인 문서라면 피고인은 진정성립을 인정할 수도, 진정성립을 부인하면서 증거동의할 수도 있지만 후자의 사례는 흔하지 않다. 진정성립 인정이든 증거동의이든 피고인 자신에 대하여 증거능력을 부여한다는 점에서는 차이가 없지만, 다만 검사 작성 피의자신문조서에 대하여 진정성립을 인정하면 공범인 공동피고인에게도 그 증거능력이 인정되지만(대법원 1991.11.8. 선고 91도1984 판결 참조) 증거동의만 하면 공범인 공동피고인에게는 그 증거능력이 인정되지 않는다는 점에서 약간의 차이가 있다.

문제되고, 작성자 아닌 제3자도 증거동의가 아닌 진정성립 인부를 직접 표현할 수 있는 것이다.

Ⅲ. 민사소송법과 형사소송법에서의 진정성립의 기능

1. 증거능력과 증거력 · 증명력

증거능력은 증거방법으로 사용될 수 있는 법률상의 자격[39] 또는 추상적으로 증거조사의 대상이 될 수 있는 자격'이라고 정의된다[40]. 증거를 통해 법관으로 하여금 요증사실의 존부에 대하여 심증을 가지게 하는 힘을 형사소송법에서는 '증명력'이라고 하고 민사소송법에서는 '증거력'이라 한다. 다만 형사소송법이나 민사소송법 공히 요증사실의 존부에 대한 심증 형성을 '증명'이라고 하므로 용어로서는 증거력 보다는 증명력이 더욱 적절한 것으로 생각된다. 형사소송법에서는 증명력을 신빙성과 협의의 증명력의 2단계로 파악한다. 신빙성은 증거 자체의 진실성을, 협의의 증명력은 증거가 실제로 요증사실 입증에 미치는 영향력의 정도를 의미한다. 즉 어떤 취지의 증언이나 서면 기재가 있는 경우 위 증언이나 기재 내용 자체가 진실한가의 문제가 신빙성이며, 신빙성을 전제로 위 증거로서 과연 요증사실을 인정할 수 있겠는가의 문제가 협의의 증명력이다.

신빙성은 진술증거 혹은 서증, 그 중에서도 그 내용의 진실성이 증거가 되는 전문증거에서만 문제되고 비전문증거나 물증에서는 문제되지 않는다[41]. 또한 협의의 증명력은 신빙성을 전제로 하는 개념인데, 직접증거의 경우 신빙성만 인정된다면 곧바로 협의의 증명력을 가진다. 따라서 협의의 증명력은 간접증거의 경우에만 문제가 된다. 예컨대 절도범행 자체를 목격하였다는 증언이 있는 경우 위 증언의 신빙성을 믿는다

---
39) 정동윤/유병현, 앞의 책, 478면; 송상현, 박익환, 민사소송법 신정7판, 박영사, 2014. 508면; 이순동, 민사소송의 사실인정과 증인신문기법, 진원사, 2009. 137면 등.
40) 이시윤, 앞의 책, 441면; 김홍엽. 앞의 책, 557면 등. 한편 '증거자료로 사용될 수 있는 적격'이라는 정의(강구욱, 앞의 논문, 286면)는 부적절한 것으로 보인다. 증거자료에서의 '자료'는 증거방법이 아니라 증거방법을 조사하여 얻은 추상적 결과를 의미하므로 오해의 소지가 크다.
41) 물증 자체가 조작된 경우 이를 신빙성의 문제로 취급할 여지도 있으나 앞에서 살펴본 바와 같이 형사소송이나 민사소송 공히 진정성의 문제로 취급함이 상당하다.

면 절도 범죄사실을 인정하지 않을 수 없다. 그러나 절도 현장에 잠입하더라는 증언이 있다면 위 증언의 신빙성을 믿는다 하더라도 반드시 피고인이 절도범행을 하였다고 확신할 수는 없기 때문에 협의의 증명력 문제가 생기는 것이다. 결국 협의의 증명력은 증거와 요증사실과의 거리 문제라고 할 수 있다.

2. 민사소송법에서 진정성립이 증거능력 요건인지 증거력 요건인지에 대한 검토

형사소송법에서의 증거능력 요건은 원칙적으로 법률에 규정되어 있고, 일부는 해석에 의해 인정된다. 형사소송법에서의 증거능력 규정으로는 위법수집증거 배제법칙(제308조의2), 자백 등 진술의 임의성 법칙(제309조, 제317조), 전문법칙(제311조 내지 제316조) 등이 있고, 해석에 의해서는 진정성, 최량증거법칙 등이 거론되고 있다.

전문서류에 대하여는 원칙적으로 진정성립을 증거능력의 요건으로 하고 있다. 즉 검사 작성 피의자신문조서에 대하여는 '피고인이 진술한 내용과 동일하게 기재되어 있음'이 공판기일의 피고인 진술 등으로 인정된 때에 한하여 증거능력이 부여되고(제312조 제1항, 제2항) 진술조서와 수사기관 작성 검증조서, 진술서 등도 원진술자 혹은 작성자의 진정성립 인정이 있어야 증거능력이 부여된다(제312조 제4항, 제6항, 제313조 제1항). 그러나 모든 문서가 전문서류는 아니다. 법정에 직접 진술증거로 현출하는 대신 그 내용을 문서에 기재하여(당연히 보고적 문서가 된다) 증거로 제출하는 경우에만 전문서류로서 전문법칙이 적용되고, 이러한 경우에만 원진술자·작성자 등에 의한 진정성립 인정이 증거능력의 조건이다(제312조, 제313조 등). 그러나 전문서류 아닌 서증(보고적 문서가 아닌 서증. 예컨대 협박편지, 차용증이나 영수증 등)에는 전문법칙이 적용되지 않으므로 제313조가 말하는 진정성립 인정이 요구되지 않는다. 진정성은 요구되지만 어떤 방법으로든 입증되면 족하므로 작성자가 진정성립을 인정하지 않더라도 필적감정, 목격자 증언 등에 의하여 얼마든지 입증할 수 있는 것이다.

민사소송법에서는 문서의 진정성립 문제를 증거력 문제로 보는 것이 통설적 견해이다. 민사소송에서는 증거능력 제한이 존재하지 않다는 전통적인 견해에 의하면 문서의 진정성립이 증거력의 문제일 수 밖에 없지만, 민사소송에서도 증거능력이 제한

될 수 있다는 판례가 많이 있고[42], 학설로서도 특히 위법수집증거와 관련하여 증거능력 제한을 인정하는 견해가 적지 않다[43]. 그러나 이런 견해를 취하는 분들도 대부분 문서의 진정성립은 증거력의 문제로 보고 있다[44]. 민사소송에서도 증거능력 제한이 있다고 전제하더라도 진정성립은 증거력의 문제일까?

이에 대하여는 유력한 반론이 제기되고 있다. "진정성립이 인정되지 않는 경우 증거조사의 대상으로 하면 안되기 때문에 증거력의 문제로 볼 수는 없다. 진정성립의 문제는 형식적 증거력이 아니라 증거능력에 관한 문제로 보는 것이 타당할 것이다. 이는 전자문서의 경우에도 마찬가지이다"는 주장이다[45]. 형식적 증거력이 인정되지 않는 문서는 처음부터 증거조사의 대상이 되지 못할 뿐만 아니라, 그 제한 형식도 해석이나 자유심증의 결과가 아닌 법률의 규정(민사소송법 제356조 공문서의 진정의 추정, 제357조 사문서의 진정의 증명, 제358조 사문서의 진정의 추정 등)이다. 그렇다면 그것이 바로 증거로 사용되기 위한 법률상 자격, 증거조사의 대상이 될 수 있는 자격, 즉 증거능력이 아닐 수 없다. 미국 연방증거법에서도 진정성은 증거 허용성(admissibility)의 관점에서 다루어지고 있다.

"형식적 증거력은 증거능력과는 다른 것이고, 증거능력 없는 문서는 처음부터 증

---

[42] 원고는 사본에 불과한 병제3호증에 관하여 원본의 존재 및 진정성립을 다투고 있음이 분명하여 이로써 원본을 대신할 수 없다 할 것이고 사본을 원본으로서 제출하는 경우에 관한 법리 및 기록에 비추어 살펴보면 원심이 그 판시와 같은 이유로 병제3호증의 원본의 존재를 확인할 수 없고 그 존재를 추인할만한 증거가 없다는 이유로 증거능력이 없다고 판단한 것은 정당한 조치로 수긍이 간다는 대법원 2011.4.14. 선고 2010다100629, 100636 판결, 사문서는 진정성립이 인정되지 않으면 증거능력이 없음에도 불구하고 증거능력이 없는 위 계약서에 기해 자주점유 여부를 판단한 원심의 판단에는 문서의 증거능력에 관한 법리를 오해한 위법이 있다는 대법원 2011.10.13. 선고 2010다93530 판결 등 참조.

[43] 최근에는 위법의 정도에 따라 증거능력을 부정할 수 있다는 절충적 입장이 오히려 대세인데, 그 중에는 원칙적으로는 증거능력 부정되나 위법성조각사유 있는 때 등의 경우에만 예외적으로 인정된다는 견해(이시윤, 앞의 책, 442면; 정동윤, 유병현, 앞의 책, 487면)와 원칙적으로는 증거능력 인정되나 인격권 침해나 범죄에 해당하는 등의 현저한 위법이 있는 경우에만 부정된다는 견해(호문혁, 앞의 책, 504면) 등이 있다.

[44] 이재홍, 앞의 논문, 88면은 '민사소송에서 문서가 증거로 제출되면 먼저 증거능력이 있는지 여부를 따져야 하며 이어서 문서의 형식적 증거력, 실질적 증거력 순으로 따져야 한다. 판례는 증거능력을 널리 인정하고 있기 때문에 증거능력의 점은 실무상 그다지 문제되지 않는다. 문서의 형식적 증거력이란 문서가 거증자가 주장하는 특정인의 의사에 기하여 작성된 것을 뜻한다'고 설시하고 있는 바, 결국 이 견해는 민사소송법에서도 증거능력 제한이 있을 수 있다는 것을 전제로 하면서도(진정성립 개념은 제2설에 따라 판단하고 있다) 진정성립과 형식적 증거력을 동일하게 보고 있다.

[45] 이덕훈, 앞의 논문, 168면.

거로 채용될 여지가 없는 것이고, 민사소송에서는 문서의 증거능력에 제한이 없다"고 하면서 "형식적 증거력이란 단지 작성 명의인의 의사에 기하였다는 것으로 이것이 있어야 비로소 그 문서는 증거로 쓰일 수 있다. 이렇게 증거로 쓰일 수 있는 문서를 진정문서라고 부른다. 그렇지 않은 것은 증거로 쓰일 수 없다"고 설명하는 견해도 있다[46]. 그러나 '증거로 쓰일 수 있다/없다'는 의미의 형식적 증거력이 '처음부터 증거로 채용될 여지가 있다/없다'는 의미의 증거능력과 무엇이 다른지 의문이다.

"개별 문서 각각의 진정성립의 문제가 법관의 개별적 판단에 의해 결정되는 요소이기 때문에 증거능력의 문제로 보기도 어렵고, 일정한 증거자료가 요증사실의 인정에 이바지하는 정도를 가리키는 증거력의 문제로 보기도 어렵기 때문에 진정성립을 제3의 개념으로 판단하여야 한다"고 하면서 "진정성립은 조건부 관련성[47]과 유사한 개념이며[48], 조건부 관련성은 관련성과 증거가치의 존부를 판단하는 전제적인 문제이기 때문에 문서는 진정성립이 인정되어야 비로소 그 증거의 관련성과 증거가치를 판단받을 수 있는 위치에 있게 된다"고 설명하는 견해도 있다[49]. 미국 연방증거법에서는 증거의 허용성 조건인 관련성이 우리나라에서는 증거채부의 조건은 되지만 이를 증거능력 문제로 보기 어려운 것은 사실이다. 그러나 미국 연방증거법도 진정성 문제로 파악하는 문서의 진정성립은 더 이상 관련성(조건부 관련성 포함)의 문제가 아니라 독자적인 증거 허용성의 조건이고 우리나라에서도 증거능력 문제로 다루어지는 것이 옳다. 그

---

[46] 김교창, "인영의 진정과 사문서의 증거력(상)", 사법행정 제294호, 한국사법행정학회, 1985. 37면.
[47] 조건부 관련성이란 연방증거법 제104조 (b)항에서 '증거의 관련성이 사실적인 조건의 충족 여부에 의해 결정되는 때에는 법원은 그 조건이 충족되었다고 인정할 수 있도록 뒷받침하기에 충분한 증거를 제출하는 때 또는 그 제출을 조건으로 하여 증거를 허용하여야 한다'는 규정에서 도출된 개념으로서 사건과의 일반적인 관련성(이를 자연적 관련성이라 한다. 연방증거법 제401조 '관련성 있는 증거란 그 소송에 대한 결정을 함에 있어 중요한 어떤 사실이 그 증거가 없을 때보다 그 증거에 의하여 더 존재 가능성이 있게 인정되거나, 반대로 존재 가능성이 없게 여겨지도록 만드는 경향성이 있는 증거를 말한다'에서 도출된다)에 대비된다. 조건부 관련성 규정의 입법취지는 일정한 증거의 예비적인 사실이 증명되었다고 법관이 설득되지 않은 경우에 배심의 영역에 침범하여 그 증거를 배제해 버리는 것을 방지하기 위한 것이다. 김일룡, "문서의 진정성립", 원광대학교원광법학 제26권 제2호, 원광대학교 법학연구소, 2010. 59면.
[48] Arthur Best, Evidence 7. Ed., Wolters Kluwer, 2009. p.214은 "진정성은 조건부 관련성의 한 사례이며 어떤 목적물이나 대화에 대한 증언은 증인이 관련이 있다고 주장하는 사람이나 사물들에 실제로 관련된 목적물이나 대화에 대한 언급일 때에만 관련성이 있을 수 있기 때문"이라고 설명하고 있다. Mueller, Kirkpatrick, Evidence 4. Ed., Wolters Kluwer, 2009. p.1065도 같은 취지.
[49] 김일룡, 앞의 논문, 59면.

문서의 실제 작성자가 누구라는 사실은 증거조사의 전제요건일 뿐 그 자체로는 요증사실을 입증하는 힘, 즉 증거력을 발휘하지 못하기 때문에 민사소송에서 말하는 형식적 증거력은 증거력의 일종이 아닌 것이다.

증거력으로 보는 것과 증거능력으로 보는 것에는 어떤 차이가 있을까? 배심재판이라면 증거능력 유무는 법관의 판단 영역이고 증거력 판단은 배심원의 판단 영역이라는 기본적인 차이가 있다. 그뿐만 아니라, 직업법관에 의한 재판이라고 하더라도 증거능력은 기본적으로는 법률이 정한 기준에 기초하여 판단하여야 하는 반면, 증거력은 순수한 자유심증주의의 대상으로서 오로지 법관의 재량적 심증에만 의존하게 된다. 증거력으로 보면 법관이 심리를 소홀히 하면서 직관으로 판단할 위험이 크다. 형사소송에서 진정성이나 진정성립이 법관의 재량이나 배심원에 의해 판단되는 것이 허용되었을 때의 문제점을 상상해 보라. 문서, 특히 처분문서의 실질적 증명력에 관한 판례를 지나치게 추종하여 문서의 실질적 증명력에 관한 심리, 즉 형식적 증명력을 배제하고 문서의 기재내용과 다른 사실을 인정할 것인지 여부를 판단하기 위한 특별한 사정의 존재 여부에 관한 심리를 하지 않는 실무 관행은 개선되어야 하며, 문서의 진정성립을 변론전체의 취지를 참작하여 자유심증으로 인정할 수 있다는 판례도 재고되어야 한다는 주장[50]은 이를 적절히 지적하고 있다.

3. 진정성립과 형식적 증거력의 관계

민사소송법에서는 증거력을 형식적 증거력과 실질적 증거력으로 구분하여 살펴보는 것이 일반적이지만, 그 의미에 대하여는 견해의 대립이 있다. 즉 형식적 증거력을 진정성립과 동일하게 보는지 달리 보는지에 따라 형식적 증거력과 실질적 증거력의 의미도 달라진다.

다수설은 형식적 증거력을 진정성립과 동일한 개념으로 취급하여, '문서가 작성 명의인의 의사에 기하여 작성된 사실, 즉 타인에 의하여 위조·변조되지 않은 사실'이

---
[50] 강구욱, 앞의 논문, 297-300면.

진정성립이고 '진정성립 되었다는 점에 대한 신빙성'이 형식적 증거력이라고 본다[51]. 이 견해에 따르면 실질적 증거력은 요증사실을 증명하기에 얼마나 유용한가의 문제로서 형식적 증거력 즉 진정성립을 전제로 하지만 ① 그 기재내용이 진실한가 ② 요증사실과 얼마나 밀접한 관계가 있는가에 좌우된다고 한다[52]. "독일과 달리 문서의 증거력에 대한 규정도 없는 우리나라의 민사소송법 해석상 형식적 증거력이란 용어는 사용할 필요성이 없고 오히려 문서의 진정성립이 인정되면 어떠한 효력을 부여할 수 있는가를 검토하는 것이 더 바람직할 것이다. 따라서 문서의 진정성립이 인정되면 간접적으로 형식적 증거력이 인정된다고 하지 말고 직접적으로 이로부터 어떠한 소송법적 효과를 부여할 것인가에 대하여 검토하는 것이 더 실천적이지 않을까 한다"는 견해도 있으나[53], 이 역시 결과적으로는 위 다수설과 다르지 않은 것으로 보인다. 이러한 입장에서는 제356조 제1항, 제358조는 공문서 또는 사문서의 진정성립 추정 규정일 뿐만 아니라 형식적 증거력 추정 규정이기도 하다고 본다.

그러나 소수설은 형식적 증거력과 진정성립을 전혀 달리 취급하고 있다. 즉 형식적 증거력은 진정성립을 전제로 '작성 명의자가 문서에 나타난 의사를 실제로 표시하였다는 것을 믿도록 하는 신빙성'이라고 정의하면서[54], "문서의 증명은 문서가 진정성립한 것을 전제로 두 단계로 판단된다. 우선 그 문서의 외형에서 인정할 수 있는 것, 즉 문서에 기재된 대로 작성명의인이 의사표시를 했다거나 그러한 법률행위를 했다는 점에 관한 것이고(형식적 증거력), 그 다음으로 문서의 내용 등에 관하여 법관이 해석하고 판단해서 얻은 증거가치, 즉 그 문서의 내용이 어느 정도 신빙성이 있는지에 관한 것이다(실질적 증거력)"고 설명한다[55]. 이 견해에서는 진정성립된 문서의 경우에도 작성자가 그 기재

---

51) 앞의 주석 민사소송법(Ⅴ), 397면; 이시윤, 앞의 책, 491면; 김홍규, 강태원, 앞의 책, 559면; 김홍엽, 앞의 책, 610면; 정동윤/유병현, 앞의 책, 570면; 전병서, 앞의 책, 390면; 이재홍, 앞의 논문, 88면.
52) 이시윤 재판관이 말하는 실질적 증거력은 형사소송에서 말하는 증명력(신빙성과 협의의 증명력을 합한 개념)과 동일하다.
53) 안병걸, 앞의 논문, 575면.
54) 호문혁, 앞의 책, 560면
55) 호문혁 교수는 또한 처분문서와 보고문서에 따라 실질적 증거력에서 차이가 있는데 처분문서의 경우에는 허위표시나 비진의표시가 아닌 한 형식적 증거력이 인정되면 실질적 증거력도 인정하는 것이 보통이지만, 보고문서의 경우에는 작성자가 허위의 내용을 적을 수도 있기 때문에 실질적 증거력 역시 자유심증으로 판단 받아야 한다고 설명하고 있다. 그런데 이러한 개념의 실질적 증거력은 협의의 증명력에 대

된 의사를 실제로 표시하지 않은 경우에는 형식적 증거력이 없는 것이 된다. 또한 실질적 증거력은 작성 명의인이 한 의사표시의 내용이 진실이라고 믿도록 하는 신빙성 즉 증거가치라고 정의하면서, '영수증이 증거로 제출되었고 그러한 내용의 의사표시를 한 사실이 인정되더라도 실제로 변제를 하였는가 하는 것은 별개의 문제이며 이것이 바로 실질적 증거력의 문제'라고 해석하고 있다. 이러한 입장에서는 제356조 제1항, 제358조는 공문서 또는 사문서의 진정성립을 추정하는 규정일 뿐 형식적 증거력을 추정하는 규정은 아니라고 본다. "일반적으로 문헌에서 많이 사용하고 있는 '진정 성립한 문서가 형식적 증거력을 가진다'는 표현은 정확한 내용이지만 문서 성립의 진정과 형식적 증거력을 동일한 개념으로 이해해서는 안된다. 자신의 의사에 따라 작성된 문서임을 인정하는 경우에는 작성자가 그 문서에 나타난 내용의 의사표시를 하는 것이 일반적이며 성립의 진정은 인정되면서도 형식적 증거력이 부인되는 경우가 그리 흔하지는 않지만 문서의 진정성립과 형식적 증거력이 반드시 일치하는 것은 아니기 때문이다"는 견해도 있는데[56], 이는 결국 위 소수설과 다르지 않은 것으로 보인다.

두 견해를 비교해 보면 소수설이 말하는 형식적 증거력은 다수설이 말하는 실질적 증거력의 일부이다. 즉 다수설은 진정성립과 형식적 증거력을 한꺼번에 판단한 다음 진정한 의미의 증명가치를 실질적 증거력이라는 이름으로 다루는 반면, 소수설은 진정성립 판단 이후에 다수설이 말하는 실질적 증거력을 두 단계로 나누어 판단하는 차이일 뿐이다. 여기에서도 작성 명의자가 문서에 나타난 의사를 실제로 표시하였는지 여부는 진술서 형에서는 문서 작성 자체가 의사 표시이기 때문에 따로 논의할 필요가 없고, 진술기재서류 형에서는 역시 제1설이 말하는 표시의 진정성립 개념이 아닐까 생각된다.

소수설이 말하는 형식적 증거력의 개념은 문서는 작성하였지만 실제 그와 같은 의사표시는 실현되지 아니한 지극히 예외적인 경우를 염두에 둔 것인데, 이런 예외적인 경우는 실제로 발생 가능성이 매우 낮다. 더욱이 이러한 경우라면 특수한 증거력의 문

한 고려가 누락되어 간접증거에서는 문제가 발생하지 않는지 의문이다.
56) 정선주, "문서의 증거력", 민사소송(Ⅲ), 한국민사소송법학회, 2000. 244면, 245면.

제로 봄이 상당하고[57] 더욱이 계약서와 같은 처분문서에서는 그와 같은 사례가 나올 수 있지만 영수증과 같은 보고문서에서는 문서가 완성되었다는 사실 자체로 그와 같은 의사표시를 한 것이 되므로 형식적 증거력의 문제가 생기지 않는다. 다만 보고문서가 작성되어도 그 기재내용대로 법률관계나 사실관계가 형성되지 않았을 수도 있으므로(결국 보고문서의 내용이 허위라는 의미가 된다) 문서 내용의 진실성이 문제가 될 뿐이다. 이러한 경우에는 실질적 증거력의 문제만 남는다. 요컨대 진정성립의 문제는 증거능력의 문제로서 다루고, 실제로 그와 같은 의사표시가 있었는지, 그 내용이 진실한지, 그로써 본건 요증사실을 입증할 수 있는지는 순수한 증거력의 문제로서 다루는 것이 적절하리라 생각된다.

더 나아가 형식적 증거력은 문서 아닌 다른 증거방법에서도 문제될 수 있다[58]. 검증 목적물의 동일성 또는 손상가공 유무 등도 모두 형식적 증거력의 문제라 할 수 있다. 그러나 문서의 형식적 증명력은 독립된 입증명제로 심리되도록 법률(제338조 등)에 특별히 규정되어 있는 반면 검증 목적물의 동일성이나 손상가공 유무 등은 법률에 특별한 규정이 없는 탓에 형식적 증거력이 아닌 실질적 증거력의 문제에 포함되어 법관의 자유심증에 맡겨지는 것이 실무 관행이고, 문서의 작성자가 확정됨이 없이는 처분행위나 사실보고의 효력을 판단하기가 어려워 문서의 형식적 증명력만 달리 취급하는 것이 부득이하기 때문에 자유심증주의에도 반하지 않는다고 평가되기도 한다[59]. 그러나 검증 목적물의 동일성이나 손상가공 유무 등을 미리 확인되지 않고도 그 증거의 실질적 가치 판단이 가능한가? 결국 이들 모두를 진정성의 문제로 인정하고 문서에서의 형식적 증거력처럼 실질적 증명력 앞 단계에서, 더 궁극적으로는 증거능력의 문제로 독립적으로 판단하는 것이 옳지 않을까 생각된다.

Ⅳ. 진정성립의 증명과 추정

---

[57] 연습 삼아 작성해 보고 교부는 하지 않았는데 유출되었다면 이는 아직 문서가 완성되지 아니한 것으로 봄이 상당하고, 실제로는 처분문서가 작성되었으면 그와 같은 의사표시가 있었으리라는 것이 의사표시의 내용과 함께 강력하게 사실상 추정될 것이다. 대법원 1965.4.20. 선고 64다1698 판결 참조.
[58] 강구욱, 앞의 논문, 297면.
[59] 서윤홍, 앞의 논문, 279면.

이 부분 만큼은 민사소송법의 경우를 먼저 설명하고 형사소송법의 경우를 비교하는 것이 좋을 듯 하다. 민사소송법에서는 공문서라는 점이 증명되면 진정성립이 추정되고(제356조), 사문서도 형식적 진정성립(서명 날인 무인 등)이 인정되면 진정성립이 추정된다(제358조). 형사소송에도 진정성립의 추정이 있는가? 만일 있다면 법률의 규정에 의한 추정이므로 일종의 법률상 추정이 될 것이다. 그러나 형사소송법에서는 법률상 추정을 원천적으로 부정하는 견해가 일반적이고, 혹 이를 인정하는 견해도 지극히 제한적 예외적으로만 허용하기 때문에[60] 특별히 예외적 필요성이 인정되지 아니한 문서의 진정성립을 추정하는 규정은 만들기 어려울 것으로 보이고 실제로도 없다. 다만 당연히 증거능력이 인정되는 문서가 있는데 제315조가 규정하고 있는 가족관계등록부, 상업장부 등 서류들이 바로 그것이다. 이들은 전문서류이지만 증거 사용의 필요성이 크고 신빙성이 정황적으로 인정되기 때문에 전문법칙의 예외로서 증거능력이 인정된다. 신빙성의 전제인 진정성립을 의제하기 때문에 예외적으로 진정성립 인정을 요건으로 하지 않고 증거능력을 인정하는 것이다. 결국 민사소송법에서 공문서 등에 진정성립 추정하는 것과 기능적으로 별로 다르지 않다고 생각된다.

진정성립의 인정방법과 관련하여 민사소송법에서는 자기 명의 문서이든 타인 명의 문서이든 진정성립 인부를 하지만, 형사소송법에서는 자기 명의 문서에 대하여만 진정성립 인부를 하고 타인 명의 문서에 대하여는 진정성립 인부가 없고 증거동의 여부만 가능하다는 점은 앞에서 설명한 바와 같다. 민사소송법에서는 적극적으로 진정성립을 인정하지 않더라도 다투지 않고 침묵하는 경우에는 진정성립을 인정한 것으로 의제하지만(재판상 자백 간주), 형사소송법에서는 침묵하는 것은 진정성립 불인정 또는 증거 부동의의 의미가 된다는 점도 중대한 차이라 할 수 있다.

V. 나가며

앞에서 필자는 형사소송법과 민사소송법에서 공통적으로 사용되는 문서의 진정성립이라는 개념의 의미와 본질, 진정성과의 관계 등을 살펴보고, 특히 민사소송에서

---

60) 졸저, 앞의 책, 544면.

진정성립이 증거능력 요건인지 증명력 요건인지, 진정성립과 형식적 증거력은 동일한 것인지 등에 대하여 검토하여 보았다. 문서의 증거로서의 자격 또는 가치 요건으로서 형사소송법과 민사소송법이 공히 진정성립을 요구하고 있지만 그 대상되는 문서가 전문서류에 한정되는지 모든 문서인지, 진정성립 판단을 문서 작성자 또는 진술자 기준으로 하는지 증거제출자의 주장을 기준으로 하는지, 진정성립 입증방법에 제한이 있는지 등에서 현저한 차이를 보이고 있었다. 이에 기초하여 추적한 결과 형사소송법에서 말하는 진정성립은 전문서류에 대하여 요구하는 우리 형사소송법 특유의 증거능력 요건이지만, 민사소송법에서 말하는 진정성립은 미국 연방증거법이 말하는 진정성 요건과 동일한 것이고 이러한 진정성 요건은 형사소송법에서도 해석상 요구되는 또다른 증거능력 요건이었다.

더욱이 민사소송에서는 증거능력 제한이 없다는 종래의 전통적 견해에 기초하여 진정성립 인정을 형식적 증거력의 요건으로 파악하는 견해가 일반적이지만, 민사소송에서도 중대한 위법수집증거 등에 대하여 증거능력 제한이 인정되어야 하고 진정성립이 인정되어야 증거조사가 가능하다는 점 등에 비추어 볼 때 진정성립 인정은 민사소송에서도 증거능력 요건으로 인정되어야 할 것이고 궁극적으로는 진정성이라는 명칭으로 불리우는 것이 더욱 적절할 것으로 판단되었다.

형사소송법은 국가 형벌권의 공정한 실행을 통한 국민과 사회, 국가의 보호와 법질서 유지를 그 목적으로 하며 그 과정에 실체적 진실발견, 인권 보호, 소송경제 등을 이념으로 하는 반면, 민사소송법은 사법私法적 분쟁의 공정한 해결을 통한 개인의 정당한 권리 보호를 그 목적으로 하며 그 과정에 적정하고 공평하고 신속하고 경제적인 분쟁해결을 이념으로 한다. 이러한 목적과 이념상의 차이 때문에 형사소송법과 민사소송법에는 많은 법리적 차이가 발생하기도 하지만, 소송이라는 보편성과 권리보호, 법질서 유지, 진실발견, 소송경제 등 적지 아니한 공통의 이념들에서 발현되는 적지 아니한 공통점들이 발견되는 것도 사실이다. 이러한 차이점과 공통점들을 잘 검토 분석해 보면 형사소송법과 민사소송법의 해석이나 나아가야 할 방향 모색 등에 있어 적지 않은 시사점을 발견할 수 있다고 생각된다.

지금까지 우리 소송법학계나 실무계는 형사소송법과 민사소송법으로 양분되어 연구나 입법 등에 있어서도 전혀 교류가 없었지만, 미국 등의 사례에서 보듯이 공통적으로 활용할 수 있는 법규나 해석, 연구 등이 결코 적지 않다. 필자는 이글에서 문서의 진정성립이라는 하나의 테마에 대하여만 다루었지만, 앞으로 이러한 방식의 연구가 여러 분야에서 시도되기를 바라본다.

4

제 4 편
전문법칙

형사소송법 제310조의2의 적용 기준과 범위에 관한 소고

사법경찰관 작성 피의자신문조서와 조사경찰관 증언의 증거능력

형사소송법 제313조에 대한 해석론적, 입법론적 고찰

형사소송법 제313조 개정 유감

형사소송법상 특신상태의 의미와 개념 요소 및 판단기준에 관한 소고

다중전문증거의 증거능력에 관한 소고

형사소송법 제310조의2의 적용 기준과 범위에 관한 소고

Ⅰ. 들어가며

1. 형사소송법 제310조의2의 입법적 의미

1954년 처음 제정된 우리 형사소송법에는 일제강점기에 의용되던 일본 형사소송법이 계수한 대륙 형사소송법과 해방 후 미군정령이 실질적인 입법 기능을 수행하는 과정에 도입된 미국 형사소송법의 영향이 혼재되어 있었다. 당시까지만 하여도 대륙 형사소송법의 영향이 더 커서 전체적으로는 직권주의에 가까웠다고 평가된다[1]. 특히 제311조부터 제316조는 제목과 내용이 모두 독일식 직접심리주의를 반영한 규정이었다.

그러나 제정 당시부터 미국의 국제적 영향력이 점점 더 커져가고 있었을 뿐만 아니라 우리나라의 사정 또한 미국의 도움이 점점 더 절실해져 감에 따라 우리나라에서 미국의 영향은 가히 절대적이었다. 이러한 경향은 법학, 특히 형사소송법 분야에도 다르지 않았다. 그래서 우리 형사소송법은 수회의 개정, 특히 1961년 개정을 거치면서 점점 더 대륙식에서 미국식으로 변해갔는데, 당사자주의의 강화와 전문법칙의 도입이 대표적인 표현이라 할 수 있다. 대륙의 직접심리주의적 규정이던 제311조 내지 제316조는 1961년 개정을 통해 기본구조는 유지하되 세부적으로는 전문법칙적인 내용으로 완전히 바꾸면서 제311조 앞에 하나의 조문을 신설하여 제311조 내지 제316조의 법적 성격과 적용 범위를 명확히 하였으니, 그것이 바로 제310조의2 규정이다.

제310조의2는 "전문증거와 증거능력의 제한"이라는 표제 하에 "제311조 내지 제

---

[1] 증인에 대하여 법원이 먼저 신문하고 검사와 피고인은 보충적으로 신문하게 하는 것이 그 대표적 표현이라 할 수 있다.

316조에 규정한 것[2] 이외에는 공판준비 또는 공판기일에서의 진술에 대신하여 진술을 기재한 서류나 공판준비 또는 공판기일에서의 타인의 진술을 내용으로 하는 진술은 이를 증거로 할 수 없다"고 규정하고 있다. 전문증거 중 증거능력을 인정하는 것은 제311조 내지 제316조에서 열거한 것에 한정하므로, 이에 해당하지 않는 전문증거는 증거능력이 없다는 의미이다. 전문증거는 증거능력 없음이 원칙이므로 전문증거임에도 증거능력이 인정되는 예외를 열거적으로 제한하고 있음을 알 수 있다.

2. 문제의 제기

전문법칙을 도입하면서 그 모두에 제310조의2를 설정하였다는 것 자체로 제310조의2가 가지는 중요성을 쉽게 알 수 있다. 그러함에도 우리는 전문증거의 증거능력을 판단함에 있어 제311조 내지 제316조 규정에만 신경을 썼지 이를 총괄하는 제310조의2 규정이 있다는 점에는 그리 주의하지 않았고, 당연히 전문법칙 예외 허용의 범위와 관련하여 제310조의2를 고려하지도 않았다. 아니 전문법칙의 예외 허용의 범위 자체를 고민한 적도 별로 없었던 것 같다. 판례 역시 마찬가지여서 가끔 제310조의2를 언급한 적은 있지만 주로 "전문증거는 원칙적으로 증거능력이 없다"는 사실을 선언적으로 기술할 때에 그 근거로서 제310조의2를 설시하였을 뿐[3] 전문법칙 예외의 허용 범위에 관한 해석 기준으로는 거의 고려한 적이 없었다. 특정 전문증거에 대하여 전문법칙 때문에 증거능력이 인정되지 않는다고 설시하면서 제310조의2를 언급한 판례도 없지 않지만[4], 제310조의2에 따를 때 위 전문증거가 왜 증거능력을 가질 수 없는지, 제310조의2가 허용하는 전문증거 예외의 허용 기준과 범위가 무엇인지에 대하여는 여전히 아무런 설명이 없다.

그러나 제310조의2는 전문증거의 증거능력 판단의 기준으로서 반드시 고려되어야 하는 조문이다. 특히 제311조 내지 제315조가 열거하고 있는 서류는 한정적이어서 전문서류의 모든 형태를 포섭할 수 없고, 심지어 압수조서와 같이 수사와 재판 과정에

---

2) "제311조 내지 제316조에 규정한 제 요건을 구비한 것"도 아니고 "제311조 내지 제316조에 규정한 것"이라고 표현한 것은 한정적 열거라는 취지를 더욱 잘 드러내고 있다.
3) 대법원 2004.6.25. 선고 2003도4934 판결, 대법원 2008.11.13. 선고 2006도2556 판결 등 다수.
4) 대법원 1996.10.15. 선고 96도1669 판결 등.

흔히 사용되는 전문서류임에도 제311조 내지 제315조에서 규정되지 아니한 서류가 적지 않다. 제316조 역시 전문진술의 모든 형태를 포섭하고 있지 아니하여 제316조에 직접 규정되지 아니한 전문진술도 존재하기 때문에 이러한 전문서류와 전문진술에 대하여 제311조 내지 제316조 중 가장 유사한 규정을 유추적용하여 증거능력을 인정할 수 있겠는지의 문제가 필연적으로 발생할 수밖에 없는데, 이에 대한 해답은 310조의2의 해석에서 찾아야 한다.

형법에서는 죄형법정주의 법리에 따라 유추적용이 금지되는 것이 원칙이라는 점에는 이견이 없다[5]. 여기에서 해석 특히 확장해석과 유추적용의 구별이 가능한지 허용되는 해석과 허용되지 않는 해석의 구별 기준은 무엇인지 등이 문제되며, 특히 대법원 1994.12.20. 자 94모32 전원합의체 결정이나 대법원 2003.1.10. 선고 2002도2363 판결 등과 관련하여 이미 많은 논의가 있었다. 위 판결들에서 대법원은 유추적용과 확장해석을 구별하지 않으면서, 다만 "법규정의 가능한 의미" 또는 "문언의 통상적인 의미" 범위 내에서의 해석은 허용되고 그 범위 외에서의 해석은 허용되지 않는다고 판시한 바 있다. 이에 따르면 허용되는 해석과 허용되지 않는 해석이 있을 뿐이다. 학설은 확장해석은 허용되고 유추적용은 허용되지 않는다고 하여 확장해석과 유추적용의 구별에 집중하는 입장도 있지만[6], 판례와 같이 양자의 구별보다는 허부의 기준에 집중하는 입장도 있다[7]. 다만 이글에서는 이에 대한 더 이상의 자세한 내용은 다루지 않기로 한다.

형사소송법에서 유추적용이 허용된다면 그러한 법리는 전문법칙의 해석에 있어서도 마찬가지일 것이다. 그런데 제310조의2는 "제311조 내지 제316조에 규정한 것 이외의 전문증거는 증거로 할 수 없다"는 취지로 규정하고 있는데, 이 규정이 전문법칙

---

[5] 이재상, 형법총론 제6신판, 박영사, 2010. 26면 등.
[6] 신동운, 형법총론 제7판, 법문사, 2013. 30면; 김성돈, 형법총론 제3판, 성균관대학교 출판부, 2014. 71면; 임웅, 형법총론 제3정판보정, 법문사, 2011. 26면; 정성근/박광민, 형법총론 전정판, 성균관대학교 출판부, 2012. 53면; 정웅석/백승민, 형법강의 개정제4판, 대명출판사, 2014. 33면 등.
[7] 이재상, 앞의 책, 28면; 배종대, 형법총론 제11판, 홍문사, 2011. 102면; 이상돈, "형법해석의 한계", 저스티스 제29권 제2호. 1996. 49면; 김성룡, "유추의 구조와 유추금지", 법철학연구 제12권 제2호, 한국법철학회, 2009. 63면.

의 예외 인정에 있어서 일체의 유추적용을 허용하지 않는다는 취지인지가 문제된다. 만일 제310조의2를 전면적인 유추적용 금지로 해석한다면 제311조 내지 제316조에 대한 "법규정의 가능한 의미" 내 해석이 어느 범위까지인지를 규명하여야 할 것이고, 전면적인 유추적용 금지로 해석하지 않는다면 제310조의2가 금지하는 유추와 허용하는 유추의 기준과 범위가 무엇인지를 정확하게 규명하여야 할 것이다.

이와 관련하여 구체적으로 문제되는 전문증거로는 공소제기 후 피고인을 조사하여 작성한 피고인 진술조서, 수사기관이 작성하였지만 제311조 내지 제315조에 해당하지 않는 압수조서나 수사보고서와 같은 증거서류, 전문진술 중 피고인 아닌 자의 진술을 그 내용으로 하는 피고인의 공판기일 진술 등이 있다. 이들은 각각 피의자신문조서(제312조 제1항), 검증조서(제312조 제6항), 진술서(제313조 제1항), 전문진술(제316조 제1항, 제2항) 등과 유사하므로 이들 규정을 확대해석 또는 유추적용하여 증거능력을 인정할 수 있는지 아니면 제311조 내지 제316조에 규정된 바 없으므로 증거능력을 부정하여야 하는지 신중하게 검토할 필요가 있다.

한편 이중전문서류나 재전문진술, 더 나아가 전문서류를 목격한 자의 진술이나 재재전문진술과 같은 다중 전문증거는 제311조 내지 제316조 조문을 중첩적용 하여야 증거능력을 인정할 수 있다. 그러나 형사소송법은 전달되는 진술이 원본진술인 경우, 즉 전문이 1단계만 있는 경우를 상정하여 규정하면서 예외규정의 중첩적용에 대하여는 전혀 언급하고 있지 않을 뿐만 아니라, 제316조 제1항과 제2항은 공히 전문진술에 대하여 "공판준비 또는 공판기일에서의 진술"이라고 규정함으로써 전문진술이 법정에서 이루어진 경우에만 예외 허용의 가능성을 열어놓은 듯한 표현을 사용하고 있기 때문에 중첩적용에 대하여는 규정된 바 없으니 증거능력을 인정할 수 없다고 보아야 하는가? 아니면 제311조 내지 제316조의 규정을 중첩 적용하여 증거능력을 인정할 수 있는가? 라는 의문도 발생한다. 예외규정의 중첩적용도 크게 보면 유추적용과 비슷하거나 그 일종이라 할 수 있고 결국 제310조의2의 적용 범위의 문제인 것도 사실이지만, 앞에서 거론한 피고인 진술조서나 압수조서, 피고인의 전문진술 등과는 또

다른 여러 문제점들을 내포하고 있기 때문에 이 문제는 다른 기회에 별도의 글[8]로 다루기로 한다.

아래에서는 이글의 총론적 설명으로서 제310조의2 규정이 유추적용을 전면적으로 금지한다는 의미인지, 전면적 금지가 아니라면 허용과 금지의 기준은 어떠한지, 예외법 확대적용 금지 법리는 어떻게 적용되는지를 살펴보고(Ⅱ), 310조의2의 적용범위에 대한 각론적 설명으로서 공소제기 후 피고인을 조사하여 작성한 피고인 진술조서(Ⅲ), 수사기관이 작성한 기타 증거서류 중 압수조서와 수사보고서(Ⅳ), 피고인 아닌 자의 진술을 내용으로 하는 피고인의 공판기일 진술(Ⅴ)을 순차적으로 살펴본 다음 필자 나름의 결론(Ⅵ)으로 글을 맺으려고 한다.

Ⅱ. 제310조의2와 유추적용, 확대해석 금지 원칙의 충돌

1. 형사소송법에도 유추적용 금지의 법리가 적용되는가

유추적용[9]이란 법규범을 유사하지만 위 규범에 직접적으로 포함되지 않은 사실관계에 적용하는 것을 말한다[10]. 유추적용은 법규범을 법률에 규정되지 않은 사안에 적용하는 것으로서 법관이 해석이라는 이름으로 처벌규정 또는 가중규정을 만드는 법 창조 기능이기 때문에 엄격한 죄형법정주의가 요구되는 형법의 영역에서는 금지되지만, 이와 같은 법리는 행위의 가벌성 유무나 경중을 직접 결정하는 실체적 법규에만 적용되기 때문에 형사소송법에는 유추적용 금지의 원칙이 적용되지 않는다는 것이 정설이다[11].

그러나 형사소송법 규정이라도 모두 유추적용이 허용되는 것은 아니고, 순수한 절

---
8) 이 책 제4편 '다중전문증거의 증거능력에 관한 소고' 중 해당부분 참조.
9) 종래 '유추해석'이라는 용어가 많이 사용되었으나, 유추는 해석의 방법이 아니라 사안에의 적용이기 때문에 유추해석은 적절한 용어가 아니라는 비판도 없지 않다. 사안에의 적용 역시 법규해석을 전제로 하고 있기 때문에 유추해석이라는 용어가 꼭 잘못되었다고는 생각되지 않는다. 다만 이글에서는 '유추적용'이라는 용어를 사용하기로 한다.
10) 김선복, "형법상 해석과 유추", 비교형사법연구 제3권 제2호, 한국비교형사법학회, 2001. 69면.
11) 이재상, 앞의 책, 26면; 배종대, 앞의 책, 101면; 김성돈, 앞의 책, 70면; 정웅석/백승민, 앞의 책 32면 등.

차법적 규정이 아닌 친고죄에서의 고소나 공소시효과 같이 당벌성이나 형벌 필요성, 또는 가벌성의 경중을 직접 다루는 규정에는 유추적용이 금지된다는 견해가 일반적이다[12]. 그 밖에도 당사자의 참여권 보장과 관련된 형사소송법 규정에도 유추적용 금지가 적용되어야 한다는 견해도 있고[13], 인권보장 이념이나 형사절차 법정주의에서 도출되는 '유추적용 금지 원칙'으로 이해하면서 형사소송법에서 피고인의 방어권이나 기본권이 제한되는 영역, 증거법에 대한 예외 허용 영역 등에까지 위 법리의 적용범위가 확대되어야 한다는 견해도 있다[14]. 다소의 견해 차이는 있지만 형사소송법에서 유추적용이 금지되는 영역은 형법에 비해 제한적이고 유추적용의 허부 판단에는 피고인의 인권보장과 국가형벌권 실현이라는 공익적 측면의 비교형량 필요하다는 점에는 의문이 없다[15].

한편, 유추적용은 피고인에게 불리한 경우에는 금지되지만, 피고인에게 유리한 경우에는 허용된다는 견해가 일반적이다[16]. 그러나 형사법이 피고인의 이익만을 위해 존재하는 것이 아님에도 피고인에게 불리하다는 이유만으로 금지된다는 논리는 수용하기 어렵다. 법관은 법규정을 한결같은 기준에 따라 해석하여 유무죄를 가리고 형벌을 부과하여야 옳지, 기준을 2개를 가지고 누군가를 위해서는 그에게 유리한 기준을 가지고 해석하여서는 아니된다. 그 대상이 피고인이라 해도 마찬가지이다. 따라서 형사법이 피고인에게 부당하게 불리하게 해석되어서도 아니되겠지만, 피고인에게 부당하게 유리하게 해석되어서도 아니된다. 형사법의 근본이념이 피고인의 유불리에 있지 않고 정의에 있기 때문이다. 피고인에게 불리한 경우 해석에 좀더 신중을 기하여야 한다는 논리는 이해할 수 있지만, 언제나 유리하게 해석되어야 한다는 논리는 수용될 수 없다.

---

12) 이정원, "죄형법정주의의 원칙과 법률의 해석", 법학논문집 제17집, 중앙대학교 법학연구소, 1992. 7-8면; 최석윤, "형사소송법과 유추금지", 형사정책연구 제14권, 한국형사정책학회, 2003. 346면.
13) 배종대, 앞의 책, 101면.
14) 최석윤, 앞의 논문, 347면.
15) 최석윤, 앞의 논문, 348면.
16) 이재상, 앞의 책, 26면; 배종대, 앞의 책, 100면; 신동운, 앞의 책, 33면; 김성돈, 앞의 책, 69면; 정성근/박광민, 앞의 책, 40면; 임웅, 앞의 책, 49면 등.

대법원은 형사소송법 제103조(2007년 개정 전)의 '보석된 자' 해석을 놓고 "제102조 제2항의 취지에 비추어 판결확정 전에 보석이 취소되었으나 도망 등으로 재구금되어 있지 않은 상태의 사람도 포함된다"는 취지로 해석한 바 있다. 이를 놓고 "형사소송법에는 피고인에게 불리한 유추도 허용된다고 전제한다면 별 문제가 없지만, 형사소송법에서도 피고인에게 불리한 유추는 허용되지 않는다고 전제한다면 심각한 문제"라고 해석한 견해도 있고[17], "행위자에게 유리한 유추적용은 금지하지 않는다고 본 것"이라는 견해도 있다[18]. 그러나 사안은 '보석된 자'라는 법규정의 가능한 의미 내에서 적용대상을 합리적으로 축소하는 여부의 문제이지 법규정의 가능한 의미 밖의 사안에 적용하는 문제가 아니기 때문에 처음부터 유추적용의 문제가 아니라 축소해석의 문제일 뿐이다. 더 나아가 앞에서도 언급한 바와 같이 유불리에 따라 해석의 허부가 결정된다는 논리도 받아들이기 어려우며, 이러한 취지는 형사소송법에서도 마찬가지이다. 예컨대 새로운 기술에 따라 새로운 증거방법이 증거로 제출되었고 기존의 증거에 대한 증거조사방법에는 포섭되지 않는다고 할 때, 기존의 증거조사방법을 새로운 증거조사방법에 유추적용 해서라도 실체적 진실을 밝혀야 옳으며, 증거조사를 통해 피고인의 유죄가 밝혀지느냐 무죄가 밝혀지느냐에 따라 위 유추적용의 허부가 결정되는 것은 아니다.

범위를 좀더 좁혀 과연 증거능력에 관한 규정은 유추적용이 가능할지에 대하여 검토해 보자. 증거능력 규정은 재판에 대한 절차적 규정이기도 하지만, 피고인의 가벌성에 큰 영향을 줄 수 있다는 점[19]도 부인할 수 없다. 따라서 양 측면을 비교 형량하여 어느 측면이 더 강한지를 판단하여야 할 것이다. 친고죄나 시효 등이 피고인의 가벌성 자체를 직접 좌우할 수 있는 반면 증거능력 규정은 피고인의 가벌성 자체를 좌우하는 것은 아니고 그 입증과정에 영향을 줄 수 있을 뿐이라는 점을 고려하면, 비록 그 영향이 크다고 하더라도 실체법적 성격보다는 절차법적 성격이 더 강하므로 결국 유추적용이 허용되어야 한다고 생각된다.

---

17) 최석윤, 앞의 논문, 345면, 349면.
18) 이정원, 앞의 논문, 13면.
19) 예컨대 재판의 순서에 관한 규정이나 국선변호인 선정에 관한 규정보다는 가벌성 입증에 훨씬 더 큰 영향을 미칠 것이다.

여기에서 유추적용 허부의 범위와 소급적용 금지 법리 적용범위를 비교해 볼 필요가 있다. 유추적용이라는 것이 사안에 대한 법규가 없지만 유사한 다른 법규를 사안에 적용할 수 있느냐의 문제로서 적용 대상에 대한 공간적인 확장이라면, 소급적용은 행위 당시에는 사안에 대한 법규가 없었지만 이후 만들어진 법규를 사안에 적용할 수 있느냐의 문제로서 적용 대상에 대한 시간적인 확장이다. 결국 공간적인 확장이냐 시간적인 확장이냐의 차이가 있을 뿐 확장 허부의 판단기준은 피고인에게 불의타를 주어도 부당한 인권침해가 되지 않는지, 피고인에 대한 사익적 측면과 형사사법 정의실현이라는 공익적 측면 중 어느 것이 더 강한지의 판단에 있다는 점에서 동일한 것이다. 따라서 어떤 사안에 대하여 유추적용 허부만 판단할 것이 아니라 소급적용 허부를 함께 판단하면 좀더 명쾌하고 일관성 있는 결과를 얻을 수 있을 것으로 생각된다. 예컨대 필요적 국선 규정에 대하여 소급적용이 허용된다면 유추적용도 허용될 것이고, 친고죄나 공소시효 규정에 대하여 소급적용이 불허된다면 유추적용도 불허될 것이다.

2. 제310조의2와 유추적용 금지

가. 제310조의2에도 불구하고 유추적용이 허용될 수 있는지에 대하여

형사소송법에서는 원칙적으로 유추적용이 금지되지 않는다는 법리는 필연적으로 제310조의2와 충돌한다. 제310조의2의 "제311조 내지 제316조에 규정한 것 이외의 전문증거는 증거로 할 수 없다"는 표현에 비추어 볼 때 전문법칙의 예외 인정에 있어서 일체의 유추적용을 허용하지 않는다고 해석할 여지도 충분히 있다. 만일 그렇게 해석한다면 제311조 내지 제316조의 유추적용의 가능성은 완전히 봉쇄되어, 이에 열거되지 아니한 전문서류나 전문진술은 증거능력을 인정받을 방법이 전혀 없게 된다. 그러나 제310조의2를 전면적인 유추적용 금지의 의미로 해석하지 않는다면 제310조의2는 어떤 의미를 가지는가? 더 나아가 금지되는 유추와 허용되는 유추의 기준과 범위가 무엇인가? 라는 새로운 문제에 직면하게 된다.

제310조의2가 유추적용을 허용하는 것을 전제로 한 규정이라면 제311조 내지 제316

조 외에 전문법칙의 예외에 대한 일반규정적 조문을 두었을 텐데, 이러한 조문이 없는 점에 비추어 제310조의2는 유추적용을 불허하는 취지라고 해석할 여지도 없지 않다. 실제로 유추적용을 허용한다면 추상적이나마 기준을 규정해 두는 것이 좋을 뻔 했던 것도 사실이다. 그러나 유추적용이 허용되는 다른 형사소송법 규정에도 유추 허용의 기준에 대한 일반적 규정은 없다. 더욱이 제315조 3호는 전문서류에 대해서나마 예외의 일반규정적 성격을 가지고 있는 것도 사실이다. 따라서 예외에 대한 일반규정적 조문이 없다는 점만으로 일체의 유추적용이 금지된다고 보기는 어렵다고 생각된다.

앞에서도 살펴본 바와 같이 전문증거에 대하여 증거능력을 부여하는지 여부가 유무죄 판단에 결정적인 영향을 미칠 수 있는 것은 맞지만, 전문증거의 증거능력이 가벌성을 직접 좌우하는 것은 아니다. 더욱이 전문증거가 매우 다양한 형태로 나타나며 입법 당시에는 예상할 수 없었던 형태의 전문증거가 계속 생겨나고 있기 때문에[20], 그 모든 형태를 법률이 직접 규정하기 어렵다는 점까지 보태어 보면 제310조의2가 전문법칙 예외규정에 대한 일체의 유추적용을 금지하는 취지라고 해석하기는 어려워 보인다. 다만 전문법칙이 유무죄 입증 과정에 매우 중요한 역할을 하고 예외는 지극히 제한적으로만 허용되어야 한다는 점 등을 고려하여 제310조의2는 전문법칙의 예외규정들에 대하여 다른 절차법적 규정에서와 같은 광범위한 유추적용을 경계 내지 금지하기 위한 규정인 것이다. 따라서 제311조 내지 제316조 규정의 구체적 취지를 검토하여 문제된 전문증거에 대하여 유추적용이 허용되겠는지 여부를 개별적으로 판단하여야 하리라고 생각된다. 이와 같은 해석은 제310조의2를 순수한 문언적, 실증주의적으로만 판단하는 것에서 벗어나 규범적 측면에서의 판단을 가미한 결과라고 할 수 있다. 이것은 대법원이 말하는 "조문을 전체적, 종합적으로 해석한다"는 취지와도 상통하게 되는데[21], 이와 같은 해석은 구체적 타당성을 증대시키는 반면 법적 안정성을 침해할 우려를 내포하고 있는 것도 사실이다[22].

---

20) 녹음테이프나 비디오테이프에 녹취된 진술에 대하여도 진술서 또는 진술기재서류 규정을 유추적용하지 않을 수 없다는 점을 생각해 보라. 대법원은 이와 같은 증거에 대하여도 제310조의2가 말하는 서면에 준하여 전문법칙을 적용하자는 취지를 보여주고 있지만(대법원 1997.3.28. 선고 96도2417 판결, 대법원 2001.10.9. 선고 2001도3106 판결 등), 이 역시 유추적용이라 할 수 있다.
21) 대법원 1994.12.20. 자 94모32 전원합의체 결정.
22) 김종구, "형법해석에 있어서 사실주의와 규범주의", 홍익법학 제3권 제3호, 홍익대학교 법학연구소,

결국 제한적이나마 유추적용을 허용하지 않을 수 없다면, 증거능력에 관한 일관된 결론을 도출하고 이를 통해 법적 안정성을 보충하기 위해서는 개개의 전문증거가 문제될 때마다 즉흥적이고도 개별적으로 허부를 판단하는 것보다는, 다소 추상적이더라도 유추적용 허부의 기준을 미리 정해놓고 문제되는 전문증거에 위 기준을 적용하여 유추 허부를 판단하는 것이 훨씬 더 바람직할 것이다. 그 기준 설정을 위해서는 법규해석의 일반이론과 전문법칙의 특수성, 특히 제310조의2가 예외 허용을 엄격히 제한하고 있는 취지, 개별 조문의 내용과 표현, 전문법칙에서 예외가 허용되는 일반 원칙, 규정된 증거능력 요건이 유추적용 하려는 전문증거에도 적합한지 여부[23], 유추적용 자체가 가져올 수 있는 절차적 또는 결과적 위법 등이 반드시 고려되어야 할 것이다. 이상의 점들을 종합하여 필자 나름대로 유추적용 금지의 기준을 설정해 보면 아래와 같다.

① 개별 조문 해석상 규정된 증거의 형식이 매우 중요하여 규정된 형식 이외의 다른 형식의 증거에 대하여는 조문의 취지가 적용되지 아니한다는 의미가 포함되어 있다면 금지

② 전문법칙의 예외로서 허용하여야 할 필요성과 반대신문에 갈음할 수 있는 신용성의 정황적 보장이 인정되지 않는다면 금지

③ 법이 정한 엄격한 절차를 우회하기 위한 방법으로 악용될 우려가 크다면 금지

④ 유추적용 결과가 강행법규 위반 기타 부적절한 상황을 초래할 우려가 큰 경우에도 금지

나. 비교법적 고찰

일본 형사소송법 제320조 제1항은 "제321조 내지 제328조에 규정된 경우를 제외하고는 공판기일에서의 진술에 갈음하여 서면을 증거로 하거나 공판기일 외에서의 다른 사람의 진술을 내용으로 하는 진술을 증거로 할 수 없다"고 규정하고 있다. 제321

2012. 463면.
[23] 만일 법 규정의 증거능력 요건이 유추적용되는 전문증거의 특성에 비추어 너무 쉽다면 수사기관으로서는 더 적절하지만 요건이 어려운 예외규정을 충족시키기 위하여 노력하지 않고 쉬운 요건의 예외규정 유추적용으로 우회할 가능성이 높을 뿐만 아니라 유추적용의 결과가 부적절한 상황을 초래할 것이기 때문이다.

조 내지 제328조는 전문법칙의 예외를 구체적으로 설시하고 있지만 그 밖의 일반적 예외규정은 없으므로 우리나라에서와 같은 문제점을 안고 있다.

미국 연방증거법 제802조는 전문법칙을 선언하는 한편, 제803조는 "다음 각 호의 진술은 원진술자가 출석하여 증언할 수 있다고 하더라도 전문법칙에 의하여 배제되지 아니한다"고 규정하면서 현장성 감각 인상, 흥분상태의 언급 등 23가지 전문법칙 예외사유를 구체적으로 설시하고 있다. 이것은 전문법칙의 예외가 아니라 전문법칙이 처음부터 적용되지 않는 경우를 설시하는 것으로 해석된다. 제804조는 전문법칙 예외의 전형으로서 원진술자가 증언할 수 없는 때를 규정하고 있다. 다만 제805조는 이중전문증거라도 각 전문의 단계에서 필요한 요건을 중첩적으로 갖추면 증거능력을 인정하고 있다. 제807조는 "포괄적 예외"라는 표제 하에 "제803조와 제804조의 개별규정에 해당하지 않더라도 그 조항에 의하여 인정되는 정도로 신용성의 정황적 보장이 있는 진술은 … 전문법칙에 의하여 배제되지 아니한다" 고 규정하고 있는 바, 예외의 일반규정이라 할 수 있다[24].

따라서 미국에서는 전문법칙 예외 인정의 폭이 우리나라보다 훨씬 넓으며 예외규정의 유추적용 문제가 발생할 가능성은 낮다고 보인다. 다만 전문법칙 예외허용의 범위가 너무 확대되어 전문법칙 본래의 정신이 훼손되고 있다는 지적이 점점 강해감에 따라 최근에는 헌법이 보장하는 대면권 조항의 적용으로 전문법칙 예외의 확대를 적절히 통제하고 있다[25]. 이와 같은 통제장치가 마련되어 있지 아니한 우리나라에서는 미국의 경우와 같은 폭넓은 예외 허용을 도입하기가 어려운 것이다.

3. 제310조의2와 예외규정 확대해석 금지 법리

더 나아가 제310조의2에 대하여 일정 부분 유추적용이 허용된다고 해석하더라도, "원칙법은 가급적 넓게, 예외법은 가급적 좁게 해석하여야 한다($^{Generaliter\ lex}_{generalis\ accipi\ debet}$)"는 '예

---

[24] 이에 대한 상세한 내용은 한웅재, "미국법상 전문법칙의 의의와 예외", 형사법의 신동향 통권 제8호, 대검찰청, 2007. 117면 이하 등 참조.
[25] 이에 대한 상세한 내용은 정웅석, "참고인진술의 증거능력을 인정하기 위한 대면권과 전문법칙과의 관계", 형사법의 신동향 통권 제35호, 대검찰청, 2012. 134면 이하 등 참조.

외법 확대적용 금지(Singularia) 원칙'도 고려하여야 할 것이다. 예외법 확대적용 금지원칙은 "원칙법보다는 예외법을 우선 적용한다"는 '특별법 우선의 원칙($^{Generi\ per}_{speciem\ derogatur}$)'과 함께 로마법 이래의 법원칙으로서[26], 민사법 영역은 물론이고 형사법 영역에서도 당연히 통용되어야 할 것으로 생각된다. 전문증거는 원칙적으로 증거능력이 없는데, 제311조 내지 제316조는 전문증거이지만 예외적으로 증거능력이 허용되는 경우에 대한 규정이기 때문이다. 따라서 제310조의2 규정이 없더라도 제311조 내지 316조의 해석은 당연히 확대적용이 쉽지 않을 터인데, 명문으로 제310조의2까지 두어 확대적용을 제한하고 있으니 전문법칙의 무분별한 확대를 얼마나 경계하고 있는지 쉽게 짐작할 수 있다.

예외법 확대적용과 유추적용의 관계는 어떠할까? 유추적용은 일정한 상황에 적용할 수 있는 법규정을 유사한 다른 상황에 적용한다는 것으로서, 법규정이 예상하고 있는 상황이 더 일반적인지, 유추적용되는 상황이 더 일반적인지를 구별하지 아니하고 있다. 그러나 예외법 확대적용은 규정된 상황이 예외적이고 이 법규정을 적용하려는 상황이 좀더 일반적일 것을 전제로 하고 있다는 점에서 차이가 있다. 예외법 확대적용이 유추적용과 같은 모습으로 나타날 수도 있겠지만 늘 그러한 것은 아니다. 예외법 확대적용은 유추적용보다 더욱 더 엄격하게 제한되어야 할 것으로 보인다. 따라서 앞에서 본 기준들에 의하여 유추적용을 허용한다고 하더라도 예외규정 확대해석 금지법리에 의하여 허용범위는 더더욱 좁고 그 기준은 엄격하게 해석되어야 할 것이다.

4. 소결

전문법칙은 증거법에서 매우 중요하고 존중되어야 할 법칙이지만 그 특성상 광범위한 예외 허용이 불가피하다. 더욱이 그 모든 예외적 상황들을 미리 법률에 열거적으로 규정하기도 어렵고, 예외 허용에 관한 일반규정을 두면 그 해석의 한계가 더욱더 문제되거나 악용될 우려가 없지 않은 것도 사실이다. 이러한 현상은 전문법칙의 본거지라 할 수 있는 미국의 경우에도 마찬가지이기 때문에 세분하면 수십개를 훌쩍 넘은 많은 비적용 내지 예외 조항들을 두고 있다고 생각된다.

---

[26] 백경일, "예외법 확대적용 금지의 원칙", 재산법연구 제25권 제3호, 한국재산법학회, 2009. 3면 이하.

이런 점 때문에 전문법칙은 법에 규정된 예외만 허용되고 그 밖에는 일체의 유추적용이 금지된다고 경직되게 해석하기도 어려운 것이 현실이다. 미국에서의 대면권 조항과 같은 부가적인 통제장치가 없는 우리나라로서는 전문법칙의 예외에 대한 좀더 세부적이고도 충분한 조항을 마련할 필요가 있는 것은 물론이고, 예외 허용에 대한 총론적인 기준[27]이나 제한 규정을 입법화하는 것도 충분히 고려할 만하다고 생각된다. 다만 현재로서는 예외규정의 유추적용에 대한 엄격하면서도 현실적인 기준을 설정하여 제311조 내지 제316조에 직접 규정되지 아니한 전문증거가 문제될 때마다 위 기준을 적용하여 일관성 있게 증거능력 여부를 판단하도록 하는 것이 가장 시급해 보인다.

Ⅲ. 피고인 진술조서

1. 문제의 제기

수사의 1차적 목적이 공소제기 여부의 결정에 있으므로 수사는 공소제기 전에 이루어지는 것이 원칙이다. 그러나 재판 중 새로운 사실의 발견 등으로 공소제기 후에도 수사가 불가피한 경우가 없지 않으므로 공소제기 후라 하여 수사가 허용되지 않는다고 말할 수는 없다. 다만 공소제기 후의 강제수사 허부 문제[28]와 함께 공소제기 후에도 피고인에 대한 수사기관의 조사가 허용되는가에 대하여는 견해가 대립하고 있다. 피고인 조사가 임의수사인 것은 맞지만, 피고인은 검사와 대등한 당사자의 지위를 가지며 피고인에 대하여 물어볼 것이 있으면 제296조의2가 정한 절차에 따라 법정에서 신문할 수 있기 때문에 수사기관에서의 조사는 허용되지 않는다는 견해가 일반적이다[29]. 그러나 원칙적으로 불허설을 취하면서도 피고인이 임의로 조사에 응한 때에는 문제가 없을 것이라고 설명하는 견해도 있고[30], 공소제기 후 공범이나 진범이 발

---

[27] 예컨대 필요성, 신용성의 정황적 보장 등이다. 특히 신용성의 정황적 보장과 관련하여서는 제312조 제1항, 제4항, 제313조 제1항, 제314조 등이 규정하고 있는 특신상태와의 개념적 비교도 필요하리라 생각된다.
[28] 공소제기 후의 피고인 구속은 법원의 전권이므로 수사기관에 의한 구속은 허용되지 않는다는 점에 이견이 없으나, 압수 수색에 대하여는 허용된다는 견해(노명선/이완규, 형사소송법 제3판, 성균관대학교 출판부, 2013. 441면 등)와 허용되지 않는다는 견해(배종대/이상돈/정승환/이주원, 앞의 책, 228면 등 다수설)가 대립하고 있고, 대법원은 이를 위법하다고 판단한 바 있다(대법원 2011.4.28. 선고 2009도10412 판결).
[29] 이재상, 형사소송법 제9판, 박영사, 2012. 351면 등.
[30] 노명선/이완규, 앞의 책, 440면. 피고인 조사가 원래 임의수사라는 점에 비추어보면 결국 위 견해는 실제로는 긍정설을 취하는 것이 아닌가 생각된다.

견된 경우와 같이 피고인 신문이 불가피한 경우에는 이를 긍정하는 견해도 있는 바[31], 이들 견해는 사실상 공소제기 후 피고인 조사를 제한적으로 긍정하고 있는 셈이 된다. 이에 대하여 대법원은 종래부터 공소제기 후의 피고인 조사와 그 조서의 증거능력은 허용하는 태도를 유지해 오고 있다[32].

생각건대 공소제기 이후 피고인은 수사대상에서 재판의 당사자로 바뀌어 검사와 대등한 지위를 가지게 되는 것은 사실이다. 그러나 재판에서의 당사자라 하여 민사소송에서의 피고와 같은 지위를 의미하는 것은 아니다. 공소제기 후에도 수사나 재판의 사정상 피고인을 조사하여야 할 필요성이 적지 않고, 이를 기일이 정하여지고 법원이 주도하는 공판기일에 피고인신문이라는 형태로만 할 수 있도록 하는 것은 위와 같은 필요성에 시의적절하게 대처하지 못하게 만들 우려가 크다. 더욱이 피고인 조사 역시 철저한 임의수사이므로 피고인은 얼마든지 이에 불응할 수 있다. 이런 점들을 고려하면 재판일정에 방해가 되거나 수사과정에 사실상의 강압 기타 불법적인 방법이 사용되지 아니하는 한 피고인에 대한 조사라고 하여 이를 원천적으로 금할 필요는 없다고 생각된다.

공소제기 후의 피고인 조사를 위법하다고 보는 입장에서는 피고인 조사의 결과를 기재한 진술조서[33]가 증거능력을 가지지 못함이 당연하다. 법리적으로는 제312조 제1항을 유추적용 할 수 있지만, 결국 적법한 절차와 방식에 따라 작성된 것이 아니기 때문에 증거능력이 부정된다는 설명[34]이 이를 잘 표현하고 있다. 그러나 앞에서 설명한 제한적 허용설의 입장에서는 피고인 진술조서의 증거능력에 대하여 더 깊은 검토를 필요로 한다. 피고인 조사가 허용된다고 하여 그 조서가 그대로 증거능력을 가진다고 단언할 수는 없기 때문이다. 대법원은 '공소제기 후의 피고인 조사'라는 이유만으로 증거능력 없는 것은 아니라고 판시하여[35] 긍정설을 따르면서도, '공소제기 후의

---

[31] 정웅석/백승민, 형사소송법 전증증보 제6판, 대명출판사, 2014. 263면.
[32] 대법원 1984.9.25. 선고 84도1646 판결.
[33] 이제는 '피의자신문조서'라고 부를 수 없으므로 여기에서도 '피고인 진술조서'라 부르기로 한다.
[34] 신동운, 신형사소송법 제4판, 법문사, 2012. 1107면.
[35] 대법원 1984.9.25. 선고 84도1646 판결.

피고인 조사'라는 것이 왜 피고인 진술조서의 증거능력 부정의 이유가 되지 못하는지에 대하여는 구체적으로 설시하지 않고 있다. 아마도 공소제기 후에 피고인을 조사하여 그 결과를 조서화하는 것이 절차상 중대한 위법이 아니라고 판단한 듯하다. 그러나 '공소제기 후의 피고인 조사'라는 것은 피고인 진술조서의 증거능력 판단에서 매우 중요한 요소이다. 개정 형사소송법 제312조 제1항은 '피고인이 된 피의자의 진술을 기재한 조서', 제3항은 '피의자신문조서', 제4항은 '피고인 아닌 자의 진술을 기재한 조서'라고 규정하고 있어 피고인의 진술을 기재한 조서는 어디에도 해당하지 않으며[36], 제313조 제1항은 '前 2조 외에 피고인의 진술을 기재한 서류'를 규정하고 있으나 제312조 제5항 취지상 여기에서의 서류는 수사기관 아닌 자가 작성한 서류만을 의미한다고 해석되므로 피고인 진술조서는 이에도 해당되지 않는다.

2. 증거능력 판단

그렇다면 피고인 진술조서에 대하여 제312조 제1항 또는 제312조 제4항을 유추적용할 수 있느냐의 문제로 귀착한다. 앞에서 설정한 4개의 기준에 따라 순차적으로 판단해 보자. 재판 과정에 새로운 사실이 밝혀지는 등의 사정으로 피고인에 대한 수사가 필요한 경우가 많고, 피고인에 대한 수사 자체가 부적법하지도 않으며, 피고인의 진술을 기재한 조서를 증거로 활용할 필요성도 적지 않다고 생각된다. 더욱이 원진술자가 피고인 자신이므로 반대신문권의 문제는 처음부터 발생하지 아니한다.

검사는 재판 과정에 새로운 사실이 밝혀진 경우에나 공소제기 후에 피고인을 조사할 것이고, 공소제기 전에 조사할 수 있었던 내용을 굳이 공소제기 후에 피고인인 상태에서 조사할 이유나 실익이 없다. 이런 점에서는 탈법 가능성이 크지 않아 보인다. 또한 피고인 진술조서의 증거능력을 전면적으로 부정하는 것 보다는 일응 증거능력을 인정하면서 다만 특정 사안에서 피고인 조사가 탈법이라고 판단된다면 위법수집증거 이론으로 증거능력 부정하는 것이 더욱 적절하다고 볼 여지도 있다. 또한 피의

---

[36] 비록 제312조 각 항의 표현이 공소제기 후의 피고인 조사를 염두에 두지 않고 개정하는 과정에 발생한 결과일 뿐 공소제기 후의 피고인 조사를 금지한다는 의도에서 비롯된 결과가 아니라고 하더라도 마찬가지이다.

자신문조서나 진술조서의 규정을 유추하여 증거능력을 인정하더라도 피고인에 대한 조사 자체가 위법한 것은 아니므로 그 증거능력 인정이 강행법규 위반이나 기타 부적절한 상황을 초래하는 것도 아니라고 할 여지도 있다.

그러나 피의자는 공소가 제기되면 피고인이 된다. 피의자는 수사의 객체이지만 피고인은 재판의 한 당사자로서 검사와 대등한 입장이다. 따라서 공소제기 후의 피고인 조사 자체가 위법하지는 않다고 하더라도 결코 바람직하지 못한 것은 명백하다. 제312조 제1항, 제3항과 제4항도 이러한 점을 충분히 인식하여 조사 대상자에서 피고인을 의도적으로 제외한 것으로 보인다. 즉 위 조문들은 그 대상을 '피의자' 또는 '피고인 아닌 자'로 특정함으로써 그 밖의 다른 대상에 대하여는 조문의 취지가 적용되지 아니한다는 의미를 미리 밝히고 있는 것이다.

더욱이 피고인이 증거동의 하지 않는 경우 제312조 제1항이나 제4항에 따라 피고인이 진정성립을 인정하지 않더라도[37] 영상녹화물 등의 방법으로 진정성립 인정에 갈음하여 증거능력을 부여할 수 있어 공소제기 후에는 공판정에서 획득하여야 할 피고인의 진술을 수사기관에서 탈법적으로 획득할 수 있는 단초를 제공할 우려가 크다. 이런 점들을 종합할 때 공소제기 후에도 필요한 경우 피고인 조사는 가능하나 피고인 진술조서로 작성하더라도 이는 증거능력이 없다고 판단함이 옳다고 생각된다. 결국 공소제기 후의 피고인 조사는 수사나 재판의 방향 설정 등에 필요한 참고자료를 얻는 것을 목적으로 함에 그친다고 하겠다.

3. 증거동의 가부

피고인 진술조서가 제312조 제1항 등의 유추적용에 의하여 증거능력을 가질 수 없다고 하더라도 증거동의에 의하여 증거능력을 가질 수 있는지는 별도로 검토될 필요

---

[37] 만일 피고인 진술조서의 증거능력을 인정한다면 어느 규정을 유추적용 하여야 할까? 제312조 제1항 피의자신문조서로 보는 것과 제312조 제4항 진술조서로 보는 것(경찰관이 조사하는 경우는 없을 것이므로 제312조 제3항과는 무관할 듯)을 비교할 때 피고인의 법정진술 또는 영상녹화물 등으로 진정성립 인정되어야 하고, 특신상태도 인정되어야 하는 것은 동일하고, 제4항의 상대방에 대한 반대신문권 보장은 피고인 자신에게 무의미하므로 결국 실제 차이는 없다.

가 있다. 피고인 진술조서에 대하여 증거능력을 인정할 수 없는 것이 전문법칙 위반이기 때문이라고 본다면 증거동의 대상이 될 수 있음에 의문이 없지만, 위법수집한 증거이기 때문이라고 본다면 증거동의의 본질에 대한 입장에 따라 결론을 달리하게 된다. 다수설인 반대신문권 포기설에 따르면 증거동의의 대상이 될 수 없지만, 처분권설에 따르면 위법의 유형이나 정도에 따라 상대적으로 판단하여야 한다.

제310조의2를 강행규정이라고 보아 제318조에 의한 증거동의의 대상이 될 수도 없다고 해석할 여지도 없지 않지만, 공소제기 후의 피고인에 대한 조사 자체가 위법은 아니라고 볼 때 전문법칙 위반의 문제에 불과하고, 제310조의2를 제318조의 적용도 배척하는 강행규정으로 보기는 어려우므로 증거동의의 대상이 됨에는 별다른 문제가 없을 것으로 생각된다. 이런 점에서 제310조의2에 의한 증거능력 배척은 제308조에 의한 위법수집증거의 증거능력 배척과는 큰 차이가 있다.

Ⅳ. 수사기관이 작성한 기타 증거서류

1. 문제의 제기

수사기관이 수사과정에 작성하는 서류에는 증거로 사용될 서류도 있지만 의견서나 각종 영장 청구서와 같이 증거로 사용되지 않을 서류도 있다. 증거로 사용될 서류 중에는 피의자신문조서나 진술조서, 검증조서와 같이 제312조 내지 제315조에서 다루어지는 서류도 있지만 다루어지지 않는 서류도 있다. 다루어지지 않는 서류 중에는 다시 압수조서와 같이 어쨌든 형사소송법에 언급된 서류도 있고 수사보고서와 같이 한 번도 언급된 바 없는 서류도 있다. 제312조 내지 제315조에 규정되어 있지 아니한 수사기관 작성 서류 중 증거로 사용되지 않을 서류는 결국 수사기관 내부 문서에 불과하므로 여기에서 논할 필요가 없지만, 증거로 사용되거나 사용될 가능성이 있는 서류의 증거능력은 검토할 필요가 있다.

위 증거로 사용될 가능성이 있는 서류는 수사기관이 사실관계를 기술한 조서라는 점에서 제312조 제6항 소정의 검증조서와 유사하며, 경우에 따라서는 제312조 제1항이나 제3항 소정의 피의자신문조서 또는 제4항 소정의 진술조서와도 유사하다. 그러나 검증조서가 증거능력을 가지기 위해서는 검증조서의 증거능력 요건, 즉 제312조 제6항이 규정하는 적법절차에 따른 작성과 작성자에 의한 진정성립 증명을 모두 구비하여야 한다는 점 외에도 검증 자체가 영장주의를 포함하는 엄격한 요건뿐만 아니라 제219조에 의하여 준용되는 법원의 검증에서 요구되는 여러 요건들 예컨대 제141조 소정의 주의사항 등을 충족하여야 하는데, 위 수사기관 작성 서류들에 대하여 그러한 요건 전부의 충족을 기대하기는 어려울 것이므로 결국 제312조 제6항 등이 직접 적용되어 증거능력을 가질 수는 없을 것이다. 이에 위 서류들에 대하여 제312조 제6항 등을 유추적용하여 증거능력을 인정할 수 있는가의 문제가 발생하는데, 그 대표적인 서류가 압수조서와 수사보고서이다.

2. 압수조서

법원이 어떤 물건을 압수한 경우에는 압수조서를 작성하고(제49조, 규칙 제62조) 소유자 등에게는 압수목록을 교부하여야 하며[38], 압수할 물건이 없는 때에는 그러한 취지의 증명서를 교부하여야 한다(제128조, 제129조). 수사기관의 압수에 대하여는 그와 같은 명문 규정이 없으나 법원의 경우와 마찬가지로 압수조서를 작성하고 압수목록을 교부하는 것이 실무관행이다. 압수조서의 증거능력에 대하여는 법원 작성의 경에도 형사소송법에 아무런 규정이 없으니, 수사기관 작성의 경우에는 더더욱 그러하다.

법원이 작성한 압수조서[39]의 경우도 마찬가지이겠지만, 특히 수사기관 작성 압수조서의 증거능력에 대하여는 체험사실을 기재하고 있다는 점에서 검증조서와 유사하므로 검증조서에 관한 증거능력 규정인 제312조 제6항을 유추적용하여 증거능력을 인정할 수 있다는 견해[40]와 제313조 제1항에 의하여 증거능력이 인정된다는 견해가 대립하고 있고, 대법원은 "사법경찰리가 작성한 '피고인이 임의로 제출하는 별지

---

[38] 압수물 목록은 압수 직후 현장에서 바로 작성하여 교부하는 것이 원칙이다. 대법원 2009.3.12. 선고 2008도763 판결.
[39] 공판정에서의 압수라면 그 과정을 공판조서에 기재하면 족할 터이므로 결국 공판정 외에서의 압수의 경우에 압수조서가 작성될 터인데 공판정 외에서의 압수가 드물기 때문에 실무상 법원에서 압수조서를 작성하는 일은 거의 없다. 따라서 이글에서는 수사기관의 압수조서를 대상으로 서술하기로 한다.
[40] 신동운, 앞의 형사소송법, 1112면; 차용석/최용성, 형사소송법 제4판, 21세기사, 2013. 601면; 이은모, 형사소송법 제4판, 박영사, 2014. 714면.

기재의 물건을 압수하였다'는 내용의 압수조서는 피고인이 공판정에서 증거로 함에 동의하지 아니하였고 원진술자의 공판기일에서의 증언에 의하여 그 성립의 진정함이 인정된 바도 없다면 증거로 쓸 수 없다"고 판시한 바 있다[41]. 여기에서 "원진술자"의 진정성립 인정이라고 표현한 것은 개정 전 형사소송법 제312조

 항이 수사기관 작성 검증조서에 대하여 진술조서와 함께 규정하면서 원진술자가 진정성립을 인정하여야 증거능력 있다고 표현하고 있었고, 이에 대하여 검증조서에서의 원진술자는 작성자를 의미한다고 보는 것이 통설, 판례였으므로, 결국 대법원은 압수조서의 경우에도 검증조서와 동일하게 작성자의 진정성립 인정을 조건으로 증거능력을 인정하고 있었던 셈이다.

그러나 압수조서는 그 적법성 확보를 위하여 압수 과정을 기록한 것일 뿐 그 과정 자체 혹은 그 과정에 지득한 사실을 증거로 사용하기 위한 기록이 아니므로 검증조서와 사이에 본질적인 차이가 있다. 그러함에도 압수조서가 결국 압수 과정을 사실적으로 기재하였다는 점에서는 검증조서와 사이에 상당한 유사점이 있고 그 기재된 사실이 증거로서도 유용한 경우가 적지 않을 것이므로 제312조 제6항의 유추적용이 가능하겠는지에 대하여 검토해 볼 필요가 충분히 있다[42]. 앞에서 설정한 4개의 기준에 따라 순차적으로 판단해 보자.

제312조 제6항은 적법한 절차와 방식에 따라 작성된 검증조서에 대하여 규정하고 있지만 반드시 '검증조서'라는 이름으로 작성된 것에만 적용한다는 취지가 아닐 뿐 아니라[43], 실황조사서에 대하여도 영장주의 위반 등만 없다면 제312조 제6항이 적용될 수 있다는 다수설, 판례에 비추어 볼 때 제312조 제6항이 '검증조서'라는 이름으로 작성된 서류 이외에는 절대로 유추적용될 수 없다는 의미를 포함하고 있다고 보이지도 않는다. 수사기관의 압수에도 영장주의가 적용되고 영장주의의 예외 역시 엄격한 요

---

41) 대법원 1995.1.24. 대법원 94도1476 판결.
42) 제313조 제1항 소정의 진술서는 사인이 작성한 경우만을 의미하므로 압수조서에의 유추적용이 적절하지 않다는 점은 명백하기 때문에 더 이상 검토하지 않는다.
43) 실황조사서에 대하여 작성자에 의하여 성립의 진정이 인정되고 사후영장을 발급받으면 증거능력을 인정할 수 있다는 취지의 대법원 1982.9.14. 선고 82도1504 판결, 대법원 1989.3.14. 선고 88도1399 판결 등도 같은 취지라고 생각된다.

건과 절차 하에서만 허용되고, 사후영장이 필수적인 점 등도 검증과 동일한 등 압수절차가 검증절차와 유사점이 많으며, 특히 압수조서에서의 사실적 기재부분은 그 실질이 검증과 다를 바가 없다는 점에 비추어 볼 때 압수조서에 대해 검증조서를 유추하여 증거능력을 부여하는 것이 제312조 제6항의 해석상 불가능해 보이지 않는다.

더 나아가 압수과정의 사실적 기재라는 점에서 증거로서의 필요성도 인정되고, 엄격한 영장주의 등에 비추어 볼 때[44] 반대신문에 갈음하는 신용성의 정황적 보장도 인정된다고 판단된다[45]. 또한 압수의 속성상 검증이라는 방법을 우회하기 위하여 압수를 시행할 가능성도 없어 보이며, 만일 압수조서의 증거능력을 입법화한다고 하더라도 압수 자체의 절차적 엄격성, 압수과정의 적법성 등 절차적 측면에 대한 입증에만 사용되는 점 등에 비추어 볼 때 검증조서와 마찬가지로 작성 수사기관의 진정성립 인정을 요건으로 하였을 것으로 보이기 때문에 검증조서의 증거능력 규정 유추를 허가한다고 하더라도 검증을 우회하는 방법으로 악용되거나 강행법규 위반 기타 부적절할 상황을 초래할 우려는 별로 없어 보인다. 이러한 점들을 종합하면 압수조서에 대하여 검증조서 규정을 유추적용하는 것은 허용된다고 보인다.

증거동의와 관련하여서도 압수조서의 작성은 적법한 절차이므로 그 증거능력 여부는 위법수집증거와 관계없는 단순 전문법칙의 문제일 뿐이다. 따라서 어느 견해에 의하더라도 증거동의의 대상이 된다는데 별 이견이 없다.

3. 수사보고서

(1) 수사보고서의 의의와 유형

수사기관이 기관 내부적 보고를 위하여 수사와 관련한 일정한 사항, 즉 수사의 경위와 결과를 기술한 문서를 수사보고서라 한다. 수사보고서는 통상 사법경찰리 또는

---

[44] 그와 같은 제한이 검증의 경우와 거의 동일하다.
[45] 압수조서의 증거능력을 입법한다고 하더라도 압수 자체의 절차적 엄격성, 압수 과정의 적법성 등 절차적 측면에 대한 입증에만 사용되는 점 등에 비추어 볼 때 검증조서와 마찬가지로 작성 경찰관의 진정성립 인정을 요건으로 하였을 것으로 보인다.

검찰주사(보)에 의하여 작성되고 수신자는 사법경찰관 또는 검사가 된다. 수사보고서는 매우 다양한 상황에 다양한 형태로 작성되는데 이를 분류해 보면

㉠ 사건 전반에 대한 수사실무자의 의견을 기재하는 '의견진술형',
㉡ 수사과정에 수집된 증거자료와 그 의의를 기재하는 '자료첨부형',
㉢ 수사기관이 견문한 사항을 기재한 '실황조사형',
㉣ 참고인 등의 진술(특히 전화진술)의 내용을 기재한 '진술청취형' 등으로 정리할 수 있다[46].

수사보고서는 법률 또는 예규 등에 소정 양식이 없거나 또는 양식이 있더라도 보고 내용을 기재하는데 부적절한 경우 광범위하게 활용되나, 그 증거능력과 관련하여서는 아무런 법률규정이 없고[47] 학문적으로도 거의 정리되지 아니한 채 소수의 단편적인 판례만 존재할 뿐이다.

(2) 수사보고서의 증거능력

수사보고서의 증거능력에 대하여 일괄하여 제313조의 진술서로서 판단하여야 한다는 견해도 있다[48]. 그러나 앞에서 살펴본 바와 같이 수사보고서에는 여러 형태가 있으며 각 형태별로 증거능력을 달리 보아야 하므로 일괄하여 판단하는 태도는 옳지 못하다고 생각된다. 수사보고서는 형태적으로는 보고자의 '진술서'라 할 수 있으나, 진술청취형의 경우에는 수사기관이 제3자의 진술을 기재한 것이므로 '진술조서'의 형태를 띠고 있다. 따라서 각 형태별로 제313조 제1항 또는 제312조 제4항이 유추적용될 수 있는지를 살펴보아야 한다.

앞에서 설시한 여러 유형 중 의견진술형 수사보고서는 순수하게 수사실무자의 의견에 불과하므로 증거가 되지 못함이 명확하고[49], 자료첨부형 수사보고서의 경우에도

---

46) 명점식, "수사보고서의 증거능력", 북부검찰실무연구 제2집, 서울북부검찰청, 2009. 170면 이하; 국민참여재판 수사공판실무, 대검찰청, 2007.7면 이하.
47) 대통령령인 '검사의 사법경찰관리에 대한 수사지휘 및 사법경찰관리의 수사준칙에 관한 규정' 또는 법무부령인 '검찰사건사무규칙' 등에 언급되어 있을 뿐이다.
48) 명점식, 앞의 논문, 183면.
49) 같은 취지, 한상규, "수사보고서의 증거능력", 강원법학 제40권, 강원대학교 비교법학연구소, 2013. 417면; 형사증거법 및 사실인정론, 사법연수원, 2014. 96면.

첨부된 자료(예컨대 고발장,)를 증거로 사용함은 별론으로 하되 수사보고 자체는 증거가 되지 못한다[50]. 판례 역시 고발장을 첨부한 수사보고서에 대하여 "피고인이 증거동의한 사안에서 수사보고에 기재된 내용은 수사기관이 첨부한 자료를 통하여 얻은 인식·판단·추론이거나 자료의 단순한 요약에 불과하여 원 자료로부터 독립하여 공소사실에 대한 증명력을 가질 수 없다"고 판시하였고[51], 증거가 되는 동영상 CD를 별도의 증거로 제출하지 아니하고 CD의 내용을 간략히 요약한 수사보고서에 CD를 첨부하여 수사보고서만을 서증으로 제출한 사안에서 "원심이 CD에 대하여 형사소송규칙에서 정한 증거조사절차를 거치지 아니한 채 유죄의 증거로 채택한 조치는 잘못되었다"고 판시하여[52] 같은 취지를 보여준다.

실황조사형 수사보고서의 경우 실황조사서와 같은 기능을 수행하는 것은 맞으나, 실황조사서가 갖추어야 할 작성절차나 방법을 준수하지 않기 때문에 실황조사서와 동일하게 취급할 수는 없을 것으로 보인다[53]. 판례도 실황조사서에 대하여는 사후영장을 발부받지 아니하였다면 증거능력이 없다는 입장을 취하는 반면[54], 실황조사형 수사보고서에 대하여는 수사의 경위 및 결과를 내부적으로 보고하기 위하여 작성된 서류에 불과할 뿐 실황조사서에도 해당하지 아니하며 제313조 제1항의 진술서 또는 그 진술을 기재한 서류에도 해당하지 아니한다고 판시한 바 있다[55]. 이와 같이 의견진술형, 자료첨부형, 실황조사형 수사보고서의 경우에는 그 자체로 증거로 사용되기 어렵다는 점이 명확하므로 유추적용의 문제가 발생할 여지가 없다. 결국 문제되는 것은 진술청취형 수사보고서에 기재된 진술의 증거능력이다.

진술청취형 수사보고서를 제313조 소정의 진술서로 보아 작성자의 서명날인이 있

---

50) 같은 취지, 한상규, 앞의 논문, 420면.
51) 대법원 2011.7.14. 선고 2011도3809 판결. 한편 첨부된 고발장 역시 적법한 증거조사를 거치거나 증거동의가 있었다고 볼 수 없어 증거능력이 없다고 판시하였다.
52) 대법원 2011.10.13. 선고 2009도13846 판결.
53) 같은 취지, 한상규, 앞의 논문, 418-419면.
54) 대법원 1989.3.14. 선고 88도1399 판결.
55) 대법원 2001.5.29. 선고 2000도2933 판결. 피고인1과 피고인2의 각 눈 부위에 타박상이 있다는 취지의 사법경찰리 작성 수사보고에 관한 판례이다.

고 작성자에 의해 진정성립이 인정되면 증거능력이 있고, 그 내용이 제3자로부터 들은 내용을 기재한 재전문증거라면 위 요건에 제316조 제2항의 원진술자 진술불능 및 특신상태 요건이 인정되면 증거로 할 수 있다는 견해가 있다[56]. 그러나 대법원은 그 증거능력을 부인하면서 "검찰주사보가 외국에 거주하는 참고인과의 전화대화 내용을 문답형식으로 기재한 수사보고서는 원진술자의 서명 날인이 없어 제313조의 진술서류에도 해당하지 않고 그 밖에 제311조, 제312조, 제315조, 제316조에도 해당하지 아니함이 분명하며[57], 수사보고서 중 피고인 임씨의 진술을 기재한 부분은 전문증거에 해당하는데 임씨의 자필이거나 서명 날인이 없어 제313조의 진술서류에 해당하지 않으므로 증거능력이 없다"고 판시하였다[58]. 다만 진술청취형 수사보고서는 증거능력이 없지만 자유로운 증명으로 족한 반의사불벌죄에서의 처불불원 의사표시 유무나 그 효력 여부는 위 수사보고서를 그 판단 증거로 사용한 것은 정당하다고 판시한 바 있다[59].

여기에서 진술청취형 수사보고서에 대해 제312조 제1항, 제3항 또는 제4항[60]의 유추적용이 가능하겠는지에 대하여 앞에서 설정한 4개의 기준에 따라 순차적으로 판단해 보자. 제313조 제1항이 말하는 진술서에 법원이나 수사기관이 작성한 진술서도 포함된다고 해석하면 수사기관이 엄격한 절차 하에 피의자신문조서, 진술조서 등으로 작성하여 엄격한 요건 하에서만 증거능력이 부여되어야 할 사항들을 진술서라는 형식으로 우회하여 절차적 제한 없이 작성하고 손쉽게 증거능력을 획득하는 방법으로 악용될 소지가 크기 때문에, 법원이나 수사기관 아닌 자가 작성한 진술서만을 의미한다고 제한적으로 해석하여야 한다. 이러한 취지에 비추어볼 때 수사보고서에 대하여 제313조 제1항을 적용하는 것은 유추적용의 가능성을 물을 필요도 없이 처음부터 허

---

56) 명점식, 앞의 논문, 51면.
57) 대법원 1999.2.26. 선고 98도2742 판결. 수사기관에서 작성한 서류이기 때문에 제313조에 문의할 것이 아니라 제312조 제4항에 문의하는 것이 더욱 적절하였을 것으로 생각된다.
58) 대법원 2011.9.8. 선고 2009도7419 판결. 이 역시 수사기관에서 작성한 서류이기 때문에 제313조에 문의할 것이 아니라 제312조 제3항에 문의하는 것이 더욱 적절하였을 것으로 생각된다.
59) 대법원 2010.10.14. 선고 2010도5610 판결.
60) 위 대법원 1999.2.26. 선고 98도2742 판결과 대법원 2011.9.8. 선고 2009도7419 판결은 진술청취형 수사보고서의 유추적용을 제313조에 문의하고 있으나, 수사기관이 작성한 서류이기 때문에 제312조 제1항, 제3항 또는 제4항에 문의함이 상당하다.

용되지 않는다고 보인다. 또한 제312조가 규정하는 피의자신문조서, 진술조서 등에 유추적용할 수 있는지를 살펴보아도 위 서류들은 모두 엄격한 절차와 방식을 요구하고 있고 그러한 절차와 방식은 위 서류들의 본질적 요소이기 때문에 제312조 각 항에 규정된 피의자신문이나 참고인 조사 이외의 상황에는 조문의 취지가 적용되지 아니한다는 의미가 포함되어 있다고 보여지므로 유추적용이 곤란하다고 생각된다.

더 나아가 수사보고서는 수사기관이 일방적으로 작성한 것으로서 작성 과정에 상대방이나 피고인 등의 진정성립에 관한 확인절차가 전혀 없기 때문에 반대신문에 갈음할 수 있는 신용성의 정황적 보장도 되지 않으며, 법이 정한 엄격한 절차를 회피하기 위한 방법으로 악용될 우려가 크다는 점은 앞에서 살핀 바와 같다. 이상의 여러 점들을 종합할 때 수사보고서에 대하여는 제312조, 제313조 등의 유추적용으로 증거능력을 인정하기가 어렵다고 생각된다.

증거동의와 관련하여 살펴보자. 진술을 요하는 자가 전화통화에는 응하지만 수사기관에 출석하여 진술하기는 곤란하거나 이를 거부하는 등의 사유가 있는 경우 진술청취형 수사보고서를 작성하여 수사상 참고하는 것은 전혀 위법이 아니며, 다만 이를 증거로 사용하는 것이 허용되지 않을 뿐이다. 따라서 피의자신문조서나 진술조서로 작성할 수 있음에도 이를 회피하기 위하여 수사보고서로 작성하는 등의 위법이 있는지 여부를 판단하여 그러한 위법이 있다면 이런 위법은 결코 경하지 아니하므로 처분권설에 의하더라도 증거동의의 대상이 되지 못한다고 보아야 하는 반면, 그러한 위법이 없다면 진술청취형 수사보고서 자체가 위법수집증거라고 보기는 어려우므로 증거동의의 대상이 됨에는 어려움이 없을 것으로 판단된다.

V. 피고인 아닌 자의 진술을 내용으로 하는 피고인의 공판기일 진술

1. 문제의 제기

제316조는 전문진술의 증거능력 요건에 대하여 규정하고 있는데 그 중 제1항은 피고인의 진술을 내용으로 하는 제3자의 진술(증언)은 원진술의 특신상태를 요건으로 함

에 반하여, 제2항은 비非피고인의 진술을 내용으로 하는 다른 제3자의 진술(증언)은 원진술의 특신상태에 더하여 원진술자의 증언이 불가능할 것을 요건으로 하고 있다. 즉 원진술자가 법정에 나와 직접 증언할 수 있을 때에는 제3자가 전달하는 원진술자의 공판정 외 진술을 증거로 사용할 필요가 없다는 태도이다[61]. 그런데 전문진술을 원진술자와 전달자의 신분을 기준으로 분류해보면 앞에서 언급한 2가지 외에 1가지 경우가 더 있을 수 있는데, 이는 제3자의 진술을 내용으로 하는 피고인의 진술이다. 그런데 제316조는 앞의 2가지 경우에 대하여만 규정하면서 3번째 경우에 대하여는 전혀 언급하지 않고 있어, 이러한 경우에도 제316조 제1항이나 제2항을 유추적용하여 증거능력을 인정할 수 있는가가 논의되고 있다.

피고인에게 불이익이 되는 제3자의 진술은 피고인 스스로 반대신문권을 포기한 것과 같으므로 무조건 증거능력이 인정되고, 피고인에게 이익되는 제3자의 진술은 제316조 제2항을 유추적용하여 증거능력을 판단하여야 한다는 견해[62]도 없지 않다. 그러나 이익·불이익을 불문하고 제316조 제2항을 유추적용하여야 한다는 견해[63]가 통설적 입장이다. 그런데 어느 견해이든 피고인의 전문진술에 대하여 증거능력을 인정할 수 있다는 전제에는 차이가 없고, 다만 자신에게 불리한 제3자의 진술을 전달하는 경우에는 무조건 증거능력을 인정하는지 제316조 제2항의 요건을 구비하여야 증거능력을 인정하는지의 차이만 있다. 그러나 현실적으로 피고인 스스로 자신에게 불리한 제3자의 진술을 옮기는 경우가 발생하기 어려우므로[64] 결국 무용한 논쟁이 되고 만다.

더 나아가 피고인의 전문진술에 대해 316조 제2항을 유추적용할 수 있는지를 앞

---

[61] 실제로 원진술자의 증언이 원진술과 다르다면 원진술을 내용으로 하는 제3자의 법정진술은 실질증거로는 사용될 수 없고 탄핵증거(제318조의2)로 사용될 수 있을 뿐이다.
[62] 차용석/최용성, 앞의 책, 612면.
[63] 이재상, 앞의 형사소송법, 618면; 배종대/이상돈/정승환/이주원, 형사소송법 제5판, 홍문사, 2013. 677면; 신동운, 앞의 형사소송법 1146면, 신양균, 신판 형사소송법, 화산미디어, 2009. 815면; 정웅석/백승민, 앞의 형사소송법, 711면; 이은모, 앞의 책, 722면, 손동권/신이철, 새로운 형사소송법, 세창출판사, 2013. 639면 등.
[64] "내 친구 00가 나에게 '본건 당시 내가 물건 훔치는 것을 보았다'고 하더라"고 진술한다는 것인데, 피고인이 이런 진술을 하느니 차라리 절도사실을 자백하는 편이 나을 것이다. 제310조의 취지상 위와 같은 피고인의 전문진술을 보강증거라고 하기도 어려울 것이다

에서 설정한 4개의 기준에 따라 순차적으로 판단해 보자. 제316조 제2항은 원진술자의 출석불능과 원진술의 특신상태를 요건으로 증거능력을 인정하고 있다. 증거의 증거능력에 관하여는 증거 제출자에게 입증책임이 있다는 견해가 일반적이다. 피고인이 자신에게 유리한 제3자의 진술을 전달하는 경우[65] 원진술자의 출석불능과 원진술의 특신상태를 입증하여야 하는 것은 맞지만, 사망이나 소재불명 등의 사유 있는 자를 원진술자로 설정한 후 원진술을 청취하게 된 경위에 대하여 그럴듯하게 포장하기만 하면 법원으로서는 특신상태를 인정하지 않을 수 없는 상황이 된다. 원진술의 특신상태에 대하여 원진술자의 진술을 들을 수 없다면 결국 전문진술을 통해 판단할 수밖에 없기 때문이다. 결국 피고인이 이를 악용하여 실체적 진실을 호도할 우려가 너무 큰 것이다.

전문진술은 원래 증거능력이 없고 피고인은 다른 방법으로 OOO가 범인일 수도 있다는 반증을 제출하여야 하는 것이 원칙이므로, 제316조 제2항의 유추적용을 허용하지 않는다고 하더라도 피고인에게 부당하게 불리해지는 것은 아니라고 생각된다. 따라서 피고인의 전문진술에 대하여는 제316조 제2항을 유추적용할 수 없다고 보아야 할 것이다. 결국 제3자의 진술을 내용으로 하는 피고인의 전문진술은 법원이 피고인의 진술을 신빙하느냐에 따라 증거능력 유무가 결정되는데, 이는 사건 전체에 대한 본증과 반증에 대한 법원의 자유심증과 전혀 다르지 않을 것이다. 따라서 제3자의 진술을 내용으로 하는 피고인의 전문진술은 혹 증거능력을 인정한다고 하더라도 증거법적으로 독자적 의미를 거의 가지지 못하는 증거가 되고 만다. 이런 증거에 대하여 제316조 규정을 무리하게 유추해석해 가면서까지 증거능력을 부여할 필요는 없을 것으로 보여지며, 이것이 제310조의2에 대한 적절한 해석론이기도 할 것이다. 피고인의 전문진술에 증거능력을 인정하지 아니하는 이유가 그와 같다면 피고인의 전문진술은 증거동의의 대상이 되기도 어렵다고 생각된다.

---

[65] 예컨대 "내 친구 OO가 '본건 당시 너가 아닌 xx가 물건을 훔치는 것을 보았다'고 하더라"고 진술한 경우를 말한다.

Ⅵ. 나가며

제311조 내지 제316조는 전문증거이지만 증거능력을 가질 수 있는 예외에 대하여 규정하고 있으며, 제310조의2는 선언적 규정이 아니라 전문법칙 예외규정의 유추적용을 제한하는 매우 중요한 의미를 가지고 있는 것도 사실이다. 그러나 전문증거의 유형의 복잡성, 새로운 형태의 전문증거가 계속 생겨나고 있는 현실 등을 고려할 때 제310조의2를 전문법칙 예외규정에 대한 일체의 유추적용을 불허하는 것으로 해석하기는 어려울 것으로 보인다.

그렇다면 제한적이나마 유추적용을 허용하지 않을 수 없는데, 문제되는 전문증거에 따라 즉흥적이고도 개별적으로 허부를 판단하는 것보다는 다소 추상적이라 하더라도 유추적용 허부의 기준을 미리 정해놓고 문제되는 전문증거를 위 기준에 적용하여 허부 판단의 중요한 자료로 삼는 것이 증거능력에 관한 일관된 결론 도출을 위해서, 더 나아가 형사법 운용에 있어서의 법적 안정성을 위해서 바람직할 것으로 생각된다. 제310조의2가 유추적용 제한의 기준에 대하여 전혀 언급하지 아니한 점이 아쉬운 것은 사실이다.

이러한 취지 하에 필자는 이글에서 전문법칙 예외 규정의 유추적용 허부의 기준을 설정한 다음 몇몇 문제되는 전문증거에 위 기준을 적용하여 유추적용 허부, 즉 증거능력 여부를 판단하여 보았다. 그 결과 압수조서에 대하여는 제312조 제6항을 유추적용하여 증거능력을 인정할 수 있지만 피고인 진술조서, 수사보고서, 피고인의 전문진술에는 제312조 제1항·3항, 제312조 제4항·제313조 제1항, 제316조 제2항 등을 유추적용하여 증거능력을 인정하기 어려우나 다만 피고인 진술조서나 수사보고서는 경우에 따라 증거동의의 대상이 될 수는 있다는 결론에 이르렀다. 유추적용 허부의 기준에 대하여도 계속 보완되고, 위에서 다루지 아니한 여러 전문증거들에 대하여도 위 기준을 활용한 깊이 있는 검토가 계속 이루어지기를 바라본다.

사법경찰관 작성 피의자신문조서와 조사경찰관 증언의 증거능력에 대한 소고

Ⅰ. 들어가며

2007년 형사소송법 개정으로 검사 작성 피의자신문조서의 증거능력은 매우 큰 변화를 겪었지만[1], 사법경찰관 작성 피의자신문조서의 증거능력은 거의 변한 것이 없다. 개정 전이나 개정 후나 한결같이 피고인 또는 변호인의 내용인정을 핵심적 요건으로 규정하고 있는 것이다. 사법경찰관 작성 피의자신문조서에 대한 위와 같은 태도는 사실은 1954년 형사소송법이 제정된 후 지금까지 한번도 바뀐 적이 없다[2]. 더욱이 검사 작성 피의자신문조서의 증거능력과 관련하여서는 실무가들을 포함한 많은 분들이 여러가지 시각에서 다양한 의견들을 내어놓은 바 있지만, 사법경찰관 작성 피의자신문조서의 증거능력에 대하여는 이를 집중적으로 다룬 글이 많지 아니하고, 혹 이를 다룬 몇몇 글도 지금까지 큰 반향을 불러일으키지 못한 것으로 보인다[3]. 아마도 위 글들이 주로 경찰측의 의견을 대변하는 경향을 띤 것이 그 한 원인이 아닌가 하는 생각도 없지 않다.

---

[1] 검사 작성 피의자신문조서에 대하여 개정 전 형사소송법은 피고인의 진정성립 인정을 요건으로 규정하고 있었지만 개정 형사소송법은 실질적 진정성립에 대한 피고인의 인정 혹은 영상녹화물 기타 객관적인 자료에 의한 입증을 요건으로 규정하고 있음은 주지의 사실이다(제312조 제1항, 제2항).

[2] 법전편찬위원회가 만든 형사소송법 제정안에서는 검사 작성 피의자신문조서나 사법경찰관 작성 피의자신문조서 공히 성립의 진정을 요건으로 증거능력을 가지도록 되어 있었으나(정부초안 제299조), 국회 법제사법위원회 심의 과정에 사법경찰관 작성 피의자신문조서에 대하여는 '내용인정'이라는 요건이 추가되어 본회의에서 의결되었고, 이에 대해 이승만 대통령이 거부권을 행사하였으나 국회의원 3분의2 이상이 재의결함으로써 입법이 확정되었다. 신동운, "제정형사소송법의 성립경위", 형사법연구, 2004. 겨울(제22호), 193면 이하.

[3] 안경옥, 사법경찰관 작성 피의자신문조서의 증거에 대한 비교법적 연구, 치안논총 제25집, 치안정책연구소, 2009; 황운하, 공판중심주의 확립을 위한 형사소송법 개정안 공청회 토론자료, 사법제도개혁추진위원회, 2005; 나영민, 공판중심주의와 이에 따른 경찰수사의 대응방향, 수사연구 제24권 제11호(통권 277호), 수사연구사, 2006. 등이 그러하다.

그러나 현실적으로는 수사의 대부분이 경찰에서 이루어지고[4], 피의자 도주 등으로 수사가 중단되거나 피의자신문도 필요없이 수사가 종결되는 예외적 경우가 아니라면 피의자신문은 반드시 이루어지며, 신문 결과는 조서로서 작성되어 검찰로 송치되고, 그 중 절반 가량은 기소(약식기소 포함) 되므로 결국 사법경찰관 작성 피의자신문조서 중 절반 가량은 정식재판에서든 약식명령절차에서든 증거로 제출되는 셈이다.

그런데 현행법은 검사 작성 피의자신문조서에 대하여는 진정성립(개정 형사소송법에 의하여 정확하게 표현하면 실질적 진정성립이 된다. 이하 '진정성립'이라고만 한다) 인정 혹은 입증을 증거능력의 핵심적 요건으로 하고 있는 반면, 사법경찰관 작성 피의자신문조서에 대하여는 내용인정을 증거능력의 핵심적 요건으로 하고 있다. 이 때문에 사법경찰관 작성 피의자신문조서에 자백하는 내용이 기재되어 있다고 하더라도 피고인이 공판정에서 범죄사실을 인정하는 경우라면 사법경찰관 작성 피의자신문조서를 증거로 사용할 현실적 필요가 거의 없고[5], 부인하는 경우라면 당연히 사법경찰관 작성 피의자신문조서에 대하여도 내용부인할 것이고, 그 순간 사법경찰관 작성 피의자신문조서는 전혀 증거능력 없는 증거, 법관에게 읽힐 수도 없는 휴지가 되고 만다[6]. 사법경찰관 작성 피의자신문조서는 이래저래 증거로서의 효용이 전혀 없는 것이다.

더욱이 검사 작성 피의자신문조서의 경우에는 피고인이 법정에서 진정성립을 인정하지 않더라도 영상녹화물 기타 객관적 방법으로 대체 입증할 수 있기 때문에, 피고인이 검찰수사에서 자백[7]하는 경우 검찰에서의 피의자 신문과정을 제대로 영상녹화만 해 두었다면 위 자백 진술은 피의자신문조서의 형태로 법정에 현출되고 영상녹화

---

4) 숫자만 놓고 단순 비교하자면 2009년 한해에 입건된 사건수가 282만여건(인원수 기준, 이하 같음)인데 그 중 검찰에서 인지한 사건수가 2만4천여건에 불과하므로 결국 형사사건 중 99% 이상이 경찰에서 입건된다고 할 수 있다. 통계자료는 http://www.spo.go.kr/info/stats/stats03.jsp 참조.
5) 자백은 아무리 반복되더라도 하나의 자백일 뿐이므로 보강증거도 되지 못한다. 굳이 의미를 부여하자면 공판정에서의 자백과 내용인정된 사법경찰관 작성 피의자신문조서가 함께 존재하고 보강증거도 있는 경우 법관은 유죄의 심증형성을 좀 더 쉽게 할 수 있다는 정도일 것이다.
6) 내용 부인되어 증거능력을 가지지 못하는 사법경찰관 작성 피의자신문조서가 탄핵증거로 사용될 수는 있는가의 문제는 별론으로 한다.
7) 위법성이나 책임을 부인하면서 구성요건해당성만 인정한다거나, 혹은 범의는 부인하면서 객관적 구성요건해당사실만 인정하는 등의 부분적 자백이어도 상관없다.

를 통해 진정성립이 입증되면서 증거능력을 획득하게 된다. 그러나 사법경찰관 작성 피의자신문조서의 내용인정 요건은 성질상 대체 입증할 수 있는 방법이 전혀 없다[8]. 오히려 개정 전 형사소송법 하에서는 조사경찰관이 피의자 신문과정에 지득한 사실에 대하여 법정에서 증언을 하더라도 증거능력이 없다고 하던 그간의 대법원의 입장을 개정과정에 입법으로 뒤집어, 이제는 조사경찰관이 조사과정에 지득한 내용을 법정에서 증언하는 경우 피고인의 내용인정이 아닌 '원진술 상황의 신빙성 입증'을 요건으로 증거능력을 가진다고 규정하였다. 이에 따라 적어도 증거법적인 측면에서만 본다면[9] 사법경찰관은 피의자를 신문하더라도 피의자신문조서를 작성할 필요가 없고, 신문 내용을 메모해 두었다가 나중에 법정에 나가 증언하는 것이 훨씬 효율적이게 되었다.

사법경찰관 작성 피의자신문조서에 대한 위와 같은 극단적인 증거능력 제한은 기본적으로 경찰에 대한 불신, 즉 경찰의 수사력 남용 또는 인권침해 우려에서 비롯된 것이라 평가할 수 있다. 다만 이를 이론적인 측면에서 접근하여 곧바로 공판중심주의와 결부시키는 견해도 있는데, 이러한 견해를 가진 분들은 사법경찰관 작성 피의자신문조서에 대하여 증거능력을 부여하지 않는 것이 공판중심주의의 본질에 부합할 뿐만 아니라, 검사 작성 피의자신문조서에 대하여도 사법경찰관 작성 피의자신문조서와 마찬가지로 원칙적으로 증거능력을 부여하지 말아야 한다는 취지로 주장하고 있다[10]. 실제로 이러한 주장은 2005년부터 형사소송법 개정을 위한 사법제도개혁추진위원회에서 집중적으로 진행되어 검사 작성 피의자신문조서에 대하여도 피고인의 내용인정을 조건으로만 증거능력을 인정하여야 한다는 개정안을 도출시켰다가[11] 국회 심

---
[8] 자백 내용이 사실대로라는 사실을 입증할 수 있는 증거가 있다면 그 증거를 곧바로 실질증거로 사용하면 될 것이기 때문이다.
[9] 물론 사법경찰관 작성 피의자신문조서가 피의자에 대한 구속여부의 결정에서 증거로 사용되는 기능이 있으며 이 경우에는 피의자가 내용부인 한다고 하여 증거로 사용되지 않는 것이 아니므로 구속을 위한 증거로서의 가치고, 구속영장이 발부되고 나면 피의자가 심리적으로 번의하기가 쉽지 않다는 현실적인 측면이 있으나, 이 문제 역시 별론으로 한다.
[10] 이혜광 등 5인, "바람직한 형사사법시스템의 모색", 바람직한 형사사법시스템의 모색 자료집(Ⅲ), 대법원, 2004. 138면 이하.
[11] 위와 같은 개정안에 대하여 "공판중심주의를 실질화하려는 사개추위의 개정방향을 담고 있다는 점에서 바람직한 개정"이라고 평가하면서 이를 철저화하기 위하여 형사소송법 제318조의 증거동의 규정도 삭제함이 상당하다는 의견이 제시되기도 하였다. 천진호, "사개추위의 형사소송법 개정안과 공판중심주의

의과정에 지금의 형태로 후퇴되었다.

사정이 이러함에도 대한민국의 사법경찰관들은 지금도 하루 1만건 이상[12]의 피의자신문조서를 작성하고 상당수 사건에 대하여는 영상녹화까지 실시하여 검찰에 송치하고 재판에 현출하고 있는 바, 이렇게 송치하는 사법경찰관 작성 피의자신문조서와 영상녹화가 어떤 의미를 가지는지 심각하게 되짚어보지 않을 수 없다. 이러한 관점에서 본 논문은 사법경찰관 작성 피의자신문조서의 증거능력과 관련한 현행법의 태도를 공판중심주의 의미와 관련하여 논평하고(Ⅱ), 사법경찰관 작성 피의자신문조서에 증거능력을 부여하기 위한 제도적 보완책을 제시한 다음(Ⅲ), 피의자 신문과정에 영상녹화를 하는 경우 영상녹화는 어떤 의미가 있는지를 검토하면서(Ⅳ), 피의자를 신문하거나 이에 참여하였던 사법경찰관이 수사과정에 지득한 사실을 증언하는 경우 그 증거능력에 대하여 살펴본 후(Ⅴ), 사법경찰관 작성 피의자신문조서, 영상녹화물 및 조사경찰관 증언의 증거능력과 관련한 바람직한 입법 방향을 제시하는 것으로(Ⅵ) 구성하고자 한다.

Ⅱ. 사법경찰관 작성 피의자신문조서의 증거능력

1. 사법경찰관 작성 피의자신문조서의 증거능력에 대한 현행법의 태도와 문제점

(1) 피의자신문조서와 전문법칙

형사소송법 제312조 제3항은 "검사 이외의 수사기관이 작성한 피의자신문조서는 적법한 절차와 방식에 따라 작성된 것으로서 공판준비 또는 공판기일에 그 피의자였던 피고인 또는 변호인이 그 내용을 인정할 때에 한하여 증거로 할 수 있다"고 규정하고 있다. 2007년 개정 전 형사소송법 제312조 제2항이 "검사 이외의 수사기관 작성의

의 올바른 자리매김", 법학논고 제23집, 경북대학교 법학연구소, 2005. 38면.
12) 1년간 경찰에서 수사되는 사건 수가 282만건(2009. 인원수 기준) 가량이고 1건당 보통 1-3회 가량의 경찰 피의자 조사가 진행되리라고 추산해 보면 1일 평균 1만건 이상의 사법경찰관 작성 피의자신문조서가 작성되지 않을까 추산된다.

피의자신문조서는 공판준비 또는 공판기일에 그 피의자였던 피고인이나 변호인이 그 내용을 인정할 때에 한하여 증거로 할 수 있다"고 규정하던 것과 비교하면 "적법한 절차와 방식에 따라 작성된 것"을 요건으로 부가하였다는 외에는 달라진 것이 전혀 없다. 그런데 적법한 절차와 방식에 따라 작성되지 아니한 사법경찰관 작성 피의자신문조서는 이미 제308조의2에 의하여 증거능력이 배제되므로 굳이 제312조 제3항에서 중복적으로 규정할 필요도 없었던 것이라고 보면 결국 2007년 개정에서 바뀐 것이 전혀 없다. 위와 같은 내용은 1954년 형사소송법 제정 이래 그대로이다.

1961년 우리 형사소송법이 독일식의 직접주의 대신 미국식 전문법칙을 본격적으로 도입하면서 그간의 증거능력에 대한 개별 규정들 즉 제311조 내지 제316조를 전문법칙적 규정으로 수정하였다. 그 과정에 서증 위주로 편성되어 있던 위 규정들을 주로 구두진술을 염두에 두고 있던 전문법칙에 맞추려고 하니 무리가 있는 것이 사실이었고, 그 중에서도 특히 피의자신문조서는 전문법칙 하에서는 정확하게 자리매김하기 어려운 좀 특이한 증거가 되고 말았다. 우선 미국에서는 수사의 주체인 경찰이 피의자를 조사하더라도 원칙적으로 신문조서를 작성하지 않을 뿐만 아니라, 피의자신문조서가 작성되었다고 하더라도 전문법칙의 핵심 주제인 반대신문권 보장과 무관하기 때문에 미국식 전문법칙에는 피의자신문조서의 증거능력과 관련한 내용이 전혀 포함되어 있지 않다. 그러함에도 경찰과 검찰에서 작성되는 피의자신문조서를 전문법칙의 틀 속에 넣으려다 보니 무언가 어색한 존재가 되고 만 것이다[13][14]. 과연 피의자신문조서를 전문법칙의 틀 속에서 파악하는 것이 옳은지 다시 한번 생각해 볼 일이다.

(2) 증거능력 요건으로서의 '내용인정'의 부당성

더욱이 피고인이 자신의 피의자신문조서의 내용을 인정하여야 증거능력을 가진다

---

13) 정웅석/백승민, 형사소송법 전정제2판, 대명출판사, 2008. 259면 역시 "내용의 인정이라는 엄격한 요건을 규정한 취지는 종래 사법경찰관이 피의자의 자백을 얻는데 편중하여 가혹행위를 행하는 등 인권유린의 위험성이 많았기 때문에 이를 방지하려는 입법정책적 고려에서 나온 것으로 증거의 전문성(傳聞性)과는 직접 관련이 없다"고 서술하여 같은 취지로 보인다.
14) 이러한 점은 증거동의의 본질을 반대신문권의 포기로 보는 통설의 입장에서 피의자신문조서를 증거동의의 대상으로 볼 수 있는가의 문제에서도 비슷하게 나타난다. 상세한 내용은 이 책 제5편 '형사소송에서의 증거동의' 중 해당부분 참조.

는 구조는 참으로 기이하기까지 하다. 자신의 진술이 기재된 조서에 대하여 성립의 진정을 인정한다는 것은 기재된 내용이 진술한 내용과 일치하는지 여부를 확인한다는 의미이므로, 진술서가 아닌 조서의 경우 진술자로서는 당연히 요구할 수 있는 확인 절차이고 증거능력의 전제조건으로서도 합리적이다. 또한 조서가 진정하게 성립되었음에도 피고인이 성립의 진정을 인정하지 않는다면 서명날인 확인, 영상녹화물 확인, 조사과정 참여자의 증언 등의 방법으로 피고인 주장이 허위임을 밝힐 수 있는 방법도 강구할 수 있다. 그러나 내용인정은 진정성립과는 전혀 차원을 달리하는 조건이다. 진정성립과 달리 내용인정은 오로지 피고인 본인의 처분일 뿐 객관적 입증이 불가능한 조건이다. 앞에서도 언급하였듯이 진술한 내용이 객관적 진실과 일치하는지 여부는 사법경찰관 작성 피의자신문조서의 증거능력 부여의 조건이 아니라 재판에서의 실체적 진실발견 그 자체이기 때문이다. 따라서 피고인이 내용을 인정하여야 사법경찰관 작성 피의자신문조서에 증거능력이 있다는 말은 사법경찰관 작성 피의자신문조서의 증거능력 유무를 완전히 피고인의 처분에 맡긴다는 의미와 동일하다. 증거능력 없는 증거에 대하여 피고인의 처분으로 증거능력을 부여하는 제도는 생각해 볼 수 있지만 -그것이 바로 증거동의이다- 증거능력 유무를 완전히 피고인 자신의 처분에 맡기는 제도는 도대체 생각할 가치가 없다. 당연히 이러한 방식으로 조서의 증거능력을 인정하는 입법례도 찾아볼 수 없다.

위와 같은 방식의 증거능력 인정은 이론적인 점에서도 문제점을 노출한다. 우리 형사소송법의 기본정신은 증거능력은 법률 규정에 따라 판단하고(제308조의2 내지 제318조) 증명력은 법관에게 판단을 맡긴다는(제309조) 것인데, 사법경찰관 작성 피의자신문조서의 증거능력 문제는 위 기본정신과도 전혀 맞지 않다. 내용인정 즉 "내가 진술한 것이 사실대로이다"는 확인은 증거의 진실성 내지 신빙성에 대한 인정으로서 증거능력의 요소가 아닌 증명력의 요소이다. 진술한 것이 사실인지 여부는 법관이 다른 증거자료들을 종합하여 판단하여야 할 대상인데 이를 피고인이 확인하는 것으로 대체해 버리고 그 확인을 증거능력의 핵심적 요건으로 함으로써 증거능력과 증명력이 원칙없이 혼재되는 결과를 초래한 것이다[15]. 이러한 문제를 해결하기 위해서는 결국 사법경찰관 작성 피

---

15) 이에 대한 상세한 내용은 졸고, "피의자신문조서의 증거능력에 곤한 소고", 법조 통권 제595호, 법조협

의자신문조서의 증거능력을 피고인 본인의 내용인정이라는 확인 자체에 맡길 것이 아니라 확인의 대상이 될 수 있는 다른 객관적 조건의 성취 여부에 맡겨야만 하는 것이다[16].

더욱이 우리 형사소송법은 사법경찰관 작성 피의자신문조서에 대하여는 내용 인정만을 증거능력의 요건으로 할 뿐 진정성립마저 요구하지 않는다. 따라서 극단적인 경우 피고인은 경찰조사에서 범행을 부인하였으나 자백하는 것으로 피신이 허위로 작성되었고 법정에서 피고인이 진정성립을 부인하면서도 내용만 인정한다면 사법경찰관 작성 피의자신문조서는 증거능력을 가지게 된다는 이상한 결론에 이른다. 물론 사법경찰관 작성 피의자신문조서의 경우에도 '적법한 절차와 방식에 따라 작성된 것으로서'라는 조건이 붙어있고 이때 '적법한 절차와 방식'에는 피의자가 진술하는대로 조서에 기재된다는 사실도 포함된다고 해석할 여지도 있지만, 검사 작성 피의자신문조서의 경우 '적법한 절차와 방식에 따라 작성'될 것과 '실질적 진정성립'이 별도의 요건으로 요구되는 점과 비교해 보면 '적법한 절차와 방식'에 반드시 실질적 진정성립이 포함된다고 해석하기는 어렵다고 보인다.

(3) 다른 제도들과의 부조화

사법경찰관 작성 피의자신문조서와 관련한 주변상황은 최근 들어 참으로 많이 바뀌었다. 무엇보다도 변호인 참여권이 보장되었고(243조의2), 영상녹화제도가 신설되었으며(제244조의2), 수사과정 기록(244조의4)과 장애인 등 특별보호(244조의5)를 통하여 불법수사나 인권침해의 소지가 크게 줄어든 것이 사실이다. 이처럼 피의자 신문과정의 불법이나 인권침해의 방지를 위한 제도적 장치는 보강하면서도 그 결과물인 신문조서에 대하

회, 2006. 308면 이하 참조.
[16] 이러한 시각에서 보면 검사 작성 피의자신문조서의 증거능력 인정을 일차적으로 피고인의 진정성립 인정에 맡기고 있는 것 역시 문제가 있다. 피고인 본인의 진정성립 인정은 진정성립 인정을 위한 하나의 자료에 지나지 않기 때문이다. 따라서 피고인 본인이 진정성립을 인정하더라도 법관이 보기에 진정성립이 인정되지 않는다고 판단한다면 증거능력을 부정할 수 있어야 하는데 현행 형사소송법상으로는 그러한 결과가 허용되지 않는다. 이 점은 증거동의가 있더라도 "진정한 것으로 인정한 때"에만 증거능력을 부여하는 형사소송법 제318조 제1항의 태도와 잘 비교된다.

여는 여전히 무조건적으로 증거능력을 배제하는 것은 전혀 조화롭지 못하다[17].

증거능력 제도의 기능에 대하여도 깊이 생각해 볼 필요가 있다. 증거의 가치는 증명력 판단을 통해 나타나는 것이 원칙이지만 증명력 판단의 대상이 되어서는 아니될 증거를 미리 차단하는 것이 증거능력 제도라는 점을 고려한다면, 사법경찰관의 피의자 신문과정에 발생할지도 모르는 불법수사나 인권침해의 가능성을 우려하여 사법경찰관 작성 피의자신문조서 전부를 증거능력이라는 관문에서 일괄 차단하는 것은 결코 바람직하지 못하다. 혹시 있을지도 모르는 피의자 신문과정의 불법수사나 인권침해의 우려를 모든 사법경찰관 작성 피의자신문조서의 증거능력 제한이라는 극단적인 방법으로 해결하려고 하는 무리한 시도는 결국 부작용을 낳게 된다. 그 보다는 절차의 적법성이나 신문과정의 공정성 등이 제대로 보장되지 아니한 사법경찰관 작성 피의자신문조서는 증거능력의 관문에서 차단하되, 그러한 문제가 없는 사법경찰관 작성 피의자신문조서는 일단 증거능력 관문을 통과시킨 다음 다른 증거자료들과의 실질적 비교검토를 통해 증명력 관문에서 취사선택하는 것이 실체적 진실발견이나 소송경제를 위해서도 훨씬 합리적이고 효율적이다. 어떤 의미에서는 사법경찰관 작성 피의자신문조서에 대하여 무조건 증거능력을 부여하지 않는다는 것은 경찰을 믿지 않는다는 의미를 넘어 증명력 판단에 관한 법관의 능력과 공정성을 전혀 믿지 않는다는 의미가 될 수도 있다.

2. 공판중심주의의 참 의미와 그 실현의 방향

(1) 공판중심주의의 참 의미

공판중심주의는 최근 형사재판의 최대 화두이다. 공판중심주의를 "판사는 법정에서 심증을 형성하라"는 기본적 의미로 이해함에는 아무런 의문이 없으나, 더 나아가 그 실현방법이나 적용범위를 어디까지로 볼 것인지와 관련하여서는 견해가 첨예하게 대립하고 있다. 한편에서는 "판사는 원칙적으로 눈앞에서 직접 보고 듣고 증거조사를

---

[17] 같은 취지로 최영승, "피의자신문과정에서의 적법절차에 관한 사개추위안의 검토", 비교형사법연구 제8권 제1호, 한국비교형사법학회, 2006. 483면.

거친 증거에 의하여만 심증형성을 하여야 하며 전문서류에 담겨있는 진술내용은 법정에서 현출되는 원본진술의 신빙성 여부를 가늠하는 보조자료로만 활용하여야 한다"고 주장하는 반면[18], 다른 한편에서는 "조서 등 서면증거를 증거로 사용하는 경우에도 이에 대한 증거조사를 구체적으로 공판정에서 하지 않고 판사가 기록을 받아 공판정 증거조사절차 없이 판사실에서 읽어보고 심증을 형성한다든가, 공판정에 제출되지 않은 별도의 자료(예컨대 의견서, 참고자료 등)를 판사실에서 제출받아 판결의 기초로 삼는 것을 금지하는 것"이라고 보기도 한다[19].

공판중심주의에 관하여 위와 같은 극단적으로 대립하고 있는 견해에 대하여는 어느 쪽도 지지할 마음이 없다. 반대신문의 기회가 보장된다는 측면뿐만 아니라 진술과정의 적법성과 공정성 확보, 진술자의 표정이나 태도 등 진술 외적인 자료까지 함께 파악할 수 있다는 점 등을 고려할 때 가급적 원본증거를 통해 심증을 형성하는 것이 바람직하리라는 것은 틀림없는 사실이다. 따라서 '판사실에서 읽어보고 심증을 형성하지 않을 정도로만 법정에서 조사되면' 법정에 원본으로 현출되든 전문증거로 현출되든 아무런 문제가 없다고 평가할 수는 없을 것이다. 그러나 법정에 원본으로 현출되지 아니한 증거라고 하여 '법정에 원본으로 현출된 증거의 신빙성을 가늠하는 보조자료'라고 평가절하 되어서도 아니될 것이다. 수사단계에 수집된 진술증거의 경우 사건 초기의 진술이 기억과 양심의 가책이 선명한 점, 다른 공범이나 참고인 등과의 모의나 협박 등에 의하여 허위 진술할 가능성이 적은 점 등을 고려할 때 증거로서의 가치가 더 높을 가능성도 얼마든지 있기 때문이다. 따라서 법관이 수사기관 적성의 서면증거에만 의존하여 심증을 형성하고 피고인이나 증인의 진술을 공판정에 현출시키려는 노력을 게을리하거나 공판정에 현출된 진술증거의 가치를 가벼이 여기는 것도 잘못이지만, 수사기관 작성의 서면증거라도 법정에 현출되어 내용이 공개되고 피고인에게 최대한의 반대신문 기회가 부여된 후 법관이 다른 원본증거와 함께 면밀히 검

---

[18] 서보학, "개정 형사소송법에 의한 수사조서 및 영상녹화물의 증거능력", 사법 제3호, 사법연구지원재단, 2008. 173면. 다만 이 견해에 따를 때에는 피고인이 법정에서 진술하지 아니하거나 단순히 부인만 하는 경우 신빙성 여부 가늠의 대상이 되는 원본진술이 없으므로 전문서류는 정말로 쓸 곳이 없는 증거가 되고 만다는 또 다른 문제점이 발생한다.

[19] 이완규, "개정형사소송법상 조서의 증거능력 규정 논의 결과", 형사정책연구 제18권 제3호(통권 제71호), 2007.8. 한국형사정책연구원, 746-747면.

토하여 유무죄의 심증을 형성하는 것도 공판중심주의 위반이라고 몰고가는 것 역시 옳은 태도는 아니다[20].

(2) 피의자신문조서와 관련한 외국의 입법례

여기에서 피의자신문조서에 관한 외국의 입법례를 간략히 살펴보기로 한다. 먼저 독일의 경우에는 수사 초기부터 법관이 관여하여 피의자신문을 할 수 있고 그 결과는 증거능력이 인정되므로 우리나라와 같이 검사 작성 피의자신문조서, 사법경찰관 작성 피의자신문조서의 증거능력이 크게 문제가 되지 않는다. 즉 수사기관은 신문을 위하여 피의자를 서면으로 소환하되 불출석하는 경우 구인할 수 있고(형사소송법 제133조), 구속영장 발부를 정당화할 근거가 있는 경우 피의자에 대한 구인이 시행되며(제134조), 구인된 피의자는 즉시 법관에게 인계되고 법관이 그를 신문하여야 하고(제135조) 법관은 조사내용을 조서로 작성하여야 하므로(제168조) 피의자가 자백한 경우라면 법관조서에 포함되어 있는 피고인의 진술을 낭독함으로써(제253조) 이를 증거로 사용할 수 있는 것이다. 일본의 경우에는 수사기관이 작성한 피의자신문조서에 피고인의 서명날인이 있고 불리한 사실의 승인을 내용으로 하는 때에는 임의성만 인정되면 증거능력을 부여하고 있다(형사소송법 제322조). 따라서 피고인이 법정에서 다른 취지의 진술을 한다고 하더라도 법관은 수사단계의 진술과 법정진술을 함께 놓고 신빙성을 판단하는 방법으로 심증을 형성하고 있는 것이다.

한편 미국의 경우에는 수사기관이 피의자를 조사하더라도 피의자의 진술을 피의자신문조서의 형태가 아닌 조사자 증언의 형태로 법원에 현출한다. 따라서 피의자신문조서의 증거능력에 대한 법리는 존재하지 않으나, 연방증거법 제801조 (d)(2)(A)가 "그 진술이 한쪽 당사자에게 불리하게 제출된 것으로서 개인 또는 대표 자격으로 한 당사자 자신의 진술은 전문증거가 아니다"고 규정하고 있어 피의자의 자백진술을 조사경찰관이 법정에서 증언하면 증거능력이 있으며, 실제로도 그러한 형태로 법정에 현출되어 증거로 사용된다. 또한 피의자가 수사단계에서 자백을 할 경우 그 자백 내

---

[20] 차용석, "사법제도개혁초진위원회의 형소법 개정시안에 대한 비판적 검토", 법조 제54권 제7호(통권 제586호), 법조협회, 2005.7.26면, 27면.

용을 피의자로 하여금 진술서 형식으로 작성하게 하고 이를 증거로 제출하는 방법은 실무상으로도 활용되고 있으며, 최근 특정 강력사건의 경우 수사기관으로 하여금 반드시 진술서를 징구하도록 의무화하는 입법례도 생기고 있다[21]. 더 나아가 피의자의 자백을 기재한 진술서에 피의자 자신의 서명이 되어 있다면 조사경찰관은 법정에서 그 진술서의 동일성이나 위 진술을 받게 된 정황에 대하여 간단하게 증언하는 정도에 그치며, 이 경우 진술서 자체가 배심원이 볼 수 있는 증거로 제출되는 것이 허용된다고 한다[22].

결국 위 나라들 모두 피고인이 자신의 이전 진술에 대하여 반대신문을 한다는 것은 논리적으로 모순이기 때문에 공판정에서 피고인에게 그 진술 및 증거화 과정과 진술내용에 대하여 충분히 다툴 수 있는 기회만 주어진다면 그 이전 진술에 증거능력을 인정하여 법관의 자유심증의 대상으로 하고 있는 것이다[23]. 그렇다면 공판중심주의는 결코 수사기관이 수사단계에 수집된 진술증거의 가치를 무시하는 이념도 아니고, 법관이 수사단계에 수집된 진술증거에만 의존하여 심증형성을 해도 좋다는 이념도 아님이 명백하다. 공판중심주의 이념을 이와 같이 중립적으로 해석할 때에만 수사의 기능과 재판의 의미가 적절한 조화점을 찾을 수 있으리라 생각된다.

(3) 공판중심주의 실현의 방향

최근 공판중심주의를 강조하는 것은 '조서재판'이라고 불리웠던 과거 우리 형사재판 실무상의 문제점에 대한 반성에서 비롯되었다고 보인다. 당시 법관은 수사기관이 제출하는 피의자신문조서, 참고인진술조서 등의 조서증거에만 의존하여 심증을 형성하고 법정에서의 피고인의 상세한 진술이나 증인신청 등에 대하여는 '조서에 다 나와 있는 이야기가 아니냐' 혹은 '그때는 다 인정해놓고 왜 지금에 와서 딴소리를 하려고 하느냐[24]'는 등의 말과 함께 부정적인 태도를 보이기 일쑤였고, 혹 피고인에게 진술의

---

21) 안성수, "미국 증거법상 전문법칙 및 수사단계에서의 진술 내지 조서의 증거능력", 저스티스 통권 제84호, 한국법학원, 2005. 200면.
22) 유장만, "조사자 증언제도 연구 – 미국 실태를 중심으로", 법조 통권 제620호, 법조협회, 2008. 302면.
23) 차용석, 앞의 논문, 40면.
24) 필자는 검찰에서 자백하였다가 법정에서 부인하는 피고인에게 "검사보다 내가 덜 무서워 보이느냐"고

기회를 주거나 증인신청을 받아주면서도 심정적으로는 전혀 믿지 않는 태도를 보여 왔던 것이 사실이다. 이런 현실 속에서 피고인들 사이에 '수사기관, 특히 검사 앞에서 한번 자백하면 다시는 뒤집을 수 없다'는 자조적인 말이 나오게 되었던 것이다. 일부 견해는 공판중심주의가 형사재판의 기본원칙임에도 우리 형사재판에서 과연 공판중심주의가 제대로 지켜지는지 의심스럽다고 하면서 법관들은 여러가지 사정으로 인하여 공판정에서의 진지한 심리를 통한 생생한 진술을 청취하기 어려운 현실이고, 검사 역시 공판정에서의 철저한 심리보다는 수사과정에서 자백을 받는데 주력하고 있는 실정이라고 한탄하고 있다[25].

그러나 위와 같이 조서재판으로 전락한 잘못을 법정에 증거로 제출된 조서에만 전가할 수는 없다. 당시에도 법관이 공판중심주의의 이념에 따라 서증의 내용에 조금이라도 의심이 들거나 피고인 등에 의하여 의문이 제기되면 얼마든지 원본증거를 직접 법원에 현출케 하여 실체적 진실을 추구할 수 있는 길이 열려있었음에도 법관 스스로 조서재판의 폐해를 형성해 갔던 것이다. 문제는 지금까지 법관이 조서에 의존해 재판을 해 왔다는 사실이지 조서가 증거로 제출되었다는 사실이 아니다[26]. 물론 조서가 증거로 제출되지 못하게 한다면 조서재판의 폐해를 원천적으로 막을 수는 있겠지만 이는 합리적인 문제해결 방법이 아니다. 술의 폐해가 있다고 하여 온 나라에 금주령을 내릴 수는 없지 않은가?

결국 조서재판이라는 문제는 법관의 안이한 재판진행에 가장 크게 기인한다고 볼 수 밖에 없다. 반대로 말하면 공판중심주의는 법관이 재판과정에 실현해 나가야 할 책무에 관한 원리이지 수사기관의 조서증거에 대한 제한 원리가 아니다. 따라서 공판중심주의를 이유로 수사기관에서 수집한 진술증거를 처음부터 증거로 사용하지 못하

하면서 나무라는 법관을 본 적도 있다.
25) 천진호, 앞의 논문, 27면.
26) 이러한 취지는 "공판절차에서 법관은 현실여건과 익숙해진 관행에 사로잡혀 수사절차에서 작성된 각종 기록에 의존함으로써 공판중심주의는 단지 장소적 의미만을 가질 뿐 기능적 의미를 상실하고 있다"는 설명에서도 충분히 드러난다고 보인다. 신양균, "바람직한 형사재판의 방향-공판중심주의의 재정립과 관련하여", 대법원/한국형사법학회, 공개토론회(2003.11.24.) 형사재판, 어떻게 바뀌어야 하는가? 결과 보고서, 23면; 최영승, 앞의 논문, 467면, 481면.

게 할 것이 아니라[27], 이러한 증거도 공판과정에 직접 현출되는 여러 증거들과 마찬가지로 법정에 함께 내어놓고 실질적인 조사를 하고, 그 결과를 종합하여 법관은 합리적인 신빙성을 판단하는 것이 조서재판을 탈피하는 옳은 방법이다. 공판중심주의를 이유로 수사기관에 대해 조서증거가 법정에서 실질적인 조사가 될 수 있도록 협조해 달라고 요구할 수는 있지만, 조서증거를 법정에 제출하지 말아달라고 요구하거나 제출을 막을 수는 없는 것이다. 이러한 취지가 공판중심주의의 정신을 훼손하는 것이 아니라 오히려 부합하는 것임은 물론이다[28].

Ⅲ. 사법경찰관 작성 피의자신문조서에 증거능력을 부여하기 위한 제도적 보완책

1. 사법경찰관 작성 피의자신문조서를 검사 작성 피의자신문조서와 동일하게 취급할 것인가

사법경찰관 작성 피의자신문조서에 실질적인 증거능력을 부여한다고 할 때 다시 검사 작성 피의자신문조서와 동일한 요건과 방법으로 증거능력을 부여할 것인지 아니면 검사 작성 피의자신문조서와는 다른 독자적인 요건과 방법으로 증거능력을 부여할 것인지를 검토하여야 한다. 사법경찰관 작성 피의자신문조서에 실질적인 증거능력을 부여하여야 한다고 주장하는 견해는 대부분 검사 작성 피의자신문조서와 동일한 요건과 방법으로 증거능력을 부영하여야 한다고 주장하면서 그 근거로 경찰인력의 자질이 향상되었다는 점, 불법수사 즉 인권침해 혹은 자백강요의 우려가 적거나 적어도 검찰의 경우와 크게 다르지 않다는 점, 대부분의 수사활동이 사실상 경찰에서 이루어지고 있다는 점, 경찰에서 충분히 신문한 내용을 공연히 검찰에서도 반복하여 소송경제에도 반하고 피고인에게도 고통이 된다는 점 등을 거론한다[29].

---

[27] 만일 정말로 공판중심주의 이론을 내세워 수사단계에 수집한 증거에 대하여 사실상 증거능력을 부인하는 태도를 취한다면 수사기관, 특히 사법경찰관은 수사하여 범인을 검거한 후 곧바로 기소하는 일까지만 하고 증거수집은 공판단계에 맡기는 극단적인 행동 양태를 보이게 될 가능성도 있다.
[28] 만일 사법경찰관 작성 피의자신문조서에도 증거능력을 부여하지는 의견을 절대 받아들일 수 없다면 중요사건에 대하여는 수사초기부터 검사가 직접 피의자를 신문하는 방안 혹은 수사판사제도를 도입해서라도 판사로 하여금 피의자의 진술을 듣게하는 방안을 제시하고 싶다.
[29] 안경옥, 앞의 논문, 167면, 168면. 일부 견해는 검사 작성 피의자신문조서에 증거능력을 부여하는 것 자

검사와 사법경찰관 사이에 자질의 차이가 있는지에 대하여는 이글에서 논쟁하고 싶지 않다. 다만 자질의 차이가 증거능력의 차이에 직결되는 것은 아니다. 검사와 법관이 자질에 차이가 있어 검사 면전에서의 진술과 법관 면전에서의 진술에 증거능력의 차이가 있는 것은 아니지 않은가? 불법수사 우려의 차이가 있는지 여부도 이글에서 다루기는 어렵다. 다만 지금과 같은 증거능력 요건의 차이가 궁극적으로는 국민 신뢰도의 차이에서 비롯된 것이므로 사법경찰관 작성 피의자신문조서의 증거능력 요건 완화 문제도 신뢰회복의 차원에서 풀어야 할 것이다. 불법수사의 우려를 불식시키지 못하면서 검찰과의 동등성만 강조하는 방법으로는 결코 신뢰를 회복하지 못할 것이고, 여전히 사법경찰관 작성 피의자신문조서의 증거능력도 인정받기 어려울 것이다. 또한 대부분의 수사활동이 경찰에서 이루어지고 있다는 점이나 검찰 피의자신문이 이중 수사에 불과하다는 점 역시 사법경찰관 작성 피의자신문조서의 증거능력을 검사 작성 피의자신문조서와 동일하게 하여야 하는 결정적 논거는 되지 못하는 것으로 보인다. 수사활동의 양이 수사 결과물의 가치를 보증하는 척도가 되지는 못할 것이며, 검찰수사가 경찰수사의 단순한 반복이라고 폄하하기도 어려울 것이기 때문이다. 목격자의 반복된 진술이지만 진술조서와 증언에 증거능력 차이가 있지 않은가?

사법경찰관 작성 피의자신문조서의 증거능력 요건은 오히려 경찰 피의자신문 특유의 장점을 부각하고 상대적인 단점을 보완하면서 그에 맞는 독자적인 증거능력 인정의 요건과 방법을 창안하는 것이 더욱 적절해 보인다. 경찰 피의자신문의 가장 큰 장점은 범죄로부터의 시간적 밀접성이라 할 것이다. 범죄로부터 시간적으로 가장 가까운 시점에 조사가 되므로 기억이 생생하고 자기최면이나 공범 등과의 진술조작 등에 의해 허위진술이 개입할 우려가 가장 적다. 따라서 피의자의 기억 중 상세한 내용까지 현장감 있게 조서화한다면 증거능력뿐만 아니라 증명력 판단에서도 매우 중요한 역할을 할 수 있을 것으로 보인다. 다만 진술거부권 고지와 보장, 수사과정 기록, 조서 말미에 이의 증감변경 요구 기타 의견 추가기재, 임의적 영상녹화, 변호인 참여

체를 반대하면서도 개정형사소송법이 검사 작성 피의자신문조서의 증거능력을 존치시키기로 결정한 바에는 사법경찰관 작성 피의자신문조서의 증거능력 요건도 검사 작성 피의자신문조서와 동일하게 규정하는 것이 바람직했을 것이라고 주장하면서 이중수사의 문제, 검찰수사의 신뢰성 문제 등을 거론하고 있는 바(서보학, 앞의 논문, 175면-178면) 결과적으로 같은 취지라고 보인다.

권 보장 등이 이미 마련되어 있음에도 불구하고 신문 과정에 자백 강요 등 인권침해의 우려가 있다거나 유도신문의 사용 등 신문방법이 적절하지 못하여 진술의 객관성이나 공정성이 약해질 수 있다는 등의 우려가 제기될 수 있기 때문에 이러한 점에 대한 집중적인 보완이 선제되어야 할 것으로 판단된다.

2. 실질적 진정성립의 인정과 필요적 영상녹화제 도입 가능성

사법경찰관 작성 피의자신문조서에 실질적인 증거능력을 부여하기 위해서는 피해 갈 수 없는 요건이 바로 검사 작성 피의자신문조서에서와 같은 실질적 진정성립의 인정 혹은 입증임이 너무나 당연하다. 검사 작성 피의자신문조서의 사례에서 보듯 피고인이 진정성립을 인정하지 아니하는 경우 영상녹화물 기타 객관적인 방법으로 이를 입증하여야 할 터인데, '기타 객관적인 방법'으로 거론될 수 있는 것이 별로 없는 현실에서 당연히 영상녹화물의 중요성이 강조될 수 밖에 없다. 여기에서 영상녹화를 사법경찰관 작성 피의자신문조서의 증거능력 인정을 위한 필요적 조건으로 할 수 있는지를 검토할 필요가 있다. 영상녹화를 통해 피의자 신문과정의 적법성과 공정성이 좀 더 강하게 보장되리라는 것은 맞지만, 경찰에서 이루어지는 피의자신문의 양을 생각할 때 모든 피의자신문을 영상녹화하고 이를 보관·송치한다는 것은 현실적으로 매우 어려울 것으로 예상된다. 증거능력 인정을 위해 영상녹화가 필요하다고 판단되는 경우에는 경찰이 당연히 영상녹화를 할 것이기 때문에 결국 검사 작성 피의자신문조서의 경우와 마찬가지로 영상녹화 여부는 일응 수사기관의 판단에 맡기는 것이 적절하리라 보인다.

다만 영상녹화의 이익은 수사기관에만 있는 것이 아니라 피고인에게도 있기 때문에 피고인에게 영상녹화 요구권을 부여함이 상당하다고 생각된다. 이에 따라 피고인이 요구하는 경우에도 영상녹화를 하여야 하고[30] 이에 위반하면 사법경찰관 작성 피의자신문조서의 증거능력을 인정하지 않는 것으로 하여야 사법경찰관 작성 피의자신문조서의 적법성 확보에 도움이 될 것으로 보인다.

---

30) 이와 관련한 점은 개정 형사소송법이 도입한 수사과정확인서에 상세하게 기재하게 하면 될 것이다.

3. 객관적 참여자 확보 문제

검사의 피의자신문에도 참여자를 필요로 하듯이 사법경찰관의 피의자신문에도 사법경찰리가 참여하도록 되어 있다. 그러나 현실적으로 수사기관 내부의 참여자는 적법성과 공정성 확보를 위한 견제자로서의 의미가 아니라 수사보조자로서의 의미를 가질 뿐이다. 이런 점 때문에 개정 형사소송법은 피의자신문시 변호인의 참여권을 보장하고 있는 것이다. 변호인 참여 하에 이루어진 피의자신문은 현실적으로 그 적법성과 공정성을 인정받기에 큰 어려움이 없을 것이다.

그러나 경찰 수사단계에 변호인이 선임되어 있는 비율이 매우 낮으며, 혹 선임되어 있다고 하더라도 변호인이 참여하지 않는 경우가 훨씬 많아[31] 변호인 참여제도가 큰 실효성을 거두지 못하고 있는 것으로 판단된다. 또한 현행 형사소송법상 피의자에 대하여는 구속 전 피의자심문절차(제201조의2 제8항)와 체포·구속적부심사절차(제214조의2 제10항, 제33조)에서만 국선변호인 선정이 가능하다. 만일 변호인의 현실적 참여를 증거능력의 요건으로 하려면 모든 피의자에 대하여 국선변호인을 선정하여야 하는데, 연간 형사사건이 280여만건인 점[32]을 고려할 때 현재로서는 실현 불가능하다고 보인다.

이러한 즈음에 전국 약 250개 경찰서에 변호사를 호민관 등의 이름으로 상주시키면 피의자들의 인권문제 등에 있어서 긍정적인 역할을 기대할 수 있다는 경찰측의 주장이 나와 주목을 끌고 있다. 현재 대한변호사협회에 등록된 변호사의 수가 3만명을 훨씬 넘고 로스쿨 졸업생 등을 감안할 때 연간 배출되는 변호사 수도 1,500여명에 이를 것으로 예상되는 상황에 변호사 5백명 내지 1천명 정도를 선발하여 전국 경찰서에 규모에 따라 변호사 2-5인 가량씩 상주시킬 수 있다면, 특히 피의자 신문과정에 참여하면서 적법성과 공정성 문제의 상당부분을 해결할 수 있을 것으로 보인다. 상주 변

---

31) 변호인이 선임되어 있어도 신문 참여를 꺼리는 것은 변호인 참여제도가 시행된 지 얼마 되지 않았다는 이유 외에도 변호인 참여를 수사관들이 불편하게 생각하여 사실상 만류하는 점, 장시간(적어도 3-4시간 이상)을 요하는 점, 통상의 경우 참여 과정에 변호인의 가시적 역할이 별로 없는 점 등에 기인한다.
32) 이들 중 구공판되는 사건과 약식기소 되었다가 정식재판에 회부되는 사건, 즉 연간 약 30만건에 대하여만 사법경찰관 작성 피의자신문조서의 증거능력이 문제되겠지만, 경찰 수사단계에서 어느 사건이 이에 해당할지 미리 알 수는 없는 노릇이다.

호사를 어느 기관 소속으로 할 것인지[33], 어떤 지위를 부여할 것인지, 예산을 어떻게 충당할 것인지 등의 현실적인 문제가 남아 있어 조기에 실현되기 어려워 보이는 것은 사실이지만, 피의자 신문과정의 적법성과 공정성 확보 및 사법경찰관 작성 피의자신문조서의 증거능력 획득을 위해 가장 좋은 방안이라고 생각된다.

변호인 참여가 곤란한 경우 신뢰관계에 있는 자의 동석을 허용할 것인가도 생각해 볼 수 있다. 피의자가 신체적 또는 정신적 장애가 있는 경우 혹은 심리적 안정의 도모와 원활한 의사소통을 위하여 필요한 경우에는 형사소송법 제244조의5에 따라 당연히 허용되겠지만, 이러한 규정을 모든 피의자에게 확대적용할 수 있겠는가 하는 것은 간단하지 않은 문제이다. 피의자의 요청이 있는 경우 피의자의 가족 등 일정한 자의 참여를 허용하는 것을 입법화할 필요가 있다고 보는 견해도 있지만[34], 변호사와 달리 공익성에 대한 담보가 전혀 되지 않는 제3자를 피의자 신문과정에 참여시키는 경우 수사상 기밀이 누설될 위험이 매우 크기 때문에 쉽게 도입할 수 있는 제도가 아니라고 생각된다[35]. 수사기밀을 보전하면서도 객관적인 참여자를 확보하는 방안은 경찰의 입장에서도 두고두고 생각해 보아야 할 과제라고 보인다.

4. 신문 내용과 조서화 과정의 객관성, 공정성 확보

수사기관의 피의자 신문과정에 고문이나 강요 등의 직접적인 불법이 없었는가 하는 점에 대하여는 매우 민감하게 반응하면서도, 피의자 신문의 내용과 이를 조서화하는 과정이 객관적이고도 공정하였는지에 대하여는 충분한 주의를 기울이지 못해 온 것이 사실이다. 피의자를 감정적으로 자극하거나 유도신문 등의 방법을 사용하여 수사기관이 원하는 답변을 이끌어낸 것은 아닌가? 질문에 대하여 피의자의 입장을 해명하려고 하면 "지금은 묻는 말에만 답하고 자세한 내막이나 변명은 나중에 더 할말이 있느냐고 할 때 진술하라"고 유도하는 등 신문을 수사기관 의도에 편향된 방향으

---

[33] 참여의 공정성 등을 위하여 경찰청이나 법무부 소속이 아니어야 할 것이다. 국선전담변호사의 경우와 같이 법원과의 계약관계로 설정함이 상당하다고 생각된다.
[34] 최영승, 앞의 논문, 477면.
[35] 이와 같은 사정은 검사 피의자신문에서도 마찬가지이나, 현행 형사소송법은 이에 대하여 별다른 문제를 삼지 않은 채 진정성립만 인정되면 검사 작성 피의자신문조서에 증거능력을 부여하고 있다.

로 몰고 간 것은 아닌가? 하는 점은 신문 내용의 객관성, 공정성과 직결된다. 또한 피의자가 진술한 내용이나 취지가 조서에 기재된 내용과 다소 다르다 하더라도 피의자 자신이 이를 꼬집어 고쳐달라고 요구하는 것이 쉽지 않고, 그렇게 요구하더라도 수사관이 '그 말이 그 말 아니냐'고 하면서 요구를 묵살하려는 경우에 피의자가 위 요구를 끝내 관철시키기는 쉽지 않은 것이 현실이다. 이러한 점은 조서화 과정의 객관성, 공정성에 직접 영향을 준다. 이러한 점들은 조금만 주의를 소홀히 하면 간과되기 쉬우며 그 결과는 기재된 진술이 진술자의 진의와 상당히 다름에도 마치 진술자의 진의대로 기재되어 있는 듯 보이게 되는 치명적인 문제점으로 나타난다.

이 때문에 신문 내용과 조서화 과정의 객관성, 공정성 확보는 수사절차상 외형적인 위법행태를 근절하는 것보다 더욱 시급하고 중요한 문제임에도 외부적으로 쉽게 드러나지 않고 위법의 기준을 정립하기가 매우 어렵고 애매하다는 등의 문제도 함께 안고 있다. 그러나 신문과 조서화 행위의 객관성과 공정성은 현행 형사소송법 제312조 제3항에 의하더라도 "적법한 절차와 방식에 따라 작성된 것"의 내용으로서 증거능력 인정의 조건이 되어야 한다. 또한 수사과정 기록표에서도 피의자에게 그와 같은 문제점이 없었는지를 세세항목으로 물어보아 그러한 주장이 있는 경우 증거능력을 배제할 수 있는 단서가 되도록 함이 상당하다. 특히 신문 직후 조서를 확인하는 과정에 피의자로부터 조서의 내용을 고쳐달라는 요구가 있는 경우 컴퓨터에 저장된 조서 원안을 직접 수정하여 새로 출력할 것이 아니라 이미 출력된 조서 원본을 주말의 방법으로 수정하여 수정된 상황이 조서상에 그대로 남도록 함으로써[36] 조서 작성 과정을 보여주는 것이 조서화 과정의 객관성, 공정성 확보에 도움이 될 것으로 보인다.

5. 조사경찰관 등에 대한 탄핵적 증인신문의 기회 보장

이에 더하여 피의자 신문과정에 불법수사가 있었다거나 사법경찰관 작성 피의자신문조서 기재 일부가 유혹이나 유도 등 불공정한 방법으로 이끌어낸 진술이라는 점, 특정 기재가 표면적 의미가 아닌 다른 의미로 진술되었다는 점 등을 다툴 가능성도 있는데, 이러한 경우에는 피고인과 변호인에게 조사경찰관을 증인으로 소환하여 피

---

[36] 최영승, 앞의 논문, 469면.

의자신문의 과정, 조서의 특정 기재에 이르게 된 경위, 특정 기재의 진정한 의미 등에 대하여 탄핵적으로 신문할 수 있는 기회를 부여하는 것을 사법경찰관 작성 피의자신문조서 증거능력 인정의 요건으로 할 필요가 있다. 이는 참고인 진술조서에 대하여 실질적 진정성립 인정 혹은 증명 외에도 "공판준비 또는 공판기일에 그 기재 내용에 관하여 원진술자를 신문할 수 있었던 때"를 증거능력의 요건으로 규정하고 있는 것(제312조 제4항)과도 맥을 같이 한다.

6. 사법경찰관 사무취급의 문제

사법경찰관 작성 피의자신문조서는 사법경찰관이 작성하여야 하나(형사소송법 제241조, 제242조) 실무상 대부분의 사법경찰관 작성 피의자신문조서는 사법경찰리가 사법경찰관 사무취급이라는 이름으로 작성하고 있다. 1980년 이전에만 해도 전국적으로 사법경찰관이 5천여명에 불과했기 때문에 매일 1만건 이상 되는 피의자신문을 사법경찰관이 모두 담당하기 어려웠으리라는 사정을 충분히 이해할 수 있다. 이 때문에 대법원도 "이러한 조서는 형사소송법 제196조 제2항과 이에 근거를 둔 사법경찰관리 집무규정 제2조에 의하여 사법경찰리가 검사 등의 지휘를 받고 수사사무를 보조하기 위하여 작성한 서류라 할 것이므로, 이를 권한 없는 자가 작성한 조서라 할 수 없다"고 보아 그 증거능력을 인정하였던 것이다[37].

그러나 최근 사법경찰관은 17,000명을 넘어섰고 경위만 하여도 12,000명에 가깝다[38]. 따라서 이제는 형사소송법 규정대로 사법경찰관으로 하여금 피의자신문을 담당하게 할 때가 되지 않았나 생각된다. 다만 피의자신문과 조서화 업무 전부를 사법경찰관이 담당한 경우에만 사법경찰관 작성 피의자신문조서의 증거능력을 인정한다고 하기에는 무리가 따른다. 검사 작성 피의자신문조서의 경우에도 과거 검찰주사(보)가 사실상 피의자신문을 담당하고 조서작성을 완성한 후 검사는 서명만 담당하다가, 지금은 검찰주사가 피의자신문을 보조하는 가운데 신문의 주된 내용에 대하여는 검사가 직접 피의자를 신문하는 등으로 실질적으로 신문을 진행한 경우에만 검사 작성 피의자신문

---

[37] 대법원 1969.12.9. 선고 69도1884 판결.
[38] 인터넷자료 사이버경찰청 정보마당 통계자료실 경찰계급별 인력구성(2010.12.31.기준) 참조.

조서의 증거능력을 인정하고 있다. 현재로서는 사법경찰관 작성 피의자신문조서의 경우에도 조서의 작성 및 피의자신문 보조의 역할은 사법경찰리가 수행하더라도 사법경찰관이 신문의 주된 내용을 직접 신문하는 등으로 실질적으로 신문을 진행한 경우에만 사법경찰관 작성 피의자신문조서의 증거능력을 인정하여야 할 것이다.

Ⅳ. 신문과정 영상녹화의 의미

사법개혁추진위원회에서의 오랜 논의를 거쳐 2007년 개정 형사소송법에서 피의자신문과 참고인진술에 대한 영상녹화제도가 처음으로 도입되었다. 형사소송법 제244조의2는 피의자에게 영상녹화사실을 알려주기만 하면 수사기관의 판단에 따라[39] 피의자의 진술을 영상녹화할 수 있음을 규정하고 있으며, 제221조는 참고인의 동의를 받은 경우 피고인의 진술을 영상녹화할 수 있음을 규정하고 있다.

통상적으로 수사기관은 수사기밀 노출 등을 이유로 수사과정의 영상녹화제도를 반대하고, 법원이나 시민단체 등은 수사과정의 인권침해 방지 혹은 적법성 확인 등을 이유로 이를 찬성할 것으로 예상되고, 실제로도 많은 나라에서 그와 같은 현상을 보여온 것이 사실이다. 그런데 우리나라에서는 시민단체들은 영상녹화제도가 도입되면 수사기관이 피의자나 참고인 등을 조사하는 과정을 영상녹화한 후 이에 기대어 조서의 증거능력을 더 강력히 주장할 것을 우려하여 영상녹화제도의 도입을 반대하였고[40], 법원 역시 영상녹화물이 그대로 증거로 제출될 경우 법관의 심증에 직접적인 영향을 주어 공판중심주의가 몰각될 우려가 있다는 이유로 이를 반대하였다[41]. 반면에 수사기관은 실질적 진정성립 인정 도구로의 활용가능성 등을 염두에 두고 그 도입에 적

---

[39] 참고인의 진술은 그의 동의를 받아야 영상녹화할 수 있는 것과 대비된다(제221조 제1항).
[40] 참여연대는 '공판중심주의 법정심리절차 확립을 위한 형사소송법 개정안에 대한 의견서(2005.11.)에서 "비록 엄격한 조건을 붙이기는 했지만, 영상녹화물이 증거로 사용될 수 있는 근거조항이 마련되었다는 점은 매우 우려할만한 조치라고 평가하지 않을 수 없으며, 따라서 영상녹화물에 대해 증거능력을 부여할 수 있는 근거조항을 전면 삭제하는 것이 바람직하다"는 입장을 보인 바 있다(정웅석, "피의자신문의 영상녹화에 관한 연구", 법조 제57권 제110호(통권 제625호), 법조협회, 2008.1.8면에서 재인용).
[41] 법원의 위와 같은 태도는 형사소송법 개정법률 해설, 법원행정처, 2007. 51면 등에 충분히 드러나 있다.

극적이었다[42].

도입과정의 기이한 현상에서도 알 수 있듯이 영상녹화를 수사과정의 적법성 확인 수단으로만 파악한다면 이는 피고인을 위한 제도일 수 밖에 없으나, 수사과정에 수집·형성된 증거자료의 증거능력 인정을 위한 도구 기타 증거의 가치를 향상시키는 방법으로 활용될 수 있다면 영상녹화는 수사기관을 위한 제도일 수도 있다. 실제로 검사 작성 피의자신문조서의 경우 실질적 진정성립을 인정하기 위한 대체적 수단으로 영상녹화물이 활용되며(형사소송법 제312조 제2항), 피고인 또는 피고인 아닌 자가 법정에서 진술함에 있어 기억이 명백하지 아니한 사항에 관하여 기억을 환기시켜야 할 필요가 있다고 인정되는 때에는 영상녹화물을 재생하여 시청하게 할 수 있다(제318조의2 제2항).

그러나 현행 형사소송법에 의하면 사법경찰관 작성 피의자신문조서는 피고인이 그 내용을 인정하여야 증거능력이 인정되므로, 영상녹화물을 증거능력 인정을 위한 도구로 활용할 수 있는 여지가 전혀 없다. 더 나아가 기억환기를 위한 영상녹화물 재생 역시 증인이나 범죄사실을 인정하는 피고인의 경우에나 사용할 수 있는 방법이지, 범죄사실을 부인하는 피고인에게 사용할 수 있는 방법이 아님이 명백하다. 결국 영상녹화를 통하여 조사과정의 적법성이나 조서의 진정성립이 확인된다고 하더라도 경찰 조사에서 도출된 피의자신문의 결과는 전혀 증거로 사용될 가능성이나 필요성이 없는 것이다.

사정이 이와 같다면 경찰의 입장에서는 경찰 조사단계에서 피의자를 조사하면서 그 과정을 영상녹화할 법률적 실익이 전혀 없다. 피의자 측에서는 조사과정의 적법성 확보를 위해 영상녹화를 요구할 실익이 있다고 볼 수도 있지만, 실제로는 피의자신문에 대해 묵비권을 행사해 버리거나 아무렇게나 대답해 버리고 법정에서 내용을 부인하면 조서를 휴지화할 수 있기 때문에 굳이 영상녹화를 요구할 영상녹화의 법률적 실익이 전혀 없다. 그러함에도 양적인 면에서 사법경찰관 작성 피의자신문조서의 경우

---

[42] 황은영, "피의자신술의 객관적 확보방법-현재 피의자신문조서의 증거능력의 한계점과 새로운 방법 모색", 수사연구 제22권 제1호(2004. 4.), 수사연구사, 16면.

보다는 좀 덜하지만 오늘도 수많은 경찰 피의자신문 상황이 영상녹화되고 있는 것이다. 경찰 영상녹화가 최소한의 법률적 의미를 가지려면 앞에서 설명한대로 사법경찰관 작성 피의자신문조서 역시 기본적으로는 피고인의 진정성립 인정을 요건으로 증거능력을 부여하면서 영상녹화를 사법경찰관 작성 피의자신문조서 진정성립의 입증을 위한 도구로 활용하는 길을 열어주어야 한다. 이렇게 하면 피의자를 위해서도 영상녹화를 통해 경찰 피의자신문의 적법성이 확보된다는 기능을 가지게 된다.

영상녹화물 자체를 직접 증거로 사용할 수 있는가에 대하여도 극심한 의견대립이 있으나, 현행 형사소송법은 진정성립 입증과 기억환기 용도 외에는 증거로 사용하지 못한다는 취지라고 해석된다(제318조의2 제2항). 영상녹화물이 사법경찰관 작성 피의자신문조서에 국한되는 문제가 아니기 때문에 이글에서 본격적으로 다루지는 않겠다. 다만 공판중심주의 이념에 따라 영상녹화물 자체를 조서를 대체할 증거로 사용하기는 어렵다고 한다고 하더라도, 피고인으로부터 '신문과정에 위법수사가 있었다'는 주장이 제기된다면 영상녹화물 자체를 위법수사 여부의 확인을 위한 증거로 사용하여야 하는 것을 물론이거니와, 그 밖에도 조서의 기재만으로는 진술의 의미를 이해하기 어려운 등의 사정이 있어 법관이 당시의 진술 상황을 직접 확인하는 것이 필요하다고 인정되는 경우라면 영상녹화 내용에 대한 검증의 방법으로 영상녹화물 자체를 증거로 사용할 수 있는 예외적 허용규정 정도는 두어도 공판중심주의의 이념을 해치지 않으면서 실체적 진실발견과 소송경제의 이념에도 부합할 수 있는 길이 아닌가 생각된다.

V. 조사경찰관 증언의 증거능력

현행 형사소송법에 따르면 사법경찰관 작성 피의자신문조서가 사실상 증거능력이 없는 서면이기 때문에 그간 경찰 조사과정에서 획득한 피의자의 진술을 법정에 증거로 현출하려는 여러 가지 노력들이 시도되었는데, 그 중 가장 중요한 것은 조사를 담당하거나 참여하였던 경찰관이 법정에서 피의자 신문과정에 지득한 사실을 증언으로 현출하는 것이었다. 실제로 미국과 같이 수사단계에 피의자신문조서를 작성하지 아니하는 나라는 수사과정에 지득한 피의자의 진술을 법정에 증거로 현출하는 당연한 방법이 경찰관의 증언이다.

그러나 2007년 형사소송법 개정 전 우리 대법원은 "피고인이 사법경찰관 앞에서의 진술의 내용을 부인하고 있는 이상 피고인을 수사한 경찰관이 증인으로 나와서 수사과정에서 피고인이 범행을 자백하게 된 경위를 진술한 증언은 위 형사소송법 제312조 제2항(현행 형사소송법 제312조 제3항에 해당)의 규정과 그 취지에 비추어 볼 때 증거능력이 없다, 만일 수사에 관여한 경찰관이 피고인이 경찰 수사과정에서 범행을 시인하게 된 경위를 증언하였다 하여 이를 유죄인정의 증거로 한다면 형사소송법 제312조 제2항의 취지가 몰각되고 마는 결과가 되기 때문이다"고 하면서 그 증거능력 부정해 왔으며[43], 다수 견해 역시 이와 같았다[44]. 다만 일부 학설은 조사 혹은 참여 경찰관은 제316조 제1항이 규정한 "피고인 아닌 자"에 해당함에 의문이 없으며, 제312조 제1항에 의하여 증거능력을 가지지 못하는 것은 조서이지 그 내용인 진술 자체가 아닐 뿐만 아니라, 판례와 같은 해석은 실체적 진실발견이라는 형사소송의 목적에도 않고 구두변론주의나 직접주의 또는 공판중심주의적 재판운용에도 부합하지 않는다고 설명하면서 조사경찰관 증언의 증거능력을 인정하여야 한다고 반박하였다[45].

조사경찰관 증언 문제는 2005년부터 사법개혁추진위원회에서 검사 작성 피의자신문조서, 사법경찰관 작성 피의자신문조서의 증거능력과 함께 중요 논제로 논의되다가, 결국 사법경찰관 작성 피의자신문조서 증거능력의 조건으로 "내용인정"을 유지하는 대신 경찰 수사단계에서 나온 피고인의 진술을 공판중심주의의적 이념에 부합하는 방법으로 증거화할 수 있는 탈출구로서 입법적으로 채택되었다. 즉 개정 형사소송

---

43) 대법원 1980.8.12. 선고 80도1364 판결, 대법원 1983.6.14. 선고 83도1011 판결 등. 초기의 판례는 조사 참여 경찰관의 증언에 대하여 증거능력을 부여하기도 하였고(대법원 1967.6.13. 선고 67도608 판결), 조사 참여 경찰관에 대한 검사 작성 참고인진술조서에 대하여 "특단의 사정이 없는 한 그 피고인의 진술이 특히 신빙할 수 있는 상태에서 행하여진 것으로는 볼 수 없다"고 판단하기도 하였으나(대법원 1968.11.19. 선고 68도1366 판결 등) 이후 위와 같이 증거능력을 원천봉쇄하는 것으로 태도를 바꾸었다.
44) 천진호, "피고인의 경찰진술을 내용으로 하는 증언의 증거능력에 대한 재검토", 저스티스 통권 제84호 (2005. 4), 223면 이하.
45) 차용석, "사법경찰관의 수사서류의 증거능력", 고시계(1993. 6.), 고시계사, 89면 이하; 이완규, "피고인의 경찰 진술을 내용으로 하는 수사경찰관 증언의 증거능력", 저스티스 통권 제78호, 한국법학원, 2004. 4, 142면 이하; 정웅석, "수사경찰관의 법정 진술의 증거능력", 형사법의 신동향 통권 4호, 대검찰청, 2006. 10, 77면 이하.

법 제316조(전문의 진술) 제1항 "피고인이 아닌 자" 다음에 "(공소제기 전에 피고인을 피의자로 조사하였거나 그 조사에 참여하였던 자를 포함한다. 이하 이 조에서 같다.)"는 내용을 추가함으로써 그간의 대법원 판례를 입법적으로 변경하였다. 위 개정된 규정에 따르면 경찰 조사단계에 피의자신문에 관여하였던 경찰관이 법정에 증인으로 나와 신문과정에 지득한 사실을 증언하는 경우[46] 피의자의 원진술이 특신상태에서 행하여졌음을 증명하면 피의자의 원진술을 내용으로 하는 경찰관의 전문진술이 증거능력을 가지게 된다. 이러한 경우 사법경찰관 작성 피의자신문조서의 내용을 부인하는 피고인의 진술에도 불구하고 위 전문진술을 믿느냐 하는 것은 결국 증명력의 문제로서 법관의 자유심증에 의하게 된다.

위와 같은 개정에 대하여도 극심한 찬반의 견해 대립이 있다. 이를 반대하는 입장에서는 조사경찰관 증언제도의 도입은 제312조를 우회할 수 있는 길을 열어줌으로써 제312조 자체를 사실상 사문화시키는 결과를 가져온다고 보고 있다[47]. 그러나 이를 찬성하는 입장에서는 증거가치가 높은 경찰단계에서의 피의자 진술이 증거로 채택되어 실체적 진실발견에 기여할 수 있고, 조서가 아닌 증언의 형태로 현출되기 때문에 공판중심주의와 구두변론주의에 부합하며, 경찰 스스로도 수사와 재판의 결과에 책임감을 가지게 되고 반대신문을 통하여 피의자 신문 당시의 분위기가 노출되어 특신상황 판단의 정황자료로 사용될 수 있을 뿐만 아니라, 이중수사를 줄이고 검사 작성 피의자신문조서의 지위를 상대화할 수 있는 기회가 된다는 점 등을 지적하고 있다[48].

조사경찰관의 증언제도도 반대하는 견해는 수사단계에 수집된 증거의 가치를 전혀 인정하지 않는 것과 마찬가지이므로 수긍하기 어렵다. 그러나 이를 찬성하는 견해에 대하여도 다시 한 번 생각해 보아야 할 문제가 있다. 사법경찰관 작성 피의자신문조서의 증거능력을 인정하지 않으면서 조사경찰관의 법정 증언의 증거능력을 인정하는 것이 이념적 또는 실무적 측면에서 어떤 의미가 있느냐 하는 것이다. 먼저 사법경찰

---

[46] 물론 검찰 피의자신문에 관여하였던 공무원이 신문에서 들은 피의자의 진술을 법정에서 증언하는 경우에도 위 조항에 따라 증거능력을 가질 수 있겠지만 검사 작성 피의자신문조서는 실질적 진정성립만 입증하면 증거능력을 가질 수 있기 때문에 굳이 검찰공무원이 증인으로 나올 실익은 적을 것이다. 결국 위 조항은 경찰의 피의자신문을 주된 대상으로 상정하고 있다 할 것이다.
[47] 천진호, 앞의 사개추위의 형사소송법 개정안과 공판중심주의의 올바른 자리매김, 37면,
[48] 서보학, 앞의 논문, 182면-183면.

관 작성 피의자신문조서의 증거능력을 인정하지 않는다는 것의 이념적 전제는 경찰에서의 피의자신문의 적법성이나 그 결과인 조서의 공정성을 믿지 못하겠다는 것일 터인데, 그와 같은 터전 위에서 조사경찰관의 법정 증언은 '피의자 진술의 특신상태'만 입증되면 증거로 하겠다는 것이 용인될 수 있는지 의문이다. 불법하거나 공정하지 못한 방법으로 피의자를 신문하고 신문결과를 피의자의 진술과 다르게 기재하고 서명날인을 강요하여 사법경찰관 작성 피의자신문조서를 받아낼 우려가 있는 경찰관이라면 법정에 증인으로 나와서도 당연히 신문과정이나 피의자의 진술 내용을 허위로 증언하면서 특신상태에 대하여도 그럴듯하게 왜곡하여 증언할 가능성이 얼마든지 있을 것이다. 오히려 사법경찰관 작성 피의자신문조서의 경우에는 수사과정확인서 작성이나 조서 말미에 피의자 본인의 서명날인이 요건으로 되어있어, 피의자 본인이 조서를 읽어보고 불법한 수사가 있었다거나 기재 내용이 실제의 진술과 다를 때에는 서명날인을 거부할 수 있는 최소한의 안전장치가 있으며 신문과정이 영상녹화 되었다면 그와 같은 점이 더욱 확실해지겠지만, 조사경찰관의 증언에는 이와 같은 피의자가 역할을 할 수 있는 안전장치조차도 전혀 없다. 물론 증언에 대하여는 피고인측의 반대신문이 가능하므로 만일 증언에 허위가 있다면 반대신문을 통해 허위인 점을 밝힐 수 있다고 설명할 수 있지만, 이는 어디까지나 이론이고 반대신문을 통해 증언의 신빙성을 탄핵하는 것이 얼마나 어렵고 가능성이 낮은 일인지는 실무를 경험해 본 사람은 다 알고 있는 일이다[49)50)]. 이러한 점들을 모두 고려한다면 적어도 우리나라 상황에

---

49) 실무가들은 반대신문을 '양날을 가지고 있는 칼'이라고 부른다. 왜냐하면 확실한 근거자료 없이는 반대신문을 통해 진실을 밝히기가 어려울 뿐만 아니라 어설프게 하다가는 오히려 반대신문자 측에게 불리한 사실이 나올 가능성이 적지 않기 때문이다. 이 때문에 "가장 좋은 반대신문은 하지 않는 것"이라는 말이 있을 정도이다(증인신문의 기술, 사법연수원, 2010. 98면). 특히 증언자가 일반인도 아닌 수사 전문가인 경찰관인 점을 감안할 때 피고인측의 반대신문으로 경찰관이 위증하고 있음을 밝힐 가능성은 매우 낮아 보인다. 오히려 그러한 시도들은 피고인의 죄질을 나쁘게 만들어 양형상 불이익으로 작용할 가능성이 크며, 이러한 가능성은 다시 피고인으로 하여금 치열한 반대신문을 하지 못하게 하는 족쇄로 작용할 가능성으로 확대된다. 결국 반대신문을 통해 경찰관 증언의 신빙성을 탄핵한다는 것은 대부분의 경우 환상이다. 실제로 미국에서도 경찰관 증언에서 별다른 의심할만한 사정이 발견되지 않는 한 90% 이상 그 증명력이 인정된다고 한다(유장만, 앞의 논문, 308면).
50) 혹자는 경찰관이 굳이 위증까지 해가면서 피고인을 유죄로 몰고갈 이유가 어디에 있겠는가라고 주장하겠지만, 그렇다면 경찰관이 불법수사를 동원하고 허위의 조서를 작성해가면서까지 피의자를 유죄로 몰고갈 이유는 어디에 있겠는가 라고 반문할 수 있을 것이다. 다시 경찰관이 위증을 하면 위증죄로 처벌된다는 점을 진실성의 담보라고 주장한다면, 불법수사와 허위조서의 작성 역시 직권남용 혹은 허위공문서 작성 등 범죄를 구성한다는 점도 이와 다르지 않다는 점을 강조하고 싶다.

서 사법경찰관 작성 피의자신문조서의 증거능력을 사실상 부정하면서 조사경찰관의 증언에는 증거능력을 부여하는 형사소송법의 태도는 전혀 합리적이지 못하다고 말할 수 있다.

이에 더하여 조사경찰관 증언은 실제 조사로부터 상당기간 뒤에 이루어지기 때문에[51] 조사 당시의 정황과 피의자 진술내용을 정확하게 기억하기 어렵다는 문제점도 함께 가지고 있다. 이 때문에 경찰관은 주요 피의자를 신문할 때에는 조사 정황과 피의자의 진술내용을 메모해 두었다가 증언에 활용하거나 피의자신문조서 혹은 영상녹화물을 기억환기용으로 사용할 수 밖에 없다[52]. 그러나 아무런 증거능력도 없는 피의자신문조서나 영상녹화물을 기억환기용으로 사용하기 위해 작성하라고 할 수는 없는 노릇이고, 메모도 해두지 않았거나 메모 내용이 사실과 다를 수도 있으며, 경찰관이 잘못 기억하는 경우도 충분히 있을 수 있는 등 이래저래 그 신빙성에 문제가 많은 것도 사실이다.

그렇다면 조사경찰관 증언제도를 어떻게 자리매김 하여야 할 것인가? 사법경찰관 작성 피의자신문조서의 증거능력을 인정하지 않으면서 조사경찰관의 증언에만 증거능력을 부여하는 것이 옳지 못하다고 하여 조사경찰관 증언조차도 증거로 사용하지 못하게 하는 것은 더더욱 합리적이지 못하다. 조사경찰관의 증언마저 증거로 사용하지 못하게 한다면 정말로 경찰 수사단계에서 획득한 피의자의 진술을 증거로 사용할 방법이 완전히 없어지게 되기 때문이다. 그렇다고 피의자신문조서의 증거능력만 인정하고 조사경찰관 증언의 증거능력을 인정하지 않는 것 역시 공판중심주의적 이념에 비추어 합리적이지 못하다. 조사경찰관의 증언 즉 주신문과 반대신문을 통해 피의자의 진술 내용과 그러한 진술이 나오게 된 경위 및 신문과정 적법성 등에 대한 증거자료를 도출할 수 있기 때문이다.

---

51) 수사와 재판의 일반적인 진행속도를 감안하면 적어도 1개월 이상이며, 길면 수개월일 수도 있다.
52) 미국의 경우에도 경찰관이 증언을 하기 전에 노트나 피고인이 작성한 진술서 등을 보는 것은 허용되며 이렇게 하는 것이 일반적이고 피고인의 변호인은 경찰관에게 증언을 준비하기 위하여 어떤 자료들을 보았는지 물어볼 수 있다고 한다. 유장만, 앞의 논문, 312면.

그렇다면 결론은 명확해진다. 조사경찰관의 증언에 증거능력을 부여하는 것과 마찬가지로 사법경찰관 작성 피의자신문조서에도 실질적인 증거능력을 부여한 다음[53], 두 증거가 모두 법정에 현출되었을 경우에는 법관은 신중히 그 신빙성, 즉 증명력을 판단하여야 하는 것이다. 더욱이 앞에서 설명한 바와 같이 사법경찰관 작성 피의자신문조서의 증거능력 조건으로 "공판기일에 그 진술 경위에 대하여 조사경찰관 혹은 참여경찰관을 신문할 수 있었던 때"를 추가한다면 피고인이 원하는 경우 조사경찰관 등을 증인으로 소환하여 신문과정의 적법성과 조서 기재와 같은 진술이 나오게 된 경위 등에 대하여 신문할 수 있게 되므로[54] 이를 통해 수사의 적법성을 확인하고 기재 내용의 진의를 밝히는데 큰 도움이 되리라 생각된다.

Ⅵ. 나가며

적법하고 공정한 수사절차를 통해 피의자신문이 이루어지고 그 과정에 피의자의 진술이 그대로 조서화 되었다면 검사 작성이든 사법경찰관 작성이든 피의자신문조서는 증거능력을 인정받아 법정에서 증거조사의 대상이 될 수 있어야 한다. 그리고 수사절차가 적법하고 공정하게 이루어졌고 피의자가 진술한대로 기재되었다는 사실은 피고인 본인의 인정 혹은 영상녹화물 기타 객관적인 방법으로서 입증될 수 있을 것이다. 그러나 현행 형사소송법상 검사 작성 피의자신문조서와 달리 사법경찰관 작성 피의자신문조서는 수사절차의 적법성과 공정성, 조서의 진정성립이 아무리 입증된다고 하더라도, 피고인이 '내용인정'이라는 은혜적 처분을 내려주지 않는 한 사법경찰관 작성 피의자신문조서는 증거로서의 지위를 인정받지 못하며 조사경찰관의 증언이라는 우회적인 방법으로 증거화될 수 있을 뿐이다. 이는 어느 모로 보나 부당하다.

지금도 사법경찰관의 피의자 신문과정이나 그 조서화 과정에 적법성과 공정성을 인정받기 위하여 여러가지 제도들이 마련되어 있다. 언제나 제도보다는 운용이 중요

---

[53] 사법경찰관 작성 피의자신문조서에 증거능력을 부여하는 조건은 앞(Ⅱ)에서 살펴본 바와 같으므로 재론하지 아니한다.
[54] 결국 조사경찰관의 증인 출석은 검사가 신청하는 경우뿐만 아니라 피고인이 신청하는 경우에도 이루어지게 된다.

한 것은 사실이지만, 사법경찰관 작성 피의자신문조서의 증거능력을 인정받기에 지금의 제도적 장치로는 다소간 부족한 점이 있다고 생각된다. 이를 보완하기 위해 필자는 경찰서 상주 변호사 제도의 적극적 도입, 조사경찰관에 대한 탄핵적 증인신문 제도, 신문 내용과 조서화 과정의 객관성, 공정성 확보 등을 제안하였다. 이러한 제도적 보완을 거친 후 사법경찰관 작성 피의자신문조서도 실질적인 증거능력을 인정받아 법정에 증거로 제출되고 필요하다면 조사경찰관의 증언도 현출된 상황에 법관은 합리적인 신빙성 비교를 통해 증명력을 판단하면 된다. 이러한 방법으로 심증을 형성하는 것이 공판중심주의의 본래의 취지와도 부합하는 것이라 보인다.

형사소송법 제313조에 대한 해석론적, 입법론적 고찰

Ⅰ. 들어가며[1]

1. 진술서와 진술기재서류

형사소송법 제313조는 "진술서 등"이라는 표제 하에 제1항에서는 진술서와 진술기재서류[2]의 증거능력에 대하여, 제2항에서는 감정서의 증거능력에 대하여 규정하고 있다. 여기에서 말하는 진술서란 진술자 자신이 자필로 또는 타자기나 컴퓨터 등을 사용하여 자신의 의사를 기록한 서류를 의미하고, 진술기재서류란 진술자의 진술을 제3자가 기록한 서류를 의미한다. 법원이나 법관의 조서, 검사나 사법경찰관의 조서는 진술서 또는 진술기재서류의 형태를 띠고 있다고 하더라도 제311조, 제312조가 적용되기 때문에 제313조와 무관하다.

진술서가 증거로 제출되는 경우는 많지만 진술기재서류가 증거로 제출되는 경우는 흔하지 않다. 다만 최근 사인이 타인의 진술을 녹취 또는 녹화한 녹음테이프, 비디오테이프 등이 증거로 제출되는 경우가 적지 않은데, 이러한 경우 타인의 진술을 기재한 서류와 다를 것이 없으므로 제313조 제1항에 의율한다는 것이 통설적 견해이자 대법원의 확립된 판례이다. 실제로도 진술기재서류를 직접 다룬 판례는 거의 없으나, 녹음테이프 등에 녹음된 피고인의 진술에 대한 판례가 조금 있어 이를 통해 진술기재서류에 대한 제313조 제1항에 대한 대법원의 태도를 추론하고 있는 것이 현실이다.

과거 수사기관에서 피의자나 참고인을 조사하고 조서로 작성하여야 할 것을 피의자나 참고인으로 하여금 진술서 형태로 작성 제출케 하는 일이 많았고 이러한 경우

---
1) 이글은 2017년 형사소송법이 개정되기 전, 제313조가 제1항과 제2항으로만 구성되어 있을 때 작성되었다.
2) 진술기재서면, 진술기재서, 진술녹취서 또는 진술조서라고 부르는 분도 있으나 여기에서는 법문의 표현을 빌어 진술기재서류라고 부르기로 한다.

진술서가 증거능력을 가지기 위한 요건을 어떻게 파악하느냐에 대하여 견해가 대립되고 있었다. 그런데 대법원은 "사법경찰관이 피의자를 조사하는 과정에서 형사소송법 제244조에 의하여 피의자신문조서에 기재됨이 마땅한 피의자의 진술내용을 진술서의 형식으로 피의자로 하여금 기하여 제출케 한 경우에는 그 진술서의 증거능력 유무는 검사 이외의 수사기관이 작성한 피의자신문조서와 마찬가지로 형사소송법 제312조 제2항에 따라 결정되어야 할 것이고 동법 제313조 제1항 본문에 따라 결정할 것이 아니다"고 판시하였고[3], 이 후 2007년 형사소송법 개정시 제312조 제5항을 신설하여 위 판례의 이론을 입법적으로 채택하여 논쟁을 종식시켰다. 다만 위 조항에 대하여도 '수사과정'이 무엇을 뜻하는지 등과 관련한 다소간의 견해 대립이 없지는 않지만[4], 이글에서는 이 부분에 대한 더 이상의 언급을 피하고 제313조 제1항과 제2항의 해석론과 이에 대한 입법론적 비판에만 초점을 맞추고자 한다.

2. 문제의 제기

제313조 제1항에 따르면 진술서는 진술자의 자필이거나 그 서명·날인이 있는 것은 공판준비 또는 공판기일(현실적으로 공판준비기일이 열리는 경우가 많지 아니하므로 앞으로는 '공판기일'이라고만 한다)에 진술자의 진술에 의하여 그 성립의 진정이 증명되면 증거능력이 인정된다고 하고 있다. 그러나 자필도 아니고 서명·날인도 없지만 진술자가 진정성립을 인정하는 경우에는 증거능력이 인정될 수 없는가? 진술자가 진정성립을 인정하지 아니하는 경우 필적이나 서명·날인 감정 등에 의하여 진정성립을 증명하여 증거능력을 인정할 수는 없는가? 진정성립만 증명되면 상대방에게 반대신문권을 보장해 주지 않더라도 증거능력이 인정하는 것이 바람직한가? 더 나아가 제313조 제1항 단서에서는 '피고인의 진술을 기재한 서류'에 대한 특칙이 규정되어 있는데 이때 '피고인의 진술을 기재한 서류'에 피고인의 진술서도 포함되는가? 피고인의 진술을 기재한 서류에 대하여는 그 진술이 특신상태에서 행하여졌을 것을 추가로 요구하고 있는데 진술서(만일 피고인의 진술서가 위 단서에 적용된다면 '피고인 아닌 자의 진술서')에는 그와 같은 요건이 필요하지 않은가? 라는 의문이 제기된다.

---

[3] 대법원 1982.9.14. 선고 82도1479 판결.
[4] 이에 대한 상세한 내용은 서태경, "개정 형사소송법 제313조 제1항에 대한 소고", 한양법학 제20권 1집, 한양법학회, 2009, 260면; 양동철, "진술서·진술녹취서의 증거능력", 경희법학 제48권 1호, 경희법학연구소, 2013, 439면.

진술기재서류의 경우에는 문제가 이보다 더 복잡하다. 제313조 제1항 조문에는 "작성자 또는 진술자의 자필이거나 그 서명·날인이 있고 공판기일에 작성자 또는 진술자의 진술에 의하여 성립의 진정이 인정되면 증거능력이 인정된다"고 되어 있다. 그러나 여기에서 자필이 누구의 자필인가? 서명·날인이 누구의 서명·날인인가? 성립의 진정 인정이 누구의 인정인가? 등이 전혀 불명하다. 또한 단서에서는 '피고인의 진술을 기재한 서류'에 대하여 특칙을 규정하고 있는데 본문 요건 필요 없이 위 특칙의 요건만 충족하면 증거능력을 가진다는 것인가? 아니면 본문 요건과 단서 요건을 중첩적으로 충족하여야 증거능력을 가진다는 것인가? '피고인의 공판기일에서의 진술에 불구하고'라는 말 중 '공판기일의 진술'이 어떠함에도 불구하고 라는 의미인가? 등도 모두 의문스럽다.

더 나아가 제2항은 감정서의 경우에도 제1항과 동일한 조건으로 증거능력을 가진다고 하지만, 감정서가 제1항 중 진술서인지 진술기재서류인지도 의문일 뿐만 아니라 앞에서 말한 진술서 또는 진술기재서류로서의 문제점들을 역시 그대로 안고 있다. 이에 더하여 감정서를 일반인이 작성한 진술서나 진술기재서류와 동일한 조건으로 증거능력을 인정하는 것이 합리적인지도 의문이 아닐 수 없다.

이하에서는 진술서의 증거능력 조건(Ⅱ)과 진술기재서류의 증거능력 조건(Ⅲ)을 순차적으로 살펴보고 감정서의 증거능력 조건과 그 타당성을 검토한 후(Ⅳ) 필자의 주장을 종합한 제313조 개정안을 제시하는 것(Ⅴ)으로 결론에 대신하고자 한다[5].

3. 외국 입법례의 검토

제313조에 대한 본격적인 검토에 들어가기에 앞서 진술서와 진술기재서류에 관련된 외국의 입법례를 살펴보는 것도 의미가 있다고 생각된다. 먼저 독일 형사소송법은 영미식의 전문법칙을 채택하지 않으면서 그와 기능이 유사한 직접심리주의를 운용하

---

[5] 한편, 법문 중에 "공판준비 또는 공판기일"이라는 표현이 수회 등장하지만, 공판준비기일이라고 공판기일과 다른 특별한 법리가 적용되지도 않고 실제로 공판준비기일 자체의 활용이 매우 저조하므로 이글에서는 설명의 편의를 위하여 "공판기일"이라고만 서술하고자 한다.

고 있기 때문에 원칙적으로 진술자가 직접 공판정에 출석하여야 하고 진술서나 진술기재서류를 증거로 제출하는 것은 허용되지 아니한다. 다만 증거동의가 있는 경우 또는 진술할 자가 사망 등의 사유로 법정에 출석하여 증언할 수 없는 경우에만 진술서나 진술기재서류가 증거로 제출될 수 있다. 다만 진정성립 인정, 특신상태나 임의성 등에 대하여 아무런 규정이 없기 때문에 증명력의 문제로 해결하는 것으로 보인다[6].

미국의 연방증거법 제8장은 전문법칙에 대하여 상세히 규정하고 있다. 제801조에서 전문증거에 전문진술 뿐만 아니라 전문서류도 당연히 포함하면서도 제804조에서 원진술자가 증언거부권, 증언거부, 사망이나 질병, 불출석 등의 사유로 공판정에 출석하여 증언할 수 없는 경우에는 종전의 소송상 증언, 임종시의 진술, 이해관계에 반하는 진술, 개인사나 가족사에 대한 진술 등에 대하여는 전문증거라도 증거능력이 있다고 규정하고 있다. 따라서 진술서나 진술기재서류가 위와 같은 요건들을 충족하여 증거로 사용될 가능성은 매우 낮아 보인다.

일본 형사소송법은 우리 형사소송법과 매우 유사하지만 전문법칙에 관하여는 매우 다르다. 진술서와 진술기재서류에만 한정하여 살펴보더라도 일본 형사소송법은 피고인 아닌 자의 진술서와 진술기재서류[7]를 제321조 제1항에서, 피고인의 진술서와 진술기재서류를 제322조 제1항에서 나누어 각각 규정하고 있다. 제321조 제1항은 피고인 아닌 자의 진술서와 진술기재서류는 "진술자"의 서명 또는 날인이 있어야 증거로 할 수 있다고 하면서도 법관이나 검사 면전의 진술기재서류는 진술자가 사망 등의 사유로 공판기일에 진술할 수 없거나 공판기일의 진술과 상이할 때(검사 면전 진술기재서류에 대하여는 공판기일의 진술보다 더 신용할만한 특별한 정황이 있어야 한다는 조건이 더 요구된다)에는 증거능력을 부여하는 한편, 그 밖의 진술서와 진술기재서류(사법경찰관리 앞에서 작성된 경우도 포함되는 것으로 해석된다)는 그 진술이 특신상태에서 이루어졌으며 그 진술이 범죄 증명

---

[6] 제250조 증거조사의 직접성 어떤 사실에 관한 증거가 개인의 지각에 근거하고 있는 경우 공판에서 그를 신문하여야 한다. 과거 신문시 작성된 조서의 낭독이나 서류상의 진술로써 그 신문을 대체할 수 없다. 제251조 제2항 피고인에게 변호인이 있는 경우 검사, 변호인, 피고인이 동의한 때에는 증인, 감정인 또는 공동피의자에 대한 신문을 이들의 서면진술을 포함하는 기록이나 이들에 대한 다른 신문조서의 낭독으로 대체할 수 있다. 그 밖에 증인, 감정인 또는 공동피의자가 사망하였거나 다른 사유로 인하여 이들에 대한 법원의 신문이 당분간 이루어질 수 없는 경우에만 낭독을 허용한다.
[7] 일본 형사소송법은 "진술녹취서면"이라고 표현하고 있다.

에 필수적이지만 진술자가 사망 등의 사유로 공판기일에 진술할 수 없는 경우에만 증거능력을 부여하고 있다. 제322조 제1항은 피고인의 진술서 또는 진술기재서류 역시 진술자인 "피고인"의 서명 또는 날인이 있어야 증거로 할 수 있다고 하면서도 누구 면전에서 작성되었는지를 묻지 않고 피고인에게 불이익한 사실의 승인을 내용으로 하거나(이러한 경우에는 진술의 임의성이 의심스럽지 않아야 한다는 조건이 추가적으로 요구된다) 또는 특신상태에서 작성되었을 것을 선택적으로 요구하고 있다. 제2항은 피고인이 법관 또는 수사기관 앞에서 작성한 진술서와 수사기관이 작성한 피의자신문조서에도 모두 적용되는데 자백을 내용으로 하는 때에는 임의성만 인정되면 곧바로 증거능력이 인정된다는 점에서 적어도 우리의 시각에서는 이채롭기까지 하다[8].

더 나아가 제321조 제4항은 감정서에 대하여 전항, 즉 수사기관 검증조서와 같은 조건으로 증거능력을 부여하고 있는데, 제321조 제3항에 의하면 검사, 검찰사무관 또는 사법경찰관의 검증의 결과를 기재한 서면은 그 진술자(검증조서 작성자로 해석된다)가 공판기일에 증인으로 신문받아 그 진정성립을 인정한 때에는 증거로 할 수 있다고 규정하고 있으므로 감정서 역시 감정인이 공판기일에 진정성립을 인정하면 증거능력이 있다는 의미가 된다.

II. 진술서의 증거능력 조건

1. 의문의 제기

---

[8] 제321조 제1항 피고인 아닌 자가 작성한 진술서 또는 그의 진술을 녹취한 서면으로 진술자의 서명 날인이 있는 것은 다음의 경우에 한하여 증거로 할 수 있다.
1호 재판관의 면전에서의 진술을 녹취한 서면(기재 생략)
2호 검찰관의 면전에서의 진술을 녹취한 서면(기재 생략)
3호 전 2호에 규정된 이외의 서면에 대하여는 진술자가 사망, 정신・신체의 이상, 소재불명 또는 국외에 있기 때문에 공판준비 또는 공판기일에 진술할 수 없고 그 진술이 범죄사실의 존부의 증명에 없어서는 아니될 것일 때. 단 그 진술이 특히 신용할만한 정황 하에서 이루어진 것인 때에 한한다.
제322조 제1항 피고인이 작성한 진술서 또는 피고인의 진술을 녹취한 서면으로 피고인의 서명 또는 날인이 있는 것은 그 진술이 피고인에게 불이익한 사실의 승인을 내용으로 하는 것인 때 또는 특히 신용할만한 정황 하에서 된 것인 때에 한하여 이를 증거로 할 수 있다. 단 피고인에게 불이익한 사실의 승인을 내용으로 하는 서면은 그 승인이 자백이 아닌 경우에도 제319조(자백의 임의성 규정)의 규정에 준하여 임의로 된 것이 아니라는 의심이 있다고 인정되는 때에는 이를 증거로 할 수 없다.

제313조 제1항이 진술서와 진술기재서류의 증거능력을 한꺼번에 규정하고 있는 관계로 조문이 복잡하기는 하나, 이를 진술서에 대한 내용만 뽑아 재구성해 보면 "① 작성자[9]의 자필이거나 그 서명·날인이 있고, ② 공판준비기일·공판기일에 작성자의 진술에 의하여 진정성립[10]이 증명되면 증거능력이 인정된다"는 취지로 규정하고 있다. 진술서의 작성자를 확인할 수 있고 진술자의 진술로 진정성립이 증명될 것을 증거능력의 요건으로 보고 있는 것이다.

그러나 앞에서도 언급한 바와 같이

① 자필도 아니고 서명·날인도 없지만 진술자가 진정성립을 인정하는 경우에는 증거능력이 인정될 수 없는가?

② 진술자가 진정성립을 인정하지 아니하는 경우 필적이나 서명·날인 감정 등에 의하여 진정성립 인정에 갈음하는 방법으로 증거능력을 인정할 수는 없는가?

③ 진정성립만 증명되면 상대방에게 반대신문권을 보장해 주지 않더라도 증거능력이 인정되는가?

④ 더 나아가 단서에서는 피고인의 진술을 기재한 서류에 대하여는 특칙이 규정되어 있는데 이때 피고인의 진술을 기재한 서류에 진술서도 포함되는가?

⑤ 피고인의 진술을 기재한 서류에 대하여는 그 진술이 특신상태에서 행하여졌을 것을 추가로 요구하고 있는데 진술서(피고인의 진술서 또는 피고인 아닌 자의 진술서)의 경우에는 그와 같은 요건이 필요하지 않은가? 등의 의문이 제기되고 있다. 항을 나누어 살펴보기로 한다.

2. 자필이나 서명·날인이 필수적인가

제313조 제1항은 "자필이거나 그 서명 날인이 있는 것은 … "이라고 규정하여 진

---

9) 제313조 제1항은 진술서와 진술기재서류를 한꺼번에 규정하고 있는 관계로 "작성자 또는 진술자"라는 표현을 반복하여 사용하고 있다. 진술기재서류의 경우에는 진술자와 작성자가 다르기 때문이다. 그러나 진술서의 경우에는 진술자의 의사를 자신이 진술서로 작성하므로 진술자와 작성자가 동일인임에 의문이 없다. 이글에서는 작성자로 표시하고자 한다.

10) 조서나 진술기재서류의 경우에는 진술자와 서류 작성자가 다르기 때문에 형식적 진정성립과 실질적 진정성립의 문제가 별도로 발생하지만 진술서의 경우에는 진술자와 작성자가 동일인이기 때문에 형식적 진정성립만 인정되면 실질적 진정성립은 따로 문제되지 않는다. 따라서 진정성립이라고만 표현하면 족하다.

술서가 작성자의 자필이거나 그 서명 날인이 있는 경우에만 증거능력을 가질 수 있는 것으로 규정하고 있다[11]. 이는 작성 명의자가 명확한 경우에만 진정성립을 확인할 수 있고 신빙성을 포함하는 증명력을 판단할 수 있기 때문인 것으로 생각된다. 그러나 자필이 아니고 서명·날인이 없더라도 작성 명의자를 확인할 수 있는 경우가 얼마든지 있다. 예컨대 작성 장면의 목격자 진술이나 영상녹화물, 진술서의 지문 감정 등이 대표적이며 기재 내용이나 문장의 특성 등을 통해서도 작성자를 밝혀낼 수 있는 경우도 적지 않다. 형법상 문서의 개념에 명의자의 특정을 요하지만 누가 명의자인지 판별할 수만 있으면 명의자가 명시적으로 표시되지 않아도 문서로 보는 것[12]과도 같은 맥락이라 할 수 있다.

물론 작성자가 공판기일에 출석하여 진정성립을 인정하여야 하는데 자필도 아니고 서명·날인도 없어 진술서가 증거능력 없더라도 증언 자체를 증거로 하면 진술서를 증거로 하는 것과 다를 것이 없다고 볼 여지도 없지 않다. 그러나 증언을 증거로 하는 것과 진술서의 기재 자체를 증거로 하는 것은 증거방법의 차이, 이로 인한 증거능력 요건의 차이, 증명력의 차이 등을 가져오기 때문에 결코 같다고 볼 수 없다. 다만 이러한 점은 해석론으로는 위 조문의 명백한 표현을 넘어서기 어렵다고 보여지므로 형사소송법의 개정을 촉구할 뿐이다.

3. 작성자 진술에 의한 진정성립 증명이 필수적인가

(1) 진정성립 증명과 진정성립 인정의 차이

제313조 제1항은 "공판기일에 작성자의 진술에 의하여 진정성립이 증명되어야 한다"고 규정하고 있는 바[13], 여기에서 작성자의 진술 이외의 방법으로는 진정성립을 증명할 수 없는가? 라는 의문이 발생한다. 그런데 위 의문은 필연적으로 "진정성립

---

[11] 이 문제는 진술기재서류에서도 공통적으로 적용되므로 진술기재서류 부분에서는 재론하지 않기로 한다. 다만 진술기재서류에서는 자필 또는 서명 날인이 누구의 것인지가 더 문제될 뿐이다.
[12] 대법원 2009.3.26. 선고 2008도6895 판결.
[13] 진술서는 작성자가 자신의 생각을 직접 기재한 것이므로 형식적 진정성립만 인정되면 실질적 진정성립이 당연히 인정되므로 이를 구별할 필요가 없다는 점은 명백하다.

증명"이 "진정성립 인정"과 다른 것인가? 라는 의문을 수반한다. 인정은 인정권자의 처분적 진술인 반면 증명은 입증에 의하여 판단자가 확신에 이르게 된다는 점에서 차이가 있다. 예컨대 피의자신문조서의 진정성립이나 내용에 대하여는 피고인 자신이 공판기일에 인정하는 진술을 하면 곧바로 진정성립이 인정되지만, 객관적 방법에 의하는 경우에는 그 자료가 제출되는 것만으로는 부족하고 객관적 방법으로 인하여 법원이 진정성립의 확신을 가지게 된 때에만 증명되는 것이다. 이러한 법리를 본건에 적용하여 보면 진술서의 진정성립은 작성자의 진술이 있다고만 인정되는 것이 아니라 그 진술을 통해 법원이 '지금 인정진술한 사람이 작성한 것이 맞구나'라는 확신이 들어야 비로소 진정성립이 증명된 것이 된다.

피의자신문조서에 관한 제312조 제1항은 피고인의 진술로 진정성립이 "인정"될 것을 요구할 뿐이지만[14], 진술조서에 관한 제312조 제4항은 진술서의 경우와 마찬가지로 원진술자의 진술 등으로 진정성립이 증명될 것을 요구하고 있다[15]. 과연 입법자가 이러한 차이를 인식하고 '인식'과 '증명'을 구별하여 입법한 것인지는 의문이나, 현재의 입법 상태로서는 피고인 본인에 관한 재판에서 피고인 자신은 진정성립을 인정하면 족하지만, 제3자인 참고인이나 작성자는 진정성립을 인정하는 것만으로는 부족하고 위 인정을 통하여 법관이 진정성립에 관한 심증을 형성할 것까지를 요구하는 것으로 해석할 수밖에 없는 것이다. 다만 진술서의 작성자가 피고인인 경우에는 진정성립 '증명'이 아닌 '인정'으로 하여야 피의자신문조서의 경우와 균형이 맞게 되는 문제점이 있는 것은 사실이다.

더 나아가 진술서의 경우에도 작성자의 진정성립 인정만으로 증거능력을 인정한다고 규정한다고 하더라도, 만일 작성자 아닌 자가 작성자라고 주장하면서 진정성립을 인정하였다면 이는 '작성자의 진정성립 인정'이 아니기 때문에 증거능력이 부정됨에

---

14) 사법경찰관 작성 피의자신문조서의 경우 피고인의 내용인정을 요건으로 하지만(제312조 제3항), 진정성립과 달리 내용에 대하여는 증명을 요구할 수 없으므로(내용의 증명은 검사의 입증책임과 동일하기 때문이다) "인정"이라는 표현이 당연하다.

15) 진정성립 인정과 객관적 방법에 의한 증명을 하나의 문장으로 함께 설시하는 과정에 "증명"이라는 표현으로 통일되었다고 볼 여지도 없지 않지만, 굳이 구별하려면 "진술에 의하여 진정성립이 인정되거나 객관적 방법으로 증명된 경우"라고 하여 인정과 증명을 구별하기 어려운 것도 아니라고 보인다.

는 아무런 문제가 없다. 다만 이와 같은 점은 진술기재서류에서 문제될 수 있을 뿐인데, 작성자가 진정성립을 인정한다고 하더라도 원진술자의 진술대로 기재되어 있는 것이 아니라면 증거능력이 부정되어야 할 것임에도 규정 형식상 증거능력이 인정되고 마는 것이다. 이 때문에 진술기재서류에서 작성자의 진정성립 인정만으로는 증거능력을 인정하지 못하도록 해석 또는 규정함이 상당하다. 이 부분은 진술기재서류의 진정성립 인정 문제에서 다시 한번 설명하기로 한다.

한편, 진정성립을 증명하는 진술자의 진술이 반드시 형식적인 진정성립 인정 진술일 필요는 없고 진술자의 공판정 진술 전체의 취지에 의하여 진정성립이 증명되면 족하다고 해석하는 견해도 없지 않다[16]. 뒤에서 설명할 바와 같이 진정성립을 작성자의 진술만으로 증명하도록 규정한 형사소송법의 태도가 부당하다고 생각되기는 하지만, 피의자신문조서나 진술조서의 경우와 마찬가지로 "작성자의 진술에 의하여 증명"한다는 규정의 해석론으로서는 진정성립 인정 여부의 진술이라고 해석하는 것이 자연스럽다는 일반적인 견해[17]가 옳다고 생각된다.

(2) 진정성립 증명의 방법

작성자의 진술 이외의 방법으로는 진정성립을 증명할 수 없는지의 문제를 본격적으로 풀어보자. 현재의 법규정대로라면 진정한 작성자가 진정성립을 인정하지 아니하는 경우 입증책임자가 아무리 다른 방법으로 진정성립을 증명하였다고 하더라도 위 진술서는 증거능력을 인정받지 못한다. 이는 마치 2007년 개정 전 검사 작성 피의자신문조서가 피고인이 법정에서 진정성립을 인정하지 않으면 증거능력을 가지지 못하게 규정되어 있었던 것과 마찬가지이다. 이러한 문제점 때문에 당시 대법원은 형식적 진정성립만 인정되면 실질적 진정성립은 사실상 추정된다는 이론을 전개하였고[18],

---

16) 이완규, "사인작성 컴퓨터문서의 진정성립 입증과 증거능력", 형사판례연구 제16집, 2008. 367-369면; 김영기, "디지털증거의 진정성립 부인과 증거능력 부여 방안", 형사판례연구 제19집, 2011, 526면; 노명선/이완규, 형사소송법, 성균관대학교 출판부, 2009, 600-601면.
17) 피의자신문조서에 관한 대법원 2008.10.23. 선고 2008도2826 판결.
18) 대법원 1993.1.19. 선고 92도2636 판결.

태도를 바꾸어 사실상 추정을 불허[19]한 이후에는 형사소송법을 개정하여 피고인이 진정성립을 인정하지 아니하면 객관적인 방법으로 진정성립을 증명하여 증거능력을 인정받을 수 있도록(제312조 제2항) 하였으며, 진술조서에 대하여도 마찬가지 조치를 취하였던 것이다(제312조 제4항).

이러한 이치는 진술서의 경우에도 마찬가지이다. 증거에 의하여 작성자의 진정성립이 증명된 경우에도 작성자 자신의 진정성립 인정이 없기 때문에 증거능력을 부정한다는 것은 진정성립이 증명되는 진술서에 대하여는 증거능력을 부여하겠다는 제313조의 취지와도 전혀 맞지 않을 뿐만 아니라, 악의적인 작성자에 의하여 형사사법 정의가 왜곡되는 것을 속절없이 바라만 보아야 하는 불합리한 결과를 초래할 뿐이다. 특히 진술서가 수사과정에 작성된 경우에는 제312조 제5항에 의하여 제312조 제1항 내지 제4항이 준용되어 "객관적인 방법에 의한 진정성립 증명"이 가능함에도 수사와 무관하게 작성된 경우에는 그와 같은 증명이 불가능하다는 것은 더더욱 이상하다[20]. 이 문제는 앞에서 다룬 자필 또는 서명·날인이 없더라도 작성자를 확인할 수 있다는 문제와 상당부분 겹치며, 결론 또한 동일하다. 작성자의 진술이 아니더라도 필적감정 등을 통하여 진정성립을 증명할 수 있는 길을 열어주는 것이 피의자신문조서나 진술조서의 경우와도 조화롭다고 생각된다[21]. 더 나아가 피의자신문조서나 진술조서는 수사기관에서 작성된 것이기 때문에 객관적 방법으로만 증명할 수 있도록 제한하고 있으나, 진술서는 사인이 자발적으로 작성한 것이어서 '객관적 방법'에 의한 증명을 기

---

19) 대법원 2004.12.16. 선고 2002도537 판결.
20) 같은 취지 서태경, 앞의 논문 263면. 양동철, 앞의 논문, 458면; 한편 작성자의 진술 외에 다른 방법에 의한 진정성립의 증명도 가능하다거나(정진연/신이철, "형사소송법 제313조 제1항의 해석과 관련한 소고", 성균관법학 제17권, 3호, 성균관대학교 비교법연구소, 2005, 363면) 제312조 ②항과 ④항의 "객관적인 방법에 의한 증명"을 제313조에 유추적용할 수 있다는 견해(양동철, 앞의 논문 455면)도 있으나, 해석론으로서는 좀 무리가 아닌가 생각된다.
21) 대법원은 "피고인의 진술이 녹음된 보이스펜이나 이에 대한 검증조서(녹취록)에 기재된 진술은 그 성립의 진정을 인정하는 작성자의 법정진술은 없으나, 피고인이 변호인이 원본인 보이스펜 자체의 청취 결과 피고인의 음성임을 인정하고 이를 증거로 함에 동의하였고, 위 검증기일에서 증거동의를 한 보이스펜에 대하여 보이스펜에 녹음된 대화내용과 녹취록의 기재가 일치하는지 확인하고, 또 녹음테이프에 수록된 대화내용도 녹취록의 기재와 일치함을 확인하였으므로, 결국 그 진정성립이 인정된다고 할 것"이라고 판시하여(대법원 2008.3.13. 선고 2007도10804 판결) 녹음테이프 등에서는 작성자의 진정성립 뿐만 아니라 다른 증거로도 성립의 진정을 증명할 수 있다는 태도를 보여주고 있다.

대하기 어렵기 때문에 이러한 제한 없이 목격자 진술 등으로도 증명할 수 있도록 함이 상당하다고 생각된다.

4. 반대신문권은 보장되지 않아도 좋은가

2007년 개정 형사소송법 제312조 제4항에 의하면 진술조서의 경우 원진술자의 진정성립 인정 만으로는 부족하고 피고인에게 반대신문의 기회가 부여되어야 증거능력이 인정되는데, 진술서의 경우에는 진정성립만 인정되면 상대방(진술조서는 검사가 제출하는 증거이므로 상대방이 당연히 피고인이 되지만, 진술서의 경우에는 피고인이 제출할 수도 있고 이 경우 검사가 상대방이 될 것이다)에게 반대신문의 기회도 부여하지 않은 채 증거능력이 인정되도록 되어 있다. 피의자신문조서나 피고인의 진술서는 피의자 자신이 피고인이므로 반대신문이라는 것이 원래 무의미하지만, 진술조서와 피고인 아닌 자의 진술서는 상대방에게 반대신문을 통해 신빙성을 탄핵할 기회를 부여한다는 것이 증거능력 인정의 중요한 요건이다. 그런데 2007년 형사소송법 개정시 진술조서에 대하여는 그와 같은 조치를 취하면서도 진술서에 대하여는 아무런 조치를 취하지 아니한 점이 아쉬울 뿐이다.

진술조서는 수사기관이 작성한 것이므로 증거능력이 더 엄격하게 규정되어 있는 것이라고 볼 수도 있으나, 전문법칙의 이념적 근거의 핵심이 반대신문권의 보장에 있으며 전문증거의 증거능력을 인정하더라도 가급적 대면권이 보장되는 것이 바람직한 점 등을 고려할 때 입법적 재검토가 요망된다고 하겠다[22].

5. 피고인의 진술서에도 제313조 제1항의 단서가 적용되는가

앞에서도 살핀 바와 같이 제313조 제1항 본문은 피고인 또는 피고인 아닌 자의 진술서와 진술기재서류의 증거능력 요건을 규정하면서 단서는 "피고인의 진술을 기재한 서류는 … "이라고 하여 본문과 다른 요건을 규정하고 있다. 여기에서 가장 먼저 단서가 말하는 "피고인의 진술을 기재한 서류"라는 것이 무엇을 말하는지가 문제된다. 피고인의 진술기재서류만을 의미하므로 진술서는 단서에 적용되지 않는다는 견

---

[22] 같은 취지로는 양동철, 앞의 논문, 458면; 정웅석, "진술서의 증거능력", 고시연구 제27권 1호, 고시연구사, 2000, 160면.

해[23]와 피고인의 진술서만 단서에 적용되고 진술기재서류는 적용되지 않는다는 견해 [24] 및 진술서와 진술기재서류가 모두 단서에 적용된다는 견해[25]가 대립하고 있다. 대법원은 마지막 견해의 입장이다[26].

이 문제는 뒤에서 살펴볼 단서 요건만 충족하면 되는지 아니면 본문 요건과 단서 요건을 중첩하여 충족하여야 되는지의 문제와도 밀접한 관련을 가진다. 법 규정의 문언상으로는 본문이 "진술서"와 "진술을 기재한 서류"를 명백하게 구별하고 있는 점에 비추어 단서의 "피고인의 진술을 기재한 서류"는 피고인 진술기재서류 만을 말하는 것으로 보인다. 그러나 단서가 말하는 여러 요건들을 고려하여 합목적적으로 해석함이 옳은지 문언대로 해석함이 옳은지, 아니면 다른 해석론이 가능한지, 그도 아니라면 입법론으로라도 주장할 바가 있는지를 살펴보아야 할 것이다.

단서가 규정하고 있는 증거능력의 요건은 ① 작성자의 공판기일 진술에 의한 진정성립 증명, ② 원진술의 특신성 등 2가지이다. 만일 단서가 진술서도 함께 규정하고 있다고 해석한다면 ① 요건은 본문에서 이미 설시한 요건과 중복되므로 큰 의미가 없으나 ② 요건은 본문에서는 규정되지 않던 요건이므로 피고인 아닌 자의 진술서와 달리 피고인의 진술서에 특유한 요건이 된다. 그런데 진술기재서류에서 원진술자가 피고인이라면 원진술의 특신성을 요구하는 것과 마찬가지로, 피고인의 진술서에도 진술(진술서에 있어서는 '작성'을 의미한다고 해석될 것이다)의 특신성을 요구하는 것이 더욱 적절한 것은 사실이다. 이런 점

---

23) 김형진, "공판외 진술의 증거능력", 형사증거법(하), 법원행정처, 1984, 203면; 전봉진, "피고인 작성의 진술서", 형사증거법(하), 법원행정처, 1984, 259면; 서희석, "우리 형사소송법상의 전문법칙", 형사증거법(상), 법원행정처, 1984, 285면; 법원실무제요(형사 II), 법원행정처, 2008, 114면 등.
24) 황해진, "경찰관 면전에서 작성한 진술서의 증거능력", 법률신문, 제1462호, 1982, 12면; 정웅석, 앞의 논문, 164면; 백형구, 형사소송법강의 제8개정판, 박영사, 2001, 723면.
25) 정진연/신이철, 앞의 논문, 375면; 신동운, 신형사소송법 제4판, 법문사, 2012, 1122면; 정웅석/백승민, 형사소송법 전정제5판, 대명출판사, 2012, 657면; 배종대/이상돈/정승환/이주원, 신형사소송법 제5판, 홍문사, 2011, 663-664면 등.
26) 대법원 2001.9.4. 선고 2000도1743 판결. 대법원은 한때 "사법경찰관이 피고인을 피의자로서 조사하는 과정에 피고인으로부터 제출받은 피고인의 진술서의 증거능력은 제313조 제1항 본문에 따라 결정할 것이 아니라 제312조 제2항(현재의 제312조 제3항에 해당)에 따라 결정하여야 할 것"이라고 판시하여(대법원 1982.9.14. 선고 82도1479 전원합의체 판결, 다수의견) 수사과정에 작성된 것만 아니라면 피고인의 진술서에 대하여 제313조 제1항 본문을 적용할 것이라는 취지를 보여주기도 하였으나, 위 대법원 2001.9.4. 선고 2000도1743 판결은 이러한 취지를 명백히 뒤집었다.

에 비추어보면 진술서도 단서에 적용된다고 해석하는 것이 합목적적이라고도 할 수 있다. 그러나 과연 법 규정의 문언적으로 해석 가능한 범위 내인지는 여전히 의문이다. 진술기재서류의 경우에는 피고인의 진술을 제3자가 기재한 것이므로 원진술의 특신성이 문제될 여지가 많으나 진술서의 경우에는 피고인이 자신의 생각을 직접 기재한 것이므로 특신성이 문제될 여지가 훨씬 적은 점, (적어도 지금의 입법상태에서는) 특신성이 없는 경우 피고인이 진정성립을 부인해 버리면 증거능력이 없는 점 등을 고려할 때 굳이 문언적 의미를 확장해 가면서 진술서도 단서에 적용된다고 해석할 필요는 없다고 보인다[27]. 진술서만 단서에 적용된다는 견해는 작성자만 진정성립을 인정한 진술기재서류에 대하여 증거능력을 인정하는 것은 피의자신문조서의 경우에도 피고인이 진정성립을 인정하여야 증거능력이 있다는 점과 조화되기 어렵다는 점을 이유로 한다. 그러나 수사기관이 작성하는 경우와 사인이 작성하는 경우 왜곡의 우려가 다르고, 비중첩요건설에 따르는 경우에도 피고인이 진정성립을 인정하지 않더라도 원진술의 특신상태 판단으로 이를 대체할 수 있으며, 그 밖에도 증명력 판단 단계에서도 이를 고려할 수 있다는 점 등을 종합할 때 법 규정의 문언적 의미를 벗어나 진술기재서류를 제외하여야 할 필연성을 찾기는 어려워 보인다.

Ⅲ. 진술기재서류의 증거능력 조건

1. 의문의 제기

제313조 제1항 중 진술기재서류에 대한 내용만 뽑아 재구성해 보면 '① 작성자 또는 진술자의 자필이거나 그 서명·날인이 있고 ② 공판준비·공판기일에 작성자 또는 진술자의 진술에 의하여 진정성립이 인정되면 증거능력이 인정된다'는 취지가 된다. 그러나 여기에는

① 자필이 누구의 자필이고 서명·날인이 누구의 서명·날인인지,

---

27) 같은 취지로는 서태경, 앞의 논문, 269면. 진술기재서류의 경우에는 단서만 적용된다면 작성자의 진술에 의하여 진정성립을 인정할 수 있으므로 원진술의 특신성이 증거능력 인정 여부의 중요한 지표가 된다. 만일 진정성립을 진술자의 인정 이외의 방법으로도 증명할 수 있도록 개정한다면 이때에는 특신성이 증거능력 인정 여부의 중요 지표가 될 것이므로 피고인 진술서에 대하여도 특신성을 요구한다고 해석 또는 입법함이 상당할 것이다.

② 진정성립 인정의 주체가 누구인지가 불명하며,

③ 단서에서는 "피고인의 진술을 기재한 서류"에 대하여 특칙을 규정하고 있는데 위 특칙의 요건만 충족하면 증거능력이 인정되는지 아니면 본문의 요건과 단서의 요건을 중첩적으로 충족하여야 증거능력이 인정되는지,

④ "피고인의 공판기일에서의 진술에 불구하고"라는 것이 피고인의 어떤 진술에도 불구하고 라는 의미인지도 의문스럽다.

⑤ 그 밖에도 진술서의 경우와 마찬가지로 자필도 아니고 서명·날인도 없지만 진정성립을 인정하는 경우에는 증거능력이 인정될 수 없는지, 진정성립을 인정하지 아니하는 경우 다른 방법으로 진정성립을 증명할 수는 없는지, 상대방에게 반대신문권을 보장해 주지 않더라도 증거능력이 인정되는지 등은 진술기재서류에서도 똑같이 문제되지만 진술서에서의 설명으로 갈음하기로 한다.

2. 자필이나 서명·날인의 주체

제313조 제1항 법문은 "작성자 또는 진술자의 자필이거나 그 서명·날인이 있는 것은 …"이라고 표현하고 있지만, 진술기재서류가 원진술자의 진술을 다른 사람이 기재한 것이므로 자필이라면 당연히 작성자의 자필일 수밖에 없음이 논리상 명백하다[28]. 문제는 "그 서명·날인"에서 "그"가 누구를 지칭하느냐 하는 것이다. 이에 대하여 원진술자의 확인조차 받지 아니한 전문서류의 증거능력을 인정하기 어렵고, 원진술자가 서면을 확인하고 나서 자신의 진술로 인정하면 진술서와 성격이 같아지고, 자신의 진술로 인정하는 행위의 전형이 서명·날인이기 때문에, 서명·날인은 원진술자의 서명·날인이라고 보는 견해가 일반적이다[29]. 그러나 원진술자가 진술을 기재하게 한 다음 서면을 확인하고 나서 서명·날인을 하였다면 이는 자신이 직접 작성한 것이나 마찬가지이기 때문에, 비록 실질적 진정성립의 문제가 완전히 소멸되지는 않는다 하더라도 이를 진술서로 볼 것이지 진술기재서류로 볼 것이 아니다. 왜냐하면 문서의 작성자란 물리적인 작성 행위자를 말하는 것이 아니라 작성의 실질적인 주체

---

[28] 이를 원진술자의 자필이라고 해석하는 듯한 견해도 있으나(양동철, 앞의 논문, 456면) 수긍하기 어렵다.
[29] 양동철, 앞의 논문, 456면; 신동운, 앞의 책, 1119면; 배종대/이상돈/정승환/이주원, 앞의 책, 664면; 노명선/이완규, 앞의 책, 599면; 법원실무제요(형사Ⅱ), 114면 등.

를 의미하기 때문이다. 이는 마치 피의자신문조서나 진술조서의 경우 원진술자인 피의자나 참고인이 서명날인을 하면 이후에는 전문서류로 취급할 뿐 수사기관이 들은 내용을 기재하였다는 의미의 이중전문서류로 취급하지 아니하는 것과 마찬가지이다. 더욱이 위 견해에 의하면 작성자가 자필로 작성한 것은 원진술자의 확인이 없어도 증거능력이 인정되는데, 작성자가 타이핑을 하고 그 끝에 서명·날인한 것은 원진술자의 확인이 없기 때문에 증거능력이 인정되지 않는다는 이상한 결론에 이르게 된다. 더욱이 법문은 "자필"과 "서명·날인"을 선택적으로 요구하고 있는데, 서명·날인이 작성자의 자필을 대체하여 작성자가 누구인지를 판단하는 자료가 될 수 있으려면 그 서명·날인은 작성자의 서명·날인일 수밖에 없는 것이다[30)31)].

3. 진정성립 인정의 주체

진술기재서류가 작성자의 자필이거나 서명·날인이 있는 것은 공판기일에 그 "작성자 또는 진술자의 진술"에 의하여 진정성립이 증명되면 증거능력이 있다. 진술서의 경우와 마찬가지로 진술기재서류의 경우에도 진정성립의 의미를 살펴볼 필요가 있는데, 진술기재서류는 진술자와 작성자가 다르기 때문에 진술서의 경우와 다르고 오히려 피의자신문조서나 진술조서의 경우와 유사하다.

피의자신문조서나 진술조서의 경우 작성자가 수사기관이므로 진정성립 인정 주체가 피신문자 또는 피조사자인 피의자, 참고인이 될 수밖에 없다. 그러나 진술기재서류는 작성자가 수사기관이 아닌 사인이므로 원진술자만이 진정성립의 인정 주체가 되어야 할 논리적 필연성은 없다. 예컨대 갑의 진술을 을이 서류로 작성하였는데 그 내용이 갑에게 불리하여 갑은 진정성립을 부인하고 을은 진정성립을 인정하였다면 위 진술기재서류의 증거능력을 어떻게 볼 것인지의 문제가 된다.

---

30) 논거는 다르지만 결론이 같은 취지, 최병각, "사인 작성 진술서면의 증거능력", 홍익법학, 제14권, 1호, 홍익대학교 법학연구소, 2013, 408면.
31) 이렇게 해석한다면 제313조 제1항 법문의 "작성자 또는 진술자의 자필이거나 그 서명 또는 날인이 있는 것은" 중 "진술자" 부분은 진술서나 진술기재서류 어디에서도 적용될 여지가 없는 문구로서 입법상 과오에 해당하므로 삭제함이 상당하다.

진술기재서류에서의 진정성립 인정 주체를 원진술자로만 보는 것이 일반적인 견해[32]이다. 대법원도 피고인 아닌 자와의 대화를 녹취한 녹음테이프의 경우 원진술자가 진정성립을 인정하여야 증거능력을 가진다고 판시함으로써[33] 명백하지는 않지만 녹음테이프와 구조가 같은 진술기재서류의 경우에도 원진술자를 진정성립 인정주체로 보는 것으로 추단할 수 있다.

작성자를 진정성립 인정 주체로 한다면 원진술자의 확인과 무관하게 원진술자의 진술이라는 이름으로 진술기재서류가 증거능력을 가지게 되고, 더 나아가 전문진술의 경우에는 제316조 제2항에 따라 원진술자가 법정에 출석할 수 없고 원진술이 특신상태에서 행하여졌음이 입증되어야 증거능력을 가지게 됨에도 전문진술을 기재한 서류는 위와 같은 요건을 갖추지 못하였음에도 증거능력을 가지게 된다는 문제점이 발생하는 것은 사실이다. 그러나 제313조 제1항은 명시적으로 진정성립 인정 주체를 "작성자 또는 원진술자"로 선택적으로 규정하고 있다. 또한 진술기재서류는 원진술자와 작성자 2인의 협력에 의하여 만들어진 증거인데 원진술자만이 증거능력을 좌우할 수 있다고 보는 것은 적절치 않다. 더 나아가 전문진술의 경우에는 아무런 물적 자료 없이 전문자가 법정에 나와 진술하는 것으로 원진술을 증거로 할 수 있는지의 문제이기 때문에 원진술자가 법정에 출석할 수 없는 특수한 상황와 원진술의 특신상황을 조건으로 하고 있지만, 전문진술서류의 경우에는 원진술을 기재하였다는 서류가 증거로 제출되기 때문에 위 서류에 대한 증거조사[34]가 전문진술에서의 원진술자의 출석불능 등 조건을 대체하는 진정성 등 증거능력 확인 수단이 될 수 있을 것으로 보인다. 이런 점을 종합할 때 진술기재서류의 진정성립 인정 주체는 작성자와 원진술자 중 1인이라고 해석함이 상당하며[35], 다만 작성자만 진정성립을 인정하는 경우 증거능력 또는 증명력의 판단에 있어 특히 신중할 필요가 있을 것이다.

---

32) 정진연/신이철, "형사소송법 제313조 제1항의 해석과 관련한 소고", 성균관법학, 제17권 3호, 성균관대학교 비교법연구소, 2005, 360면; 신동운, 앞의 책, 1119면; 배종대/이상돈/정승환/이주원, 앞의 책, 664면; 노명선/이완규, 앞의 책, 600면.
33) 대법원 1997.3.28. 선고 96도2417 판결.
34) 필요하다면 검증, 감정 등이 사용될 수도 있을 것이다.
35) 같은 취지 양동철, 앞의 논문, 453면.

4. 단서와 본문의 중첩적 적용 문제

피고인의 진술기재서류에 대하여는 단서만 적용되는지 본문도 중첩적으로 적용되는지 역시 문제되는데, 중첩요건으로 보는 견해[36)]와 비중첩적으로 단서만 적용된다는 견해[37)]가 대립하고 있다. 이와 관련하여 대법원은 피고인의 진술을 기재한 서류에 대하여 작성자의 진술에 의한 진정성립 증명과 특신상태만 요구하고 있을 뿐만 아니라[38)], 제313조 제1항 단서를 유추적용하는 녹음테이프 또는 그 검증조서 중 피고인의 진술 부분에 대하여 "형사소송법 제313조 제1항 단서에 따라 공판기일에 그 작성자인 고소인의 진술에 의하여 녹음테이프에 녹음된 피고인의 진술내용이 피고인이 진술한 대로 녹음된 것이라는 점이 증명되고 그 진술이 특히 신빙할 수 있는 상태 하에서 행하여진 것으로 인정되어야 한다"고 판시하면서[39)], 본문에 따른 원진술자의 진정성립 인정 요건[40)]을 전혀 언급하지 아니하고 있는 점에 비추어 비중첩요건설을 따르고 있는 것으로 보인다.

중첩요건이라고 보는 견해는 본문에 대하여 진술기재서류의 진정성립 인정 주체를 원진술자로 보면서 피고인의 진술을 기재한 서류는 당연히 증거능력 요건이 가중되어야 하기 때문에 원진술자의 진정성립 인정에 보태어 작성자의 진정성립 인정까지 중첩적으로 요구된다는 점을 염두에 둔 것으로 보인다. 그러나 진술기재서류의 진정성립 인정 주체를 작성자나 원진술자 누구라도 가능하다고 보는 필자의 견해에 의하면 피고인의 진술기재서류에 대하여 본문을 중첩적으로 적용한다고 하더라도 어차피 작성자의 진정성립 인정이 필요하기 때문에 중첩적 적용을 강요할 실익이 전혀 없다. 더 나아가 진술기재서류의 내용이 피고인에게 불리하여 피고인이 진정성립을 인정하지 않는다고 하더라도 작성자의 진술에 의하여 진정성립이 증명되고 원진술의 특신

---

36) 김형진, 앞의 논문, 203면; 법원실무제요(형사Ⅱ), 114면; 신동운, 앞의 책, 1123면.
37) 서희석, 앞의 논문, 285면; 최병각, 앞의 논문, 410-411면; 노명선/이완규, 앞의 책, 601면. 위와 같은 학설 대립을 가중요건설·완화요건설이라는 이름으로 부르는 경우가 많으나, 단서 요건만 요구한다고 하더라도 작성자의 진정성립 인정과 특신상태를 요구하여 증거능력 기준을 완화하는 것이 아니므로 중첩요건설·비중첩요건설이라는 이름이 더욱 적절하다고 생각된다.
38) 대법원 1982.9.14. 선고 82도1479 판결.
39) 대법원 2001.10.9. 선고 2001도3106 판결; 대법원 2008.3.13. 선고 2007도10804 판결.
40) 앞에서도 설명한 바와 같이 대법원은 제313조 제1항 본문에 따른 진술기재서류의 진정성립 인정 주체를 원진술자로만 보고 있다.

상태가 인정된다면 단순히 피고인이 진정성립을 부정하고 있다는 이유만으로 증거능력을 배척할 합리적 이유가 전혀 없다.

다만 단서와 본문의 적용범위에 대한 논란은 진정성립 증명부분에 한정되므로 비록 비중첩요건설을 따른다고 하더라도 본문의 서두에서 규정하고 있는 "작성자의 자필이거나 그 서명 날인이 있는 것"이라는 전제조건은 당연히 단서에도 중첩 적용된다고 해석함에 의문이 없다. 한편, 단서가 말하는 작성자에 대하여도 과거 원진술자인 피고인으로 보아야 한다는 견해가 있었으나[41], 지금은 서류의 작성자로 해석함에 이견이 없다[42].

5. 피고인의 공판기일 진술에 불구하고 의 의미

또한 단서 말미에 "피고인의 공판기일의 진술에 불구하고 피고인의 진술기재서류를 증거로 할 수 있다"고 규정하고 있는 바, 위 "피고인의 공판기일의 진술"이란 표현이 피고인이 공판기일에 진술기재서류의 진정성립을 부인하는 경우를 말하는지 아니면 내용을 부인하는 경우를 말하는지에 대하여도 견해가 대립된다. 그런데 앞에서 설명한대로 피고인의 진술기재서류에 대하여는 작성자의 진정성립 인정만으로도 충분하다고 보는 필자의 견해에 따르면, 피고인의 진정성립 인정은 증거능력 인정에 꼭 필요한 요건이 아니므로 피고인이 진술기재서류의 진정성립을 부인하거나, 진정성립은 인정하면서 그 내용을 부인하더라도[43] 작성자의 인정에 의하여 진정성립이 증명되면 위 진술기재서류는 증거능력이 있다고 의미로 해석함이 상당할 것으로 생각된다.

Ⅳ. 감정서의 증거능력 조건과 그 타당성

---

41) 신동운, 신형사소송법 제1판, 법문사, 2008, 950면.
42) 신동운, 신형사소송법 제4판, 법문사, 2012, 1123면.
43) 내용의 인정 또는 부인이라는 것은 원칙적으로 증거능력이 아닌 증명력의 문제에 불과하여(형사소송법 제312조 제3항은 사법경찰관 작성 피의자신문조서에 대한 피고인의 내용인정을 증거능력 요건으로 규정하고 있으나, 이는 극히 이례적인 것일 뿐만 아니라 바람직하지도 않다는 것이 필자의 지론이다. 상세한 내용은 이책 제4편 '사법경찰관 작성 피의자신문조서와 조사경찰관 증언의 증거능력' 중 해당부분 참조) 피고인이 내용을 부인하더라도 증거능력 인정에는 아무런 장애가 되지 아니하며 이후 증명력 판단에서만 이를 고려하면 족할 것이다.

형사소송법 제313조 제2항은 "감정의 경과와 결과를 기재한 서류도 전항과 같다"고 규정하고 있다. 그런데 감정을 행한 사람과 감정 결과를 기재한 사람이 동일인일 것이므로 진술기재서류가 아닌 진술서에 준하여 증거능력을 가진다 할 것이고, 결국 감정인의 진정성립 증명[44]으로서 증거능력이 부여된다 할 것이다. 여기에서의 감정인의 범위에 대하여 법원이 명한 감정인만 해당한다고 보아야 하며 수사기관이 위촉한 감정인에 대하여는 별도의 규정이 필요하다는 견해도 있으나[45], 수사기관이 위촉한 감정인도 포함된다는 견해가 통설적이며[46], 판례의 태도도 같다[47].

그런데 제312조 제2항은 "전항과 같다"고 규정하고 있어 법원이나 수사기관이 위촉하여 작성받은 감정서도 사인이 개인적으로 작성한 진술서의 일종으로 다루어질 뿐이다. 수사기관의 감정 위촉에 대하여는 특별한 법적 규제가 없지만 법원으로부터 감정을 명받은 감정인에게는 감정거부권(제177조), 선서(제171조), 감정보고(제172조) 등이 적용되고, 허위감정죄(형법 제154조) 규정이 마련되어 있는 등 감정의 진실성을 담보할 제도적 장치가 적지 않다. 더욱이 진술서나 진술기재서류에서는 진술자의 의사대로 기재된 것이 맞는지와 기재된 내용의 진위가 모두 문제되는 반면에 감정서에서는 기재된 내용의 진위가 문제될 뿐 위조 또는 변조된 예외적 경우만 아니라면 진술자의 의사대로 기재되어 있는지는 거의 문제될 여지가 없으며[48], 기재된 내용에 대한 반대신문의 기회는 진정성립 인정과 무관하게 감정인 진술(제171조 제4항, 제179조의2 제2항)을 통해 보장된다. 이러함에도 감

---

[44] 감정인의 진정성립을 형식적 진정성립이 아닌 실질적 진정성립 즉 감정인이 감정한 바를 정확하게 기재하였다는 증명이 있어야 증거능력이 인정된다는 견해도 없지 않지만(신동운, 앞의 책, 1128면; 신이철, "과학적인 감정자료를 기초로 한 감정서의 증거능력", 외법논집, 제33권, 1호, 한국외국어대학교 전문분야연구센터 법학연구소, 2009, 13면), 감정서는 기본적으로 자신의 의사를 자신이 기재한 진술서 형태이므로 형식적 진정성립과 실질적 진정성립의 구별이 없으며(정웅석/백승민, 앞의 책, 657면 등) 감정한 바와 다르게 기재하였다면 이는 허위감정의 문제로서 위법수집증거로서 증거능력을 배제하든지 내용이 허위이므로 증명력을 배제할 일이지 진정성립의 문제로 다룰 일은 아니라고 보인다.

[45] 신양균, 형사소송법 신판, 법문사, 2009, 809면; 김성룡, "형사소송법의 전문가 감정의 제 문제", 비교형사법연구, 제7권 1호, 한국비교형사법학회, 2005, 288면도 같은 취지로 보인다.

[46] 신동운, 앞의 책, 1128면; 이재상, 앞의 책, 613면; 배종대/이상돈/정승환/이주원, 앞의 책, 665면; 정웅석/백승민, 앞의 책, 294면 등.

[47] 대법원 1960.9.14. 선고 4293형상247 판결.

[48] 사실은 이러한 점은 수사기관 작성 검증조서의 경우에도 동일하다. 따라서 제312조 제6항이 검증조서 작성자의 진정성립 인정을 증거능력의 요건으로 하고 있지만 작성자가 법정에서 진정성립을 부정할 가능성이 거의 없기 때문에 사실상 무의미한 요건이 되고 있다.

정서를 일률적으로 사인의 진술서와 동일하게 작성자가 법정에 나와 진정성립을 증명하여야 증거능력이 있다고 하는 것은 전혀 적절하지 않다. 특히 앞에서 설명한 바와 같이 사인이 의뢰한 감정인의 감정서는 제312조 소정의 감정서에 해당하지 않지만 감정인의 진술서에 해당되어 제312조 제1항이 적용되므로 결과적으로 법원이 위촉한 감정인의 경우와 전혀 다르지 않다. 따라서 수사기관이 위촉한 감정인에 대하여는 모르거니와 특히 법원이 명한 감정인의 감정서는 감정인의 선정이나 위촉 또는 감정절차가 부당하다는 점에 관한 특별한 다툼이 없는 한 증거동의가 없더라도 증거능력을 인정함이 상당하다고 생각된다.

V. 나가며

앞에서 필자는 제312조 제1항과 제2항의 해석론과 관련한 여러 가지 쟁점들을 정리하면서 아울러 입법론적인 문제점도 함께 지적하였다. 해석론적 쟁점들은 대부분 제312조 제1항이 피고인의 진술서와 피고인 아닌 자의 진술서, 피고인의 진술기재서류와 피고인 아닌 자의 진술기재서류를 하나의 조문 안에서 한꺼번에 규정하다가 보니 발생하는 문제들이기 때문에 이를 분리 규정하는 것 만으로도 대부분의 해석론적 문제들이 해결되리라 생각된다.

더 나아가 진술서나 진술기재서류에 대하여 반드시 자필이거나 서명날인을 요구한다든가, 작성자 또는 원진술자의 진정성립 인정을 증거능력의 필수적 요건으로 요구하는 것은 전혀 합리적 근거가 없다. 더 나아가 위 진술서나 진술기재서류에 의하여 불이익을 입을 수 있는 당사자에게 반대신문의 기회도 부여하지 아니한 채 증거능력을 인정하는 것은 당사자주의적 소송구조 뿐만 아니라 실체적 진실발견의 이념에도 부합하지 못한다. 이러한 점들을 종합하여 필자 나름의 제313조 개정안을 제시하는 것으로 이글의 결론에 갈음하고자 한다.

제313조【진술서 등】제1항 피고인 또는 피고인 아닌 자가 작성한 진술서는 작성자가 누구인지 증명되고, 공판준비 또는 공판기일에 작성자의 진술 기타 방법에

의하여 진정성립이 증명된 경우에는 다음 각 호의 1에 해당하는 때에 증거로 할 수 있다.
제1호 작성자가 피고인인 경우에는 진술서가 특히 신빙할 수 있는 상태 하에서 작성되었을 것.
제2호 작성자가 피고인 아닌 경우에는 피고인 또는 변호인이 공판준비 또는 공판기일에 그 기재 내용에 관하여 작성자를 신문할 수 있었을 것.
제2항 피고인 또는 피고인 아닌 자의 진술을 기재한 서류는 작성자와 원진술자가 누구인지 증명되고, 공판준비 또는 공판기일에 작성자 또는 원진술자의 진술 기타 방법에 의하여 진정성립이 인정된 경우에는 다음 각 호의 1에 해당하는 때에 증거로 할 수 있다.
제1호 원진술자가 피고인인 경우에는 원진술이 특히 신빙할 수 있는 상태 하에서 행하여졌을 것.
제2호 원진술자가 피고인 아닌 경우에는 피고인 또는 변호인이 공판준비 또는 공판기일에 그 지재 내용에 관하여 원진술자를 신문할 수 있었을 것.
제3항 감정의 경과와 결과를 기재한 서류는 제1항과 같다. 다만 제169조에 의한 감정의 경우에는 감정인의 선정이나 위촉, 감정절차 등이 위법하다는 점에 관한 다툼이 없는 한 증거로 할 수 있다.

형사소송법 제313조 개정 유감

Ⅰ. 들어가며

2016.5.에 형사소송법 일부가 개정되었다. 2007.6.에 형사소송법을 대폭 개정한 이후 2007.12., 2011.7., 2015.7., 2016.1.에 연이은 개정이다.

2015년에 김진태 의원안, 홍일표 의원안, 정부안 등 3개의 형사소송법 개정안이 법제사법위원회에 상정되었다가 법안심사 제1소위원회안(이하 '개정안'이라고 한다)으로 통합되어 위 개정에 이르게 되었다[1]. 개정된 내용은

제35조 제3항 : 서류 증거물의 열람 복사로 인하여 사건관계인을 해칠 우려가 있는 경우에는 재판장은 성명 등 개인정보 비공개 보호조치를 할 수 있다(신설).

제314조 : 적용 대상에 정보저장매체를 포함시켰다.

제440조 : 재심에서 무죄 선고받은 사람 또는 재심 청구인이 원하지 않으면 무죄판결을 공시하지 않아도 된다(단서 신설).

등인데, 이번 개정의 중요한 부분은 바로 제313조 제1항을 개정하면서 제2항을 신설한 것이다(이하 '개정법'이라 한다. 종전 제2항은 제3항으로 이전하였을 뿐 내용은 동일하다).

개정 전 제313조 제1항은 "전2조의 규정 이외에 피고인 또는 피고인이 아닌 자가 작성한 진술서나 그 진술을 기재한 서류로서 그 작성자 또는 진술자의 자필이거나 그 서명 또는 날인이 있는 것은 공판준비나 공판기일에서의 그 작성자 또는 진술자의 진술에 의하여 그 성립의 진정함이 증명된 때에는 증거로 할 수 있다. 단, 피고인의 진술을 기재한 서류는 공판준비 또는 공판기일에서의 그 작성자의 진술에 의하여 그 성립의 진정함이 증명되고 그 진술이 특히 신빙할 수 있는 상태 하에서 행하여 진 때에 한하여 피고인의 공판준비 또는 공판기일에서의 진술에 불구하고 증거로 할 수 있다"였다. 그런데 개정 후 제313조 제1항은 위 조문 중 '자필이거나 그 서명 또는 날인이 있는 것' 다음에 '(피고인 또는 피고인 아닌 자가 작성하였거나 진술한 내용이 포함된 문자·사진·영상 등의 정보로서 컴퓨터용 디스크, 그 밖에 이와 비슷한 정보저장매체에 저장된 것을 포함한다. 이하 이 조에서 같다)'를 첨

---
[1] 형사소송법 일부개정 법률안 참조. http://likms.assembly.go.kr

가하였고, 제2항 '제1항 본문에도 불구하고 진술서의 작성자가 공판준비나 공판기일에서 그 성립의 진정을 부인하는 경우에는 과학적 분석결과에 기초한 디지털 포렌식 자료, 감정 등 객관적 방법으로 성립의 진정함이 증명되는 때에는 증거로 할 수 있다. 다만, 피고인 아닌 자가 작성한 진술서는 피고인 또는 변호인이 공판준비 또는 공판기일에 그 기재 내용에 관하여 작성자를 신문할 수 있었을 것을 요한다'를 신설하였다.

원래 제313조는 해석론 또는 입법론적으로 많은 문제점을 안고 있음이 다수 논문 등을 통해 지적되어 왔다[2]. 특히 1년쯤 전에 대법원은 속칭 '국정원의 여론조작 사건'에서 이메일 자료의 증거능력에 대하여 "형사소송법 제313조 제1항의 규정은 21세기 정보화시대를 맞이하여 그에 걸맞게 해석하여야 하므로, 디지털 저장매체로부터 출력된 문서에 관하여는 저장매체의 사용자 및 소유자, 로그기록 등 저장매체에 남은 흔적, 초안 문서의 존재, 작성자만의 암호 사용 여부, 전자서명의 유무 등 여러 사정에 의하여 동일인이 작성하였다고 볼 수 있고 그 진정성을 탄핵할 다른 증거가 없는 한 그 작성자의 공판준비나 공판기일에서의 진술과 상관없이 성립의 진정을 인정하여야 한다는 견해가 유력하게 주장되고 있는바, 그 나름 경청할 만한 가치가 있는 것은 사실이나, 입법을 통하여 해결하는 것은 몰라도 해석을 통하여 위와 같은 실정법의 명문 조항을 달리 확장 적용할 수는 없다. 이는 '의심스러울 때는 피고인의 이익으로'라는 형사법의 대원칙에 비추어 보아도 그러하다"고 하면서 작성자로 추정되는 자의 공판준비 또는 공판기일에서의 진술에 의하여 성립의 진정함이 증명되지 않았다는 이유로 그 증거능력을 인정하지 않았다[3]. 이에 대하여 여론뿐만 아니라 다수 학설이 부적절하다고 비판하였으며[4], 이러한 취지가 위 개정에 크게 반영된 것으로 보인다. 법무부 역시 위 개정의 취지를 "최근 전기통신기술의 비약적인 발전에 따라 컴퓨터 등 각종

---

[2] 대표적으로 서태경, "개정 형사소송법 제313조 제1항에 대한 소고", 한양법학 제20권 1집, 한양법학회, 2009.; 양동철, "진술서·진술녹취서의 증거능력", 경희법학 제48권 1호, 경희법학연구소, 2013.; 정진연/신이철, "형사소송법 제313조 제1항의 해석과 관련한 소고", 성균관법학, 제17권, 3호, 성균관대학교 비교법연구소, 2005.; 최병각, "사인 작성 진술서면의 증거능력", 홍익법학, 제14권, 1호, 홍익대학교 법학연구소, 2013. 109면; 이 책 제4편 '형사소송법 제313조에 대한 해석론적, 입법론적 고찰' 등.
[3] 대법원 2015.7.16. 선고 2015도2625 전원합의체 판결.
[4] 대표적으로 노수환, "디지털증거의 진정성립 증명과 증거능력", 법조 통권 제707권(2015.8.), 법조협회, 27면 내지 39면; 박민우, "전문증거 증거능력 인정요건의 변호와 이로 인한 새로운 문제에 대한 검토", 형사정책연구 제7권 제3호(2016. 가을), 한국형사정책연구원, 11면 등.

정보저장매체를 이용한 정보저장이 일상화되었고, 범죄행위에 사용된 증거들도 종이 문서가 아닌 전자적 정보의 형태로 디지털화되어 있는 현실을 고려하여, '진술서' 및 그에 준하는 '디지털 증거'의 진정성립은 '과학적 분석결과에 기초한 디지털 포렌식 자료, 감정 등 객관적 방법'으로도 인정할 수 있도록 하되, 피고인 아닌 자가 작성한 경우 반대신문권이 보장됨을 명확히 규정하려는 것"이라고 설명한 바 있다.

위 개정 내용을 요약하면 ① 문자 등 정보가 서면이 아닌 정보저장매체에 저장되어 있는 경우에도 진술서 또는 진술기재 서류의 법리를 그대로 적용하는 것으로 확장하였고, ② 작성자의 진술에 의하여 그 성립의 진정함이 증명되지 아니한 경우에도 객관적 방법으로 성립의 진정함을 증명하는 것으로 대체할 수 있도록 하면서 ③ 일부 경우에는 피고인에게 반대신문의 기회를 부여하였다고 정리된다. 위와 같이 개정된 각 내용이 과연 적절한지, 위 개정이 그간 제기되어 온 여러 문제점들을 충분히 고려하여 해결하고 있는지 함께 검토해 보기로 한다.

아래에서는 위 ① 문제와 관련하여 정보저장매체에 어떤 것들이 포함되는지, 위와 같은 취지가 형사소송법 어디까지 확장되어야 하는지, 서명날인의 법리는 정보저장매체에서 어떻게 구현되는지를 살펴보고(Ⅱ), ② 문제와 관련하여 위 개정이 어떤 의미를 가지는지, 개정법이 진술기재서류나 피고인 문서에도 적용되는지, '진정성립'과 '객관적 방법'의 의미가 무엇인지를 살펴보고(Ⅲ), ③ 문제와 관련하여 반대신문권 부여의 범위와 입법형식이 어떠한지, 개정법이 작성자가 진정성립을 부인한 진술서에만 적용되는지를 살펴본 다음(Ⅳ), 필자 나름의 생각을 정리하는 것으로(Ⅴ) 이글을 맺으려 한다.

Ⅱ. 정보저장매체로 적용 확장

1. 정보저장매체의 범위

제313조의 적용범위를 서증뿐만 아니라 문자, 사진, 영상[5] 등 정보가 서면이 아닌

---

[5] 정보저장매체에 저장된 정보에 '사진과 영상'도 포함되어 있어 일반 현장사진이나 영상녹화물도 제313조

정보저장매체에 저장되어 있는 경우까지 확장하였다. 이로써 정보저장매체에 저장된 문자 등 정보에도 진술서 또는 진술기재서류의 법리를 그대로 적용할 수 있게 되었을 뿐만 아니라 진단서도 정보저장매체 형태로 현출할 수 있게 되었다. 법무부의 표현대로 "최근 전기통신기술의 비약적인 발전에 따라 컴퓨터 등 각종 정보저장매체를 이용한 정보저장이 일상화되었고, 범죄행위에 사용된 증거들도 종이문서가 아닌 전자적 정보의 형태로 디지털화되어 있는 현실을 고려"한 결과이다. 개정 전에도 정보저장매체에 문자 등 정보가 저장되어 있는 경우 해석론[6]과 판례[7]에 의해 당연히 제313조가 유추적용 된다고 인정해 왔기 때문에, 이를 명문화하였다는 사실 자체로는 결과에 있어 크게 달라지는 것이 없는 것은 사실이다. 그러나 죄형법정주의가 적용되는 형법만큼은 아니지만 형사소송법에서도 형식적 확실성과 예측가능성이 중요하기 때문에 정보저장매체와 같이 현대에 와서 중요해진 문제에 대하여는 해석론에 맡겨둘 것이 아니라 하나하나 입법해 들어가는 것이 바람직함은 당연하다. 따라서 위 개정 자체에 대하여는 긍정적으로 평가한다.

그러나 위 개정과 관련하여서도 아쉬움도 적지 않다. 먼저 개정법이 말하는 정보저장매체의 범위가 불분명하다. 개정법은 "컴퓨터용 디스크, 그 밖에 이와 비슷한 정보저장매체"라고 규정하고 있는데, 이는 제292조의3에서 "도면 사진 녹음테이프 비디오테이프 컴퓨터용디스크 그 밖에 정보를 담기 위하여 만들어진 물건으로서 문서가 아닌 것"이라는 표현과는 사뭇 다르다. '정보를 담기 위하여 만들어진 물건으로서 문서가 아닌 것'을 '정보저장매체'라고 본다고 하더라도 녹음테이프, 비디오테이프 등이 예시에서 모두 생략되어 있다[8]. 과연 녹음테이프, 비디오테이프는 제외한다는 의미

의 적용을 받는지 의문이다. '작성하였거나 진술한 내용이 포함된 사진과 영상'이라고 한 점, 조문 전체의 취지에 비추어 문자가 촬영된 사진 또는 진술장면을 녹화한 영상만을 의미하는 것으로 해석된다. 일반 현장사진과 영상녹화물은 종래와 마찬가지로 확립된 실무관행에 따라 비진술증거로 처리하면 족할 것이다.

6) 대법원 1997.3.28. 선고 96도2417 판결, 대법원 2001.10.9. 선고 2001도3106 판결 등 주로 녹음테이프의 증거능력 관련 판결이 많다.

7) 특히 타인의 진술을 녹음한 녹음테이프의 경우 대법원은 진술기재서류에 유추하여 제313조 제1항을 적용해 왔다(대법원 2008.7.10. 선고 2007도10755 판결 등). 자신의 진술을 직접 녹음한 경우라면 진술서에 유추할 것임에 의문이 없다.

8) 도면과 사진도 예시에서 생략되었으나, 필자는 도면과 사진은 다른 예시와 달리 전자적 증거도 아니고 물증과 서증에 관한 제292조, 제292조의2를 직접 적용하여서도 증거조사할 수 있으므로 굳이 제292조의3에 규정할 필요가 없다고 주장해 왔으므로(이 책 제2편 '형사소송에서 디지털증거의 조사방법에 관한 입법

일까? 개정법은 정보저장매체에 저장된 정보를 "피고인 또는 피고인 아닌 자가 작성하였거나 진술한 내용이 포함된 문자 사진 영상 등의 정보"라고 정의하고 있는데 여기에서도 '음성'은 없다. 다만 "피고인 등이 진술한 내용이 포함된 영상"이라는 표현에서 비디오테이프도 포함되고, "피고인 등이 진술한 내용이 포함된 … (영상) 등"이라는 표현에서 녹음테이프도 포함되는 것으로 해석할 수는 있을 것으로 보인다. 더욱이 진술서나 진술기재서류에 갈음하는 정보저장매체를 규정하고 있는 입법취지와 그간 녹음테이프 등에 대하여 제313조를 유추적용해 온 실무관행과 판례 등을 고려할 때 개정법이 말하는 정보저장매체에서 녹음테이프와 비디오테이프를 제외할 아무런 이유가 없다. 위와 같은 우려를 고려하였다면 기존에 같은 법에서 사용하던 용어는 가급적 동일하게 사용하여(차라리 제292조의3도 함께 개정하여 개정법이 사용한 정보저장매체 개념으로 통일하는 것도 한 방법이 되었을 것이다) 불필요한 오해를 불러일으키지 않는 것이 좋았을 뻔하였다.

2. 정보저장매체 확장의 영역

다음으로 증거법에서 정보저장매체를 확장한 영역이 문제된다. 형사소송법에서 증거조사와 관련하여서는 이미 정보저장매체에 관한 규정을 도입하였지만(법 제292조의3, 규칙 제134조의7 내지 9), 증거능력과 관련하여서는 이번에 처음 명문화하였다. 그런데 개정법은 위와 같은 취지를 전문서류 중에서도 제313조와 제314에만 도입하였다. 문자 등 정보가 저장된 정보저장매체는 비전문서류(예컨대 협박편지, 위조문서 등)도 있을 수 있고, 법원 문서(제311조)나 수사기관 문서(제312조), 당연 증거능력 문서(제315조)도 있을 수 있다. 이 중 비전문서류에는 위법수집증거 배제와 같이 모든 증거에 대하여 공통적으로 적용되는 증거능력 요건 외에 특유의 증거능력 요건으로 명문화된 것이 없으므로[9] 정보저장매체에 대하여 따로 입법의 문제가 발생할 여지가 없다. 법원 문서는 적어도 지금까지는 법원이 서면에 작성하지 정보저장매체에 작성하지 않기 때문에 문제될 여지가 없으며, 수사기관 문서에 대하여는 한때 피의자신문조서 대신 신문장면을 촬영한 영상녹화물로 대체할 수 있는지가 문제되었으나 법원이 이를 불허한 이후[10] 더 이상 문제되지 않고 있으므

론적 고찰' 참조), 이번 개정에서 생략된 것이 전혀 이상하지 않다.
9) 물론 진정성 즉 원본성의 문제가 있으나 형사소송법에 규정되지 않고 해석상 인정되는 증거능력 요건일 뿐이다.
10) 서울동부지방법원 2008.1.17. 선고 2007노1027 판결.

로 현재로서는 제311조와 제312조에서도 정보저장매체에 관한 규정을 도입할 필요가 없다.

그러나 제315조의 경우에는 사정이 다르다. 제315조는 제1호에서 가족관계기록사항에 관한 증명서, 공정증서등본 기타 공무원 또는 외국공무원의 직무상 증명할 수 있는 사항에 관하여 작성한 문서를, 제2호에서 상업장부, 항해일지 기타 업무상 필요로 작성한 통상문서를, 제3호에서 기타 특히 신용할 만한 정황에 의하여 작성된 문서를 증거능력 있다고 규정하고 있다. 그 중 제1호 문서 중에도 현재에는 전자문서로 작성되는 경우가 없거나 적을지 몰라도 가까운 시일 내에 전자문서로 작성되는 경우가 많이 발생할 것으로 예상되고, 제2호 문서 중 장부나 일지 등은 이미 전자문서로 작성되는 사례가 빈번할 뿐만 아니라 향후 더 빈번해 질 것으로 예상되고[11], 제3호 문서 역시 전자문서로 작성되는 사례가 얼마든지 있을 수 있다.

정보저장매체의 증거능력 문제를 입법화하기 전에는 적절한 해석론에 의해 문서의 증거능력 법리를 유추적용하면 되었지만, 이제 입법을 하면서 제313조와 제314조에만 적용 규정을 두면 그 밖의 경우에는 유추적용할 수 없는 것으로 오해할 소지가 매우 크다. 따라서 기왕 개정하는 바에는 제315조까지 함께 개정하는 것이 좋았을 뻔하였다. 조속한 기간 내에 정보저장매체 확장 취지를 제315조에도 규정하든지 아니면 제310조의2 제2항을 신설하여 전문서류의 법리가 문자 등 정보가 저장된 정보저장매체에도 적용된다는 취지의 총설적 규정을 마련하는 것이 좋을 것으로 생각된다.

3. 서명날인의 문제

제313조 제1항 본문에는 진술서・진술기재서류 증거능력의 필수요건으로 자필 또는 서명날인을 규정하고 있는데, 이에 대한 아무런 조치없이 정보저장매체에 위 규정을 확대 적용하여 해석상 혼란을 초래할 수 있다. 정보저장매체 자체에는 자필・서명

---

[11] 대법원 2007.7.26. 선고 2007도3219 사건에서 성매매업소에서 성매매 상대방에 관한 정보를 입력하여 작성한 메모리카드 내용도 '영업상 필요로 작성한 통상문서'라고 보았으며, 뒤에서 설명할 대법원 2001.3.23. 선고 2000도486 사건에서도 일지형 전자문서가 증거로 제출되었다.

날인이 적용될 수 없음이 당연하지만[12], 그렇다고 하여 자필·서명날인에 갈음하는 본인 확인장치가 전혀 필요치 않은 것은 아니다. 정보저장매체에 저장된 정보가 아이디와 패스워드, IP주소, 보안로그 기록, 메타데이타 확인과 같은 방법으로 작성자를 특정할 수 있고, 이러한 작성자 특정이 문서의 자필·서명날인에 갈음한다고 할 수 있다[13]. 따라서 정보저장매체 규정을 도입하면서 그와 같은 내용도 함께 규정하는 것이 좋을 뻔하였다. 앞에서도 언급한 바와 같이 정보저장매체의 경우 차라리 해석론일 때에는 서명날인과 관련하여서도 적절히 해석하기 쉽지만, 이미 입법되었는데 관련 규정이 없으면 적절히 해석하기가 어려워진다는 문제점이 발생한다.

근본적으로는 문서에 자필이나 서명날인이라는 요건이 필요한지가 문제되는데, 이번에 정보저장매체 규정이 입법되면서 위 문제는 새로운 양상을 맞이하게 되었다. 정보저장매체에 저장된 정보에는 원래 서명날인이 없으므로 아이디와 패스워드 등 다른 자료의 확인에 의해 작성자를 확인하여야 할 터인데, 위와 같은 작성자 확인과정이 곧바로 진정성립 입증과정과 중첩된다[14]. 따라서 정보저장매체에 저장된 정보에 대하여는 어떤 방법으로든(물론 뒤에서 설명할 바와 같이 객관적 방법으로만 가능하다고 되어있지만 반드시 아이디와 같은 특정 자료에 의하여야 하는 것은 아니다) 작성자와 진정성립을 입증하기만 하면 된다. 이러한 법리를 일반 문서에 적용시켜 보면 진정성립이 입증되면 자필·서명날인 요건은 별도로 필요하지 않다는 결론에 쉽게 도달한다. 이와 달리 "실제로 피고인이 작성한 진술서라 하더라도 피고인의 자필도 아니고 서명날인도 없다면 제313조가 말하는 진술서가 될 수 없다. 예를 들어 신문의 기사를 오려 붙여 새로운 문서를 만들고 협박 등의 목적으로 익명 투서를 한 경우 설령 작성자가 피고인임이 밝혀졌다고 하더라도 위 문서는 '증거물인 서면'이 아닌 '증거서류'의 일종인 피고인의 진술서로 파악하여 증거능력을 따질 수는 없다"는 견해도 없지 않다

---

12) 대법원 2005.12.23. 선고 2005도2945 판결. 문서를 영상으로 담은 자료라면 문서 자체에 자필·서명날인이 있어야 함이 당연하지만 진술을 담은 테이프나 전자문서의 경우라면 자필·서명날인을 요구하기 어렵다. 물론 정보저장매체를 보관하는 장치에 서명날인을 요한다고 해석할 여지도 있으나, 이렇게 해석하는 견해는 거의 없는 것으로 보인다.
13) 오기두, "피고인의 공판정 진술과 전자문서의 진정성립", 사법(2013. 6.), 사법발전재단, 165면.
14) "디지털증거에서는 형식적 진정성립이 곧 실질적 진정성립으로 이어진다고 보는 것보다는 하나의 요인이 형식적 진정성립을 증명해주는 동시에 실질적 진정성립을 증명하는데도 사용될 수 있다고 보는 것이 바람직하다"는 표현(박민우, 앞의 논문, 112면)도 같은 의미로 보인다.

15). 그러나 협박문서가 진술서 즉 증거서류가 될 수 없는 것은 자필·서명날인 요건을 충족하지 못했기 때문이 아니라 그 내용이 증거법상의 진술, 즉 '과거나 현재의 경험적 사실에 대한 보고'가 아니기 때문이다. 만일 협박문서가 자필로 작성되어 있거나 서명날인이 있다고 하더라도 증거물인 서면이지 증거서류는 아니다. 따라서 제313조 제1항이 진정성립 입증과 별도로 자필·서명날인을 요구하는 것은 전혀 무의미하므로 폐지함이 마땅하다.

서명날인이 없거나 가명이라면 어떨까? 서명날인이 없더라도 자필이라면 증거능력을 인정받을 수 있고, 가명인 경우에도 일응 서명날인 요건을 구비하였으므로 진정성립 입증만 있으면 증거능력을 가진다고 해석할 수 있다. 본 개정 전 작성자의 진정성립 인정만이 증거능력의 요건인 경우에는 피고인이 자신은 작성자 아니라고 부인해 버리면 그것으로 증거능력이 배제되었겠지만[16], 본 개정으로 진정성립 여부를 객관적 방법으로 입증할 수 있게 되었으므로 누가 진정한 작성자인지 여부도 진정성립 여부와 마찬가지로 객관적 방법으로 입증할 수 있다 할 것이다.

Ⅲ. 객관적 방법에 의한 진정성립 입증

1. 위 개정의 의미

종래 제313조 제1항의 해석과 관련하여 가장 자주 언급되어온 문제가 바로 진정성립의 입증 방법이었다. 제313조 제1항은 "작성자 또는 원진술자의 진술로 진정성립을 입증하여야 한다"고 규정하고 있는데, 그 밖의 다른 방법으로는 진정성립을 입증할 수 없는지가 늘 의문이었다. 그간에도 대법원은 특히 녹음테이프에 녹음된 진술 역시 녹음자(진술자가 직접 녹음한 경우 진술서 규정을 유추적용한다) 또는 원진술자(진술자 아닌 자가 녹음한 경우 진술기재서류 규정을 유추적용한다)의 진술에 의해 진정성립이 입증되어야 한다는 논리를 전개하였고[17], 속칭 '국정원 여론조작 사건'에서도

---

15) 최병각, 앞의 논문, 400면.
16) 이점을 적절히 지적한 글로는 이완규, "사인 작성 컴퓨터문서의 진정성립 인정과 증거능력", 형사판례연구 제16집, 한국형사판례연구회, 박영사, 2008. 16면.
17) 대법원 2001.10.9. 선고 2001도3106 판결 등. 다만 대법원 2008.3.13. 선고 2007도10804 판결에서는 "피고인의 진술이 녹음된 보이스펜이나 이에 대한 검증조서(녹취록)에 기재된 진술은 그 성립의 진정을 인정하는 작성자의 법정진술은 없었으나, 피고인과 변호인이 원본인 보이스펜 자체의 청취 결과 피고인

동일한 태도를 취한 것이 본 개정의 직접적인 발단이 되었다는 점은 앞에서 언급한 바와 같다.

위 대법원 판결을 비판한 논문에서 제313조도 작성자 등의 진술에 의한 진정성립 '인정'이 아니라 '증명'이라고 규정된 점, 수사과정에 작성된 진술서에는 제312조 제4항에 의해 객관적 증거에 의한 진정성립 입증이 가능하게 된 점 등을 들어 작성자 또는 원진술자의 진정성립 인정이 없더라도 다른 증거들과 종합하여 진정성립을 입증할 수 있으면 충분한 것으로 해석하여야 한다는 견해가 제시되었는데[18], 사실은 그와 같은 취지는 대법원 2001.3.23. 선고 2000도486 사건[19]에서 검찰에 의해서도 이미 제시된 바 있다. 당시 검찰은 가명 사용 등으로 작성자 불명인 서면에 대하여도 제314조 적용으로 증거능력 인정이 가능하다는 주장과 함께 증거로 제출된 전자문서(컴퓨터 디스켓에 들어있는 일지 형태의 문서와 회의록 등)에 대하여 제313조가 말하는 작성자의 '진술'을 진정성립 인부 진술이 아니라 '작성자의 진술 전체의 취지'라는 의미로 해석하면 작성자가 부인하더라도 진정성립 입증 요건을 충족할 수 있다고 주장하였으며[20], 이를 찬성하는 견해도 적지 않았다[21]. 필자 역시 작성자의 진술만으로 진정성립을 입증하여야 한다는 것은 매우 불합리하다고 생각하면서 위와 같은 주장의 취지에는 공감하지만, 법조문이 너무도 명백하게 작성자의 진술로 진정성립을 입증하라고 규정하고 있기 때문에 이에 반하여 위와 같이 해석하는 것은 문언이 가능한 범위를 벗어나는 것이라고 보았다. 따라서 이 문제는 해석론으로는 극복하기가 어렵다고 보고 결국 입법조치를 촉구하였던 것이다[22]. 이

의 음성임을 인정하고 이를 증거로 함에 동의하였고, 위 검증기일에서 증거동의를 한 보이스펜에 대하여 보이스펜에 녹음된 대화내용과 녹취록의 기재가 일치하는지 확인하고, 또 녹음테이프에 수록된 대화내용도 녹취록의 기재와 일치함을 확인하였으므로, 결국 그 진정성립이 인정된다고 할 것"이라고 판시하여 녹음테이프에서는 작성자의 진정성립 뿐만 아니라 다른 증거로도 성립의 진정을 증명할 수 있다는 듯한 태도를 보여준 바 있다.

[18] 노수환, 앞의 논문, 39면.
[19] 대법원 1999.9.3. 선고 99도2317 판결에 대한 파기환송 사건의 상고심이다.
[20] 이완규, 앞의 논문, 3면에서 인용. 그 밖에도 위 문서들이 제315조 2호의 업무상 통상문서 또는 3호의 기타 특신 문서가 될 수 있다고 주장도 있었으나(법원에서 인정되지 않았음은 당연하다), 이글의 논지와 무관하므로 더 이상 다루지 않기로 한다.
[21] 이완규, 앞의 논문, 19-21면; 김영기, "디지털 증거의 진정성립 부인과 증거능력 부여 방안", 형사판례연구 제19집, 한국형사판례연구회, 박영사, 2011. 525면, 526면.
[22] 이 책 제4편 '형사소송법 제313조에 대한 해석론적 입법론적 고찰' 중 해당부분 참조.

러한 상황에 이번에 제313조 제2항을 신설하여 진술서 작성자가 진정성립을 부인하는 경우 객관적 방법으로도 진정성립의 증명이 가능하도록 명문화한 것 자체는 매우 환영할 일이다.

더불어 위 개정으로 제313조 제1항 단서의 적용범위에 대한 해석론에도 상당한 변화가 불가피하게 되었다. 제1항 단서의 '피고인의 진술을 기재한 서류'가 진술기재서류 만을 의미하는지 진술서도 포함하는지에 대하여 견해가 대립하지만 판례[23]는 후설의 입장이다. 이와 관련하여 종래 필자는 제313조 제1항 본문이 진술서와 진술기재서류를 명백히 구별하고 있음에도 단서가 진술기재서류라고 표현하고 있는 점, 단서는 작성자의 진정성립 인정과 진술의 특신상태를 요건으로 하고 있는데 피고인 진술서의 경우 본문에만 의하더라도 작성자 진정성립 인정은 동일하고 진술의 특신상태가 인정되지 않으면 작성자가 진정성립 부인해 버리면 되므로 굳이 피고인 진술서도 포함된다고 해석할 실익이 없는 점을 들어 진술지재서류 만을 의미한다는 견해를 취하였다. 그런데 뒤에서 살펴볼 바와 같이 개정법 제2항의 본문과 단서에서도 '진술서'라고 규정되어 있지만 진술기재서류도 포함되는 것으로 해석해야 하는 상황이 되었고, 제312조 제2항 신설로 진술자가 진정성립을 부인하더라도 객관적 방법으로 진정성립을 입증할 수 있게 되어 특신상태가 요건으로 되어 있는 제1항 단서 적용이 일정한 의미를 가지게 되었다[24]. 이런 점을 고려하여 필자도 견해를 바꾸어 피고인 진술서도 제313조 제1항 단서에 포함되는 것으로 해석하는 것이 좋을 것으로 생각된다.

2. 진술기재서류에도 적용되는가

그런데 위 개정 역시 많은 문제점을 안고 있다. 우선 제2항의 그 적용 대상을 '진술서'로 한정하고 있다. 진술기재서류는 적용 대상이 아니라는 말인가? 진술기재서류의 작성자 또는 원진술자(대수설, 판례는 진술기재서류에서 진정성립을 인정할 자가 원진술자라 하므로 이에 따른다면 원진술자 만이다)가 성립의 진정을 부인하는

---

[23] 대법원 2001.9.4. 선고 2000도1743 판결. 과거 피고인의 진술서를 제313조 제1항 본문에 의율하여야 한다는 판례도 있었지만(대법원 1982.9.14. 선고 82도1479 전원합의체 판결) 위 판결에 의해 사실상 변경된 것으로 보인다.
[24] 특신상태 요건이 실무적으로는 큰 효용이 없는 경우가 대부분인 것이 사실이지만 그래도 전혀 의미가 없다고 할 수는 없을 것이다.

경우에는 진술서와는 달리 객관적 방법에 의한 진정성립 입증이 허용되지 않는다는 말인가? 개정안의 제안이유에서도 "'진술서' 및 그에 준하는 '디지털 증거'의 진정성립은 '과학적 분석결과에 기초한 디지털포렌식 자료, 감정 등 객관적 방법'으로도 인정할 수 있도록 하되"라고 하여[25] 진술서만을 염두에 두고 있음을 보여주고 있다. 법률해석에서 입법자의 의도도 중요한 참고요소가 되는 것은 맞지만 반드시 입법자의 의도대로 해석하여야 하는 것은 아니다. 더욱이 입법자도 굳이 진술기재서류는 적용대상에서 배제하여야겠다는 의도는 아닌 듯 하며 오히려 표현 과정에 빠트린 것으로 보인다. 객관적 방법에 의한 진정성립 입증에서 진술기재서류를 배제하여야 할 아무런 이유가 없으며, 원진술자와 작성자의 진술이 불일치하는 경우라면 객관적 방법에 의한 진정성립 입증이 더욱 필요하고 가치있을 것이다. 객관적 방법에 의한 진정성립 입증의 원조라 할 수 있는 검사 작성 피의자신문조서와 진술조서도 문서 형태는 진술기재서류이며, 이 경우에도 원진술자의 진정성립 인정이 없으면 객관적 방법에 의한 진정성립 입증이 허용된다. 이러한 법리가 진술기재서류라 하여 달라질 것이 전혀 없다. 따라서 진술기재서류의 경우에도 당연히 적용(만일 문언에 충실하여 도저히 '적용'이 어렵다면 '유추적용'이라도)되어야 한다고 생각된다.

진술기재서류에도 객관적 방법에 의한 진정성립 입증이 적용된다고 한다면, 이와 관련한 오랜 의문을 다시 꺼내 위 입증의 문제와 결부하여 검토하지 않을 수 없다. 바로 진술기재서류의 진정성립 인정자가 작성자·원진술자 중 누구인가의 문제이다. 법문에는 '작성자 또는 진술자의 진술에 의하여'라고 규정되어 있고 진술기재서류의 경우 작성자나 원진술자 누구나 가능하다는 견해[26]도 있지만, 진술기재서류에서는 원

---

25) 형사소송법 일부개정법률안 2면. 제342회 국회(임시회) 법제사법위원회 회의록 제2호에 의하면 법안심사 제1소위원회 위원장인 이한성 의원이 위 개정안을 소개하였을 뿐 다른 의견 표시가 없었고 다른 의원들도 질문이나 이견 없이(위원장 이상민 의원이 디지털 증거의 조작 편집가능성 예방장치가 마련되었는지에 대한 의문을 제기하였을 뿐이다) 법제사법위원회 안으로 통과되었고, 제342회 국회(임시회) 국회본회의 회의록 제1호에 의하면 법제사법위원장 대리 임내현 의원이 개정안의 주요내용을 설명한 후 곧바로 투표하여 개정하기로 가결하였을 뿐 그 과정에 아무런 문제점이 지적되지 아니하였다.
26) 양동철, 앞의 논문, 453면. 이 책 제4편 '형사소송법 제313조에 대한 해석론적, 입법론적 고찰' 중 해당부분 참조.

진술자만 된다는 견해가 다수설[27], 판례[28]이다. 그런데 진술기재서류에서 작성자와 원진술자의 진정성립 인부는 다음 4가지 경우가 된다.

	작성자	원진술자
①사례	×	×
②사례	×	○
③사례	○	×
④사례	○	○

①사례는 어차피 진정성립이 인정되지 않으므로 문제되지 않는다. ②사례와 ④사례는 어느 견해에 의하더라도 진정성립이 인정되므로 역시 문제되지 않는다. 문제가 되는 것은 오로지 ③사례 뿐이다. 이 경우 다수설에 의하면 증거능력이 인정되지 않지만, 소수설에 의하면 증거능력이 인정된다.

제정 형사소송법 제313조 제1항에는 "전2조의 규정 이외에 피고인 또는 피고인이 아닌 자가 작성한 서류 또는 그 진술을 기재한 서류로서 작성 또는 진술한 자의 자필이거나 그 서명 또는 날인이 있는 것은 공판준비 또는 공판기일에 '피고인 또는 피고인 아닌 자'의 진술에 의하여 성립의 진정함이 증명된 때에는 증거로 할 수 있다"고 규정되어 있어 진정성립을 인정할 자가 '피고인 또는 피고인 아닌 자'로 표현되어 있었다. 피고인 또는 피고인 아닌 자가 작성한 서류 또는 그 진술을 기재한 서류이므로 진술서에서는 작성자가 피고인 또는 피고인 아닌 자가 되고 진술기재서류에서는 원진술자가 피고인 또는 피고인 아닌 자라는 의미가 된다. 그런데 1961년 개정으로 진정성립 인정할 자가 '작성자 또는 진술자'로 바뀌었다. 어떤 취지일까? 이에 대하여 "피고인 또는 피고인 아닌 자는 원진술자이므로 제313조 제1항 본문의 작성자 또는 진술자란 진술서에서는 작성자, 진술녹취서에서는 진술자가 성립의 진정을 증명하는 주체인 것은 분명하다"고 설명하는 견해도 있다[29]. 그러나 위와 같은 취지였다면 굳

---

27) 정진연/신이철, 앞의 논문, 360면; 신동운, 신형사소송법 제5판, 법문사, 2014. 1218면; 배종대/이상돈/정승환/이주원, 형사소송법, 홍문사, 2015. 646면 등.
28) 대법원 1997.3.28. 선고 96도2417 판결. 제3자가 녹취한 녹음테이프에 관한 판례이다.
29) 이창섭, "형사소송법 제313조 제1항에 관한 몇가지 검토", 동아법학 제62호, 동아대학교 법학연구소,

이 개정하여 오히려 혼란스럽게 할 필요가 없었다. 위 개정은 오히려 (진술서에서는 '작성자'임에 의문이 없지만) 진술기재서류에서는 '작성자 또는 원진술자' 누구든지 진정성립을 인정하면 증거능력이 인정된다는 취지로 보인다.

그런데 이번에 제313조가 개정되어 작성자·원진술자의 진정성립 인정이 없더라도 객관적 방법에 의한 진정성립 입증으로 증거능력 인정이 가능하게 되었다. 이 점이 진정성립을 인정할 자가 누구인지에 어떤 영향을 끼칠까? 이를 위해서도 위 ③사례만 검토하면 족하다. 소수설에 의하면 작성자의 인정만으로도 진정성립이 입증되었다고 보지만, 다수설에 의하면 작성자가 인정하였다고 하더라도 원진술자가 인정하지 않았기 때문에 객관적 방법에 의한 진정성립 증명이 필요하다. 즉 작성자의 인정 진술은 소수설에 의하면 진정성립을 인정하는 객관적 방법과 동일하게 평가되지만, 다수설에 의하면 위 객관적 방법과 동일하게 평가되지 못하는 것이다. 그런데 개정법은 물론이고 제312조 제2항과 제4항에서의 '객관적 방법'에도 조사자 기타 제3자의 증언은 포함되지 않는다고 해석하는 것이 다수설적 견해이고[30] 필자도 이에 찬동한다. 이러한 법리를 진술기재서류에 적용한다면 객관적 방법에 의한 진정성립 증명이 입법된 이후에는 작성자의 진술로는 진정성립이 입증되었다고 볼 수 없다고 해석하여야 한다는 논리도 성립할 수 있을 것이다.

그러나 조사자 증언과 작성자 진술을 동일 평면에서 평가할 수는 없다. 조사자는 범죄를 구증하고자 하는 경향성을 가진 국가기관으로서 범죄의 입증과 관련하여서는 객관적 존재라 할 수 없지만, 사인간에 작성된 진술기재서류의 작성자는 얼마든지 객관적 존재일 수 있고 어쩌면 원진술자보다도 더 객관적인 경우가 많을 것이다. 이 때문에 조사자의 증언은 진정성립을 입증할 객관적 방법이 될 수 없지만, 작성자의 인정 진술로는 진정성립을 입증할 수 있다고 보아야 한다. 결국 객관적 방법에 의한 진정성립 입증제도가 신설되었다고 하더라도 진술기재서류에서 진정성립 인정할 자는

2014. 216면.
30) 배종대/이상돈/정승환/이주원, 앞의 책, 630면; 신동운, 앞의 책, 1174면 등(다만 노명선/이완규, 형사소송법 제4판, 성균관대학교 출판부, 2015. 682면과 정웅석/백승민, 형사소송법 전정증보제6판, 대명출판사, 2014. 649면은 반대 견해).

작성자 또는 원진술자라는 기존의 견해를 그대로 유지한다. 다만 작성자의 진술이 진정성립 입증에 객관적 방법 이상의 가치가 있어야 할 것이므로 작성자가 객관적 입장이 아니라고 보여지는 경우에는 작성자의 인정 진술이 있더라도 진정성립이 입증되지 않았다고 판단함으로써 증거능력 인정을 엄히 운용할 필요가 있음은 물론이다. 그 대표적인 사례가 행정기관 등에서 피고인이나 제3자를 조사하면서 흔히 작성하는 문답 형태의 문서이다. 이 문서 중 답변 부분은 외형상 진술기재서류의 일종인데 수사기관이 작성한 것이 아니므로 제312조 제2항이나 제4항이 아닌 제313조 제1항에 적용될 수 밖에 없다. 그러나 그 문서가 형사재판에 증거로 제출되었다면 결국 피고인의 위법사실을 구증하기 위해 만들어졌을 가능성이 매우 높은데, 이런 점에서는 피의자신문조서나 진술조서와 다를 것이 없다. 따라서 이러한 문서의 진정성립 입증에서는 작성자의 진정성립 인정이 객관적이지 못할 우려가 매우 크므로 제312조 제2항이나 제4항에 준하여 원진술자의 진정성립 인정이나 기타 객관적 방법에 의한 진정성립 입증 없이는 증거능력을 인정하지 않아야 할 것이다.

3. 피고인 문서에도 적용되는가

개정법 제2항은 '제1항 본문에도 불구하고'라는 말로 시작하고 있다. 제1항 본문은 일응 모든 진술서와 진술기재서류, 즉 피고인 또는 피고인 아닌 자의 진술서와 진술기재서류를 모두 포함하는 것으로 보인다. 그러나 제1항 단서는 문언상은 피고인의 진술기재서류에 대해 특칙을 규정하고 있지만 피고인의 진술서도 포함되는 것으로 해석하는 것이 다수설, 판례의 입장이라는 점은 앞에서 살펴본 바와 같다. 또한 단서가 적용되는 경우 본문이 중첩적용 되는지에 대하여 견해가 대립하지만, 대법원은 단서만 적용된다는 입장이다[31]. 이러한 입장에 따르면 피고인의 진술서·진술기재서류는 처음부터 제1항 본문에 적용되지 않으므로 개정법이 말하는 '제1항 본문에도 불구하고'라는 표현을 엄히 해석한다면 제2항이 규정하는 객관적 방법에 의한 진정성립 입증이 피고인의 진술서·진술기재서류에는 적용되지 않는 것처럼 보일 우려가 크다.

---

31) 대법원 2001.10.9. 선고 2001도3106 판결, 대법원 2008.3.13. 선고 2007도10804 판결에서 피고인 진술의 녹음테이프 검증조서에 대하여 작성자의 진정성립 인정과 특신상태만 요구하였다.

피고인 아닌 자의 진술서·진술기재서류에 대하여는 작성자·원진술자가 진정성립을 인정하지 않는 경우 객관적 방법에 의한 진정성립 입증이 허용되지만, 피고인의 진술서·진술기재서류에 대하여는 작성자가 진정성립을 인정하지 않는 경우 객관적 방법에 의한 진정성립 입증이 허용되지 않는다고 볼 이유가 없다. 특히 진술서의 경우에는 피고인이 범죄를 부인하는 경우 발생할 수 있는 상황인데 '국정원 여론조작 사건'도 바로 여기에 해당한다. 피고인이 진정성립을 부인하여 인터넷 자료를 증거로 사용하지 못하였고 이를 시정하고자 형사소송법을 개정한 것인데 개정법이 이러한 경우에 적용되지 못하게 하였을 리가 없다. 진술기재서류의 경우에도 피고인이 범죄를 부인하기 때문에 진술기재서류가 증거로 제출되었을 가능성이 매우 높은데, 피고인이 범죄를 부인하고 있다고 하여 객관적 방법으로 진정성립을 증명하는 것이 허용되지 않을 이유가 없다. 지금까지 진정성립 입증과 관련하여 많은 의견이 개진되었는데 이들 의견은 피고인의 문서와 피고인 아닌 자의 문서 둘 다에서 작성자 진술 아닌 방법에 의한 입증으로 대체할 수 있게 하자는 취지이지 피고인 아닌 자의 문서에서만 대체할 수 있게 하자는 취지는 아니었다[32].

개정안의 제안이유에서도 "범죄행위에 사용된 증거들이 종이문서가 아닌 전자적 정보의 형태로 디지털화되어 있는 현실을 고려하여 진술서 및 그에 준하는 디지털 증거의 진정성립은 객관적 방법으로도 인정할 수 있도록 하되… "라고 하여[33] 문서의 주체가 피고인 아닌 자의 경우에만 적용하려는 의사가 전혀 나타나지 않는다. 그런데 바로 다음에 나오는 주요내용에서는 "나. 제313조 제1항 본문에도 불구하고 진술서의 작성자가 공판준비나 공판기일에서 그 성립의 진정을 부인하는 경우에는 … 객관적 방법으로 성립의 진정함이 증명되는 때에는… "이라고 하여 적용 대상을 제313조 제1항 본문으로 한정하는 듯 표현하고 있다. 이런 점에 비추어 볼 때 입법자는 위 '제1항 본문에도 불구하고'라는 표현이 가져올 위와 같은 해석론적 문제점을 전혀 고려하지

---

[32] 서태경, 앞의 논문, 264면 등, 특히 금번 개정 내용은 정보저장매체까지 확장시킨 점, 객관적 방법에 의한 진정성립 입증을 허용한 점, 반대신문권을 보장한 점에서 김영기, 앞의 논문, 533면의 개정안과 매우 흡사하다. 그러나 김영기 개정안에서도 객관적 방법에 의한 입증 보완을 규정한 ②항의 적용 대상에 진술서·진술기재서류 모두를 포함하고 있고, '1항에도 불구하고'이지 '1항 본문에도 불구하고'가 아닌 점에서 큰 차이가 있다.

[33] 앞의 형사소송법 일부개정 법률안 2면.

못한 것으로 보인다. 이러한 점을 종합하면 개정법 제2항이 규정하는 객관적 방법에 의한 입증 대체는 당연히 피고인의 문서에도 적용되는 것으로 해석하여야 하고, 제2항 모두의 '제1항 본문에도 불구하고'는 '제1항에도 불구하고'로 재개정되어야 한다.

4. 진정성립 입증의 의미

여기에서 증명의 대상인 진정성립이 무엇인지를 살펴볼 필요가 있다. 진정성립을 형식적 진정성립과 실질적 진정성립으로 나누어 살펴보는 것이 일반적이다. 그런데 그 개념을 어떻게 보는지에 대하여는 드러나지 않은 시각 차이가 있다. 실질적 진정성립은 '내가 말한 대로 기재되어 있다'라고 보고 형식적 진정성립은 '서명날인이 내가 한 것이 맞다'라고 보면서, 위 정의를 진술기재서류 뿐만 아니라 진술서에도 동일하게 사용하는 것이 일반적인 태도인 듯하다[34]. 그러나 위와 같은 정의는 진술기재서류에서는 통용될 수 있지만 진술서에서는 통용될 수 없다. 작성자만 있을 뿐 진술자가 따로 있을 수 없는 진술서에서 실질적 진정성립을 논하려면 '내가 말한 대로 기재되어 있다'가 아니라 '내가 기재한 그대로이다', 즉 변조가 없다는 의미로 정의되어야 한다. 그러나 변조가 없다는 의미는 진정성립 요건이 아닌 진정성 중 원본성 요건이다. 전문서류 아닌 서증의 경우 진정성립은 증거능력의 요건이 아니지만 위·변조되지 않은 사실은 증거능력 요건인 점만 보더라도 변조되지 않은 사실은 실질적 진정성립의 문제가 아닌 진정성의 문제임이 명백하다. 결국 진술서에서는 형식적 진정성립과 실질적 진정성립의 구별이 없어 그냥 진정성립이라는 용어만 사용하는 것이 맞다[35]. 이 때문에 형사소송법도 실질이 진술서인 검증조서에서는 '실질적 진정성립'이 아닌 '진정성립'만 요구하고 있는 것이다(제312조 제6항). 따라서 제313조에서의 진정성립도 진술서에서는 '진정성립', 진술기재서류에서는 '실질적 진정성립'이라고 해석하는 것이 옳다[36].

변조 문제를 실질적 진정성립의 문제로 본다면 개정 전 제313조 제1항에 의할 때

---

34) 최병각, 앞의 논문, 401면; 신동운, 앞의 책, 1219면 등.
35) 같은 취지, 배종대/이상돈/정승환/이주원, 앞의 책, 645면.
36) 이렇게 보면 진술기재서류에서도 원진술자의 입장에서는 형식적 진정성립과 실질적 진정성립이 구별되지만 작성자의 입장에서는 진정성립 여부만 문제된다.

작성자의 진술로 진정성립이 입증되어야 하나, 진정성의 문제로 본다면 입증방법에 제한이 없다는 차이가 있었다. 개정법에 의하더라도 실질적 진정성립의 문제로 본다면 작성자가 진정성립을 인정하지 않는 경우 '객관적 방법'으로 입증하여야 한다는 제한이 부과된다는 점에서 여전히 약간의 차이가 남아있다. 변조 여부를 목격자 증언 등으로 입증하는 것을 금지할 이유도 없고, 물증에서의 비조작성과 같은 다른 진정성 요건이 입증방법에 제한이 없다는 점을 고려하면 변조 여부도 입증방법에 제한이 없다고 보아야 할 것이다.

제313조가 진술기재서류에 대하여 요구하는 진정성립은 당연히 실질적 진정성립이다. 원진술자가 진정성립을 인정하는 경우에는 특별한 사정이 없다면 그 인정 진술을 통해 실질적 진정성립이 입증되었다고 볼 수 있다. 그런데 작성자가 진정성립을 인정하는 경우 특별한 사정이 없다면 그가 작성하였다는 사실, 즉 작성자의 진정성립은 입증되었다고 할 수 있겠지만, 원진술자가 부르는 대로 작성하였다는 사실, 즉 원진술자의 실질적 진정성립도 입증되었다고 할 수 있을까? 원진술자가 다투지 않는 경우라면 원진술자의 실질적 진정성립도 입증되었다고 할 수 있겠지만, 원진술자가 다투는 경우에는 법관은 작성자의 진정성립 인정 진술과 원진술자의 실질적 진정성립 부정 진술의 증명력을 비교하여 진정성립이 입증되었는지 여부를 판단하여야 할 것이다. 작성자나 원진술자의 진술이 아니라 객관적 방법에 의해 진정성립을 입증하는 경우에도 당연히 형식적 진정성립 뿐만 아니라 실질적 진정성립까지도 입증하여야 증거능력이 인정될 것이다.

피고인이 전자문서에 대해 형식적 진정성립을 인정할 수 있는 객관적 사실들을 인정하면 문서가 위·변조되었다고 다투더라도 형식적 진정성립은 인정할 수 있으므로[37] 증거능력은 인정되고 그 뒤의 문제는 증명력의 문제이기 때문에, 일단 해당 출력문서를 증거로 조사하되 무결성, 동일성 부인 사유나 제3자에 의한 해당 전자문서 작성 사유를 인정할 증거를 조사하여 위 출력문서 기재내용의 증명력을 자유로운 심증으

---

[37] 진술서도 형식적 진정성립과 실질적 진정성립을 구별한다는 전제 하에서 진술서에 대하여 논리를 전개한 것으로 해석된다.

로 평가한 다음 유무죄를 판단하여야 한다는 견해도 있다[38]. 그러나 진술서에 대하여 위조를 다투는 것은 진정성립을 부인하는 것이고, 변조를 다투는 것은 진정성을 부인하는 것이다. 진술서에서 진정성립도 인정되어야 하지만 진정성도 인정되어야 증거능력이 인정된다. 위·변조 문제를 진술서의 실질적 진정성립이라고 보는 견해에 의하더라도 제313조가 진술서의 증거능력 요건으로 요구하는 진정성립은 당연히 실질적 진정성립이다. 따라서 위·변조를 다투는 것을 증명력의 문제로 보는 것은 옳지 못하다. 진정성 역시 증명력 단계에서 판단할 요건이 아니라 형식적 진정성립과 함께 증거능력 단계에서 판단하여야 할 요건인 것이다.

5. 객관적 방법의 의미

진정성립의 입증 방법과 관련하여서도 의문이 없지 않다. 개정법은 '객관적 방법'으로 증명하라고 규정하면서 객관적 방법의 예시로 '과학적 분석결과에 기초한 디지털포렌식 자료, 감정 등'을 들고 있다. 그런데 이는 동일한 법에서 동일한 용어로 이미 사용되고 있는 제312조 제2항과 제4항에서의 표현과 완연히 다르다. 제312조 제2항과 제4항에서는 객관적 방법의 예시로 '영상녹화물 기타'를 들고 있다. 개정법은 마치 일반 문서가 아닌 정보저장물만을 적용 대상으로 하고 있는 듯한 느낌이 들 정도이고, 일부 견해는 객관적 방법으로 진정성립이 인정될 수 있는 영역은 대부분 디지털증거에 해당할 것으로 보인다고 설명하기도 한다[39].

그러나 제313조의 입법 형식에 의하든 형사소송법 전체의 취지에 의하든 제313조의 원칙적 적용대상은 문서인 진술서·진술기재서류이고, 정보저장매체에 저장된 정보는 서류와 마찬가지로 다루어질 부차적 적용대상일 뿐이다. 그렇다면 규정 형식도 진술서·진술기재서류에 맞춘 예시를 먼저 들고 그 뒤에 정보저장물에 맞춘 예시를 드는 것이 옳다. 진술서·진술기재서류의 진정성립 입증에 가장 좋은 객관적 방법으로 영상녹화물이 있다. 이는 검사 작성 피의자신문조서와 진술조서의 경우에 이미 규정되어 있는 객관적 방법의 예시로서 진술서·진술기재서류의 경우에도 당연히 적용

---

[38] 오기두, 앞의 논문, 190면, 191면.
[39] 박민우, 앞의 논문, 103면.

될 수 있음에도[40] 개정법에서 진술서 등의 진정성립 입증을 위한 객관적 방법의 예시에서는 빠져있다. 더욱이 개정법의 예시에서는 디지털포렌식 자료가 앞에 나오고 감정이 뒤에 나온다. 이 때문에 '개정법은 정보저장매체에만 적용되고 영상녹화물은 입증방법이 되지 못하는가'라는 필요 없는 오해를 초래할 수 있다. 미세한 부분이지만 재고되어야 할 것이다.

객관적이라는 의미의 불명확성은 제312조 제2항이나 제4항과 마찬가지로 여전하다. 원래 제312조 제2항과 제4항에서는 피의자신문조서나 진술조서가 수사과정에 작성되는 문서이므로 조사자 등[41]은 피고인의 범죄혐의를 인정하려는 경향을 가진 사람들로서 처음부터 사건에 대하여 객관적 입장에 있다고 보기 어렵기 때문에 이들의 증언으로 위 조서의 진정성립을 입증하도록 허용할 수는 없다는 취지에서 '객관적 방법'이라는 개념이 나왔을 것이다. "인증이라고 하여 객관적 방법이 아니라고 부정할 수 없다. 제312조에서 입증 방법으로 '객관적 방법'으로 제한하여 조사자 증언을 배제하는 것은 그 증언이 객관적인 증거방법이 아니라서가 아니라 영상녹화물에 준하는 정도의 증거방법이 아니기 때문"이라고 하면서 제313조에서는 객관적 방법이라고 한정할 필요가 없다는 견해도 있다[42]. 그러나 조사자가 사건에 대하여 객관적 입장에 있기 어려운 것은 사실이고, '영상녹화물에 준하는 정도'라는 것이 증명력을 의미한다면 이는 자유심증주의를 직접적으로 침해하는 문제가 발생한다. 범죄사실에 대한 입증이 아니라 증거능력에 대한 입증이라는 점에서 증거방법을 일부 제한하는 것이 반드시 잘못되었다고 생각되지는 않는다. 객관적 방법이라는 용어가 부적절한 것은 사실이지만 입법자가 의도하는 바를 표현할 다른 적절한 용어를 찾기도 어렵다. 따라서 일

---

[40] 노수환, 앞의 논문, 43면은 국가기관이 아닌 피고인이나 제3자가 사적으로 작성한 진술서에는 아무런 절차적 제한이 없고 다양한 상황에서 다양한 형태로 작성될 수 있어 작성 장면을 녹화·녹음하는 것 자체가 이례적이기 때문에 증거능력 인정을 위하여 영상녹화물에 의한 진정성립 입증을 요구하여서는 아니된다고 주장한다. 주장 자체는 옳다. 다만 영상녹화물을 요구할 수 없다는 점이 객관적 방법에서 제외할 이유가 되지는 못할 것이다.

[41] 수사기관에서의 조사과정을 목격한 제3자는 조사자와 달리 객관적 입장이 아닌가? 라는 의문이 있을 수 있다. 그러나 그 제3자가 수사기관에 있으면서 수사과정을 목격하였다는 사실 자체에서 무언가 객관적 입장을 견지하기 어려울 가능성이 있겠다는 우려를 씻어내기 어려우며, 극단적으로는 수사기관에 의하여 유혹 또는 유도되었을 가능성도 배제할 수 없다. 따라서 조사과정을 목격한 제3자의 진술 역시 '객관적 방법'으로 분류하기는 어려울 것으로 생각된다.

[42] 노수환, 앞의 논문, 44면.

응 객관적 방법이라는 용어를 사용하면서 그 의미와 범위에 대하여는 향후 해석론과 판례에 맡기는 것도 나쁘지 않다고 판단된다.

'객관적'의 사전적 의미에 과학기술적이라는 의미가 없고, 진술증거 역시 과학기술적이지는 않지만 객관성을 인정받을 수 있으며, 제313조 제2항 신설의 취지가 반드시 과학기술적 증거에 의한 입증만을 요구하는 것이 아니기 때문에 객관적 방법에는 반드시 과학과 관련 없는 수단, 즉 사람의 진술이나 전후 사정 등도 포함된다는 견해도 있다[43]. 그러나 그와 같은 해석하면 제312조와 제313조가 굳이 객관적 방법에 의한 입증을 요구하면서 실제로 배제하는 입증방법이 무엇일까 의문이다. 조사자 증언 등에 의한 입증 제한은 입법자의 의도이기도 하지만 '영상녹화물 기타 객관적 방법' 또는 '디지털포렌식 자료 등 객관적 방법'이라는 표현에서 도출될 수 있는 문언적 의미이기도 하므로 법률 해석에서 결코 무시되어서는 아니될 것으로 생각된다. '객관적 방법'이라는 표현이 그리 객관적이지는 않지만, 무언가 불가변적, 물적 증거를 의미하는 것이고 목격자 증언과 같이 가변적인 자료는 배제하겠다는 의미가 충분히 읽혀지기 때문이다.

Ⅳ. 피고인에게 반대신문의 기회 보장

1. 반대신문권 보장의 범위와 입법 형식

개정법은 제313조 제2항 단서를 통해 '반대신문권 보장'를 입법화하였다[44]. 진술조서의 경우 진정성립이 인정 또는 입증되더라도 피고인에게 반대신문의 기회를 부여한 후 증거능력을 부여하는 것(제312조 제4항)과 같은 취지로서, 미국 수정헌법 제6조가 말하는 대면권 보장과도 맥을 같이 한다고 생각된다. 수사과정에 작성된 진술서라면 제

---

[43] 박민우, 앞의 논문, 110면, 111면.
[44] 전문증거는 반대신문권이 보장되지 않기 때문에 원칙적으로 증거능력이 없다고 전문법칙을 설명하면서 전문서류에 대하여 반대신문권을 보장한다니 모순되지 않을 수 없다. 그러나 우리 형사소송법상 전문서류의 경우에는 반드시 반대신문권이 보장되지 않기 때문이라기 보다는 서증, 특히 수사과정에 작성된 서증의 증거능력을 통제하겠다는 의미도 강하게 내포되어 있기 때문에 반대신문이 가능하거나 무의미함에도 전문증거로 분류되는 경우가 많으므로 반대신문권을 보장한다는 것이 반드시 전문법칙 이론과 충돌하는 것은 아니다.

312조 제5항, 제4항에 의하여 반대신문의 기회가 보장되는데 그 밖의 진술서에는 반대신문의 기회가 보장되지 않는다는 것은 매우 불균형적이었다. 위 개정은 전문법칙 예외 인정의 필요성과 피고인의 방어권을 조화시키는 진일보된 태도로서 매우 긍정적이라 평가된다.

전문법칙 예외 인정에 반대신문권 보장이 필요한 경우를 검토해 보자. 제314조 문서들은 진정성립을 인정해야 할 자가 법정에 나올 수 없거나 진술할 수 없는 경우에 적용되므로 반대신문 역시 원천적으로 어렵다고 보인다. 제315조의 문서들은 형사절차를 염두에 두고 작성한 문서, 즉 Crawford 판례[45]가 말하는 '증거적 문서'가 아니므로 반대신문권 문제의 밖에 있다고 볼 수 있다. 이제 반대신문권 보장 문제는 공범의 검사 작성 피의자신문조서에만 남은 것으로 보인다. 주지하다시피 학설은 공범의 사법경찰관 작성 피의자신문조서에 대한 제312조 제3항설과 궤를 맞추어야 한다는 제312조 제1항설과 반대신문권을 보장하여야 한다는 제312조 제4항설이 대립하고 있다. 지금처럼 필요한 각 경우에 반대신문권을 보장한다는 개별적 규정을 두는 방법도 좋지만, 어쩌면 '전문법칙의 예외 인정시에도 가능하다면 반대신문권이 보장되어야 한다'는 취지를 총설적으로 (예컨대 제310조의2에 제2항을 신설하여) 규정하는 방법도 고려해 볼 만 하다. 그렇게 하면 위 공범의 검사 작성 피의자신문조서 문제도 일거에 해결될 수 있을 것이다.

2. 진정성립 부인 문서에만 적용되는가

개정법은 위 반대신문권 보장 규정을 제1항이 아닌 제2항에서 규정하는 바람에, 진술서의 작성자가 진정성립을 부인하는 경우에만 객관적 방법에 의한 진정성립 증명과 함께 반대신문을 할 수 있는 것으로 해석된다. 작성자가 진정성립을 인정한 진술서에 대하여는 피고인에게 반대신문권을 보장할 필요가 없다는 말인가?

개정안의 제안이유에서는 "진술서 및 그에 준하는 디지털 증거의 진정성립은 객관적 방법으로도 인정할 수 있도록 하되, 피고인 아닌 자가 작성한 경우 반대신문권이

---

[45] Crawford v. Washington, 541 U.S. 36(2004).

보장됨을 명확히 규정하려는 것"이라고 설명하고 있다[46]. 반대신문권 보장을 객관적 방법에 의한 진정성립 입증과 연계하는 바람에 저절로 진정성립 부인 문서에만 반대신문권이 인정되는 것처럼 구성된 것이다. 과연 입법자는 작성자의 진술로 진정성립이 인정된 문서에서는 반대신문이 필요 없다고 생각하여 위와 같이 반대신문권을 객관적 방법에 의한 진정성립 입증과 결부시킨 것일까? 제안이유 어디를 보더라도 그와 같은 의도는 발견되지 않는다. 오히려 진술서 작성자가 진정성립을 인정하는 경우에 피고인으로서는 반대신문할 필요성이 더 많을 것으로 예상된다. 이런 불합리한 결과를 피하기 위해서는 반대신문권 보장을 제2항 단서가 아닌 제3항에서 별도로 규정하였어야 옳다.

3. 진술서에만 적용되는가

또한 개정법 제2항 단서는 적용 대상을 피고인 아닌 자가 작성한 '진술서'로만 한정하고 있다. 피고인이 작성한 진술서에 진정성립 증명 외에 반대신문이 필요하지 않은 것은 당연하지만, 피고인 아닌 자가 작성한 진술기재서류에는 진정성립을 인정한 진술자 또는 원진술자에 대하여 반대신문할 필요성이 없지는 않을 것이다[47]. 앞에서도 살펴본 바와 같이 입법자는 진술서만을 염두고 두고 개정안을 만든 것이고 진술기재서류를 배제하겠다는 의도를 가진 것으로는 보이지 않는다. 따라서 여기에서도 제2항 본문과 마찬가지로 진술서뿐만 아니라 진술기재서류가 포함된다고 해석함이 상당할 것으로 보인다.

V. 나가며

제313조와 관련하여 그간 제기되어 온 많은 문제들 중 이번 기회에는 일부만 개정되고 나머지 대부분은 외면되었다. 그리고 개정된 내용도 앞에서 살펴본 바와 같이 매우 허술하여 과연 개정한 것이 그래도 개정 전보다는 나은지 의심스러울 정도이다.

---
46) 앞의 형사소송법 일부개정법률안 2면.
47) 제1항 단서는 '피고인의 진술을 기재한 서류'라고 하여 진술기재서류 외에 피고인 진술서도 적용되는가가 문제되었는데, 제2항 본문과 단서에서는 그 반대의 문제가 발생하였다. 모두 다 입법과정에 문언에 대한 주의가 부족한 탓이라고 생각된다.

2007년 개정 때 제313조를 손볼 여력이 없었다 하더라도 이번에 제313조를 손보는 기회에 그간 제기되어 온 위 문제들을 모두 해결하는, 아니 해결하기 위해 시도라도 해 보는 개정이었으면 얼마나 좋았을까 생각된다.

그간 여러 글을 통해 제313조의 문제점으로 공통 중 가장 큰 것은 제313조 제1항이 진술서와 진술기재서류, 작성자 또는 원진술자가 피고인 본인인 경우와 제3자인 경우를 한꺼번에 서술하는 바람에 국어적으로 혼란스럽게 되었다는 점이다. 피고인의 진술서, 피고인 아닌 자의 진술서, 피고인의 진술기재서류, 피고인 아닌 자의 진술기재서류, 이렇게 4가지로 나누어 규정하면 아무런 오해가 발생할 리 없는데[48], 개정법은 이 문제를 해결하기는 커녕 제2항 본문과 단서 등을 통해 오히려 더 복잡하고 어렵게 만들었다. 더욱이 제1항 본문에서 진정성립을 인정할 자가 누구인지, 제1항 단서가 피고인 진술서에도 적요되는지 등에 대하여는 손도 대지 못하였다.

개정 전 법의 문제점도 그러하였지만 이글에서 지적한 개정법의 문제점도 대부분이 법리적 문제라기보다는 국어적 문제였다. 필자의 지적이 옳다면 제313조는 조속히 재개정되어야 할 것이다. 입법과정에 법리적 검토가 중요함은 말할 필요도 없지만 국어적 검토도 그에 못지않게 중요하다는 말로써 결론을 대신하고자 한다.

---

[48] 이러한 방식의 개정안으로는 오기두, 198면 199면과 이 책 제4편 '형사소송법 제313조에 대한 해석론적, 입법론적 고찰'이 있고, 이러한 방식의 문제점 제기로는 이세화, "형사소송법 제313조 제1항의 증거능력 인정요건에 대한 소고", 형사소송 이론과 실무 제7권 제2호, 한국형사소송법학회, 2015. 107면 이하.

형사소송법상 특신상태의 의미와 개념 요소 및 판단기준에 관한 소고

Ⅰ. 들어가며

1. 형사소송법에서 '특신상태'라는 개념의 사용

우리 형사소송법이 제310조의2에서 전문법칙을 선언하면서 제311조부터 제316조까지 6개의 조문에 걸쳐 전문법칙의 예외를 규정하고 있음은 주지의 사실이다. 전문법칙의 예외 요건으로는 각 전문증거의 특성에 따라 원진술자(또는 작성자)의 진정성립 인정 또는 이에 준하는 증명을 요구하는 경우가 많고(제312조 제1항, 제2항, 제4항, 제6항, 제313조 제1항, 제2항), 그 밖에도 적법한 절차와 방식에 따른 작성(제312조 제1항, 제3항, 제4항, 제6항), 원진술자의 진술 불가(제314조, 제316조 제2항) 등을 요구하기도 하며, 별다른 요구를 하지 않기도 한다(제311조).

그런데 자주 등장하는 요건 하나에 눈에 띈다. 바로 "진술 또는 서류 작성(이하 진술이라고 통칭하기로 한다)이 특히 신빙할 수 있는 상태 하에서 행하여졌을 것"이라는 요건이다. 일반적으로 위 요건을 '특신상태'라고 부른다. 제312조 제1항·제2항(검사 작성 피의자신문조서), 제4항(진술조서), 제313조 제1항 단서(피고인의 진술을 기재한 서류), 제314조(공판기일에 진술을 요하는 자가 진술할 수 없는 때), 제316조 제1항·제2항(피고인 또는 비피고인의 진술을 내용으로 하는 제3자의 진술) 등 7군데에서 그와 같은 요건을 요구하고 있다. 그 밖에도 제315조 제3호는 당연히 증거능력이 있는 서류로서 "기타 특히 신용할만한 정황에 의하여 작성된 문서"라고 규정하고 있는데, 여기에서 말하는 "특히 신용할만한 정황에 의하여 작성된 문서"가 앞에서 언급한 "특히 신빙할 수 있는 상태 하에서 작성된 서류"와 같은 의미인지, 이에 해당하는 문서에는 구체적으로 어떤 것들이 있는지에 대하여도 학설, 판례 등을 검토할 필요가 있다. 다만 이글에서 다루고자 하는 특신상태 개념 자체와는 다른 문제를 많이 포함하고 있기 때문에 다음 기회로 미루기로 한다. 결국 전문법칙의 예외 중에서 특신상태를 요건으로 하지 않는 경우는 제311조(법관 면전조서), 제312조

제3항(사법경찰관 작성 피의자신문조서), 제312조 제6항(수사기관 검증조서), 제313조 제1항 본문(원진술자가 피고인이 아닌 경우), 제2항(감정서)[1], 제315조 제1호(공무원의 증명문서), 제2호(업무상 통상문서)에 불과하다[2].

2. 문제의 제기

'전문법칙은 예외를 위한 법칙'이란 말이 있을 정도로 예외가 중요한 의미를 가지므로, 예외에서 그토록 자주 등장하는 특신상태라는 것이 어떤 의미인지를 정확하게 밝히는 것은 전문법칙의 이해에 있어 매우 중요하다. 그러함에도 대법원은 어느 순간부터[3] 특신상태에 대하여 "허위개입의 여지가 거의 없고, 진술 내용의 신빙성이나 임의성을 담보할 구체적이고 외부적인 정황"이라는 정의를 내려놓고 이를 그대로 답습하고 있으며, 대부분의 학설 역시 별다른 문제의식 없이 판례의 위 정의를 그대로 인용하고 있는 것으로 보인다. 그러나 허위개입의 여지가 없는 것과 신빙성이 과연 다른 의미인지, 신빙할 수 있는 상태에 임의성 담보도 포함되는지, 외부적인 정황은 어떤 의미이고 내부적 사정과는 어떻게 구별되는지, 우리 판례들은 외부적 정황과 내부적 사정을 올바르게 구별하여 왔는지 등은 여전히 의문이다. 근본적으로는 전문법칙 예외 인정의 기준을 신용성의 정황적 보장과 필요성으로 보는 것이 영미나 우리나라에서의 통설적 견해인 바[4], 특신상태가 위 신용성의 정황적 보장과 일치하는 개념인지, 다르다면 어떤 차이가 있는지, 우리 형사소송법이 특신상태를 요구하는 경우와 요구하지 않는 경우를 구별하여 규정한 근거와 기준이 무엇인지, 특신상태 요건을 요구하지 않는 경우에는 신용성의 정황적 보장이 어떤 방법으로 이루어지는지 등도 반드시 검토되어야 할 문제로 보인다.

---

1) 제313조 제2항은 제313조 제1항을 준용하는데 감정서는 성질상 피고인 아닌 자의 진술서이므로 단서, 즉 피고인의 진술을 기재한 서류에 대한 규정이 적용될 여지가 없다.
2) 제312조 제5항은 피고인 또는 피고인 아닌 자가 수사과정에서 작성한 진술서에 대하여 피의자신문조서 또는 진술조서에 준하여 증거능력을 판단한다는 취지인데 결국 검사 작성 피의자신문조서나 진술조서에 준하는 경우에는 제312조 제1항, 제2항, 제4항에 의하여 또다시 특신상태가 요구되고, 사법경찰관 작성 피의자신문조서에 준하는 경우에는 제312조 제3항에 의하여 특신상태가 요구되지 않으므로 제312조 제5항에 대하여는 따로 검토하지 않기로 한다.
3) 대법원 1987.3.24. 선고 87도81 판결이 그 최초가 아닌가 생각된다.
4) 이재상, 형사소송법 제9판, 박영사, 2012. 587 이하; 신동운, 신형사소송법 제4판, 법문사, 2012. 1059 이하; 배종대/이상돈/정승환/이주원, 신형사소송법 제5판, 홍문사, 2013. 630 이하 등.

이글에서는 제312조 제1항 등이 말하는 특신상태가 어떤 의미이고 반대신문권의 보장과는 어떤 관계에 있는지(Ⅱ), 특신상태의 개념 요소에는 어떤 것들이 포함되고 판단 기준으로서의 외부적 사정과 내부적 사정은 어떤 기준으로 구별되며 대법원은 그와 같은 개념 요소와 구별 기준을 충실히 반영하고 있는지를 살펴보고(Ⅲ), 우리 형사소송법상의 특신상태 규정을 개별적으로 고찰한 후(Ⅳ), 필자 나름의 결론(Ⅴ)에 이르고자 한다.

Ⅱ. 특신상태의 의미

1. 특신상태의 의미에 대한 학설과 판례 검토

(1) 학설 대립과 판례

제312조 제1항 등이 말하는 특신상태의 의미에 대하여는 신용성의 정황적 보장으로 보는 견해(신용성의 정황적보장설)[5][6], 법관 면전에서의 진술에 준하는 것으로 취급될 수 있는 객관성과 절차적 적법성을 갖추는 것을 의미한다고 보는 견해(적법절차설)[7] 및 특신상태에는 위 2가지 의미가 모두 포함되어 있으므로 형식적으로는 적법절차가 준수되어야 하고 실질적으로는 진술의 신용성이 보장될 수 있는 정황을 의미한다고 보는 견해(결합설)[8]가 대립하고 있다. 그러나 객관성 내지 절차적 적법성은 수사기관이 진술을 획득할 때에 주로 문제되므로 적법절차설이나 결합설을 취하는 분들도 대체로 제312조 제1항이나 제4항의 해석에 대하여만 그와 같은 견해를 취하고 제312조, 제314조, 제316조의 해석에서는 신용성의 정황적 보장설과 궤를 같이 한다. 다만 제316조 제1항

---

[5] 이재상, 앞의 책, 596면; 노명선/이완규, 형사소송법, 성균관대학교 출판부, 2009. 583면; 정웅석/백승민, 형사소송법 전정제5판, 대왕출판사, 2012. 633면; 다만 법문이 "신빙할 수 있는"이라고 표현하고 있음에도 학설이 '신빙성'이 아닌 '신용성'이라고 표현하는 이유가 의문이나, 통설적 견해에 따라 일응 신용성이라고 부르기로 한다.

[6] 특신상태를 모두 신용성의 정황적 보장이라고 보면서도 제312조의 특신상태는 제314조의 특신상태나 제315조 3호의 특신정황 보다는 약한 의미라는 견해도 있다. 송광섭, 형사소송법 개정판, 형설출판사, 2012. 615면.

[7] 신동운, 앞의 책, 1088면; 이영란, 한국형사소송법, 나남출판, 2008. 784면.

[8] 배종대 등, 앞의 책, 645면; 신양균, 신판 형사소송법, 화산미디어, 2010. 729면; 권오걸, 형사소송법, 형설출판사, 2010. 731면.

을 조사자 증언에 적용하는 경우에는 적법절차설을 취하는 분도 있고[9], 제313조 해석까지는 적법절차설을 유지하고 있는 분도 있으며[10], 제313조, 제314조에 대하여도 결합설을 유지하고 있는 분도 없지 않은 등[11] 적법절차설의 적용범위에 대하여는 조금씩 견해를 달리하고 있는 것도 사실이다.

특신상태의 의미와 관련한 판례의 태도를 살펴보면 " … 간인과 서명, 무인이 위의 법조항에 정한 절차를 거치지 않는 등 특히 신빙할 수 없는 상태에서 이루어진 것이라고 볼 만한 사정이 발견되지 않는 경우라면 … "이라고 판시하여[12] 적법절차설을 취하는 듯한 경우도 없지 않다. 그러나 대법원은 대부분의 사건에서 제312조 제4항 또는 제314조의 특신상태에 대하여 "진술 내용이나 조서 작성에 허위개입의 여지가 거의 없고, 진술 내용의 신빙성이나 임의성을 담보할 구체적이고 외부적인 정황이 있는 것"이라고 판단함으로써 진술이 수사기관에서 획득되었는지 여부를 묻지 않고 있으며[13], 위와 같은 판례의 태도에 대하여 비록 '신용성의 정황적 보장'이라는 표현을 직접 사용하지는 않았지만 신용성의 정황적 보장설을 따르고 있는 것으로 보는데 이견이 없는 듯하다.

(2) 검토

특신상태의 침해가 부적법한 절차에 의한 진술의 획득으로 발생하였을 가능성이 많은 것은 사실이지만, 진술이 특히 신빙할 수 있는 상태 하에서 행하여졌다는 것이 그 진술이 적법절차에 따라 이루어졌다는 점만을 의미한다고 보기는 어렵다. 뒤집어 말하면 진술이 적법절차에 따라 이루어졌다고 하더라도 다른 사유로 신빙하기 어려운 상태일 수도 얼마든지 있을 수 있다. 예컨대 수사기관이 아무리 적법한 절차로 조사를 하였다고 하더라도 진술자가 그 전날 받은 협박 때문에 임의로 진술할 수 없었

---

9) 신동운, 앞의 책, 1143면.
10) 이영란, 앞의 책, 796면.
11) 권오걸, 앞의 책, 743면, 753면. 다만 316조에 대하여는 어떤 입장인지가 분명하지 않다. 앞의 책, 759면.
12) 대법원 2000.7.28. 선고 2000도2617 판결.
13) 대법원 1987.3.24. 선고 87도81 판결, 대법원 1995.12.26. 선고 95도2340 판결, 대법원 2006.5.25. 선고 2004도3619 판결, 2012.7.26. 선고 2012도2937 판결 등.

을 수도 있는데, 이런 경우에는 적법절차설에 따르면 특신상태가 인정된다고 하여야 하겠지만 이는 부당한 결론임이 명백하다. 이런 점에 비추어 보면 특신상태를 적법절차로 해석하는 것은 법 규정의 가능한 의미를 벗어난 해석이다. 더 나아가 적법절차는 제308조의2에 따라 모든 증거에 대하여 적용되며, 제312조 제1항, 제4항 등은 적법한 절차와 방식에 따라 작성되었을 것을 반복하여 요구하고 있는데[14], 이에 더하여 특신상태를 또다시 적법한 절차로 해석하는 것은 불필요한 반복일 수밖에 없다. 적법절차설은 객관성의 보장을 적법절차와 함께 특신상태의 요소로 해석하기도 하나, 객관성의 보장이라는 의미가 불명확하고 적법절차 요건과 병치되는 이유도 불분명할 뿐만 아니라 적법절차와 마찬가지로 법 규정의 가능한 의미를 벗어난 해석이라고 보인다.

적법절차설이 진술의 획득 과정에 따라 특신상태를 이원적으로 해석하는 태도 역시 문제이다. 적법절차설은 기본적으로는 신용성의 정황적보장설을 따르면서도 수사기관이 개입한 경우에는 적법절차설을 취하면서 그러한 경우는 직접심리주의의 예외이기 때문이라고 설명하고 있다. 그러나 직접심리주의의 예외가 되는 것은 전문법칙 전부이기 때문에 이를 이유로 수사기관이 개입한 경우와 수사기관이 개입하지 아니한 경우를 구분하는 것은 부적절하다. 예컨대 피고인의 진술을 기재한 서류도 피고인의 진술이 법관 면전에서 이루어지지 아니하였음에도 증거로 하는 것이니 직접심리주의의 예외가 되기는 마찬가지인 것이다. 오히려 수사기관이 개입한 경우에는 진술이 위법하게 획득되었을 가능성이 많기 때문에 적법절차를 강조한다고 설명하는 것이 더욱 설득력 있을 것으로 보이지만, 이러한 경우에도 앞에서 살펴본 적법절차설에 대한 비판은 그대로 적용될 것으로 생각된다.

결합설은 신용성의 정황적보장설과 적법절차설을 모두 취하고 있는데 앞에서 살펴본 적법절차설의 문제점을 그대로 안고 있을 뿐만 아니라, 신용성의 정황 요건 외에

---

14) 이 점에 대하여도 제312조 제1항 등이 요구하는 적법성은 조서 작성 절차상의 적법성이므로 제308조의2가 말하는 증거수집 과정 자체의 적법성과는 다르다고 보는 견해가 일반적이나, 조서 작성 절차상의 적법성 역시 증거수집 과정의 적법성에 당연히 포함되므로 절차상의 적법성을 강조한다는 의미 외에 굳이 별도로 규정할 필요가 있었는지는 의문이다.

적법절차 요건이 병존적으로 요구되는 것이 체계적으로는 물론이고 내용적으로도 적절하지 못하다고 생각된다. 결국 특신상태라는 것은 신용성의 정황적 보장이라고 볼 수밖에 없다. 이 견해에 따르더라도 전문법칙의 예외 이론 자체와의 충돌을 피하여야 하는 숙제가 따른다. 항을 바꾸어 살펴보자.

2. 전문법칙 예외 근거로서의 '신용성의 정황적 보장'과의 구별

제310조의2에서 전문증거의 증거사용을 원칙적으로 금지하면서 제311조 내지 제316조에서 증거사용을 예외적으로 허용하는 이론적 근거에 대하여 필요성과 신용성의 정황적 보장으로 설명하는 것은 통설적 견해이다. 예외규정 중 필요성의 요구가 더욱 강한 경우도 있고 신용성의 정황적 보장성이 더욱 강한 경우도 있다는 설명도 있지만[15], 아무리 필요성의 요건이 강하다고 하더라도 일정 수준의 신용성의 정황적 보장 요건이 갖추어지지 않았음에도 증거능력을 인정할 수는 없을 것이다. 그렇다면 신용성의 정황적 보장은 모든 전문법칙의 예외규정, 즉 증거능력이 인정되는 모든 전문증거에 대하여 적용되어야 하는 조건일 수밖에 없다. 그런데 앞에서 살핀 바와 같이 제311조 내지 제316조 중에는 특신상태, 즉 신용성의 정황적 보장을 명시적으로 요구하는 경우도 있지만, 이를 요구하지 않는 경우도 있다. 따라서 전문법칙 예외이론이 말하는 일반적인 의미에서의 신용성의 정황적 보장과 제312조 제1항 등의 특신상태가 말하는 신용성의 정황적 보장은 일치되지 않는 개념이라고 설명하지 않을 수 없다[16].

전문법칙의 예외 인정이라는 좁은 영역에서 '신용성의 정황적 보장'이라는 동일한 표현을 사용하는 두 개념에 대해 완전히 다른 의미라고 해석하기는 어려울 것이라는 점, 특신상태를 요구하고 있는 조항들의 면면을 살펴보면 수사기관이 수집한 진술이나 원진술자가 법정에 출석하지 못한 경우, 타인의 진술을 전문한 경우 등 특히 신빙

---

15) 신동운, 앞의 책, 1061면.
16) 이런 점 때문에 제314조가 말하는 특신상태 조차도 영미법상의 '신용성의 정황적 보장'과 동일하게 보는 입장(백원기, "증언거부권의 행사와 형사소송법 제314조의 해석론에 관한 비판적 고찰", 형사법의 신동향 통권 제39호(2013.6.), 대검찰청. 261면 등)에는 찬성하기 어렵다. 뒤에서 살펴볼 바와 같이 제314조가 말하는 특신상태는 제312조 등이 말하는 특신상태보다도 더 엄격한 의미의 특신상태라고 해석하여야 하기 때문이다.

성에 의문이 제기될 수 있는 상황으로 보이는 점 등을 종합하면 두 개념은 보장의 정도에서만 차이가 있는 개념이라고 판단된다. 즉, 전문법칙의 예외 이론이 말하는 신용성의 정황적 보장이 전문증거이지만 일응 증거능력을 부여하여도 될 정도[17]의 일반적인 보장이라면, 특신상태가 말하는 신용성의 정황적 보장은 그야말로 특별한 보장으로서 예외 이론이 말하는 보장보다 훨씬 더 강한 정도의 보장, 즉 증거 획득 과정에서의 신빙성에 대한 우려를 불식시킬 수 있는 정도의 보장이라고 해석되는 것이다. 이 때문에 '특히'라는 표현을 사용하고 있고 특신상태 여부의 판단에서도 이러한 점은 충분히 고려되어야 할 것이다.

'특히 신빙할 수 있는 상태'라는 것은 일반적으로는 인정되기 어렵지만 상황의 특수성에 비추어 볼 때 예외적으로만 '신빙성 있는 외부적 정황'으로 인정되는 경우만을 말하므로, 지극히 제한적으로만 인정되어야 할 것임이 문언상 명백하다. 그러나 실무 운용에서는 오히려 반대이어서, 특신상태가 아니라고 인정되어 증거능력이 배척된 사례가 매우 적다. 이러한 해석 운용은 법이 '특히'라는 표현까지 사용해 가면서 그 적용에 신중을 기하고 있는 것과는 전혀 조화되지 않는다. 이렇게 해석 운용할 거라면 공연히 '특히'라는 표현을 남발하지 말고[18] 차라리 '매우 신빙할 수 있는 상태' 정도로 저감된 표현을 사용하는 편이 나을 것이라고 생각된다.

헌법재판소 2005.5.26. 2003헌가7 결정의 소수의견은 이러한 점을 잘 보여주고 있다. 위 사건에서 검사 작성 피의자신문조서에 대하여 피고인이 내용을 부인하더라도 일정한 요건 하에 증거능력을 인정하도록 하는 것은 평등권을 침해한다는 등을 이유로 하는 위헌법률심판 제청에 대해 헌법재판관 다수는 "실질적 진정성립까지 인정된 때에 한하여 증거능력이 인정된다는 대법원의 새로운 판례에 의할 때 피고인의 방어권 행사가 부당하게 곤란하게 된다든지 평등원칙을 위배하여 공정한 재판을 받을 권리가 침해된다고는 할 수 없다"고 판단한 반면, 4명의 재판관은 "형사재판의 실무상

---

[17] 전문증거에 증거능력을 부여함으로써 혹 발생할지도 모르는 위험이나 우려는 이후 더욱 엄격한 증명력 판단을 통해 보완할 것이다.
[18] 이러한 점은 우리 사회에 만연되어 있는 '표현 인프레이션'의 한 예에 해당한다고 생각된다.

이 사건 법률조항 단서가 요구하는 특신상태가 사실상 추정되어 피고인이 그 입증의 부담을 안도록 운영되는 것은 이 사건 법률조항 단서가 담고 있는 의미가 명확하지 않기 때문"이라고 판단함으로써 실무상 특신상태가 사실상 추정되어 오히려 피고인이 그 입증의 부담을 안도록 운영되고 있다는 현실과 함께 그 원인이 특신상태 개념의 모호성에 있음을 잘 지적하고 있다[19].

3. 특신상태 요건을 요구하지 않는 경우에 대한 검토

제311조 내지 제316조 중 특신상태 요건을 요구하지 않는 경우를 살펴보면 대체로 나름대로의 이유가 있음을 발견하게 된다. 법관 면전 조서는 법관이 직접 진술을 들은 것과 동일시할 수 있으므로 특신상태 뿐만 아니라 별다른 요건을 요구하지 아니한 채 당연히 증거능력을 인정하고 있다(제311조). 사법경찰관 작성 피의자신문조서는 피고인이 내용부인만 하면 곧바로 증거능력이 배척되므로(제312조 제3항)[20] 굳이 특신상태 요건을 따로 요구할 실익이 없다. 또한 수사기관 검증조서(제312조 제6항)는 수사기관이 직접 작성하므로 적어도 그 작성 경위에 있어서의 특신상태에 대하는 의심의 여지가 없다. 감정서(제313조 제2항)는 감정인이 감정 후 직접 작성하므로 특신상태를 의심할 여지가 거의 없다.

그런데 제313조 제1항은 피고인의 진술기재서류에 대하여는 특신상태를 요구하면서 비非피고인의 진술기재서류에 대하여는 특신상태를 요구하지 않고 있다. 아마도 피고인의 진술기재서류가 증거로 사용된다는 것은 자백 기타 피고인에게 불리한 내용의 진술기재서류일 경우가 많은데, 이는 비록 비非수사과정에서 작성된 것이라 하더라도 피고인의 법정자백과 동일하게 기능할 가능성이 많다는 점을 고려한 결과일 것이다. 그러나 비피고인의 진술기재서류도 피고인에게 불리한 증언과 동일하게 기

---

19) 위 결정에 대한 상세한 평석은 정승환, "검사 작성 피의자신문조서의 증거능력과 특신상태", 형사법연구 제19권 제3호(2007. 가을, 통권 제32호) (下), 한국형사법학회, 679면 이하 참조.
20) 결국 내용인정 여부는 사법경찰관 작성 피의자신문조서의 증거능력에 대한 피고인의 처분이 되고, 자백하는 내용의 피의자신문조서에 대하여 내용을 인정하는 피고인이라면 법정에서도 자백할 것이므로 결국 피의자신문조서를 증거로 사용할 실익이 없고 내용을 부인하는 피고인에게는 증거로 사용하지 못하므로 어느 경우이든지 사법경찰관 작성 피의자신문조서는 증거로서 쓸 모가 없다는 비관론에 봉착하게 되는데 이는 결코 바람직하지 못한 결과이다. 이에 대한 상세한 내용은 이 책 제4편 '사법경찰관 작성 피의자신문조서와 조사경찰관 증언의 증거능력' 중 해당부분 참조.

능할 가능성이 많을 뿐만 아니라, 316조 제2항이 비피고인의 진술을 전문 증언하는 경우에도 원진술의 특신상태를 요구한다는 점과도 균형이 맞지 않아 보인다. 입법적 재고가 요망된다고 하겠다.

4. 특신상태의 요건과 반대신문권 보장과의 관계

전문법칙의 본질이 반대신문의 기회가 보장되지 아니한 진술증거에 대하여 증거능력을 배제하자는 것이므로, 특신상태 인정으로써 증거능력을 부여하기 위해서는 반대신문권 보장에 준하는 정도의 신빙성 보장이 요구된다고 하겠다. 대법원 역시 "검사가 공판준비 또는 공판기일 외에서의 진술을 유죄의 증거로 제출하는 경우 법원은 먼저 검사로 하여금 그 진술이 '특히 신빙할 수 있는 상태 하에서 행하여진' 사정을 증명하도록 하여야 하고, 이를 엄격히 심사하여 그 요건을 충족한 것으로 인정될 때에 비로소 증거조사의 대상으로 삼을 수 있는 것이다. 이때 요구되는 증명의 정도는 그 진술이 이루어진 구체적인 경위와 상황에 비추어 보아 단순히 적법하고 진술의 임의성이 담보되는 정도를 넘어, 법정에서의 반대신문 등을 통한 검증을 굳이 거치지 않더라도 진술의 신빙성을 충분히 담보할 수 있어 실질적 직접심리주의와 전문법칙에 대한 예외로 평가할 수 있는 정도에 이르러야 할 것이다"고 판시한 바 있고[21], 헌법재판소도 특신상태의 개념에 대한 대법원의 위 정의를 원용하면서 "'특히 신빙할 수 있는 상태 하'라 함은 … 진실성이나 신용성에 있어 반대신문을 갈음할만한 외부적 정황이라고 할 것"이라고 설명한 바 있다[22].

반대신문권이 보장되지 않았기 때문에 전문증거에 증거능력을 인정하지 아니한다는 법리는 전문법칙의 전형이라고 할 수 있는 전문진술의 경우에는 잘 들어맞는다. 그러나 우리나라에서 통용되고 있는 전문법칙의 대부분은 전문서류에 관한 것이고, 전문서류의 경우에는 전문법칙의 주된 관점이 반대신문권 보장이라는 측면 보다는 수사서류에 대한 증거능력 통제에 있다는 점도 부인하기 어려운 것이 사실이다. 이런 이유 때문에 반대신문권과 전혀 무관한 피의자신문조서(제312조 제1항 내지 제3항)나 피고인의 진술

---

21) 대법원 2011.11.11. 선고 2010도12 판결.
22) 헌법재판소 1994.4.28. 93헌바26 결정.

을 내용으로 하는 전문진술(제316조 제1항)도 전문증거로 다루어지고 있고, 수사단계에서 대질신문 등의 방식으로 반대신문의 기회가 실제로 보장되었다 하더라도 참고인의 진술조서 역시 전문증거로 다루어질 뿐이다.

이와 관련하여 진술조서(제312조 제4항)와 같이 반대신문의 기회를 부여한 경우에는 신용성의 정황적 보장 즉 특신상태가 추정된다고 보아야 하므로 굳이 특신상태를 요구할 필요가 없다는 견해가 있다[23]. 미국의 경우 신용성의 정황적 보장이라는 요건이 충족되더라도 추가적인 요건으로 증인대면권을 요구하지만, 우리나라의 경우에는 신용성의 정황적 보장, 즉 특신상태에 있으면 반대신문을 갈음할만한 외부적 정황이 있는 것으로 간주하므로 반대신문을 거치는 한 신용성의 정황적 보장도 추정된다고 보는 것이 타당하다는 점을 그 논거로 한다. 수사단계에 피고인에게 불리한 진술을 한 증인에 대해 법정에서 피고인에게 반대신문의 기회를 부여한다는 것은 2007년 형사소송법 개정시 처음 도입된 제도로서 진술의 신빙성을 확인하는데 큰 도움이 되는 것은 사실이지만, 그것이 특신상태를 대신할 수 있는 신용성의 정황적 보장에 해당하는지는 의문이다. 증인이 법정에서 진술조서 내용과 같은 취지의 증언을 하는 경우 피고인이 반대신문을 한다면 증언과 반대신문에 대한 답변 자체만으로 판단하여 족할 것이므로 진술조서가 증거능력을 가진다는 것이 실제로 큰 의미가 없을 수 있으며[24], 증인이 법정에서 진술조서의 진정성립을 인정하면서 수사단계와 다른 취지의 증언을 하는 경우에도 형식적인 반대신문의 기회 부여를 통해 진술조서의 증거능력이 인정되어[25] 결국 법관의 증명력 판단을 기다리게 되기 때문이다. 법정에서의 반대신문이 수사단계의 진술 당시의 반대신문과 동일시될 수는 없다. 결국 이러한 경우 진술조서를 증거능력 단계에서 차단할 수 있는 제도적 장치는 현재로서는 특신상태 밖에 없는 것이다.

---

23) 정웅석, "형사소송법상 특신상태의 필요성에 대한 비판적 고찰", 저스티스 통권 제138호(2013.10.), 한국법학원, 313면 이하.
24) 증인이 수사단계에서부터 일관된 진술을 하고 있다는 신빙성 자료 정도의 의미가 있을 것이다.
25) 수사기관에서 조사받을 당시 왜 그렇게 진술하였는지에 대한 반대신문의 의미만 있을 뿐 진술 내용에 대한 반대신문은 불가능할 것이다.

Ⅲ. 특신상태의 개념 요소와 판단 기준

1. 특신상태의 개념 요소

(1) 허위개입의 여지 판단도 포함되는가

앞에서 설명한 바와 같이 대법원은 특신상태에 대하여 "허위개입의 여지가 거의 없고, 진술 내용의 신빙성이나 임의성을 담보할 구체적이고 외부적인 정황"이라고 정의하여, 신빙성 담보 외에도 허위 개입의 여지가 거의 없다는 점을 별개의 요소로 서술하고 있다. 그러나 허위라는 것은 신빙성의 반대말이며, 진술에 허위가 개입할 여지가 없다는 것은 진실한 진술을 할 정황이었다는 의미로서 결국 신빙성을 담보할 정황과 동일한 의미이다. 따라서 신빙성을 담보한다는 요소 외에 따로 허위개입의 여지가 거의 없다는 요소를 이중으로 설시하는 것은 신빙성을 담보할 정황이라는 의미를 강조하는 효과가 있을지는 모르지만, 별도의 다른 요건이 필요한지 등의 불필요한 고민이나 오해를 야기할 우려가 있으므로 이러한 표현을 삭제하는 것이 옳다고 생각된다.

(2) 임의성 담보도 포함되는가

대법원은 특신상태에 대하여 신빙성과 임의성 모두의 정황적 보장을 요구하고 있다. 심지어 일부 판례는 "검사 작성 피의자신문조서에 있는 진술의 임의성 다투는 경우 법원은 제반사정을 참작하여 자유로운 심증으로 임의적 진술인지 여부를 판단하면 되고, 이는 특신상태에 관하여도 같다"고 하면서 " … 일건 기록에 나타난 제반사정에 비추어 볼 때 그 자술서의 작성과 그 내용의 진술이 특히 신빙할 수 있는 상태에서 행하여졌다고 인정된다는 이유로 위의 각 신문조서나 진술조서 및 자술서가 모두 임의성이 없다는 등의 사유로 증거능력이 없다는 항소 논지를 배척한 원심조치는 정당하여 이에 소론 채증법칙 위반의 위법이 있다고 할 수 없다"고 판시하여[26] 특신상태와 임의성 유무를 동일한 논거로 판단하는 듯 보이기도 한다. 임의성 있는 자백은 그 자체로 신빙성이 높은 것이므로 임의성 외에 별도로 특신성이 있을 것을 증거능력의 추

---

[26] 대법원 1983.3.8. 선고 82도3248 판결.

가요건으로 하는 것은 타당하지 않다고 보는 견해[27]도 그와 같은 맥락으로 판단된다.

　신빙성과 임의성이 서로 밀접한 관계가 있는 것은 사실이지만 개념적으로 엄격히 구별되어야 한다고 생각된다. 신빙성은 진술증거의 내용이 진실과 일치한다는 성질이지만, 임의성은 진술이 진술자의 자유로운 의사에 따라 표출되었다는 성질이다. 자유로운 의사에 따라 진술이 표출되는 경우 신빙성이 향상되는 것은 당연하겠지만 그러한 경우에도 진술에 의도적인 허위가 포함되어 있을 가능성은 상존하며, 의사에 반하여 진술이 표출되어도 그 내용이 진실일 가능성도 얼마든지 있다. 따라서 임의성을 신빙성 판단의 참고자료 중 하나로 보아야지 그 이상으로 중시하여 임의성 침해를 신빙성 침해 그 자체로 평가하는 것은 옳지 못하다. 더욱이 법문이 요구하는 "특히 신빙할 수 있는 상태"라는 표현은 어의적으로 신빙성 담보를 의미할 뿐이고, 여기에서 임의성 담보라는 의미를 도출한다면 이는 법 규정의 가능한 의미를 벗어난 확대해석이라고 생각된다. 극단적으로 말한다면 임의성이 담보되지는 않았지만 외부 정황상 신빙성이 담보되었다면 일응 특신상태는 인정하여야 한다.

　학설이나 판례가 신빙성 담보면 족한 상황에 임의성 담보까지 한꺼번에 넣은 것은 전문법칙의 예외 인정을 엄격하게 하려는 좋은 의도에서 비롯되었겠지만, 이는 좋은 의도를 넘어서 욕심이다. 피고인에게 유리하게 해 주기 위해서라도, 설령 그것이 정의처럼 보인다고 하더라도 이를 위해 신빙성 개념에 신빙성 아닌 요소들을 무리하게 포함시켜서는 아니된다. 특신상태의 의미와 관련하여 적법절차설을 배척하는 이유도 같은 맥락이다. 더 나아가 임의성은 별도의 보호장치가 마련되어 있다. 제309조와 제317조 제1항이 바로 그것이다. 형사소송법은 제309조와 제317조 제1항을 통해 자백에 대하여는 임의성이 의심스러운 이유가 있는 경우, 그 밖의 진술에 대하여는 임의성이 입증되지 아니한 경우 증거능력을 배척하고 있을 뿐 임의성 자체를 직접적으로 전문법칙과 결부시키고 있지는 않다[28]. 형사소송법의 이러한 취지는 마땅히 존중

---

[27] 안성수, "자백배제의 원칙과 특신성", 저스티스 통권 제101호(2007. 12.), 한국법학원, 201면.
[28] 제317조 제1항의 적용범위와 관련하여 전문증거의 원진술에만 적용된다는 견해도 있으나 , 필자는 모든 진술(다만 피고인의 자백진술에는 제309조가 적용되므로 제317조 제1항이 적용될 여지가 없다)에 적용된다고 보고 있다. 이와 관련한 상세한 내용은 이 책 제3편 '형사소송법상 '증거'편 규정의 체계에 관한

되어야 한다.

신빙성 유무는 증명력 요소이므로 1차로 신빙성 담보 여부에 따라 증거능력을 판단하고 2차로 신빙성 자체로써 증명력을 판단하는 것이 의미가 있다. 그러나 임의성은 처음부터 증거능력 요건으로서 임의성 있다는 점을 검사가 입증하여야 하므로 굳이 임의성을 담보할 수 있다는 외부적 정황도 입증하고 임의성 자체도 입증하는 이중구조가 필요하지 않다. 또한 임의성을 담보할 외부적 정황이 없다는 것은 누군가가 임의적 진술권을 침해하고 있다는 것인데, 이런 경우에는 특신상태의 문제보다도 위법수집증거의 문제가 먼저 발생하기 때문에 제308조의2에 의하여 증거능력이 배척되고 제312조 등에 문의할 여지도 적다.

2. 특신상태의 판단 기준

(1) 신빙성 판단 자료와의 구별

신빙성은 증명력 요소로서 증거능력의 요건인 특신상태와는 엄격히 구별된다. 특신상태는 신빙성을 담보할만한 외부적 정황일 뿐 신빙성 자체가 아니다. 예를 들면 불량배들이 서로 자신의 비행을 자랑하는 분위기에서 이루어진 진술의 경우 신빙성을 담보할 정황이 아니므로 특신상태가 아니지만, 절대 거짓말이나 농담을 하지 못하는 진술자의 특성상 그런 자리에서도 진실만 말하였다면 신빙성은 인정되어야 할 것이다. "특신성은 기본적으로 신빙성에 관한 것이고 국민참여재판에 있어서 신빙성에 관한 문제는 배심원들이 판단하여야 할 부분"이라고 설명하는 견해도 있으나[29], 특신성과 신빙성은 엄격히 구별하여야 하고 특신성은 증거능력의 요건이기 때문에 배심원들이 판단하여야 할 부분이 아니라 법관이 판단하여야 할 부분이다.

신빙성은 증명력 요소이기 때문에 처음부터 자유심증의 대상이지만, 특신상태는 증거능력 요건이기 때문에 자유심증 이전에 요건 구비 여부의 판단과 법률 적용의 문

'소고' 중 해당부분 참조.
29) 안성수, 앞의 논문, 같은 면.

제가 존재한다. 특신상태와 관련하여서는 진술이 행하여진 외부적 정황이 과연 신빙할만한 정황이었는지 여부의 객관적 판단이 필요할 뿐 진술이 과연 신빙성 있는지 여부에 대한 판단은 요구되지 않는다[30]. 법관의 자유심증에 의한 판단을 받아보아야 할 증거자료를 증거능력 단계에서 걸러내어 법관의 판단대상에서 원천적으로 배척하는 조치가 자칫 성급하게 이루어진다면 실체적 진실발견에 큰 장애를 초래하고 불공평한 재판이 될 수 있기 때문에 법적 근거에 따라 매우 신중하게 이루어져야 한다. 따라서 특신상태의 개념 정의나 판단 기준은 명확하고도 엄격하게 설정되어야 할 것이다.

(2) 진술 당시의 정황

진술이 특히 신빙할 수 있는 상태 하에서 행하여졌다는 표현은 진술 당시의 정황만을 말할 뿐이므로 진술에 영향을 줄 수 있는 진술 전의 사정을 직접 특신상태 여부 판단의 자료로 사용하여서는 아니된다. 진술 전에 그러한 사정이 있었다면 이는 신빙성의 자료가 되며 위 사정으로 진술자가 받은 영향이 진술 당시에도 외부적으로 드러났다면 그 드러난 영향만이 특신상태 판단의 자료가 될 뿐이고, 만일 그러한 영향이 외부로 드러나지 않았다면 신빙성 판단의 자료가 될 수는 있지만 특신상태의 판단 자료라 보기는 어렵다.

예컨대 진술 전에 경찰관이 위협하여 진술자가 겁을 먹은 채 진술하였다면 이는 진술 당시에 겁을 먹고 있었기 때문에 특신상태가 부정되는 것이지 진술 전에 위협하였기 때문에 특신상태가 부정되는 것은 아니다[31]. 진술 전에 위협한 사실 자체는 임의성이나 위법수집증거의 문제일 뿐이다. 다만 진술 당시에 진술자가 겁을 먹을 먹은 상태였는지 여부를 판단함에 있어서는 진술 전에 위협한 사실, 특히 위협의 정도, 진술과의 시간적 차이, 위협한 사람이 진술 당시에도 진술자 가까이 있었는지 등이 고려되어야 할 것이다.

---

30) 같은 취지, 한제희, "특신상태의 의의와 판단기준", 형사판례연구 제21집, 한국형사판례연구회, 2013. 547-548면.
31) 다만 진술 직전에 겁을 주었다거나 진술 중간 중간에 겁을 주었다면 이는 진술 중에 겁을 준 상황으로 평가될 수 있을 것이다.

(3) 내부적 사정과 외부적 사정의 구별 기준

특신상태의 판단 자료는 결국 신빙성 판단에서도 간접적으로 사용될 수 있지만, 신빙성 판단 자료 자체를 특신상태 판단에 사용하여서는 아니된다. 신빙성 자체는 내부적 사정과 외부적 사정을 종합하여 판단하여야 하겠지만, 외부적 정황인 특신상태는 외부적 사정만으로 판단하여야 할 것이다[32]. 결국 내부적 사정인지 외부적 사정인지의 구별 문제로 귀착되는데, 실제로 내부적 사정과 외부적 사정은 명확하게 구분되지 않을 뿐만 아니라, 내부적 사정은 외부에, 외부적 사정은 내부에 서로 영향을 주기 때문에 그 구별이 매우 어렵고 애매할 것임은 쉽게 짐작이 된다. 그러나 증명력 문제인 신빙성 자체와 증거능력 문제인 특신상태는 엄격히 구별되어야 하기 때문에 구체적 사례를 통해서라도 일응의 구별 기준을 정립할 필요가 있다.

특신상태의 판단 기준으로 ① 진술이 성실히 행하여졌기 때문에 허위개입의 여지가 거의 없다고 인정될 구체적 정황이 있을 것, ② 허위진술을 하려 해도 다른 측면에서 그 허위가 쉽게 발각될 수 있는 상황에 있거나 허위진술에 대하여 다른 제재를 받게 될 특수한 감독 아래에 있을 것, ③ 진술에 허위가 있는 경우에는 그것이 쉽게 정정될 수 있는 정황이 있을 것, ④ 허위진술이 원진술자에게 불리한 결과를 초래할 정황이 있을 것이 거시된 바 있다[33]. 다소 애매하고 추상적인 면이 없지는 않지만, 모두 외부에서 객관적으로 판단 가능한 기준이므로 충분히 참조할만한 하다고 생각된다. 요컨대 제3자의 시각으로 관찰하여 외부적으로 드러나 보이거나 느낄 수 있는 정황만으로 판단 가능한 자료가 외부적 사정이고 그 밖에 외부적으로 드러나 보이지 않는 사정이 내부적 사정이라고 요약할 수 있을 것이다.

특신상태 판단의 예로서 대법원은 ① 부지불각 중에 한 말, ② 죽음에 임하여 한 말, ③ 반사적으로 나온 말, ④ 앞뒤가 맞고 이론정연한 말, ⑤ 범행 직후 범증을 은폐할 시간적 여유가 없는 중에 나온 말, ⑥ 범행 직후 깊이 뉘우치는 상태에서 한 말 등

---

32) "특신성의 기준을 외부적 정황에 두지 않고 진술 자체의 내용에서 구하거나 그 기재 내용을 알 필요가 있다는 태도는 경계하여야 한다"는 지적(손병현, "전문법칙의 예외를 규정한 형사소송법 제314조의 합헌성 여부", 한라대학교 논문집 제12집, 2009. 30면)도 같은 취지이다.
33) 손병현, 앞의 논문, 같은 면.

이 특신상태에서의 진술이라 인정된다고 판시한 바 있다[34]. 표현이 좀 애매하기는 하나 이들을 진술 당시의 상황에 대한 판단으로 이해한다면 특신상태 판단의 예가 될 수 있으리라 생각된다. 다만 앞뒤가 맞고 논리정연 하다거나 경험칙에 부합한다는 것은 진술의 신빙성 자체에 대한 판단이지 내부적 '사정'도 아니므로 신빙성 판단의 자료일 뿐 특신상태 판단의 예는 아니라고 생각된다.

또 다른 견해는 ① 사건 발생과 동시 또는 그 직후에 감득한 내용의 진술, ② 흥분상태 하의 진술, ③ 사건 발생 당시의 심리상태나 감정을 표현한 진술, ④ 진찰 및 치료를 위한 진술, ⑤ 기억을 보존하기 위하여 기록한 진술, ⑥ 사망에 임박하여 행하여진 진술, ⑦ 자신의 이익에 반하는 진술을 거시되기도 한다[35]. 그러나 사건 당시에 감득한 내용이나 당시의 심리상태 등을 그 자리에서 진술한 것이라면 특신상태의 자료라 할 수 있겠지만, 추후에 진술한 것이라면 이는 신빙성의 자료일 뿐 특신상태의 자료라 하기는 어려워 보인다. 진찰이나 보존을 위한 진술은 그와 같은 상황 하에서의 진술이므로 특신상태의 자료가 될 수 있겠지만, 자신의 이익에 반하는지 여부는 신빙성의 자료일 뿐 특신상태의 자료는 아니라고 생각된다.

일반적으로 수사기관에서의 진술이나 서면 작성에 대하여는 변호인 접견 또는 변호인 참여가 실질적으로 보장되었는지, 조사를 위한 소환 방법이나 횟수 등이 합리적이었는지[36], 조사에 소요된 시간이 합리적이었는지, 필요 없는 야간 조사가 이루어지지는 않았는지 등이 외부적 사정으로 평가되고, 그 밖의 진술에 대하여는 진술 당시의 분위기가 얼마나 임의로우면서도 진지하였는지, 진술의 직접적 동기나 이유는 무엇인지 등이 외부적 사정으로 평가될 수 있을 것이다. 그러나 그와 같이 진술하게 된 숨겨진 진짜 이유라든가 관계자나 동석자들 간의 인간관계(친인척 또는 친구관계, 직장 동료관계 등) 등은 내부적 사정이라고 보아야 할 것이다.

---

34) 대법원 1983.3.8. 선고 82도3248 판결. 진술이 논리정연하고 경험칙에 부합하는지 여부를 특신상태 판단 기준에 포함시킨 견해(정진연, "형사증거법상 보충적 규정인 제314조에 대한 소고", 법학연구 제37집 (2010. 2.), 한국법학회, 250면)도 부분적으로 같은 취지이다.
35) 신동운, 앞의 책, 1134면.
36) 소환은 물론 진술 전의 사정이지만 소환으로 인한 압박감이 진술자에게 계속 남아있을 것이기 때문에 이러한 점은 진술 당시의 정황이 될 수 있을 것이다.

이런 시각에서 보면 진술의 숨은 의도, 드러나지 않은 이해관계 등 신빙성 자체를 판단하는 내부적 사정에 대한 자료를 특신상태의 판단에 직접적으로 사용하여서는 곤란하다. 외부적 정황에는 진술자에 대한 위협과 같이 신빙성에 영향을 줄 수 있는 정황과 진술자가 겁을 먹고 떠는 것과 같이 어떤 자극의 영향이 외부적으로 표출되는 정황이 있지만 둘 다 특신상태 판단의 자료가 될 수 있음에는 의문이 없다고 하겠다[37].

3. 판례에서 나타난 구체적 사례 분석[38]

(1) 자백하면 석방되는지를 수회 물어보았다는 사정 등

법원은 피고인이 자전거를 절취한 혐의로 기소된 사건에서 피고인이 당초 범행을 부인하다가 경찰관에게 여러 차례 범행을 시인하면 집에 갈 수 있는지를 물어본 후 자백하였고 지구대에서 경찰서에 인계되기까지 상당 시간이 경과되었으며 피고인이 조사받을 당시 변호인의 조력을 받거나 신뢰관계가 있는 사람이 동석하지 않은 점 등 제반사정에 비추어 피고인의 당시 진술이 특신상태에서 행하여졌음이 증명되었다고 보기 어렵다고 판단하였다[39].

여기에서 자백하면 석방되는지를 수회 물어보았다는 사정[40]이나 상당시간 지구대에 잡혀있었던 사정, 변호인 등의 조력을 받지 못한 사정 등은 모두 외부적으로 드러난 정황이므로 특신상태 판단의 자료가 될 것으로 생각된다.

(2) 지적장애가 있다는 사정 등

법원은 피고인이 자신이 사는 집을 방화한 혐의로 기소된 사건에서 피고인이 뇌병변 1급 및 지적장애를 가진 자로서 그 지적능력에 비추어 외부 상황에 대하여 쉽게 위협을 느낄 수 있고 언어표현을 통한 타인과의 의사소통에 어려움이 있다고 보임에

---

37) 아래에서 살펴볼 판례(서울동부지방법원 2010.9.2. 선고 2010고단758 판결)에서 자백하면 석방되는지를 수회 물어보았다는 사정도 이에 해당한다.
38) 각 사례는 한제희, 앞의 논문, 540면 이하에서 발췌하였음을 밝혀둔다.
39) 서울동부지방법원 2010.9.2. 선고 2010고단758 판결.
40) 자백하면 석방되리라는 생각 자체는 내부적 사정에 불과하므로 신빙성 판단의 자료가 될 뿐이지만, 이를 수회 물어보았다는 사정은 외부적 사정에 해당하는 것으로 보인다.

도 경찰에서 신뢰관계에 있는 사람이 동석하지 않은 채 조사가 이루어진 사정에 비추어 특신상태를 인정할 수 없다고 판단하였다[41].

여기에서 지적장애가 있음에도 신뢰자의 동석이 없었다는 것은 외부적 사정임이 명백하므로 특신상태 판단의 자료가 된다. 다만 판례도 적절히 피해가고 있듯이 지적장애가 있다는 사실 자체는 특신상태 판단의 자료가 되기는 어려울 것이다. 지적장애가 외부로 드러나 보이는 정황이라고 하더라도 지적장애 없음이 신빙성을 담보하는 것도 아니며, 지적장애 있는 사람의 피의자신문조서나 진술조서 등이 언제나 증거능력 없다고 볼 수도 없기 때문이다

(3) 진술이 유도되었다는 사정 등

대법원은 피고인이 만 5세의 피해자를 추행한 혐의로 기소된 사건에서 범행 후 만 10세 남짓에 이르러 비로소 조사를 받게 된 피해자에 대한 검사 및 사법경찰관 작성의 진술조서에 대하여, 피해자의 어머니와 피해자를 치료한 정신과 의사는 피고인이 피해자를 성추행하였다고 확신하고 있는데 사법경찰관의 진술조서 작성이 있기 며칠 전에 어머니와 의사가 반복된 유도질문을 통해 피해자로 하여금 피고인의 성추행사실에 관하여 진술하도록 하여 그 대화내용을 녹음 녹화하였고, 사법경찰관의 진술조서 작성 당시는 어머니가, 검사의 진술조서 작성 당시는 어머니와 의사가 동석한 상태에서 각각 피해자의 진술이 행하여졌으며, 각 진술조서가 작성될 무렵 피해자는 피고인의 형사처벌에 몰두하고 있던 어머니와 함께 생활하고 있었던 정황에 비추어 위 각 진술조서의 진술이 특신상태에 있었다고 보기 어렵다고 판단하였다[42].

여기에서 진술 당시에 어머니 등이 동석하였다는 사실은 특신상태 판단의 자료가 되지만, 유도질문 등을 통해 피해자에게 미리 피해 진술이 유도되었다는 사실, 그 무렵 유도자와 함께 살고 있었다는 사실은 진술 이전에 진술에 영향을 줄 수 있었던 사정에 불과하고 진술 당시의 정황이 아니어서 그로 인해 진술에 어떤 영향을 받았는지

---

[41] 전주지방법원 2011.6.21. 선고 2010고합127 판결.
[42] 대법원 2006.5.25. 선고 2004도3619 판결.

가 진술 당시 외부적으로 드러나 있다는 점에 대한 다른 자료가 없는 한 진술의 신빙성 판단의 자료가 될 뿐 특신상태 판단의 자료는 아닌 것으로 보인다.

(4) 심리적으로 몹시 혼란스러운 상태였던 것으로 판단된다는 사정 등

대법원은 피고인이 살인 부분은 인정하면서도 강도의 고의는 부인하는 사건에서 피고인의 동거녀의 법정진술과 진술조서(피고인으로부터 강도 고의가 있었다는 듯한 진술을 들었다는 취지)에 대하여 피고인은 본건 살인 후 심리적으로 몹시 혼란스러운 상태였던 것으로 판단되고, 동거녀에게 그와 같이 진술하게 된 것도 밤늦은 시간에 동거녀가 주로 피고인에게 묻고 피고인이 마지못해 대답하는 형태로 1시간 내지 2시간 정도 대화를 이어가던 중 피고인이 은행을 털어 자신의 경제적 곤궁을 해결해 주기 위하여 이 사건 범행을 범하였을지도 모른다는 생각을 가지고 있던 동거녀가 탈진상태에서 잠들려는 피고인에게 집요하게 살인 동기를 추궁하는 과정에서 이를 귀찮게 여기거나 견디지 못한 피고인이 동거녀가 짐작하고 있던 대로의 살인 동기를 밝힘으로써 위 추궁으로부터 벗어나기 위하여 사실과는 다르게 말하였을 가능성을 배제할 수 없으며(피고인의 허위진술의 가능성은 동거녀가 피고인으로부터 들었다는 진술 중 상당 부분이 신빙성이 없어 보이는 점에서도 엿볼 수 있다) 동거녀가 들었다는 강도 고의와 관련된 부분은 특신상태 하에서 행하여진 것이라고 보기 어렵다고 판단하였다[43].

여기에서 탈진상태의 피고인으로부터 집요한 추궁을 통해 원진술을 획득하였다는 사정은 원진술 당시의 외부적 정황으로서 특신상태 판단의 자료가 되지만, 피고인이 본건 살인 후 심리적으로 몹시 혼란스러운 상태였던 것으로 판단된다는 사실 자체[44]는 신빙성 자료이지 특신상태 판단의 자료가 되기는 어렵다고 생각된다.

(5) 진술에 일관성이 없다는 사정 등

법원은 산악회 회장인 피고인이 공직선거 예비후보자로부터 지지 호소와 함께 현금 15만원을 받은 혐의로 기소된 사건에서 참고인인 산악회 총무의 진술에 일관성이

---

43) 대법원 2002.5.10. 선고 2002도1187 판결.
44) 만일 심리적 혼란 때문에 머리를 쥐어뜯는 등의 태도를 보였다면 그와 같은 태도는 외부적 정황이라고 평가될 수 있을 것이다.

없고 피고인이 예비후보자로부터 돈을 받았다고 진술하였다는 동기와 전후 과정이 의문스러우므로(경찰조사를 목전에 둔 시점에 그와 같은 말을 하였다는 것은 경험칙에 어긋난다) 피고인의 원진술이 특신상태에 있었다고 볼 수 없다고 판단하였다[45].

여기에서 총무의 진술에 일관성이 없다는 점은 앞에서도 살펴본 바와 같이 내부적 '사정'도 아니므로 처음부터 특신상황의 문제가 아니다. 더 나아가 피고인이 그와 같은 말을 하였다는 것이 경험칙에 어긋난다는 점은 전문진술의 신빙성 문제이지 원진술의 신빙성과도 전혀 무관하다. 원진술의 특신상황은 원진술의 존재 자체는 인정되는 것을 전제로 하는데, 사안에서는 원진술의 존재 자체가 의문이라는 취지이기 때문이다. 따라서 위와 같은 점만으로 원진술의 특신상태 여부를 판단한 위 판결은 잘못되었으며, 검사는 원진술의 특신상태를 입증할 다른 자료를 제출하였어야 옳다고 생각된다.

(6) 소결

이처럼 우리 법원은 원진술의 특신상태 문제와 원진술의 신빙성 문제도 구별하지 못하고 있을 뿐만 아니라, 전문증거 자체의 신빙성 문제와 원진술의 특신상태 문제를 구별하지도 못한 경우도 없지 않은 것으로 판단된다. 더욱이 신빙성을 담보하는 외부적 정황에 대한 자료를 찾아 판단한 일이 거의 없고, 신빙성을 훼손하는 자료를 놓고 특신상태를 부정할 것인지 여부를 판단하고 말았다. 결국 특별한 사정이 없으면 특신상태를 인정한다는 전제 하에 이를 부정할 수 있는 근거를 피고인이 주장 또는 제시하든지 아니면 법원이 직권적으로 판단하여야 하는 결과를 초래하였는데, 이는 특신상태가 전문법칙 예외의 요건인 '신용성의 정황적 보장'보다도 더욱 특별하고도 예외적인 신용성의 정황적 보장이라는 점을 전혀 고려하지 못한 결과이다.

더 나아가 특신상태가 증거능력의 요건으로 규정되어 있는 경우 검사가 원진술 당시 특신상태에 있었음을 입증하여야 함은 당연하다. 법원은 지금까지처럼 손쉽게 특신상태를 인정 또는 배척할 것이 아니라 검사로 하여금 진술의 신빙성에 대한 증거가

---
[45] 서울고등법원 2011.5.3. 선고 2011노552 판결.

아니라 진술 당시의 외부적 정황에 대한 충분한 증거를 제시하도록 한 다음 진술 당시 특신상태에 있었는지 여부를 엄격하게 판단하되 특신상태 인정에 대한 증거가 부족하다면 과감하게 증거능력을 배척하여야 할 것이다.

Ⅳ. 특신상태 규정에 대한 개별적 고찰

1. 피의자신문조서

제312조 제1항 내지 제3항은 증거능력 요건으로 사법경찰관 작성 피의자신문조서에서는 내용인정이라는 무리한 조건을 요구하면서 특신상태를 요구하지 아니하는 반면, 검사 작성 피의자신문조서에서는 진정성립 인정과 함께 원진술의 특신상태를 요구하고 있다[46]. 앞에서도 살핀 바와 같이 사법경찰관 작성 피의자신문조서에 대하여는 피고인에게 내용부인이라는 증거능력을 배척할 수 있는 처분적 권한을 부여하고 있으므로 굳이 특신상태 부인, 입증 등의 복잡한 절차를 거칠 사실상의 필요가 전혀 없기 때문이다.

검사 작성 피의자신문조서에 대하여는 피고인의 인정에 의하든 영상녹화물 등 객관적 방법에 의하든 진정성립이 인정되어야 함은 물론, 이에 더하여 원진술의 특신상태가 인정되어야 하는 것으로 규정되어 있다. 앞에서도 살펴본 바와 같이 특신상태 여부에 대한 입증책임은 검사에게 있으므로 검사는 피의자가 특신상태에서 진술하였음을 입증할 수 있는 자료들을 확보하여 특신상태 입증에 만전을 기하여야 할 것이다. 2007년 형사소송법 개정으로 도입된 진술거부권 및 변호인조력권 고지 등 확인서와 수사과정 확인서(특히 피의자의 자필 부분)가 특신상태 인정의 자료 중 하나로 사용될 수 있겠지만 지금의 기재사항으로는 많이 부족하다. 주취운전자 적발보고서에 피의자의 상태에 대하여 '혈색이 붉고 걸음걸이가 비틀거리며 발음이 부정확하다'는 등을 상세히 기재되는 형식을 본보기로 하여 진술 전에 마음의 준비를 시켜준 내용, 진술 당시의 주

---

[46] 개정 전 형사소송법 제312조 제1항은 규정의 모호성 때문에 특신상태 요건이 피고인이 된 피의자신문조서에 대한 선택적 요건인지 중첩적 요건인지에 대하여 견해가 대립하였으나, 2007. 개정 형사소송법은 중첩적 요건임을 명백히 하여 입법적으로 해결하였다.

변 상황과 진술자 자신의 심리상태 등을 상세히 기재하는 방향으로 대폭 보완하는 것이 필요할 것으로 생각된다.

2. 진술조서

제312조 제4항은 진술조서에 대하여도 진정성립 인정, 피고인에게 반대신문의 기회 부여와 함께 원진술의 특신상태를 요구하고 있다. 앞에서도 살핀 바와 같이 피고인에게 반대신문권이 보장되어 있다고 하더라도 이와는 별도로 원진술의 특신상태를 요구하는 현행 제도가 타당하지만, 실무상 특신상태에 대한 입증이나 판단을 소홀히 하고 있는 것도 사실이다.

3. 피고인의 진술을 기재한 서류

제313조 제1항 본문은 진술서 및 진술기재서류에 대하여 자필 또는 이에 갈음하는 서명날인이 있을 것과 작성자 또는 원진술자의 진술에 의한 진정성립 입증만 증거능력 요건으로 요구할 뿐이지만, 단서는 피고인의 진술을 기재한 서류[47]에 대하여는 작성자 진술에 의한 진정성립 인정과 함께 원진술의 특신상태를 증거능력 요건으로 요구하고 있다. 이는 원진술자가 피고인이 된 피의자신문조서(특히 검사 작성 피의자신문조서)나 원진술자가 피고인이 되지 아니한 제3자에 대한 진술조서에 대하여 모두 특신상태를 요구하고 있는 점과 큰 차이를 보여준다. 원진술자가 피고인이 아닌 경우에는 특신상태에서 진술되지 아니한 경우에도 증거능력이 있다는 말이 되는데 적절한 입법인지는 의문이다.

일부 견해는 제313조 제1항에서 규정하는 피고인이 작성한 진술서에 대해서는 특신상태가 요구되지 않는데, 이 역시 피고인이 법원이나 수사기관의 관여가 없는 상태에서 자필로 직접 작성한 서류이므로 그 진정성립만 인정된다면 그 성질상 신용성의

---

47) 제313조 제1항은 진술서와 진술기재서류를 한꺼번에 규정하고 있어 규정 자체가 복잡할 뿐만 아니라 지시어가 무엇을 가리키는지를 놓고 불필요한 논쟁을 야기하고 있다. 단서가 말하는 "피고인의 진술을 기재한 서류"도 원진술자가 피고인인 진술기재서류만을 말하는지 피고인 자신의 진술서도 포함하는지에 대하여 견해가 대립하고 있으며 판례(대법원 2001.9.4. 선고 2000도1743 판결)는 후설을 취하고 있다. 피고인 진술서에서는 진정성립의 주체인 본문의 작성자나 단서의 작성자가 동일하기 때문에 결국 전설과 후설의 차이는 단서의 특신상태 요건이 적용되는가 여부로 압축된다.

정황적 보장이 인정된다고 볼 수 있기 때문이라고 한다[48]. 그러나 과연 자필 작성이라는 점이 신용성을 정황적으로 보장한다고 볼 수 있는지는 의문이다. 피의자신문조서나 진술조서는 수사기관에서 작성되었기 때문에 특신상태를 요구하는 반면, 진술서나 진술기재서류는 수사기관에서 작성된 것이 아니기 때문에 비록 사인에 의하여 억압적 분위기에서 진술이 이루어질 우려가 없지는 않지만 이는 일반적인 신용성의 정황적 보장 요건으로 해결하고 특신상태까지는 요구하지 않고 있다. 그러나 원진술자가 피고인인 경우에는 수사기관에서 작성된 것이 아니라도 위와 같은 우려가 크기 때문에 특신상태를 요구하고 있는 것으로 해석된다.

4. 원진술자가 법정에 출석하지 못하는 경우의 피의자신문조서 등

제314조는 피의자신문조서, 진술조서, 진술서, 진술기재서류 등에 있어서 공판기일에 법정에 출석하여 진정성립을 인정하여야 할 자가 사망 등의 사유로 출석이 불가능한 경우에는 원진술의 특신상태가 증명되면 증거능력 부여한다고 규정하고 있다. 제314조는 특신상태를 요구하는 다른 전문서류의 경우와 달리 원진술자가 법정에 출석하지 못하는 상황임에도(결국 진정성립도 인정될 수 없음은 물론이다) 전문서류에 증거능력을 부여한다는 점에서 특히 예외적인 규정이다[49]. 이런 점 때문에 제314조는 한편으로는 증거능력 부여의 필요성이 매우 큰 반면, 다른 한편으로는 진정성립 불비까지도 불식시킬 수 있을 정도의 특히 엄격한 특신상태 판단이 필요하다고 할 수 있다.

원진술자의 출석이 가능한 상태에서도 전문증거의 사용을 허용하는 특신상태라면 원진술자가 출석 불능한 상태에서라면 더욱 더 특신상태로 인정될 수 있다는 견해도 있고[50], 공범의 검사 작성 피의자신문조서에 대하여 제314조의 적용을 긍정한다고 하더라도 제312조 제1항이 특신성을 요구하고 있으므로 이 요건이 결여되어 증거능력

---

[48] 서태경, "개정 형사소송법 제313조 제1항에 대한 소고", 한양법학 제20권 제1집, 한양법학회, 2009, 269면.
[49] 뒤에서 살펴볼 제316조 제2항의 경우에도 원진술자가 법정에 출석할 수 없는 상황에 적용된다는 점에서 동일하다. 다만 그 경우에는 법정에 출석한 전문진술자를 통해서라도 특신상태 여부의 검증이 어느 정도라도 가능하지만 제314조의 경우에는 서류만 제출되고 서류 작성에 관여한 자도 증인으로 출석하지 않으므로 그를 통한 검증도 어렵다는 점에서 제316조 제2항의 경우보다 더 엄한 특신상태 판단이 필요하다고 할 수 있을 것이다.
[50] 신동운, 앞의 책, 1134면.

이 인정되지 못한 경우에는 동일한 요건을 규정하고 있는 제314조도 적용될 여지가 없다고 보는 견해도 있으나[51] 찬성하기 어렵다. 증거 사용의 필요성이 더 크다고 하더라도 진정성립이나 사후적 반대신문의 기회가 불비되었다는 점을 고려한다면 증거능력 요건을 더욱 엄격하게 해석하지 않을 수 없기 때문이다.

더 나아가 만일 제314조의 특신상태가 다른 전문서류들에 대한 특신상태와 동일하다고 본다면 제314조가 적용되는 서류들 중 검사 작성 피의자신문조서, 진술조서, 피고인 진술서, 피고인 진술기재서류에 대하여는 원진술자가 법정에 출석하여 진정성립을 인정하는 경우에도 원진술의 특신상태를 요구하고 있으므로 원진술자가 법정에 출석할 수 없는 경우에 또다시 특신상태를 요구한다는 것이 추가적 요건이라고 하기도 어렵다. 결국 원진술자가 법정에 출석할 수 없는 이유가 상당하다는 점만이 추가적 요건이라 할 것인데 이는 진정성립이 인정되지 아니한 전문서류의 증거능력 요건으로는 많이 부족한 것이 아닌가 생각된다. 실무상으로도 피해자나 공범 등이 소재불명 등 적절한 사유로 법정에 출석하지 아니하면 법원은 피해자 등의 수사기관 진술조서에 따라 거의 무조건적으로 유죄를 선고해 온 것이 사실이다.

이런 점들을 종합하면 제314조에서 요구하는 특신상태는 제312조 등이 요구하는 특신상태보다 상대적으로 더 엄격하게 판단되어야 하며, 실무 운용상으로도 이러한 점을 충분히 고려하여야 함이 명백하다. 그러함에도 앞에서 살펴본 바와 같이 제314조의 특신상태를 다른 전문증거에서의 특신상태와 완전히 동일하게 취급해 온 판례의 태도는 문제가 있다. 근본적으로는 우리 형사소송법이 특신상태라는 개념을 너무 쉽게 사용해 온 것이 아닌가 생각된다.

5. 전문진술

전문진술에 관한 규정인 제316조는 원진술자가 피고인 자신인 경우와 제3자인 경우로 구분하여 제1항과 제2항에서 따로 규정하고 있다. 제1항은 원진술자가 피고인

---

51) 임동규, 형사소송법 제6판, 법문사, 2009. 513면; 손동권, "피의자신문조서에 대한 형사소송법 제314조의 적용문제", 경찰학연구 제11권 제3호(통권 제27호), 경찰대학, 2011. 44-45면.

인 경우에는 원진술의 특신상태만을, 제2항은 원진술자가 제3자인 경우에는 원진술자의 법정 출석 불가능과 원진술의 특신상태를 각 증거능력의 요건으로 요구하고 있다. 특히 제2항의 경우에는 제314조의 경우와 마찬가지로 원진술자가 법정에 출석할 수 없음에도 증거능력을 인정하는 지극히 예외적 규정이기 때문에 제314조와 마찬가지의 엄격한 특신상태 판단이 필수적이라 하겠다. 더 나아가 전문진술이 조사자 증언의 형태로 이루어지는 경우라면 원진술자가 피고인이든 아니든 특신상태 판단에서 더더욱 신중할 필요가 있을 것이다.

특신상태의 인정과 관련하여 피고인이 내용을 부인한 진술에 대해 특신상태를 인정하는 것은 모순이라는 견해도 있으나[52], 피고인이 내용을 부인한다고 하여 그것만으로 원진술의 신빙성이 배척되는 것도 아니거니와 원진술의 특신상태를 인정할 수 없는 것은 더더욱 아니다[53]. 만일 피고인이 부인하는 진술에 대한 특신상태 인정이 모순이라고 해석한다면 피고인은 자신에게 불리한 자신의 전문진술을 언제나 내용 부인할 것이기 때문에 제316조 제1항은 처음부터 존재 의의가 없게 될 것이다.

V. 나가며

전문법칙의 예외는 엄격한 기준 적용 하에만 인정되어야 하며 특신상태의 해석과 적용에서는 더더욱 그러하다. 특신상태는 일반적인 전문증거에 요구되는 신용성의 정황적 보장을 뛰어넘는 '특히 엄격한 신용성의 정황적 보장' 즉 진술 내용의 신용성을 담보할 구체적 외부적 정황으로서 신용성 자체와도 명백히 구별되어야 한다. 특신상태는 진술 당시의 외부적 정황만으로 판단되어야 하며 임의성 요소는 판단에서 제외되어야 한다.

위와 같은 해석론보다 더욱 중요한 것은 실무 운용 태도이다. 그간 피의자신문조서

---

52) 배종대 등, 앞의 책, 676면.
53) 같은 취지, 허웅/도규엽, "개정 형사소송법 제316조에 대한 고찰", 성균관법학 제23집 제2호(2011. 8.), 성균관대학교 법학연구소, 216면.

나 진술조서 등에서 진정성립 요건에만 관심을 기울였지 특신상태 요건은 거의 관심 밖에 있었던 것이 사실이다. 검사도 이를 입증하기 위한 노력을 기울이지 않았고 법원도 정확한 기준에 의하여 엄격하게 판단하지 않았다. 이러한 과정에 전문증거가 증거로 사용되는 예외는 자꾸만 확대되어 이제는 전문증거에 증거능력을 부여하는 것이 예외인지 원칙인지 헷갈릴 정도가 되었다. 피의자신문조서의 증거능력을 더더욱 제한하려는 등 전문증거의 예외 요건을 가중하려는 노력도 없지 않다. 그러나 규정된 요건을 실효성 있게 운영하는 것만으로도 전문증거에 대한 잘못된 증거능력 부여를 상당부분 막을 수 있다는 점도 부각되고, 다른 한편으로는 특신상태의 개념과 기준에 대한 무관심과 오류를 바로잡음으로써 부당하게 증거능력이 부정되는 폐해도 고쳐졌으면 하는 마음이다.

다중전문증거의 증거능력에 관한 소고
- 형사소송법 제310조의2의 적용과 관련하여 -

Ⅰ. 들어가며

1. 다중전문증거의 의의와 유형

증거로 사용되는 경험보고적 의사표시를 진술이라 하는데, 구두진술과 서면진술이 포함된다. 그 중에는 자신의 진술을 직접 법원에 현출하는 것이 아니라 타인의 진술을 듣고 그 내용을 법원에서 진술하는 경우가 있는데, 이것이 가장 전형적인 전문증거인 '전문진술'이다. 또한 진술을 말이 아닌 글로 옮기는 경우도 매개체를 통해 법원에 현출된다는 점에서는 전문진술과 같으므로 이 역시 전문증거로 취급하여 '전문서류'라고 부르는 것이다. 그런데 증거로서 타인의 진술을 내용으로 하는 진술을 다시 서류나 제3자의 진술 형태로 법원에 현출하는 경우와 같이 전문이 2단계 이상인 경우도 없지 않은데, 이를 단순한 형태의 전문증거와 구별하여 다중전문증거(multiple hearsay evidence)라 한다. 그 중 가장 많은 것이 이중전문증거(double hearsay evidence)이고, 그 중에서도 타인의 진술을 내용으로 하는 진술을 다시 진술 형태로 법원에 현출하는 경우(이글에서는 '재전문진술'이라 부르기로 한다)와 타인의 진술을 내용으로 하는 진술을 서류(조서, 진술서, 진술기재서류, 이하 같다) 형태로 법원에 현출하는 경우(이글에서는 '이중전문서류'라고 부르기로 한다)가 가장 대표적이다.

그러나 이중전문증거는 앞에서 설명한 두 가지 형태 이외에도 얼마든지 가능하다. '전문傳聞, hearsay'이라는 것이 물리적으로는 타인의 말을 듣고 이를 말로 옮기는 것을 의미하지만 타인의 말을 글로 옮기는 것[1]도 전문이라고 함에 이견이 없듯이, 타인의 진술을 청각으로 인식하여 옮기는 경우에만 한정되지 않고 시각으로 인식하여 옮기

❖ 법학논총 제21권 제3호(2014. 12.) 조선대학교 법학연구소, 791-819면에 실렸던 논문을 정리한 글이다.
1) 청각장애인이 타인과의 수화나 필담을 제3자에게 옮기는 경우를 생각해 보면 그 구조가 일반적인 전문과 다르지 않다는 점을 쉽게 상상할 수 있을 것이다.

는 경우 즉 타인의 진술이 기재된 서면을 '목격하고' 이를 말이나 글로 옮기는 것도 전문이라 할 수 있다. 타인의 진술이 기재된 서면을 목격하고 이를 서면으로 옮기면 이중전문증거(뒤에서 설명할 재전문서류)가 되겠지만, 그 내용을 법정에서 진술하면 법정진술 자체는 전문이 아니므로 단순 전문증거가 되는데 그친다. 자신이나 타인의 진술을 글이 아닌 녹음(녹화도 포함한다. 이하 같음)으로 옮기는 것 역시 전문이라 할 수 있고, 판례 역시 녹음도 전문서류와 동일한 법리로 판단하고 있다[2]. 예컨대 녹음테이프로 들은 내용을 법정에서 진술하는 경우라면 일응 타인의 서면을 목격한 자의 진술에 준하여 판단하는 것이다. 그러나 위 법리에 의한다면 타인의 진술을 몰래 녹음하였다면 진술기재서류가 아닌 이중전문서류에 준하여 판단하여야 하겠지만, 과연 원진술자 몰래 녹음한 경우와 원진술자의 의도대로 녹음한 경우를 증명력 판단이 아닌 증거능력 판단에서 달리 보아야 하는지는 여전히 의문이다.

삼중전문증거도 있는데 재전문진술을 기재한 서류나 재재전문진술 등이 이에 해당하며, 앞에서 다룬 전문서류를 목격한 자가 직접 작성한 진술서나 그 진술을 내용으로 하는 진술조서·진술기재서류 역시 삼중전문증거가 된다. 녹음테이프로 들은 내용을 서류로 작성하면 이 역시 삼중전문증거가 된다. 한편 피의자신문조서나 진술조서도 원진술자의 진술을 들은 수사기관이 그 내용을 서류로 작성하였다는 점에서 그 자체로 이중전문서류의 성격을 가지고 있지만, 원진술자가 문서작성 과정에 실질적 진정성립 여부를 직접 확인하고 있고(형사소송법 제244조) 공판정에서도 원진술자의 진정성립을 조건으로 증거능력을 인정하고 있어(제312조 제1항, 제3항, 제4항)[3], 피조사자가 전문진술한 경우만 아니라면 이중전문증거의 문제는 발생하지 않는 것으로 보는데 이견이 없으므로 이글에서 더 이상 다루지 않기로 한다.

각 다중전문증거를 어떻게 부를지도 문제이다. 전문진술을 듣고 이를 법정에서 진술하는 경우를 재전문진술이라 하고, 타인의 진술을 듣고 이를 전문서류 형태로 증거

---

[2] 대법원 1997.3.28. 선고 96도2417 판결, 대법원 2001.10.9. 선고 2001도3106 판결 등.
[3] 사법경찰관 작성 피의자신문조서에 대하여는 제312조 제3항이 피고인의 내용인정을 요구할 뿐 진정성립 인정을 명시적으로 요구하고 있지 아니하나, 진정성립 인정이 내용인정의 당연한 전제라고 보여지므로 이 점에서는 검사 작성 피의자신문조서와 다르지 않다.

화하는 경우를 재전문서류라고 부르는 견해가 적지 않다[4]. 그 밖의 다중전문증거에 대하여는 적절한 이름이 없다. 정확성만을 목표로 한다면 전문진술-전문진술, 또는 전문진술-전문서류, 전문녹취·녹화-전문서류 등으로 각 전문단계를 구분하여 표시하는 것이 좋겠지만, 이름이 너무 길고 복잡해지는 문제가 있다. 다만 "재"라는 것이 동일한 것이 거듭되는 경우를 지칭한다고 볼 때 전문진술이 거듭된 경우를 재전문진술이라고 부르는 것은 적절하지만, 전문진술을 전문서류로 옮긴 경우를 재전문서류라고 부르는 것은 적절하지 않다. 오히려 전문서류를 목격한 자가 그 내용을 전문서류로 옮긴 경우를 재전문서류라고 부르는 것이 옳다. 따라서 이글에서는 전문진술을 전문진술한 경우는 재전문진술이라 하고, 전문서류를 목격한 자의 전문서류는 재전문서류라고 하면서, 그 밖에 전문진술과 전문서류가 혼합적으로 중첩된 경우에는 이중·삼중 등으로 표현하기로 한다. 이에 의하면 전문진술을 전문서류로 옮긴 경우는 이중전문서류가 된다.

2. 문제의 제기

형사소송법 제310조의2는 "전문증거와 증거능력의 제한"이라는 표제 하에 "제311조 내지 제316조에 규정한 것 이외에는 공판준비 또는 공판기일에서의 진술에 대신하여 진술을 기재한 서류나 공판준비 또는 공판기일에서의 타인의 진술을 내용으로 하는 진술은 이를 증거로 할 수 없다"고 규정하고 있고, 제311조 내지 제316조는 전문증거이지만 특별히 증거능력이 부여되는 예외에 대하여 규정하고 있다. 그런데 제311조 내지 제316조는 다중전문증거에 대하여는 전혀 규정하고 있지 않다. 오히려 제312조나 제313조 등은 전문서류를 규정하면서 '진술'이 기재된 서면이라는 취지로 표현하고 있어 당연히 원본진술을 기재한 서면만을 대상으로 하는 것으로 해석할 여지가 있고, 제316조는 피고인이나 제3자의 진술을 내용으로 하는 '공판준비 또는 공판기일의 진술'이라고 표현하여 최소한 전달하는 진술은 법정진술이라는 취지를 밝히

---
[4] 배종대/이상돈/정승환/이주원, 신형사소송법 제5판, 홍문사, 2013, 677면; 정웅석/백승민, 형사소송법 전정증보 제6판, 대명출판사, 2014, 712 등. 다만 구두의 재전문진술, 전문진술을 기재한 서면 등으로 구분하여 부르거나(신동운, 신형사소송법 제4판, 법문사, 2012, 1147면) 전문진술이 기재된 조서, 재전문진술로 구분하여 부르는 견해(이재상, 형사소송법 제9판, 박영사, 2012, 619면; 차용석/최용성, 형사소송법 제4판, 21세기사, 2013, 571면), 수사서류 형태의 재전문증거, 공판정 진술 형태의 재전문증거로 구분하여 부르는 견해(손동권/신이철, 새로운 형사소송법, 세창출판사, 2013, 609면)도 없지 않다.

고 있는 등 다중전문증거는 처음부터 증거능력을 배척하고 있는 것이 아닌지 의문스럽게 하고 있는 것이 사실이다.

다중전문증거에 증거능력을 부여하기 위해서는 각 전문단계마다 그에 필요한 전문법칙 예외 규정을 중첩적으로 적용하여야 할 것인데, 이러한 중첩적용이 허용되는지 여부는 결국 제310조의2의 해석과 직결된다. 1961년 우리 형사소송법은 전문법칙을 도입하면서 직접심리주의적으로 규정되어 있던 제311조 내지 제316조를 전문법칙적인 내용으로 완전히 바꾸었을 뿐만 아니라, 제311조 앞에 제310조의2를 신설하여 제311조 내지 제316조의 법적 성격과 적용 범위를 명확히 하였다. 결국 전문증거 중 증거능력을 인정하는 것은 제311조 내지 제316조에 열거된 것에 한정하므로 이에 해당하지 않는 전문증거는 증거능력이 없다는 의미이다.

제310조의2는 전문증거가 원칙적으로 증거능력 없다는 사실을 천명하는 외에도 전문법칙의 예외 허용의 범위를 결정함에 있어서도 매우 중요한 기준이 된다. 필자는 예전에 발표한 글[5]에서 제311조 내지 제316조에 직접 규정되지 아니한 전문증거의 증거능력을 판단함에 있어 각 전문증거 하나만 놓고 개별적으로 판단할 것이 아니라, 제310조의2의 취지를 해석하여 유추적용이 허용되겠는지 여부를 검토한 다음, 유추적용의 허부를 판단할 기준을 설정하여 위 기준에 따라 일관성 있는 증거능력 판단이 필요하다는 취지로 주장한 바 있다. 다중전문증거에서 필요한 중첩적용도 제311조 내지 제316조가 애초에 적용 대상으로 규정한 바가 아니라는 점에서는 유추적용의 경우와 마찬가지이므로 이글에서는 위 글에서 제시한 기준을 똑같이 적용하여 각종 다중전문증거의 경우에 증거능력을 인정할 수 있겠는지를 판단해 보고자 한다. 그런 의미에서는 이글이 먼저 쓴 글의 속편이라 할 수도 있다.

아래에서는 이글의 총론적 설명으로서 제310조의2가 유추적용을 전면적으로 불허하는 것이 아니라면 허부의 기준은 어떠한지, 위 기준이 다중전문증거에 대하여도 그대로 적용될 수 있는지를 살펴보고(Ⅱ), 다중전문증거의 각론으로 넘어가 재전문진술

---

[5] 이 책 제4편 '형사소송법 제310조의2의 적용 기준과 범위에 관한 소고' 중 해당부분 참조.

(Ⅲ), 이중전문서류(Ⅳ), 그 밖의 다중전문증거의 증거능력(Ⅴ)을 순차적으로 검토한 다음 필자 나름의 결론(Ⅵ)으로 글을 맺으려고 한다.

Ⅱ. 다중전문증거에 대한 전문법칙 예외규정의 유추적용 허부

1. 유추적용 금지 원칙과 유추적용 허부의 기준

유추적용[6]이란 법규범을 유사하지만 위 규범에 직접적으로 포함되지 않은 사실관계에 적용하는 것을 말한다[7]. 유추적용은 엄격한 죄형법정주의가 요구되는 형법의 영역에서는 금지되지만, 행위의 가벌성 유무나 경중을 직접 다루지 않는 형사소송법에서는 적용되지 않는다는 것이 정설이다[8]. 다만 다소간의 견해 차이는 있으나 형사소송법에서도 순수한 절차법적 규정이 아닌 친고죄에서의 고소나 공소시효과 같이 당벌성이나 형벌 필요성, 또는 가벌성의 경중을 직접 다루는 규정에는 적용된다는 견해가 일반적이다[9]. 증거능력에 관한 규정에도 유추적용이 가능할지에 대하여 논의의 여지는 없지 않지만 증거능력 규정이 행위의 가벌성 판단에 미치는 영향이 크다고 하더라도 직접 좌우하는 것은 아니다. 결국 실체법적 성격보다는 절차법적 성격이 더 강하므로 유추적용이 허용되어야 한다고 생각된다.

제310조의2가 전문법칙의 예외 허용을 제311조 내지 제316조로 제한하고 있음에도 불구하고 제311조 내지 제316조의 유추적용이 허용되는지에 대하여는 좀더 깊은 논의가 필요하다. 제310조의2의 "제311조 내지 제316조에 규정한 것 이외의 전문증거는 증거로 할 수 없다"는 표현에 비추어 볼 때 전문법칙의 예외 인정에 있어서 일체의 유추적용을 허용되지 않는다고 해석할 여지도 없지 않다. 그러나 전문증거의 증거능력

---

[6] 종래 유추해석이라는 용어가 많이 사용되었으나, 유추는 해석의 방법이 아니라 사안에의 적용이기 때문에 유추해석은 적절한 용어가 아니라는 비판도 없지 않다. 그러나 사안에의 적용 역시 법규해석을 전제로 하고 있기 때문에 유추해석이라는 용어가 꼭 잘못되었다고는 생각되지 않는다. 다만 이글에서는 유추적용이라는 용어를 사용하기로 한다.
[7] 김선복, "형법상 해석과 유추", 비교형사법연구 제3권 제2호, 한국비교형사법학회, 2001, 69면.
[8] 이재상, 형법총론 제6신판, 박영사, 2010, 26면 등.
[9] 이정원, "죄형법정주의의 원칙과 법률의 해석", 법학논문집 제17집, 중앙대학교 법학연구소, 1992, 7-8면; 최석윤, "형사소송법과 유추금지", 형사정책연구제14권, 한국형사정책학회, 2003, 346면.

이 실체법상의 가벌성을 직접 좌우하는 것은 아니다. 더욱이 전문증거가 매우 다양한 형태로 나타나고 입법 당시에는 예상할 수 없었던 형태의 전문증거가 계속 생겨나고 있는데[10] 그 모든 형태를 법률이 직접 규정하기 어렵다는 점까지 보태어 보면 제310조의2가 전문법칙 예외규정에 대한 일체의 유추적용을 금지하는 취지는 아니라고 판단된다. 전문법칙의 예외는 지극히 제한적으로만 허용되어야 한다는 점 등을 고려하여 제310조의2는 전문법칙의 예외 규정들에 대한 일반 절차법적 규정과 같은 광범위한 유추적용을 경계 내지 금지하기 위한 규정이라고 해석되는 것이다.

결국 제311조 내지 제316조 규정의 구체적 취지를 검토하여 문제된 전문증거에 대하여 유추적용이 허용되겠는지 여부를 개별적으로 판단하여야 한다. 증거능력에 대한 일관된 결론 도출을 위해서는 일응의 기준을 설정해 둘 필요가 있다. 법규해석의 일반이론과 전문법칙의 특수성, 특히 제310조의2가 예외 허용을 엄격히 제한하고 있는 취지, 개별 조문의 내용과 표현, 전문법칙에서 예외가 허용되는 일반 원칙, 법 규정의 증거능력 요건이 유추적용되는 전문증거에도 적합한지 여부[11], 유추적용 자체가 가져올 수 있는 절차적 또는 결과적 위법 등을 고려하여 필자 나름대로 마련한 유추적용 금지의 기준은 아래와 같다[12].

① 개별 조문 해석상 규정된 대상이 매우 중요하여 규정된 대상 이외의 다른 대상에 대하여는 조문의 취지가 적용되지 아니한다는 의미가 포함되어 있다면 금지
② 법이 정한 엄격한 절차를 우회하기 위한 방법으로 악용될 우려가 크다면 금지
③ 유추적용 결과가 강행법규 위반 기타 부적절할 상황을 초래할 우려가 큰 경우에도 금지

---

[10] 녹음테이프나 비디오테이프에 녹취된 진술에 대하여도 진술서 또는 진술기재서류 규정을 유추적용하지 않을 수 없다는 점을 생각해 보라.
[11] 만일 법 규정의 증거능력 요건이 유추적용되는 전문증거의 특성에 비추어 너무 쉽다면 수사기관으로서는 더 적절하지만 요건이 어려운 예외규정을 충족시키기 위하여 노력하지 않고 쉬운 요건의 예외규정 유추적용으로 우회할 가능성이 높기 때문이다.
[12] 내용은 이전과 동일하나 다만 순서를 조금 바꾸어 유추적용 대상에 대한 판단, 탈법적 유추적용에 대한 판단, 의도적이지 않다고 하더라도 유추적용의 결과에 대한 적절성 판단, 전문법칙 특유의 판단 순으로 배열하는 과정에 기존의 ②번 요건을 제일 뒤로 돌리게 되었다.

④ 전문법칙의 예외로서 허용하여야 할 필요성과 반대신문에 갈음할 수 있는 신용성의 정황적 보장이 인정되지 않는다면 금지

2. 다중전문증거와 중첩적용 허부

제311조 내지 제316조에서는 다중전문증거의 증거능력을 인정한 바가 없다. 따라서 다중전문증거의 증거능력을 인정하기 위해서는 제311조 내지 제316조의 중첩적용이 필요한데 중첩적용 역시 제311조 내지 제316조가 애초에는 생각하지 못한 바 이므로 결국 유추적용의 한 형태라고 할 수 있다. 다중전문증거의 증거능력 역시 결국 제310조의2가 유추적용을 허용하느냐의 문제로 귀결되는 것이다. 다중전문증거의 증거능력을 인정할 것인지에 대하여 아래와 같이 여러가지 견해가 대립한다.

(1) 학설 검토

가. 긍정설

긍정설은 ① 제311조 내지 제316조가 직접 다중전문증거를 규정하고 있지는 않지만 제310조의2가 위 규정들을 중첩적으로 적용하여 증거능력을 부여하는 것까지 금하는 것은 아니고, ② 모든 증거는 증거능력 배척 규정이 없는 한 증거능력이 인정되는 것이 원칙이며, ③ 진술이 기재된 조서도 본질적으로 이중전문증거와 차이가 없을 뿐만 아니라, ④ 직업법관이 사실인정을 하는 우리나라의 재판에 있어 가급적 많은 증거를 토대로 심증을 형성하는 것이 실체적 진실발견에 유리하므로 다중전문증거도 요건을 중첩적으로 구비하기만 하면 증거능력을 가질 수 있다는 입장이다[13].

그러나 이렇게 단순한 논리로 다중전문증거의 증거능력을 긍정하는 것은 분명히 문제가 있다. 제310조의2는 명백한 증거능력 배척 규정으로서 전문법칙의 예외 확대를 금지 또는 엄히 제한하고 있음이 명백함에도 이에 대하여는 아무런 고려를 하고

---

13) 이재상, 앞의 책(2012), 619면; 차용석/최용성, 앞의 책, 571면; 노명선/이완규, 형사소송법 제3판, 성균관대학교 출판부, 2013, 703면; 정웅석/백승민, 앞의 책, 713면; 권오걸, 형사소송법, 형설출판사, 2010, 762면; 이창현, 형사소송법, 입추출판사, 2014, 832면.

있지 아니할 뿐만 아니라, 제311조 내지 제316조의 규정들을 살펴보아도 단순 전문증거를 염두에 둔 규정 형식이지 이를 중첩적용할 수 있음을 전제로 한 규정이라고 보기는 어렵기 때문이다. 따라서 이러한 문제에 대한 충분한 검토 없는 긍정설의 입장은 쉽게 수긍하기 어려운 것이다.

다중전문증거에 대하여도 각 전문단계의 증거능력 요건만 중첩 구비하면 증거능력을 인정한다는 취지의 미국 연방증거법 제805조가 제시하는 입법모델은 반대신문권의 보장 외에 직접심리주의도 함께 지향하는 우리 형사소송법 제310조의2 이하를 해석함에 있어서는 그대로 차용할 수 없다는 비판도 없지 않다[14]. 경청할만한 견해이다. 그러나 이에 따르면 이중전문서류는 증거능력을 부정하여야 하지만, 법정에서 직접 진술로 현출되는 재전문진술에 대하여는 증거능력을 부정하기 어렵다는 이상한 결론에 이르고 만다[15].

나. 부정설

부정설은 ① 제310조의2의 취지에 비추어 전문법칙의 예외를 확대 허용하기는 어려우며, ② 제311조 내지 제316조에 말하는 '진술'은 당연히 원본진술만을 의미하기 때문에(만일 전문진술이라면 제311조 내지 제316조에 규정된 요건만으로는 증거능력을 인정할 수 없음이 명백하다) 전달되는 '진술' 자체가 전문진술인 경우는 위 규정을 적용할 수 없고(제316조가 공판정 진술에 대하여 증거능력을 부여하는 규정이지 서면에 대하여 증거능력을 부여하는 규정이 아니라는 주장[16]도 같은 취지이다) ③ 예외가 허용된다고 하더라도 이중의 예외는 예외가 2회 병열해 있는 것과는 차원을 달리하므로 결국 제310조의2 규정에 따라 증거능력을 가질 수 없다는 입장으로서[17], 전문이 중첩되면 오류개입의 가능성이 급격히 증가하는 반면 신빙성과 관련성은 급격히 떨어진다는 점[18]도 함께 고려하고 있다.

---

14) 신동운, 앞의 책, 1148면.
15) 재전문진술 역시 원진술이 직접 법정에 현출되는 것은 아니므로 직접심리주의의 제한을 받게된다고 반박할지도 모르지만, 그렇게 반박한다면 결국 전문법칙은 직접심리주의에 포함되는 법리가 되어 직접심리주의를 취하는 독일 형사소송법은 당연히 전문법칙도 취한 것이라는 이상한 결론을 피할 수 없게 된다.
16) 정한중, "재전문증거의 증거능력", 외법논집 제34권 제2호, 한국외국어대학교 법학연구소, 2010, 229면.
17) 신동운, 앞의 책, 1148면; 신양균, 신판 형사소송법, 화산미디어, 2010. 816면; 정한중, 앞의 논문, 229면.
18) "예외를 2회씩이나 충족하여 오히려 신용성의 정황적 보장이 더욱 약화되었다는 점에 비추어 볼 때 (재전문진술의 증거능력을 인정할 수 있다는 주장은) 납득하기 어렵다"는 정한중, 앞의 논문, 226면의 설명이 이를 잘 표현하고 있다.

그러나 제310조의2에 따라 예외의 예외를 확대하는 것은 경계할 필요는 있지만 절대적으로 금지한다고 해석하는 것도 적절하지 않다. 이러한 점은 필자가 먼저 쓴 글에서 충분히 밝힌 바 있거니와, 예컨대 압수조서에 대하여 제312조 제6항을 유추적용하여 증거능력을 인정하는 통설[19]과 판례[20]의 태도는 합리적이라 아니할 수 없는 것이다. 또한 제316조가 서면에 대하여 증거능력을 부여하기 위한 규정이 아니기 때문에 "유추적용이 허용되는가"를 논하는 것이며, 모든 유추적용이 허용되는 경우가 그 조문이 본래 의도한 대상이 아닌 대상에 적용되는 것이라는 점을 생각해 보면 위 사유는 "적용"을 배척하는 사유는 되지만 "유추적용"을 배척하는 사유는 되지 못한다. 이 때문에 제311조 내지 제316조의 중첩적용이 허용되는가에 대하여는 더 깊은 검토가 필요한 것이다.

부정설의 입장에서 ① 제312조는 원진술자가 법정에 출석한 경우에도 서면이 증거로 사용될 수 있다는 점에서 직접주의의 예외도 함께 규정하고 있는 반면 제316조는 (공판정에서 이루어진)진술 자체의 증거능력에 관한 규정임에도 긍정설은 이를 제312조와 마찬가지로 직접주의의 예외로 생각한 결과로 보이고, ② 일본 형사소송법이 우리 형사소송법과 다른 구조를 가지고 있기 때문에 일본의 긍정설의 해석을 따를 수 없을 뿐만 아니라 일본에서도 부정설이 유력하다는 비판적 견해도 없지 않다[21]. 그러나 전문법칙의 예외는 유추적용 될 수 없고 직접주의의 예외는 유추적용 될 수 있는지도 의문일 뿐만 아니라[22], 그와 같은 견해에 따르더라도 전문서류를 목격한 자의 법정진술 역시 이중전문증거이지만 이에 대하여는 증거능력을 인정하여야 하는 것 아닌지 의문이다. 또한 일본 형사소송법 제320조 제1항 역시 "제321조 내지 제328조에 규정된 경우를 제외하고는 공판기일에서의 진술에 갈음하여 서면을 증거로 하거나 공판기일 외에서의 다른 사람의 진술을 내용으로 하는 진술을 증거로 할 수 없다"고 규정하면서 제321조 내지 제328조는 전문법칙의 예외를 구체적으로 설시하고 있지만, 그 밖의 일

---

19) 신동운, 앞의 책, 1028면 등.
20) 대법원 1995.1.24. 대법원 94도1476 판결.
21) 정한중, 앞의 논문, 229면, 233면.
22) 제316조의 경우에도 결국 증거가 되는 것은 공판정에 현출된 전문진술 자체가 아니라 공판정에 직접 현출되지 아니한 원진술 뿐이라는 점에서는 제312조와 다를 바가 없다고 생각된다.

반적 예외규정은 없다는 점에서는 우리 형사소송법 제310조의2 내지 제316조의 구조와 크게 다르지 않을 뿐만 아니라 우리나라의 긍정설이나 제한적 긍정설이 일본의 학설을 추종한 결과라고 볼 근거도 없다.

다. 제한적 긍정설

제한적 긍정설은 다중전문증거 중 일부에 대하여는 증거능력을 인정하고 일부에 대하여는 증거능력을 부정하는 견해로서, 대표적인 것이 이중전문증거의 증거능력을 인정하면서 재전문진술의 증거능력은 부정하는 견해이다[23]. 뒤에서 상세히 살펴보겠지만 대법원은 이중전문서류에 대하여는 각 전문단계의 요건을 중첩적으로 구비하면 증거능력을 인정하면서도 재전문진술에 대하여는 각 전문단계의 요건을 중첩적으로 구비하더라도 증거능력을 인정할 수 없다고 하여 제한적 긍정설과 입장을 같이 하고 있다. 다만 왜 양자를 달리 취급하는지에 대하여는 납득할만한 설명을 내어놓지 않고 있다.

더 나아가 제한적 긍정설이나 판례 모두 이중전문서류와 재전문진술(재전문진술이 기재된 서류 포함)에 대하여만 증거능력 인부에 대한 태도를 밝힐 뿐 그 밖의 다중전문증거에 대하여는 직접적으로 태도를 밝힌 바가 없다. 제한적 긍정설을 취하기 위해서는 위 2가지 형태뿐만 아니라 다중전문증거 일반에 대하여도 증거능력 인부를 판단하여야 하며, 이를 위해서는 각 다중전문증거의 증거능력을 판단하기 위한 기준을 설정하여야 한다. 제한적 긍정설의 관건은 결국 위 기준의 합리성과 설득력에 있다고 할 것이다.

(2) 평가

전문법칙이 전문증거의 증거능력을 제한하는 이유의 핵심은 반대신문권의 보장에 있고, 전문법칙 예외 인정의 기준은 필요성과 신용성의 보장이다[24]. 따라서 전문법칙의 예외는 법정에서의 반대신문을 통해 사실상 반대신문권을 보장하거나[25], 그렇지

---

23) 배종대/이상돈/정승환/이주원, 앞의 책, 680면; 손동권/신이철, 앞의 책, 609면.
24) 신동운, 앞의 책, 1060면 등.
25) 특히 제312조 제4항의 경우가 그러하다.

못하더라도 증거 사용의 필요성과 증거 자체의 신용성을 고려할 때 증거로 사용할 수 있다고 판단되는 경우이어야 할 뿐만 아니라[26], 특히 전문서류의 경우에는 이를 증거로 하더라도 공판중심주의에 대한 침해가 크지 않다고 판단되는 경우만으로 한정된다고 할 것이다. 다른 전문증거의 경우에도 제310조의2에 불구하고 제311조 내지 제316조를 유추적용 할 수 있는지를 살펴보아 개별적으로 증거능력을 판단하듯이, 다중전문증거의 경우에도 일응 제310조의2 때문에 원천적으로 증거능력을 가지지 못하는 것은 아니라는 전제 하에 각 다중전문증거를 살펴보아 증거능력 유무를 개별적으로 판단하는 것이 옳다고 생각된다.

3. 외국 입법례와의 비교

(1) 미국

미국 연방증거법 제802조는 전문법칙을 선언하면서도 제803조에서 현재적 감각 인상($^{Present\ sense}_{impression}$), 흥분상태의 언급($^{Excited}_{utterance}$) 등 23가지에 대하여는 전문법칙이 적용되지 아니하는 경우를 설시하고 있고, 제804조는 전문법칙 예외의 전형을 규정하고 있을 뿐만 아니라, 제807조는 "포괄적 예외"라는 표제 하에 "제803조와 제804조의 개별 규정에 해당하지 않더라도 그 조항에 의항 인정되는 정도로 신용성의 정황적 보장이 있는 진술은 … 전문법칙에 의하여 배제되지 아니한다"고 규정하여 예외의 일반규정까지 두는 등 전문법칙의 예외를 폭넓게 인정하고 있다. 특히 제805조는 다중전문증거라도 각 전문의 단계에서 필요한 요건을 중첩적으로 갖추면 증거능력이 인정된다는 점을 명시적으로 인정하고 있다.

그렇지 않아도 전문증거의 예외를 너무 폭넓게 인정하는 것이 아니냐는 견해가 대두되고 있는 중에, 다중전문증거의 증거능력에 대하여도 사실상 제한을 두지 아니하면 결국 전문증거의 증거능력 허용범위가 지나치게 확장된다는 문제점이 발생하는 것이 사실이다. 이런 점 때문에 근자에 들어 미국 수정헌법 제6조에 근거한 대면권($^{The\ right}_{to\ confrontation}$) 규정을 증언적 진술, 즉 진술의 1차적 목적이 형사소추나 재판과 관련성이

---

[26] 특히 제314조의 경우가 그러하다.

있을 것으로 보이는 과거 사건들을 파악하려는 진술에 적용하여 대면권이 보장되지 않으면 전문법칙의 예외 요건을 갖추었더라도 증거능력을 부여하지 않는 등 전문법칙 예외 인정의 기준을 강화하고 있다[27].

(2) 일본

일본 형사소송법 제320조 제1항은 우리 형사소송법 제310조의2와 마찬가지로 "제321조 내지 제328조(우리 형사소송법 제311조 내지 제316조에 해당)에 규정된 경우를 제외하고는 공판기일에서의 진술에 갈음하여 서면을 증거로 하거나 공판기일 외에서의 다른 사람의 진술을 내용으로 하는 진술을 증거로 할 수 없다"고 규정하고 있다. 제321조 내지 제328조는 전문법칙의 예외를 구체적으로 설시하고 있지만 그 밖의 일반적 예외규정은 없을 뿐만 아니라 다중전문증거의 증거능력을 인정하는 규정도 없다. 일본에서도 우리나라와 같이 다중전문증거의 증거능력을 인정할 것인가에 대하여 학설은 원진술을 확인할 수 없다는 이유로 부정설이 많고[28], 대법원은 특히 이중전문서류에 대하여 긍정설을 따르고 있을 뿐[29] 재전문진술이나 그 밖의 이중전문증거에 대하여는 상세한 입장을 밝힌 바 없는 것으로 알고 있다.

(3) 독일

독일 형사소송법 제250조는 "어떤 사실에 관한 증거가 개인의 지각에 근거하고 있는 경우 공판에서 그를 신문하여야 하며, 과거의 신문시 작성된 조서의 낭독이나 서류상의 진술로써 그 신문을 대신할 수 없다"라고 규정하여 직접심리주의를 채택하고 있을 뿐, 전문법칙을 따르고 있지는 않다. 따라서 전문증거가 직접심리주의에 위배되면 증거능력이 배척되겠지만, 직접심리주의에 위배되지만 않으면 증거능력이 인정된다. 직접심리주의에서는 서증의 증거능력만 제한되므로 구두진술이라면 전문의 형태로 법원에 현출되더라도 증명력에 영향이 있을 뿐 증거능력에는 제한이 없다. 따라서 전문진술이나 재전문진술의 문제는 따로 발생하지 아니한다. 다만 원진술자가 법정

---

27) 같은 취지 정한중, 앞의 논문, 223면.
28) 부정설은 대체로 원진술자가 원진술을 확인하지 않는 한 증거능력을 인정할 수 없다고 한다. 石井一正, 刑事實務證據法 제5판, 判例タイムズ社, 2011. 220면, 221면.
29) 일본 최고재판소 1957.1.22. 형집 11권 1호 103면.

에 나와 증언하였다면 증언은 물론 서증도 증거능력을 가지게 되므로[30] 다중전문서류 역시 원진술자의 증언을 요건으로 증거능력을 가질 수 있다고 보인다.

Ⅲ. 재전문진술

1. 학설의 대립

갑의 원진술을 을이 듣고 이를 병에게 전달하여 병이 법정에서 을을 통해 들은 갑의 진술을 진술 또는 증언하는 경우가 재전문진술이다. 형사소송법 제316조 제1항과 제2항은 피고인의 진술을 피고인 아닌 자가 진술하는 경우와 피고인 아닌 자의 진술을 다른 피고인 아닌 자가 진술하는 경우, 즉 단순 전문진술의 증거능력을 규정하고 있을 뿐 재전문진술의 증거능력에 대하여는 전혀 규정하고 있지 않다. 여기에서 일정 요건을 구비하면 재전문진술의 증거능력을 인정할 수 있다는 긍정설과 재전문진술은 애초에 증거능력을 인정할 수 없다는 부정설이 대립된다.

긍정설은 다중전문증거도 각 전문단계에 필요한 증거능력 요건을 중첩적으로 구비하기만 하면 증거능력을 가질 수 있다고 보면서 재전문진술도 다르지 않다고 본다[31]. 따라서 재전문진술의 경우에는 제1 전문단계에서 원원진술자가 피고인인지 피고인 아닌 자인지에 따라 제316조 제1항 또는 제2항을 적용한 후, 제2 전문단계에서 다시 전달진술자를 원진술자로 하는 제316조 제2항을 적용하여[32] 두 단계 모두 증거능

---

30) 정웅석, "조서와 진술의 증거능력 관계", 비교형사법연구제8권 제1호, 한국비교형사법학회, 2006, 717-718면.

31) 이재상, 앞의 책(2012), 619면 등.

32) 원진술자는 피고인일 수 있지만 전달진술자나 최종진술자는 언제나 피고인 아닌 자이어야 한다. 이는 피고인 아닌 자의 원진술을 피고인이 법정에서 진술하는 경우에도 증거능력을 인정할 수 있느냐의 문제와 직결되는데, 제316조 제2항을 유추적용하여 증거능력을 인정할 수 있다고 설명하는 것이 통설의 입장이다(일부 견해는 피고인이 자신에게 불리한 진술을 전달할 때에는 무조건 증거능력이 인정된다고 보고 있으나 전혀 현실성이 없으므로 고려에서 제외한다). 통설에 따를 때 제3자의 진술을 내용으로 하는 피고인의 전문진술은 법원이 피고인의 진술을 신빙하느냐에 따라 증거능력 유무가 결정되는데 이는 사건 전체에 대한 본증과 반증에 대한 법원의 자유심증과 전혀 다르지 않기 때문에 이런 증거에 대하여 제316조 규정을 무리하게 유추적용하여 증거능력을 부여할 필요는 없을 것으로 보는 것이 필자의 견해이다. 이에 따르면 피고인은 원진술자가 될 수는 있지만 전달진술자나 최종진술자는 될 수가 없는 것이다. 자세한 내용은 앞의 이 책 제4편 '형사소송법 제310조의2의 적용 기준과 범위에 관한 소고' 중 해당부분 참조.

력 요건을 충족하면 증거능력이 있다고 보는 것이다.

이에 반하여 부정설은 다중전문증거의 증거능력 자체를 부인하는 입장[33]과 다른 다중전문증거(이중전문서류를 의미한다)의 증거능력을 인정하면서 재전문증거의 경우에는 증거능력을 부인하는 입장을 포함하고 있다. 후자의 견해는 이중전문서류는 그 형식 때문에 전문성을 갖게될 뿐 진정성립이 인정되면 단순한 전문으로 환원된다는 속성 때문에 그 실질에 있어 재전문진술과는 전혀 다르기 때문이라고 하기도 하고[34], 재전문진술이 증거능력을 가지려면 제316조에 의하여 원진술자와 중간 전문진술자 양자가 모두 소재불명 등으로 공판정에서 진술할 수 없어야 하는데 이런 경우라면 공판중심주의의 취지를 너무 훼손하기 때문이라고 하기도 한다[35]. 결국 재전문진술은 전달 과정에 신용성과 정확성이 현저하게 떨어져 원진술의 취지나 신빙성, 특신상태 등 확인이 사실상 불가능하기 때문에 증거능력을 부여할 수 없다고 보는 것이다.

2. 판례의 태도

(1) 대법원 2000.3.10. 선고 2000도159 판결

전문진술이나 재전문진술을 기재한 조서는 형사소송법 제310조의2의 규정에 의하여 원칙적으로 증거능력이 없는 것인데, 다만 전문진술은 형사소송법 제316조 제2항의 규정에 따라 원진술자가 사망, 질병, 외국거주 기타 사유로 인하여 진술할 수 없고 그 진술이 특히 신빙할 수 있는 상태 하에서 행하여진 때에 한하여 예외적으로 증거능력이 있다고 할 것이고, 전문진술이 기재된 조서는 형사소송법 제312조 또는 제314조의 규정에 의하여 각 그 증거능력이 인정될 수 있는 경우에 해당하여야 함은 물론 나아가 형사소송법 제316조 제2항의 규정에 따른 위와 같은 요건을 갖추어야 예외적으로 증거능력이 있다(중략). 형사소송법은 전문진술에 대하여 제316조에서 실질상 단순한 전문의 형태를 취하는 경우에 한하여 예외적으로 그 증거능력을 인정하는 규정을

---

[33] 신동운, 앞의 책, 1148면 등.
[34] 배종대/이상돈/정승환/이주원, 앞의 책, 680면.
[35] 손동권/신이철, 앞의 책, 609면.

두고 있을 뿐, 재전문진술이나 재전문진술을 기재한 조서에 대하여는 달리 그 증거능력을 인정하는 규정을 두고 있지 아니하고 있으므로, 피고인이 증거로 하는 데 동의하지 아니하는 한 형사소송법 제310조의2의 규정에 의하여 이를 증거로 할 수 없다.

(2) 대법원 2004.03.11. 선고 2003도171 판결

전문진술이 기재된 조서는 형사소송법 제312조 또는 제314조의 규정에 의하여 각 그 증거능력이 인정될 수 있는 경우에 해당하여야 함은 물론 나아가 형사소송법 제316조 제2항의 규정에 따른 위와 같은 요건을 갖추어야 예외적으로 증거능력이 있다고 할 것이며, 형사소송법은 전문진술에 대하여 제316조에서 실질상 단순한 전문의 형태를 취하는 경우에 한하여 예외적으로 그 증거능력을 인정하는 규정을 두고 있을 뿐, 재전문진술이나 재전문진술을 기재한 조서에 대하여는 달리 그 증거능력을 인정하는 규정을 두고 있지 아니하고 있으므로, 피고인이 증거로 하는 데 동의하지 아니하는 한 형사소송법 제310조의2의 규정에 의하여 이를 증거로 할 수 없다.

(3) 판례에 대한 평가

위 각 판결에서 대법원은 이중전문서류도 제310조의2에 의하여 증거능력 없음이 원칙이지만 제312조 또는 제314조 규정에 의하여 전문서류가 증거능력을 가지고 제316조에 의하여 전문진술이 증거능력을 가지면 예외적으로 증거능력이 있다고 하면서[36], 재전문진술(이를 기재한 서류를 포함한다)은 형사소송법에 증거능력 인정 규정이 없으므로 제310조의2에 의하여 증거능력 없다고 판단하고 있다. 이에는 중대한 의문이 있다. 왜 이중전문서류는 각 전문단계의 증거능력 요건을 중첩적으로 구비하면 증거능력이 인정되지만 재전문진술은 왜 위 요건을 중첩적으로 구비하여도 증거능력이 인정되지 않는 것인지 아무런 설명이 없다는 점이다. 그저 결론적으로 이중전문서류는 요건의 중첩 구비로써 증거능력을 가지고 재전문진술은 요건을 중첩 구비해도 증거능력을 가지지 못한다는 것뿐이다.

그러나 위와 같은 판례의 논지는 이중전문서류나 재전문진술이나 모두 형사소송

---

[36] 같은 취지로 대법원 2000.9.8. 선고 99도4814 판결, 대법원 2005.11.25. 선고 2005도5831 판결 등.

법에 증거능력 요건이 직접 규정된 바 없기는 마찬가지라는 점, 이중전문서류의 경우에도 제312조 내지 제314조 규정과 제316조 규정을 중첩적용 하여야 하는데 제312조 내지 제314조 규정들 역시 원진술이 서류에 기재된 경우를 규정하고 있을 뿐 전문진술을 기재한 서류에 대하여는 달리 그 증거능력을 인정하는 규정을 두고 있지 아니한 점, 서류에 기재된 전문진술이 공판준비 또는 공판기일에 법정에서 이루어진 것이 아니므로 제316조를 직접 적용할 수도 없으므로 결국 증거능력을 인정하기 위해서는 2단계의 유추적용을 거쳐야 하는 점 등에 비추어 볼 때 쉽게 납득하기 어렵다. 이래서는 판례의 합리성을 수긍하기도 어려울 뿐만 아니라, 이중전문서류와 재전문진술 이외의 다중전문증거의 증거능력을 판단함에 있어서도 아무런 도움이 되지 못한다. 판례의 태도마저 이러하다면 결국 학설에 의하여 재전문진술을 포함한 다중전문증거의 증거능력 인부와 이유 또는 기준을 정립하지 않을 수 없는 것이다.

3. 재전문진술의 증거능력 검토

재전문진술의 증거능력을 앞에서 필자가 제시한 유추적용 허부의 기준을 가지고 판단해 보자.

①번 요건과 관련하여, 재전문진술의 경우 제316조가 중첩적용 되어야 증거능력을 가질 수 있는데, 과연 제316조가 한번만 적용된 경우에 한하여 증거능력이 허용된다는 취지인지 중첩적용 되어도 증거능력이 허용된다는 취지인지가 문제이다. 중첩적용을 허용하는 문구는 없지만 이를 불허하는 문구도 없다. 긍정설에서는 모든 증거는 증거능력 배척규정이 없는 한 증거능력이 인정되는 것이 원칙이라고 하지만, 제310조의2가 증거능력 배척규정일 수 있다. 형사법에서 다중전문증거의 경우와 같이 예외요건이 단계적으로 중첩되는 경우에도 예외로서 허용되는 적절한 사례는 아직까지 찾아내지 못하였다[37]. 다만 비유적으로만 설명하자면 감기에는 감기약이 있고 위염에는 위장약이 있지만 감기와 위염에 동시에 걸린 경우 감기약과 위장약을 한꺼번에 먹는다고 두 병이 모두 나을까 하는 문제이다. 어쩌면 감기약과 위장약은 각기 몸의 다

---

37) 예컨대 자기 범죄가 드러날 염려도 있고 변호사로서 업무상 알게 된 비밀이기도 한 경우 제148조나 제149조 중 어느 규정에 의하더라도 당연히 증언거부권이 인정되는 것과는 차원이 다른 문제이다. 하나의 사실 중 일부는 자기 범죄가 드러날 염려 있는 사실이고 일부는 변호사로서 업무상 알게 된 비밀 사실이라 하더라도 각 사실에 개별적으로 증언거부권 요건을 적용하는 것이기 때문이다.

른 상태가 정상일 때를 전제로 만들어진 치료약일 수도 있는 것이다.

②번 요건과 관련하여, 재전문진술에 대한 증거능력을 인정한다면 1차 전문자를 찾아 진술하게 할 수 있는 경우에도 이러한 노력을 게을리한 채(또는 자신에게 유리하게 왜곡하기 위하여) 2차 전문자를 증인신청하여 증언하게 할 위험이 있는 것은 사실이다. 그러나 각 전문단계에 해당하는 제316조 소정의 요건을 중첩적으로 구비하기 위하여 원원진술자와 전달진술자가 모두 사망 등의 사유로 출석 불가능하다는 점을 입증하여야 하고 위 각 진술의 특신상태를 입증하여야 하는 부담이 있기 때문에 우회하기 위한 방법으로 악용할 가능성은 크지 않은 것으로 보인다. ③번 요건과 관련하여서도, 제316조의 중첩적 용을 허용하여 재전문진술의 증거능력을 인정한다고 하더라도 전문증거는 처음부터 증거동의의 대상이어서(제318조 제1항) 강행법규가 아니므로 강행법규 위반이 문제될 여지도 없고 뒤에서 살펴볼 신용성 등의 문제 외에는 부적절한 상황의 초래를 예상하기 어렵다. ④번 요건 중 필요성과 관련하여, 재전문진술이 증거로 제출되는 경우가 적지 않으리라는 것은 쉽게 예상할 수 있으며 원원진술자(피고인 아닌 자)나 전달진술자를 법정에 세우기가 어려운 경우 또는 원원진술자인 피고인이 자신의 원진술을 부인하는 경우 또한 드물지 않을 것이므로 재전문진술의 증거로서의 필요성은 충분히 인정될 것으로 보인다.

문제는 신용성의 정황적 보장이다. 제316조는 전문진술임에도 불구하고 원진술자가 법정에 나올 수 없거나(제2항) 원진술자가 부인하더라도 이를 증거로 할 필요가 있는 경우(제1항) 원진술의 특신상태를 조건으로 증거능력을 인정하는 예외 규정이다. 그런데 단순 전문진술의 경우에는 전문진술자가 원진술자로부터 직접 들은 내용이므로 전문진술자에 대한 반대신문을 통해 원진술자에 대한 반대신문 흠결을 미흡하게나마 보완할 수 있는 가능성이 있으나[38], 재전문진술은 진술자 역시 원원진술자로부터 들은 것이 아니므로 재전문진술자에 대한 반대신문으로는 원원진술자에 대한 반대신문 흠결을 전혀 보완할 수 없다.

---

38) 위 가능성은 특신상태나 증명력 판단에서 매우 중요한 의미를 지닐 것이다.

원진술의 특신상태 판단과 관련하여서도 원진술자가 피고인 아닌 자라면 사실상 전문진술자의 진술에만 의지할 수 밖에 없으므로 객관성이 크게 떨어지는데, 재전문진술이라면 원원진술을 직접 듣지도 못한 재전문진술자의 진술을 통해 원원진술의 특신상태를 판단하는 것 자체가 무리일 수 밖에 없다. 따라서 제316조를 중첩적용하여 각 원진술의 특신상태 등을 판단한다고 하더라도 이는 지극히 형식적인 판단에 그치기 때문에 단순 전문진술에 대하여 제316조 제2항을 적용하는 것과는 전혀 다른 차원의 문제인 것이다. 결국 재전문증거에 대하여 316조의 중첩적용을 허용하여 증거능력을 인정하는 것은 신용성 보장이 크게 훼손되는 부적절한 결과를 초래하므로 중첩적용에 의한 증거능력 인정이 허용되지 않는다고 해석하여야 할 것이다.

그러나 원원진술자가 피고인이라면 법정에 나와 있는 피고인에게 그와 같은 원원진술을 한 일이 있는지, 원원진술의 내용이 사실인지, 그와 같은 원원진술을 하게 된 경위나 상황이 어떠하였는지 등을 물어 원진술의 존부나 특신상태 등과 관련한 판단자료를 얻을 가능성이 적지 않다. 물론 원원진술자가 피고인인 재전문진술을 증거로 사용하는 경우의 대부분이 검사측 증거일 것이고 결국은 그러한 재전문진술이 증거로서 남용될 우려가 있는 것도 사실이다. 그러나 위와 같은 우려만으로 피고인이 원원진술자인 재전문진술의 증거능력 자체를 배척하는 것은 옳지 않으며, 위와 같은 우려는 결국 법원의 특신상태나 신빙성 판단에 맡겨야 할 문제라고 생각된다. 다만 그와 같이 인정하더라도 궐석재판의 경우에는 "피고인에 대한 신문"이라는 위 논리의 전제가 성립하지 않으므로 결국 그와 같은 증거능력 인정을 허용하지 말아야 할 것이다.

재전문부분에 대하여 우선 원원진술자를 공판정에서 신문하여 그러한 원원진술을 하였다는 사실, 즉 진정성립을 확인하여야 할 것이고, 만일 이를 확인할 수 없다면 제316조에 의하여 증거능력을 인정하는 것으로 풀이하여야 한다는 견해가 있다[39]. 그런데 위 확인절차라는 것이 각 전문단계의 증거능력 요건의 중첩적 구비 외에 추가적으로 요구되는 요건이라는 의미인지, 가급적 원원진술자를 불러 직접 진술을 들도록 노력하고 그것이 불가능하면 이중전문증거의 법리를 적용하라는 의미인지가 명백하지

---

[39] 차용석/최용성, 앞의 책, 571면.

않다. 만일 후자의 의미라면 재전문진술을 통해 현출된 원원진술과 원원진술자의 법정에서의 진술이 다른 경우에는 둘 다 증거로서의 가치가 있다는 점을 간과하고 있다. 만일 전자의 의미라면 원원진술자가 피고인 아닌 경우에는 법정에 출석할 수 없다는 것이 증거능력의 또 다른 요건인데 이 요건을 구비할 수 없어 증거능력이 인정되지 않는다는 모순에 빠지게 되므로[40] 결국 원원진술자가 피고인인 때에만 적용될 수 있는 논리가 된다. 원원진술자인 피고인이 원원진술의 진정성립을 인정하는 경우라면 피고인의 법정진술을 증거로 하면 족하므로 굳이 재전문진술을 증거로 할 필요가 없다. 원원진술자인 피고인이 실제로는 그와 같은 원원진술을 하였음에도 공판정에서 이를 부인한다고 하여 재전문진술의 증거능력을 부정하여야 한다는 것도 합리적이지 못하다. 원원진술자의 법정진술을 들을 수 있다면 이는 재전문진술의 신빙성이나 특신상태 등을 파악하는 자료이지 그에 의존하여야 하는 것은 아니기 때문이다. 따라서 어떤 의미로 보든지 위 견해에는 찬성하기가 어려운 것이다.

IV. 이중전문서류

1. 문제의 제기

이중전문서류는 다중전문증거 중에서도 가장 빈번하게 사용되는 형태이다. 피의자신문조서나 진술조서 등과 같이 수사기관에서 작성된 전문서류 뿐만 아니라 진술서나 진술기재서류, 더 나아가 녹음테이프 등과 같이 정말로 다양한 형태의 전문서류가 법정에 현출된다. 그런데 그와 같은 전문서류에 담긴 진술 중 타인으로부터 들어서 아는 내용도 적지 않을 터인데, 결국 타인으로부터 들은 내용이 전문서류에 기재되면 이중전문서류가 되는 것이다. 전문진술과는 비교할 수 없을 만큼 자주 사용되기 때문에 그 증거능력의 인부는 증거법에서 매우 중요한 문제가 된다.

전문서류만 하여도 증거능력이 인정되기 위해서는 제311조 내지 제315조 소정의 요건을 갖추어야 하는데, 그 내용에 전문진술까지 포함되어 있으니 증거능력을 인정하기가 결코 쉽지 않으리라는 것은 쉽게 짐작할 수 있다. 다중전문증거에 대한 증거

---
[40] 배종대/이상돈/정승환/이주원, 앞의 책, 680면; 이창현, 앞의 책, 832면.

능력 긍정설에 따르면 당연히 이중전문서류도 증거능력을 인정받을 수 있을 것이고, 다중전문증거에 대한 증거능력 부정설에 따르면 이중전문서류도 증거능력을 인정받을 수 없을 것이다. 다만 제한적 긍정설로서 재전문진술에 대하여는 증거능력을 인정할 수 없지만 이중전문서류에 대하여는 증거능력을 인정할 수 있다는 견해도 없지 않으며 판례 역시 같은 입장이다. 앞에서도 언급하였듯이 대법원은 이중전문서류와 재전문진술의 증거능력을 달리 판단하는 이유를 밝히지 않고 있지 않지만, 제한적 긍정설에서는 그 이유에 대하여 이중전문서류는 전문법칙 예외조항의 중첩적 적용으로 증거능력 인정에 엄격한 통제가 될 뿐만 아니라 특히 진술조서에 대하여는 개정 형사소송법에 따라 피고인에게 반대신문의 기회가 보장되는 등 더욱 엄격한 통제가 가능하게 되었기 때문이라고 설명하기도 하고[41], 서류는 그 형식 때문에 전문성을 가지는데 불과하므로 이중전문서류도 전문서류의 진정성립만 인정되면 사실상 단순 전문증거로 환원되어 제316조를 유추하여 그 증거능력을 제한적으로나마 허용하는 것은 무방하다고 설명하기도 한다[42].

2. 구체적 검토

이중전문서류의 증거능력도 앞에서 필자가 제시한 유추적용 허부의 기준을 가지고 판단해 보자. ①, ②, ③번 요건 및 ④번 요건 중 필요성과 관련하여서는 재전문진술의 경우와 크게 다르지 않으며(실무상 이중전문서류가 재전문진술보다 더 빈번하게 사용되므로 증거로서의 필요성이 더 크다는 점 등 약간의 차이가 있을 뿐이다), 결국 제312조 내지 제315조와 제316조를 중첩적용 하는 경우 신용성 보장이 인정될 수 있는지 여부가 문제될 뿐이므로 이에 대하여만 서술한다.

재전문진술의 경우에는 전문이 1단계 더 진행됨에 따라 반대신문 흠결의 보완이나 특신상태 판단이 현저하게 어려워지는 문제점이 있어 원원진술자인 피고인이 법정에 출석해 있는 경우 외에는 증거능력을 인정하기가 어렵다는 것이 필자의 견해이다. 그러나 이중전문서류의 경우에는 서류 작성자(각종 조서 등에서는 서류상 원진술자)가 법정에 나와 진정성립을 인정하고 나면 반대신문이나 특신상태 판단에 있어서는 사실상 단순 전문진술과 거

---

41) 손동권/신이철, 앞의 책, 609면.
42) 배종대/이상돈/정승환/이주원, 앞의 책, 680면.

의 차이가 없는 상태가 된다. 앞에서도 언급한 바와 같이 서류는 그 형식 때문에 전문성을 가지는데 불과하므로 이중전문서류도 전문서류의 진정성립만 인정되면 사실상 단순 전문증거로 환원된다는 설명은 그러한 점을 잘 지적하고 있다.

이중전문서류의 증거능력을 인정하면서도 다만 이중전문성을 배제할 수는 없으므로 그 신용성을 보장하기 위하여 최초의 원진술자에 의한 진정성립 확인 또는 그에 준하는 절차가 필요하다고 보는 견해도 있다[43]. 이 견해는 재전문진술과 이중전문서류 모두에 대하여 원진술자에 의한 진정성립 확인이 요구된다는 견해에 대하여는 "재전문진술 중 원원진술자가 피고인 아닌 자인 경우에는 그와 같은 요구가 곤란하다"고 비판하면서 이중전문서류에 대하여는 유사한 요건을 요구하고 있다는 점에서도 매우 특이하다. 그러나 원진술자가 피고인 아닌 경우라면 법정에 출석할 수 없다는 것이 증거능력의 또 다른 요건인데 이 요건을 구비할 수 없어 증거능력이 인정되지 않는다는 모순에 빠지게 되므로 결국 원진술자가 피고인인 때에만 적용될 수 있는 논리라는 점이나, 원진술자가 실제로는 그와 같은 원진술을 하였음에도 법정에서 이를 부인한다고 하여 이중전문서류의 증거능력을 언제나 부정하여야 한다는 것은 합리적이지 못하다는 점이 모두 재전문진술의 경우와 동일하다. 따라서 위 견해 역시 찬성하기가 어렵다.

3. 공판조서와 검증조서 관련 검토

(1) 공판정에서의 전문진술이 기재된 공판조서의 증거능력

공판조서에 기재된 피고인 또는 피고인 아닌 자의 진술도 형식적으로는 전문서류이며[44], 법정에서의 전문진술을 공판조서에 기재한 경우에는 이중전문서류가 된다. 또한 피고인 아닌 자의 진술 기재에 대하여 진술자 본인이 직접 진정성립을 확인하

---

[43] 배종대/이상돈/정승환/이주원, 앞의 책, 680면.
[44] 공판조서도 전문서류이므로 타인의 진술을 전문서류에 기재하였기 때문에 외형상 이중전문서류처럼 보일 수 있다. 그러나 원진술이 공판정에서 행하여졌기 때문에 이 부분은 전문이 아니다. 따라서 전문단계가 1개 줄어들어 단순 전문서류일 뿐이다. 마찬가지로 법정에서의 전문진술을 기재한 공판조서 역시 삼중전문서류가 아닌 이중전문서류인 것이다.

는 절차가 없다는 점에서 진술조서와도 성질을 달리한다. 그러나 제316조에 의하여 법정에서의 전문진술에 증거능력이 인정된다면 다른 심급에서는 위 진술 자체가 아닌 그 공판조서 기재에 동일한 증거능력이 인정되어야 옳다는 것이 공판조서의 본질상 명백하므로, 설혹 이중전문증거의 증거능력을 부정하는 견해에 의하더라도 위 공판조서 기재에 대하여는 증거능력을 부정할 수 없는 것이다. 결국 공판조서에 기재된 진술의 증거능력은 위 진술 자체의 증거능력 문제로 판단하면 족하다. 이런 점에서 보면 공판조서는 전문법칙의 예외가 아니라 처음부터 전문법칙이 적용되지 아니하는 영역이라고 보인다.

(2) 검증조서에 기재된 피고인 또는 피고인 아닌 자의 진술의 증거능력 문제

경찰 수사단계의 현장검증에 참여한 피의자로부터 범죄사실과 관련된 진술을 받아 검증조서에 기재한 후 피의자로부터 서명날인을 받았다면 그 부분은 실질적으로 피의자신문조서가 되어 제312조 제3항이 적용된다는데 이견이 없다. 그런데 피의자의 서명날인이 없었다면 피의자의 진술을 제3자가 서면에 기재한 것이므로 이중전문서류가 된다[45]. 혹 제313조 제1항 소정의 진술기재서류로 볼 여지도 없지 않으나, 제312조 제5항의 취지에 비추어볼 때 수사기관에 의하여 수사과정에 작성된 경우에는 제313조 제1항에 의율할 수 없다 할 것이다.

이 때 제312조 제6항에 더하여 제312조 제3항이 중첩적용 되는지 제316도제1항이 중첩적용 되는지가 문제가 된다. 개정 형사소송법 제316조 제1항이 조사자 증언의 증거능력을 인정하고 있고 위 사안도 조사자 증언과 유사한 구조이므로 316조 제1항이 중첩된다는 견해도 없지 않다[46]. 그러나 이 견해에 따르면 서명날인이 있는 경우에는 제312조 제3항에 따라 내용부인하면 증거능력 없는데, 서명날인이 없는 경우에는 제316조 제1항에 따라 원진술의 특신상태가 인정되면[47] 증거능력이 인정된다. 결과적으로 서명날인 없는 경우에 더 쉽게 증거능력이 인정된다는 문제점이 발생한다. 위 견해

---

45) 노명선/이완규, 앞의 책, 706면.
46) 노명선/이완규, 앞의 책, 706면.
47) 물론 제312조 제6항에 의해 작성 경찰관의 진정성립 인정이 필요하지만 위조 등의 특수한 사정만 아니라면 작성 경찰관이 진정성립을 부인할 리가 없으므로 제312조 제6항 요건은 사실상 문제되지 않는다.

를 취하는 분은 이러한 모순은 제316조 제1항이 제312조 제3항보다 우선 적용되는 결과이므로 어쩔 수 없다고 하나[48], 이는 사법경찰관 작성 피의자신문조서의 증거능력 문제를 무리하게 제316조 조사자 증언으로 회피할 수 있도록 한 결과로서 수용하기 어렵다. 근본적으로는 사법경찰관 작성 피의자신문조서에 '내용인정'이라는 이상한 요건을 설정하여 사실상 증거능력을 부정하면서 조사자 증언에는 원진술의 특신상태만 입증하면 증거능력을 인정하는 모순적 입법이 낳은 문제점 중의 하나이다[49]. 이러한 모순을 바로잡지 않는 한 이런 문제는 계속 발생할 수밖에 없는 것이다. 제312조 제3항과 제6항 중첩적용설에 따르면 피고인 진술부분에 피고인의 서명날인이 있으면 제312조 제3항만 적용되지만, 서명날인이 없으면 제312조 제3항과 제312조 제6항이 중첩적용 되므로 제316조 제1항 중첩적용설에서 발생하는 모순관계가 발생하지 아니한다.

위 검증조서에 피고인 아닌 자의 진술이 기재되어 있고 그 서명날인이 있다면 그 부분은 실질적으로 진술조서에 해당하므로 제312조 제4항이 적용된다는 점에 의문이 없다. 만일 그 서명날인이 없다면 역시 이중전문서류가 되어 제312조 제4항과 제312조 제6항이 중첩적용 되는지 제312조 제6항과 제316조 제2항이 중첩적용 되는지 견해가 대립할 수 있으나, 원진술자가 법정에 출석할 수 없는 경우에만 위 진술부분이 증거능력을 가진다고 한정할 필요는 없으므로[50] 이 역시 제312조 제4항과 제312조 제6항이 중첩적용 된다고 보는 것이 옳을 것으로 생각된다.

V. 그 밖의 다중 전문증거

1. 서류를 목격한 자의 진술 · 서류

서류를 목격한 자의 진술이나 서류(조서, 진술서, 진술기재서류)[51]의 증거능력도 문제될 수 있다. 아직

---

48) 노명선/이완규, 앞의 책, 707면.
49) 이에 대한 상세한 내용은 이 책 제4편 '사법경찰관 작성 피의자신문조서와 조사경찰관 증언의 증거능력' 중 해당부분 참조.
50) 만일 원진술자가 소재불명 등으로 법정에 출석할 수 없게 된다면 316조 제2항이 아니라 314조에 의하여 특신상태 입증을 조건으로 증거능력을 가질 수 있을 것이다.
51) 어쩌면 인터넷상의 '퍼옮기기'에 대하여도 옮기는 자의 변형 가능성을 고려한다면 재전문서류로 다루어야 하는 것이 아닌가 하는 의문이 든다.

까지 판례나 학설에서 직접 다루어진 적은 없지만 충분히 발생 가능한 문제이다. 누군가의 경험보고가 기재된 전문서류를 목격하고 작성한 서류는 재전문서류가 되며, 재재전문서류를 목격하고 작성한 서류는 재재전문서류가 될 것이다. 그러나 앞에서도 언급한 바와 같이 전문서류를 목격한 자의 법정진술은 이중전문진술이 아니라 단순전문진술에 불과하므로[52] 다중전문증거의 문제가 발생하지 아니한다. 다만 법정에서 진술하는 자도 서면을 보았을 뿐 원진술자를 직접 보면서 말을 들은 것이 아니기 때문에 제316조가 요구하는 원진술의 특신상태 판단이 쉽지 않을 것이고 이 때문에 증거능력이 배척될 경우가 많으리라 생각된다.

서류를 목격한 것과 타인의 진술을 듣는 것은 유사한 면도 있지만 다른 면도 있다. 다른 사람의 의사표시를 전해 듣는다는 점은 같지만, 이를 통해 타인 진술의 취지를 정확하게 이해하였는지는 상황에 따라 다를 수 있다. 이는 구두주의와 서면주의의 장단점과 같다. 즉 진술을 듣는 것은 진술 자체뿐만 아니라 진술 당시의 분위기나 억양 등을 함께 알 수 있다는 장점이 있지만 한번 지나갈 때 못 듣거나 잘못 이해하였다면 이를 만회하기가 쉽지 않다는 단점이 있는 반면, 서류를 목격하는 것은 그 반대의 장단점이 있다.

재전문서류, 즉 전문서류를 보고 작성한 서류는 제312조 내지 제315조를 중첩적용하여야 증거능력을 가질 수 있는데 그 중첩적용이 허용되는지를 살펴보아야 한다. 제312조나 제313조가 중첩적용되는 경우라면 각 작성자(또는 원진술자)가 모두 법정에 나와 진정성립(사법경찰관 작성 피의자 신문조서라면 내용인정)을 인정하여야 증거능력을 가질 것이므로 중첩적용을 불허할 이유가 전혀 없다. 그러나 제314조나 제315조가 중첩적용되는 경우에는 원진술의 특신상태를 원진술자 아닌 자의 진술을 통해 추측하여야 하므로 쉽게 증거능력을 인정하기 어렵다고 판단된다. 재재전문서류의 경우에도 제312조와 제313조를 중첩적용하여 각 작성자(또는 원진술자)가 모두 법정에 나와 진정성립을 인정한다면 증거능력을 부정할

---

[52] 전문이 1단계라는 점에서는 전문서류가 그대로 법원에 현출되는 것이나 그 전문서류를 목격한 자의 법정진술이 법원에 현출되는 것이나 동일하다. 그러나 과연 위 2개의 전문증거가 반대신문권 보장, 신용성 보장 등의 면에서 증거법적으로 동일한 위치에 있는지는 심히 의문이다. 이런 점에서도 전문서류를 전문진술과 동일한 차원의 전문증거로 취급하는 것은 분명히 문제가 있다.

이유는 없을 것이다. 결국 서류 목격이 중첩되는 경우에는 각 서류의 작성자 또는 원진술자가 법정에 나와 진정성립을 인정하는 한 증거능력을 인정할 수 있지만, 위 진정성립 인정에 흠결이 발생하면 증거능력을 인정하기 어렵다.

2. 녹음테이프를 청취한 자의 진술·서류

녹음테이프에 녹음된 타인의 진술(경험보고적 내용인 경우에 한한다)을 청취한 자의 진술이나 서류의 증거능력도 문제될 수 있다. 진술이 녹음된 녹음테이프는 진술이 기재된 서류에 준하여 전문증거로 취급하는 것이 일반적인 견해이고 판례도 마찬가지이다. 이에 따르면 녹음이 진술자에 의하여 이루어지면 진술서에 준하고, 녹음이 진술자의 의도에 따라 타인에 의해 이루어지면 진술기재서류에 준하고, 녹음이 진술자의 의도 없이 타인에 의해 이루어지면 이중전문서류에 준하게 된다. 따라서 그와 같이 녹음된 진술을 듣고 진술하거나 서류를 작성하면 결국 타인의 진술을 보고 진술하거나 서류를 작성하는 것과 마찬가지이므로 앞에서 살펴본 '서류를 목격한 자의 진술·서류'의 법리가 그대로 적용된다.

그런데 과연 타인이 진술자의 인식 하에 녹음한 경우와 진술자 몰래 녹음한 경우의 각 증거능력 요건이 달라지는 것이 합리적인지는 의문이다. 진술자의 인식 하에 녹음하였건 진술자 몰래 녹음하였건 어차피 음석분석 등 과학적 방법으로 진술자의 진술이 맞는지 편집 등의 조작은 없었는지 등을 확인할 수 있으며, 원진술이 편집 없이 녹음된 것만 맞다면 증거능력을 부여하되 진술자 인식 하에 녹음되었는지 여부는 진술내용의 신빙성, 즉 증명력 문제로 넘어가는 것이 옳다고 생각된다. 이러한 점에서는 녹음테이프의 증거능력 전반에 대한 새로운 인식이 필요할 것으로 보이지만, 이 문제는 녹음의 전문성에 관한 문제로서 다중전문증거 자체의 문제는 아니기 때문에 여기에서는 더 깊은 논의를 피하기로 한다.

Ⅵ. 나가며

이제까지 재전문진술, 이중전문서류를 포함한 다양한 다중전문증거들의 증거능력에 대하여 살펴보면서 필자 나름의 판단 기준과 근거를 제시하였다. 이 부분은 선진들의 깊은 연구가 별로 없는 영역이고 필자 자신도 아직까지 확고한 기준이나 이론을 정립하지 못한 상태라는 점을 자인하지 않을 수 없다. 통신 분야를 포함한 과학기술의 발달에 따라 다양한 매체를 통해 타인의 의사표시를 대하게 될 기회가 많아졌고 이를 다시 다른 사람에게 전달할 기회도 많아졌다. 그러한 과정에 전문단계가 중첩되는 다중전문증거가 생성되어 법원에 현출될 가능성은 점점 더 높아질 것으로 쉽게 예상된다. 그렇다면 다중전문증거에 대한 체계적이고도 깊이 있는 연구가 반드시 필요하리라고 보인다.

지금까지는 전문증거에 대하여 전문진술과 전문서류라는 두가지 틀로만 재단하여 왔고 또 전문진술과 전문서류를 거의 동일한 차원에서 검토하여 왔다. 그러나 앞에서 살펴본 바와 같이 전문진술과 전문서류 외에도 다양한 매체에 의한 다양한 형태의 전문증거가 존재할 수 있으며, 전문진술과 전문서류도 전문성이라는 점에서 현저한 차이가 있다. 이러한 점도 다중전문증거의 연구에 부수하여 함께 연구되어야 할 것으로 생각된다.

5

제 5 편
증거동의, 탄핵증거

형사소송에서의 증거동의

형사소송에서의 증거동의 Ⅱ

궐석재판과 증거동의 의제에 관한 소고

탄핵증거의 허용성과 조사방법에 관한 소고

형사소송에서의 증거동의

I. 들어가며

우리 형사소송법 제318조 제1항은 "당사자의 동의와 증거능력"이라는 표제 하에 "검사와 피고인이 증거로 할 수 있음을 동의한 서류 또는 물건은 진정한 것으로 인정한 때에는 증거로 할 수 있다"고 규정하고 있다. 이를 '증거동의'라 하는데 그 본질과 대상 범위를 어떻게 보든지 간에 당사자주의적 소송구조의 일 측면이 되며[1] 당사자주의를 실현하는 제도의 하나인 변론주의의 한 예로 본다[2]는 점에는 의문이 없다.

우리나라의 형사재판 실무상 피고인이 범죄 성립을 인정하는 사건의 비율이 대단히 높으며[3] 이러한 경우 수사 절차에서 수집된 증거의 증거능력에 대하여도 크게 다투지 아니하므로[4] 증거동의로 처리되거나 간이공판절차에 의하여 증거동의가 의제되는 경우가 매우 많다. 따라서 증거동의의 대상이 되는 증거의 범위를 어디까지로 볼 것인가 하는 것은 실제적으로도 매우 중요한 문제가 된다. 그러나 증거동의의 대상이 되는 증거의 범위에 관하여 법률의 규정이 불분명하며 학설도 여러 개로 나뉘어 대립 중이고 판례의 태도 역시 명백하지 아니한 것으로 보인다. 증거동의의 대상이 되는 증거의 범위는 증거동의의 본질을 어떻게 보는가에 따라 달라진다. 아래에서는

---

[1] 이재상, 형사소송법 제6판, 박영사, 2002, 42면.
[2] 배종대/이상돈, 형사소송법 제3판, 홍문사, 1999, 25면.
[3] 범죄성립 자체는 다투지 아니한다고 하더라도 양형과 관련하여 피고인에게 불리한 증거들의 증거능력 인정 여부는 매우 중요한 문제가 될 수 있다. 그러나 실무상 피고인은 범죄사실을 다투지 아니하는 경우 정상과 관련된 여러 증거들의 가치를 하찮게 여기고 법관이나 검사는 범죄성립 자체를 인정하면서 양형 자료를 다투어 증인을 소환하는 등의 증거조사 절차를 진행하는 것을 매우 번거롭게 여겨 피고인으로 하여금 따로 증거능력을 다투는 것을 자제하도록 유도하는 것이 거의 관행화되어 있다시피 하다.
[4] 2003년 한 해 동안 처리된 공판사건 총 213,351건(인원수 기준) 중 약 36.6%인 77,987건(인원수 기준)이 간이공판절차로 진행되었는데 실제로 피고인이 자백이 있더라도 일부 사건에 대하여 다투는 부분이 있거나 범죄의 중요성 등에 비추어 간이공판절차로 이행하지 아니하는 사건이 적지 않은 현실에 비추어 피고인이 증거를 동의하는 비율은 이보다도 훨씬 더 높을 것으로 추측된다. 사법연감 2004, 법원행정처, 798면 및 891면에서 인용.

증거동의의 본질과 대상을 주로 살펴본 후 증거동의가 제한되는 경우에 대하여도 언급하기로 한다.

Ⅱ. 증거동의의 본질

1. 학설의 대립

증거동의의 본질을 어떻게 파악하느냐에 대하여는 대체로 다음의 3가지 견해가 대립하고 있다.

(1) 반대신문권 포기설

증거동의는 전문법칙에 의하여 증거능력을 가지지 못하는 전문증거에 대하여 반대 당사자가 증거능력을 인정함에 이의가 없다는 취지이며, 전문법칙의 근본 취지가 반대신문권의 보장에 있으므로 결국 증거동의는 반대신문권의 포기에 해당한다고 보는 견해이다. 우리나라의 다수설이다[5]. 이 견해에 의하면 증거동의의 대상은 전문법칙에 의하여 증거능력이 배제되는 증거로 제한되며 진술증거가 아닌 물건은 전문법칙과 무관하기 때문에 결국 형사소송법 제318조 제1항에 규정된 증거동의의 대상 중 '물건'은 입법상 과오가 된다. 위 견해는 "진실발견을 목표로 하는 형사소송에서는 처분권주의의 도입이 곤란하다"라는 점을 주된 논거로 하고 있으며, 비록 명시적으로 거론하고 계시는 분은 별로 없으나 형사소송법 제310조의 2부터 제316조가 전문법칙의 내용을 담고 있고 제317조, 318조의 2, 제318조의 3 등이 진술의 임의성[6], 탄핵증거, 간이공판절차에서의 전문증거에 대한 증거동의의 간주 등 모두 전문법칙과 밀접한 관계가 있는 내용에 대한 것이므로 증거동의 규정이 그 중간에 위치한다는 점 역시 심정적인 논거로 작용하고 있는 듯하다.

---

[5] 배종대/이상돈, 앞의 책, 589면; 이재상, 앞의 책, 553면; 차용석, 형사소송법, 세영사, 1998, 816면; 이성룡, "증거로 함에 대한 당사자의 동의", 재판자료 제22집(84. 9.), 법원행정처, 320면; 박찬주, "증거로 함에 대한 당사자의 동의", 대법원 판례해설, 제10호(88. 12.), 법원도서관, 466면 등.

[6] 형사소송법 제317조의 진술의 임의성과 관련하여서도 전문법칙과 관계없이 모든 진술의 임의성에 대한 규정이라는 견해와 전문법칙이 적용되는 진술의 임의성에 대한 규정이라는 견해가 대립하고 있으나 이 경우에도 조문의 위치가 후설의 한 논거가 되고 있는 것이 사실이다.

(2) 처분권설

증거동의는 증거능력이 제한되는 모든 증거의 증거능력에 대하여 당사자의 처분권을 인정한 것이라고 보는 견해이다[7]. 이 견해에 의하면 증거동의의 대상은 사유와 관계없이 증거능력이 제한되는 모든 증거로 확대되며 물증, 위법수집증거 등도 포함되게 된다. 그 논거로는 증거동의가 영미법에서 유래한 제도인데 영미법에서는 증거에 대한 반대 당사자의 이의가 없으면 원칙적으로 증거능력의 제한이 문제되지 않는다는 점, 형사소송법 제318조가 증거동의의 대상을 "서류 또는 물건"이라고 하고 있는데 이때 물건의 경우에는 전문법칙과 명백히 무관하다는 점 등이 거시되고 있다.

(3) 증거능력 및 증명력 인정설[8]

피고인이 무죄입증을 위하여 제출한 증거에 대하여 검사가 증거로 함에 동의하는 사례가 실무상 없다는 전제 하에, 피고인이 증거로 함에 동의한다는 것은 그 증거의 증거능력과 증명력을 다툴 권리를 포기한다는 것을 의미한다고 보는 견해이다[9]. 이 견해에 의할 때에도 증거동의의 대상은 제한이 없게 된다. 이 견해는 첫째 피의자의 수사상 자백이 기재된 수사서류에 대하여는 피고인 스스로 반대신문권을 포기한다는 것이 무의미하며, 둘째 압수된 물건에 대하여 증거동의를 한 경우에도 반대신문권이 있을 수 없고, 셋째 피해자 기타 참고인의 진술이 기재된 서류에 대하여 증거동의 하는 것은 원진술자에 대한 반대신문권의 포기만을 의미하는 것이 아니라 그 서류의 증거능력과 증명력을 다툴 권리를 포기한다는 것도 의미하며, 넷째 검증조서나 실황조사서의 경우에는 작성자를 원진술자라고 볼 수 없고 달리 원진술자가 있지도 않으므로 이에 대하여는 원진술자에 대한 반대신문권이라는 말이 성립하지 않는다는 점 등

---

[7] 신현주, 형사소송법 신정2판, 박영사, 2002, 654면 이하.
[8] 이 견해를 주장하는 분 스스로는 위 견해의 이름을 붙이지 아니한 채 "새로운 해석론"이라고만 표현해 놓았고(백형구, "피고인의 증거동의, 증거부동의에 관한 실무적, 이론적 고찰", 외법논집, 제9집(2000. 12.), 257면) 어떤 분은 '권리포기설'이라는 이름으로 표현하고 계시나(신양균, 형사소송법 제2판, 2004, 법문사, 777면) 필자로서는 "증거능력 및 증명력 인정설"이라는 이름을 붙여 보았다. "증명력을 다툴 권리를 포기한다"는 것과 '증명력을 인정한다"는 것은 다르다는 반론도 충분히 가능하겠으나 피고인측에서 다툴 권리를 포기해 버렸다면 이와 관련하여 법관이 어떤 판단을 하여도 이의가 없다는 의미이므로 적어도 피고인측에서는 인정하는 것으로 보아 무방하지 않은가 생각된다. 백형구 교수님에 대하여 혹 결례가 되지 않았는지 모르겠다.
[9] 백형구, 앞의 논문, 같은 면.

을 근거로 하고 있다[10].

2. 판례의 태도

증거동의의 본질을 직접 표현한 판례는 그리 많지 않은데, 대법원은 대법원 1983.3.8. 선고 82도2873호 판결에서 "형사소송법 제318조 제1항은 전문증거 금지의 원칙에 대한 예외로서 반대신문권을 포기하겠다는 피고인의 의사표시에 의하여 서류 또는 물건[11]의 증거능력을 부여하려는 규정이므로 피고인의 의사표시가 위와 같은 내용을 적극적으로 표시하는 것이라고 인정되는 경우이면 증거동의로서의 효력이 있다"고 판시하면서 반대신문권 포기설을 취한 것이 가장 직접적으로 표현한 것으로 보인다. 그 밖에 서울지방법원 1997.4 9. 선고 96노5541호 판결에서 "형사소송법상 증거동의는 소송경제와 신속한 재판의 관점에서 인정되는 것이지 소송관계인에게 증거에 대한 처분권을 부여하는 것은 아니고, 위법수집증거는 처음부터 증거동의의 대상에서 배제되는 것이므로 증거동의의 대상이 될 수도 없다"고 판단하였고, 위 판결에 대한 상고심 판결인 대법원 1997.9.30. 선고 97도1230호 판결에서도 "증거동의는 작성자 또는 진술자에 대한 반대신문권을 포기한다는 의사표시인 반면 … "이라고 표현함으로써 적어도 외견상으로는 반대신문권 포기설을 취하고 있는 것으로 보인다.

그러나 일부 판례는 전문법칙과 관계없는 증거에 대하여도 증거동의의 효력을 인정하고 있는데, 대법원 1988.11.8. 선고 86도1646호 판결이 그것이다. 대법원은 위 판결에서 "판사가 형사소송법 제184조에 의한 증거보전절차로 증인신문을 하는 경우에는 동법 제221조의2에 의한 증인신문의 경우와는 달라 동법 제163조에 따라 검사, 피의자 또는 변호인에게 증인신문의 시일과 장소를 미리 통지하여 증인신문에 참여할 수 있는 기회를 주어야 하나 참여의 기회를 주지 아니한 경우라도 피고인과 변호인이 증인신문조서를 증거로 할 수 있음에 동의하여 별다른 이의 없이 적법하게 증거조사

---

10) 이글을 발표한 이후 병합설, 신권리포기설 등이 생겨났다. 그러나 병합설이나 신권리포기설 모두 반대신문권 포기설을 그 이념적 기초로 하고 있다는 점에서 앞에서 살펴본 반대신문권 포기설에 대한 비판이 그대로 통용된다고 생각되므로 더 깊은 논의를 피하기로 한다.
11) 판례가 증거동의를 반대신문권의 포기로 보면서도 그 대상을 여전히 '서류 또는 물건'으로 표현하고 있는 것은 명백히 부적절해 보인다.

를 거친 경우에는 위 증인신문조서는 증인신문절차가 위법하였는지의 여부에 관계없이 증거능력이 부여된다"고 판시하여 절차상 위법에 의하여 증거능력이 배제될 증거에 대하여도 증거동의가 있으면 증거능력을 회복할 수 있다는 취지를 밝힘으로써 증거동의가 전문증거 금지의 원칙에 대한 예외로서 전문증거에 증거능력을 부여하는 것이라는 앞의 판결들과는 다른 취지를 보여주고 있다. 물론 위 판결에 대하여도 "증거보전절차에서 증인신문을 함에 있어 상대방의 참여권을 보장하지 아니하였다는 것은 상대방의 반대신문권을 보장하지 아니한 것과 마찬가지이므로 그러한 상황에서 작성된 증인신문조서에 대하여 증거동의 한 경우라면 반대신문권을 포기한 것과 동일하게 보아 형사소송법 제318조 제1항에 따라 증거능력을 인정한 것으로 볼 수 있다"고 해석할 여지도 있다. 그러나 증거보전절차에서 작성된 증인신문조서는 법관 면전 조서로서 반대신문권 보장 여부와 관계없이 형사소송법 제311조에 의하여 절대적으로 증거능력이 인정되는 증거이므로 상대방의 참여권이 보장되지 아니하였다는 이유로 증거능력이 제한된다는 것은 반대신문권의 보장에 주된 취지가 있는 전문증거 금지 법칙에 의하여 증거능력이 제한된다는 것과는 본질적으로 취지를 달리하므로 위 판례는 위법수집증거에 대하여도 증거동의가 효력이 있다는 의미로 해석될 수밖에 없을 것 같다[12].

3. 형사소송법 제318조의 입법 의도 추론

증거동의의 본질을 살펴보기 위해 형사소송법 제318조를 처음 만든 입법자들의 의도를 헤아려 보는 것도 의미 있다고 생각된다. 1953.1.13. 법전편찬위원회에서 만든 형사소송법 초안에 의하면 "제3장 공판"편이 "제1절 공판준비 및 공판절차", "제2절 증거", "제3절 공판의 재판"으로 구성되어 있고 "제2절 증거"편은 제294조부터 제303조까지 10개의 조문으로 구성되어 있으며 그 중 제294조부터 제297조까지는 증거재

---

[12] 그 밖에도 "체포현장에서 영장 없이 압수 수색하였다가 압수한 물건을 … 영장을 발부받지 못하고도 즉시 반환하지 아니한 압수물은 증거로 사용할 수 없고 영장주의의 중요성에 비추어 볼 때 피고인이나 변호인이 이를 증거로 함에 동의하였더라도 같다"는 대법원 2009.12.24. 선고 2009도11401 판결이나 "소유자 등이 아닌 자로부터 제출받은 물건을 영장 없이 압수한 경우 증거로 사용할 수 없고 영장주의의 중요성에 비추어 볼 때 피고인이나 변호인이 이를 증거로 함에 동의하였더라도 같다"는 대법원 2010.1.28. 선고 2009도10092 판결도 결국 위법수집증거도 위법의 크기 등에 따라 증거동의의 대상이 될 수 있음을 전제로 하고 있다고 해석된다.

판주의, 자유심증주의, 자백의 임의성 법칙[13], 자백 보강법칙이 순차적으로 규정되어 있고 제298조부터 제302조까지는 전문증거 금지의 원칙이 규정되어 있으며 제303조에서 "검사 및 피고인이 증거로 할 수 있음을 동의한 서류나 물품은 진정한 것으로 인정한 때에는 증거로 할 수 있다"고 규정하고 있다. 위 초안은 다음날 국회 법사위에 회부되어 공청회, 국회 1, 2독회를 거친 후 1954.3.19. 형사소송법으로 확정되었는데 공청회 등에서 특별한 논의의 대상이 되지 아니한 채 법사위의 자구 수정 과정에 "검사 및 피고인"이 "검사와 피고인"으로, "서류나 물품"이 "서류 또는 물건"으로만 바뀌었고 그 앞에 위치한 다른 조문이 다소 늘어난 관계로 제303조에서 제318조로 되었을 뿐 증거편 내에서의 순서도 초안 그대로이다[14].

위와 같은 점들을 놓고 살펴보면 형사소송법 초안 당시부터 증거동의의 대상으로 서류뿐만 아니라 물건이 거시되었고 "검사 및 피고인"을 "검사와 피고인"으로, "물품"을 "물건"으로 바꿀 만큼 용어에 신경을 썼다는 사실을 알 수 있으며 이러한 점들을 고려한다면 형사소송법 제318조 제1항에서 증거동의의 대상으로 "물건"을 규정한 점이 반대신문권 포기설에서 말하는 것처럼 물건이 증거동의의 대상이 되지 않는다는 사실을 실수로 간과한 것으로는 생각하기 어렵다. 더욱이 증거동의에 관한 규정이 증거편의 가장 마지막 조항인 제318조(초안에서는 제303조)에 규정되어 있을 뿐 지금과 같이 그 뒤에 전문법칙의 예외임이 조문상으로도 명백한 탄핵증거에 관한 규정 등이 위치하지도 않아[15] '증거동의에 관한 조문의 위치가 전문법칙과 관계있는 조문들의 중간에 끼어있는 점에 비추어 증거동의 규정 역시 전문법칙과의 관계에서 해석하여야 하는 것이 아닌가' 하는 생각도 배척하게 한다. 오히려 증거동의에 관한 규정을 증거편의 가장 마지막 부분에 위치시킴으로써 증거편에서 다른 여러 가지 증거능력 배척 조건에 대비하여 당사자의 동의로서 배척되었던 증거능력을 회복하는 방법을 규정한 것이라고 보는 것이 더욱 적절하다고 할 수 있을 것이다. 만일 증거동의의 대상을 굳이 전문

---

13) 현행 형사소송법 제309조에 해당하는 조문으로서 통상 '자백 배제법칙'으로 불리우나, 위 조문의 키워드는 '자백 배제'가 아니라 '자백의 임의성'이라고 판단되므로 이를 '자백의 임의성 법칙'으로 부르는 것이 적절할 듯 하다.
14) 형사소송법 제정자료집, 한국형사정책연구원, 1991, 49면 이하 참조.
15) 형사소송법 제318조의 2 탄핵증거 규정은 1961년에 신설되었고 제318조의 3 간이공판절차에서의 증거 능력에 관한 특례규정은 1973년에 신설되었다.

법칙에 의하여 증거능력이 제한되는 증거로 제한하고자 하였다면 형사소송법 제318조의 2 증명력을 다투기 위한 증거의 경우와 같이 "제312조 내지 제316조의 규정에 의하여 증거로 할 수 없는 서류나 진술이라도"라는 단서를 달아 그 취지를 분명히 할 수 있었을 것임에도 그와 같은 단서를 달지 않았다는 것은 그 반대의 의미, 즉 증거동의의 대상을 전문증거로 제한할 의도가 없었던 것으로 해석할 수 있을 것이다.

4. 학설에 대한 검토와 소결

(1) 반대신문권 포기설에 대한 비판

우리 형사소송법은 명백하게 '서류 또는 물건'을 증거동의의 대상으로 규정하고 있고 형사소송법 제318조의 2 탄핵증거 규정과 달리 '전문증거 금지의 원칙에 의하여 증거능력이 제한되는 증거'라는 취지의 규정이나 암시가 전혀 없다. 더욱이 앞에서 살펴본 바와 같이 형사소송법의 제정 과정에도 증거동의가 전문증거 금지의 원칙에 대한 제한이나 예외라는 점을 의식한 것은 아니라고 보인다. 그러함에도 다른 합리적 근거 없이 위 조항을 '전문법칙에 의하여 증거능력이 제한되는 증거'만을 대상으로 하는 규정이라고 제한하여 해석하는 것은 옳지 못하다. 오히려 우리 형사소송법에서는 전문증거 금지의 원칙 이외에도 법 규정에 의해 명문으로 혹은 명문의 규정은 없으나 해석상 증거능력을 제한하는 원칙들이 적지 않은데 그와 같은 사유들로 증거능력이 제한된 증거들 중에서도 당사자가 적극적으로 동의하는 경우 증거능력을 인정하여야 할 필요성이 인정되는 경우가 없지 않으며 이는 소송경제라는 측면에서 뿐만 아니라 실체적 진실의 발견이라는 측면에서도 마찬가지이다.

우리 형사소송법상 증거동의의 본질을 반대신문권의 포기로 해석하면서 동의의 대상을 전문증거에 한정하여 해석하는 것이 혹 일본 형사소송법학의 맹목적 추종에서 비롯된 것이 아닌가 하는 우려를 지우기 어렵다. 일본 형사소송법 제326조 제1항은 "검찰관 및 피고인이 증거로 하는 것에 동의한 서면 또는 진술은 그 서면이 작성되거나 진술이 되었을 때의 정황을 고려하여 상당하다고 인정하는 때에 한하여 제321조 내지 前條의 규정[16]에 관계없이 이것을 증거로 할 수 있다"고 규정함으로써 증거동의가 당연히 전문법칙에 의해 증거능력이 제한된 증거, 즉 진술과 서면에 대하여 증거능력을 회복시켜주는 제도임을 명백히 하고 있다. 그러나 우리 형사소송법 제318조는 일본 형사소송법 제326조와 달리 동의의 대상을 전문법칙에 의해 증거능력이 제한되는 증거에 제한하고 있지도 않고 증거의 종류를 서면과 진술에 한정하고 있지도 않다. 그와 같은 중대한 차이를 무시하고 일본 형사소송법과 같은 취지의 결론에 이르기 위해 명백한 근거도 제시하지 아니한 채 우리 형사소송법상 증거동의의 본질을 반대신문권의 포기로 해석하면서 그 대상을 전문법칙에 의해 증거능력이 제한된 증거로 한정하는 것이라면 이는 어느 모로 보나 적절하지 못하다고 생각된다.

증거동의를 전문증거에 한정하여 증거능력을 회복시켜 주는 제도라 본다고 하더라도 이를 곧바로 반대신문권 포기로 연결하는 것은 또 다른 문제가 있다. 전문증거 중에는 반대신문권과 무관한 증거도 없지 않기 때문이다[17]. 피고인의 진술을 내용으로 하는 증거, 즉 피의자신문조서나 피의자의 진술을 내용으로 하는 진술조서, 진술서 등의 경우가 그러하다. 위 증거들은 피고인이 바로 진술자이므로 반대신문권과 무관하며 따라서 그 증거능력을 제한하는 이유도 반대신문권의 보장이 아니라 직접주의 등에서 찾아야 한다[18]. 결국 증거동의를 전문법칙에 의하여 증거능력이 제한되는 증거에 대하여 증거능력을 회복시켜 주는 제도로 이해하면서 그 본질을 반대신문권의 포기로

---

16) 일본 형사소송법 제321조부터 제325조에는 피고인 아닌 자의 진술서류, 피고인의 진술서류, 기타의 서류, 전문진술 서류, 진술의 임의성 조사라는 각 표제 하에 전문법칙에 대하여 규정하고 있다.
17) 이러한 점은 일본 형사소송법에서도 마찬가지라고 생각된다. 일본 형사소송법 제326조의 증거동의 규정을 통해 증거능력이 회복되는 대상에는 일본 형사소송법 제325조에 의해 증거능력이 제한된 증거도 포함되는데 위 제325조는 '前 4조의 규정에 의하여 증거로 할 수 있는 서면 또는 진술이라도 미리 그 서면에 기재된 진술 또는 공판준비 혹은 공판기일에서의 진술의 내용으로 된 다른 사람의 진술이 임의로 된 것인지 아닌지를 조사한 후가 아니면 이를 증거로 할 수 없다'고 규정하고 있으므로 위 규정에 의하여 피고인 또는 피고인 아닌 자의 진술을 기재한 서면이 증거능력이 제한되는 사유는 전문법칙이 아니라 임의성이 확인되지 않았다는 것임에도 이 역시 증거동의에 의해 증거능력이 회복된다는 것이다. 결국 일본 형사소송법 역시 증거동의를 엄격하게 전문법칙과의 관계에서만 한정하여 파악하고 있지 않은 것이다. 이와 같은 점은 아래에서 살펴볼 바와 같이 우리 형사소송법에서도 증거동의의 대상 중에는 '임의성이 다소 의심스러운 진술'도 포함되어야 한다는 필자의 주장과도 일맥상통하는 바가 있다고 보인다.
18) 그런 이유로 일부 견해는 반대신문권 포기설을 취하면서 피고인의 자백을 내용으로 하는 서면이나 진술에 대하여는 증거동의가 허용되지 않는다고 해석하기도 한다. 자세한 내용은 후술할 증거동의의 대상 부분 참조.

만 보는 것은 문제가 있다고 생각된다. 위와 같은 점들을 종합할 때 증거동의는 증거능력이 제한되는 증거 일반에 대하여 당사자의 동의에 의해 증거능력을 회복시켜주는 규정으로 해석함이 자연스러운 어법에도 맞고 내용적으로도 옳다고 생각된다[19].

(2) 증거능력 및 증명력 인정설에 대한 비판

한편 형사소송법 제318조 제1항은 증거동의의 효과로서 '증거로 할 수 있다'고 표현하고 있다. 여기에서 '증거로 할 수 있다'라는 말은 증거로 사용할 수 있다, 즉 증거능력을 부여한다는 의미로 해석하는 것이 자연스러우며 "당사자의 동의와 증거능력"이라는 위 제318조의 표제와도 일치한다. 증거능력 및 증명력 인정설의 근거 중 피의자의 수사상 자백이 기재된 수사서류에 대하여는 피고인 스스로 반대신문권을 포기한다는 것이 무의미하며 압수된 물건에 대하여 증거동의를 한 경우에도 반대신문권이 있을 수 없다는 점과 관련하여서는 이는 반대신문권 포기설에 대한 비판은 되지만 처분권설에 대한 비판은 될 수 없고 오히려 처분권설의 일 논거가 될 뿐이다. 위 견해는 검증조서나 실황조사서의 경우에는 작성자를 원진술자라고 볼 수 없고 달리 원진술자가 있지 않으므로 이에 대하여는 원진술자에 대한 반대신문권이라는 말이 성립하지 않는다는 점을 논거로 거시하고 있으나, 형사소송법에서 진술이라 할 때에는 특별히 구두의 진술로 제한되지 않는 한 구두의 진술 외에 서면상의 진술도 포함한다고 해석함이 상당하고, 위의 원진술자라는 것도 검증조서나 실황조사서의 작성자[20]를 의미한다고 보아야 할 것이다. 따라서 원진술자가 없다는 논거는 적절하지 않다고 생각된다.

---

[19] 증거동의의 본질을 반대신문권의 포기로 보는 경우에는 다시 증거동의를 전문법칙의 예외로 볼 것인지 전문법칙이 배제되는 경우로 볼 것인지를 놓고도 견해가 대립하고 있다. 예외로 보든 배제로 보든 실제로 큰 차이가 있는 것은 아니지만 증거동의를 증거능력이 인정되지 아니하는 전문증거에 대하여 반대신문권을 포기함으로써 그 증거능력을 회복시키는 제도로 이해한다면 전문법칙의 예외로 보는 것이 논리적일 것이다. 그러나 이글에서는 증거동의를 전문증거에 대한 반대신문권의 포기가 아니라 증거능력이 제한되는 모든 증거에 대하여 증거능력을 회복시켜 주는 당사자의 처분권 행사로 보기 때문에 전문법칙과 직접 관계가 없으며 전문증거에 대하여 증거능력을 회복시켜 주는 경우라 하더라도 반대신문권의 포기에 의해서가 아니라 증거능력을 부여하려는 당사자의 의사에 의하여 증거능력이 회복되는 것이므로 전문법칙의 예외냐, 배제냐 하는 것은 전혀 문제가 되지 않는다고 보인다.

[20] 검증 혹은 실황조사서의 경우 사법경찰관과 검사가 작성자가 되며 다만 검증에 참여하였을 뿐인 자는 원진술자가 되지 못한다. 대법원 1976.4.13. 선고 76도500 판결.

또한 피해자 기타 참고인의 진술이 기재된 서류에 대하여 증거동의 하는 것은 원진술자에 대한 반대신문권의 포기만을 의미하는 것이 아니라 그 서류의 증거증력과 증명력을 다툴 권리를 포기한다는 것도 의미한다는 점 역시 위 견해의 논거로 거시되고 있으나, 그와 같은 내용은 위 견해의 주장 자체이지 논거가 되지는 못한다고 생각된다. 피해자 기타 참고인에 대한 진술조서나 진술서에 대하여 피고인이 증거동의를 하였다는 것이 위 서면이 진술자의 진술 내용대로 작성되어 있다는 의미를 넘어 그 내용이 모두 진실이고 법관이 그 내용에 따라 심증을 형성하여도 좋다는 것을 의미한다고 해석할 근거는 어디에도 없다. 오히려 피고인으로서는 적대적 참고인에 대하여 동인이 수사기관 이래 그와 같은 주장을 반복해 온 점을 인정하면서 동인을 증인으로 불러 법정에서 반대신문을 해 보아도 시간과 노력만 허비하고 같은 주장이 법정에서 다시 한 번 반복될 뿐 그와 다른 내용의 진술을 이끌어 낼 가능성이 희박하다고 판단될 때에는 위 참고인의 진술조서 혹은 진술서 자체의 증거능력은 인정해 버리면서 다른 방법으로 위 진술조서 혹은 진술서의 증명력을 감쇄시키는 노력을 기울이게 될 가능성이 얼마든지 있다. 그렇다면 피고인이 증거동의를 하였다고 하여 동의된 증거에 대한 증명력까지 모두 인정하는 취지로 해석하는 것은 증거동의의 본래의 뜻과도 맞지 않다.

피고인이 무죄 입증을 위하여 제출한 증거에 대하여 검사가 증거로 함에 동의하는 사례가 없다는 전제 역시 증거동의의 본질을 판단하는 근거 내지 조건으로 파악하기는 어려울 것으로 본다. 실무상 사례가 적다는 것이지 피고인이 제출한 증거에 대하여 검사가 증거동의하는 일은 법리적으로 얼마든지 가능하며, 이러한 경우 검사가 증명력에 대하여 다툴 권리까지 포기하는 것이라고 해석하는 것은 명백히 부적절하다. 더 나아가 증거동의를 증명력 인정으로 해석하는 것은 자유심증주의 및 실체적 진실주의와도 조화되기 어렵다. 형사소송에서 법관은 증거에 의하여 심증을 형성하여야 하며, 그러한 과정을 통해 실체적 진실을 추구하여야 하며 피고인의 증거 동의가 있다고 하여 법관이 무조건 그 증거가치를 인정하고 이에 따라 심증을 형성하여야 하는 것은 아니다. 형사소송법상 자유심증주의의 예외로서 인정되는 것은 공판조서의 절대적 증명력(형사소송법 제56조)과 자백의 보강법칙(형사소송법 제310조)[21] 밖에 없다. 공판조서의 절대적 증명력이라는 것도 소송의 절차에 관하여만 인정되고 내용에 관하여는 인정되지 아니하며, 자백의 보강법칙 역시 피고인에게 유리한 방향으로만 작용하는 원리라는 점을 감안할 때 자유심증주의의 예외는 극히 제한적으로만 허용된다고 하겠다. 당사자의 동의에 의해 증거능력뿐만 아니라 증명력까지 인정한다는 것은 민사소송에서 통용되는 형식적 진실주의적 발상으로서 실체적 진실주의를 기본 원리로 채택하고 있는 우리 형사소송에서는 허용될 수 없다고 판단된다.

(3) 소결

이상의 여러 점들을 종합할 때 형사소송법 제318조가 규정하는 증거에 대한 당사자의 동의는 널리 증거능력 없는 증거 일반에 대하여 당사자에게 증거능력을 인정할 수 있는 처분권을 부여한 것으로 해석함이 타당하다고 생각된다. 다만 그와 같은 견해를 취한다고 하더라도 모든 증거능력 없는 증거가 당사자의 동의만으로 모두 증거능력을 회복할 수 있는 것은 아니고, 증거 수집과정의 절차상 하자 혹은 위법의 정도 등에 따라 동의 여부를 불문하고 절대적으로 증거능력을 가질 수 없는 증거도 있다고 보아야 할 것이다. 증거동의에도 불구하고 증거능력을 회복할 수 없는 증거의 유형과 기준에 대하여는 별도의 항으로 살펴보기로 한다.

형사소송에서 처분권설을 채택하여 모든 증거에 대해 당사자의 동의로 증거능력을 부여하는 것은 형사소송의 기본적인 틀을 파괴시키는 것이라는 비판도 있다[22]. 모든 증거능력 없는 증거가 당사자의 동의만으로 증거능력을 회복하게 하여서는 아니된다는 취지에는 동의한다. 그러나 증거능력 없는 증거를 전문증거와 비전문증거로 양분해 놓고 전문증거에 대하여는 동의로써 증거능력을 회복시키는 예외를 인정할 수 있고 그 밖의 증거에 대하여는 동의로써 증거능력을 회복시키는 예외를 인정할 수 없으며 이것이 형사소송의 기본적인 틀"이라고 해석하는 것은 실정법적으로도, 실무적으

---

21) 필자 자신은 자백의 보강법칙을 증거능력에 관한 법칙으로 이해하고 있지만 통설은 증명력에 관한 법칙으로 보고 있다. 상세한 내용은 이 책 제3편 '증거능력 제한규정으로 재해석한 형사소송법 제310조의 의미와 적용범위' 참조.
22) 배종대/이상돈, 앞의 책, 589면.

로도 합리적 근거가 없다고 판단된다.

Ⅲ. 증거동의의 대상

　형사소송법 제318조 제1항은 증거동의의 대상을 "서류 또는 물건"이라 하고 있다. 증거동의의 대상과 관련하여서는 "물건"이 동의의 대상이 되는지와 "진술"도 동의의 대상이 되는지가 문제되며, 이에 더하여 피고인의 자백이 기재된 서류나 자백을 내용으로 하는 전문진술이 동의의 대상이 되는지에 대하여도 의문이 제기된다.

1. 물건

　앞에서도 살펴본 바와 같이 반대신문권 포기설의 입장에서는 물건은 전문증거가 될 수도 없고 반대신문권과도 무관하므로 증거동의의 대상이 아니며 결국 '물건'을 동의의 대상으로 규정하고 있는 것은 입법상 오류라고 주장하지만, 처분권설이나 증거능력 및 증명력 인정설을 취하는 입장에서는 물건이 동의의 대상이 될 수 있으므로 입법상 전혀 문제가 없다고 보고 있다. 필자는 처분권설의 입장에 따라 물건 역시 증거동의의 대상이 될 수 있다고 생각한다. 물건에 대한 증거동의는 주로 위법수집증거와 관련하여 나타난다. 후술한다.

2. 진술

　반대신문권의 포기설을 취하는 분들 중 대부분은 비록 형사소송법 제318조 제1항이 서류만 거시할 뿐 진술이 언급되어 있지 않다 하더라도 전문진술도 서류와 마찬가지로 전문증거가 되므로 반대신문권의 포기에 의하여 증거능력을 회복한다는 점에 차이가 없으므로 당연히 진술도 서류에 포함하여 해석하여야 한다고 주장하고 있다[23]. 그러나 일부 견해는 반대신문권 포기설을 취하면서도 증거동의의 대상은 진술을 옮긴 서면에 한정되며 진술 자체는 증거동의의 대상이 아니라고 보고 있다[24]. 형사소송법의 문언에 충실한 해석이라 하겠다. 그러나 전문진술이나 전문서류가 모두

---

23) 배종대/이상돈, 앞의 책 590면; 이재상, 앞의 책, 555면.
24) 차용석, 형사소송법, 세영사, 1998, 704면, 816면.

반대신문권의 보장이라는 동일한 취지에서 증거능력이 제한되는 것이므로 증거동의의 본질을 반대신문권의 포기라 본다면 증거동의의 대상이 되는지 여부에 대하여 동일한 결론에 이르러야 할 것임에도 전문진술과 전문서류를 달리 취급하는 이유에 대하여는 어디에도 설명되어 있지 않다. 반대신문권 포기설을 취하는 한 전문진술이나 전문서류가 동일하게 취급되어야 할 것이며 나아가 처분권설을 취하더라도 마찬가지 결론에 이르게 된다. 다만 법문에 서류라고만 규정되어 있는 것을 진술까지 포함하는 개념으로 확대해석하는 것은 그리 바람직하지 못하므로 향후 법을 개정하여 진술을 추가하는 것이 옳다고 생각된다.

3. 피고인의 자백

피고인의 자백이 기재된 서류나 자백을 내용으로 하는 전문진술이 증거동의의 대상이 되는지 역시 문제가 된다. 피고인의 자백이 기재된 서류나 진술의 경우 원진술자가 피고인 자신이므로 이에 대하여 피고인이 반대신문을 한다는 것이 의미가 없기 때문에 증거동의의 본질에 관하여 반대신문권 포기설을 따를 때에는 이를 증거동의의 대상이 된다고 보기가 어렵게 된다. 그러나 반대신문권 포기설을 취하는 분들 중 대부분은 피의자신문조서 등에 대하여 증거동의가 가능하다고 하지만[25] 그 논거에 대하여는 따로 설명하지 아니하는 분도 있고[26], 피의자신문조서에 대하여 증거동의를 하면 진정성립과 특신상태를 조사할 필요가 없다는 점을 논거로 드는 분도 있다[27]. 그러나 피의자신문조서에 대하여 증거동의를 하면 진정성립과 특신상태를 조사할 필요가 없다는 내용은 피의자신문조서에 대하여 증거동의를 인정하는 경우 얻게 되는 실익을 설명한 것이지 반대신문권과 관계없는 피의자신문조서에 대하여 반대신문권의 포기를 본질로 하는 증거동의의 대상이 되는 이유 내지 근거를 설명한 것으로는 보기 어렵다. 더 나아가 진정성립과 특신상태의 조사 의무를 면한다는 내용은 증거능력과 관련한 당사자에 의한 처분권을 인정하는 것으로서 처분권설에서나 설명 가능한 내용이지 반대신문권 포기설에서 내세울 수 있는 내용은 아니다. 결국 위와 같은 주장

---

25) 이재상, 앞의 책, 555면, 배종대/이상돈, 앞의 책, 590면.
26) 배종대/이상돈, 앞의 책, 같은 면.
27) 이재상, 앞의 책, 같은 면.

은 필요에 따라 반대신문권 포기설과 처분권설을 혼용하고 있는 것으로 보여질 뿐이다. 이 때문에 반대신문권 포기설을 취하는 분들 중에는 형사소송법 제309조에 대한 설명에 덧붙여 "본래 자백은 반대신문권의 대상이 아니고 따라서 반대신문권의 포기라는 성격의 동의란 것은 자백에 있을 수 없다. 자백은 어떠한 경우에도 동의의 대상이 아니다"고 단언하는 분도 있다[28]. 반대신문권 포기설을 취한다면 그와 같은 태도가 오히려 논리적 일관성을 가지고 있다고 보인다.

한편 증거능력 및 증명력 인정설을 취하는 분은 피의자신문조서도 당연히 증거동의의 대상이 된다고 보면서, 증거동의가 있으면 피의자신문조서의 성립의 진정과 특신상태를 조사할 필요가 없는 것은 맞으나 이는 증거동의에 의해 증거능력과 증명력을 다툴 권리를 포기한 결과라고 보고 있다[29]. 증거동의가 증거능력과 증명력을 다툴 권리를 포기하는 것이라면 피의자신문조서에 대하여도 증거동의를 할 수 있음이 당연하겠으나, 다만 앞에서도 설명한 바와 같이 증거동의를 통해 증명력까지 인정한다는 전제를 받아들이기 어렵다는 것이 문제이다.

처분권설에 의할 때 피고인은 자신의 자백에 대한 증거능력을 인정할 처분권을 가지므로 피의자신문조서 등 피고인의 자백을 내용으로 하는 서면 혹은 전문진술이 당연히 증거동의의 대상이 된다. 다만 피고인은 범죄사실과 관련하여 실체적 진실을 가장 정확하게 알고 있을 개연성이 매우 높다는 측면과 함께 피고인의 자백을 얻어내기 위해 고문 등 위법한 수사가 행하여질 가능성이 적지 않으며 과거 실제로도 그러한 일이 없지 않았다는 점 등을 고려할 때 피고인의 자백을 증거로 사용함에는 매우 엄격한 제도적 제한이 가하여져야 한다. 형사소송법 제309조의 규정이 바로 그것이다. 따라서 피고인의 자백을 내용으로 하는 서면 혹은 전문진술은 형사소송법 제309조의 제한에 따라 증거능력이 절대적으로 배척되기도 하고, 증거동의에 의해 증거능력이 회복되기도 하며, 그 구별 기준은 제318조의 해석에서 도출되는 것이 아니라 제309조의 해석에서 도출된다고 보는 것이 옳다고 생각된다. 항을 바꾸어 설명한다.

---

[28] 차용석, 앞의 책, 704면.
[29] 백형구, 앞의 논문, 262면.

Ⅳ. 증거동의의 제한

앞에서도 언급된 바와 같이 처분권설을 따른다 하더라도 증거동의에 의하여 모든 증거능력 없는 증거가 증거능력을 회복하는 것은 아니다. 형사소송에는 당사자의 동의로도 포기될 수 없는 원리가 적지 않게 존재하는데 실체적 진실, 인권 보호, 적정절차의 원리 등이 그것이다. 이러한 관점에서 고문 등 인권을 침해하여 받은 진술이나 진범을 숨겨주기 위한 허위 진술 등의 경우에는 피고인의 동의가 있다고 하더라도 그대로 증거능력을 인정할 수 없다.

증거동의의 대상이 되는지 여부는 이익형량의 관점에서만 판단되어서도 아니된다. 위법수집증거에 대하여 증거동의 함으로써 얻어지는 소송의 신속과 실체적 진실발견 등의 이익과 위법한 증거수집으로 인하여 침해된 피고인의 인권을 비교 형량할 때 전자가 좀 더 크다고 하여 언제나 증거능력을 회복시켜 준다면 증거수집 과정에서의 적당한 위법을 조장하는 결과를 초래하고 만다. 따라서 증거동의의 대상이 되는지 여부는 구체적 사건에서 구체적 기준에 의해 판단되어야 하며 향후 학설과 판례를 통해 자료가 축적되기를 기대할 뿐이다. 증거능력의 제한 사유별로 검토해 본다.

1. 자백의 임의성 법칙[30]

증거동의의 본질을 반대신문권의 포기로 보는 입장 중 일부 견해는 피고인의 자백은 애초부터 증거동의의 대상이 되지 못한다고 보지만, 논거가 어찌되었건 결론만 보면 피고인의 자백 역시 증거동의의 대상이 될 수 있다고 보는 것이 다수설적 입장이며 필자의 의견도 그와 같다. 이러한 경우 증거동의의 법리와 피고인의 자백에 대한 형사소송법 제309조와의 충돌을 해결하여야 한다.

형사소송법 제309조는 "강제 등 자백의 증거능력"이라는 표제 하에 "피고인의 자

---

[30] 형사소송법 제309조에 대하여 대부분의 교과서나 논문에 '자백 배제법칙'이라고 명명하고 있으며(배종대/이상돈, 앞의 책, 516면; 이재상, 앞의 책, 472면 등) '자백 법칙'이라고 명명하시는 분도 없지 않으나 (차용석, 앞의 책, 692면) 필자는 '자백의 임의성 법칙'이라는 이름이 위 제309조의 내용을 가장 함축적으로 표현하는 것이라고 생각하여 제309조를 그와 같이 부르기로 한다.

백이 고문, 폭행, 협박, 신체구속의 부당한 장기화 또는 기망 기타의 방법으로 임의로 진술한 것이 아니라고 의심할만한 이유가 있는 때에는 이를 유죄의 증거로 하지 못한다"고 규정하고 있다. 위 규정은 자백 수집에 편중되는 수사 및 공판 활동을 제한하려는 의도에서 자백 수집과정에 자백의 임의성을 의심케 할 만한 사유만 존재하더라도 자백의 증거능력을 제한하겠다는 취지로 입법되었다. 이는 자백 이외의 다른 진술에 관하여는 형사소송법 제317조[31]에서 "진술이 임의로 된 것이 아닌 것"이라고 되어 있는 것과도 좋은 비교가 된다. 통설은 제309조에 해당하는 자백은 증거동의가 있더라도 증거능력을 회복할 수 없다고 해석하고 있다[32].

피고인의 자백은 임의성이 의심스럽기만 하면 설사 나중에 임의성이 없지 않았다는 점이 밝혀지더라도 증거능력이 없다는 취지이다. 자백이 임의성이 있었는지 여부를 직접 입증하는 것은 매우 어려우나 고문 등에 의해 임의성이 의심스러운 상황이었다는 여부는 비교적 입증이 쉽다는 점을 고려하여 임의성을 의심케 할 만한 사유만 존재하더라도 증거능력을 배제하도록 한 것으로 보인다. 고문, 폭행, 협박, 신체구속의 부당한 장기화 등 인권을 절대적으로 유린하는 방법에 의한 수사는 이 땅에서 영원히 배척되어야 하며 그러한 수사를 통해 얻어진 자백은 어떤 이유로라도 증거로 사용되어서 안될 것임이 명백하다. 그러나 수사과정에 피고인에 대해 약간의 기망을 사용하는 예는 언제든지 있을 수 있으며, 어느 정도의 기망이 자백의 임의성을 의심케 하는 사유가 되는지 한계도 불명확하고 그 밖에 진술거부권의 불고지 등 다소간의 위법을 사용하는 예는 전혀 발생하지 않으리라 확신하기 어렵다. 수사과정에 흔히 발생할 수 있는 경미한 위법으로 인하여 피고인의 자백이 취득된 경우 위 자백은 일단 형사소송법 제309조에 의하여 증거능력이 배제된다. 그런데 위 자백이 임의성이 의심스러운 사유 즉 약간의 기망 등이 있었으나 나중에 다른 자료를 통해 확인한 결과 실제로 임의성 없는 자백은 아니었을 경우에도 증거능력이 끝내 회복되지 못하도록 막을 필요는 없다. 따라서 자백 수집과정에 위법의 정도가 그리 크지 아니하고 이후 자

---

31) 형사소송법 제317조의 적용대상이 자백 이외의 일체의 진술증거이냐 전문법칙이 적용되는 원진술로 제한되느냐에 대하여도 견해가 대립하고 있으나 어느 견해를 취하든 이글의 논지와 직접 관계가 없으므로 자세한 설명은 생략한다.
32) 배종대/이상돈, 앞의 책, 533면; 이재상, 앞의 책, 489면.

백에 임의성이 있었다는 점이 확인된 후라면 피고인 자신의 동의에 의해 증거능력이 회복된다고 보아도 좋을 것이다. 이러한 해석은 헌법 제12조 제7항의 "피고인의 자백이 고문, 폭행, 협박, 구속의 부당한 장기화 또는 기망 기타의 방법에 의하여 자의로 진술된 것이 아니라고 인정될 때 … 에는 이를 유죄의 증거로 삼거나 이를 이유로 처벌할 수 없다"라는 규정과도 충돌되지 않는다고 보인다.

자백의 임의성에 대하여는 피고인이나 그 변호인이 적극적으로 이의를 제기하지 않으면 따로 문제 삼지 않는 것이 실무 관행이다. 판례도 과거에 "진술의 임의성을 잃게 하는 사정들이 오히려 이례에 속하므로 진술의 임의성은 사실상 추정된다"고 보았지만[33], 이후 태도를 바꾸어 "진술의 임의성은 추정되지 않고 다툼이 있는 때에는 검사가 임의성의 의문점을 해소하는 입증을 하여야 한다"고 판시하였다[34]. 임의성이 사실상 추정된다는 견해에 따른다면 자백의 임의성이 의심스러운 사유가 있었다고 하더라도 피고인측이 자백의 임의성을 의심케 하는 구체적 사유에 대한 증거, 즉 반증을 들어 법관으로 하여금 임의성의 존재에 대하여 의문을 가지도록 하지 못하였다면 위 자백은 임의성을 가진 것으로 추정되기 때문에 임의성을 이유로 증거능력이 제한할 수 없게 되므로 달리 증거동의가 필요할 이유가 별로 없게 된다. 그러나 진술의 임의성은 사실상 추정되지 않는다는 견해에 따른다면 자백의 임의성과 관련하여 피고인 혹은 변호인이 반증이 아니라 이의만 제기한 경우는 물론 법원이 스스로 자백의 임의성에 의문을 제기한 경우에도 임의성의 존재, 더 정확하게 말하면 임의성이 의심될 상황이 전혀 아니었다는 점에 대하여 검사가 적극적으로 입증하지 못하는 한 그 자백은 증거능력을 가지지 못하게 된다. 따라서 만일 법원이 자백의 임의성에 의문을 제기한 경우라면 임의성을 의심케 하는 사유의 경중에 따라 자백의 주체인 피고인이나 변호인이 증거동의를 통해 증거능력을 회복케 하는 사례가 발생할 수 있다고 생각된다.

2. 위법수집증거 배제법칙

---

[33] 대법원 1997.10.10. 선고 97도1720 판결 등 다수.
[34] 대법원 1998.4.10. 선고 97도3234 판결.

종래 위법하게 수집된 증거의 증거능력에 관하여 형사소송법에 명문의 규정이 없는 때에도 학설은 일치하여 위법하게 수집된 증거는 증거능력을 배척하여야 한다고 보았으며[35] 대법원은 경우에 따라 증거능력을 인정하기도 하고 부인하기도 하였다. 영장주의에 위반하여 압수한 증거물에 대하여 압수절차가 위법하다 하여 물건 자체의 성질이나 형상에 변경을 가져오는 것이 아니므로 증거가치에는 변함이 없다고 판시함으로서[36] 증거능력을 인정한 반면 변호인과의 접견 교통권을 침해한 상태에서 획득한 피의자신문조서의 경우 증거능력을 부인하였다[37]. 이후 2007년 형사소송법 개정에 따라 위법수집 증거의 증거능력 배척을 명문화하였지만(제308조의2), 수사기관이 증거를 수집하는 과정에 약간의 절차적 하자 혹은 위법이 있다고 하여 그 증거에 대하여 무조건 증거능력을 배척하여야 하는지는 여전히 의문이다. 증거 수집과정에 위법이 있는 경우 그와 같은 위법으로 인하여 피고인 혹은 제3자의 방어권 혹은 인권이 얼마나 침해되었는지, 그와 같은 과정을 통해 수집한 증거가 형사소송에서 얼마나 중대한 의미를 가지는지, 위 위법이 어떤 경위에 의하여 이루어졌는지 등을 종합적으로 고려하고 충돌하는 이익을 비교 형량하여 그와 같은 위법으로 인하여 침해되는 이익이 극히 경미하고 위법에 이른 경위가 처음부터 의도적이었다고 보기 어려우며 위 증거가 가지는 재판상의 가치가 매우 높은 경우에는 그로 인하여 수집된 증거의 증거능력을 인정할 수 있다고 보아야 할 것이다. 더 나아가 증거수집의 주체는 피고인 혹은 변호

---

[35] 이재상, 앞의 책, 493면; 배종대/이상돈, 앞의 책, 507면; 신현주, 앞의 책, 646면. 다만 학설이 일치하여 위법수집증거 배제법칙을 취하고 있다고 하더라도 모든 위법수집증거에 대해 증거능력을 배제한다는 의미가 아니라 위법의 정도에 따라 달리 평가되어야 한다는 점은 여러 분들에 의해 강조되고 있다. 특히 "우리나라 통설이 주장하는 위법하게 수집한 증거를 배제하는 원칙은 특이하고 광범하다. 모든 위법하게 수집된 증거를 배척하는 원칙을 주장하고 있는 점에 특색이 있다. 물론 훈시규정이 아닌 본질적 규정의 위반이라는 제한을 가하고 있으나 그 위법은 헌법 위반에 한정되지 아니하고 또 헌법규정 위반에 관하여서도 해당규정의 제한이 없는 점에서 미국의 판례법상 위법수집증거 배제원칙이 헌법상 피고인의 권리보장에 관한 3개의 규정 내용에 한정되는 한정적인 내용을 갖는 것인 점과 대조를 이룬다"는 신현주 교수의 지적은 경청할 만하다. 신현주, 앞의 책, 같은 면. 조국 교수 역시 "당사자의 동의에 의하여 증거능력을 인정하는 또 다른 예외를 만든다면 위법수집증거 배제법칙의 실효성을 위태롭게 할 염려가 있는 바, 동의에 의한 증거능력 인정을 일체 부정하는 소극설이 타당하다 … 요컨대, 헌법과 법률을 위배하는 증거수집 절차의 중대한 위법으로 인하여 허용되지 않는 증거는 피고인의 동의가 있더라도 증거능력이 부여되어서는 안 된"고 하여 위법하게 수집되었다는 이유로 절대적으로 증거능력이 배제되는 증거는 수집 절차상 중대한 위법이 있는 증거에만 한정된다는 점을 보여주고 있다. 조국, 위법수집증거 배제법칙, 박영사, 2005, 482-483면.
[36] 대법원 1994.2.8. 선고 93도3318 판결.
[37] 대법원 1990.9.25. 선고 90도1586 판결.

인일 수도 있으며 그러한 경우에도 위법하게 수집된 증거가 증거능력을 가지지 못할 수 있다는 원리는 본질적으로 동일하겠지만, 위법 여부의 판단 기준이 수사기관이 증거를 수집하는 경우보다 더욱 완화된 형태로 나타날 수도 있을 것이다. 이런 경우라면 위법수집 증거라 하여 무조건 증거능력을 부정하기는 더더욱 어려울 것으로 보인다[38].

위법하게 수집된 증거의 증거능력은 위법의 정도, 증거의 가치나 필요성 등을 종합적으로 비교 형량하되 이를 위법의 정도가 극히 경미하여 처음부터 증거능력에 영향을 받지 않는다고 인정되는 경우, 위법 때문에 증거능력을 상실하였으나 위법의 정도가 비교적 경미하여 반대 당사자의 증거동의가 있으면 증거능력을 회복할 수 있는 경우[39] 및 위법의 정도가 중하여 증거동의를 하더라도 증거능력을 회복할 수 없는 경우 등 3단계로 구분하여 판단할 수 있을 것으로 생각된다. 어떠한 위법이 어떤 단계에 속하는지는 향후 구체적 사례에 대한 연구와 판례를 통해 자료를 축적해 나갈 일이다. 몇 가지 예만 들어본다면 영장에 의해 제3자 소유의 물건을 압수하면서 소유자에게 압수목록을 교부하지 아니하였다는 정도의 절차적 하자라면 압수물 자체의 증거능력에는 영향을 미치지 않는다고 보아야 할 것이고, 당사자의 참여권이 침해된 채 진행된 검증의 결과가 기록된 검증조서[40], 야간 집행에 대한 기재가 없는 영장을 가지고 야간에 집행하여 획득한 증거물, 압수 수색의 대상이 다소 모호하게 기재된 영장을 가지고 획득한 증거물 등의 경우에는 일단 증거능력이 제한된다고 보되 증거동의

---

[38] 최근 사법제도개혁추진위원회에서 마련한 형사소송법 개정 시안에는 제307조의2를 신설하여 '위법수집 증거의 배제'라는 표제 하에 '위법하게 수집한 증거는 증거로 할 수 없다'고 규정함으로써 종래 학설과 판례로만 논의되어 오던 위법수집증거 배제법칙의 명문화를 시도하고 있다. 그러나 위법하게 수집된 증거에 대하여 그와 같이 일률적으로, 그리고 절대적으로 증거능력을 부정하는 취지를 명문화하는 것은 이글의 논지에 따른다면 오히려 더 큰 문제를 가져오게 된다. 위법수집증거에 대하여는 좀더 깊은 연구와 논의가 필요하다고 생각한다.
[39] 대법원 1988.11.8. 선고 86도1646 판결 사안이 바로 그 적례이다.
  신양균, 형사소송법 제2판, 2004, 법문사, 686-687면. 위 책에서 신교수님은 "당사자가 증거로 사용할 수 없는 것을 증거로 함에 대해 동의한 경우라도 당해 절차위반이 개인의 처분권 밖에 있는 경우에는 증거로 사용할 수 없다. 당사자에게 처분권이 있는 경우 즉 위법한 절차가 기본권의 보장과 관련 없는 단순한 개인의 이익보호를 목적으로 하는 절차인 경우에는 예외적으로 증거능력이 인정될 수 있다. 이점에서 위법수집증거는 절대적으로 증거능력이 부정된다는 종래의 견해는 수정할 필요가 있다"고 서술하고 있는데 명확하지는 않으나 이글과 같은 취지인 것으로 생각된다.
[40] 검증조서도 전문증거이기는 하나 그 증거능력을 제한하는 사유가 참여권을 보장하지 아니한 점에 있다면 이는 전문법칙 즉 반대 신문권과는 무관한 것이다.

에 의하여 증거능력을 회복할 수 있다고 보는 것이 적절하며, 도청장치에 의해 수집한 진술 녹음이나 보유자로부터 강취하는 등 영장주의를 정면으로 위반하여 획득한 증거물[41] 등의 경우에는 반대 당사자의 증거동의가 있더라도 증거능력을 회복하기 어렵다고 보아야 할 것이다.

그와 같은 전제 하에 앞에서 언급한 서울지방법원 1997.4.9. 선고 96노5541호 판결과 그 상급심인 대법원 1997.9.30. 선고 97도1230 판결[42]을 재검토해 보고자 한다. 원심인 서울지방법원은 "비록 사진 촬영 자체에는 동의하였다고 하더라도 나중에 협박, 공갈의 목적에 사용될 정을 모른 상태에서 사진 촬영에 이용당하였으므로 위 사진들은 피고인의 의사에 반하여 임의성이 배제된 상태에서 촬영된 것이므로 증거 수집절차상 중대한 위법이 있었다 할 것이고 위법수집증거는 처음부터 증거동의의 대상이 되지 않는다"라는 취지로 판결하였으나, 대법원은 "법원으로서는 효과적인 형사소추 및 형사소송에서의 진실발견이라는 공익과 개인의 사생활의 보호이익을 비교형량 하여 그 허용 여부를 결정하여야 하고 공익의 실현을 위하여는 이 사건 사진을 범죄의 증거로 제출하는 것이 허용되어야 하므로 이 사건 사진이 위법하게 수집된 증거로 볼 수 없는 이상 증거동의의 대상이 될 수 있다"는 취지로 판시하였다.

위 양 판결은 반대의 결론에도 불구하고 '위법 수집 증거는 증거동의의 대상이 되지 못한다'는 동일한 전제에서 출발한 듯 표현되어 있으며 그와 같은 취지로 해석하는 분도 없지 아니하다[43]. 그러나 대법원의 판단을 곰곰 되새겨보면 공갈 의도를 숨기고 나체사진을 촬영함으로써 침해된 피촬영자의 기본권과 형사소송에서 진실발견을 위해 필요하다는 공익을 비교 형량하여 후자가 더 크기 때문에 증거동의에 의해 증거

---

41) 그러한 점에서 앞에서 거시한 대법원 1994.2.8. 선고 93도3318 판결의 '압수절차가 위법하다 하여 물건 자체의 성질이나 형상에 변경을 가져오는 것이 아니므로 증거가치에는 변함이 없다'는 논리에는 찬성하기 어렵다. 최근 문제가 되고 있는 도청 녹음테이프의 경우도 이와 같다고 보인다.
42) 통정 직후 상대방의 동의 하에 나체 사진을 촬영하였다가 이후 위 사진을 이용하여 금품 갈취를 시도하였으나 여의치 못하자 간통으로 고소하면서 위 사진을 증거로 제출한 사건이다.
43) 천진호, "위법수집증거 배제법칙의 사인효", 법조 통권 제558호(2003.3.), 법조협회, 111면 이하; 신동운, "위법수집증거 배제법칙과 나체사진의 증거능력", 법학 제40권 2호(111호), 서울대학교 법학연구소, 1999.8. 376면.

로 사용할 수 있는 상태가 되었다는 취지임이 명백하다[44]. 만일 나체사진 촬영행위를 위법한 것으로 보지 않는다면 처음부터 공익과의 비교형량 자체가 불필요하다. 결국 대법원도 본건 나체사진이 위법수집 증거라는 점을 전제로 하면서 다만 그로써 침해된 피촬영자의 기본권을 공익과 비교 형량해 본 결과 증거동의의 대상도 되지 못한다고 판단할 정도는 아니라는 결론이 이른 것이다. 따라서 위 판결에서의 "위법하게 수집된 증거로 볼 수 없는 이상"이라는 표현은 '다소 위법하게 수집된 점이 인정되더라도 여러 사정들을 종합하여 비교 형량할 때 위법의 정도가 그리 중하지 아니한 것으로 판단되므로'라는 의미로 해석하는 것이 더욱 적절할 것으로 보이며, 그렇다면 결국 대법원은 실질적으로는 위법수집 증거에 대하여도 증거동의를 인정하고 있는 것으로 생각된다.

더 나아가 대법원은 위 판결 말미에 "증거동의는 작성자 또는 진술자에 대한 반대신문권을 포기한다는 의사표시"라는 표현을 덧붙이고 있으나, 본건 나체사진은 증거로 사용되는 사진 중에서도 소위 현장사진으로서[45] 진술증거와는 명백히 구분되며[46] 반대신문권과는 직접 관련이 없다. 그렇다면 본건 나체사진을 증거동의의 대상으로 본다는 그 자체가 반대신문권설과는 분명히 다른 입장에서 출발한 것이며[47], 결국 진술이 아닌 물건도 증거동의의 대상이 될 수 있다는 이글의 입장과 일치한다고 생각된다.

3. 전문법칙

증거동의의 본질에 관하여 어느 학설을 취하더라도 전문증거가 증거동의의 대상이 된다는 점에 대하여는 이견이 있을 수 없다. 다만 피의자신문조서의 경우 진정성립 혹

---

[44] 다만 공갈 의도를 숨기고 촬영한 나체 사진을 증거로 사용하여 입증하여야 할 만큼 간통 범죄사실의 입증이 공익상 중대한 것이었는지 자체는 의문이 없지 아니하나 이글에서는 위법수집증거가 증거동의의 대상이 될 수 있느냐 하는 문제 자체에 대하여만 논의하기로 한다.
[45] 신동운, 앞의 논문, 375면.
[46] 이와 관련하여 김대휘 부장판사는 "사진의 기계적, 과학적 특성이나 대상의 존재나 상황에 관한 증거로서 법관의 시각에 의한 증거조사만이 가능하고 또 그것으로 충분하기 때문에 이를 진술증거로 볼 필요는 없다"고 평하고 있다. 김대휘, "사진과 비디오 테이프의 증거능력", 형사판례연구 제6집, 한국형사판례연구회, 1998, 436면 이하.
[47] 이런 입장에서 보면 "증거동의는 작성자 또는 진술자에 대한 반대신문권을 포기한다는 의사표시"라는 위 판례의 표현은 명백히 사족이 되고 만다.

은 내용인정이 증거능력의 전제가 되기 때문에 따로 증거동의가 의미가 있는지 의문일 수 있다. 최근 대법원은 종래의 판례를 변경하여 검사 작성의 피의자신문조서에 있어 실질적 진정성립은 형식적 진정성립에 의해 사실상 추정되지 않으며 피고인의 법정 진술에 의해 별도로 인정되어야 한다는 취지로 판결하였으며[48], 이에 따르면 피의자신문조서가 실질적 진정성립이 인정되지 못한 경우 증거동의로써 증거능력을 회복하여야 할 필요성이 크게 증대되는 것이 사실이다. 그러나 진정성립이나 내용을 부인하면서 증거로 함에는 동의한다는 것이 모순적이기 때문에 실무상으로도 다른 증거와는 달리 피의자신문조서에 대하여는 진정성립을 인정하는지, 내용을 인정하는지에 대하여만 확인하지 증거동의 하는지에 대하여는 따로 확인하지 않는 것이 통례이다.

그러나 피의자신문조서 등 몇 몇의 경우에는 증거능력 인정을 위해 진정성립이나 내용 인정에 더하여 그 진술이 특히 신빙할 수 있는 상태 하에서 행하여졌을 것까지 요구되는데[49], 그와 같은 요건에 대하여는 피고인 혹은 변호인의 증거동의가 있는 경우 따로 입증할 필요가 없다는 실익이 있기 때문에 결국 피의자신문조서에 대하여도 증거동의라는 것이 적지 않은 의미를 가지고 있으며 법원도 피고인 또는 변호인에 대하여 증거동의 여부를 확인할 필요가 있다고 할 것이다[50].

V. 나가며

이상에서 증거동의의 본질을 어떻게 볼 것인지, 그에 따라 증거동의의 대상을 어떤 범위로 파악하고 증거동의의 대상이 되지 못하는 것은 어떤 것인지에 대하여 살펴보았다. 지금까지 우리나라의 학자들과 실무가들이 증거동의를 전문법칙과의 관계에서만 파악한 나머지 증거동의의 대상범위를 너무 한정하여 해석, 운용해 왔고 이 때문에 증거동의가 가능한 여러 영역의 증거들에 대한 연구를 전혀 발전시키지 못한 것이

---

[48] 대법원 2004.12.16. 선고 2002도537 전원합의체 판결. 같은 취지 대법원 2005.3.10. 선고 2004도8493 판결 등.
[49] 형사소송법 제312조 제1항, 제313조 제1항, 제314조, 제316조 제1항, 제2항. 다만 실무상 그와 같은 점에 대하여는 제대로 확인도 하지 않는 것이 관행화되어 있다시피 하다.
[50] 다만 관행과 같이 '증거에 대하여 별다른 의견 없다'는 표현으로 성립 혹은 내용의 진정을 인정하는 경우 그 속에는 특신상태와 관련하여서도 함께 증거동의하는 의사로 해석될 여지가 없지 않다고 생각된다.

아닌가 하는 생각이 없지 않다. 또한 일부 견해는 위 다수설의 입장을 너무 뛰어넘어 증거동의로써 증거능력 뿐만 아니라 증명력까지도 좌지우지할 수 있는 것으로 파악하고 있으나, 이 역시 이론적으로는 물론 실무상으로도 받아들이기 어렵다.

이제 우리 형사소송법 규정 자체의 의미는 물론 그 입법과정, 나아가 비교법적인 연구까지 함께 보태어 증거동의의 본질을 규명하고, 동의의 대상이 되는 것과 되지 못하는 것을 구분할 기준을 설정한 후, 각종 사례의 축적을 통하여 이론적으로도 수긍할 수 있고 실무상으로도 유용한, 우리 형사소송법 체계에 가장 적합한 지침을 보여주어야 할 것이다.

형사소송에서의 증거동의 Ⅱ
– 백형구 교수의 반론에 대한 재반론

Ⅰ. 들어가며

졸고 '형사소송에서의 증거동의[1]'에 대하여 백형구 교수님께서 '증거동의·증거부동의[2]'라는 제목 하에 친절하고도 수준 높은 반론을 제기하시면서 필자의 섣부른 비판에 대해 기쁘게 생각하신다는 격려까지 주셨다. 머리 숙여 감사드린다. 다만 백형구 교수님의 반론 중 필자가 얼른 동의하기 어렵거나 쉽게 이해하지 못한 부분이 없지 아니하여 재반론을 펴기로 한다. 이번에도 백형구 교수님께 결례가 되지 않았으면 하는 바람 간절하다.

Ⅱ. 소위 '처분권설'과 관련하여

1. 신현주 교수님의 견해와 백형구 교수님의 반론

증거동의의 본질과 관련하여 신현주 교수님은 통설, 판례인 반대신문권 포기설을 비판하면서 "형사소송법 제318조의 동의는 반대신문권의 포기라기보다는 오히려 모든 증거능력의 제한은 당사자의 동의를 해제조건으로 하는 것이며 동의가 있으면 그러한 해제조건의 성취가 되어 그 증거는 증거능력이 있게 되는 것으로 보는 것이 합리적이라 생각된다"고 설명하고 있고[3], 이 견해를 많은 분들이 '처분권설'이라 부르면서 당사자에게 증거능력에 관한 처분권을 인정하는 학설이라고 설명하고 있다. 필자의 견해도 같다.

---

[1] 인권과 정의 2005.9. 106면 이하 수록.
[2] 인권과 정의 2005.11. 138면 이하 수록.
[3] 신현주, 형사소송법 신정2판, 박영사, 2002. 654-655면.

이에 대하여 백형구 교수님은 "신현주 교수님의 위 견해는 형사소송법 제318조를 문리해석한 것에 불과할 뿐 당사자에게 증거능력에 관한 처분권을 인정하는 학설이 아니다, 반대신문권 포기설과는 다른 차원의 견해이기 때문에 통설에 대한 반대설에 해당하지도 아니하며 증거동의의 본질에 관한 학설도 아니다, 위 견해는 증거동의가 증거능력의 제한에 대한 해제조건의 성취라고 설명하는 점에 학설로서의 가치가 있으나 증거동의는 해제조건의 성취가 아니다"라고 설명하고 있다[4].

2. 재반론

처분권설이 형사소송법 제318조 제1항을 문언대로 해석하고 있는 것은 사실이다. 그렇다고 하여 처분권설이 위 조항의 문리해석에 불과하고 증거동의의 본질에 관한 학설이 아니라고 볼 수는 없다. 처분권설의 진정한 가치는 반대신문권 포기설과의 대비에 있다. 반대신문권 포기설은 형사소송법 제318조 제1항의 적용대상을 전문법칙에 의하여 증거능력이 제한되는 증거로 한정시키면서 그 이유로 증거동의의 본질이 반대신문권의 포기이기 때문이라 설명한다[5]. 그러나 형사소송법 제318조 제1항 어디를 보아도 전문법칙과 관련 있는 표현이 전혀 없음에도 위 조항을 전문법칙과의 관계 속에서 제한적으로 해석하는 것이 부당하므로 위 조항을 문언에 맞게 '모든 증거는 당사자가 증거로 함에 동의하면 증거능력이 인정된다'고 해석하여야 한다는 견해가 바로 처분권설인 것이다. 반대신문권 포기설을 '한정설' 혹은 '제한 적용설'이라고 이름 붙인다면 처분권설은 '비한정설' 혹은 '무제한 적용설'이라고 부를 수 있을 것이다. 그와 같은 양태의 학설 대립은 형사소송법 전반을 통해 자주 나타나며[6] 증거동의의 본질과 적용범위와 관련한 반대신문권 포기설과 처분권설이 다툼도 그와 같은 형태이다. 따라서 형사소송법 제318조 제1항을 문언대로 적용하여야 한다는 견해도 엄연한 학설이

---

4) 백형구, 앞의 논문, 140-141면.
5) 형사소송법 제318조 제1항의 문언에는 전문법칙이나 반대신문권과 관련있는 표현이 전혀 없음에도 반대신문권 포기설이 그와 같이 해석하게 된 이유에 대하여는 '형사소송에서 처분권주의의 도입이 곤란하다'는 것을 주된 논거로 하고 있으나 형사소송법 제318조 제1항이 전문법칙과 밀접한 관계가 있는 규정들 사이에 위치해 있다는 점이 크게 작용한 것이 아닌가 보인다.
6) 탄핵증거로서 제출할 수 있는 증거의 범위와 관련하여 한정설과 비한정설 등이 대립하고 있는 것도 그렇고 형사소송법 제317조 제1항의 적용범위와 관련하여 광의설, 협의설 등이 대립하는 것도 같은 이치이다. 어쩌면 학설 대립이라는 것의 상당부분이 어떤 법리의 적용범위의 광협을 다투는 것이며 이러한 경우에는 제한설, 비제한설이라는 이름을 붙여 크게 틀리지 않을 것이다.

며 전문증거에 대하여만 적용되어야 한다는 견해와 대립하고 있는 것이다.

처분권설에 따를 때 원칙적으로 모든 증거는 당사자의 동의에 의하여 증거능력을 가지게 된다. 그렇다면 당사자의 동의는 증거에 대하여 증거능력을 부여하는 힘을 가지고 있다고 해석할 수밖에 없다. 당사자에게 인정된 증거능력 부여 권한, 이것이 바로 증거능력에 대한 당사자의 처분권이다. 이런 취지에서 신현주 교수님 자신은 따로 이름을 붙이지 아니하였지만 많은 분들이 위 견해를 '처분권설'이라 부르는 것이다. 신현주 교수님은 "현행법은 영미법상 증거능력 제한 원칙들을 도입하면서, 다만 그 효력에 있어서 당사자의 이의와 무관한 것으로 규정하고 있다. 증거로 함에 대한 동의 제도는 현행법의 이와 같은 제한의 이례적 강화에서 오는 무리를 완화하기 위하여 영미법상 증거에 관한 이의권 포기에 유사한 제도를 인정한 것이다. 따라서 이를 전문증거에 제한하는 것은 이 제도의 의미를 퇴색시키는 결과가 된다"고 설명하고 있는데[7] 여기에서 말하는 '증거에 관한 이의권 포기에 유사한 제도'를 통해 이의권을 포기할 수 있도록 하였다는 것이 바로 처분권을 부여하였다는 것과 동일한 의미로 보인다.

결국 처분권설은 반대신문권 포기설이 제318조 제1항의 문언을 벗어나 증거동의를 전문법칙과의 관계 속에서만 논하는 바람에 증거동의의 본질을 반대신문권 포기로 보는 점에 반대하여 증거동의를 모든 증거에 대한 관계로 확대하여 살펴보면서 증거동의의 본질을 제318조 제1항에 의해, 그 문언 그대로 당사자에게 증거능력이 인정되도록 할 수 있는 능력 즉 처분권이 부여되었기 때문이라고 해석하는 것이다. 이렇게 놓고 보면 처분권설이 당사자에게 증거능력에 관한 처분권을 인정하는 것이 아니라거나 반대신문권 포기설과는 다른 차원의 학설이기 때문에 통설에 대한 반대설이 아니며 증거동의의 본질에 관한 학설도 아니라는 견해는 설득력이 약하다고 생각되는 것이다.

아울러 처분권설의 학술적 가치는 '증거동의가 증거능력의 제한에 대한 해제조건

---

[7] 신현주, 앞의 책, 655면.

의 성취라고 설명하는 점'에 있는 것이 아니라 모든[8] 증거가 증거동의의 대상이 된다고 보는 점에 있다. 백형구 교수님은 '해제조건의 성취'라는 용어에 초점을 맞추어 "해제조건이란 그 조건의 성취에 의하여 법률행위의 효력이 소멸하는 조건을 의미하는데(민법제147조 제2항) 증거능력이 인정되지 아니하는 증거가 증거동의에 의하여 증거능력이 인정된다는 이론 구성과는 맞지 않다"는 취지로 설명하고 있다[9]. 그러나 신현주 교수님이 말하는 해제조건이라는 것이 엄격한 의미에서 민법상 개념인 해제조건이 아니라 증거능력이 인정되지 않던 증거에 대하여 증거동의가 있으면 비로소 증거능력이 인정되므로 마치 증거능력 인정을 막고 있던 어떤 장애가 동의라는 조건부여에 의하여 해제되는 것이라는 취지로 표현한 것일 뿐이라고 보인다. 그렇게 본다면 반대신문권 포기설도 증거동의가 적용되는 증거의 범위가 다를 뿐 증거동의가 적용되는 범위 내에서는 증거동의라는 것이 증거능력의 장애가 동의에 의해 해제된다는 점에서는 동일하므로 '증거동의가 증거능력의 제한에 대한 해제조건의 성취'라는 것은 처분권설 고유의 기능이 전혀 아니다.

 필자가 처분권설을 지지하면서 '증거동의에 의하여 증거능력이 회복된다'고 표현한 점과 관련하여 백형구 교수님은 "증거능력의 회복이란 증거능력이 상실 또는 소멸된 경우를 전제로 하는데 증거동의의 대상으로 되는 서류 또는 물건은 증거능력이 상실 또는 소멸된 증거가 아니므로 '증거동의에 의해서 증거능력이 회복된다'는 이론 구성은 불합리하다"고 비판하고 있다. 예컨대 전문증거는 처음부터 전문증거였고 위법수집증거는 처음부터 위법수집증거였으므로 법원에 현출될 때부터 증거능력을 가지지 못하고 있던 것일 뿐, 증거능력을 가지고 있다가 전문법칙이나 위법수집증거 배제법칙에 의해 증거능력이 소멸되는 것이 아니므로 증거능력의 회복이라는 표현이 적절치 못하다는 지적으로 보인다. 그러한 측면에서는 백교수님의 지적이 백번 옳다. 그러나 증거능력이 없는 증거에 대하여 증거동의가 있은 경우 이로써 증거능력이 인정되는 것은 당연하고, 이를 도식적으로 설명하는 경우 증거가 현출되더라도 전문법칙 등에 의해 증거능력이 인정되지 못하다가 증거동의에 의해 증거능력이 인정되게 되었다

---

[8] '전문법칙에 의해 증거능력이 제한되는 증거'만이 아니라는 의미이다.
[9] 백형구, 앞의 논문, 140면.

면 '그 증거가 원래 가졌어야 할 증거능력을 증거동의에 의해 가지게 되었다'는 의미에서 '증거능력이 회복되었다'고 표현한다면 크게 잘못된 것은 아니라고 생각되며, 나아가 그와 같은 표현이 옳으냐 그르냐 하는 논의는 별다른 의미가 없다고 생각된다.

Ⅲ. 백형구 교수님의 '새로운 해석론[10]'과 관련하여

백형구 교수님은 증거동의가 증거능력 뿐만 아니라 증명력을 다툴 권리까지 포기한다는 것을 의미한다고 해석하여야 하는 이유로 피의자신문조서, 압수된 물건 및 현장사진에 대하여 원진술자에 대한 반대신문이 불가능하다는 점을 들면서 증거동의로써 증거능력과 증명력을 다툴 권리를 포기한다고 해석하여야 위와 같은 증거들이 증거동의의 대상이 된다는 점을 합리적으로 이론구성 할 수 있다고 설명하고 있다[11]. 그러나 피의자신문조서, 압수된 물건 및 현장사진에 대한 증거동의를 설명하는 도구로는 백형구 교수님의 '새로운 해석론'만 있는 것이 아니라 처분권설도 있다. 따라서 위와 같은 증거들에 대한 증거동의를 설명하기 위하여 반드시 위 새로운 해석론을 따라야 하는 것은 아니다. 처분권설이라는 것이 형사소송법 제318조 제1항의 문리해석일 뿐 증거동의의 본질에 관한 견해로서 반대신문권 포기설과 맞서있다는 사실 자체를 부인하는 백형구 교수님의 입장에서는 위와 같이 반대신문권 포기로써 설명할 수 없는 증거가 있다는 점만 가지고도 적어도 현재로서는 '새로운 해석론'만이 대안이라고 말씀할 수 있겠지만, 처분권설이 증거동의의 본질에 관한 학설로서 엄연히 존재한다고 생각하는 필자의 입장에서는 백교수님과 같은 의문에서 출발하여 다른 결론에 이를 수밖에 없는 것이다. 오히려 '새로운 해석론'이 말하는 '증명력을 다툴 권리를 포기한다'는 점과 관련하여서는 여러 가지 의문만 제기될 뿐이다.

백형구 교수님은 "새로운 해석론이 증거동의는 당사자가 증거능력과 증명력을 다툴 권리를 포기한다는 것을 의미한다는 내용의 학설이지 증거동의하면 그 증거의 증

---

10) 백형구 교수님의 견해의 명칭과 관련하여 교수님 자신은 '증거능력 및 증명력 인정설'도 틀렸고 '권리포기설'도 틀렸다고 하시면서 '새로운 해석론'이라는 표현 외에 달리 이름을 붙이지 않고 있기 때문에 이글에서는 백교수님의 표현을 인용하여 일응 '새로운 해석론'이라고 부르기로 한다.
11) 백형구, 앞의 논문, 141면.

거능력과 증명력이 인정된다는 내용의 학설이 아니다. 예컨대 피해자 진술조서에 대하여 피고이이 증거로 함에 동의한다는 것은 피고인의 원진술자에 대한 반대신문에 의해서 그 진술의 증명력을 다툴 권리를 포기한다는 것을 의미한다는 것이지 피해자 진술조서에 기재된 진술의 증명력이 인정된다는 것이 아니다"고 설명한다[12]. 그러나 증거, 특히 진술증거의 경우 증명력을 다투는 방법에 반대신문만 있는 것이 아니다. 반증[13]도 있고 탄핵증거[14]도 있다. 따라서 반대신문을 하지 않더라도 반증이나 탄핵증거로써 얼마든지 증명력을 다툴 수 있다. 다수설은 반대신문권 포기설을 취하면서도 반대신문 이외의 방법으로 증명력을 다투는 것은 허용된다고 보고 있고[15] 이러한 결론은 처분권설에서도 마찬가지라고 생각된다[16]. 특히 비진술증거에 대한 증거동의도 인정하는 처분권설의 입장에서 비진술증거에 대하여는 처음부터 반대신문이 불가능하므로 그 밖의 방법으로 증명력을 다툴 수 밖에 없는 것이다.

백교수님은 증거동의를 하고 나면 반대신문은 물론 그 밖의 어떠한 방법으로도 증명력을 다툴 수 없다고 설명하면서 그 근거로서 '증거로 함에 동의한다는 것은 증거의 증거능력과 증명력을 다툴 권리를 포기한다는 것을 의미하기 때문'이라고 설명하고 있다[17]. 그러나 필자가 이전 글에서도 설명한 바와 같이 백교수님이 근거로 거시하

---

12) 백형구, 앞의 논문, 143면.
13) 반대 당사자가 제출한 증거(A)에 의하여 법관이 심증을 형성하는 것을 막기 위하여 A의 내용과 상반되는 다른 증거(B)를 제출할 때 이를 반증이라 한다. 예컨대 피해자가 모일 모시에 피고인의 오른 주먹에 구타당하였다고 진술한 내용이 진술조서로 제출되었을 때 피고인이 '당시 피고인은 오른 팔을 다쳐 깁스를 해 둔 상태였다'라는 취지의 증언을 할 증인을 내세우거나 그와 같은 내용의 진단서를 제출하였다면 이것이 바로 반증이다.
14) 반대 당사자가 제출한 증거(A)의 증명력을 감쇄시킬 목적으로 다른 증거(B)를 제출할 때 이를 탄핵증거라 한다. 예컨대 목격자가 '당시 피고인이 피해자 집의 담을 넘는 것을 보았다'고 진술한 내용이 진술조서로 제출되었을 때 피고인이 '그 목격자는 위증으로 처벌받은 전력이 수회 있고 야맹증으로 밤에는 사물을 거의 식별하지 못한다'는 취지의 증언을 할 증인을 내세웠을 때 이것이 바로 탄핵증거이다.
15) 이재상, 형사소송법 제6판, 박영사, 2002, 558면; 배종대/이상돈, 형사소송법 제6판, 홍문사, 2004, 657면; 신양균, 형사소송법 제2판, 법문사, 2004, 785면.
16) 이와 관련한 신현주 교수님의 견해를 부정설로 분류하는 것이 일반적이나, 신현주 교수님은 증거능력과 증명력이 별개의 개념이기 때문에 '증거동의 후에도 증명력을 다툴 수는 있다'는 견해가 이론적으로는 타당하다고 인정하면서 다만 실무상으로는 그렇게 하는 것이 의미가 적다고 평하고 있을 뿐이다. 실무상 의미가 적다는 평 자체에 대하여는 필자는 동의하지 않지만, 신현주 교수님 자신도 원론적으로는 적극설이 타당하다는 견해이므로 오히려 긍정설로 분류하는 것이 옳다고 생각된다. 신현주, 앞의 책, 661면 참조.
17) 백형구, 앞의 논문, 151면.

는 내용은 '새로운 해석론'의 내용 그 자체이지 증거동의를 한 후에는 반증이나 탄핵증거를 제출하는 등의 권리까지 한꺼번에 포기한 것으로 보아야 하는 이유가 되지는 못하며, '새로운 해석론' 자체에 대한 비판은 앞에서 살핀 바와 같다. 아울러 탄핵증거에 관한 형사소송법 제318조의2 조문 어디를 보아도 탄핵증거와 증거동의 사이에 그와 같은 상관관계가 있다는 취지를 엿보기 어렵다.

실무상으로도 피해자가 피고인에 의해 피해를 입었다고 극구 주장하거나 참고인이 피고인에게 불리한 내용으로 확언하고 그러한 내용이 조서로 작성되어 증거로 제출된 경우 피고인이 진술조서에 대하여 증거동의를 하지 아니하여 피해자나 참고인을 증인으로 불러 반대신문을 한다고 하더라도 증언 내용을 뒤집어 법관으로 하여금 반대의 심증을 형성토록 하기는 현실적으로 매우 어렵고 오히려 증인의 증언으로 인하여 법관에게 나쁜 심증만 더 많이 줄 우려가 크다. 따라서 이러한 경우 입증취지는 다투되 진술조서의 증거능력 자체에 대하여는 증거동의를 해 버린 후 위 진술조서의 증명력을 깨트리기 위하여 반증이나 탄핵증거를 제출하는 경우가 적지 않다[18]. 그런데 백교수님의 견해에 따른다면 증거동의를 하는 순간 반증이나 탄핵증거도 제출할 수 없다는 결론에 이르므로 위와 같은 방법의 방어활동은 처음부터 불가능하게 된다는 이상한 결론에 도달한다. 이와 같은 관점에서 볼 때 "수사서류 전부에 대하여 피고인이 증거동의 한다는 것은 피고인이 유죄를 인정하는 것을 의미한다"는 백교수님의 설명[19] 역시 설득력이 약하게 된다. 수사서류 전부에 대하여 증거동의를 하면서도 다른 방법으로 무죄를 다투는 경우는 얼마든지 예상할 수 있고 실무상으로도 그와 같은 사례가 없지 않다. 특히 유죄 여부는 실체적 진실주의에 따라 법관이 판단할 일이지 피고인 본인이 인정하고 말고 할 일이 아니다. 누차 언급한 바 있지만 '새로운 해석론'에서 그와 같은 문제점들이 나오는 근본적인 이유가 바로 증거동의를 증거능력을 넘어 증명력에까지 연결시키려고 하는 시도에서 비롯된 것이라고 보는 것이 필자의 소견이다.

---
18) 이러한 경우 적절한 반증이나 탄핵증거가 제출되었다면 법관의 유죄 심증형성을 저지하는데 매우 효과적일 것이다.
19) 백형구, 앞의 논문, 139면; 백형구, 알기 쉬운 형사소송법 제3판, 박영사, 2005, 365면 등.

Ⅳ. 증거동의의 주체, 대상과 관련한 문제점

1. 검사의 증거동의와 관련하여

백형구 교수님은 증거동의는 피고인에게만 해당되는 제도이고 검사의 경우에는 공소사실이 유죄임을 입증하는 것이 검사의 책무이기 때문에 검사는 피고인이 제출하는 증거에 대해 동의를 할 수도 없고 그러한 사례도 발견되지 아니한다고 설명하고 있다[20]. 그러나 형사소송법 어디에도 '검사는 증거동의의 주체가 될 수 없다'는 취지나 근거를 발견할 수 없을 뿐만 아니라, 형사소송법 제318조 제1항은 '검사와 피고인이 증거로 할 수 있음을 동의한 …'이라고 규정함으로써 검사 역시 증거동의의 주체임을 명백히 하고 있다. 또한 검사는 피고인의 반대 당사자로서 피고인의 유죄를 입증하여야 할 책무뿐만 아니라 객관의무의 발현으로서 피고인에게 유리한 사실도 주장하고 그 증거를 수집, 제출하여야 할 책무가 있으며[21], 위 책무에 따를 때 검사에게 피고인이 제출하는 증거에 대하여 적절한 판단에 따라 증거동의를 할 수 있는 것은 당연하다.

위와 같은 책무가 아니라 하더라도 예컨대 피고인이 제출하는 진단서[22]와 같이 피고인이 제출하는 증거가 비록 전문법칙 등에 의하여 증거능력이 없는 상태이지만 원진술자를 증인으로 부르지 않아도 그 진정성립이 명백해 보이는 경우라면 검사의 입장에서도 증거동의를 하는 것이 소송경제상으로도 적절하지, 검사는 무조건 피고인이 제출하는 증거에 대하여 증거동의를 하지 않음으로써 원진술자를 모두 증인으로 소환하도록 하여야 한다고 해석할 필요는 없는 것이다. 이는 검사의 공익적 지위[23] 혹은 국가를 대신하는 소송의 한쪽 당사자로서 소송이 적절, 원활하게 진행되도록 일조하여야 할 의무와도 밀접한 관련이 있다고 생각된다. 실무상 피고인이 제출한 증거에

---

20) 백형구, 앞의 논문. 139면.
21) 이재상, 앞의 책, 95면; 배종대/이상돈, 앞의 책, 89면; 다만 백형구 교수님은 이에 반대하고 있다, 백형구, 앞의 책 425면.
22) 예컨대 피고인이 알리바이를 입증하기 위하여 범행 당일 병원에 입원해 있었다거나 거동이 어려울 정도로 아팠다는 내용의 진단서 등.
23) 백형구 교수님은 검사의 객관의무는 반대하면서도 검사가 '피의자나 피고인의 이익을 보호하기 위하여 수사활동, 소송활동을 하여야 한다'는 의미의 공익적 지위는 인정하고 있다, 백형구 앞의 책 425면.

대하여 검사가 명시적으로 증거동의를 하는 예가 많지 않은 것은 사실이나, 검사는 증거동의를 하지 못한다거나 사례가 전혀 없다는 백교수님의 주장은 설득력이 적다고 생각된다.

2. 증거동의의 대상과 관련하여

백형구 교수님은 "진술이 기재된 서류에 대하여 피고인이 증거로 함에 동의한다는 것은 그 서류에 기재된 진술에 대하여 증거로 함에 동의한다는 것을 의미한다고 해석하여야 하므로 형사소송법 제318조 제1항에 진술을 추가할 필요가 없다. 공판정에서의 피고인의 진술이나 증인의 진술은 당연히 증거능력이 인정되기 때문에(형사소송법 제311조) 증거동의의 대상이 되지 아니한다"고 설명하고 있다[24]. 공판정에서의 피고인이나 증인의 진술이 당연히 증거능력을 가지는 것은 아니다. 형사소송법 제316조에 의하면 피고인의 진술을 내용으로 하는 피고인 아닌 자의 진술(증언)은 원진술이 특히 신빙할 수 있는 상태 하에서 행하여진 경우에만 증거능력이 있고 피고인 아닌 자의 진술을 내용으로 하는 피고인 아닌 자의 진술(증언)은 원진술이 특히 신빙할 수 있는 상태 하에서 행하여졌다는 요건 외에 원진술자가 사망 등의 사유로 직접 증언할 수 없다는 사정까지 갖춘 경우에만 증거능력이 있는 것으로 규정되어 있다[25]. 이는 명백히 증거능력의 제한이며 그와 같은 진술에 대하여도 증거동의가 있으면 원진술이 특히 신빙할 수 있는 상태 하에서 행하여졌는지[26], 원진술자가 증언할 수 없는 상황인지와 관계없이 증거능력을 가지게 된다[27]. 따라서 공판정에서의 피고인의 진술이나 증인의 진술은 당연히 증거능력이 인정되기 때문에 증거동의의 대상이 되지 아니한다는 백교수님의 설명은 문제가 있다고 생각된다.

---

24) 백형구, 앞의 논문. 146면.
25) 그 밖에 피고인 아닌 자의 진술을 내용으로 하는 피고인의 진술에 대하여는 명문 규정이 없으나 학설은 증거능력에 일정한 제한이 있는 것으로 해석하고 있으며 이러한 해석에 따를 때에는 증거동의와의 관련 역시 명문 규정이 있는 위 2가지 경우와 마찬가지가 될 것이다.
26) 물론 형사소송법 제318조 제1항은 '… 진정한 것으로 인정한 때에는'이라는 조건을 증거능력 부여의 요건으로 부가하고 있으나 증거동의의 대상되는 증거를 진정한 것으로 인정한다는 것과 원진술이 특히 신빙할 수 있는 상태 하에서 행하여졌다는 점은 명백히 다른 내용이다.
27) 이와 같이 해석하는 것이 통설적 견해이다. 이재상, 앞의 책, 555면; 배종대/이상돈, 앞의 책, 651면; 신양균, 앞의 책, 779면. 판례도 전문진술과 재전문진술에 대하여 같은 입장을 취하고 있다. 대법원 1983.9.27. 선고 83도516 판결, 대법원 2000.3.10. 선고 2000도159 판결.

V. 나가며

이상 백형구 교수님의 반론에 대하여 재반박하는 형식으로 증거동의의 본질에 대하여 살펴보았다. 형사소송법 제318조 제1항을 지나치게 제한하여 전문증거에 대하여 반대신문권을 포기하는 것으로만 해석하는 다수설과 위 조항을 지나치게 확대 해석하여 증거능력 뿐만 아니라 증명력에 대한 이의권도 포기하는 것으로 해석하는 소수설 모두 위 조항이 본래 의도하는 바를 제대로 드러내지 못하고 있을 뿐만 아니라 그렇게 해석하여야 할 실무상의 이익도 없다.

형사소송법은 당사자 즉 검사와 피고인에게 상대방이 제출한 증거[28]의 증거능력을 인정할 수 있는 권한을 부여하고 있다. 이렇게 해석하는 것이 형사소송법 제318조 제1항에 대한 가장 자연스러운 해석이며 이렇게 부여된 권한을 '처분권'이라는 이름으로 부르는 것이 권한의 내용에 비추어 크게 잘못된 것은 아니라는 것이 필자의 소견이다.

---

[28] 증거동의의 대상이 되는 증거는 반대신문권 포기설과 달리 특별한 제한이 없다. 그렇다고 증거동의에 의하여 모든 증거가 증거능력을 회복하는 것은 아니고 증거능력이 제한되는 사유에 따라 case by case로 판단하여야 한다.

궐석재판과 증거동의 의제에 관한 소고

[대상판결 1] 대법원 2010.7.15. 선고 2007도5776 판결

약식명령에 불복하여 정식재판을 청구한 피고인이 그 정식재판절차의 공판기일에 출정하지 아니한 때에는 다시 기일을 정하여야 하고 피고인이 정당한 사유 없이 다시 정한 기일에 출정하지 아니한 때에는 피고인의 진술 없이 판결을 할 수 있다(제458조 제2항, 제365조). 법 제458조 제2항, 제365조는 피고인이 출정을 하지 않음으로써 본안에 대한 변론권을 포기한 것으로 보는 일종의 제재적 규정으로(대법원 2009.6.11. 선고 2009도1803 판결 참조), 이와 같은 경우 피고인의 출정 없이도 심리판결할 수 있고 공판심리의 일환으로 증거조사가 행해지게 마련이어서 피고인이 출석하지 아니한 상태에서 증거조사를 할 수밖에 없는 경우에는 법 제318조 제2항의 규정상 피고인의 진의와는 관계없이 법 제318조 제1항의 동의가 있는 것으로 간주하게 되어 있는 점(대법원 1991.6.28. 선고 91도865 판결 참조), 법 제318조 제2항의 입법 취지가 재판의 필요성 및 신속성 즉, 피고인의 불출정으로 인한 소송행위의 지연 방지 내지 피고인 불출정의 경우 전문증거의 증거능력을 결정하지 못함에 따른 소송지연 방지에 있는 점 등에 비추어, 약식명령에 불복하여 정식재판을 청구한 피고인이 정식재판절차에서 2회 불출정하여 법원이 피고인의 출정 없이 증거조사를 하는 경우에 법 제318조 제2항에 따른 피고인의 증거동의가 간주된다고 할 것이다.

그리고 약식명령에 불복하여 정식재판을 청구한 피고인이 정식재판절차의 제1심에서 2회 불출정하여 법 제318조 제2항에 따른 증거동의가 간주된 후 증거조사를 완료한 이상, 간주의 대상인 증거동의는 증거조사가 완료되기 전까지 철회 또는 취소할 수 있으나 일단 증거조사를 완료한 뒤에는 취소 또는 철회가 인정되지 아니하는 점, 증거동의 간주가 피고인의 진의와는 관계없이 이루어지는 점 등에 비추어, 비록 피고인이 항소심에 출석하여 공소사실을 부인하면서 간주된 증거동의를 철회 또는 취소한다는 의사표시를 하더라도 그로 인하여 적법하게 부여된 증거능력이 상실되는 것

이 아니라고 할 것이다.

[대상판결 2] 대법원 1991.6.28. 선고 91도865 판결

이 사건 소송기록상의 각 공판조서를 통하여 제1심법원의 심판과정을 보면 제1,2차 공판기일은 모두 공판준비 등을 위하여 연기되었다가 제3회 공판기일에 비로소 피고인과 원심공동피고인들에 대한 인정신문이 행하여지고 사실심리를 개시하기 위한 절차(검사의 공소요지의 진술, 재판장의 묵비권 고지 등)가 마쳐지자마자 피고인과 관련 피고인들은 재판거부의 의사를 표시하고 퇴청해 버렸고 제4회 공판기일에 당하여서도 일단 출석한 위 사람들과 변호인은 재판거부의 의사를 표명하고 퇴정해 버렸으며 (변호인은 4회 공판기일 하루 전에 수소법원에 재판거부의 의사를 표명하는 피고인들의 요청에 따라 불출석 하겠다는 의사를 표명하고 있었다) 이어서 제1심 재판장은 피고인들 및 변호인 없이 재판하겠다고 고지하고 증거조사를 하겠다고 하자 검사의 서증제출이 있었고 이를 재판장이 모두 채택한 다음 증거조사를 하고 그후 증거조사를 마쳤다고 고지하고 이어 검사의 의견진술(구형 포함)을 듣고 변론을 종결한 다음 제5차 공판기일에 제1심 판결을 선고하였음을 알 수 있는 바, 소론처럼 이 사건이 필요적 변론사건이라 하여도 피고인(관련 공동피고인들 포함)이 재판거부의 의사를 표시하고 재판장의 허가 없이 퇴정하고 변호인 마저 이에 동조하여 퇴정해 버린 것은 모두 피고인측의 방어권의 남용 내지 변호권의 포기로 볼 수 밖에 없는 것이어서 수소법원으로서는 형사소송법 제330조에 의하여 피고인이나 변호인의 재정 없이도 심리판결 할 수 있는 것이고 (당원 1990.6.12.선고 90도672 판결, 1990.6.8.선고 90도646 판결 등 참조) 또 공판심리는 사실심리와 증거조사가 행해지게 마련인데 이와 같이 피고인과 변호인들이 출석하지 않은 상태에서 증거조사를 할 수밖에 없는 경우에는 형사소송법 제318조 제2항의 규정상 피고인의 진의와는 관계없이 형사소송법 제318조 제1항의 동의가 있는 것으로 간주하게 되어 있는 것이므로 원심이 위와 같은 사실들을 바탕으로 하여 피고인의 항소(양형과경부당을 이유로 한 검사의 항소기각 포함)를 기각한 것은 위에서 본 법리를 염두에 둔 것으로 보여져 옳고 여기에 소론과 같은 위법이 없다.

[대상판결 3] 대법원 2011.3.10. 선고 2010도15977 판결

소촉법 제23조의 경우 피고인의 출정 없이도 심리·판결할 수 있고 공판심리의 일환으로 증거조사가 행해지게 마련이어서 피고인이 출석하지 아니한 상태에서 증거조사를 할 수밖에 없는 경우에는 형사소송법 제318조 제2항의 규정상 피고인의 진의와는 관계없이 형사소송법 제318조 제1항의 동의가 있는 것으로 간주하게 되어 있는 점, 형사소송법 제318조 제2항의 입법 취지가 재판의 필요성 및 신속성, 즉 피고인의 불출정으로 인한 소송행위의 지연 방지 내지 피고인 불출정의 경우 전문증거의 증거능력을 결정하지 못함에 따른 소송지연 방지에 있는 점 등에 비추어, 피고인이 공시송달의 방법에 의한 공판기일의 소환을 2회 이상 받고도 출석하지 아니하여 법원이 피고인의 출정 없이 증거조사를 하는 경우에는 형사소송법 제318조 제2항에 따른 피고인의 증거동의가 있는 것으로 간주된다고 할 것이다.

그리고 피고인이 제1심에서 공시송달의 방법에 의한 공판기일의 소환을 2회 이상 받고도 출석하지 아니하여 형사소송법 제318조 제2항에 따른 증거동의가 간주된 후 증거조사를 완료한 이상, 간주의 대상인 증거동의는 증거조사가 완료되기 전까지 철회 또는 취소할 수 있으나 일단 증거조사를 완료한 뒤에는 철회 또는 취소가 인정되지 아니하는 점, 증거동의 간주가 피고인의 진의와는 관계없이 이루어지는 점 등에 비추어, 비록 피고인이 항소심에 출석하여 공소사실을 부인하면서 간주된 증거동의를 철회 또는 취소한다는 의사표시를 하더라도 그로 인하여 적법하게 부여된 증거능력이 상실되는 것은 아니라고 할 것이다.

Ⅰ. 들어가며

1. 피고인의 출석권과 궐석재판의 허용

피고인이 출석(엄격히 보면 '출석'과 '재정'은 다르지만 이하 특별한 구분 없이 '출석'이라 하면 '재정'을 포함하는 것으로 한다)하지 않으면 공판을 개정하지 못하는 것이 원칙이다. 출석권은 피고인의 중요한 권리 중 하나이다. 피고인은 공판정에 출석하여 공판과정에 참여함으로써 공판이 민주적이고도 적법하게 진행되는지 여부를 감시할 수 있다. 출석권은 피고인 방어권의 기초가 된다. 피고인에게 보장된 방어권 중 상당수는 피고인이 법정에 출석하여야 실제로 행사할 수 있다. 피고인은 모

두절차와 피고인신문 과정에 공소사실 등에 관한 변소 또는 자신의 주장을 제기할 수 있고, 자신에게 유리한 증거를 제출 또는 신청할 수 있다. 증거조사 과정에 검사가 제출하거나 법원이 직권으로 채택한 증거(이하 검사 제출 증거에 대하여만 설명하기로 한다)에 대하여 의견을 개진할 수 있고, 증거조사 과정 및 증거조사 결과에 대한 의견도 개진할 수 있다. 특히 검사가 신청한 증인에 대하여 반대신문권을 행사함으로써(진술조서 등의 경우에는 피고인에게 반대신문권을 부여하는 것이 증거능력의 요건이기도 하다) 증명력을 탄핵할 수도 있다.

한편 법정 출석은 피고인의 의무이기도 하다. 피고인에게 궐석이 허용되는 일부 경우를 제외하면 피고인이 법정에 출석하여야 공판을 개정하여 진행할 수 있을 뿐만 아니라, 피고인의 진술 자체(물론 진술거부권이 보장되지만)가 중요한 증거가 되고 가끔은 피고인의 신체 등이 물증이 되기도 한다. 또한 형(특히 자유형)이 확정되었을 때에 집행을 확보하기 위해서는 피고인이 법정에 재정하는 것이 훨씬 편리하다.

그러나 피고인이 출석하지 않거나 또는 퇴정하여 재정하지 않는다고 하여 언제나 공판을 개정 또는 진행할 수 없다고 한다면 소송이 지연되는 문제점과 함께 피고인이 이를 악용할 여지도 크다. 이 때문에 현행 형사소송법은 원칙적으로 피고인의 출석을 공판 개정의 요건으로 하면서도 피고인의 출석이 피고인의 참여권·방어권 보장에 큰 문제가 없다고 생각되는 경우에는 궐석으로 재판을 진행할 수 있도록 예외를 규정하고 있다. 궐석재판이 허용되는 경우는 크게 보아 사건이 비교적 경미한 경우, 피고인에게 불리하지 아니한 경우 및 퇴정의 경우 등으로 분류할 수 있다.

먼저 경미한 사건의 경우는 법정형의 크기에 따라 다시 다음과 같이 구분될 수 있다. 첫째가 피고인의 출석 의무가 면제되어 법원의 허가 등 절차 없이도 출석하지 않아도 되는 사건으로서(이하 1단계 경미사건이라 부른다) 법정형이 500만원 이하의 벌금 또는 과료인 사건이고(제277조 1호), 둘째가 피고인의 신청과 법원의 허가가 있어야 피고인의 출석 의무가 면제되는 사건으로서(이하 2단계 경미사건이라 부른다) 법정형이 3년 이하 징역·금고 또는 벌금 구류 사건이다(제277조 3호). 셋째가 현실적으로 가장 빈발하는 소송촉진등에관한특례법(이하 소촉법이라고 한다) 제23조에 의한 공시송달 궐석재판이다. 법정형이 사형, 무기 또는 장기 10년이 넘는 징역·

금고에 해당하는 사건만 아니면 법원에 송달불능보고서가 접수되고 6개월 이상 피고인의 소재가 불명하면 2회 이상 공시송달에 의한 공판기일 소환 후 피고인의 진술 없이 재판할 수 있다. 즉 궐석재판을 할 수 있는 것이다. 피고인이 소재불명된 사건을 모두 장기미제로 방치할 경우 법원이 입게 될 행정적 부담을 경감시켜 주고 신속한 재판의 이념도 실현한다는 의미에서 위와 같은 궐석재판의 특례를 규정하면서도, 위 특례의 적용범위를 비교적 경한 사건으로 한정하기 위하여 법정형 기준으로 적용을 제한하고 있다. 한편, 위 특례에 의하여 법정에서 변소해 보지도 못하고 유죄의 판결을 받게 된 피고인을 구제하기 위하여 형사소송법상의 일반적 구제방법인 상소권 회복청구권 외에 재심청구권을 부여하고 있으며($\frac{동법}{제23조의2}$), 상소권회복청구와 재심청구는 택일적으로 선택할 수 있다고 해석하는 것이 판례의 입장이다[1]. 그러나 선고될 수 있는 형량이 징역·금고 10년에 달하는 등 결코 경미한 사건이라 보기 어렵고, 불출석에 피고인의 귀책 여부를 묻지 않을 뿐만 아니라, 판례와 일부 학설에 따르면 증거동의 의제 등의 불이익도 부여되므로 과연 그와 같은 궐석재판이 허용되어도 좋은지에 대하여는 논란이 있다.

재판이 피고인에게 유리할 것이 확실한 경우($\frac{제277조}{2호}$), 약식명령·즉결심판에 대하여 피고인이 정식재판을 청구하고도 2회 불출석한 경우($\frac{제458조 제2항, 제365조, 즉}{결심판에관한절차법 제19조}$)[2], 항소심에서 피고인이 2회 불출석한 경우에도 궐석재판이 허용된다(제365조). 피고인이 무단퇴정하거나 퇴정명령을 받아 퇴정한 경우와(제330조)[3] 구속된 피고인이 정당한 사유없이 출석

---

[1] 대법원 2006.2.8. 자 2005모507 결정.
[2] 즉결심판사건에서 벌금이나 과료를 선고하는 경우 또는 법원의 불출석 허가를 받은 경우(즉결심판에관한절차법 제8조의2)에도 증거동의 의제 여부가 문제될 수 있다. 그러나 즉결심판 사건에서는 원래 형사소송법 제312조 제3항, 제313조가 적용되지 않으므로(즉결심판에관한절차법 제10조) 증거동의 의제가 의미가 반감된다. 제312조 제4항, 제6항과 증언 중 재전문진술(즉결심판에서도 심리기일에 재정하는 증거-증인 포함-에 대한 증거조사가 가능하다. 동법 제9조 제2항) 등에 대한 증거동의가 일부 문제될 가능성이 있다. 형량이 매우 경미하고 피고인이 다투는 경우 곧바로 정식재판을 받을 수 있다는 점에서 예외적으로 증거동의 의제를 허용하여도 좋을 것으로 생각된다.
[3] 법문에는 '피고인의 진술 없이 판결할 수 있다'고 되어 있으나, 판결만 선고하는 기일에는 원래 피고인의 진술이 필요없는 점 등에 비추어 심리하여 판결에까지 이를 수 있다는 의미로 해석된다. 같은 취지, 신동운, 신형사소송법 제5판, 법문사, 2014, 876면; 이재상/조균석, 형사소송법 제10판, 박영사, 2015, 468면 등. 만일 이를 '판결만 선고할 수 있다'고 해석한다면 퇴정과 관련하여서는 증거동의 의제를 논할 필요가 처음부터 없어진다.

을 거부하는 경우에도 궐석재판을 할 수 있다(제277조의2 제1항). 한편 증인 등의 진술보장을 위해 피고인을 일시 퇴정시킬 수 있으나(제297조) 진술이 끝난 후에는 피고인에게 위 진술요지를 고지하고 반대신문권을 부여하는 등 마치 재정하였던 것과 동일하게 취급하므로 이글에서 다루는 궐석과는 무관하며, 상고심은 법률심이기 때문에 처음부터 피고인의 출석을 요하지 않지만(제389조의2) 증거동의나 그 의제와 무관하다.

2. 전문증거의 증거능력과 관련한 문제 제기

궐석재판은 피고인의 참여권·방어권 침해라는 근본적인 문제뿐만 아니라 전문증거의 증거능력과 관련한 문제[4]도 함께 야기한다. 제318조 제2항에 의하여 증거동의가 의제되는가의 문제와 제314조에 의하여 피의자신문조서가 증거능력을 획득하는가의 문제가 바로 그것이다. 제318조 제2항은 피고인의 출정 없이 개정할 수 있는 경우(법문에는 '증거조사를 할 수 있는 경우'라고 설시하고 있지만, 궐석인 채로 개정은 할 수 있지만 증거조사는 할 수 없는 경우가 없다. 즉 궐석 개정 요건과 궐석 증거조사의 요건이 동일하다. 따라서 굳이 궐석 증거조사라고 할 필요 없이 궐석 개정이라고 판단하면 족하다)에는 피고인 궐석이면 귀책 여부를 묻지 않고 증거동의가 있는 것으로 의제하고 있다. 이런 경우라면 진술조서나 진술서는 물론이고 피고인 본인의 피의자신문조서에 대하여도 모두 증거동의가 의제되어 특별히 위법수집이나 임의성 등만 문제되지 않는다면 증거능력이 인정된다는 것이다. 특히 궐석재판을 허용하여도 좋은지에 대하여 논의가 많은 소촉법 제23조에 의한 궐석재판의 경우에도 대법원은 무제한적으로 제318조 제2항이 적용된다고 보아 증거동의를 의제하고 있는데, 이러한 태도가 옳은지에 대하여는 정말로 깊이 고민해 보아야 한다.

또한 제314조는 제312조와 제313조에 규정된 전문서류도 공판기일에 진정성립 인정할 자에게 소재불명 등의 사유가 있고 서류의 작성 또는 원진술이 특신상태에 있었다면 진정성립 인정 없이도 증거능력을 획득한다는 특칙을 마련하고 있다. 이는 기본적으로 참고인이 법정에 출석할 수 없는 경우 그의 진술조서나 진술서에 증거능력을 부여하기 위한 규정인데, 피고인 자신이 소재불명으로 불출석하는 경우 피의자신문조서에 대하여도 적용될 수 있느냐가 문제된다. 예외적으로 피고인이 불출석해도 개

---
[4] 전문증거의 증거능력 문제도 큰 틀에서는 방어권 문제의 일종이라 할 수도 있지만 피고인의 방어권 행사의 문제가 아니라 법원의 증거능력 인정 문제라는 점에서 다소간 측면을 달리한다고 생각된다.

정할 수 있는 경우가 있기 때문에 피고인 본인의 피의자신문조서에 대하여도 제314조에 의해 증거능력이 부여되는가가 문제되는 것이다[5]. 만일 제318조 제2항에 의해 피고인이 궐석인 모든 공판에서 증거동의가 의제된다고 본다면 제314조가 피고인 자신의 피의자신문조서에도 적용되는가는 따로 문제 삼을 필요도 없게 되기 때문에 위 제318조 제2항과 제314조의 적용범위의 문제는 서로 밀접한 연관을 가진다. 실제로 피고인 불출석의 경우 증거동의가 의제되기 때문에 제314조는 피의자신문조서에는 적용되지 않는다고 보는 견해도 있다[6]. 그러나 이글에서는 불출석과 증거동의 의제의 관계에 대하여만 살펴보고 제314조의 문제는 다음 기회로 미루기로 한다.

이하에서는 먼저 궐석재판과 제318조 제2항의 적용 문제를 총괄적으로 살펴보고(Ⅱ), 각 궐석재판에서 증거동의 의제가 허용되는지에 대하여 개별적으로 검토하되(Ⅲ), 궐석재판 중에서 특히 문제가 많은 소촉법 제23조에 의한 궐석재판의 경우는 별도의 항목으로 살펴본 다음(Ⅳ), 필자 나름의 결론으로 글을 맺으려 한다(Ⅴ).

Ⅱ. 궐석재판과 증거동의 의제(제318조 제2항)의 문제

1. 증거동의 의제의 의의와 입법례

형사소송법 제318조는 "당사자의 동의와 증거능력"이라는 표제 하에 제1항 "검사와 피고인이 증거로 할 수 있음을 동의한 서류 또는 물건은 진정한 것으로 인정한 때에는 증거로 할 수 있다". 제2항 "피고인이 출정없이 증거조사를 할 수 있는 경우에 피고인이 출정하지 아니한 때에는 전항의 동의가 있는 것으로 간주한다. 단 대리인 또는 변호인이 출정한 때에는 예외로 한다"고 규정하고 있다. 이중 제2항을 '증거동의 의제'라고 한다. 피고인 궐석인 채 재판을 진행하는 경우에는 검사가 제출한 증거에 대하여 피고인의 동의가 있었던 것으로 의제하는 것이다. 증거동의의 본질과 대상을 어떻게 보느냐에 따라 증거동의 의제의 효과가 달라질 수 있지만, 다수설인 반대신문

---

[5] 피고인 자신에게 뿐만 아니라 다른 공동피고인에게 증거능력이 있느냐의 문제도 함께 있으나 더 깊은 설명은 피하기로 한다.
[6] 손동권, "피의자신문조서에 대한 형사소송법 제314조의 적용문제", 경찰학연구 제11권 제3호, 경찰대학, 2011. 9. 38면.

권 포기설 또는 병합설에 따라 전문증거에 대하여만 증거동의가 가능하다고 하더라도 실제로 피의자신문조서, 진술조서 등이 모두 제318조 제2항에 의해 증거능력을 획득하고 피고인의 변소도 없는 상황이어서 거의 무조건 유죄를 선고할 수 있게 되는 것이다. 이는 증거능력은 증거 제출자가 입증하여야 한다는 기본원칙을 뒤집고 검사의 입증책임 중 아주 중요한 부분을 피고인에게 전환시키는 효과를 불러온다.

일본 형사소송법 제326조는 증거동의가 전문증거에 대하여만 적용된다는 점을 명문으로 밝히고 있는 점 외에는 우리나라 형사소송법 제318조 제1항, 제2항과 거의 동일하다[7]. 일본에서도 증거동의 의제를 어느 범위에서 적용할 것인가에 대하여는 견해가 나뉜다. 증거동의 의사가 합리적으로 추측 가능한 경우에만 증거동의를 의제할 수 있다는 소극설[8]과 반대신문권을 포기하였으므로 증거동의 의사가 불명확한 경우에도 증거동의를 의제할 수 있다는 적극설[9]이 대립하고 있고, 대법원은 피고인들이 출정거부 또는 퇴정명령을 받고 변호인은 임의 불출석한 경우의 사안에서 "직권으로 판단하면, 형사소송법 제326조 제2항은 당연히 피고인의 동조 제1항의 동의 의사가 추정된다는 것을 근거로 이것을 의제하려고 하는 것이 아니라, 피고인이 출석하지 않아도 증거조사를 할 수 있는 경우에 피고인 및 변호인 또는 대리인도 출석하지 않은 때는 법원이 그 동의의 유무를 확인할 방법이 없고 소송의 진행이 현저하게 저해되기 때문에 이것을 방지하기 위해 피고인의 진의와 무관하게 특히 그 동의가 있었던 것으로 간주하는 취지로 만들어진 규정이라고 해석해야 하고, 동법 제341조가 피고인에게 질서유지를 위해 퇴정시킨 때에는 피고인 스스로의 책임으로 반대신문권을 상실하고, 이 경우 피고인 부재한 채로 당연히 판결이 전제가 되어야 할 증거조사를 포함한 심리를 추행함으로써 공판절차의 원활한 진행을 도모하려는 법의法意를 감안한다

---

[7] 제326조 제1항 검찰관 및 피고인이 증거로 함에 동의한 서면 또는 진술은 그 서면이 작성되거나 진술이 되었을 때의 정황을 고려하여 상당하다고 인정하는 때에 한하여 제321조 내지 전조의 규정에 불구하고 이를 증거로 할 수 있다. 제2항 피고인이 출석하지 않더라도 증거조사를 할 수 있는 경우에 피고인이 출석하지 아니한 때에는 전항의 동의가 있었던 것으로 본다. 단 대리인 또는 변호인이 출석한 때에는 그러하지 아니하다.
[8] 白取祐司, 刑事訴訟法 第6版, 日本評論社, 2010, 410면.
[9] 판례 입장에 동조하는 취지로는 石井一正, 刑事実務証拠法 第5版, 判例タイムズ社, 2011, 91면; 池田修/前田雅英, 刑事訴訟法講義 第3版, 東京大学出版会, 2009, 415면.

면, 동법 제326조 제2항은 피고인이 질서유지를 위해서 퇴정을 명할 수 있는 동법 제341조에 의해 심리를 진행하는 경우에서도 적용된다고 해석해야 한다"고 판시하여[10] 적극설의 입장을 따르고 있다. 다만 일본 구형사소송법에서는 공시송달에 의한 피고인 소환 방식을 인정하고 있었으나, 현행 형사소송법 제정시에 피고인의 방어권 침해 문제점을 고려하여 이를 폐지하였다. 오히려 기소 후 2개월 내에 공소장 등본이 송달되지 않으면 기소는 소급하여 효력을 상실한다(제271조 제2항)[11].

독일 형사소송법은 전문법칙이 아닌 직접심리주의를 채택하고 있기 때문에 증거동의도 조서의 낭독으로 인증 조사에 갈음할 수 있는가의 문제로 다루어지고 있다[12]. 제250조와 제251조를 통해 당사자의 동의에 의한 직접심리주의의 예외를 허용하면서도, 피고인 불출석과 관련하여서는 원칙적으로 공판을 열지 못할 뿐만 아니라 부재자에 대하여 공판절차가 시작되었다고 하더라도 그가 장래에 출두할 경우에 대비하여 증거를 보전하여야 할 뿐(제285조) 부재자에 대하여 낭독 동의가 의제되는 등의 어떠한 증거법상 불이익을 부과하지 않는다. 오히려 낭독에 대한 동의도 원칙적으로(판사의 신문에 대한 조서만 예외) 변호인 있는 피고인에게만 허용함으로써 형사절차에 무지하거나 경솔한 피고인이 함부로 낭독에 동의하지 못하도록 제한하고 있다.

이런 점에 비추어보면 우리 형사소송법이 변호인 없는 피고인에 대하여도 자백만 있으면 간이공판절차로 심판하면서 증거조사방법의 간이화와 함께 증거동의 의제의 효과를 부여하고 있는 것은(제318조의3) 아무리 공판정에서 자백한 사건이고 피고인에게

---

10) 일본 최고재판소 1978.6.18. 형집 32권 4호 724면.
11) 이동희, "일본의 피고인 불출석재판에 관한 비교법적 연구", 경찰대학 논문집 제28집, 경찰대학, 2009. 162면; 김정원, "공시송달과 상권회복청구", 형사판례연구 제15집. 한국형사판례연구회, 2007, 501면. 이에 대하여 송달에 대한 책임을 검사에게 지우는 것으로서 합리적이라 평가되기도 한다. 신용석, "제1심이 위법한 공시송달로 피고인의 출석없이 재판한 경우 항소심이 취하여야 할 조치", 대법원 판례해설 제50호, 법원도서관, 2004. 12, 757면.
12) 제250조 어떤 사실에 관한 증거가 개인의 지각에 근거하고 있는 경우 공판에서 그를 신문하여야 하고 위 신문은 과거 신문시 작성된 조서의 낭독이나 서류상의 진술로써 대체될 수 없다. 제251조 제1항 다음의 경우에 신문 대신 증인, 감정인 및 공범이 서면으로 진술한 내용을 포함하고 있는 모든 조서 및 문서의 낭독이 허용된다. 1호 변호인 있는 피고인, 그 변호인, 검사가 이에 동의한 경우(2호, 3호 생략). 제2항 판사의 신문에 대한 조서는 위 조건과 다음의 경우에 낭독이 허용된다. (1호., 2호 생략) 3호 검사, 변호인 및 피고인이 낭독에 동의한 경우.

이의의 기회가 있다는 점을 고려하더라도 방어권의 실질적 보장이라는 측면에서는 문제의 소지가 있다고 생각된다[13]. 더 나아가 간이공판절차는 피고인이 공판정에서 범죄사실을 자백하는 경우에만 적용하므로 적어도 유무죄 판단 단계에서는 방어권을 포기하였다고 보아 증거동의 의제를 수긍한다고 하더라도 피고인 궐석의 경우에는 이러한 전제가 전혀 성립할 수 없기 때문에 달리 보아야 한다.

미국은 기소인부제도에 의해 피고인이 법정에서 자백하면 사실인정 절차 자체가 생략되는 외에 연방증거법 등에 전문증거의 증거능력에 대한 동의, 더 나아가 궐석재판에서의 전문증거의 증거능력에 대한 예외 등에 대한 규정은 가지고 있지 않다[14].

2. 증거동의 의제의 이념적 근거와 문제점

피고인 궐석의 경우 증거동의를 의제하는 이념적 근거가 무엇일까 생각해 보자. 대상판결 1은 궐석재판 자체에 대하여는 "피고인이 출정을 하지 않음으로써 본안에 대한 변론권을 포기한 것으로 보는 일종의 제재적 규정"이라고 표현하면서, 증거동의 의제에 대하여는 "재판의 필요성 및 신속성 즉, 피고인의 불출정으로 인한 소송행위의 지연 방지 내지 피고인 불출정의 경우 전문증거의 증거능력을 결정하지 못함에 따른 소송지연 방지에 있는 점"이라고 표현하고 있다. 즉 궐석재판 자체를 허용하는 이유는 출석권 있는 피고인 스스로 변론권을 포기하였다고 보는 측면과 출석의무 있는 피고인의 불출석에 대한 제재적 측면이 공존한다고 보면서, 증거동의를 의제하는 이유는 소송지연 방지로 보고 있는 것이다. 이러한 점은 대상판결 3에서도 마찬가지이다.

궐석재판 중에서도 피고인에게 귀책 있는 경우, 즉 기소된 줄을 모르는 등의 소촉법상 궐석재판을 제외한 대부분의 궐석재판에 대하여 피고인이 본안에 대한 변론권을 포기하였다고 해석하거나 좀 더 나아가 출석·재정의무를 위반하였으므로 이에

---

[13] 재판장은 피고인에게 간이공판절차의 취지를 설명해 주도록 하고 있으나(형사소송규칙 제131조) 법률전문가가 아니면 증거조사방법의 간이화나 증거동의 의제의 의미를 이해하기 어렵다는 점을 고려할 때 위 설명은 거의 의미가 없다. 피고인의 방어권 보호를 법원의 친절한 후견적 역할에만 기대할 수는 없을 것이고 결국 변호인(국선변호인 포함)의 조력 외에는 방법이 없을 것이다.
[14] Arthur Best, Evidence 7.Ed., Wolters Kluwer, 2009, p.272-282.

대한 제재로 변론권 행사를 제한한다고 하는 것은 충분히 수긍이 된다[15]. 그러나 소송지연 방지를 위해서 증거동의를 의제한다는 것은 문제가 있다. 특히 위 소송지연이 피고인의 불출석으로 전문증거의 증거능력을 결정하지 못하였기 때문에 발생하였다는 것은 전혀 설득력이 없다. 전문증거의 증거능력은 법원이 제311조 내지 제316조에 근거하여 그 즉시 결정할 수 있고, 그 과정에 피고인의 불출석이 전혀 문제되지 않는다. 아마도 대상판결 1이 말하려는 바는 '피고인 불출정의 경우 (증거동의가 없어) 전문증거의 증거능력을 인정하지 못함'인 듯 하나, 이는 잘못된 생각이다. 전문증거의 증거능력이 피고인의 증거동의에 의하여 쉽게 인정될 수 있고, 현실적으로도 증거동의의 비율이 매우 높은 것은 사실이다. 그러나 피고인에게는 증거동의를 하여야 할 아무런 의무가 없으며, 설혹 증거동의를 하지 않는다고 하더라도 입증상 아무런 불이익을 입지 않는다[16]. 전문증거의 증거능력은 이를 증거로 제출한 검사가 증인 신청이나 제314조의 적용 등에 의해 입증하여야 함이 당연한 원칙이고, 피고인이 증거동의 하는 것은 오히려 예외적 상황이다. 검사나 법원은 피고인의 증거동의를 기대해서는 아니되고, 요구해서는 더더욱 아니된다. 피고인이 증거동의 하지 않아 소송이 지연되었다고 탓하는 것은 피고인이 자백하지 않아 소송이 지연되었다고 탓하는 것과 전혀 다를 것이 없다. 검사·법원 편의적 발상의 결과인 것이다.

피고인이 불출석한 채 재판을 진행하면 피고인의 참여권과 대부분의 방어권, 즉 변소하고 유리한 증거를 제출하고 반대신문을 하는 등의 기회가 모두 박탈되는 불이익을 입게 된다. 이러한 불이익은 불출석에 귀책 있는 피고인에게 부과할 수 있다. 그러나 위 불이익에 더하여 검사가 제출한 증거에 대하여 증거동의가 의제되는 불이익을 부과할 합리적 근거가 전혀 없다. 이는 피고인이 법정에 출석하였지만 진술거부권을 행사하면서 아무런 소송행위를 하지 않는 경우에도 변소권, 증거제출권, 증인에 대한

---

15) 다만 피고인에게 귀책 없는 소재불명의 경우 소촉법상의 궐석재판을 허용할 것인가가 문제되는데 이 부분에 대하여는 뒤에 소촉법상의 궐석재판 부분에서 좀 더 논의하기로 한다.
16) 진술거부권을 행사하였다는 이유만을 인격적 비난요소로 보아 피고인에게 불리한 판결을 하여서는 아니된다는 대법원 1992.6.23. 선고 92도682 판결이나, 진술거부권의 행사가 방어권 행사의 범위를 넘어 명백한 증거가 있음에도 진실의 발견을 적극적으로 숨기거나 법원을 오도하려는 시도에 기인한 경우에만 가중적 양형의 조건으로 참작할 수 있다는 대법원 2001.3.9. 선고 2001도192 판결의 취지에 비추어 볼 때 증거동의를 하지 않았다는 점은 양형상 불이익의 근거도 되기 어렵지 않은가 생각된다.

반대신문권 불행사로 인한 불이익을 입을 뿐 증거동의 의제의 불이익을 입지는 않는다는 점과 비교해 보아도 명백하다. 증거능력에 대하여는 증거를 제출한 검사에게 입증책임이 있지 불출석(불출석을 증거능력과 관련한 비협조로 볼지 모르지만)한 피고인에게 책임이 있는 것이 아니다. 실무상 증거동의가 오히려 일반적으로 보일 수도 있지만 법률상으로는 피고인이 증거동의 하는 것이 특별한 경우이지 증거동의 하지 않는 것이 특별한 경우는 아니다. 결국 증거동의 의제는 피고인에게 검사 제출 증거의 증거능력에 대한 입증책임을 전가하는 것으로서 입증책임 분배 원칙에 위배될 뿐만 아니라, 공소범죄사실은 증거능력 있는 증거에 의하여 입증되어야 한다는 의미의 실질적 증거재판주의 정신에도 반한다. 더욱이 형사소송에서는 법률상 추정도 원칙적으로 허용되지 않는다고 보는데, 검사나 법원의 편의적 발상에 기초한 의제 규정은 더더욱 허용될 수 없는 것이다.

피고인 불출석을 반대신문권 포기라고 보는 견해가 적지 않다[17]. 전문법칙의 근본취지가 반대신문권의 보장에 있고 다수설인 반대신문권 포기설에 따를 때 반대신문권을 포기하는 것은 증거동의와 같은 의미가 된다는 논리로 보인다. 그러나 피고인의 귀책 없는 불출석도 있을 수 있는데 이러한 경우에는 반대신문권 포기로 의제하기 어렵다. 더욱이 피고인 궐석으로 인하여 현실적으로 반대신문권을 행사하지 못한다고 하더라도 전문증거, 특히 전문서류가 증거동의로 처리되어 원진술자가 법정에 나오지 않는 것과 원진술자가 법정에 출석하여 진정성립 인정하고 최소한 법원에 보충신문의 기회라도 부여하는 것은 매우 큰 차이가 있다[18]. 피고인은 불출석하였을 뿐 증거동의는 하지 않을 의사였을 가능성도 적지 않다[19]. 따라서 불출석한 피고인은 결과적으로 반대신문을 하지 못하게 된 것일 뿐 반대신문을 포기하니 그대로 증거능력을 부여하라는 의사표시로 보아서는 아니된다. 피고인이 출석하지 아니한 때에는 동의의

---

17) 노명선/이완규, 형사소송법 제4판, 성균관대학교 출판부, 2015, 736면; 이재상/조균석, 앞의 책, 656면; 이창현, 형사소송법 제2판, 입추출판사, 2015, 983면.
18) 필자 개인적으로는 반대신문권을 포기하는 것과 곧바로 증거능력을 부여하는 것은 분명히 차이가 있으며 이런 점 때문이라도 증거동의의 본질을 반대신문권 포기로 보는 것은 적절하지 못하다고 생각하고 있다. 다만 이 문제는 이글의 논지와 거리가 있으므로 더 깊은 논의를 피하기로 한다.
19) 차라리 대상판결 2처럼 '제318조 제2항은 피고인의 진의와는 관계없이 증거동의 의제하도록 규정되어 있다'고 설명하는 것이 더 솔직한 해석이다.

의사표시가 있는 것으로 인정하여도 좋기 때문이라는 견해도 있으나[20], 이 역시 위 같은 이유로 수긍하기 어렵다.

궐석재판에서 증거동의를 의제하지 않는다면 실질적으로 개별 증거에 있어서 증거능력 인정에 많은 문제점이 제기될 것이다. 진정성립은 영상녹화 등으로 보완한다고 하더라도 내용인정은 보완이 어렵다는 견해도 없지 않다[21]. 그러나 검사 제출 증거의 증거능력 입증은 원래부터 검사의 책무이므로 검사가 입증하여야 하는 것이 너무나 당연한 일이며 피고인에게 협조 의무가 있는 것이 아니다. 증거동의를 해 주지 아니하였다고 피고인을 탓한다면 이는 검사의 책무를 피고인에게 떠넘기는 것이 된다. 이러한 경우 검사는 사법경찰관 작성 피의자신문조서의 증거사용을 포기하고 다른 증거로써 피고인의 범죄사실을 입증할 수 밖에 없는 것이다.

제318조 제2항의 근저에는 궐석상태로 재판을 진행하는 것뿐만 아니라 증거동의를 의제하는 것까지도 모두 궐석한 피고인에 대한 제재라는 생각이 없지 않은 듯 하다. 심정적으로는 이해가 되는 면도 없지 않지만, 조금만 더 냉철하게 이성적으로 생각해 보면 궐석에 대한 제재로는 궐석재판의 진행과 향후 피고인 발견시 구속, 판결에서의 양형상 고려가 가능할 뿐 증거동의 의제를 제재의 일종으로 활용해서는 곤란하다. 궐석에 피고인의 귀책이 있다고 하더라도 입증과는 전혀 무관한 영역에서의 피고인의 과오이기 때문에 이 둘을 결부시키면 명백히 비례원칙 중 목적·수단 적합성의 원칙에 위배된다. 더욱이 궐석재판에서 무조건 증거동의가 의제되면 거의 곧바로 유죄가 선고될 수 있으므로 증거동의 의제는 유죄 의제와 크게 다르지 않고, 결국 실체적 진실주의의 정신에도 크게 반한다.

다만 궐석재판에서 증거동의 의제가 절대적으로 금지된다고 보면 사건에 따라서는 피고인의 방어권 보호에 도움이 되지도 않으면서 소송경제에만 크게 반하는 결과를

---

20) 차용석/최용성, 형사소송법 제4판, 21세기사, 2013, 627면.
21) 김혜경, "형사절차상 공시송달제도의 문제점과 개선방안", 형사정책연구 제25권 제1호, 한국형사정책연구원, 2014. 봄, 11면.

초래할 수도 있다. 따라서 지금처럼 모든 궐석재판이 아니라 엄격한 요건 하에 일부 궐석재판에 대하여만 증거동의 의제를 허용하는 것이 적절하다. 필자는 그 허용의 조건으로 첫째 궐석이 피고인의 귀책일 것, 둘째 피고인에게 불출석하면 증거동의가 의제된다는 사실이 고지되었을 것, 셋째 증거 부동의의 기회를 부여하였음에도 피고인이 부동의 의사표시 없이 불출석 하였을 것을 들고 싶다. 이러한 경우에는 피고인의 묵시적 증거동의 의사표시가 있는 것으로 의제할 수 있다고 보는 것이다. 결국 예외적으로 피고인에게 증거동의 권한이 아닌 증거 부동의 의사표시 의무를 부과하는 것인데, 이러한 예외를 통해 피고인의 방어권과 소송경제가 조화될 수 있다고 보기 때문이다.

피고인이 증거동의가 의제된다는 사실을 알 수 있었음에도 불출석한 경우에 이를 묵시적 증거동의 의사표시라고 의제할 수 있을까? 증거동의 의제를 알았으면서도 피고인의 귀책으로 불출석하였다면 묵시적이나마 증거동의 의사표시라고 의제할 수 있겠지만, 증거동의 의제를 알 수 있었지만 알지 못한 채 불출석하였다면 증거동의 의사표시라고 의제할 수는 없을 것이다. 결국 피고인에게 '불출석하는 경우 증거동의를 의제한다, 증거부동의 하려면 출석하거나 별도의 의사표시를 제출하라'는 안내를 하였고 피고인이 이를 확인하였음에도 그의 귀책으로 불출석한 경우에만 증거동의를 의제할 수 있도록 제318조 제2항을 개정하는 것이 바람직하다[22][23].

---

[22] 현행 제318조 제2항의 해석론으로 증거동의 의제를 얼마나 제한할 수 있겠는지에 대하여는 아래 각 궐석재판 검토에서 개별적으로 다루기로 한다.
[23] 증거동의 의제 문제는 국선변호인 선정과도 밀접한 관련을 가진다. 제318조 제2항은 피고인이 출정하지 않았더라도 대리인이나 변호인이 출정한 때에는 증거동의를 의제하지 않기 때문이다. 극단적으로는 모든 궐석재판을 필요적 변호사건으로 규정한다면 제318조 제2항은 의미를 잃게 될 것이다. 궐석재판은 가급적 필요적 변호사건에 포함시켜 국선변호인이라도 선정해 주어야 실질적인 의미의 적법절차에 의한 재판이고 민주적 재판이라 할 수 있을 것이고, 이렇게만 되면 증거동의가 의제되는 범위가 매우 축소되어 문제의 상당 부분이 해소될 수 있을 것이다. 그러나 문제가 그리 간단하지 않다. 궐석재판에 대한 국선변호인 선정은 피고인이 출석한 재판에서의 국선변호인 선정과의 균형을 고려하여야 하기 때문이다. 자칫 피고인이 출석하면 국선변호인의 혜택을 보지 못하는 사건임에도 피고인이 결석하면 오히려 국선변호인의 혜택을 볼 수 있다는 점이 악용될 여지도 없지 않다. 따라서 필요적 변호사건의 범위를 넓히는 방법으로 증거동의 의제 문제를 우회적으로 해결하는 방안은 입법적으로 채택하기 어렵다. 결국 각종 궐석재판에 제318조 제2항이 적용되는가의 해석론 또는 입법론으로, 정공법적으로 풀 수밖에 없는 문제이다.

증거동의 의제를 철회의 측면에서도 살펴볼 필요가 있다. 피고인이 증거동의한 경우라 하더라도 증거조사 종료 전에는 철회할 수 있으므로 증거동의 의제된 경우에는 더더욱 증거조사 종료 전에는 철회(엄격히 말하면 '철회'가 아니라 증거동의 의제에 대한 이의'일 것이다)할 수 있을 것임에 의문이 없지만[24], 증거조사 종료 전에 법정에 출석하여 철회의 의사표시를 할 수 있을 가능성이 희박하다. 증거조사 종료 후, 특히 항소심에서 비로소 출석한 피고인이 증거동의 의제를 철회할 수 있는지도 문제된다. 불출석으로 증거동의 의제된 다음 피고인이 법정에 출석하여 이의할 수 있는 최초의 시점이기 때문이다. 대상판결 1과 3은 항소심에 출석한 피고인은 증거동의 철회의 의사표시를 하더라도 증거동의의 효력을 소멸시킬 수 없음을 명백히 하고 있다[25]. 증거동의 의제가 원활한 공판절차의 진행보다는 피고인에 대한 제재에 보다 초점을 맞춘 제도라고 본다거나 결과적으로 피고인에게 심각한 불의의 타격을 유발하였다면 증거동의 의제를 철회할 수 있을 것이라는 견해도 있으나[26], 현행 제318조 제2항과 같이 궐석재판에 거의 무제한적으로 증거동의 의제를 인정하는 전제 하에 그와 같은 철회 가능성을 입법론이 아닌 해석론상 추출하기는 어렵지 않은가 생각된다. 결국 앞에서 언급한대로 증거동의 의제제도 자체를 재정비하여 허용범위를 축소한 후 한번 증거동의 의제되면 이후 피고인이 출석하더라도 철회 내지 이의하지 못하도록 만드는 것이 근본적인 해결 방안이 될 것이다.

Ⅲ. 각 궐석재판에서 증거동의 의제가 허용되는지에 대한 개별적 검토

1. 경미사건, 재판 결과가 피고인에게 유리한 사건의 경우

1단계 경미사건은 법정형이 500만원 이하의 벌금, 과료인 사건인데. 사실은 법정형이 그렇게 낮은 범죄 자체가 매우 적으며(경범죄처벌법, 도로교통법 등에 일부 존재할 뿐이다) 구공판될 가능성은 거의

---

[24] 권창국, "형사소송법 제318 증거동의의 의제와 철회가능성", 사회과학논총 제26집 제2호, 전주대학교 사회과학연구소, 2011, 54면.
[25] 소촉법상의 공시송달에 의한 궐석재판의 경우 상소권 회복청구 뿐만 아니라 재심 청구를 통해서도 불복할 수 있다(소촉법 제23조의2). 재심심판절차에서는 '법원은 그 심급에 따라 다시 심판을 하여야하며(제438조 제1항), 다시 심판한다는 것은 종전의 소송절차에서 이루어진 모든 소송행위의 효력이 상실되었음을 전제로 완전히 새로운 소송절차로 진행한다는 취지이므로(김희옥/박일환/백형구, 주석 형사소송법 (Ⅳ) 제4판, 한국사법행정학회, 2009, 481면(최완주 집필부분)) 결국 증거동의 의제의 효력도 소멸한다.
[26] 권창국, 앞의 논문, 54면. 다만 원문의 의미를 명확히 하기 위하여 필자가 표현을 약간 수정하였다.

전무하다. 만일 구공판되고 피고인이 불출석하면 제318조 제2항에 의해 증거동의를 의제해도 좋을까? 경미할 뿐만 아니라 피고인 스스로 불출석하였으므로 증거동의를 의제해도 별 문제가 없을 것이라는 견해가 지배적이다[27]. 그러나 앞에서도 살핀 바와 같이 불출석을 증거동의 의제의 방법으로 제재하는 것은 옳지 못할 뿐만 아니라, 1단계 경미사건은 피고인의 출석의무를 면제해 준 것이므로 불출석이 제재의 대상도 아니다. 따라서 공소장 부본 송달시 불출석할 수도 있고 궐석재판의 경우 증거동의가 의제된다는 사실을 고지[28]해 준 후 비로소 궐석재판에서 증거동의를 의제하여야[29] 문제의 소지를 최소화할 수 있을 것으로 생각된다.

2단계 경미사건은 법정형이 3년의 징역·금고에 이를 수 있기 때문에 불출석을 이유로 제318조 제2항에 의해 증거동의를 의제하는 것은 더더욱 허용되지 않아야 한다. 피고인이 미리 법원에 불출석 허가를 신청하고 법원이 이를 허가하여야 궐석재판이 가능할 뿐만 아니라 인정신문기일 즉 제1회 공판기일에는 출석을 하여야 하기 때문에, 법원은 불출석하는 피고인에게 증거동의 의제의 불이익을 설명하면서 증거동의 여부에 대한 의견을 물어 보아야 할 것이다. 그런데 제2회 기일부터 불출석할 피고인이 증거부동의할 가능성은 매우 희박하고, 인정신문이 열리는 제1회 공판기일에 출석하고도 이후 증거조사기일에 불출석할 피고인이라면 제1회 기일에 증거동의 해버리는 경우가 많고 그렇게 되면 제2회 이후 기일을 열 필요가 없을 가능성이 높으므로 결국 2단계 경미사건으로서 궐석재판으로 진행될 경우는 현실적으로는 거의 없다. 재판 결과가 피고인에게 유리할 것이 확실한 경우에는 궐석재판에서 증거동의 의제해도 재판 결과에 영향을 주지 않을 것이므로 증거동의 의제와 관계가 없다.

2. 정식재판 청구사건, 항소심 사건의 경우

약식명령 또는 즉결심판에 대하여 정식재판을 청구한 피고인이나 항소심에서의 피

---

[27] 신동운, 앞의 책, 1295면 등. 입법론적으로는 경미사건에 국한되어야 한다는 견해(배종대/이상돈/정승환/이주원, 형사소송법, 홍문사, 2015, 682면)도 결국 경미사건에 대한 증거동의 의제는 수긍하는 입장이라 할 것이다.
[28] 일반인들도 충분히 이해할 수 있도록 쉽고도 친절한 문구로 설명해 주어야 고지가 실효성을 가질 것이다.
[29] 이렇게 하더라도 가능성은 매우 희박하지만 피고인에게 귀책없는 불출석의 경우 피고인에게 부당한 불이익이 될 우려가 완전히 사라지지는 않는다.

고인이 공판기일에 2회 불출석한 경우에도 궐석재판이 가능한데, 이때 제318조 제2항에 의해 증거동의를 의제할 수 있는지가 문제된다. 대상판결 1을 포함하여 판례도 이를 인정하고 있고, 학설 역시 인정하는 견해가 통설적이다[30]. 앞에서도 살펴보았듯이 대상판결 1은 증거동의 의제의 이유를 '피고인의 불출정으로 전문증거의 증거능력을 결정하지 못함에 따른 소송지연 방지'라고 보고 있지만, 이는 증거동의 의제를 통해 피고인에게 검사 제출 증거의 증거능력에 대한 입증책임을 전가하는 것으로서 옳지 못하다.

인정설 중에는 "대상판결 1이 증거동의 의제를 불출석에 대한 제재로 파악한 점만 제외한다면, 정식재판 청구사건은 대부분 경미한 사건이고 항소심에서는 이미 원심을 통해 피고인의 의견이 충분히 개진되었기 때문에[31] 불의타의 우려가 적을 뿐만 아니라 불이익변경 금지 원칙도 작동하기 때문에 증거동의 의제를 인정하는 결론에는 동의한다"는 견해도 있다[32]. 그러나 경미한 사건이라고 함부로 증거동의가 의제되어야 할 이유는 없고, 항소심에서 새로 제출되는 증거에 대하여는 증거동의가 의제되면 불의타가 될 수 있으며, 증거동의 의제에 의해 재판결과가 피고인에게 유리하게 변경될 기회가 박탈될 우려도 있을 뿐만 아니라 검사 또는 쌍방 항소사건이라면 불이익변경 금지 원칙이 적용되지도 아니한다. 더 나아가 불출석 상태에서 재판을 진행하되 적법하게 증거조사하면 족하지 증거동의 의제까지 하는 것은 결국 증거동의 의제를 불출석에 대한 제재로 파악하는 것이라고 볼 수밖에 없다.

소촉법에 의한 공시송달 궐석재판에서는 증거동의 의제를 반대하면서도 약식명령에 대한 정식재판과 관련하여서는 "약식명령 사건의 경우에는 공시송달의 방법으로 송달되어 확정된 경우 노역장유치집행을 받기 때문에 이를 모면하기 위한 방편으로 정식재판청구권 회복청구를 하여 집행정지가 되도록 하고 신병이 풀리면 그 후 진행되는 정식재판사건에서는 거의 출석을 기대하기 어려운 현실에 비추어 증거동의 의

---

[30] 신동운, 앞의 책, 1297면.
[31] 이 때문에 원심에서 다툰 경우에는 항소심에서 불출석하더라도 증거동의를 의제하면 안된다고 설명하고 있다. 필자도 이 부분은 동의한다.
[32] 권창국, 앞의 논문, 52면, 55면.

제의 필요성이 크다"고 보는 견해도 있다[33]. 약식명령 집행의 현실적 어려움은 충분히 수긍이 되나, 출석을 기대하기 어렵다 하여 증거동의를 의제하는 것은 여전히 비례원칙 등에 위배된다. 특히 2007년 형사소송법 개정으로 형 집행 정지결정이 재량으로 바뀌었으므로(제348조 제1항), 형 집행을 정지하지 않든지 아니면 형 집행을 정지한 후 새로 구속영장을 발부하는 방법으로(제348조 제2항) 해결함이 상당하다고 판단된다.

3. 무단퇴정, 퇴정명령 및 출석 거부의 경우

(1) 무단퇴정과 출석 거부

피고인이 무단퇴정하거나 퇴정명령 받은 경우에도 궐석재판을 할 수 있는데(제330조), 이때 제318조 제2항에 의해 증거동의가 의제되는지 문제된다. 다만 무단퇴정은 피고인 스스로의 의사에 의해 퇴정하는 것이지만 퇴정명령은 재판장의 명에 의해 강제로 퇴정당하는 것으로서 적지 않은 차이가 있으므로 증거동의 의제 여부도 따로 살펴볼 필요가 있다. 먼저 무단퇴정에 대하여 살펴보기로 한다. 재판장은 법정의 존엄과 질서를 유지 회복하기 위하여 피고인의 퇴정을 제지할 수 있는데(제281조 제2항), 무단퇴정은 재판장의 제지에도 불구하고 퇴정해 버리는 경우 또는 제지할 시간적 여유도 없이 퇴정한 경우를 말한다.

학설은 대립하고 있다[34]. 증거동의 의제를 긍정하는 견해는 피고인이 출석의무를 소홀히하고 공판정에 출석한 다른 소송관계인에게 기일 공정의 불편을 주었기 때문에 불이익을 감수하게 하는 것이 타당하다는 점[35], 피고인이 처음부터 불출석한 것과 실질적으로 다르지 않다는 점[36], 반대신문권을 포기한 것으로 볼 수 있다는 점[37] 등을 그 이유로 하고 있다. 반면 이를 부정하는 견해는 공정한 재판을 촉구하는 의미이므

---

33) 김정원, 앞의 논문, 492-493면.
34) 일본 형사소송법 제288조, 제341조도 무단퇴정·퇴정명령의 경우 궐석인 상태에서 심리를 진행할 수 있고 이를 정당한 방어권 포기로 보는 견해가 일반적이다. 이러한 경우 제326조 제2항에 의한 증거동의가 의제되는지에 대하여는 견해가 대립하고 있다(이동희, 앞의 논문, 143면 참조).
35) 노명선/이완규, 앞의 책, 527면.
36) 손동권/신이철, 새로운 형사소송법 제2판, 세창출판사, 2014, 654면.
37) 이재상/조균석, 앞의 책, 656면; 이창현, 앞의 책, 984면.

로 증거 동의하지 않겠다는 의사가 암묵적으로 포함되어 있다고 보아야 한다는 점[38], 무단퇴정은 방어권의 포기가 아니라 불공정한 재판에 대한 가장 강력한 항의의 의사표시라는 점[39], 퇴정 자체만으로 반대신문권을 포기했다고 보기 어렵고 동의의 의제가 퇴정이나 불출석에 대한 제재의 성격을 가져서는 안된다는 점[40], 피고인을 강제로라도 출정시켜 증거동의 여부를 묻는 것이 형사재판의 공정이라는 관점에서 요청되고 적법절차 법리에 부합된다는 점[41] 등을 그 이유로 하고 있다. 대상판결 2는 무단퇴정의 경우 제318조 제2항을 적용하여 증거동의를 의제할 수 있다고 보면서 그 이유를 제318조 제2항 규정이 피고인의 진의와는 관계없이 증거동의가 있는 것으로 간주하게 되어 있기 때문이라고 보고 있다.

여기에서 간과하여서는 아니될 것이 제318조 제2항은 "피고인이 출정하지 아니한 때"라고 표현하여 처음부터 출석하지 아니한 경우를 규정할 뿐 출석해 있다가 퇴정한 경우는 규정하고 있지 않다는 점이다. 만일 퇴정까지 포함하여 규정하려면 '피고인이 재정하지 아니한 때'라고 규정하였어야 한다. 앞에서 설명한 여러 문제점들을 고려할 때 제318조 제2항은 매우 엄격하게 해석하여야 하므로 불출석의 경우를 규정한 제318조 제2항을 퇴정의 경우에 적용 또는 유추적용 하는 것은 허용되지 않는다고 생각된다.

퇴정의 의미를 살펴보아도 마찬가지이다. 무단퇴정이 피고인의 자의적인 퇴정인 것은 맞지만, 무단퇴정의 의미는 '재판절차가 정상적으로 진행되니 내가 자리에 없더라도 제출된 증거에 의해 적절하게 판단되리라고 믿고 그 결과를 수용하겠다'는 의미는 전혀 아니다. 대상판결 2에서도 피고인과 변호인은 재판 거부의사를 밝히면서 퇴정하였음을 명백히 하고 있다. 오히려 직접 구두로 밝히지는 않았다고 하더라도 재판진행과 관련하여 법원과 검사에 대한 불신과 불만을 온몸으로 표시하고 있고, 그 속에는 검사가 증거조사 신청한 전문증거에 대하여도 '인정하지 못하겠다'는 취지가 내

---

[38] 신동운, 앞의 책, 1297면.
[39] 배종대/이상돈/정승환/이주원, 앞의 책, 683면.
[40] 신양균, 신판 형사소송법, 화산미디어, 2009, 843면.
[41] 김희옥/박일환/백형구, 주석 형사소송법(Ⅲ) 제4판, 한국사법행정학회, 2009, 457면(백형구 집필부분).

재되어 있음이 명백하다. 대상판결 2는 "제318조 제2항의 규정이 피고인의 진의와는 관계없이 적용되어야 한다"고 해석하고 있으나, 이에는 동의하기 어렵다. 앞에서도 설명하였듯이 잠재적인 수용의 의사로 해석 가능할 때에도 함부로 증거동의를 의제하는 것은 문제가 되는데 사실상 증거 부동의의 의사를 밝혔음에도 억지로 증거동의를 의제하는 것은 실체적 진실주의의 근본정신에도 명백히 위배된다.

도저히 재판이라고 할 수도 없을 만큼 비민주적이고 불공정한 재판이라면 무단퇴정이 정당화될 여지가 있겠지만, 오늘날 대한민국에서 그런 재판은 생각하기 어렵다. 그렇다면 재판 진행이 자신의 마음에 들지 않는다고 하더라도 피고인과 변호인은 적법한 절차에 따라 이의하고 다투어야지 무단퇴정으로 맞서는 것은 옳지 못하다. 그러나 무단퇴정이 옳지 못하다고 하더라도 이에 대한 제재는 피고인과 변호인이 없는 중에도 재판을 진행해 버리는 것(제330조)과 이에 부수하여 피고인이 변소권, 증거신청·제출권, 반대신문권 등을 행사할 수 없는 불이익으로 충분하고, 이에 더하여 피고인이 사실상 표시한 의사에 정면으로 반하여 증거동의를 의제하는 것은 전혀 옳지 못하다. 따라서 제318조 제2항이 무단퇴정의 경우에는 적용 또는 유추적용 되지 않는다고 생각된다.

구속 피고인이 정당한 이유없이 출석을 거부하고 강제인치도 불가능하거나 현저히 곤란한 경우에도 궐석재판을 할 수 있다(제277조의2). 이러한 경우가 제318조 제2항이 말하는 '출정하지 아니한 때'에 해당한다는 점에서는 무단퇴정과 다르지만, 피고인의 재판 거부를 통해 증거 부동의 의사를 사실상 표시하였다는 점에서는 무단퇴정과 동일하므로 무단퇴정과 마찬가지로 증거동의를 의제하여서는 아니될 것으로 생각된다.

(2) 퇴정명령

재판장은 법정 질서를 깨트리는 피고인이나 변호인 또는 방청인에 대하여 퇴정명령을 내릴 수 있다(제58조 제2항). 피고인이 퇴정명령을 받아 퇴정한 경우에도 불출석에 준하여 증거동의를 의제할 수 있는지의 문제를 직접 다룬 판례는 없다. 퇴정명령의 경우에도 기일 공전으로 다른 소송관계인에게 불이익을 주었고, 다시 기일을 지정한다면 퇴정명령의 의미가 없게 될 뿐만 아니라 오히려 소송진행 방해의 의도가 달성되는 결과가 되며, 퇴정의 불이익을 스스로 감수하여야 한다는 점을 이유로 이러한 경우에도 증거동의를 의제할 수 있다는 견해도 없지 않다[42]. 그러나 학설은 대체로 의제를 부정하면서[43] 그 이유로는 질서유지명령에 위반한 피고인에 대한 제재는 퇴정명령이지 증거동의 의제가 아니라는 점[44], 반대신문권 포기로 의제하는 것은 당사자의 지위를 부당하게 제한하는 것이라는 점[45], 피고인을 재차 소환하여 증거동의 여부를 묻는 것이 형사재판의 공정이라는 관점에서 요청되고 적법절차 법리에 부합된다는 점[46], 이때에 검사가 모든 서면을 증거로 제출하면 부당한 결과가 된다는 점[47] 등을 들고 있다[48].

무단퇴정과 마찬가지로 퇴정명령 역시 제318조 제2항이 말하는 '출정하지 아니한 때'에 해당하지 않으며, 피고인이 궐석인 상태에서 재판을 진행할 수 있다는 것 자체로 그에 대한 제재가 될 뿐 이에 더하여 증거동의를 의제하는 것은 수단·목적 적합성이 없다. 더욱이 퇴정명령은 피고인의 자의에 의한 궐석이 아니기 때문에 '퇴정'을 제318조 제2항이 말하는 '출정'에 포함시킨다고 하더라도 출정하지 '아니한 것'이 아니라 출정하지 '못한 것'이다. 비록 피고인이 유발한 면이 있기는 하지만, 그렇다고 하더라도 이로 인한 궐석을 피고인의 자의적인 불출석과 동일시할 수는 없다. 소수설이 말하는 것처럼 다시 기일을 지정한다고 하여 굳이 '퇴정명령의 의미가 없어지거나 소송진행 방해의 의도가 달성된다'고 평가할 필요는 없다. 소란을 피운 소송진행 방해는 양형에서 고려하면 족하고 증거동의를 하지 않는 것을 소송진행 방해로 평가하여서는 아니되기 때문이다. 더욱이 퇴정명령을 유발한 피고인의 행위는 무단퇴정의 경우와 마찬가지로 재판 진행과 관련한 법원과 검사에 대한 불신과 불만의 표시이므로 검사가 증거조사를 신청한 전문증거에 대하여도 인정하지 못한다는 취지로 사실상

---

[42] 노명선/이완규, 앞의 책, 527면.
[43] 신양균, 앞의 책, 843면; 이재상, 앞의 책, 612면; 이창현, 앞의 책, 984면 등.
[44] 신동운, 앞의 책, 1297면.
[45] 손동권/신이철, 앞의 책, 654면.
[46] 김희옥/박일환/백형구, 앞의 주석 형사소송법(Ⅲ), 457면(백형구 집필부분).
[47] 차용석/최용성, 앞의 책, 627면. 그런데 이 이유는 무단퇴정의 경우에도 동일하지 않은가 생각된다.
[48] 퇴정명령의 경우 증거동의 의제를 부정하는 분 중 상당수는 무단퇴정의 경우에는 증거동의 의제를 인정하고 있고, 이를 절충설이라고 소개하기도 한다.

의사표시한 것이다. 따라서 퇴정명령의 경우에는 무단퇴정의 경우보다도 더 제318조 제2항이 적용 또는 유추적용 되어서는 안된다고 생각된다.

Ⅳ. 공시송달 궐석재판에서도 증거동의 의제가 허용되는지에 대하여

1. 소촉법 제23조의 개정과 국가인권위원회의 개정 권고

개정 전 소촉법 제23조는 "제1심 공판절차에서 피고인에 대한 송달불능보고서가 접수된 때로부터 6월이 경과하도록 피고인의 소재를 확인할 수 없는 때에는 대법원규칙이 정하는 바에 따라 피고인의 진술없이 재판할 수 있다. 다만, 사형 무기 또는 단기 3년 이상의 징역이나 금고에 해당하는 사건의 경우에는 그러하지 아니하다"고 규정하고 있었는데, 이에 대해 헌법재판소는 위헌으로 결정하였다[49]. 물론 소촉법 제23조의 위헌성이 문제된 것이고 위헌 여부의 판단 과정에 증거동의 의제 문제가 언급되기도 하였지만, 필자의 시각으로는 증거동의 의제의 문제점이 좀 더 조명되고 그것이 결국 소촉법 제23조의 위헌성 여부에 중요한 사유가 될 수 있다는 점이 충분히 부각되지 아니한 점이 못내 아쉽다.

위 위헌 결정에 따라 1999년 소촉법을 개정하여 '사형 무기 또는 장기 10년이 넘은 징역이나 금고에 해당하는 사건'을 제외하는 것으로 적용 배제범위를 넓히고, 일반적인 항소권 회복 외에 피고인이 책임질 수 없는 사유로 출석하지 못한 경우에는 재심을 청구할 수 있는 방안을 마련하였다[50]. 위 개정 후에도 소촉법 제23조에 대하여 다

---

49) 헌법재판소 1998.7.16. 97헌바22 결정. 다수의견의 취지는 ① 위 법률 조항의 단서에서 사형 무기 또는 단기 3년 이상의 징역이나 금고에 해당하는 사건에는 적용하지 아니한다고 규정함으로써 필요적 변호사건(제282조)을 그 대상에서 제외하고 있으나, 이에 해당하지 않는다고 하여 모두 경미사건이라고 보기 어렵다. 이 사건 법률조항이 적용될 수 있는 대상이 지나치게 넓다. 즉 적용 배제가 너무 적다. ② 위 법률 조항은 피고인의 불출석 사유를 구체적으로 따지지 아니한 채 획일적으로 궐석재판의 가능성을 열어두고 있다는 것에 문제점이 있다. 피고인이 공소가 제기된 사실조차 알지 못한 경우, 피고인에게 불출석의 책임을 돌릴 수 없는 경우도 얼마든지 있을 수 있다. 더욱이 증거동의가 의제되어 별도의 증거조사 없이 곧바로 유죄판결을 선고할 수 있다. 항소(항소권 회복청구)의 방법으로 불복할 수 있지만 심급의 이익이 침해된다는 것이었다.

50) 이후에도 개정된 소촉법 제23조에 대하여 다시 위헌 주장이 제기되었으나, 창원지방법원은 위헌 제청신청을 일부 각하 일부 기각하였다. 고시면, "소송촉진등에관한특례법 제23조에 대한 헌재의 합헌결정에 관한 인권위의 개정권고", 사법행정 제48권 제1호, 한국사법행정학회, 2007. 1, 16면 참조.

시 위헌 주장이 제기되었으나, 헌법재판소는 개정 소촉법이 제외되는 사건의 범위를 확대하였고 재심청구권을 보장하였으므로 이제는 적법절차를 위반하거나 공정한 재판을 받을 권리를 침해한 법률로 볼 수 없다고 판시하였다[51].

그런데 위와 같이 개정하면 헌법재판소가 제시한 위헌적 요소가 모두, 또는 대부분 제거되었는지에 대하여는 깊이 고민해 볼 필요가 있다. 장기 10년의 징역·금고를 궐석재판으로 선고할 수 있다는 적용 범위의 문제 외에도 불출석 사유를 전혀 구분하지 아니하였다는 문제는 그대로 남아있다. 물론 불출석이 피고인 귀책이 아닌 경우에는 항소권회복 뿐만 아니라 재심청구까지도 가능하게 하여 심급의 이익을 보장하고 증거동의 효과의 단절을 도모하고 있지만, 더 근본적으로 피고인에게 귀책이 있는지도 불명한 불출석에 대하여 증거동의 의제로 제재하는 것은 목적·수단 적합성 원칙에 정면으로 반한다. 더욱이 피고인이 책임질 수 없는 사유로 불출석한 경우 유죄를 선고하더라도 재심에 의해 다시 재판하면 절차만 복잡해지기 때문에 소송경제에도 큰 보탬이 되지 않는다.

2005.11.14. 국가인권위원회는 위와 같이 개정된 소촉법 제23조에 대하여 다시 개정을 권고하였는데, 그 이유로 ① 헌법재판소의 위헌결정에 따라 개정하였지만 결정 사항의 일부만을 반영하였을 뿐이고 당사자에게 재판에 대한 사전 통보라는 최소한의 형사소송 절차도 보장하지 않았고, ② 불출석 사유에 대한 피고인의 귀책 여부를 구분함이 없이 획일적으로 적용하여 책임 없는 사유로 불출석한 피고인이 방어 기회 없이 유죄판결을 받을 수 있게 하였다는 점을 들었다. 이는 결국 소촉법 23조에 의한 궐석재판을 피고인이 공판에 대한 사전통보를 전혀 받지 못한 경우와 피고인에게 불출석에 대한 책임 없는 경우에는 적용하지 못하게 하여야 한다는 의미이다[52]. 다만 위 개정권고 결정에서도 궐석재판에서의 증거동의 의제 부분은 전혀 다루지 않았는데, 위헌결정 과정에도 일부 언급되었던 문제를 국가인권위원회가 전혀 언급하지 아니한 점 역시 적잖이 아쉽다.

---

51) 헌법재판소 2005.7.21. 2005헌바21 결정.
52) 같은 취지, 고시면, 앞의 논문, 12면 이하.

2. 증거동의 의제의 문제

앞에서 설명한 위헌결정이나 개정권고결정을 포함하여 소촉법 제23조에 대한 논의의 대부분이 소촉법에 의한 궐석재판 자체의 문제점을 지적하지만, 불출석에 의하여 증거동의가 의제된다는 문제점은 가벼이 취급하는 경향이 있다. 궐석상태로 소송을 진행하면 피고인이 적극적으로 변소를 할 수 없고 자신에게 유리한 증거를 제출할 수 없다는 문제점은 있지만, 실제로 형사재판에서 피고인의 변소와 증거(주로 반증이 될 것이다)제출이 피고인에게 유리하게 작용하거나 피고인의 재판참여·감시 기능에 의하여 재판의 적법성이 제고되는 경우는 그리 많지 않아 보인다. 그보다는 검사가 제출한 증거(대부분이 수사과정에 수집된 피고인 자신의 진술, 피고인에게 불리한 참고인의 진술일 것이다)에 대하여 증거동의가 의제됨으로써, 피의자신문조서에 대하여는 진정성립이나 내용을 부인하여 증거능력을 배척하는 효과를 볼 수 없게 되고, 진술조서나 진술서에 대하여는 원진술자가 법정에 출석할 필요도 없이(혹 출석하였다면 법원에 의한 최소한의 보충신문이라도 가능할텐데) 곧바로 증거능력을 획득해버리는 점이 현실적으로 더 큰 불이익이 될 것이다.[53)54)]

법정형이 사형, 무기 또는 단기 3년 이상의 징역이나 금고에 해당하는 사건이면 필요적 변호사건이 되고(제33조 제1항 6호,) 국선변호인이라도 출정하면 증거동의 의제가 저지되므로 공시송달 궐석재판 중 상당수는 증거동의 의제를 피할 수 있다. 그러나 필요적 변호사건에는 해당하지 않지만 공시송달 궐석재판은 할 수 있는 사건(예건대 사기죄와 같이 법정형의 상한은 징역 10년이지만 하한은 징역 3년보다 낮은 경우)도 적지 아니한데[55)] 이러한 경우에만 증거동의 의제가 문제된다. 공시송달 불출석에 제318조 제2항을 적용할 것인가에 대하여는 견해가 크게 대립하고 있다. 적

---

53) 만일 재판에 출석하여 주장과 증거제출을 할 수 있지만 검사측 증거에 대하여는 증거동의가 의제되는 경우와 불출석하여 주장과 증거제출은 할 수 없지만 검사측 증거에 대하여 증거동의가 되지는 않는 경우 중 하나를 선택하라고 한다면 후자를 선택하는 것이 현실적으로 훨씬 이익이 될 것이다.
54) 이러한 점은 실질적인 소송의 구조와도 관련이 있다. 피고인 본인의 방어권 행사 가부를 더 중요한 문제로 보는 것은 당사자주의적 시각이다. 반대로 증거동의 의제로 인하여 피고인 불출석하더라도 법원으로 하여금 원진술자의 법정진술을 들어보고 증명력을 판단케 하는 것은 직권주의적 시각과 밀접한 관련이 있다. 우리 형사소송법은 외형상 당사자주의를 취하고 있으나 그 운용 실질에서는 직권주의적 성격이 상당히 강하기 때문에 증거동의 의제는 피고인 본인의 방어권 행사 여부보다 더 큰 영향력을 행사하는 것으로 보인다.
55) 개정 전 소촉법 제23조는 적용 배제범위를 필요적 변호사건과 동일하게 규정하여 공시송달 궐석재판이 원칙적으로 국선변호 혜택을 볼 수 없는 범위였는데 소촉법 개정으로 적용 배제범위를 확장하면서 필요적 변호사건이면서 공시송달 궐석재판으로 진행되는 경우가 다수 발생하게 되었다.

용을 부정하는 견해들은 대체로 소재불명의 사유를 알 수 없어 피고인이 반대신문권을 포기한 것으로 속단하기 어렵다는 점과[56] 이러한 경우에도 증거동의를 의제하는 것은 비례원칙(목적·수단 적합성) 위반이라는 점을 든다[57]. 이에 반하여 적용을 긍정하는 견해들은 대체로 소촉법의 개정으로 궐석재판 할 수 있는 범위가 대폭 제한되었고, 재심제도도 마련되었다는 점을 근거로 하고 있다[58][59]. 대상판결 3이 소촉법 제23조에 의한 공시송달 불출석의 경우에도 전문증거의 증거능력을 결정하지 못함에 따른 소송지연 방지를 위해 증거동의를 의제할 수 있으며, 특히 항소로 불복하는 경우에는 항소심에서도 증거동의의 효과가 유지된다고 판시하고 있는 것에서 보듯이 실무상으로도 증거동의 의제로 처리하고 있다[60][61].

이러한 문제점 때문에 "실무상 재판부에 따라서는 실형을 선고할 사안의 경우 공시송달로 진행하면서도 증인을 소환하는 등의 방법으로 정식으로 증거조사를 거친 뒤 판결을 선고하는 경우가 있다"고 소개하면서 "피고인이 법정에 출석하지 않은 점은 양형상 불리하게 작용하여 실형 선고의 가능성이 높아지게 되기 때문에 공시송달 결정 자체가 피고인에게 커다란 제재의 의미가 있다. 피고인에게 이를 감수시키려면 피고인에게 책임 있는 불출석에만 소촉법 제23조를 적용하여야 옳다"는 견해가 제시되기도 한다[62]. 대단히 의미있는 지적이며, 공시송달에 의한 궐석재판 자체의 요건을

---

[56] 이재상/조균석, 앞의 책, 565면.
[57] 신양균, 앞의 책, 842면.
[58] 노명선/이완규, 앞의 책, 641면; 손동권/신이철, 앞의 책, 653면; 신동운, 앞의 책, 1296면; 배종대/이상돈/정승환/이주원, 앞의 책, 682면; 이창현, 앞의 책, 982면; 손동권, 앞의 논문, 33면.
[59] 소촉법 제23조는 '피고인의 진술 없이 재판할 수 있다'고 규정하고 있는데 그것이 형사소송법 제318조 제2항이 말하는 '피고인의 출정 없이 증거조사를 할 수 있는 경우'에 해당하는지 의문이라는 지적도 있는데(김정원, 앞의 논문, 492면), 정확하게 어떤 의미인지가 분명하지 않다. 소촉법이 말하는 '재판'이 증거조사를 포함하는 공판심리 전체를 말하는 것임은 명백해 보인다. 그보다는 제318조 제2항이 말하는 '피고인이 출정하지 아니한 때'라는 것이 피고인이 자의에 의해 불출석하는 경우만을 의미한다고 제한적으로 해석하는 것이 바람직하리라 생각된다.
[60] 김정원, 앞의 논문, 491면; 차상우, "현행 궐석재판제도의 문제점과 개선방안", 검찰 통권 제119호, 대검찰청, 2007.12, 364면.
[61] 종래 대법원 재판예규 제191호가 소촉법 제23조에 의한 궐석재판에 형소법 제318조 제2항을 적용할 수 있는지에 대하여 긍정설과 부정설이 대립하고 있음을 소개하면서 긍정설이 더 타당하다고 규정하고 있다가 1988.9. 폐지되었는데 폐지이유는 명확하지 않으며 그 이후에는 이 문제를 명시적으로 다루고 있는 예규는 없다. 자세한 내용은 차상우, 앞의 논문, 364면 참조.
[62] 김정원, 앞의 논문, 492면.

피고인 귀책 불출석으로 한정하는 것뿐만 아니라 증거동의 의제를 적용하지 못하게 하는 조치도 함께 필요하다고 생각된다.

제318조 제2항은 "피고인이 출정하지 아니한 때"라고 규정하고 있는데, 앞에서 설명한 증거동의 의제 제도의 문제점들을 고려할 때 이를 최대한 엄격하게 해석하여야 할 것이다. 그렇다면 퇴정명령의 경우와 마찬가지로 '출정하지 아니한 때'는 피고인이 자의적으로 출정하지 아니한 경우에만 해당되고, 출정하지 못한 경우는 해당되지 않는다고 제한적으로 해석하여야 한다. 그런데 공시송달에 의한 궐석재판에서는 불출석의 사유가 피고인의 귀책인지 아닌지를 전혀 구별하고 있지 않으므로, 제318조 제2항의 해석론에 의하더라도 불출석이 피고인의 귀책인 점을 검사가 입증한 경우에만 증거동의를 의제할 수 있다고 생각된다[63].

더욱이 근본적으로는 앞에서도 설명한 바와 같이 피고인이 불출석하여 소송의 원활한 진행을 저해하고 있는 점에 대하여는 피고인 본인의 변소와 증거제출 기회를 박탈하고 필요하다면 양형상 불이익을 부여하는 것으로 충분하고 이를 넘어 증거동의 의제로 제재하는 것은 옳지 못하다. 따라서 제318조 제2항을 개정하여 불출석이 피고인의 귀책이고 피고인에게 불출석하면 증거동의가 의제된다는 사실 고지[64]와 함께 증거 부동의할 수 있는 기회를 부여하였음에도 피고인이 아무런 의사표시 없이 불출석하였다는 점을 검사가 입증하는 경우에만 증거동의를 의제할 수 있도록 함이 상당하다고 생각된다.

V. 나가며

앞에서 필자는 피고인이 재정하지 아니하는 모든 경우에 제318조 제2항을 적용하여 증거동의를 의제하고 있는 판례 및 일부 학설에 대하여 불출석에 대하여 증거동

---

[63] 피고인 귀책 없는 공시송달 궐석재판에 대해 나중에 나타난 피고인이 재심으로 다투는 경우 증거동의의 효과는 소멸되고 이제는 전문서류의 원진술자를 증인으로 소환하기가 어렵게 되는 경우가 적지 않을 것이다. 결국 무리한 증거동의 의제는 소송경제나 실체적 진실발견에 오히려 해가 될 가능성이 크다.
[64] 기소된 사실 고지는 당연히 그 전제가 될 것이다.

의 의제로 제재하는 것은 수단·목적 적합성 원칙뿐만 아니라 입증책임 분배원칙, 증거재판주의, 크게는 실체적 진실주의에까지 위배된다고 비판하면서, 다음 일부 궐석재판에 대하여는 표1과 같은 사유들로 제318조 제2항의 해석론에 의해서도 증거동의 의제를 배제·제한할 수 있고, 나머지 궐석재판에 대하여는 표2와 같이 제318조 제2항을 개정하여야 할 것으로 주장하였다.

【해석상 제318조 제2항 적용 배제·제한】

궐석 사유	제318조 제2항 적용 배제 사유
무단퇴정	퇴정은 불출석이 아니다 사실상 증거부동의 의사를 표시하였다
출석거부	사실상 증거부동의 의사를 표시하였다
퇴정명령	퇴정은 불출석이 아니다 출석하지 못한 것이지 출석하지 아니한 것이 아니다 사실상 증거부동의 의사를 표시하였다
공시송달 궐석재판	피고인의 자의적인 불출석이라는 점을 검사가 입증하지 못하는 한 제318조 제2항 적용 불가

【법 개정에 의한 제318조 제2항 적용 배제·제한】

궐석 사유	제318조 제2항 개정 방향
1단계 경미사건	공소장부본 송달시 불출석·증거동의 의제 고지해 주어야
2단계 경미사건	불출석 신청하면 증거동의 여부 물어보아야
정식재판 청구사건 항소심 사건	증거동의 의제 적용을 배제하여야
공시송달 궐석재판	불출석·증거동의 의제를 고지하고 부동의 기회 주어야

그간 실무에서 증거동의를 오히려 통상적인 것으로 인식하는 한편 증거동의 의제도 너무 쉽게 활용하였고 학계 역시 그와 같은 실무의 태도를 너무 무비판적으로 수용한 것이 아닌가 생각된다. 만일 우리 형사소송법에 증거동의 의제제도가 없다가 지금 시점에 이런 제도를 도입하겠다고 하였다면 학계의 반응이 어떠할까? 아마도 긍정적일 수가 없을 것으로 생각된다. 실체적 진실주의와 증거재판주의 등의 정착을 위해 증거동의 의제에 대하여 다시 한 번 생각해 보는 계기가 되었으면 하는 바람이다.

탄핵증거의 허용성과 조사방법에 관한 소고
― 전자적 문서의 탄핵증거 능력 문제를 포함하여 ―

Ⅰ. 들어가며

1. 총설

실질증거의 증명력을 증강 혹은 감쇄시키기 위해 사용되는 증거를 '보조증거'라 하고, 보조증거에는 증명력을 증강하는 '보강증거(증강증거)'와 증명력을 감쇄시키는 '탄핵증거'가 포함된다는 것은 주지의 사실이다. 보조증거도 증거이니 증거능력 있는 증거로서 실질증거의 증명력을 증강 혹은 감쇄할 수 있다는 점에는 아무런 의문이 없으나, 형사소송법 제318조의2는 "증명력을 다투기 위한 증거"라는 표제 하에 제1항에서 "제312조부터 제316조까지의 규정에 따라 증거로 할 수 없는 서류나 진술이라도 공판준비 또는 공판기일에서의 피고인 또는 피고인이 아닌 자(공소제기 전에 피고인을 피의자로 조사하였거나 그 조사에 참여하였던 자를 포함한다. 이하 이 조에서 같다)의 진술의 증명력을 다투기 위하여 증거로 할 수 있다"는 특칙을 마련하여 일부 증거능력 없는 증거도 탄핵증거로는 사용할 수 있도록 예외를 허용하고 있다.

보조증거는 범죄사실(이하 범죄사실을 추단케 하는 간접사실도 포함하는 의미로 사용한다)의 존부를 직접 입증하는 것은 아니지만, 범죄사실의 존부를 입증하는 실질증거의 증명력을 좌우함으로써 결국 범죄사실의 존부 입증에 중요하게 기여한다. 특히 형사소송법 제308조에 의해 자유심증주의를 채택하고 있는 우리나라 형사소송에서 증명력을 감쇄시킨다는 것은 실질증거의 대부분이 범죄사실의 존재를 입증하기 위한 검사측 증거인 현실에 비추어 볼 때 탄핵증거가 피고인의 이익을 위하여 매우 중요한 의미를 가지고 있는 것은 사실이다.

2. 문제의 제기

그런데 여기에서 몇 가지 의문이 제기된다. 먼저 앞에서도 언급한 바와 같이 범죄사실의 존부는 실질증거에 의하여 입증하면 되고 실질증거의 증명력은 자유심증주의에 의하여 판단하면 족한데 형사소송법이 탄핵증거라는 특칙을 두어 증명력을 감쇄케 함에는 증거능력 없는 전문증거를 사용할 수 있는 특혜를 베풀고 있는 것이 합리적인가 라는 문제이다. 이는 탄핵증거 특칙의 존재이유 혹은 이념적 근거가 무엇인가 하는 문제로서, 탄핵증거의 인정범위[1]와도 직결될 뿐만 아니라, 반대로 증명력을 증강함에는 왜 그와 같은 특혜 규정을 마련하고 있지 않은가 하는 문제와도 필연적으로 관련된다. 만일 이에 대한 명확한 해답이 제시되지 않는다면 탄핵증거 제도는 합리적 근거도 없이 전문법칙에 대한 광범위한 예외를 설정하여 검사에게는 불리하고 피고인에게는 유리한 입증의 조건을 제시하는 심히 불공평한 처사라고 할 수 밖에 없다.

형사소송법 제307조는 "증거재판주의"라는 표제 하에 제1항에서 "사실의 인정은 증거에 의하여야 한다"고 규정하고 있는데, 통설은 위 규정을 "주요사실은 증거능력이 있고 법적 절차에 따른 증거조사의 결과로서 인정하여야 한다"는 의미로 해석하면서 이를 '엄격한 증명'이라고 부르는 반면, 그 밖의 소송법적 사실·정상관계 사실 및 증명력을 다투는 사실의 인정에는 위 규정이 적용되지 않는다고 보면서 이들 사실의 증명을 엄격한 증명과 상대되는 개념인 '자유로운 증명'이라고 설명하고 있다[2]. 제307조의 해석 문제는 여기에서 본격적으로 다루지 않더라도 통설과 같이 해석하면 탄핵증거의 경우 증거능력의 문제로부터 자유로워질 뿐만 아니라 증거조사의 방법 역시 제한이 없게 된다. 여기에서 과연 전문법칙 이외의 사유, 즉 위법수집 증거이거나 임

---

[1] 형사소송에서 거의 대부분의 입증책임은 검사에게 부담된다. 따라서 주로 검사가 제출한 증거에 대하여 피고인(변호인을 포함한다)이 탄핵을 하게 되므로 탄핵증거제도는 실제로 피고인의 이익을 위해 작용되는 법리일 가능성이 매우 크다. 결국 탄핵증거의 허용범위를 넓게 인정하면 피고인에게는 이익이 되나 재판의 공정에는 문제가 되며 허용범위를 좁게 인정하면 그 반대의 결과가 된다. 여기에서 탄핵증거의 허용범위를 어떻게 정하는 것이 피고인의 실질적 이익과 재판의 공정을 조화롭게 조절하며 탄핵증거 제도를 마련한 근본 취지에도 부합하는 것인지의 문제가 발생한다.
[2] 이재상, 신형사소송법, 박영사, 2007. 486-487면; 배종대/이상돈/정승환, 신형사소송법(제2판), 홍문사, 2009, 548-549면; 신동운, 신형사소송법(제2판), 법문사, 2009, 899-900면; 노명선/이완규, 형사소송법, 성균관대학교 출판부, 2009, 459-460면; 정웅석/백승민, 형사소송법(전정제2판), 대명출판사, 2008, 171-172면; 손동권, 형사소송법(개정신판), 세창출판사, 2010, 596면; 이은모, 형사소송법, 박영사, 2010, 520-521면 등. 다만 제307조 증거재판주의 규정과는 큰 관련 없이 엄격한 증명, 자유로운 증명을 설명하고 있는 분들도 계신 듯하다. 신양균, 형사소송법(제2판), 법문사, 2004, 654면; 송광섭, 형사소송법, 형설출판사, 2010, 521면 등.

의성 없는 진술 또는 진정성립이 인정되지 않는 전문서류 등도 탄핵증거로 사용할 수 있다고 볼 것인가 라는 의문과 함께 탄핵증거를 조사함에 있어서도 형사소송법 제292조 등이 규정하는 엄격한 절차를 따르지 않아도 되는가 라는 의문이 제기된다[3].

Ⅱ. 탄핵증거 특칙의 존재이유에 대한 재검토

1. 탄핵증거 특칙의 존재이유에 대한 종래의 견해

대륙법과 달리 영미법은 증거능력의 문제와 증명력의 문제를 엄히 구분한 다음 전문증거에 대하여 증거능력을 제한하여 증거로 사용하지 못하게 함을 대원칙으로 하고 있다. 우리 형사소송법 역시 제310조의2[4]에 따라 전문서류나 전문진술에 대하여 증거능력을 엄히 제한하면서 다만 제311조 내지 제316조에 거시된 전문법칙에 한하여 제한적으로 증거능력을 인정하고 있다.

그러함에도 제318조의2는 증거능력 없는 전문증거를 증명력 탄핵을 위해서는 사용할 수 있다는 특칙을 규정하고 있는 이유가 무엇일까? 종래의 학설[5]은 대체로 다음과 같은 3가지 이유를 들고 있다. 첫째 전문법칙은 원진술자의 진술 내용이 범죄사실의 존부를 증명하는 증거가 될 경우에만 적용되는 법리인데 탄핵증거는 요증사실을 내용을 하는 것이 아니므로 처음부터 전문법칙이 적용되지 않으며, 둘째 탄핵증거라는 이름으로 제출되어 법관으로 하여금 일정한 증거의 가치를 다시 음미할 수 있게 함으로써 법관의 합리적인 증명력 판단에 도움을 줄 뿐만 아니라, 셋째 반증이라는 번잡한 절차를 거치지 않고도 증명력을 감쇄시킬 수 있는 길을 열어주기 때문에 소송경제

---

[3] 그 밖에도 원진술자의 서명날인이 없는 진술기재서면도 탄핵증거로 사용할 수 있는가, 수사단계에 만들어진 영상녹화물도 탄핵증거로 허용되는가, 피의자신문조서를 그 피고인의 법정진술을 탄핵하는 증거로 사용할 수 있는가 등의 문제가 있으나 이글에서는 다루지 않기로 한다.
[4] 위 규정이 형사소송법 제정 당시부터 존재하던 조문이 아니라 1961년 개정시 새로 도입된 조문이고 이하의 제311조 내지 제316조의 각 표제나 내용 역시 위 개정과 함께 "전문증거"에 대한 규정임을 명시하는 문구로 변경 혹은 보완된 사실은 위 시기에 우리 형사소송법이 전문법칙을 공식적으로 받아들였다는 점을 보여준다.
[5] 엄밀하게 본다면 탄핵증거 특칙의 존재이유는 특칙의 적용범위를 어디까지로 보느냐에 따라 달라지게 되나, 여기에서는 일응의 보편적인 견해만 다루고 특칙 적용범위에 대한 여러 학설들의 입장에 대하여는 다음 항에서 상세히 다루기로 한다.

에도 합치된다는 것이다.

2. 위 견해에 대한 비판

그러나 위 사유들만으로 전문증거를 탄핵증거로 사용할 수 있게 한 점을 설명하기에는 크게 부족하지 않은가 생각된다. 첫째 전문법칙이 전문증거를 범죄사실의 입증에 사용하지 못하게 하는 법리이고 탄핵증거가 범죄사실의 존부 자체를 직접 입증하는 것이 아니라고 하더라도[6], 범죄사실의 존부를 증명하는 증거의 실제 가치를 감쇄시킴으로써 결과적으로 범죄사실의 존부 증명에 큰 영향을 주기 때문에 그 효과에 있어서는 직접적으로 범죄사실의 존부 자체를 입증하는 것과 다를 바가 없다. 그러함에도 통설이 다른 설명 없이 '범죄사실의 존부를 증명하는 증거가 아니다'는 이유로 전문증거도 증거로 할 수 있다는 것은 결코 수긍하기 어려운 태도라고 생각된다.

또한 전문법칙이 원진술자의 진술 내용이 범죄사실의 존부를 증명하는 증거가 될 경우에만 적용되는 법리라고 한다면 제318조의2 규정이 없더라도 전문증거를 탄핵증거로 사용함에 아무런 제한이 없을 것이므로 결국 제318조의2는 당연규정을 넘어 불필요한 규정이 되고 만다[7]. 더욱이 만일 그와 같은 논리로 전문증거도 탄핵증거로 사용할 수 있다고 한다면 보강증거(혹은 증강증거)도 범죄사실의 존부를 증명하는 증거가 아니므로 전문증거를 가지고 실질증거의 증명력 보강도 할 수 있다고 하여야 하나, 그와 같이 주장하는 분은 없는 것 같다[8]. 통상 입증책임의 분배에 따라 검사가 범죄사실의 존재를 증명하는 증거를 제출하고 피고인측이 위 증거를 탄핵하는 증거를 제출하게 되어 탄핵증거 제출자는 대부분 피고인측이 되므로 방어능력이 모자라는 피고인측을 돕기 위하여 탄핵증거의 증거능력 요건을 완화하는 것으로 해석하는 경향이 있는 듯하다. 그러나 합리적 근거나 이유도 없이 전문법칙에 예외를 설정해가면서까지 피고

---

[6] 통설의 설명에 따른 것이나, "직접"이라는 의미를 어떻게 받아들이느냐에 따라 다른 해석이 가능하다. 뒤에서 자세히 설명할 바와 같이 자기모순적 진술(B 진술이라 하자)에 의해 애초의 진술(A 진술이라 하자)의 신빙성을 탄핵하는 경우 B 진술의 기능은 A 진술이 믿기 어렵다는 의미도 되지만 B 진술의 내용이 진실일 수도 있다는 의미도 되므로 결국 범죄사실의 존부 자체를 직접 입증하는 것과 다르지 않다. 다만 지금은 일응 통설의 입장을 전제로 설명하기로 한다.
[7] 이는 뒤에서 살펴볼 바와 같이 한정설이 가지고 있는 가장 큰 문제점과 동일한 문제가 되고 만다.
[8] 이 부분에 대하여는 이글 뒷부분에서 상술하고자 한다.

인측만 유리하게 해 주는 위와 같은 해석은 전혀 설득력이 없으며 공평한 형사절차의 원칙에도 반하는 역차별적 발상이다. 더욱이 탄핵증거의 법리가 언제나 피고인측이 제출하는 탄핵증거에만 적용되는 것도 아니다. 즉 피고인측이 범죄사실의 부존재를 증명하는 증거를 제출한 경우 검사가 위 증거의 증명력을 탄핵하는 증거를 제출하였을 때에도 탄핵증거의 법리는 그대로 적용되어야 한다.

둘째로 탄핵증거가 법관의 합리적인 증명력 판단에 도움을 준다고 하더라도 이를 목적으로 삼아 증거능력 없는 증거를 사실상 범죄사실의 입증 여부를 좌우할 수 있는 증거로 사용한다는 것을 합리화하기는 어려울 것이다. 만일 그와 같은 증거 사용이 허용된다면 이는 증거능력 제도를 처음부터 부정하는 것이 되기 때문이다. 더욱이 탄핵증거가 합리적인 증명력 판단에 도움을 줄 경우도 있겠지만, 오히려 증거로 사용되어서는 아니 될 근거 없는 전문증거 때문에 법관의 합리적인 증명력 판단에 해가 되는 경우도 없지 않을 것이고[9], 이러한 현상은 특히 전문법관이 아닌 배심원에 의하여 사실판단이 이루어지는 경우 더욱 위험할 것으로 예상된다[10]. 이러한 점에 비추어 보면 위 사유 역시 탄핵증거의 존재 이유가 되지 못한다.

셋째로 탄핵증거가 반증을 거치지 않고 증명력을 감쇄하여 소송경제에 도움이 될 수도 있겠지만, 이는 탄핵증거 제도의 부수적 효과이지 존재 이유는 아니다. 소송경제에 도움이 된다는 이유로 증거능력 없는 증거를 유무죄 판단에 결정적 영향을 줄 수 있는 증거로 사용할 수 있도록 할 수는 없을 것이며, 반대로 탄핵증거가 합리적이고도 공정한 증명력 판단에 반드시 필요한 제도라면 비록 소송경제에 반하더라도 허용되어야 함이 마땅하다. 그렇다면 탄핵증거 특칙을 마련한 좀 더 근본적이고도 결정적인 이유를 찾아내든지 아니면 그러한 특칙이 합리적인지 처음부터 다시 한 번 살펴보아야 하리라 생각된다.

---

[9] 이러한 경우 당해 탄핵증거가 합리적인 증명력 판단에 도움이 되는지 해가 되는지를 누가 어떤 기준에 의하여 판단할 것인가 역시 문제가 될 것이다.
[10] 우리나라도 2008년부터 국민참여재판 제도가 도입되었으므로 이러한 위험이 이제 남의 이야기가 아니라고 할 수 있다.

Ⅲ. 탄핵증거 특칙의 필요성에 대한 재검토

1. 탄핵증거 특칙의 적용범위에 대한 제 학설과 검토

(1) 학설의 대립

탄핵증거 특칙의 필요성은 탄핵증거 특칙의 적용범위를 어디까지로 보느냐에 따라 크게 달라지기 때문에 특칙의 필요성을 논하기에 앞서 특칙의 적용범위를 살펴볼 필요가 있다. 탄핵증거 특칙을 전문법칙에 의하여 증거능력 없는 증거에만 적용한다고 보더라도 탄핵증거로 제출할 수 있는 전문증거의 범위를 구체적으로 어디까지라 볼 것인가를 놓고 다시 학설이 대립하고 있다.

가. 비한정설

비한정설은 타인 진술의 증명력을 감쇄시키는 증거라면 제한 없이 위 특칙이 적용되므로 어떠한 경우에도 전문증거라는 이유로 탄핵증거로의 사용이 제한되지는 않는다고 보는 견해이다[11]. 위 특칙 규정이 "제312조부터 제316조까지의 규정에 따라 증거로 할 수 없는 서류나 진술이라도"라고만 규정하고 있지 그 밖에 일체의 제한을 가하고 있지 않다는 점을 직접적인 근거로 할 뿐만 아니라 앞에서 언급한 특칙의 3가지 존재이유 즉, 탄핵증거가 요증사실을 내용으로 하는 것이 아니므로 처음부터 전문법칙이 적용되지 않으며 법관의 합리적인 증명력 판단과 소송경제에 도움이 된다는 설명에 가장 잘 부합하는 것도 사실이다.

나. 한정설

한정설은 탄핵증거 특칙은 피고인이나 증인의 진술과 모순되는 동일인의 진술, 즉 자기모순 진술에만 적용되고 그 나머지 전문증거들은 탄핵증거로서 허용되지 않는다고 보는 견해이다[12]. 이는 전문증거를 탄핵증거로 사용할 수 있게 한 근본적인 이유가

---

[11] 염정철, 형사소송법, 상지문화사, 1976, 197면; 박승진 외, 주석 형사소송법 제3권, 한국사법행정학회, 1998. 522면(박승진 집필부분).
[12] 이재상, 앞의 책, 604면; 신양균, 앞의 책, 792면; 민영성, "탄핵증거", 고시계(2001. 9.), 고시계사, 155면 등.

자기모순 진술 자체의 신빙성을 입증하기 위하여 증거제출 하는 것이 아니라 자기모순 진술이 있었다는 사실만을 입증하기 위하여 증거제출 하는 것이어서 이런 의미에서는 이미 전문증거가 아니기 때문에 증거사용이 허용된다고 보는 것이다.

다. 절충설

절충설은 탄핵증거 허용범위를 비한정설처럼 무제한적으로 허용할 수는 없지만 한정설처럼 자기모순 진술에만 한정한다면 특칙의 실효성이 거의 없어진다는 점에 착안하여 그 허용범위를 자기모순진술 뿐만 아니라 진술 자체의 신빙성에 관한 순수한 보조사실, 예컨대 증인의 능력[13], 평판이나 성격[14], 증인이 관련된 이해관계[15] 등의 입증을 위한 증거까지로 보는 견해이다[16]. 위와 같은 사실들은 범죄사실의 존부를 직접 증명하는 것이 아니기 때문에 전문법칙이 침해될 우려가 적다고 보기 때문이다.

라. 이원설

이원설은 피고인이 제출하는 탄핵증거에 대하여는 비한정설을, 검사가 제출하는 탄핵증거에 대하여는 한정설을 취하는 견해인데, 검사는 피고인에 비하여 강력한 수사망 및 수사지휘권을 보유하고 있기 때문에 탄핵증거 허용범위를 달리 보아야 공평의 견지에 부합한다는 점을 근거로 한다[17].

(2) 제 학설에 대한 평가와 특칙의 필요성에 대한 재검토

---

13) '증인의 야간 시력이 극히 좋지 못하다고 하더라'는 진술이 이에 해당한다.
14) '증인은 평소에도 남의 일에 나서 거짓말을 하였다가 발각된 일이 여러 번 있었다고 하더라'는 진술이 이에 해당한다.
15) '증인이 피고인과 동업을 하다가 최근 동업관계가 파탄이 된 사이라고 하더라'는 진술이 이에 해당한다.
16) 백승민/정웅석, 앞의 책, 362면; 손동권, 앞의 책, 673면; 송광섭, "탄핵증거제도에 관한 연구", 원광논문집 제25집, 원광대학교 법학연구소, 1999, 260면 등. 한편, 일부 견해는 절충설을 취하면서도 "엄격한 증명의 법리에 구속되지 않는 피고인의 입장에서 보면 형사소송법 제318조의2 제1항이라는 명문의 규정이 없더라도 자신에게 불리한 진술증거의 증명력을 다투기 위하여 증거능력 없는 전문증거를 법원에 제출할 수 있다"고 설명함으로써 결국 검사에게는 절충설, 피고인에게는 비한정설을 적용하는 결과를 가져오는 바, 아래에서 설명할 이원설과 유사하다고 보인다(신동운, 앞의 책, 1063면, 1068면 참조). 그러나 범죄사실의 입증책임이 검사에게 있고 피고인에게는 이에 대한 반증의 부담이 있다고 할 때 반증 역시 통설이 말하는 바와 같이 증거능력 있고 법정절차에 따라 조사되어야 하지 피고인이 제출한 증거라 하여 증거능력과 전혀 무관하다는 논리는 쉽게 동의하기 어렵다.
17) 배종대/이상돈/정승환, 앞의 책, 654면.

가. 비한정설에 대한 평가

비한정설은 형사소송법 제318조의2 규정의 문언적 의미를 강조하여 법조문에 충실하게 해석하는 견해임에 틀림없다. 다만 이 학설이 '전문증거가 탄핵증거라는 이름으로 무분별하게 법정에 현출되어 전문법칙이 잠탈될 우려가 크다'는 비판에 직면하게 됨은 오히려 필연적이다. 예컨대 피고인 A가 절도죄로 재판을 받고 있고 증인 B가 A의 절도범행을 목격하였다고 증언하였음에 대하여 피고인측 증인 C가 "D으로부터 진범은 E라는 말을 들었다"고 증언하거나 F 명의의 '진범은 G이다'라는 내용의 진술서가 법정에 제출된 경우[18] 위 전문진술이나 전문서류도 B의 증언의 신빙성을 탄핵한다는 명목으로 제출되었으나 신빙성 탄핵의 기능뿐만 아니라 현실적으로는 법관으로 하여금 '피고인 A가 범인이 아닌 것 같다'는 심증을 형성하도록 함에도 일조하기 때문에 결국 전문증거가 사실상의 실질증거화 하는 현상을 막을 수가 없게 되고 더 나아가 원진술의 신빙성 확인이 어렵다는 점을 악용하여 전문증거가 조작될 우려까지 낳게 되는 것이다. 더 나아가 당사자 일방(주로 검사가 될 것이다)이 증거능력 있는 증거로 법관의 심증을 형성해 놓은 경우 상대방이 증거능력도 없는 증거, 즉 원진술의 신빙성을 확인하기도 어려운 증거로서 위 심증을 깨트릴 수 있도록 허용한다는 것은 양 증거제출자의 입증책임 분담에 크게 불공평한 처사가 된다는 점도 결코 간과할 수 없는 문제가 된다.

이에 대하여 비한정설은 모든 전문증거에 대하여 탄핵증거 사용을 허용하더라도 이를 유죄의 근거가 되는 증거로는 사용할 수 없는 근본법리가 있으므로 전문증거가 실질증거화될 우려는 없고 전문증거가 조작될 경우의 우려라는 것도 탄핵증거에서만 나타나는 특수한 우려가 아니라고 설명한다. 그러나 탄핵증거로 제출된 증거를 탄핵 대상 증거의 신빙성 판단에서만 살펴보고 이후 그 증거의 존재를 기억에서 지워버릴 방법이 없는 것이 현실이기 때문에 위와 같은 해명만으로는 문제를 해결하였다고 보기 어렵다고 생각된다[19].

---

[18] 비한정설에 따르면 입증책임을 부담하는 검사가 제출하는 간접증거에 대하여 피고인이 반증을 제출하는 경우 반증은 모두 동시에 탄핵증거가 되기 때문에 반증과 탄핵증거 개념이 혼용되는 결과를 낳고 만다.

[19] 일부 견해는 탄핵증거 대상문제와 탄핵증거 허용문제를 분리하여 살펴보아야 한다고 주장하면서 탄핵증거로 사용될 수 있는 증거에는 제한이 없다는 점에서 비한정설이 옳다고 하면서도 증거능력 없는 전

일부 견해는 증거재판주의를 형해화시킨다는 우려 역시 탄핵의 취지와 탄핵증거의 관련성을 통제함으로써 해결해야 할 일이지 탄핵증거로서의 증거능력을 부인하는 것으로 해결할 일은 아니라고 설명한다[20]. 그러나 탄핵의 취지와 탄핵증거의 관련성으로 탄핵증거의 허용성을 판단하는 기준이 바로 한정설 혹은 절충설의 내용이며 판사가 탄핵의 취지와 탄핵증거의 관련성을 검토하는 과정에 증거능력 없는 탄핵증거를 접해버리면 이로써 부당하게 형성되는 실체에 관한 심증을 이후로는 지울 방법이 없다는 점을 고려한다면 위와 같은 설명 역시 비한정설을 합리화시키기에는 부족하다고 생각된다.

나. 한정설에 대한 평가

한정설은 비한정설과는 반대로 형사소송법이 채택하고 있는 전문법칙 제도의 중요성과 양 당사자간의 증거제출 부담의 공평성을 강조하는 입장에 있다. 한정설은 전문법칙의 엄격한 법리와 증거제출 부담의 공평성을 손상시키지 않으면서 제318조의2 규정의 의미를 도출하려다가 보니 전문증거의 형태를 띠고 있으나 원진술의 내용을 입증하려고 하는 것이 아니기 때문에 사실은 전문증거라 할 수 없는 경우, 즉 자기모순 진술만을 제318조의2 특칙의 대상이라고 해석하는 것이다.

그러나 위 학설 스스로도 밝히고 있듯이 일견 전문진술이라 하더라도 자기모순 진술이 있었다는 사실을 입증하기 위하여 제출되는 경우라면 처음부터 전문진술이 아니기 때문에[21] 제318조의2가 규정하는 "제312조부터 제316조까지의 규정에 따라 증거로 할 수 없는 서류나 진술"에 애당초 해당하지 않는다. 따라서 자기모순 진술 자

문증거를 어디까지 탄핵증거로 허용하는지에 대하여는 각 한정설, 절충설을 취하고 있다(노명선/이완규, 앞의 책, 655-657면; 이완규, 형사소송법특강, 법문사, 2006, 291면; 정웅석/백승민, 앞의 책, 361면 362면). 그러나 문제를 그렇게 분리한다고 하더라도 탄핵증거로 사용될 수 있는 증거에 대하여 '진술의 증명력을 다투기 위한' 용도에만 합당하면 아무런 제한이 없는 우리 형사소송법의 태도에 비추어 따로 논할 실익이 있는지 의문이다.

20) 최병각, "탄핵증거로서의 증거능력과 증거조사", 형사법연구 제22권 제1호(2010. 봄), 한국형사법학회, 397면.

21) 이 때문에 미국증거법 제801조 (d)항은 원진술자의 증언과 모순되는 증인의 종전진술은 전문증거가 아니라고 명시하고 있다(A statement is not hearsay if - prior statement by witness - inconsistent with the declarant's testimony).

체는 탄핵증거로 사용되더라도 증거능력 있는 증거로서 사용되는 것이지 제318조의2 특칙에 적용될 여지가 없다. 다수 견해[22]는 한정설에 따를 때 제318조의2가 당연규정 혹은 주의적 규정이라고 하나, 제318조의2는 당연규정 또는 주의적 규정이 아니라 적용대상이 될 전문증거가 전혀 없기 때문에 당연규정으로서의 의미도 가지지 못한다고 보아야 한다.

일부 견해는 자기모순 진술도 주요사실에 대하여는 전문증거가 될 수 있기 때문에 예단이나 편견을 피하기 위하여 탄핵증거로서도 사용할 수 없는 것은 아닌가 하는 의문이 형사소송법 제318조의2 특칙에 의하여 해소된다는 점을 고려해 보면 한정설의 입장에서도 위 규정의 존재의의를 인정할 수 있다고 평가한다[23]. 그러나 위 특칙을 한정설과 같이 해석하게 되면 자기모순 진술도 제318조의2에 의하여 진술의 증명력을 다투는 용도로만 증거로 할 수 있다는 것이 되므로 이를 반대해석하면 자기모순 진술과 마찬가지로 주요사실에 대하여 전문증거가 될 수 있는 자기부합 진술[24]을 증명력을 보강하는 용도로도 사용할 수 없다는 결론에 이르게 된다. 그러나 이러한 결론은 수긍하기 어렵다. 우리 형사소송법은 보강증거에 대하여 특별한 규정을 두고 있지 아니하나, 자기부합 진술을 증명력 보강의 용도로만 사용하는 경우에는 처음부터 전문증거가 아니기 때문에 원칙적으로 사용에 제한이 없는 것이 아닌가 생각된다[25].

---

22) 다수견해는 자기모순적 진술이 제318조의2 특칙이 없더라도 탄핵증거로 사용할 수 있음에도 위 특칙을 통해 그와 같은 점이 강조된다고 평가하는 것으로 보이나, 탄핵 용도로 사용되는 자기모순적 진술의 전문증거는 처음부터 제318조의2에 적용되지 않는다.
23) 서태경, "탄핵증거로 사용할 수 있는 증거의 범위에 대한 소고", 법학논총 제26권 제1호, 한양대학교 법학연구소, 2009, 373면.
24) 예컨대 증인 갑이 "피고인이 범행하는 것을 보았다"고 증언함에 대하여 증인 을이 "갑으로부터 피고인의 범행을 보았다는 말을 들은 적이 있다"고 증언하는 경우이다.
25) 미국증거법 제801조 (d)항은 증인의 진술이 원진술자의 증언과 일치하는 진술로서 원진술자의 증언이 최근에 꾸며진 것이라거나 이를 부적절한 영향이나 동기가 있었다는 내용의 명시적, 묵시적 주장이 제기된 경우 이를 반박하기 위하여 제출되는 때에는 전문증거가 아니라는 점을 명시하고 있다(A statement is not hearsay if - prior statement by witness - consistent with the declarant's testimony and is offered to debut an express or implied charge against the declarant of recent fabrication or improper influence or motiv). 그러나 우리 형사소송법에는 그와 같은 규정이 없기 때문에 자기부합 진술을 보강증거로 사용할 수 있는 조건 제한이 없다고 해석되며 다만 법관이 증거채부를 통해 적절히 통제하고 그 증명력 판단에 있어 신중을 기할 것이 요구될 뿐이다.

다. 절충설에 대한 평가

　절충설이 탄핵증거의 허용범위를 무제한적으로 확대하지도 않으면서도 제318조의2 특칙에 일정한 의미를 부여하려는 의도와 순수한 보조사실을 일반적인 요증사실에서 구분하려는 시도는 의미있다고 생각된다. 그러나 능력, 평판, 성격, 이해관계 등의 '순수한 보조사실'이 범죄사실의 존부를 직접 증명하는 것이 아니라는 평가는 지극히 상대적이어서 그 밖의 사실 입증으로서 진술의 신빙성을 탄핵하는 것과 명확히 구분하기 어려울 뿐만 아니라 위에서 든 몇 가지 예시 내에서도 '보조사실로서의 순수성'의 정도가 서로 다르다고 생각된다. 예컨대 평판의 경우에는 원래부터 다른 사람들의 입을 통해 나온 의견을 종합하는 것이기 때문에 법정에서 증인이 특정인에 대한 평판을 진술하면 이는 엄밀한 의미에서는 전문증거가 되지만 원진술자 전원을 증인으로 소환하는 것이 불가능하고 또 반드시 필요한 것도 아니라는[26] 평판의 속성에 비추어 증거능력 단계에서 제한하는 것 보다는 증명력 단계에서 법관의 자유심증, 즉 합리적 판단에 맡기는 것이 더욱 합리적이라고 볼 수 있지만, 이해관계의 경우에는 그에 대한 구체적 사실을 전달하는 것이기 때문에 평판의 경우와는 사정이 전혀 다르다. 능력의 경우에도 경제적 능력 등과 같이 추상적이고 포괄적인 능력[27]이라면 평판과 유사한 면이 있으나 야간의 시력 등과 같이 특정 사실과 관련된 구체적 능력이라면 근거가 명확한 증거로 증명되고 탄핵의 자료로 사용되어야지 근거도 알 수 없는 전문증거로서 증명되고 탄핵의 자료가 되어서는 곤란하며, 성격의 경우에도 능력에서 살펴본 논리가 비슷하게 적용된다고 생각된다[28]. 따라서 증거 특성의 측면에서 보다라도 평판 또는 이에 준하는 성격이나 능력에 대한 일반적 평가의 경우 외에는 전문증거를

---

26) 평판은 실체에 관한 심증에 직접 영향을 줄 가능성이 상대적으로 낮기 때문이다.
27) 이는 그 자체로 평판에 해당할 가능성이 많아 보인다.
28) 이 때문에 미국증거법 제803조 제21호는 특정인의 성격에 대한 단체나 지역공동체에서의 평판을 원진술자의 증언가능성과 관계없이 허용되는 전문증거로 분류하고 있고(Hearsay Exception - The following are not excluded by the hearsay rule, even though the declarant is available as a witness - Reputation of a person's character among associates or in the community), 제608조 a항은 증인의 진실성 또는 비진실성에 대한 성격만을 언급하는 의견 또는 평판으로 증인의 신빙성을 탄핵 또는 보강할 수 있다고 규정하고 있다(The credibility of a witness may be attacked or supported by evidence in the form of opinion or reputation, but subject to these limitations: (1) the evidence may refer only to character for truthfulness or untruthfulness). 이 중 성격에 대한 의견 증거에 대하여는 처음부터 진술자의 의견임을 전제로 진술하는 것이므로 법관이 증명력 판단에서 그러한 점을 충분히 고려할 것이기 때문에 부작용의 우려가 적다고 보인다.

탄핵증거로 허용하여야 할 필연성이 거의 없다고 판단된다.

또한 평판 등 순수 보조사실에 대한 특수성을 인정한다고 하더라도 제318조의2가 이에 대한 구별을 전혀 언급하지 아니한 채 전문증거를 탄핵증거로 사용할 수 있다고만 규정하고 있어 우리 형사소송법 현실에서 절충설과 같은 해석론이 자리잡을 실정법적 근거가 없는 것도 사실이다[29]. 아무리 좋은 해석론이라도 실정법의 '문언의 가능한 의미'를 뛰어넘을 수는 없다는 것이 자명하기 때문이다.

라. 이원설에 대한 평가

이원설은 피고인을 두텁게 보호하여야 한다는 점을 강조하는 견해이다. 피고인의 인권과 방어권을 보호하여야 한다는 것이 형사소송법의 기본원리 중 하나인 것은 맞으나, 특별한 이유나 근거도 없이 입증책임의 공평한 부담, 증명과 탄핵 공방에서의 공평한 조건부여, 전문법칙의 법리 등을 모두 일축하면서 피고인에게만 유리하게 탄핵증거 특칙의 적용범위를 확대해 주어야 한다는 주장은 선뜻 동의하기 어려우며 제318조의2 해석으로 그러한 결론을 도출하기도 어렵다. 검사에게 강력한 수사력이 주어졌다는 점에 대비하여 피고인에게는 진술거부권, 영장주의 등의 강제수사 통제, 위법수집증거 배제, 변호인 선임권 등이 주어져 있으므로 이를 통하여 무기평등과 공평한 재판의 이념이 실현되어야지, 검사에게는 증거능력 있는 증거로 법관의 심증을 형성하도록 함에 대하여 피고인에게는 증거능력 없는 증거로도 법관의 심증을 깨트릴 수 있도록 허용하고 반대로 피고인이 형성한 법관의 심증은 검사의 증거능력 있는 증거로만 깨트릴 수 있도록 허용하는 것은 전혀 합리적 근거없는 역차별적 발상으로서 타당하지 못하다고 생각된다[30].

---

[29] 일부 견해는 증인에 대한 반대신문을 통하여 증언의 증명력을 다툴 수 있고, 이러한 신문에 있어서는 증인의 경험, 기억 또는 표현의 정확성 등 증언의 신빙성에 관한 사항 및 증인의 이해관계, 편견 또는 예단 등 증인의 신용성에 관한 사항을 신문할 수 있다는 형사소송규칙 제77조 규정이 탄핵증거의 허용범위에 대한 절충설의 근거가 될 수 있다 보고 있으나(김동윤, "1. 피고인이 내용을 부인하여 증거능력이 없는 사법경찰리 작성의 피의자신문조서 등을 탄핵증거로 사용하기 위한 요건", 대법원 판례해설 제30호, 법원도서관, 1998. 627면 이하) 반대신문에서 신문할 수 있는 사항에 포함된다 하더라도 증거가 되는 것은 증인의 답변일 뿐이고 질문이 증거가 되는 것은 아니므로 탄핵증거로 허용되는 범위와는 전혀 다른 문제라고 생각된다(같은 취지, 서태경, 앞의 논문, 364면).

[30] 이와 맥을 같이 하는 역차별적 발상은 형사법 여러 곳에서 보인다. 대표적인 것이 죄형법정주의와 관련

2. 판례의 태도와 검토

(1) 종래의 판례에 대한 평가

최근 일본의 최고재판소가 "형사소송법 제328조[31]에 의하여 허용되는 증거는 신용성을 다투는 진술을 한 자의 그러한 진술과 모순되는 내용의 진술이 그 사람의 진술서, 진술을 녹취한 서면, 동인의 진술을 들었다고 하는 사람의 공판기일에서의 진술 또는 그와 동일시할 수 있는 증거 중에 나타난 부분으로 제한된다"는 취지를 밝혀 한정설의 입장임을 명시적으로 나타낸 바 있다[32]. 그러나 우리나라의 탄핵증거와 관련한 판례들 중 대법원 1976.2.10. 선고 75도3433 판결은 검사가 피고인의 부인 진술을 탄핵하기 위하여 이에 배치하는 내용의 제3자 진술조서가 탄핵증거가 될 수 없다고 판시하여 한정설적 태도를 보이는 반면[33], 대법원 1985.5.14. 선고 85도441 판결은 피고인측 증인들의 각 증언들이 전문증거라 하더라도 다른 증거들의 증명력을 다투기 위한 반대증거로 채택함에는 아무런 잘못이 없다고 판시하여 비한정설적 태도를 보이고 있어[34] 우리 판례가 이원설적 입장을 취하는 것인지 아니면 아직 입장이 정리되지 못한 것인지 의문스럽게 하고 있다. 항을 바꾸어 근자에 선고된 대법원 2006.5.26. 선고 2005도6271 판결을 살펴보기로 한다.

하여 피고인에게 유리한 유추해석은 허용되나 불리한 유추해석은 허용되지 않는다는 해석론, 행위 이후 법률이 개정된 경우 피고인에게 유리한 개정일 때에는 신법을 적용하고 불리한 개정일 때에는 구법을 적용한다는 형법 제1조 제2항의 태도 등이 이에 해당한다. 이러한 점은 '의심스러울 때에는 피고인의 이익으로'라는 헌법정신과는 측면을 전혀 달리하는 문제로서 근본적인 재검토가 필요하지 않은가 생각된다.

31) 우리 형사소송법 제318조의2에 해당한다.
32) 일본 최고재판소 2006.11.7. 그러나 위 판결 역시 소방관 작성의 탐문상서가 목격자의 진술을 녹취한 서면으로서 서면에 기재된 진술은 그 목격자의 법정 증언과 모순된 진술에는 해당하지만, 위 서면에는 위 목격자의 서명날인(혹은 이와 동일시할 수 있는 사정)이 없다는 이유로 탄핵증거가 되지 못한다는 결론에 이르렀다. 결국 위 판결 역시 그 초점이 서명날인 없는 서증의 탄핵증거로서의 증거능력에 맞추어져 있으므로 탄핵증거 허용범위에 대한 확정적 의견으로 한정설을 취한 것으로 평가할 수 있는지 의문이 없지 않다.
33) 그 밖에 대법원 1998.2.27. 선고 97도1770 판결과 2005.8.29. 선고 2005도2617 판결 등은 사법경찰관 작성의 피의자신문조서로서 피고인의 법정 부인진술을 탄핵할 수 있다는 취지서 절충설이나 비한정설을 배척하는 내용으로 보기는 어렵다는 한계가 있다.
34) 일부 견해는 대법원 1996.1.26. 선고 95도1333 판결에 대하여도 비한정설로 해석하기도 하나 이는 탄핵증거 허용범위의 문제가 아니라고 보인다. 상세한 내용은 후술한다.

(2) 대법원 2006.5.26. 선고 2005도6271 판결에 대한 평가

위 판결의 내막은 이러하다. 피고인이 처인 피해자에게 수회 폭행, 상해를 가하였다는 공소사실에 대하여 1심은 피해자의 법정진술 등에 근거하여 공소사실을 모두 유죄로 인정하였으나, 피고인측이 항소하면서 항소이유서에 일부 범행일자와 중첩되는 신용카드 기간별 사용내역승인서 사본[35]을 첨부 제출하였고 공판기일 피고인신문 당시 위 사용내역승인서 사본뿐만 아니라 신용카드 현금서비스취급내역서 사본[36]을 제시하면서 각 범죄일시에 범죄장소에 있지 아니하였다고 주장하였던 바 항소심은 이를 받아들여 피해자의 각 진술을 믿을 수 없다고 하면서 무죄를 선고하였다. 이에 검사가 상고하였으나 대법원은 "비록 증거목록에 기재되지 않았고 증거결정이 있지 아니하였다 하더라도 공판과정에서 그 입증취지가 구체적으로 명시되고 제시까지 된 이상 위 각 서증들에 대하여 탄핵증거로서의 증거조사는 이루어졌다고 보아야 할 것이다. 따라서 위 각 서증은 탄핵증거로 사용할 수 있는 것이고 … 이 점을 탓하는 상고논지는 이유없다"라고 판시하면서 상고를 기각하였다.

위 판결에 대하여 위 사용내역승인서 사본 등은 공판정에서의 피해자의 진술과 모순된 진술에 관한 증거도 아니고 피해자의 성격 등에 관한 순수한 보조사실에 관한 증거도 아니며 오히려 범죄사실 부존재를 입증하는 간접사실에 관한 증거라고 보아야 하기 때문에 결국 대법원은 피고인 제출의 탄핵증거에 관한한 비한정설의 입장을 취한다고 해석하는 견해가 있다[37].

그러나 위 사건을 자세히 들여다보면 판결의 핵심은 위 신용카드 사용내역승인서 사본과 현금서비스 취급내역서 사본에 대하여 탄핵증거로서의 증거조사가 사실상 이루어졌기 때문에 탄핵증거로 사용할 수 있다는 취지이지 위 증거들이 증거능력은 없지만 제318조의2 특칙에 따라 탄핵증거로서는 사용할 수 있다는 취지가 아니다. 또한 증거능력 유무의 점을 살펴보아도 위 증거들은 비록 사본의 형태이지만 컴퓨터가 스

---

35) 범행 당시 범죄장소가 아닌 모텔에 투숙하고 있었다는 취지.
36) 범행 당시 현금서비스를 받아 피해자와 함께 범죄장소가 아닌 다른 곳에 놀러갔다는 취지.
37) 서태경, 앞의 논문, 370면, 371면. 최병각, 앞의 논문, 400면도 일응 같은 취지로 보인다.

스로 생성한 기록으로서 기재 내용이 기계적으로 정형화되어 있어 과연 형사소송법 제310조가 말하는 "공판준비 또는 공판기일에서의 진술에 대신하여 진술을 기재한 서류"에 해당하는지 의문이다[38]. 설혹 이를 전문증거로 본다고 하더라도 형태를 보아도 서증 중에서도 위조나 변조가 거의 불가능한 서증들로서 실무상 상대방으로서는 증거동의를 아니하기가 어려운 증거라 할 수 있다[39].

위 판결의 이유에서 구체적으로 명시되지는 않았지만 피고인측 변호인이 변호인 신문과정에 위 증거들을 제시하면서 알리바이 주장을 하였으므로 검사는 당연히 위와 같은 주장과 증거들에 대하여 피해자를 통해 확인한 후 허위주장 혹은 위·변조된 증거가 아니었기 때문에 검사가 다른 주장을 하지 않은 것이고 오히려 명시적 혹은 묵시적으로 증거동의 하였음에도 다만 공판조서에 제대로 기록되지 아니한 것이 아닌가 보인다[40]. 이러한 점을 종합하면 위 사안의 경우 신용카드 사용내역승인서 사본과 현금서비스 취급내역서 사본은 이미 증거능력을 획득하였기 때문에 탄핵증거 혹은 반증으로 사용함에 아무런 제한이 없고 더 이상 탄핵증거의 허용범위 문제가 발생하지 않는 상태로 판단된다. 비록 위 판결이 "탄핵증거로서의 증거조사가 사실상 이루어졌기 때문에"라는 표현을 사용하고 있지만 이미 증거능력을 획득한 증거를 사용하는 것이기 때문에 그 실질은 탄핵증거로서의 증거조사가 아닌 '반증으로서의 증거조사'라고 보는 것이 오히려 더 적절하지 않은가 생각된다. 이러한 관점에서 살펴본다면 위 판결이 진정으로 비한정설을 취한다는 의식 하에 내려진 결단인지 의문이 아

---

[38] 컴퓨터가 생성한 증거물과 컴퓨터에 저장된 증거물을 구별하는 입장에 의하면 이메일과 같은 컴퓨터에 저장된 증거물은 종이에 기록된 편지내용과 다를 것이 없으므로 당연히 전문법칙이 적용되나 인터넷 접속기록이나 은행 자동화기기 기록자료와 같은 컴퓨터가 생성한 증거물은 사람의 진술이 아니라 단지 컴퓨터 작용의 결과물에 불과하기 때문에 전문법칙이 적용되지 않는다(설민수, "전자적 문서에 대한 증거조사, 증거능력과 전문법칙", 인권과 정의 2007.12. 131면). 이는 결국 형사소송법 제310조의2가 말하는 "공판준비 또는 공판기일에서의 진술에 대신하여 진술을 기재한 서류"의 범위를 얼마나 넓게 혹은 좁게 보느냐에 따라 달리 볼 수 있는 문제인데, 만일 그 범위를 너무 넓게 잡는다면 서증은 당연히 전문증거라는 이상한 결론에 이르게 된다. 다만 이를 전문증거로 보지 않는다면 탄핵증거로서의 문제도 발생하지 않게 되고 위 증거는 처음부터 반증으로 평가되어야 마땅할 것이다.

[39] 만일 증거동의를 하지 않아 증거능력이 문제가 된다고 하더라도 위 문서 생성 담당자를 증인으로 불러 확인하면 위 문서가 외부조작 없이 사실대로 출력된 점이 쉽게 확인될 수 있기 때문이다.

[40] 실무상 이러한 사례는 쉽게 있을 수 있으며 판례 역시 상대방이 제출한 증거에 대해 '이견이 없다'고 의사표현한 경우에도 증거동의로 해석하고 있다.

닐 수 없다.

3. 탄핵증거 특칙의 해석과 입법론

앞에서 살펴본 바와 같이 탄핵증거 특칙의 적용범위를 어디까지로 볼 것인가 하는 것은 매우 어려운 문제이다. 제318조의2 규정의 해석에 의해서는 그 범위를 순수보조사실 혹은 자기모순 진술에 한정하는 것으로 해석하기가 어렵다고 보여지기 때문에 절충설, 한정설 및 비한정설은 확실히 '문언의 가능한 범위'를 넘는 해석이라 보인다. 그렇지만 비한정설을 취하는 경우에는 전문증거가 탄핵증거라는 이름으로 법정에 현출되면서 전문법칙의 근간이 무너질 우려가 너무나 크고 당사자 일방은 증거능력 있는 증거를 제출하여야 하고 타방은 증거능력 없는 증거로서도 그 효용을 소멸시킬 수 있게 되어 증거제출 부담의 현저한 불공평을 초래하는 등의 사유로 그대로 받아들이기 어렵다고 판단된다.

결국 위와 같은 어려움을 극복하기 위해서는 현재의 법규정을 '문언의 가능한 범위' 내에서 최대한 합리적으로 해석·운용하면서 다른 한편 입법적인 해결책을 찾는 수 밖에 없을 것 같다. 먼저 제318조의2 규정에 따라 전문법칙에 의하여 증거능력이 없는 전문증거라 하더라도 탄핵증거로 사용할 수는 있도록 허용하되, 다만 전문법칙이 형해화되고 반대당사자와 사이에 입증상 현저한 불균형이 발생하지 않도록 탄핵에 반드시 필요한 증거, 최소한의 신빙성이 확보된 증거만을 탄핵증거로 허용하는 방향으로 이를 운용하여야 할 것이다. 또한 탄핵증거를 채택한 경우에도 탄핵을 위하여 제출된 증거는 탄핵의 용도로만 고려하고 실질증거로서의 사실상의 기능이 발휘되지 않도록 법관 스스로 신중히 판단하여야 할 것이다. 아울러 반대당사자에게는 탄핵증거 채부에 대하여 충분한 의견개진의 기회가 제공되어야 하며 탄핵증거가 채택된 경우에도 탄핵증거에 대한 부정 또는 해명할 기회 및 탄핵진술자 등에 대한 반대신문의 기회[41]가 최대한 보장되어야 할 것이다.

---

41) 원래 전문증거가 반대신문이 곤란하다는 점 때문에 증거능력이 부정되는 것은 맞으며 특히 전문서류의 형태로 탄핵증거가 제출된 경우라면 반대신문이 원천적으로 불가능하나, 전문진술의 경우라면 최소한 그러한 진술을 듣게 된 경위, 원진술자의 성향이나 피고인과의 이해관계 등에 대해서라도 반대신문 할 수 있도록 보장함이 상당하고 전문서류의 경우라면 제출자에게 그와 같은 서류를 입수하게 된 경위, 원

다른 한편 전문증거를 탄핵증거로는 무제한적으로 사용할 수 있도록 허용하는 현행 제318조의2 특칙은 분명히 문제가 있으므로 이를 조절할 필요가 있다. 자기모순진술은 처음부터 전문증거가 아니므로 이를 탄핵의 용도로 사용하는 것은 문제가 되지 않는다. 더 나아가 순수보조사실의 경우 전문증거라도 탄핵증거로는 사용할 수 있도록 할 것인가는 정책적인 판단이 필요하며 그 전부 또는 일부를 받아들이려면 명확한 기준설정이 필수적이다. 앞에서도 설명한 바와 같이 순수보조사실로 평가되는 사항들 중 평판, 이에 준하는 추상적이고 포괄적인 능력·성격과 관련하여서는 전문증거를 탄핵증거로 사용하더라도 증명력 판단의 자료제공이라는 순기능이 전문법칙 침해라는 역기능보다 더 크고 또 법관의 증거채부 기타 적절한 재판지휘를 통해 부작용을 최소화시킬 수 있을 것으로 보인다. 그러나 그 밖에 피고인이나 증인과의 특수한 이해관계나 시력 등의 구체적 능력, 위증 전력 등의 성격과 관련한 특수한 사정의 경우에는 증거능력 없는 전문증거를 탄핵증거로 사용하는 것은 금지하는 것이 바람직하다고 판단된다.

이에 더하여 보강증거에 대하여도 그 허용성 여부와 허용 조건을 입법함이 상당하다고 생각된다. 미국증거법의 경우 자기부합 진술로서 증명력을 증강하려는 경우에도 언제나 허용하는 것이 아니라 "원진술자의 증언이 최근에 꾸며진 것이라거나 이에 부적절한 영향이나 동기가 있었다는 내용의 명시적 혹은 묵시적인 주장을 반박하기 위해서"만 허용하고 있다[42]. 보강증거라는 이름으로 법정에 무분별하게 제출되어 오히려 증명력 판단에 혼선을 초래할 위험과 조작된 증강증거가 제출될 위험 등을 고려한다면 위와 같은 방식의 제한이 합리적이라고 생각된다.

이와 같은 점들을 종합하여 필자 나름의 개정안을 제시해 보면 다음과 같다.
제318조의2 (증명력을 증감하기 위한 증거)
① 제312조부터 제316조까지의 규정에 따라 증거로 할 수 없는 서류나 진술이라도 공판준비 또는 공판기일에서의 피고인 또는 피고인 아닌 자(공소제기 전에 피고인을 피의자로 조사하였거나 그 조사에 참여하였던 자를 포함

진술자가 법정에 출석하지 아니하는 이유 등에 대해서라도 신문할 수 있도록 보장함이 상당하다.
42) 각주 제25) 미국증거법 제801조 (d) (1) (B)항 참조.

한다. 이하 이 조에서 같다)의 진술과 자기모순 관계에 있거나 그 진술자의 평판, 성향 또는 일반적인 능력에 관한 내용인 때에는 위 진술의 증명력을 다투기 위한 증거로 사용할 수 있다. 다만 이를 허용하는 것이 오히려 사실인정에서의 공정성을 해할 우려가 크다고 인정하는 때에는 그러하지 아니하다.

② 제312조부터 제316조까지의 규정에 따라 증거로 할 수 없는 서류나 진술이라도 원진술자의 공판준비 또는 공판기일에서의 진술과 일치하고 위 진술의 증명력을 보강하기 위하여 필요하다고 인정하는 때에는 증거로 할 수 있다.

Ⅳ. 자유로운 증명으로 증명력을 탄핵할 수 있는가

1. 자유로운 증명론에 대한 비판과 탄핵증거

통설은 증명의 방법을 '증거능력이 있고 법적 절차에 따라 증거를 조사한 결과로서 입증'하는 엄격한 증명과 위와 같은 제한에서 벗어나 입증하는 자유로운 증명으로 구분한 다음, 소송법적 사실, 정상관계 사실과 함께 증명력을 탄핵하는 사실은 자유로운 증명으로 족하다고 설명하고 있다[43]. 통설에 따르면 증명력을 탄핵하기 위한 사실의 입증은 증거능력 없는 증거로도 가능하고 법이 정한 절차에 따르지 아니하고 증거조사 하더라도 상관없다는 의미가 된다[44]. 판례 역시 "탄핵증거는 범죄사실을 인정하는 증거가 아니므로 엄격한 증거조사를 거쳐야 할 필요가 없음은 형사소송법 제318조의2의 규정에 따라 명백하다"라고 하여[45] 통설과 같은 취지임을 명확히 하고 있다

그러나 필자는 형사소송법 제307조는 증거에 의하여 사실을 인정하라는 증거재판주의 이념을 표현할 뿐 엄격한 증명이니 자유로운 증명이니 구분하지도 아니할 뿐만 아니라, 증거능력 있는 증거로서 법이 정한 절차에 따라 증거조사하여야 증거로 사용할 수 있다는 의미도 포함하지 않고 있으며, 증거능력 있는 증거를 사용하라는 법리

---

43) 각주 2)에서 설명한 통설의 견해가 모두 이에 해당한다.
44) 일부 견해는 탄핵증거 허용범위에 관하여 비한정설을 취하면 엄격한 증거조사가 필요하고 한정설이나 절충설을 취하면 자유로운 증거조사로도 족하다고 설명하고 있으나(송광섭, 앞의 논문, 264면) 그 근거와 합리성이 의문이다. 탄핵증거 허용범위는 형사소송법 제318조의2 해석 문제이고 증거조사방법은 제307조의 해석문제로서 논리적 필연성이 없어 보이기 때문이다.
45) 대법원 1978.10.31. 선고 78도2292, 대법원 2005.8.19. 선고 2005도2617 등.

는 형사소송법 제308조의 2 "위법수집증거의 배제", 제309조 "강제등 자백의 증거능력", 제310조 "불이익한 자백의 증거능력[46]", 제310조의2 내지 제316조 "전문법칙", 제317조 "진술의 임의성" 각 규정을 통해 도출되고, 법이 정한 절차대로 증거를 조사하라는 법리는 형사소송법 제290조와 제291조 "증거조사", 제291조의2 "증거조사의 순서", 제292조 "증거서류에 대한 조사방식", 제292조의2 "증거물에 대한 조사방식", 제292조의3 "그 밖의 증거에 대한 조사방식", 제293조 "증거조사결과와 피고인의 의견", 제294조 "당사자의 증거신청"을 비롯한 여러 규정을 통해 도출된다고 보기 때문에 처음부터 자유로운 증명이라는 것은 인정될 수 없다고 보고 있다[47)48)].

 탄핵증거에 국한하여 설명하더라도 통설은 탄핵증거의 경우 증거능력이나 증거조사방법에 아무런 제한이 없는 것처럼 설명하고 있으나, 제318조의2 제1항은 증거능력 없는 전문증거도 탄핵증거로는 사용할 수 있다는 특례를 두고 있을 뿐 일반적인 증거능력에 관한 특칙, 즉 위법수집 등의 사유로 증거능력이 없는 증거를 사용할 수 없다는 점이나 증거조사방법에 관하여는 아무런 언급이 없어 결국 다른 증명의 경우와 동일하다고 해석할 수밖에 없다. 따라서 탄핵증거에 대하여 부여된 약간의 특례만으로 '탄핵에 필요한 사실은 자유로운 증명으로 족하다'고 판단하는 것은 근거없는 확대해석이라고 판단된다.

2. 탄핵증거로 사용될 수 있는 증거의 범위

---

46) 형사소송법 제310조 "불이익한 자백의 증거능력" 규정을 통설은 증명력 배제법칙으로 해석하고 있으나 필자는 조문의 표제가 증거능력에 대한 규정임을 명문으로 밝히고 있는 점, 조문의 위치가 증거능력 규정들 중간에 끼어있는 점, 증명력 배제라면 유일한 증거인 자백을 배심원에게는 제공하면서 이를 믿지 말라고 요구하여야 한다는 이상한 결론에 이르는 점 등을 종합할 때 증거능력 배제법칙이라고 보고 있다. 이 책 제3편 '형사소송법상 증거편 규정의 체계에 관한 소고' 중 해당부분 참조.
47) 이 책 제1편 '증거재판주의의 의미와 엄격한 증명, 자유로운 증명' 중 해당부분 참조.
48) 다만 심희기/양동철, 쟁점강의 형사소송법(제2판), 삼영사, 2010, 488면-497면은 통설적인 자유로운 증명론에 반대하면서 '제307조를 문리해석하여 소송에서 문제되는 사실은 모두 형사소송법이 정한 증거능력 있는 증거와 증거조사방식에 의하여야 한다고 주장할 여지가 충분히 있으나, 현실적인 소송경제를 생각할 때에 상당한 증명을 인정하되 엄격한 증거조사 방식의 제약을 다소 벗어날 수 있는 것으로 보아야지 피고인에게 일체의 이의신청이나 탄핵의 기회를 주지 않아도 무방한 증명으로 해석되어서는 아니된다'고 설명하여 필자의 의견과 일응 맥을 같이 하고 있다고 보인다. 다만 엄격한 증거조사의 근거를 제307조가 아닌 제290조 등에서 찾는 점, 법적 근거 없이는 상당한 증명도 어렵다고 판단하는 점 등에서 약간의 차이가 있는 것은 사실이다.

문제의 핵심은 전문법칙 이외의 사유로 증거능력 없는 증거도 탄핵증거로 사용할 수 있는가 하는 것과 법이 정한 증거조사 절차를 밟지 않은 채 탄핵되는 증거의 증명력을 감쇄시켜도 되는가 하는 것이다. 우리 형사소송법 제318조의2 제2항은 전문법칙에 의한 증거능력 제한만 해제해줄 뿐이라는 것이 필자의 견해에 따르면 위 2가지 모두 허용되지 않는다. 이와 관련하여 통설의 태도로 유추해 보면 위 2가지 모두 허용된다고 보아야 논리적일 것 같으나 직접적으로 견해를 밝히고 있는 분은 없는 듯하다. 판례의 태도를 살펴보면 먼저 증거조사의 절차와 관련하여 대법원은 앞에서 언급한대로 엄격한 증거조사를 거쳐야 할 필요가 없다고 하면서도 "법정에서 이에 대한 탄핵증거로서의 증거조사는 필요한 것이고, 한편 증거신청의 방식에 관하여 규정한 형사소송규칙 제132조 제1항의 취지에 비추어 보면 탄핵증거의 제출에 있어서도 상대방에게 이에 대한 공격방어의 수단을 강구할 기회를 사전에 부여하여야 한다는 점에서 그 증거와 증명하고자 하는 사실과의 관계 및 입증취지 등을 미리 구체적으로 명시하여야 할 것"이라고 설시하여[49] 법이 정한 증거조사 절차를 취하여야 한다는 점을 사실상 인정하고 있다고 보인다.

전문법칙 이외의 사유로 증거능력 없는 증거와 관련하여 대법원은 "주 백림 총영사에 대하여 한 사실조회의 회신은 그 내용이 공무소의 직무범위를 벗어난 것으로서 증거능력이 없다는 주장에 대하여 탄핵증거는 범죄사실을 인정하는 증거가 아니어서 엄격한 증거능력을 요하지 아니하는 것이므로, 원심이 이를 유죄증거의 증명력을 다투기 위한 반대증거로 채택함에는 아무런 잘못이 없다"고 판시한 바 있다[50]. 이 판례를 통해 드러난 법원의 태도대로라면 전문법칙 이외의 이유로 증거능력 없는 증거라 하더라도 탄핵증거로 사용함에 제한이 없다는 의미가 된다. 그런데 형사소송법 제272조는 법원은 직권 또는 검사, 피고인이나 변호인의 신청에 의하여 공무소 또는 공사단체에 조회하여 필요한 사항의 보고 또는 그 보관서류의 송부를 요청할 수 있다고 하여 법원의 사실조회 권한을 규정하면서 보고의 내용을 직접 직무에 관한 사항이라고 제한하고 있지도 않다. 사실조회는 증거를 수집하는 임의처분이므로 임의수사의

---

49) 대법원 2005.8.19. 선고 2005도2617 판결.
50) 대법원 1996.1.26. 선고 95도1333 판결.

경우와 마찬가지로 법률 등에 의하여 특별히 금지된 것이 아니면 법원이 자유롭게 허용할 수 있다고 해석되므로 법원에서 주백림 총영사에게 직접 직무에 관한 내용이 아닌 사항에 대하여 사실조회하고 받은 회신을 증거로 사용하는 것 자체는 법률적으로 문제가 없었다고 보인다[51].

사실조회 회신은 특별히 형사소송법 제315조에 해당한다고 보여지는 경우 외에는 제313조 제1항 소정의 진술서로 취급되어 공판기일에 작성자의 진술에 의해 성립의 진정이 인정되거나 제318조에 따라 반대당사자가 증거로 함에 동의하는 경우에 증거능력을 가지게 되는 바, 위 판례의 사안에서 성립의 진정이나 증거동의를 문제삼지 않는 점에 비추어 이 역시 문제가 없었던 것으로 보인다. 그렇다면 진술서가 진술자의 직무관련성과 무관하게 증거능력을 얻을 수 있다면 일반 진술서와 마찬가지로 취급되는 사실조회 회신의 경우에도 이와 달리 볼 아무런 이유가 없다[52]. 따라서 위 판례가 전제한 '사실조회 회신의 내용이 공무소의 직무범위를 벗어난 것이어서 증거능력이 없다'는 판단 자체가 잘못된 것이므로 '증거능력 없더라도 탄핵증거로 사용할 수 있다'는 판단은 전혀 무의미한 결론이 되고 만다. 이런 점에 비추어 볼 때 위 판례만으로는 우리 판례가 '전문법칙 이외의 사유로 증거능력 없는 증거라도 탄핵증거로 사용할 수 있다'고 보고 있다고 판단하기는 어렵다고 생각된다[53].

3. 탄핵증거의 증거조사방법

앞에서도 언급한 바와 같이 통설은 탄핵증거는 자유로운 증명으로 족하기 때문에 엄격한 증명과 달리 법이 정한 절차대로 조사하지 않아도 된다는 취지로 설명한다. 일부 견해는 탄핵증거에 의한 증명을 자유로운 증명으로 보면서도 "유죄증거나 탄핵

---

51) 특히 감정의 결과가 사실조회 회보라는 형태로 공판정에 현출되는 사례가 적지 않으며 이에 관하여 대법원은 증거능력을 당연한 전제로 하여 증명력 유무에 대하여 판단하고 있다. 대법원 1994.12.9. 선고 94도1680, 대구고등법원 2009.10.8. 선고 2009노240 판결 등 참조.
52) 엄밀히 살펴보면 사실조회 회신의 내용이 공무소의 직무범위 내인지 여부는 증거능력의 문제가 아니라 증명력의 문제라 할 수 있다. 사실조회 회신 중 공무소의 직무와 관련없는 내용이 있다면 법관은 자유심증에 따라 신빙성이 없는 것으로 판단할 가능성이 클 것이다.
53) 사실조회 회신을 일종의 진술서로 보아 형사소송법 제313조에 의하여 증거능력을 부여한다고 하면 전문법칙이 적용되는 경우가 되므로 진정성립이 인정되지 않더라도 제318조의2에 의하여 탄핵증거로 사용할 수 있으므로 위 사례에서 증거능력 문제는 더더욱 발생할 여지가 없다.

증거나 증거조사의 방식에 근본적인 차이는 없고 증거신청, 증거결정, 증거조사의 순으로 진행하되 이의신청과 상소에 의한 불복이 가능하다"고 설명하기도 한다[54]. 그러나 탄핵증거의 경우에도 증거신청, 증거결정, 증거조사의 순으로 진행하여야 하고 이의신청과 상소에 의한 불복이 가능한 것은 사실이나 법이 정한증거조사의 핵심은 위와 같은 증거조사의 순서나 불복방법이 아니라 증거조사방법 그 자체이다. 또 다른 일부 견해는 탄핵증거는 엄격한 증거조사가 필요한 것은 아니나 서증이 탄핵증거로 채택된 경우 일반적인 서증의 조사방법에 의하여 제시 및 요지의 고지나 낭독의 방법이 허용된다고 설명하나[55] 그러한 방법으로 서증을 조사한다면 이는 엄격한 증명이지 자유로운 증명이 아니다.

증거조사의 구체적 방법은 제291조에 따라 증거신청자 혹은 제출자가 공판정에서 개별적으로 지시설명하는 방법으로 조사하되 제291조의2에 따라 원칙적으로 검사가 신청한 증거를 먼저 조사하고 제292조 내지 제292조의2에 따라 서증은 낭독을, 물증은 제시를 원칙으로 한다. 또한 제139조 내지 제145조의 규정에 따라 검증을 실시하여야 하고 제146조 내지 제168조의 규정에 따라 증인신문을 실시하여야 하며, 도면·사진 등의 형태로 된 증거는 제292조의3 규정에 따라 조사하여야 한다. 통설에 따라 엄격한 증명, 자유로운 증명을 구분한다면 엄격한 증명은 이러한 제 규정들을 모두 지켜 증거조사한 결과만으로 증명되어야 하고 자유로운 증명은 이러한 제 규정들을 지키지 않더라도 법관의 자유심증의 자료로 삼을 수 있다는 것이다.

판례 역시 탄핵증거는 자유로운 증명의 대상이기 때문에 증거조사의 방법에 제한이 없다는 취지를 보이고 있다. 그러나 간이공판절차의 경우 증인신문의 방식에 관한 제161조의2, 서증과 물증의 증거방법에 관한 제292조 내지 제292조의3, 피고인의 의견개진 기회에 관한 제293조, 피고인 등의 퇴정에 관한 제297조의 규정을 적용하지 아니하고 법원이 상당하다고 인정하는 방법으로 증거조사를 할 수 있다는 특별규

---

[54] 최병각, 앞의 논문, 398면.
[55] 김태업, "증인신문에 있어서 반대신문, 탄핵증거의 역할", 재판자료 제11집, 법원행정처, 2006, 472면. 다만 위 견해는 2007. 형사소송법 제292조가 개정되기 전의 견해임을 유념할 필요가 있다.

정을 두고 있는 외에 우리 형사소송법이 앞에서 설명한 증거조사에 관한 여러 법규정 이외의 방법으로 증거를 조사할 수 있다고 규정한 일도 없고 그와 같은 취지를 엿보게 할 근거규정도 없으며 그처럼 함부로 증거조사를 해서도 아니된다는 것이 필자의 주장이다. 이 주장에 따르면 증거조사는 당연히 법이 정한 절차대로 하여야 하고 이에 위반하면 위법수집증거가 되며 제308조의2에 따라 증거능력이 평가되어야 한다. 다수설이 제308조의2에 따라 증거수집절차에 위법이 있으면 위법의 크기와 관계없이 당연히 증거능력을 상실하고 위법수집증거는 처음부터 제318조가 규정하는 증거동의의 대상이 되지도 않는다고 설명하면서, 위법수집증거의 기준이 되는 증거조사의 방법에 대하여는 어찌 그리 후하게 해석하는지 의문스러운 것이 필자의 솔직한 심정이다.

이에 대비하여 필자는 법적 근거없는 엄격한 증명, 자유로운 증명의 구분을 버리고 간이공판절차 규정과 같은 예외규정 없는 모든 증거의 경우 당연히 증거능력 있는 증거로서 법이 정한 조사방법에 따라 조사하여 증명되어야 하며, 증거조사방법에 위법이 있는 경우 원칙적으로 제308조의2를 적용하여 증거능력을 부인하되[56] 위법의 크기, 증거의 중요성 등을 종합적으로 고려하여 제318조에 따라 상대방의 동의를 전제로 증거능력을 부여할 수 있다고 해석하고 있다.

V. 나가며

앞에서도 설명한 바와 같이 우리 형사소송법 제318조의2가 마련하고 있는 탄핵증거 특칙은 문언 그대로 적용하는 것도 문제이고 '문언의 가능한 의미'를 벗어나 해석하는 것도 문제이다. 따라서 현재로서는 문언의 가능한 의미 범위 내에서 해석하되

---

[56] 제308조의2는 문언상 증거수집 절차에 어떠한 위법이라도 있기만 하면 절대적으로 증거능력이 부정되는 형태를 취하고 있다. 입법 과정에 그러한 우려를 불식시키기 위하여 "위법하게 수집한 증거"가 아니라 "적법한 절차에 따르지 아니하고 수집한 증거"라는 표현을 사용하였다고 설명하는 견해도 있으나 "적법한 절차에 따르지 아니한 것"과 "위법"이 무엇이 다른지 의문이다. 위 규정 해석에서 "적법절차의 실질적인 내용을 침해한 것이 아니고 증거능력을 배제하는 것이 오히려 형사사법 정의에 반하는 경우에는 증거능력을 인정할 수 있다"는 예외(바로 대법원 2007.11.15. 선고 2007도3061 판결의 정신이다)를 도출할 수 있는지도 사실상 의문이다.

그 운용상 탄핵 이외의 기능으로 유용되지 않도록 극도로 주의하되 궁극적으로는 위 규정을 개정함이 마땅하다.

　더 나아가 다수설은 탄핵증거의 경우 엄격한 증명의 대상이 되지 않기 때문에 그 조사방법에 제한이 없다는 취지를 보이고 있으나, 이는 형사재판에서 극히 위험하고 부당한 발상이므로 탄핵증거의 경우에도 법이 정한 예외 이외에는 당연히 법의 규정에 따라 엄격히 조사되어야 할 것으로 보인다.

참고문헌

제1편 입증과 증거

증거재판주의의 의미와 엄격한 증명, 자유로운 증명
(법학논총 제17권 제1호(2010. 3.), 조선대학교 법학연구소.)

강현중, 민사소송법(제6판), 박영사, 2004.
김환수/문성도/박노섭 공역, 독일 형사소송법, 박영사, 2009.
노명선/이완규, 형사소송법, 성균관대학교 출판부, 2009.
배종대/이상돈/정승환, 신형사소송법(제2판), 홍문사, 2009.
손동권, 형사소송법, 세창출판사, 2008.
신동운, 신형사소송법(제2판), 법문사, 2009.
신현주, 형사소송법(신정2판), 박영사, 2002.
이시윤, 신민사소송법(제5판), 박영사, 2009.
이재상, 신형사소송법, 박영사, 2007.
전병서, 기본강의 민사소송법(제2판), 홍문사, 2009.
정동윤/유병현, 민사소송법(제2판), 법문사, 2007.
정웅석/백승민, 형사소송법(전정제2판), 대명출판사, 2008.
호문혁, 민사소송법(제7판), 법문사, 2009.
이영오, "민사재판에 있어서 자유로운 증명", 재판자료 제25집 민사증거법(상), 법원행정처, 1985.
高田昌宏, 自由證明の研究, 有斐閣, 2008.
Claus Roxin, Strafverfahrensrecht, 25. Aufl., München, 1998.
Klaus Volk, Strafprozeßordnung, München, 2007.

형사소송에서의 추정이론
(인권과 정의 제343호(2005. 3.), 대한변호사협회.)

강현중, 민사소송법 제6판, 박영사, 2004.
배종대/이상돈, 형사소송법 제3판, 홍문사, 1999.
배종대/이상돈/정승환/이주원, 형사소송법, 홍문사, 2015.
신동운, 신형사소송법 제5판, 법문사, 2014.
신현주, 형사소송법 신정2판, 박영사, 2002.
이시윤, 신민사소송법, 박영사, 2003.
이시윤, 신민사소송법 제8판, 박영사, 2014.
이재상, 형사소송법 제6판, 박영사, 2002.
이재상/조균석, 형사소송법 제10판, 박영사, 2015.
정동윤, 민사소송법 제4전정판, 법문사, 1995.

오석락, "사실상의 추정", 법정 제6권 제5호(1976.5).
정재훈, "법률상의 추정과 사실상의 추정", 재판자료 25집(1985.7), 법원행정처.
田中開, 証拠提出責任・争点形成責任, 比較刑事訴訟法 1990.8. 통권 119호, 29면.

형사소송에서 입증책임과 쟁점형성책임에 관한 실무적 고찰
(형사소송의 이론과 실무 제9권 제2호(2017. 11.), 한국형사소송법학회.)

배종대/이상돈/정승환/이주원, 형사소송법, 홍문사, 2015.
신동운, 신형사소송법 제5판, 법문사, 2014.
이시윤, 신민사소송법 제8판, 박영사, 2014.
이재상/조균석, 형사소송법 제10판, 박영사, 2015.
정동윤/유병현, 민사소송법 제4판, 법문사, 2014.
정웅석/백승민, 형사소송법 전정증보제6판, 대명출판사, 2014.
형사판결서작성실무, 사법연수원, 2016.
김종호, 민사소송에서 증명의 정도에 관한 고찰, 법학연구 제17권 제2호(통권 66호), 한국법학회.
최은희, 미국증거법상 증명책임과 추정, 인권과 정의(2010.9.), 대한변호사협회.
졸고, 객관적 처벌조건에 관한 실무적 고찰, 인권과 정의(2007.10.), 대한변호사협회.
小野淸一郞, 新刑訴における証拠の理論, 刑法五券三号三七六頁, 一九五四年. (福井厚, 刑事訴訟法講義
　　　第4版, 321頁)
田中開, 証拠提出責任・争点形成責任, 比較刑事訴訟法 1990. 8. 通卷 119号.
中川孝博, 証明と証明責任, インタラクティブ訴訟法 通卷 第559号(2001. 7.), 法学セミナー.
岡田悦典, 刑事訴訟法から見る, 法學セミナー 1999. 7.
松尾浩也, 刑事訴訟法 下 1, 弘文堂, 1988.
Mueller Kirkpatrick, Evidence 4th edition.

무죄추정원칙의 적용범위에 관한 소고
(형사정책연구 제65호(2006. 3.), 한국형사정책연구원.)

백형구, 알기쉬운 형사소송법, 박영사, 2002.
신동운, 형사소송법 제3판, 법문사, 2005.
신양균, 형사소송법 제2판, 법문사, 2004.
신현주, 형사소송법 신정2판, 박영사, 2002.
이재상, 형사소송법 제6판, 박영사, 2002.
정웅석, 형사소송법 제3판, 대명출판사, 2006.
신동운, "무죄추정원칙", 헌법재판자료 4집(1991.12), 헌법재판소.
이진국, "인신구속과 무죄추정원칙", 형사정책연구 제64호, 한국형사정책연구원, 2005.
정동욱, "무죄의 추정", 고시연구 16권 11호(1989.11), 고시연구사.

재심에서의 입증책임 분배와 입증의 정도에 관한 소고
(형사소송의 이론과 실무 제10권 제2호(2017. 11.), 한국형사소송법학회.)

권오걸, 형사소송법 초판, 형설출판사, 2010.
노명선/이완규, 형사소송법 제5판, 성균관대학교 출판부, 2017.
배종대 외, 형사소송법 제1판, 홍문사, 2015.

신동운, 신형사소송법 제5판, 법문사, 2014.
신양균, 신판 형사소송법 초판, 화산미디어, 2009.
신현주, 형사소송법 신정2판, 박영사, 2002.
이기헌, 형사재심제도에 관한 연구, 한국형사정책연구원, 1996.
이재상/조균석, 형사소송법, 제11판, 박영사, 2017.
이창현, 형사소송법, 제4판, 피엔씨미디어, 2018.
정주형, 형사소송법 강의안, 제10판, 제이앤제이, 2017.
차용석/최용성, 형사소송법 제4판, 21세기사, 2013.
권영법, "형사재심에 대한 비판적인 고찰", 안암법학 제36권, 안암법학회, 2011.
김성룡, "재심제도의 본질론에 근거한 관련 쟁점의 새로운 이해", 형사소송 이론과 실무 제8권 제1호, 한국형사소송법학회, 2016.
김정한, "궐석재판과 증거동의 의제에 관한 소고", 법학논고 제54집, 경북대학교 법학연구소, 2016.
김태업, "형사소송법 제420조 제5호의 재심사유에서 '증거의 신규성과 명백성'", 사법 제1권 제11호, 사법발전재단, 2010.
류인모, "Nova형 재심사유로서의 증거의 신규성과 명백성", 인천법학논총 제3권, 인천대학교 법학연구소, 2000.
민영성, "오판 구제수단으로서의 형사재심의 재인식", 성균관법학 제21권 제1호, 성균관대학교 비교법연구소, 2009.
민영성, "재심사유로서 증거의 신규성과 명백성의 인정 및 판단방법", 법조 제547권, 법조협회, 2002.
백원기, 재심제도에 관한 비판적 고찰", 인천법학논총 제5권, 인천대학교 법학연구소, 2002.
손동권, "형사재심과 관련된 최근 판례의 연구", 고시연구, 고시연구사, 1998.7.
이재승, "독일의 과거청산", 법학논총 제27집 제1호, 전남대학교 법학연구소, 2007.
이존걸, "재심이유의 일반론에 관한 고찰", 원광법학 제23권 제1호, 원광대학교 법학연구소, 2007.
이존걸, "형사소송법상 재심의 특별사유에 관한 연구", 법학연구 제7집, 한국법학회, 2007.

제2편 증거조사

증언거부권 불고지와 위증죄의 성부 및 증언의 증거능력에 관한 소고
(법학논고 제49호(2015. 2.), 경북대학교 법학연구원.)

김성돈, 형법각론 제3판, 성균관대학교 출판부, 2013.
노명선/이완규, 형사소송법 제3판, 성균관대학교 출판부, 2013.
민일영/김능환, 주석 민사소송법(Ⅴ) 제7판, 한국사법행정학회, 2012.
배종대, 형법각론 제8전정판, 홍문사, 2013.
배종대/이상돈/정승환/이주원, 신형사소송법 제5판, 홍문사, 2013.
송광섭, 형사소송법 개정판, 형설출판사, 2012.
신동운, 형법총론 제8판, 법문사, 2014.
신양균, 신판 형사소송법, 화산미디어, 2009.
이시윤, 신민사소송법 제8판, 박영사, 2014.
이은모, 형사소송법 제4판, 박영사, 2104.
이재상, 형법총론 제7판, 박영사, 2011.
이재상, 형법각론 제9판, 박영사, 2013.

이재상, 형사소송법 제9판, 박영사, 2012.
정성근/박광민, 형법각론 전정판, 성균관대학교 출판부, 2013..
정영일, 형법강의(각론), 도서출판 학림, 2013.
정웅석/백승민, 형사소송법 전정증보제6판, 대명출판사, 2014.
차용석/최용성, 형사소송법 제4판, 21세기사, 2013.
호문혁, 민사소송법 제11판, 법문사, 2013.
법원실무제요 민사소송(Ⅲ), 법원행정처, 2005.
졸 저, 실무형사소송법(2014), 준커뮤니케이션즈.
권오걸, "증언거부권의 불고지와 위증죄", 형사법연구 제22권 제3호(통권 제44호), 한국형사법학회, 2010.
신치재, "위증죄에 있어서 사실진술의 기대가능성에 대한 판단기준", 중앙법학 제11집 제3호(통권 제33호. 2009.10), 중앙법학회.
오영근, "증언거부권의 불고지와 위증죄의 성립여부", 고시계 제55권 제5호(2010.5), 고시계사.
이세화, "증언거부권 불고지와 허위증언에 대한 위증죄", 영남법학 제31호(2010.10).
이희경, "증언절차의 소송법 규정위반과 위증죄의 성립여부", 형사판례연구 제19집(2011.6), 한국형사판례연구회.
정영일, "증언거부권과 위증죄 성부의 관계에 관한 판례연구", 형사법연구 제23권 제1호(통권 제46호), 한국형사법학회, 2011.
최병각, "위증죄의 성립범위와 판단방법", 동아법학 제60호 (2013.8), 동아대학교 법학연구소.
하태훈, "위증죄의 주체", 고시연구 제24권 3호(1997.2), 고시연구사.

형사소송법상 서증의 분류와 조사방법에 관한 실무적 고찰
(형평과 정의 제397호(2008. 12.), 대구지방변호사회.)

강현중, 민사소송법 제6판, 2004. 박영사.
배종대/이상돈, 형사소송법 제6판, 2004. 홍문사.
법원실무제요 형사(Ⅱ), 2008. 법원행정처.
신동운, 형사소송법 제3판, 2005. 법문사.
신양균, 형사소송법 제2판, 2004, 법문사.
신현주, 형사소송법 신정2판, 2002. 박영사.
이시윤, 신민사소송법, 2003. 박영사.
이재상, 신형사소송법, 2007, 박영사.
이재상, 형사소송법 제6판, 박영사.
정용석, 형사소송법 제3판, 2006. 대명출판사.
차용석, 형시소송법, 1998, 세영사.
형사소송법 개정법률 해설, 2007.6. 법원행정처.

형사소송에서 디지털증거의 조사방법에 관한 입법론적 고찰
(비교형사법연구 제14권 제2호(2012. 12.), 한국비교형사법학회.)

강현중, 민사소송법 제5판, 박영사, 2002.
법원실무제요 민사소송(Ⅲ), 법원행정처. 2005.
법원실무제요 형사(Ⅱ), 법원행정처, 2008.
신동운, 신형사소송법 제2판, 법문사, 2009.

이시윤, 민사소송법 신정4판, 박영사, 2001.
이시윤, 신민사소송법 제5판, 박영사, 2009.
이재상, 신형사소송법 제2판, 박영사, 2008.
졸 저, 실무형사소송법, 북파일, 2012.
권양섭, "디지털증거의 압수·수색에 관한 입법론적 연구", 원광법학 제26권 제1호, 원광대학교 법학연구소, 2010.
권영법, "전자증거의 수집과 증거능력", 인권과 정의 통권 제398호(2009.9), 대한변호사협회.
김성룡, "이메일 압수·수색에 관한 독일 연방헌법재판소 결정의 주요내용과 그 시사점", 법학논고 제32집
    (2010.2), 경북대학교 법학연구원.
김 연, "전자문서에 대한 증거조사", IT와 법연구, 제3집(2009.2), 경북대학교 IT와 법 연구소.
노명선, "전자적 증거의 압수·수색과 압수물의 증거능력", 고시계(2008.9.), 고시계사.
박수희, "전자증거의 수집과 강제수사, 한국공안행정학회보" 제29호, 2007.
안경옥, "전자적 증거의 수집과 증거능력", 고시계(2004.1.), 고시계사.
원혜욱, "컴퓨터 관련 증거의 증거조사와 증거능력", 수사연구(2000.6), 수사연구사.
이상진/탁희성, "디지털증거 분석도구에 의한 증거수집절차 및 증거능력 확보방안", 한국형사정책연구원, 2006.
이윤제, "디지털증거의 압수·수색과 증거능력", 형사법의 신동향, 통권 제23호(2009.12), 대검찰청.
전명길, "디지털증거의 수집과 증거능력", 법학연구 제41집(2011.2), 한국법학회.
정병곤, "디지털증거의 수집과 증거능력에 관한 연구", 조선대학교 박사학위 논문, 2011.
조석영, "디지털정보의 수사방법과 규제원칙", 형사정책 제22권 제1호(2010.7), 한국형사정책연구원.
한규현, "전자문서와 민사증거법", 재판자료 제100집, 법원행정처, 2003.
한충수, "민사소송에서의 증거조사절차에 있어 몇 가지 문제점", 법학논총 제27집 제2호, 한양대학교 법학
    연구소, 2010.

제1회 공판기일 전 증인신문제도에 대한 실무적 고찰

(법학논고 제47호(2014. 6.), 경북대학교 법학연구원.)

권오걸, 형사소송법, 형설출판사, 2010.
김재환, 형사소송법, 법문사, 2013.
배종대/이상돈/정승환/이주원, 신형사소송법 제5판, 홍문사, 2013.
손동권/신이철, 새로운 형사소송법, 세창출판사, 2013.
송광섭, 형사소송법 개정판, 형설출판사, 2012.
신동운, 신형사소송법 제4판, 법문사, 2012.
신양균, 신판 형사소송법, 화산미디어, 2010.
이영란, 한국형사소송법, 나남출판, 2008.
이은모, 형사소송법 제4판, 박영사, 2014.
이재상, 형사소송법 제9판, 박영사, 2012.
이창현, 형사소송법, 입추출판사, 2014.
임동규, 형사소송법 제6판, 법문사, 2009.
정웅석/백승민, 형사소송법 전정제5판, 대왕출판사, 2012.
차용석/최용성, 형사소송법 제4판, 21세기사, 2013.
김경수, "수사절차상 참고인 강제구인제도에 대한 비판적 검토", 형사정책 제22권 제2호, 한국형사정책학회, 2010.
김성룡, "수사단계 진술의 증거능력 및 증명력 보존을 위한 제도적 방안 연구", 대검찰청, 2012.
방상식, "참고인진술의 확보방안에 관한 연구", 한양법학 제21권 제4집, 한양법학회, 2010.

방희선, "형사소송법상 증거보전제도에 관한 고찰", 저스티스 통권 제110호, 한국법학원, 2009.
서보학, "참고인 강제구인제도에 대한 비판적 고찰", 형사법연구 제21권 제3호, 한국형사법학회, 2009.
안태근, "미국 형사소송법상 중요참고인 체포제도", 해외연수검사 연구논문집 제15집, 법무연수원, 1999.
이재홍, "제1회 공판기일 전의 증인신문", 판례월보 제283호, 판례월보사, 1994.
정웅석, "참고인진술의 확보방안에 관한 연구", 저스티스 통권 제111호, 한국법학원, 2009.
조민우, "중요 참고인 출석의무제와 사법방해죄 도입 필요성에 대한 고찰", 경남법학 제25집, 경남대학교 법학연구소, 2010.

제3편 증거능력과 증명력

형사소송법상 '증거'편 규정의 체계에 관한 소고
(인권과 정의 제397호(2009. 9.), 대한변호사협회.)

이재상, 신형사소송법, 박영사, 2007.
배종대/이상돈, 형사소송법 제6판, 홍문사, 2004.
신동운, 형사소송법 제3판, 법문사, 2005.
신양균, 형사소송법 제2판, 법문사, 2004.
정웅석/백승민, 형사소송법 전정제2판, 대명출판사, 2008.
법원실무제요 형사(Ⅱ), 2008. 법원행정처.
신현주, 형사소송법 신정2판, 박영사, 2002.
백형구, "피고인의 증거동의, 증거부동의에 대한 실무적, 이론적 고찰", 외법논집 제9집(2000.12.).

증거능력 제한규정으로 재해석한 형사소송법 제310조의 의미와 적용범위
(법학연구 제23권 제1호(2015. 1.), 경상대학교 법학연구소.)

권오걸,형사소송법, 형설출판사, 2010.
노명선/이완규,형사소송법 제3판, 성균관대학교 출판부, 2013.
배종대/이상돈/정승환/이주원,신형사소송법 제5판, 홍문사, 2013.
손동권/신이철,새로운 형사소송법, 세창출판사, 2013.
송광섭,형사소송법 개정판, 형설출판사, 2012.
신동운,신형사소송법 제4판, 법문사, 2012.
이은모,형사소송법 제4판, 박영사, 2014.
이재상,형사소송법 제9판, 박영사, 2012.
정웅석/백승민,형사소송법 전정증보 제6판, 대명출판사, 2014.
차용석/최용성,형사소송법 제4판, 21세기사, 2013.
민영성, "공범자의 자백과 보강법칙", 부산법학 제3권 제1호, 부산법학연구회, 1997.
신동운, "자백의 보강법칙", 고시연구 통권 제254호, 고시연구사, 1995.
이동명, "자백의 보강법칙에 대한 고찰", 사회과학연구 제2권 제1호, 대불대학교 사회과학연구소, 2011.
이 삼, "자백의 보강법칙", 법조 제51권 제11호, 법조협회, 2002.
이찬엽, "입법론적 관점에서 소송절차상 자백의 보강법칙의 문제점", 법학논고 제40집, 경북대학교 법학연구원, 2012.
정진연/조규태, "자백의 보강법칙", 논문집(인문사회과학편) 제15권, 숭실대학교 대학원, 1997.
조규태, "자백의 증명력과 보강증거에 관한 고찰", 시민문화연구 제7호, 월남시민문화연구소, 2007.

Kenneth S. Broun, McCormick on Evidence(7. Ed.), West Academic, 2014.

형사소송법의 시각에서 살펴본 민사소송법에서의 문서의 진정성립
(법학논집 제20권 제3호(2016. 3.), 이화여자대학교 법학연구소.)

김홍규, 강태원, 민사소송법 제3판, 삼영사, 2014.
김홍엽, 민사소송법 제4판, 박영사, 2013.
노명선, 이완규, 형사소송법 제4판, 성균관대학교 출판부, 2015.
배종대, 이상돈, 정승환, 이주원, 형사소송법, 홍문사, 2015.
송상현, 박익환, 민사소송법 신정7판, 박영사, 2014.
신동운, 신형사소송법 제5판, 법문사, 2014.
이순동, 민사소송의 사실인정과 증인신문기법, 진원사, 2009.
이시윤, 신민사소송법 제8판, 박영사, 2014.
이완규, 형사소송법연구 I 증보판, 탐구사, 2008.
이은모, 형사소송법 제5판, 박영사, 2015.
정동윤, 유병현, 민사소송법 제4판, 법문사, 2014.
전병서, 기본강의 민사소송법 제7판, 홍문사, 2015.
주석 민사소송법(Ⅴ) 제7판, 한국사법행정학회, 2012.
호문혁, 민사소송법 제11판, 법문사, 2013.
졸 저, 실무형사소송법, 준커뮤니케이션즈, 2016.
강구욱, "문서의 증거능력", 법학논집 제17권 제4호, 이화여자대학교 법학연구소, 2013.
김교창, "인영의 진정과 사문서의 증거력(상)", 사법행정 제294호, 한국사법행정학회, 1985.
김일룡, "문서의 진정성립", 원광법학 제26권 제2호, 원광대학교 법학연구소, 2010.
서유홍, "서증의 진정성립과 증명력", 사법논집 제1집, 법원행정처, 1970.
안병길, "사문서의 진정성립에 관한 검토", 비교사법 제11집 제2호(통권 제25호), 한국비교사법학회, 2004.
이덕훈, "전자적 증거의 증거능력과 증명력", 민사소송 제18권 제1호, 한국민사소송법학회, 2014.
이재홍, "서증의 종류, 증거력 및 조사방식", 월간고시, 법지사, 1992. 8.
정선주, "문서의 증거력", 민사소송(Ⅲ), 한국민사소송법학회, 2000.
Arthur Best, Evidence7. Ed.(Wolters Kluwer, 2009)
Mueller, Kirkpatrick, Evidence4.Ed.(Wolters Kluwer, 2009)

제4편 전문법칙

형사소송법 제310조의2의 적용 기준과 범위에 관한 소고
(인권과 정의 제445호(2014. 11.), 대한변호사협회.)

김성돈, 형법총론 제3판, 성균관대학교 출판부, 2014.
배종대, 형법총론 제11판, 홍문사, 2011.
신동운, 형법총론 제7판, 법문사, 2013.
이재상, 형법총론 제6신판, 박영사, 2010.
임웅, 형법총론 제3정판보정, 법문사, 2011.
정성근/박광민, 형법총론 전정판, 성균관대학교 출판부, 2012.

정웅석/백승민, 형법강의 개정제4판, 대명출판사, 2014.
노명선/이완규, 형사소송법 제3판, 성균관대학교 출판부, 2013.
이재상, 형사소송법 제9판, 박영사, 2012.
신동운, 신형사소송법 제4판, 법문사, 2012.
배종대/이상돈/정승환/이주원, 형사소송법 제5판, 홍문사, 2013.
신양균, 신판 형사소송법, 화산미디어, 2009.
차용석/최용성, 형사소송법 제4판, 21세기사, 2013.
이은모, 형사소송법 제4판, 박영사, 2014.
정웅석/백승민, 형사소송법 전증증보 제6판, 대명출판사, 2014.
손동권/신이철, 새로운 형사소송법, 세창출판사, 2013.
형사증거법 및 사실인정론, 사법연수원, 2014.
졸 저, 실무 형사소송법(2014), 준커뮤니케이션즈, 2014.
김선복, "형법상 해석과 유추", 비교형사법연구 제3권 제2호, 한국비교형사법학회, 2001.
김성룡, "유추의 구조와 유추금지", 법철학연구 제12권 제2호, 한국법철학회, 2009.
김종구, "형법해석에 있어서 사실주의와 규범주의", 홍익법학 제3권 제3호, 홍일대학교 법학연구소, 2012.
명점식, "수사보고서의 증거능력", 북부검찰실무연구 제2집, 서울북부검찰청, 2009. 국민참여재판 수사공판실무, 대검찰청, 2007.
백경일, "예외법 확대적용 금지의 원칙", 재산법연구 제25권 제3호, 한국재산법학회, 2009.
이상돈, "형법해석의 한계", 저스티스 제29권 제2호. 1996.
이정원, "죄형법정주의의 원칙과 법률의 해석", 법학논문집 제17집, 중앙대학교 법학연구소, 1992.
정웅석, "참고인진술의 증거능력을 인정하기 위한 대면권과 전문법칙과의 관계", 형사법의 신동향 통권 제35호, 대검찰청, 2012.
최석윤, "형사소송법과 유추금지", 형사정책연구 제14권, 한국형사정책학회, 2003.
한상규, "수사보고서의 증거능력", 강원법학 제40권, 강원대학교 비교법학연구소, 2013.
한웅재, "미국법상 전문법칙의 의의와 예외", 형사법의 신동향 통권 제8호, 대검찰청, 2007.

사법경찰관 작성 피의자신문조서와 조사경찰관 증언의 증거능력
(법학논총 제18권 제2호(20 11. 8.), 조선대학교 법학연구원.)

형사소송법 개정법률 해설. 법원행정처, 2007.
증인신문의 기술, 사법연수원, 2010.
신동운, 형사소송법 제2판, 법문사, 2009.
정웅석/백승민, 형사소송법 전정2판, 대명출판사, 2008.
공판중심주의 법정심리절차 확립을 위한 형사소송법 개정안에 대한 의견서, 참여연대, 2005.
형사소송법 제정자료집, 한국형사정책연구원, 1991.
나영민, "공판중심주의와 이에 따른 경찰수사의 대응방향", 수사연구 제24권 제11호, 수사연구사, 2006.
서보학, "개정 형사소송법에 의한 수사조서 및 영상녹화물의 증거능력", 사법 제3호, 사법연구지원재단, 2008.
신동운, "제정 형사소송법의 성립경위", 형사법연구 제22호, 한국형사법학회, 2004.
신양균, "형사재판, 어떻게 바뀌어야 하는가?", 2003. 11. 24. 공개토론회 결과보고서, 대법원, 2004.
안경옥, "사법경찰관 작성 피의자신문조서의 증거에 대한 비교법적 연구", 치안논총 제25집, 치안정책연구소, 2009.
안성수, "미국 증거법상 전문법칙 및 수사단계에서의 진술 내지 조서의 증거능력", 저스티스 통권 제84호, 한국법학원, 2005.

유장만, "조사자 증언제도 연구-미국 실태를 중심으로", 법조 통권 제620호, 법조협회, 2008.
이완규, "개정 형사소송법상 조서의 증거능력 규정 논의 결과", 형사정책연구 제18권 제3호, 한국형사정책연구원, 2007.
이완규, "피고인의 경찰진술을 내용으로 하는 수사경찰관 증언의 증거능력", 저스티스 통권 제78호, 한국법학원, 2004.
이혜광 등 5인, "바람직한 형사사법시스템의 모색", 바람직한 형사사법시스템의 모색 자료집(Ⅲ), 대법원, 2004.
정웅석, "피의자신문의 영상녹화에 관한 연구", 법조 통권 제625호, 법조협회, 2008.
정웅석, "수사경찰관의 법정진술의 증거능력", 형사법의 신동향 통권 제4호, 대검찰청, 2006.
차용석, "사법경찰관의 수사서류의 증거능력", 고시계(1993.6.), 고시계사.
천진호, "사개추위의 형사소송법 개정안과 공판중심주의의 올바른 자리매김", 법학논고 제23집, 경북대학교 법학연구원, 2005.
천진호, "피고인의 경찰진술을 내용으로 하는 증언의 증거능력에 대한 재검토", 저스티스 통권 제84호, 2005.
최영승, "피의자신문 과정에서의 적법절차에 관한 사개추위안의 검토", 비교형사법연구 제8권 제1호, 한국비교형사법학회, 2006.
황운하, "공판중심주의 확립을 위한 형사소송법 개정안 공청회 토론자료", 사법제도 개혁추진위원회, 2005.
황은영, "피의자진술의 객관적 확보방법-현자 피의자신문조서의 증거능력의 한계점과 새로운 방법 모색", 수사연구 제22권 제4호, 수사연구사, 2004.
졸고, "피의자신문조서의 증거능력에 관한 소고", 법조 통권 제595호, 법조협회, 2006.
인터넷 자료 http://www.spo.go.kr/info/stats/stats03.jsp.

형사소송법 제313조에 대한 해석론적, 입법론적 고찰
(법학논총 제20권 제3호(2013. 12.), 조선대학교 법학연구원.)

노명선/이완규, 형사소송법, 성균관대학교 출판부, 2009.
배종대/이상돈/정승환/이주원, 신형사소송법 제5판, 홍문사, 2011.
백형구, 형사소송법강의 제8개정판, 박영사, 2001.
신동운, 신형사소송법 제1판, 법문사, 2008.
신동운, 신형사소송법 제4판, 법문사, 2012.
신양균, 형사소송법 신판, 법문사, 2009.
정웅석/백승민, 형사소송법 전정제5판, 대명출판사, 2012.
김성룡, "형사소송법의 전문가 감정의 제 문제", 비교형사법연구, 제7권 1호, 한국비교형사법학회, 2005.
김영기, "디지털증거의 진정성립 부인과 증거능력 부여 방안", 형사판례연구 제19집, 2011.
김형진, "공판외 진술의 증거능력", 형사증거법(하), 법원행정처, 1984.
서태경, "개정 형사소송법 제313조 제1항에 대한 소고", 한양법학 제20권 1집, 한양법학회, 2009.
서희석, "우리 형사소송법상의 전문법칙", 형사증거법(상), 법원행정처, 1984.
신이철, "과학적인 감정자료를 기초로 한 감정서의 증거능력", 외법논집, 제33권, 1호, 한국외국어대학교 전문분야연구센터 법학연구소, 2009.
양동철, "진술서·진술녹취서의 증거능력", 경희법학 제48권 1호, 경희법학연구소, 2013.
이완규, "사인작성 컴퓨터문서의 진정성립 입증과 증거능력", 형사판례연구 제16집, 한국형사판례연구회, 2008.
정웅석, "진술서의 증거능력", 고시연구 제27권 1호, 고시연구사, 2000.
정진연/신이철, "형사소송법 제313조 제1항의 해석과 관련한 소고", 성균관법학, 제17권, 3호, 성균관대학교 비교법연구소, 2005.

전봉진, "피고인 작성의 진술서", 형사증거법(하), 법원행정처, 1984.
정진연/신이철, "형사소송법 제313조 제1항의 해석과 관련한 소고", 성균관법학, 제17권 3호, 성균관대학교 비교법연구소, 2005.
최병각, "사인 작성 진술서면의 증거능력", 홍익법학, 제14권, 1호, 홍익대학교 법학연구소, 2013.
황해진, "경찰관 면전에서 작성한 진술서의 증거능력", 법률신문, 제1462호, 1982.

형사소송법 제313조 개정 유감
(형사법의 신동향 제53호(2016. 12.), 대검찰청.)

노명선/이완규, 형사소송법 제4판, 성균관대학교 출판부, 2015.
신동운, 신형사소송법 제5판, 법문사, 2014.
정웅석/백승민, 형사소송법 전정증보제6판, 대명출판사, 2014.
김영기, "디지털 증거의 진정성립 부인과 증거능력 부여 방안", 형사판례연구 제19집, 한국형사판례연구회, 박영사, 2011.
노수환, "디지털증거의 진정성립 증명과 증거능력", 법조 통권 제707권(2015.8.), 법조협회.
박민우, "전문증거 증거능력 인정요건의 변호와 이로 인한 새로운 문제에 대한 검토", 형사정책연구 제7권 제3호(2016.가을), 한국형사정책연구원.
서태경, "개정 형사소송법 제313조 제1항에 대한 소고", 한양법학 제20권 1집, 한양법학회, 2009.
오기두, "피고인의 공판정 진술과 전자문서의 진정성립", 사법(2013.6.), 사법발전재단.
양동철, "진술서·진술녹취서의 증거능력", 경희법학 제48권 1호, 경희법학연구소, 2013.
이완규, "사인 작성 컴퓨터문서의 진정성립 인정과 증거능력", 형사판례연구 제16집, 한국형사판례연구회, 박영사, 2008.
이세화, "형사소송법 제313조 제1항의 증거능력 인정요건에 대한 소고", 형사소송 이론과 실무 제7권 제2호, 한국형사소송법학회, 2015.
이창섭, "형사소송법 제313조 제1항에 관한 몇가지 검토", 동아법학 제62호, 동아대학교 법학연구소, 2014.
정진연/신이철, "형사소송법 제313조 제1항의 해석과 관련한 소고", 성균관법학, 제17권 3호, 성균관대학교 비교법연구소, 2005.
최병각, "사인 작성 진술서면의 증거능력", 홍익법학, 제14권 1호, 홍익대학교 법학연구소, 2013.
형사소송법 일부개정 법률안, http://likms.assembly.go.kr.

형사소송법상 특신상태의 의미와 개념 요소 및 판단기준에 관한 소고
(비교형사법연구 제16권 제1호(2014. 7.), 한국비교형사법학회.)

권오걸, 형사소송법, 형설출판사, 2010. 731면.
노명선/이완규, 형사소송법, 성균관대학교 출판부, 2009.
배종대/이상돈/정승환/이주원, 신형사소송법 제5판, 홍문사, 2013.
송광섭, 형사소송법 개정판, 형설출판사, 2012.
신동운, 신형사소송법 제4판, 법문사, 2012.
신양균, 신판 형사소송법, 화산미디어, 2010.
이영란, 한국형사소송법, 나남출판, 2008.
이재상, 형사소송법 제9판, 박영사, 2012.
임동규, 형사소송법 제6판, 법문사, 2009. 정웅석/백승민, 형사소송법 전정제5판, 대왕출판사, 2012.
백원기, "증언거부권의 행사와 형사소송법 제314조의 해석론에 관한 비판적 고찰", 형사법의 신동향 통권 제39호(2013.6.), 대검찰청.
서태경, "개정 형사소송법 제313조 제1항에 대한 소고", 한양법학 제20권 제1집, 한양법학회, 2009.
손동권, "피의자신문조서에 대한 형사소송법 제314조의 적용문제", 경찰학연구 제11권 제3호(통권 제27호), 경찰대학, 2011.
손병현, "전문법칙의 예외를 규정한 형사소송법 제314조의 합헌성 여부", 한라대학교 논문집 제12집, 2009.
안성수, "자백배제의 원칙과 특신성", 저스티스 통권 제101호(2007.12.), 한국법학원.
정승환, "검사 작성 피의자신문조서의 증거능력과 특신상태", 형사법연구 제19권 제3호(2007. 가을, 통권 제32호) (下), 한국형사법학회.
정웅석, "형사소송법상 특신상태의 필요성에 대한 비판적 고찰", 저스티스 통권 제138호(2013.10.), 한국법학원.
정진연, "형사증거법상 보충적 규정인 제314조에 대한 소고", 법학연구 제37집(2010.2.), 한국법학회.
한제희, "특신상태의 의의와 판단기준", 형사판례연구 제21집, 한국형사판례연구회, 2013.
허웅/도규엽, "개정 형사소송법 제316조에 대한 고찰", 성균관법학 제23집 제2호(2011.8.), 성균관대학교 법학연구소.

다중전문증거의 증거능력에 관한 소고.
(법학논총 제21권 제3호(2014. 12.) 조선대학교 법학연구소.)

권오걸, 형사소송법, 형설출판사, 2010.
노명선/이완규, 형사소송법 제3판, 성균관대학교 출판부, 2013.
배종대/이상돈/정승환/이주원, 신형사소송법 제5판, 홍문사, 2013.
손동권/신이철, 새로운 형사소송법, 세창출판사, 2013.
신동운, 신형사소송법 제4판, 법문사, 2012.
신양균, 신판 형사소송법, 화산미디어, 2010.
이재상, 형법총론 제6신판, 박영사, 2010.
이재상, 형사소송법 제9판, 박영사, 2012.
이창현, 형사소송법, 입추출판사, 2014.
정웅석/백승민, 형사소송법 전정증보 제6판, 대명출판사, 2014.
차용석/최용성, 형사소송법 제4판, 21세기사, 2013.
김선복, "형법상 해석과 유추", 비교형사법연구 제3권 제2호, 한국비교형사법학회, 2001.
이정원, "죄형법정주의의 원칙과 법률의 해석", 법학논문집 제17집, 중앙대학교 법학연구소, 1992.
정웅석, "조서와 진술의 증거능력 관계", 비교형사법연구 제8권 제1호, 한국비교형사법학회, 2006.
정한중, "재전문증거의 증거능력", 외법논집 제34권 제2호, 한국외국어대학교 법학연구소, 2010.
최석윤, "형사소송법과 유추금지", 형사정책연구 제14권, 한국형사정책학회, 2003.
石井一正, 刑事實務證據法 제5판, 判例タイムズ社, 2011.

제5편 증거동의, 탄핵증거

형사소송에서의 증거동의
(인권과 정의 제349호(2005. 9.), 대한변호사협회.)

배종대/이상돈, 형사소송법 제3판, 홍문사, 1999.

사법연감 2004, 법원행정처.
신양균, 형사소송법 제2판, 2004, 법문사.
신현주, 형사소송법 신정2판, 박영사, 2002.
이재상, 형사소송법 제6판, 박영사, 2002.
조국, 위법수집증거 배제법칙, 박영사, 2005.
차용석, 형사소송법, 세영사, 1998.
형사소송법 제정자료집, 한국형사정책연구원, 1991.
김대휘, "사진과 비디오 테이프의 증거능력", 형사판례연구 제6집, 한국형사판례연구회, 1998.
박찬운, "증거로 함에 대한 당사자의 동의", 대법원 판례해설, 제10호(88.12.), 법원도서관.
백형구, "피고인의 증거동의, 증거부동의에 관한 실무적, 이론적 고찰", 외법논집, 제9집(2000. 12.), 한국외국어대학교 법학연구소.
신동운, "위법수집증거 배제법칙과 나체사진의 증거능력", 법학 제40권 2호(111호), 서울대학교 법학연구소, 1999.
이성룡, "증거로 함에 대한 당사자의 동의", 재판자료 제22집(84.9.), 법원행정처.
천진호, "위법수집증거 배제법칙의 사인효", 법조 통권 제558호(2003.3.), 법조협회.

형사소송에서의 증거동의 II
(인권과 정의 제354호(2006. 2.), 대한변호사협회.)

배종대/이상돈, 형사소송법 제6판, 홍문사, 2004.
백형구, 알기 쉬운 형사소송법 제3판, 박영사, 2005.
신양균, 형사소송법 제2판, 법문사, 2004.
신현주, 형사소송법 신정2판, 박영사, 2002.
이재상, 형사소송법 제6판, 박영사, 2002.
백형구, "증거동의 · 증거부동의", 인권과 정의 통권 제351호(2005.11.), 대한변호사협회.

궐석재판과 증거동의 의제에 관한 소고
※ 출처 : 법학논고 제54호(2016. 5.), 경북대학교 법학연구원, 77-106면.

김희옥/박일환/백형구, 주석 형사소송법(III) 제4판, 한국사법행정학회, 2009.
김희옥/박일환/백형구, 주석 형사소송법(IV) 제4판, 한국사법행정학회, 2009.
노명선/이완규, 형사소송법 제4판, 성균관대학교 출판부, 2015.
배종대/이상돈/정승환/이주원, 형사소송법, 홍문사, 2015.
손동권/신이철, 새로운 형사소송법 제2판, 세창출판사, 2014.
신동운, 신형사소송법 제5판, 법문사, 2014.
신양균, 신판 형사소송법, 화산미디어, 2009.
이재상/조균석, 형사소송법 제10판, 박영사, 2015.
이창현, 형사소송법 제2판, 입추출판사, 2015.
차용석/최용성, 형사소송법 제4판, 21세기사, 2013.
고시면, "소송촉진등에관한특례법 제23조에 대한 헌재의 합헌결정에 관한 인권위의 개정권고", 사법행정 제48권 제1호, 한국사법행정학회, 2007.1.
권창국, "형사소송법 제318 증거동의의 의제와 철회가능성", 사회과학논총 제26집 제2호, 전주대학교 사회과학연구소, 2011.

김정원, "공시송달과 상권회복청구", 형사판례연구 제15집. 한국형사판례연구회, 2007.
김혜경, "형사절차상 공시송달제도의 문제점과 개선방안", 형사정책연구 제25권 제1호, 한국형사정책연구원, 2014. 봄.
손동권, "피의자신문조서에 대한 형사소송법 제314조의 적용문제", 경찰학연구 제11권 제3호, 경찰대학, 2011. 9.
신용석, "제1심이 위법한 공시송달로 피고인의 출석없이 재판한 경우 항소심이 취하여야 할 조치", 대법원 판례해설 제50호, 법원도서관, 2004. 12.
이동희, "일본의 피고인 불출석재판에 관한 비교법적 연구", 경찰대학 논문집 제28집, 경찰대학, 2009.
차상우, "현행 궐석재판제도의 문제점과 개선방안", 검찰 통권 제119호, 대검찰청, 2007. 12.
白取祐司, 刑事訴訟法 第6版, 日本評論社, 2010.
石井一正, 刑事実務証拠法 第5版, 判例タイムズ社, 2011.
池田修/前田雅英, 刑事訴訟法講義 第3版, 東京大学出版会, 2009.
Arthur Best, Evidence 7.Ed., Wolters Kluwer, 2009.

탄핵증거의 허용성과 조사방법에 관한 소고
(인권과 정의 제414호(2011. 2.), 대한변호사협회.)

노명선/이완규, 형사소송법, 성균관대학교 출판부, 2009.
박승진 외, 주석 형사소송법 제3권, 한국사법행정학회, 1998.
배종대/이상돈/정승환, 신형사소송법(제2판), 홍문사, 2009.
손동권, 형사소송법(개정신판), 세창출판사, 2010.
송광섭, 형사소송법, 형설출판사, 2010.
신동운, 신형사소송법(제2판), 법문사, 2009.
신양균, 형사소송법(제2판), 법문사, 2004.
심희기/양동철, 쟁점강의 형사소송법(제2판), 삼영사, 2010.
염정철, 형사소송법, 상지문화사, 1976.
이완규, 형사소송법특강, 법문사, 2006.
이은모, 형사소송법, 박영사, 2010.
이재상, 신형사소송법, 박영사, 2007.
정웅석/백승민, 형사소송법(전정제2판), 대명출판사, 2008.
김동윤, "1. 피고인이 내용을 부인하여 증거능력이 없는 사법경찰리 작성의 피의자신문조서 등을 탄핵증거로 사용하기 위한 요건", 대법원 판례해설 제30호, 법원도서관, 1998.
김태업, "증인신문에 있어서 반대신문, 탄핵증거의 역할", 재판자료 제11집, 법원행정처, 2006.
민영성, "탄핵증거", 고시계(2001.9.), 고시계사.
서태경, "탄핵증거로 사용할 수 있는 증거의 범위에 대한 소고", 법학논총 제26권 제1호, 한양대학교 법학연구소, 2009.
설민수, "전자적 문서에 대한 증거조사, 증거능력과 전문법칙", 인권과 정의, 대한변호사협회, 2007.
송광섭, "탄핵증거제도에 관한 연구", 원광논문집 제25집, 원광대학교 법학연구소, 1999.
최병각, "탄핵증거로서의 증거능력과 증거조사", 형사법연구 제22권 제1호(2010. 봄), 한국형사법학회.

형사증거법 삐딱하게 보기

발행 / 2019년 2월 15일
 2쇄 / 2019년 12월 3일

글쓴이 / 김정한
펴낸이 / 박준성
펴낸곳 / 준커뮤니케이션즈
등록일 / 2004년 1월 9일 제25100-2004-1호
주　소 / 대구광역시 중구 봉산동 217-16 삼협빌딩 3층
홈페이지 / www.jbooks.co.kr
전　화 / (053)425-1325
팩　스 / (053)425-1326

ISBN 979-11-6296-005-9　93360

값 30,000원

※파본은 바꿔 드립니다. 본서의 무단복제행위를 금합니다.

이 도서의 국립중앙도서관 출판예정도서목록(CIP)은 서지정보유통지원시스템 홈페이지(http://seoji.nl.go.kr)와 국가자료종합목록시스템(http://www.nl.go.kr/kolisnet)에서 이용하실 수 있습니다. (CIP제어번호 : CIP2019003704)